D1695171

Schriften zur Governance-Forschung

herausgegeben von
Prof. Dr. Ulla Lehmkuhl
Prof. Dr. Thomas Risse
Prof. Dr. Gunnar Folke Schuppert

Band 11

Sabine Frerichs

Judicial Governance in der europäischen Rechtsgemeinschaft

Integration durch Recht jenseits des Staates

Nomos

Die Deutsche Nationalbibliothek verzeichnet diese Publikation in
der Deutschen Nationalbibliografie; detaillierte bibliografische Daten
sind im Internet über http://www.d-nb.de abrufbar.

Zugl.: Bamberg, Univ., Diss., 2006

ISBN 978-3-8329-3310-4

1. Auflage 2008
© Nomos Verlagsgesellschaft, Baden-Baden 2008. Printed in Germany. Alle
Rechte, auch die des Nachdrucks von Auszügen, der fotomechanischen Wiedergabe und der Übersetzung, vorbehalten. Gedruckt auf alterungsbeständigem
Papier.

Vorwort

Während der Wandel der Staatlichkeit im Kontext von Europäisierung und Globalisierung vielfach diskutiert wird, bleibt der Wandel des Rechts unter diesen Bedingungen bisher unterbelichtet. In dieser Arbeit werden Begriffe aus dem politikwissenschaftlichen Governance-Diskurs auf die Entwicklung des Rechts bezogen und gesellschaftstheoretisch ausgedeutet. Mit dem Judicial-Governance-Konzept wird das Spannungsfeld zwischen nationaler Politik, europäisiertem Recht und globalisierter Wirtschaft verdeutlicht, in dem die Verfassung der Gesellschaft ausgehandelt wird – und auch zum Streitgegenstand vor Gericht gerät. In systemtheoretischer, diskurstheoretischer, strukturfunktionalistischer und politökonomischer Perspektive wird die konstitutive Bedeutung des Rechts für die Entwicklung einer europäischen Gesellschaft (und perspektivisch einer Weltgesellschaft) erschlossen, die nicht von Staaten, sondern von Bürgern getragen wird. Auf diese Weise entsteht ein facettenreiches Bild der Integration durch Recht jenseits des Staates. Die Rechtsprechung in der europäischen Rechtsgemeinschaft – insbesondere die richterrechtliche Prägung der Wirtschaftsverfassung – erscheint so in einem neuen Licht.

Mit der vorliegenden Arbeit kommt ein Dissertationsprojekt zum Abschluss, das sich im Rahmen des von der Deutschen Forschungsgemeinschaft geförderten Graduiertenkollegs „Märkte und Sozialräume in Europa" an der Otto-Friedrich-Universität Bamberg entwickelt hat und ohne die dort entstandene Diskussionskultur nicht denkbar gewesen wäre. Es liegt im Schnittfeld der am Kolleg beteiligten sozialwissenschaftlichen Disziplinen, setzt eigene Akzente in der Verknüpfung von Gesellschaftstheorie, Politischer Ökonomie und Rechtssoziologie und trägt am Beispiel der europäischen Rechtsgemeinschaft den Prozessen der ‚Öffnung' und ‚Schließung' von Märkten und Sozialräumen Rechnung, die den Untersuchungsschwerpunkt des Kollegs bilden. Mein Dank gilt den Personen – Professoren und Kollegiaten/-innen – die diesen interdisziplinären Studien- und Forschungskontext in seiner ersten Arbeitsphase geprägt und belebt haben, insbesondere Herrn Prof. Dr. Richard Münch, Herrn Prof. Dr. Hans-W. Micklitz und Herrn Prof. Dr. Thomas Gehring, die – von der Soziologie, der Rechtswissenschaft und der Politikwissenschaft her kommend – mich zu dieser Arbeit inspiriert und auch die Betreuung übernommen haben.

Bamberg, im August 2007   Sabine Frerichs

Inhaltsverzeichnis

Abbildungsverzeichnis 11

Abkürzungsverzeichnis 13

Einleitung 15

1 Das Governance-Paradigma als Ausgangspunkt 21
  1.1 Governance – Neuinterpretation der alten Idee vom ‚Steuern' 21
    1.1.1 Governance als klassische Metapher des politischen Denkens 21
    1.1.2 Governance als (post-)modernes wissenschaftliches Paradigma 25
  1.2 Staats-, wirtschafts- und gesellschaftsbezogener Governance-Begriff 30
    1.2.1 Staatsbezogener Governance-Begriff 31
    1.2.2 Wirtschaftsbezogener Governance-Begriff 33
    1.2.3 Gesellschaftsbezogener Governance-Begriff 36
  1.3 Governance und Regulierung als Kategorien der Staatlichkeit 38
    1.3.1 Politökonomische Begriffe staatlicher Regulierung 38
    1.3.2 Dimensionen der Staatlichkeit im Wandel 42
  1.4 Governance und Regulierung als Konzepte der Europaforschung 45
    1.4.1 Wende von Government zu Governance 45
    1.4.2 Übergang von Integration zu Regulierung 49
  1.5 Fazit: ‚From National Government to European Governance' 56

2 Der Europäische Gerichtshof als Governance-Akteur 59

2.1 Das Demokratie-/Legitimitätsparadigma: ‚Gouvernement des Juges' 64
    2.1.1 Europäisierung des Topos vom Gouvernement des Juges 65
    2.1.2 Politisierung des europäischen Richterrechts: Judicial Policy-Making 69
    2.1.3 Verrechtlichung der Gemeinschaftspolitik: Governing with Judges 76
2.2 Das Integrationsparadigma: ‚Integration durch Recht' 83
    2.2.1 Staaten(rechts)gemeinschaft in den Internationalen Beziehungen 84
      2.2.1.1 Verrechtlichung im neoliberalen Institutionalismus 87
      2.2.1.2 Vergerichtlichung im neoliberalen Institutionalismus 91

2.2.2 Europäische Rechtsgemeinschaft in der Integrationsforschung	93
2.2.2.1 Integration durch Recht im Intergouvernementalismus	96
2.2.2.2 Integration durch Recht im Neofunktionalismus	100
2.3 Das Governance-Paradigma: ‚Judicial Governance'	106
2.3.1 Europäischer Gerichtshof als Agent der Mitgliedstaaten	106
2.3.2 Europäischer Gerichtshof als Treuhänder der Rechtsgemeinschaft	110
2.3.3 Europäischer Gerichtshof als Instanz des supranationalen Regierens	115
2.3.4 Europäischer Gerichtshof als regulativer Akteur im Binnenmarkt	117
2.3.5 Europäischer Gerichtshof als Symbol europäischer Staatlichkeit	119
2.3.6 ‚Judicial Governance' als Normalität des europäischen Regierens	120
2.4 Fazit: Judicial Governance als ‚Regulatory Judicial Policy-Making'	125
3 Die europäische Rechtsgemeinschaft als Governance-Kontext	129
3.1 Rechtsgemeinschaft und Rechtsprechung in der Systemtheorie	130
3.1.1 Soziologische Kybernetik als Governance-Theorie	132
3.1.1.1 Autopoiesis gesellschaftlicher Funktionssysteme	133
3.1.1.2 Operative Schließung und kognitive Öffnung	138
3.1.1.3 Integration als intersystemische strukturelle Kopplung	142
3.1.1.4 Integration als systemübergreifende strukturelle Drift	147
3.1.2 Rechtsgemeinschaft zwischen Staats- und Wirtschaftsverfassung	154
3.1.2.1 Rechtsstaat als Kopplung von Politik und Recht	155
3.1.2.2 Rechtsstaatlichkeit in der Weltgesellschaft	160
3.1.2.3 Wirtschaftsverfassung als Kopplung von Wirtschaft und Recht	165
3.1.2.4 Wirtschaft und Recht im Kontext der Globalisierung	170
3.1.2.5 Status der europäischen Rechtsgemeinschaft	174
3.1.3 Rechtliche Steuerung zwischen Zentrum und Peripherie	178
3.1.3.1 Binnendifferenzierung des Rechtssystems	179
3.1.3.2 Positivität von Recht und Rechtsprechung	183
3.1.3.3 Rechtsentwicklung im nationalen Wohlfahrtsstaat	186
3.1.3.4 Rechtsentwicklung in globalisierten Steuerungsregimen	188
3.1.3.5 Implikationen für die Steuerung durch Richterrecht	191
3.2 Rechtsgemeinschaft und Rechtsprechung in der Diskurstheorie	197
3.2.1 Differenzierung von Rechtsgemeinschaft und Rechtsstaat	200
3.2.1.1 Rechtsgemeinschaft als Legitimationsmacht	201
3.2.1.2 Rechtsstaat als legitimierte Ordnungsmacht	203
3.2.1.3 Rechtsgemeinschaft im deliberativen Supranationalismus	207
3.2.2 Rechtsprechung im Wandel der Rechtsstaatlichkeit	213
3.2.2.1 Diskursive Gewaltenteilung im klassischen Rechtsstaat	214
3.2.2.2 Wandel der Paradigmen des Rechts und des Rechtsstaats	218
3.2.2.3 Rechtsprechung in der europäischen Rechtsgemeinschaft	222

3.3 Rechtsgemeinschaft und Rechtsprechung im Strukturfunktionalismus 229
   3.3.1 Integration durch Recht in der gesellschaftlichen Gemeinschaft 234
      3.3.1.1 Gesellschaftliche Gemeinschaft als Rechtsgemeinschaft 235
      3.3.1.2 Recht als Interpenetrationsprodukt und Integrationsmedium 240
      3.3.1.3 Öffnung und Schließung der gesellschaftlichen Gemeinschaft 242
      3.3.1.4 Transnationalisierung von Wirtschaft, Politik und Kultur 246
      3.3.1.5 Transnationalisierung der Rechts- und Solidaritätslogik 253
   3.3.2 Dynamisierung der Steuerung durch Recht und Gerichte 257
      3.3.2.1 Rechtsprechung in der gesellschaftlichen Rechtsgemeinschaft 258
      3.3.2.2 Dimensionen des Wandels der Rechtsprechung 263
      3.3.2.3 Integration durch Recht in der Europäischen Gemeinschaft 265
3.4 Rechtsgemeinschaft und Rechtsprechung in der Regulationstheorie 268
   3.4.1 Politökonomische Grundlagen der Rechtsgemeinschaft 271
      3.4.1.1 Komplementarität von Akkumulation und Regulation 272
      3.4.1.2 Staatlichkeit in der Regulationstheorie 275
      3.4.1.3 Europäische Integration in der Regulationstheorie 279
      3.4.1.4 Europäische Rechtsgemeinschaft als Fixpunkt 285
   3.4.2 Wandel der Steuerungskonzepte in der Rechtsprechung 289
      3.4.2.1 Komplementarität von Regulations- und Feldtheorie 291
      3.4.2.2 Rechtsfeld im Verhältnis zum (National-)Staat 294
      3.4.2.3 Rechtsfeld im Verhältnis zur globalisierten Wirtschaft 301
      3.4.2.4 Internationalisierung und Europäisierung des Rechtsfeldes 306
      3.4.2.5 Feldübergreifende Homologien und Hegemonien 312
      3.4.2.6 Europäischer Gerichtshof als Agent des Wandels 318
3.5 Fazit: Europäische Rechtsgemeinschaft als ‚Legal Governance'-Kontext 323

4 Die europäische Wirtschaftsverfassung als Untersuchungsgegenstand 339

4.1 Gesellschaftstheoretischer Gehalt des Wirtschaftsverfassungsbegriffs 340
   4.1.1 Wirtschaftsverfassung als interdisziplinäres Konzept 340
   4.1.2 Ausdeutungen einer internationalen Wirtschaftsverfassung 344
      4.1.2.1 Systemtheoretische Deutung des Begriffs 346
      4.1.2.2 Politökonomische Deutung des Begriffs 354
4.2 Grundzüge und Entwicklung der europäischen Wirtschaftsverfassung 366
   4.2.1 Systemmerkmale der europäischen Wirtschaftsverfassung 368
      4.2.1.1 Systementscheidung, Grundprinzipien und Justiziabilität 369
      4.2.1.2 Vertikale und horizontale Dimension des Machtproblems 372
   4.2.2 Entwicklungsstufen der europäischen Wirtschaftsverfassung 375
      4.2.2.1 Von den Gründungsverträgen zur ersten Vertragsrevision 377
      4.2.2.2 Vertragsrevisionen von Maastricht, Amsterdam und Nizza 381
      4.2.2.3 Entwurf des Verfassungsvertrags und Zwischenbilanz 384

4.3 Alternative Konzeptionen der europäischen Wirtschaftsverfassung 386
    4.3.1 Wandel der Wirtschaftsverfassung in der Rechtsprechung 387
        4.3.1.1 Deregulierung und Reregulierung des Warenverkehrs 389
        4.3.1.2 Konstitutionelle Bedeutung des Warenverkehrs 391
        4.3.1.3 Rechtspolitische Deutung der richterlichen Harmonisierung 395
        4.3.1.4 Rechtsökonomische Deutung der richterlichen Deregulierung 398
    4.3.2 Wirtschaftsverfassungskonzeptionen im Binnenverhältnis 404
        4.3.2.1 Primat des Binnenmarkts: Systemwettbewerb 406
        4.3.2.2 Primat der Gemeinschaftspolitik: Harmonisierung 408
        4.3.2.3 Primat mitgliedstaatlicher Politiken: Nichtdiskriminierung 412
    4.3.3 Wirtschaftsverfassungskonzeptionen im Außenverhältnis 414
        4.3.3.1 Primat des Weltmarktes: Außenhandelsfreiheit 416
        4.3.3.2 Primat mitgliedstaatlicher Politiken: Unilateralismus 419
        4.3.3.3 Primat mitgliedstaatlicher Politiken: Nichtdiskriminierung 423
4.4 Fazit: Emergenz einer neuen Wirtschaftsverfassungskonzeption 430

Schluss 441

Literaturverzeichnis 447

Rechtssachenverzeichnis 479

Abbildungsverzeichnis

Abb. 1: Aufbau der Argumentation und Zusammenhang der Schlüsselbegriffe   16

Abb. 2: Governance-Grundmodell: Dimensionen der Staatlichkeit im Wandel   56

Abb. 3: Richterliche Steuerung in der EG/EU: Von Integration zu Regulierung   127

Abb. 4: Soziologische Paradigmen im Vergleich (zwei Vier-Felder-Schemata)   328

Abb. 5: Gesellschaftstheorien im Vergleich (integriertes Vier-Felder-Schema)   330

Abb. 6: Europäische Rechtsgemeinschaft in der Systemtheorie   331

Abb. 7: Europäische Rechtsgemeinschaft in der Diskurstheorie   332

Abb. 8: Europäische Rechtsgemeinschaft im Strukturfunktionalismus   333

Abb. 9: Europäische Rechtsgemeinschaft in der Regulations- und Feldtheorie   334

Abb. 10: Synoptische Betrachtung der europäischen Rechtsgemeinschaft   335

Abb. 11: Modelle der europäischen Wirtschaftsverfassung (Binnendimension)   434

Abb. 12: Modelle der europäischen Wirtschaftsverfassung (Außendimension)   435

Abkürzungsverzeichnis

Abb.	Abbildung
Art.	Artikel
bzw.	beziehungsweise
d. h.	das heißt
dt.	deutsch
ebd.	ebenda
EG	Europäische Gemeinschaft/en; Vertrag zur Gründung der Europäischen Gemeinschaft
engl.	englisch
etc.	et cetera / und so weiter
EU	Europäische Union
EuGH	Europäischer Gerichtshof
EWG	Europäische Wirtschaftsgemeinschaft
f.	folgende
ff.	fortfolgende
Fn.	Fußnote
frz.	französisch
GATT	Allgemeines Zoll- und Handelsabkommen
ggf.	gegebenenfalls
griech.	griechisch
H.	Heft
H. i. O.	Hervorhebung im Original
i. e.	id est / das heißt
i. e. S.	im engeren Sinne
i. w. S.	im weiteren Sinne
IB	Internationale Beziehungen
inkl.	inklusive
Jg.	Jahrgang
Kap.	Kapitel
lat.	lateinisch
m. a. W.	mit anderen Worten
NAFTA	Nordamerikanische Freihandelszone
nlat.	neulateinisch
OECD	Organisation für wirtschaftliche Entwicklung und Zusammenarbeit
Rs.	Rechtssache
S.	Seite/n
S. F.	Verfasserin

Slg.	Sammlung
u.	und
u. a.	und andere
Urt.	Urteil
v.	vom
v. a.	vor allem
v. Chr.	vor Christus
vgl.	vergleiche
WTO	Welthandelsorganisation
z. B.	zum Beispiel
z. T.	zum Teil

Einleitung

„All the world's a courthouse and all the men and women merely litigants." (Dator 2001, 194)
Die Verrechtlichung der Welt – die Verweltlichung des Rechts – die Welt als Gericht: Über diese Assoziationskette gelangt man auch zur Globalisierung des Rechts (und zur Verrechtlichung der Globalisierung) – ein Thema, das zunehmend auch die Aufmerksamkeit von (Rechts-)Soziologen auf sich zieht (vgl. Albert 1999/2000; Bonß 1999/2000; Buckel 2003; Dezalay 1992; Gessner 2005; Heydebrand 2003a; Teubner 2002; Ziegert 1999/2000). Einige (Rechts-)Soziologen haben unterdessen auch den ‚unbekannten Kontinent Europa' für sich entdeckt (Höland 1993; vgl. Bryde 1993; Ladeur 1997; Lepsius 2000; Münch 2003a; Schepel/Wesseling 1997). Nur selten aber werden Globalisierung und Europäisierung des Rechts systematisch zusammengebracht – und wenn, dann seltener in einer gesellschaftstheoretischen oder politökonomischen Perspektive (vgl. Heydebrand 2005; Jordana/Levi-Faur 2004; Therborn 2002) als aus politik- und rechtswissenschaftlicher Sicht (vgl. Zürn/Leibfried 2005; Zürn/Wolf 2000). Tatsächlich ist das Feld der Europaforschung, einschließlich der Europa*rechts*forschung, trotz einer Fülle integrationstheoretischer Erklärungsansätze – einschließlich politischer Theorien der rechtlichen Integration – soziologisch noch relativ unerschlossen: *Integration* meint hier nur selten gesellschaftliche Integration in einem umfassenden Sinne bzw. im Sinne von systemischer oder sozialer Integration (Lockwood 1971; vgl. Münch 1998; Neyer 1999; Sand 1998; Bach 2006).

In dieser Arbeit wird die Vision eines Welt-Gerichts – gewissermaßen als Luftspiegelung einer zunehmenden ‚Vergerichtlichung' der Staatenwelt bzw. der Welt jenseits des Staates (vgl. Keohane u. a. 2000; Cichowski 2006) – als Ausgangs- und Fluchtpunkt einer soziologischen Analyse der *Integration durch Recht(sprechung)* im Kontext von Europäisierung und Globalisierung gewählt. In Anlehnung an die politik- und rechtswissenschaftliche Forschung zur Staatlichkeit im Wandel (vgl. Zürn u. a. 2004; Zürn/Leibfried 2005) und eingedenk der (rechts-)staatlichen Natur des modernen Rechts – zumindest des gesetzlich oder gerichtlich *positivierten* Rechts – gilt das Untersuchungsinteresse dieser Arbeit zugleich dem Wandel der *Rechts*staatlichkeit, wobei wiederum der klassische Begriff des Rechtsstaats bzw. der ‚rule of law' politökonomisch erweitert und gesellschaftstheoretisch eingebettet wird (vgl. Arnull 2002; Hirst/Thompson 1996; MacCormick 1999; May 2006; Zangl 2005). Die europäische Integration wird im Folgenden also als Musterfall einer Integration durch Recht(sprechung) jenseits des Staates gefasst, in deren Mittelpunkt der Europäische Gerichtshof steht und zu deren Erklärung und Verständnis – in Ergänzung der Vielzahl auf die europäische Integration (durch Recht) i. e. S. gerichteter Beiträge (vgl. Alter 2002b; von Bogdandy 2001a; Burley/Mattli 1993; Dehousse/Weiler 1990; Garrett u. a. 1998; Joerges 1996; Pollack 2003; Rasmussen

1986; Slaughter u. a. 2003; Stone Sweet/Caporaso 1998; Weiler 1999a) – auch und vor allem soziologische bzw. gesellschaftstheoretische Kategorien herangezogen werden sollen.

Für ein solches Unterfangen scheint, was zunächst verwundern mag, die Allgemeine Soziologie besser gewappnet zu sein als die Rechtssoziologie – die allerdings von ihren Vertretern mehrheitlich (soweit sich dies der Literaturlage und dem Konferenzbetrieb entnehmen lässt) weniger als eine auf das Recht angewendete ‚Bindestrich-Soziologie' denn als auf den sozialen Kontext des Rechts bezogene Reflexionstheorie der Rechtswissenschaft verstanden wird. Für den Brückenschlag vom ‚Recht in der Gesellschaft' als Gegenstand der Gesellschaftstheorie (vgl. Gephart 1993) zur ‚Integration durch Recht jenseits des Staates' als Anwendungsproblem oder Zeitdiagnose bedarf es freilich einigen (Re-)Konstruktionsaufwands, zumal mit Europäisierung und Globalisierung auch die klassischen, vornehmlich auf nationale Einheiten bezogenen Begrifflichkeiten von Recht, Staat und Gesellschaft in Frage gestellt sind. An dieser Stelle kommt nun die ‚Governance'-Heuristik ins Spiel, die das Neue im Alten und das Alte im Neuen aufzufinden helfen soll und – trotz aller Skepsis gegenüber der relativen Unschärfe und überbordenden Verwendung des Governance-Begriffs – der vorliegenden Arbeit ihre Grundstruktur verleiht (Abb. 1). Zwar ist auch dieser Begriff eher politikwissenschaftlich denn soziologisch (geschweige denn rechtssoziologisch) geprägt; soweit er auf (bestimmte) Formen der Koordination und Steuerung interdependenter Handlungen referiert, lässt er sich jedoch relativ leicht nicht nur an Theorien der politischen Steuerung (vgl. Scharpf 1989; Mayntz 1998; Görlitz/Burth 2001; Mayntz/Scharpf 2005) zurückbinden, sondern auch an allgemeinere Theorien der gesellschaftlichen Integration und Ordnung (vgl. Lange/Schimank 2003) – und paradigmenübergreifend aufbereiten.

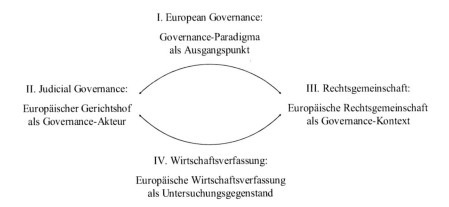

Abbildung 1: Aufbau der Argumentation und Zusammenhang der Schlüsselbegriffe

Anknüpfend an die soziologische Dichotomie – oder Dialektik – von Struktur und Handlung (‚structure' vs. ‚agency'; vgl. Walsh 1998b) wird in dieser Arbeit dazu der

Europäische Gerichtshof (EuGH) *als Governance-Akteur* der europäischen Rechtsgemeinschaft als *Governance-Kontext* gegenübergestellt, wobei Letztere als neuartige Form der Rechtsstaatlichkeit im obigen Sinne entworfen wird. Die europäische Rechtsgemeinschaft stellt somit das soziologische (und politökonomische) Korrelat der europäischen Integration durch Recht dar, wird also ihrerseits gegenüber der gängigen Fassung des Begriffs der Rechtsgemeinschaft (vgl. Blomeyer/Schachtschneider 1995; Nicolaysen 1999; Pernice 2001; Wincott 2000) governance- und gesellschaftstheoretisch angereichert. Unter diesen Umständen liegt es nahe, dem klassischen Rechtsstaat ein Konzept von *legal governance* entgegenzusetzen, das die politische Ökonomie des Rechts jenseits des Staates erfasst, so dass sich die europäische Rechtsgemeinschaft sowohl von der staatlichen, als auch von der außerstaatlichen Seite des Rechts her annähern lässt (Heydebrand 2003b; vgl. Joerges u. a. 2004; Schmidt 2004; Zangl/Zürn 2004). Den Dreh- und Angelpunkt dieser Arbeit stellt jedoch das Judicial-Governance-Konzept dar (vgl. Shapiro 1999; Stone Sweet 2004; Whytock 2006), das als Anfangsidee auch in allen weiterführenden Überlegungen erhalten bleibt und einfangen soll, was mit der Rechtsprechung passiert, wenn sie über nationalstaatliche Rechtskontexte hinauswächst. Anlass zu dieser Fragestellung bot und bietet dabei vor allem die unerwartete Wirkmacht des Europäischen Gerichtshofs in der Geschichte der Europäischen Gemeinschaft (EG) bzw. heutigen Europäischen Union (EU).

Der Europäische Gerichtshof stellt die neben der Europäischen Kommission bedeutendste supranationale Einrichtung in der EG/EU dar; mit der Wahrung des Gemeinschaftsrechts betraut, bildet er buchstäblich die letzte Instanz in der Europäischen (Rechts-)Gemeinschaft. Die Rolle des EuGH im Prozess der europäischen Integration erfährt erst in jüngerer Zeit auch jenseits des spezifisch juristischen Diskurses eine größere Beachtung. Die sozialwissenschaftliche Erschließung des lang unterschätzten Untersuchungsgegenstands erfolgt dabei vor allem im Dialog von Rechts- und Politikwissenschaft. Nur selten wird eine genuin soziologische Perspektive eingenommen, die das Augenmerk stärker auf die strukturellen und kulturellen Hintergründe der Rechtsprechung richtet und überdies rechts- und politikwissenschaftliche Sicht konstruktiv zu vermitteln weiß. Zudem wird die am integrationspolitischen Einfluss des EuGH entzündete Debatte bisher von der klassischen integrationstheoretischen Kontroverse zwischen Neofunktionalismus und Intergouvernementalismus dominiert, die sich auf eine Erklärung der Integrationsdynamik im Wechselspiel von supranationalen Organisationen, nationalen Regierungen und gesellschaftlichen Kräften konzentriert. Die Governance-Wende, die sich seit einiger Zeit in der Integrationsforschung abzeichnet und auf die Akteurkonstellationen und Steuerungsaktivitäten im europäischen Mehrebenensystem ohne Festlegung auf die (im Grunde eindimensionale) Integrationsperspektive abstellt, findet in diesem Untersuchungsfeld dagegen noch kaum Niederschlag. Um die angedeuteten Unzulänglichkeiten der bestehenden Erklärungsansätze zur Rolle des EuGH im europäischen Politikkontext zu überwinden, wird im Rahmen dieser Arbeit einerseits eine dezidiert soziologische Argumentation entwickelt, andererseits wird die Untersuchung konsequent unter das Governance-Paradigma gestellt.

Zur Erschließung dieser Untersuchungsperspektive wird das Governance-Konzept im *ersten Kapitel* der Arbeit systematisch aufbereitet (klassische Grundlagen und paradigmatischer Gehalt, Governance im weiteren und im engeren Sinne, staats-, wirtschafts- und gesellschaftsbezogene Governance) und über den Regulierungsbegriff auf den Wandel der Staatlichkeit bezogen („multilevel governance' und ‚network governance'; internationalisierte, kooperative und regulative Staatlichkeit). In einem nächsten Schritt wird die Rolle des Governance- und des Regulierungskonzepts in der Europaforschung diskutiert („from government to governance', von Integration zu Regulierung). In diesem Zusammenhang wird – im Rückgriff auf die Konzepte von ‚old governance' und ‚new governance' – auch die Rolle des Rechts (und der Rechtsprechung) in der Europäischen Gemeinschaft (bzw. Union), kurz ihr Status als Rechtsgemeinschaft, diskutiert.

In einer (vorwiegend rechts- und politikwissenschaftlich ausgerichteten) Literaturdiskussion wird im *zweiten Kapitel* der Arbeit der EuGH als Governance-Akteur perspektiviert. Zur Systematisierung dienen hier unterschiedliche Paradigmen der Europaforschung, in denen sich je unterschiedliche ‚politische' Theorien der ‚rechtlichen' Integration zu formieren vermochten. Unter dem so genannten Legitimitäts-/Demokratie-Paradigma bildet die Debatte um ein ‚gouvernement des juges' sowie die (normative) Unterscheidung von ‚judicial activism' und ‚judicial self-restraint' den zentralen Ansatzpunkt. Unter dem Integrationsparadigma werden die im (politikwissenschaftlichen) Schwerpunkt Internationale Beziehungen verhandelten Theorien internationaler Kooperation und Verflechtung und insbesondere die Integrationstheorien auf ihren Erklärungsbeitrag zur ‚Integration durch Recht(sprechung)' untersucht. Unter dem (eigentlichen) Governance-Paradigma werden schließlich Ansätze aus dem eher komparatistischen, institutionalistischen (regierungs- bzw. regierensbezogenen) Bereich der Politikwissenschaft zur Konzeption des EuGH als eines Governance-Akteurs herangezogen.

Im *dritten Kapitel* – dem Schwerpunktkapitel dieser Arbeit – werden die soziologischen Implikationen des Judicial-Governance-Konzeptes herausgearbeitet. Dafür wird die europäische Rechtsgemeinschaft sowohl governance-theoretisch als auch in einem umfassenderen Sinne gesellschaftstheoretisch ausgedeutet. Ausgehend von verschiedenen soziologischen (Groß-)Theorien wird (re)konstruiert, was eine Integration durch Recht jenseits des (National-)Staates konzeptionell und empirisch bedeutet, wie der Begriff der Rechtsgemeinschaft jeweils theorieimmanent zu fassen ist und was für ein Begriff von ‚judicial governance' sich aus diesem Zusammenhang gewinnen lässt. Im Einzelnen wird diese Argumentation auf systemtheoretischer, diskurstheoretischer, strukturfunktionalistischer und regulations- bzw. feldtheoretischer Grundlage geführt, also mit Bezug zur funktionalen, diskursiven, normativen und materiellen Integration durch Recht(sprechung) entwickelt. Eine Synopse führt die unterschiedlichen Pointierungen zusammen.

Schließlich wird das solchermaßen in den Kapiteln eins bis drei begründete Judicial-Governance-Konzept im *vierten Kapitel* auf den Untersuchungsgegenstand der europäischen Wirtschaftsverfassung bezogen, wobei die Erkenntnis leitende Frage ist, welche Konzeption der europäischen Wirtschaftsverfassung (im Sinne einer

‚conception of control') sich unter Bedingungen der Globalisierung in der Rechtsprechungspraxis durchzusetzen vermag – und wie dies governance- und gesellschaftstheoretisch zu erklären ist. Dazu wird der Wirtschaftsverfassungsbegriff an die vorige Theoriediskussion zurückgebunden und anhand verschiedener Modelle einer internationalen Wirtschaftsverfassung empirisch aufgeschlüsselt. Im Fokus steht der Wandel der europäischen Wirtschaftsverfassung innerhalb des gemeinschaftlichen Richterrechts. Dabei ermöglicht es eine Gegenüberstellung der unterschiedlichen Wirtschaftsverfassungskonzeptionen im Binnen- und im Außenverhältnis der Europäischen Union auch, die Dialektik von ‚Öffnung' und ‚Schließung' der europäischen Rechtsgemeinschaft an der Rechtsprechung des EuGH zu veranschaulichen.

1 Das Governance-Paradigma als Ausgangspunkt

Das Governance-Paradigma bezeichnet ein Bündel sozialwissenschaftlicher Theorien mit einheitlichem bzw. (im kuhnschen Sinne) vergleichbarem Problemzugang und Erklärungsmuster. Zu dieser ‚Vielfalt in Einheit' sind zunächst alle explizit mit Governance befassten Theorieansätze zu zählen, so unterschiedlich sie diesen (Kern-)Begriff auch definieren mögen. Hinzu kommen solche theoretischen Ansätze, die den Governance-Begriff zwar selbst nicht verwenden, sich aber aus analytischen Gründen unter das Governance-Paradigma subsumieren lassen. Entsprechend bildet in diesem Kapitel wie auch in der gesamten Arbeit die (eigentliche) Governance-Debatte den Ausgangspunkt für eine (umfassendere) Theoriediskussion unter den mit Governance paradigmatisch gesetzten Leitideen. Inhaltlich wird auf diese Weise ein breiteres Theorieangebot erschlossen, das eine Neueinschätzung von Recht und Rechtsprechung im Lichte der (epistemologisch-ontologischen) Governance-Wende erlaubt: als ‚judicial governance'.

1.1 Governance – Neuinterpretation der alten Idee vom ‚Steuern'

‚Navigare necesse est': Dieses existenzielle Motto der Seefahrernationen des klassischen Altertums, das nach Überlieferung des griechischen Philosophen Plutarch auf eine Äußerung des römischen Feldherrn und Staatsmanns Pompeius zurückgeht (Büchmann 1977, 238 f.), findet seinen Widerklang auch in den ‚antiken' Anfängen politischen Denkens. Dass man zur See fahren – und dabei allerhand Klippen umschiffen und Stürmen trotzen – muss, verleiht der nautischen Metapher vom Steuern eine Anschaulichkeit und Beständigkeit, von der auch das in der gegenwärtigen Politikwissenschaft prominente Governance-Paradigma noch profitiert – und zugleich in seiner (in dieser Arbeit propagierten) Anwendung auf Recht und Rechtsprechung profitieren kann. In diesem Kapitel soll der Begründung und Differenzierung, ‚Soziologisierung' und Problematisierung des Governance-Konzeptes daher eine Erkundung seiner sinnbildlichen Bedeutung und Vorgeschichte vorangestellt werden.

1.1.1 Governance als klassische Metapher des politischen Denkens

Governance ist eine jener durch den Lebensalltag geformten (‚bio-', ‚sozio-' oder ‚technomorphen') *Leerformeln* des politischen Diskurses (Topitsch 1960, 234; vgl. Schmid 1972), die sich wegen ihrer Abstraktheit einer näheren Überprüfung zu entziehen scheinen, zumal die Übersetzungen und Konkretisierungen des Begriffs sehr unterschiedlich ausfallen. Um den Bedeutungskern und die Konnotationen dieser

Wortschöpfung zu begreifen, erscheint es legitim, von der postmodernen Blüte des Begriffs zunächst zu seinen ‚archaischen' (Topitsch 1960, 234) Wurzeln im klassischen Altertum zurückzukehren (*griech.* κυβερναν, *lat.* gubernare „steuern; leiten, regieren"). Dafür wird im Deutschen zunächst von ‚Steuern' als bester Entsprechung zu Governance im wörtlichen wie im übertragenen Sinne ausgegangen. Im Begriff des Steuerns schwingt, obwohl verblasst, eine bis in die Anfänge der europäischen (Literatur-)Geschichte zurückreichende Schifffahrtsmetaphorik mit, die sich – neben den Schiffen des Kosmos oder des Lebens, der Kirche (auch architektonisch) oder der Liebe (mitsamt Ehehafen) – insbesondere im Bild des Staatsschiffs verdichtet hat (vgl. Schäfer 1972, 259; Peil 1983, 700 f.). Die gleichsam mit dem politischen Denken selbst entstandene Metapher des Staatsschiffs (vgl. Maier 1994, 4), bezieht sich auf den Staat im Sinne eines (Ordnungs-)Zustands der politischen Gemeinschaft:

> „Das tertium comparationis von politischer Gemeinschaft und Schiff besteht darin, daß ein Verband von Menschen zum Zweck der Aufrechterhaltung ihrer Gemeinschaftsform und der Bewahrung ihrer Existenz auf koordiniertes und sachgemäßes Handeln angewiesen ist." (Schäfer 1972, 260)

Das Problem der rechten politischen Ordnung bildet also gewissermaßen den Ursprung aller (staatstragenden) Steuerungskünste. Trotz des Variantenreichtums in der Deutung der Schiffsmetapher, deren Suggestivkraft aus einer (weithin überkommenen) Realität stammt, in der sich die Schifffahrt (noch) mit existenziellen Fragen verbindet (vgl. Maier 1994, 17; Peil 1983, 702), gibt es einige wiederkehrende Bildelemente, die auch den Governance-Begriff zu veranschaulichen helfen: das gebaute Schiff, die es umgebende See, das Steuerruder, die Schiffsbesatzung und vor allem den Steuermann.

Die Schiffsmetapher ist – wenn man von ihrem frühgriechischen Entstehungskontext im 7. Jahrhundert v. Chr. ausgeht – „dort, wie es scheint, entstanden, wo das Ringen um politische Ordnung und der Kampf mit den Unbilden des Meeres zu den tagtäglich sich ineinander schiebenden Erfahrungen des Menschen gehörte" (Maier 1994, 4). Im Laufe der Jahrhunderte löst sie sich jedoch aus diesem unmittelbaren Erfahrungszusammenhang und wird mit zunehmender Selbstverständlichkeit (auch ohne weiterer Erläuterung zu bedürfen) im politischen Diskurs verwendet. Gleichwohl bleibt im Bilde des (Staats-)Schiffes auf hoher See der Kontrast zwischen dem Schiff als Artefakt und den Naturgewalten in Form von Wind und Wellen lebendig, so dass sich die Metapher überall dort anbietet, „wo man die Gefährdung eines Staates in den Wirren der Zeit anschaulich und einprägsam darstellen will" (Maier 1994, 11). Meer und Wellen können dabei für den wechselvollen Verlauf der Geschichte oder auch die Launenhaftigkeit des Volkes stehen; Wind und Sturm symbolisieren günstige oder unheilvolle Einflüsse auf die Reise des (Staats-)Schiffes: Auf diese Weise lassen sich innen- wie außenpolitische Gefahren in das Bild einfügen bzw. allgemeine Unsicherheiten und Widerstände politischen Handelns repräsentieren (vgl. Peil 1983, 741 ff., 753 ff. u. 864). Besondere Prominenz genießt in der Metaphorik des Staatsschiffes das Steuerruder, das „als Signum der Regierungsgewalt" (Peil 1983, 706) für die Ordnungskraft im Staate steht. Der Begriff des

Steuerns, der ursprünglich lediglich die mit dem Steuerruder verbundene Tätigkeit bezeichnet, wird – vermittelt über die Metapher vom Staatsschiff – bereits zu Zeiten Ciceros im 1. Jahrhundert v. Chr. auch im übertragenen Sinne des Regierens, der Leitung der Staatsgeschäfte, gebraucht (vgl. Peil 1983, 707). Entsprechend lässt sich das Steuerruder mit dem Staatsapparat gleichsetzen; als zentrale Ordnungsinstanz gelten aber auch die Gerichte. Neben den Staatsgewalten können auf einer abstrakteren Ebene der politischen Ordnung daher auch Recht und Verfassung wie die Gerechtigkeit selbst mit dem Steuerruder symbolisiert werden (vgl. Peil 1983, 713 f.).

Am Steuerruder steht der Steuermann, der als wichtigste Person auf dem Schiff gilt und meist ungeschieden von Kapitän oder Lotse auftritt (vgl. Peil 1983, 778). Dieses Bildelement wird oftmals mit einer hierarchischen Herrschaftsordnung in Zusammenhang gebracht, an deren Spitze ein Monarch oder Diktator nach eigenem Gutdünken oder Machtwillen über den Kurs des (Staats-)Schiffs gebietet. Jedoch bedarf es – wie schon Platon betont – gerade bei stürmischer See auch einer besonderen Qualifikation des Steuermanns, und zwar eher der Weisheit (im Sinne von Wissen, Erfahrung, Verantwortung) als der Körperkraft (vgl. Peil 1983, 801 u. 864). Das Ziel fest im Blick, wirkt dieser nicht zuletzt als Koordinationsinstanz: „Die übergeordnete Position des Steuermanns läßt sich mit dem auf dem Schiff notwendigen Prinzip der Arbeitsteilung rechtfertigen: um das allen gemeinsame Ziel sicher zu erreichen, muß eine Instanz alle Arbeiten im Sinne des Ganzen koordinieren." (Peil 1983, 789). Weiterhin wird – so etwa bei Aristoteles – hervorgehoben, dass der Steuermann mit seiner Mannschaft (sprichwörtlich) in einem Boot sitzt, seinen Untergebenen also auf Gedeih und Verderb verbunden ist; ihm kommt insofern die Rolle des Primus inter Pares zu: „Die Steuermannsmetapher ist demzufolge wenig geeignet, die Vorstellung vom absoluten Herrscher, der, wie etwa in der Wagenlenkermetapher, seine Herrschaft aus eigener Machtvollkommenheit ausübt, zu verbildlichen […]." (Schäfer 1972, 271). Rangordnung und Arbeitsteilung auf dem Schiff müssen also nicht in die Staatsform der Monarchie übersetzt werden; vielmehr „kann das Staatsschiff auch als demokratische Einrichtung verstanden werden" (Peil 1983, 868 f.), etwa wenn man das Volk als Schiffseigner und Auftraggeber des Steuermanns ins Bild einfügt, wie es bereits Platon – allerdings noch in Verbindung mit der Idee des Philosophenkönigs – vorgemacht hat.

Governance als jüngster Spross in dieser alteuropäischen Schifffahrtsmetaphorik wird im Folgenden nun in zweifacher Weise ins Bild gerückt: indem der Begriff zum einen einer *politisch-ökonomischen* und zum anderen einer *rechtlich-politischen* Deutung unterzogen wird. In beiden Fällen spielt die mit der Wortstruktur (Subjektivierung eines Tätigkeitsworts; vgl. Schneider/Kenis 1996, 10) ausgedrückte Dynamik, die Aktivität des Steuerns, eine wichtige Rolle. Damit wird die Sinnbildlichkeit des Staatsschiffes noch einmal gesteigert bzw. auf die Bedeutung des Meeres und der Witterung hin gelenkt: Weil mit der Seefahrt immer auch die Vorstellung einer Fahrt ins Ungewisse verbunden ist, einer zielgerichteten Fortbewegung, die sich gleichwohl den wechselnden Herausforderungen der Umwelt anpassen muss, „ist die Staatsschiffmetapher eher ein dynamisches als ein statisches Modell" (Peil 1983, 865). Dieser Bewegtheit und Interaktion wird der Begriff

,governance' sogar eher gerecht als der Begriff ,government', der sich ja nur auf die Statik des Schiffes und die Ordnung der Mannschaft beziehen kann, nicht aber auf das (riskante) Spiel des Schiffes mit Wind und Wellen, das für seine Funktion ebenso konstitutiv ist. Auch wird im Governance-Begriff deutlicher als zuvor, dass es sich beim Steuern eines Schiffs durch unruhige Gewässer – wie bereits Platon bemerkte – nicht (nur) um ein Handwerk handelt, sondern (auch) um eine Kunst, deren es gerade in bewegten Zeiten auch in der Politik bedarf. Somit lässt sich die Governance-Wende auch paraphrasieren als „transformation of politics from the ‚craft of governing' to the ‚art of governance'" (Jordana/Levi-Faur 2004b, 23).

Politökonomisch lässt sich die Governance-Wende durch die Konfrontation des (an eine ruhigere See gewöhnten) Staatsschiffes auf die (Ge-)Zeiten der Globalisierung veranschaulichen: „The sea-change in the global economy [...] tested the steering capacities of governments to the limit, and forced them into rapid adjustments and major restructuring of their economies." (Gamble 2000, 124). Tatsächlich wird die Globalisierung oftmals als ,(Flut-)Welle' symbolisiert (und somit zugleich als naturhafter, schicksalhafter Prozess dargestellt), die alle [Staatsschiffe] gleichermaßen betrifft: „[T]he fact is that Europe and the United States are now in the same boat relative to the Tsunami of globalization, and that the legal and polical differences between them are shrinking." (Heydebrand 2005, 13). Im Sinne der zuvor erwähnten ‚raschen Kurskorrekturen' und ‚größeren Umbaumaßnahmen' wird dem (einzelnen) Staatsschiff eine wirtschaftspolitische (Steuerungs-)Verantwortung zugeschrieben, die sich auf den weltwirtschaftlichen Strukturwandel einzustellen hat. Nach dieser Deutung bezieht die politische Ordnung, die mit dem Schiff und insbesondere mit seiner Steuervorrichtung verbildlicht wird, somit auch die Institutionen der Wirtschaft (als Voraussetzung gesellschaftlicher Wohlfahrt) ein; Staatsverfassung und Wirtschaftsverfassung wirken ineinander. Um den neuen Herausforderungen gerecht zu werden, bietet sich neben einem Umbau des Schiffes oder einer Verbesserung der Technik auch eine veränderte Arbeitsteilung in der Mannschaft an, insbesondere durch eine Neudefinition dessen, was (staatliche) Steuerung bedeutet. Konsequent in der Bildsprache bleibt der – gleichwohl nostalgische – Ansatz, das ‚Steuern' stärker vom ‚Rudern' abzugrenzen: Aufgabe des Staates bleibe die Steuerung durch Formulierung von Zielen und Prioritäten sowie die Koordination der zur Umsetzung benötigten (öffentlichen und privaten) Ressourcen, während das Rudern nunmehr Aufgabe der (Privatwirtschaft und) Zivilgesellschaft sei (vgl. Pierre/Peters 2000, 76; Jordana/Levi-Faur 2004b, 11). Eine andere Möglichkeit besteht darin, den Steuermann als Primus inter Pares ernst zu nehmen und die (indirekten) Steuerungsleistungen der anderen (ihm zuarbeitenden) Besatzungsmitglieder zu würdigen: So wird in der Governance-Perspektive typischerweise eine Mehrzahl von Steuerungssubjekten berücksichtigt (vgl. Schneider/Kenis 1996, 10); allerdings haben diese gegenüber dem offiziellen Steuermann auch eine gewisse Eigenständigkeit erlangt, die sich im Bild des Staatsschiffes allenfalls noch als Krise, jedoch nicht mehr als positiver Ordnungszustand darstellen ließe.

In einer *rechtlich-politischen* Deutung von Governance könnte die Bedeutung der Rechtsprechung und der Gerichte auf dem (angesichts neuer Herausforderungen zu reformierenden) Staatsschiff herausgestellt werden – ‚judicial governance'. Einen Ansatzpunkt dazu bietet Platons Ideal vom Steuermann, der „seine Kunst zum Gesetz machend seine Mitschiffenden erhält" – was für den Staat bedeutet, dass „diese die rechte Staatsverfassung sein wird, welche die Kraft der Kunst höher stellt als die Gesetze" (Politikos, 297a). Im platonischen Idealstaat bildet der weise Philosophenkönig an der Spitze der Regierung diese letzte Steuerungs- und Rechtsinstanz. Doch wird mit der Figur des Steuermanns nicht nur der ideale Monarch entworfen, sondern auch der moderne Verfassungsrichter vorgedacht, der sich – wie jeder ‚wahrhafte Staatsmann' – dem Recht hinter dem Geschriebenen verpflichtet sieht. Damit wird angedeutet, dass zu Lande wie zu Wasser die (Steuerungs-)Theorie bisweilen von der (Steuerungs-)Praxis überholt werden muss, wenn das gemeinsame Ziel nicht preisgegeben werden soll. In unvorhergesehenen Fällen erscheint es demnach legitim, nach allen Regeln der (Steuerungs-)Kunst zu improvisieren, d. h. das geltende Recht einer Neuinterpretation zu unterziehen. Genau dieses Phänomen aber wird, soweit daran Gerichte beteiligt sind, in der Debatte um ein ‚gouvernement des juges' problematisiert, – wobei zwar nicht der Steuermann, aber immerhin der Philosophenkönig aus Platons Schriften wiederkehrt, als abschreckendes Beispiel allerdings. Die Herausforderung besteht nun in der Deutung dieses nicht-legalistischen Begriffs politischer Steuerung vor dem Hintergrund der globalisierten politischen Ökonomie (vgl. Heydebrand 2003b, 2005). Es scheint, als verschärfe sich für die Richterschaft, die auf das Gesetz angewiesen ist, um Recht zu sprechen, mit der Dynamisierung und Informalisierung der (Staats- bzw. Wirtschafts-)Verfassung auch das Rechtfertigungsproblem: Soweit sich die Richter – im metaphorischen Sinne – als Steuerungsleute verstehen und Verantwortung für das Ganze übernehmen, geraten sie stärker als zuvor in das Dilemma von weniger Recht (durch ‚judicial self-restraint') und mehr Politik (durch ‚judicial activism'). Gerade für die richterliche (Navigations-)Kunst in den Staaten und Gesellschaften des 21. Jahrhunderts kann der Governance-Begriff somit jenseits rhetorischer auch Erkenntnis leitende Funktionen übernehmen und eine heuristisch gehaltvolle *Lehrformel* anbieten.

1.1.2 Governance als (post-)modernes wissenschaftliches Paradigma

„Governance heißt Sachverhalte regeln und kollektive Probleme lösen." (Mayntz 2004, 72): Diese Begriffsbestimmung erscheint zwar eingängig, lässt aber im Unklaren, wogegen Governance damit abgegrenzt wird, m. a. W. was eigentlich *nicht* Governance ist. Eine Möglichkeit wäre, diese Leerstelle mit ‚government' zu füllen, zu dem Governance häufig in Kontrast gesetzt wird (vgl. Benz 2004a, 19, inkl. Fn. 3). Nur ließe sich Governance dann nicht mehr (jedenfalls nicht exklusiv) im obigen Sinn definieren – Gleiches (Regelung von Sachverhalten, Lösung kollektiver Probleme) träfe ja auch für ‚government' zu. Zudem widerspricht dem Slogan von ‚governance without government' (der im Schwerpunkt Internationale Beziehungen geprägt wurde; vgl. Rosenau/Czempiel 1992), die weitenteils beibehaltene Staatszentrierung politikwissenschaftlicher Governance-Analyse (nach dem Motto ‚governance *with* government'; vgl. Pierre/Peters 2000, 12). Solche Uneindeutigkeiten des Governance-Begriffs führen zu Verwirrung (vgl. Pierre/Peters 2000, 7 u. 14), tragen ihm sogar den Ruf „postmoderner Beliebigkeit" (Benz 2004a, 27) ein. Tatsächlich handelt es sich bei Governance offenbar eher um ein heuristisches Konzept als um einen standardisierten Terminus. Im Folgenden wird der Begriff zunächst auf seinen gesellschaftstheoretischen Grundgehalt reduziert, der alle politik-, wirtschafts- und gesellschaftsbezogenen Bedeutungsspezifikationen, auf die im Weiteren eingegangen werden wird, trägt.

Governance ist ein paradoxer Begriff, der zugleich als Allgemeinbegriff für die Einheit einer Unterscheidung steht und als Sonderbegriff eine Seite der Unterscheidung näher bestimmt. Dies unterstreicht seine Eignung als ‚Kontingenzformel' (Luhmann) gesellschaftlicher Selbstreflexion und „political catchword" (Pierre/Peters 2000, 50). Zwischen Governance i. w. S. und Governance i. e. S. besteht dabei ein Verweisungsverhältnis, das über verschiedene (Teil-)Diskurse hinweg die Entwicklung einer einheitlichen (gleichwohl unterscheidungsfähigen) Semantik befördert. In diesem Bedeutungsnetz können Allgemeinheit und Besonderheit des Governance-Phänomens aneinander gesteigert und je für sich ‚begreifbarer' gemacht werden. Die Ambiguität des Governance-Begriffs, die einen Teil seiner Popularität begründet, kommt einer funktionalen Betrachtung des zugrunde liegenden, sich abstrakt wie konkret stellenden Problems zugute: der gesellschaftlichen Integration bzw. – handlungstheoretisch gewendet – der „*Interdependenzbewältigung* zwischen Akteuren durch Koordination und Steuerung" (Lange/Schimank 2003, 8; H. i. O.). Während Governance i. w. S. demzufolge das Grundanliegen sozialer Handlungsabstimmung (oder „the totality of governance"; Jessop/Sum 2006, 254) beschreibt, bezeichnet Governance i. e. S. einen besonderen Typus der Handlungskoordination und -steuerung. Hierin liegt die fundamentale Bedeutung des Governance-Begriffs.

Mit diesem Kerngehalt wird bei der Übertragung des Begriffs jedoch unterschiedlich umgegangen. So wird Governance im Deutschen entweder als Anglizismus beibehalten oder mit Begriffen wie ‚politische Steuerung' bzw. ‚Koordination und Steuerung' oder einfach ‚Regieren' wiedergegeben (vgl. Benz 2004a, 17 f.). Während ‚Steuern' und ‚Regieren' als Übersetzungen rein wortgeschichtlich nahe liegen (*griech.* κυβερναν – *lat.* gubernare – *engl.* to govern), veranschaulicht der erweiternde bzw. ergänzende Begriff des ‚Koordinierens' (*nlat.* co-ordinare) unmittelbar das zugrunde liegende Problem sozialer Ordnung. Ein weiterer Unterschied liegt in der Reflexivität (oder Wechselseitigkeit) des Koordinationsbegriffs (Subjekt – Subjekt) gegenüber der Transitivität (oder Einseitigkeit) des Steuerungsbegriffs (Subjekt – Objekt) (vgl. Benz 2004a, 20, Fn. 4) – und natürlich in der wörtlich zu nehmenden ‚Regierungsnähe' des Begriffs Regieren. Mit der etwas sperrigen Formel von ‚Koordination und Steuerung' wird der Governance-Begriff somit nicht nur ins Deutsche übersetzt (zumal der Koordinationsaspekt im Englischen gar nicht aufscheint), sondern zugleich für die soziologische Theoriebildung anschlussfähig gemacht – im deutlichen Unterschied zur Übertragung von Governance als ‚Regieren'. Der Rekurs auf die Ordnungsproblematik leitet eine „Makrokontextualisierung von

Governance-Analysen" (Lange/Schimank 2003, 17) an, die das Konzept *politischer Steuerung* (politikwissenschaftliche Perspektive) mit dem Konzept *gesellschaftlicher Integration* (soziologische Perspektive) verknüpft. Im Anschluss werden auf dieser Basis die beiden Bedeutungsebenen des Governance-Begriffs ausgeführt.

Governance im *weiteren* Sinne lässt sich nach dem Vorherstehenden bestimmen als „das Gesamt aller nebeneinander bestehenden Formen der kollektiven Regelung gesellschaftlicher Sachverhalte" (Mayntz 2004, 66) bzw. „als Oberbegriff für die verschiedenen Formen sozialer Handlungskoordination" (Mayntz 2004, 66). Mit diesen ‚Formen' sind im Grunde jegliche sozialen Institutionen gemeint, d. h., dem soziologischen Institutionalismus folgend, „socially constructed, routine-reproduced (ceteris paribus), program or rule systems" (Jepperson 1991, 149), die die Handlungsabstimmung zwischen Akteuren erleichtern, indem sie wechselseitige Erwartungen stabilisieren. Auf einer übergeordneten Ebene befasst sich die Governance-Debatte jedoch nicht mit einzelnen Institutionen in begrenzten Handlungskontexten, sondern mit der idealtypischen Beschreibung, der empirischen Validierung und dem funktionalen Vergleich umfassender Regelungssysteme oder ‚Regime', die weite gesellschaftliche Bereiche prägen. Während der Gegensatz von staatlicher (bzw. hierarchischer) und marktlicher Ordnungslogik die Pole dieses Institutionenspektrums markiert, konzentriert sich die Diskussion inzwischen auf die Herausarbeitung und Veranschaulichung ‚dritter' Regelungstypen, unter denen das Netzwerk (in seinen verschiedenen Spielarten) besonders heraussticht. Genau hieran schließt die zweite Bedeutungsebene von Governance an.

Governance im *engeren* Sinne (vgl. Benz 2004a, 17 f.) bezieht sich auf einen besonderen, ‚dritten' Typus der Koordinierung und Steuerung von Handlungen, der zunächst einmal negativ abgegrenzt wird: einerseits (meist explizit) von hierarchischer, insbesondere staatlicher Organisation (vgl. Mayntz 2004, 66), andererseits (meist implizit) von spontaner, insbesondere marktlicher Abstimmung. Der positive Gehalt dieses dritten Governance-Typus liegt jedoch weniger darin, dass die überkommene Dichotomisierung funktional gleichwertige Regelungssysteme, etwa im informellen Bereich (z. B. Gemeinschaft), von der Betrachtung ausgeschlossen hat, als vielmehr darin, dass die (analytische) Unterscheidung von Staat und Markt selbst (empirisch) nicht mehr trägt. Es wird argumentiert, dass auch *zwischen* öffentlichen und privaten (kollektiven) Akteuren vermehrter Koordinationsbedarf besteht, der seinerseits in *übergreifenden* Regelungssystemen institutionalisiert wird. Diesen kommt ‚steuerungspolitisch' eine entsprechend hohe Bedeutung zu. Gemäß einer eigenen (Verhandlungs-)Logik, die sich ‚im Schatten' von Staat und Markt vollzieht, werden in derartigen Interaktionskontexten öffentliche und private Steuerungsleistungen miteinander vermittelt. Weil der sich entwickelnde, interdependenzbetonte Steuerungstypus vorzugsweise mit der Netzwerkmetapher belegt wird, kann Governance i. e. S. auch mit ‚network governance' gleichgesetzt werden (unbeschadet der verschiedenen Nuancierungen dieses Begriffs).

Während Governance im weiteren wie im engeren Sinne bisher als analytischer Begriff ohne normativen Gehalt eingeführt wurde, bestehen im politischen wie im wissenschaftlichen Sprachgebrauch oftmals jedoch Wertbezüge. Diese können einerseits bereits im funktionalen Untersuchungsdesign angelegt sein: Während der *allgemeinere* (und zeitlosere) Governance-Begriff noch auf der „Interdependenzbewältigung" (Lange/Schimank 2003, 8) als Conditio sine qua non aller gesellschaftlichen Ordnung aufbaut, qualifiziert der *spezifischere* (und aktuellere) Governance-Begriff die gegenwärtig als besonders problematisch erfahrenen Interdependenzen und kristallisiert Strategien ihrer institutionellen Bewältigung bzw. ihres ‚Managements' heraus (vgl. Benz 2004a, 14 u. 25). Der zunächst sehr abstrakte Problemlösungsbias konkretisiert sich somit im Kriterium gelingender (Neu-)Ordnung, deren machtpolitische Grundlagen in diesem Untersuchungszusammenhang nicht hinterfragt werden (vgl. Mayntz 2004, 74 f.). Dadurch gewinnt die Governance-Analyse, zumindest aus Sicht ihrer (strukturalistisch geschulten) Kritiker, einen affirmativen Charakter. Andererseits werden Wertbezüge ausdrücklich in das – dann teilweise als ‚good governance' qualifizierte – Konzept integriert. Wiederum ist es gerade die *spezifischere* Bedeutung von Governance, die sich mit Vorstellungen einer ‚besseren' Politik verbindet und entsprechend Anhängerschaften wie Gegnerschaften mobilisiert. Dies wird besonders deutlich im Falle von ‚global governance', in deren Entwurf die Forderung nach einer neuen Weltordnung(spolitik) mitschwingt. Aus beiden hier erläuterten Fällen geht hervor, dass der vornehmlich in politisch-praktischen Diskursfeldern geprägte, engere Governance-Begriff eine größere Affinität zu Wertentscheidungen enthält (vgl. Mayntz 2004, 66; Benz 2004a, 18 f. u. 26). Im Rahmen dieser Arbeit soll Governance zwar insbesondere im Sinne der ‚network governance' zugespitzt werden, dabei allerdings weitestmöglich von normativen Konnotationen freigehalten werden. Kriterien der Effizienz, Effektivität, Legitimität etc. erzielter Problemlösungen gelten demgemäß nicht als Bestandteil des Konzepts, können (und ‚sollten') aber die hier vorgenommene Analyse sinnvoll ergänzen (vgl. Benz 2004a, 27).

Governance steht im Ruch, ein Modewort zu sein, zumal der Begriff im Deutschen – trotz wohl begründeter Übersetzungsvorschläge – vielfach als Anglizismus beibehalten wird, wie auch überwiegend in dieser Arbeit (vgl. Benz 2004a, 12). Gleichwohl ist Governance kein alltagssprachlicher Begriff; seine gegenwärtige Popularität beschränkt sich im Englischen wie im Deutschen auf den politischen und metapolitischen (akademischen) Diskurs. Die (Wieder-)Entdeckung und (Neu-)Prägung des Governance-Begriffs wird deswegen auch als Ausdruck eines semantischen Wandels und Paradigmenwechsels in der steuerungspolitischen Debatte interpretiert (Mayntz 2004, 66; Mayntz 1993, 10 f.; vgl. Mayntz 1996b; Mayntz 1998; Mayntz/Scharpf 2005). Dieser wiederum kann – unter der Voraussetzung der Erfahrbarkeit und Repräsentierbarkeit von Wirklichkeit – auf ‚reale' Veränderungen in den gesellschaftlichen Regelungssystemen zurückgeführt werden. In konstruktivistischer Sicht gelten semantischer und struktureller Wandel indessen als gleichermaßen ‚real' und beiderseits kommunikativ vermittelt. Weil die ‚Realität' von Governance somit keine Selbstverständlichkeit ist, bedarf die Konstruktion eines (empirischen) Forschungsgegenstands mit diesem Namen wissenschaftstheoretischer (epistemologisch-ontologischer) Klärung und Rechtfertigung. In der Governance-Debatte tritt diese Problematik jedoch eher an den Rand. Diese Arbeit schließt sich der um

Vermittlung der unterschiedlichen Wissenschaftsauffassungen bemühten Position an, Governance als Ausdruck eines „doppelten Prozesses der Veränderung der Realität und der Wahrnehmungen bzw. Interpretationen dieser Realität" (Benz 2004a, 13) zu begreifen. Es wird also zum einen davon ausgegangen, dass sich die Realität gesellschaftlicher Regelungssysteme verändert hat, also ein signifikanter institutioneller Wandel eingetreten ist – und zwar im großen Maßstab: „Die realen Veränderungen betreffen nicht nur den Staat, sondern auch die Wirtschaft und Gesellschaft, sie spielen sich auf lokaler, nationaler und internationaler Ebene ab, betreffen Institutionen ebenso wie Verfahren, Modalitäten und Ergebnisse der Erfüllung öffentlicher Aufgaben[,] und sie fallen in verschiedenen Aufgabenfeldern sehr unterschiedlich aus." (Benz 2004a, 13 f.). Governance, als Chiffre für die strukturelle Variabilität und Evolution gesellschaftlicher Regelungssysteme, bezeichnet insofern ein empirisches Phänomen. Allerdings ist diese ‚objektive' Wirklichkeit (schon wegen der Abstraktheit und Komplexität ihres Erscheinens) nicht unmittelbar evident, sondern lediglich ‚intersubjektiv', als Widerstand in Kommunikationen erfahrbar. Das bedeutet, dass – nicht nur in der wissenschaftlichen Praxis – ein verallgemeinerndes theoretisches Konstrukt die Rolle des Platzhalters für eine Vielzahl mehr oder minder zusammenhängender Einzelbeobachtungen übernimmt. Die Angewiesenheit der Realitätserfahrung auf solch einen ‚überdimensionierten' Begriff kommt einer exponentiellen Steigerung des Basissatzproblems gleich und erschwert somit erheblich die postulierte Unterscheidung „between governance as phenomenon and governance as theory or analytical framework" (Pierre/Peters 2000, 24).

Als hochgradig theoriegeladener Beobachtung verbindet sich mit Governance daher vor allem eine besondere Betrachtungsweise, die „die Aufmerksamkeit dessen lenkt, der sich mit der Wirklichkeit in systematischer Weise beschäftigt" (Benz 2004a, 19). In der Wahl und Verwendung des neuen Vokabulars (das zur Betonung des Paradigmenwechsels im Deutschen oft unübersetzt bleibt) kommt demnach – „[i]n addition to the perennial changes in academic fads and fashions" (Pierre/Peters 2000, 51) – eine veränderte Sicht, genauer: eine der veränderten Wirklichkeit angemessenere Sicht, zum Ausdruck. Mit Governance werden somit „bereits seit längerem abgelaufene oder noch ablaufende Veränderungen ‚auf den Begriff gebracht'" (Benz 2004a, 13). Während sich diese (realistische) Rechtfertigung eines neuen sozialwissenschaftlichen Konzepts auf Governance i. e. S. bezieht, mit der – zumindest im Entstehungs- und Verwendungskontext – vielfach Gestaltungsabsichten verbunden sind, lässt sich die Verständigung auf Governance i. w. S. als Oberbegriff für unterschiedlichste Regelungssysteme wohl eher (konstruktivistisch) mit der Entdeckung eines neuen Vergleichsgesichtspunktes, z. B. ökonomischer Transaktionskosten, politischer Steuerungseffekte oder gesellschaftlicher Integrationsleistungen, begründen. In diesem Falle wäre für die neue Begriffsmode ein tatsächlicher institutioneller Wandel nicht vorausgesetzt.

Zu erwähnen bleibt schließlich der ‚Theorieeffekt' (Bourdieu), den die begriffliche Repräsentation (oder Konstruktion) der Wirklichkeit auf die Wirklichkeit selbst hat. Durch Anpassung der Akteure an (einflussreiche) Beschreibungen der Realität, wird die Realität auch den Beschreibungen angepasst (vgl. Benz 2004a, 13). Struktur und Semantik sind somit über die praktischen Wirkungen der Sprache, die Definitionsgewalt, rückgekoppelt. Allerdings verharrt die solchermaßen im Governance-Begriff enthaltene Theorie bisher im Stadium einer „proto-theory" (Pierre/Peters 2000, 7). Maßgebliche Rückwirkungen auf die Wirklichkeit sind daher eher in – theoretisch stringenteren – Sonderdiskursen wie der Debatte über ‚corporate governance' zu erwarten. Angesichts der Vielfalt sozialwissenschaftlicher Theorien, die sich mit der gewählten Betrachtungsweise vereinbaren lassen bzw. diese bereits für sich adaptiert haben, ist auch in absehbarer Zeit nicht davon auszugehen, dass sich der Governance-Ansatz in einer einzigen, einheitlichen und geschlossenen Theorie verdichtet. Diese Pluralität des Zugangs (ob vonseiten der Handlungs-, Struktur-, Institutionen- oder Systemtheorie, der Politologie oder Soziologie, Wirtschafts- oder Rechtswissenschaft) erlaubt es, das heuristische Potenzial des Begriffs in mehreren Dimensionen, theorie- und disziplinübergreifend auszuschöpfen: „Insofern steht man mit dem Governance-Begriff immer am Beginn der wissenschaftlichen Arbeit." (Benz 2004a, 27).

1.2 Staats-, wirtschafts- und gesellschaftsbezogener Governance-Begriff

Als (übergeordnetes) sozialwissenschaftliches Paradigma ermöglicht Governance, unterschiedliche Forschungsstränge, die mit Fragen der Koordination und Steuerung befasst sind, miteinander zu verknüpfen. In Anlehnung an die (tradierte) interdisziplinäre Arbeitsteilung und anknüpfend an die (ideelle) Unterscheidung von Staat, Wirtschaft und (Zivil-)Gesellschaft als den drei ‚Sektoren' einer (Gesamt-)Gesellschaft bzw. alternativen Sphären sozialen Handelns, wird der Governance-Ansatz im Folgenden entsprechend in dreifacher Weise spezifiziert. Eine solche Gegenüberstellung von staatsbezogenem, wirtschaftsbezogenem und gesellschaftsbezogenem Governance-Begriff bietet ein Raster, mit Hilfe dessen das Untersuchungsanliegen dieser Arbeit – ‚judicial governance' – genauer eingegrenzt werden kann. Um ein konsistentes Bild des governance-analytischen Forschungsspektrums zu erhalten, wird bei der Darstellung auf bereichsspezifische Sonderdiktionen verzichtet und so weit wie möglich an der oben eingeführten, dem soziologischen Institutionalismus zuordenbaren Grundterminologie festgehalten, die Governance mit der Handlungswirksamkeit gesellschaftlicher Regelungssysteme (formeller oder informeller Art) gleichsetzt. Auch die in diesem Zusammenhang diskutierte Doppelwertigkeit von Governance als Allgemein- und Sonderbegriff wird zur Abgrenzung der unterschiedlichen Positionen beibehalten; der dreigeteilten Darstellung zugrunde liegt jedoch insbesondere die Distinktionskraft des (verschiedenerlei gefassten) Sonderbegriffs.

1.2.1 Staatsbezogener Governance-Begriff

Soweit die Politikwissenschaft politische Systeme als ihren Gegenstandsbereich bestimmt und diese entlang staatlicher Grenzen differenziert, folgt sie den Konventionen eines ‚methodologischen Nationalismus'. Wenn zudem dem Staat als solchem der analytische Primat zukommt (wodurch dessen besondere Handlungsfähigkeit suggeriert wird), lässt sich mit gewissem Recht auch von einem ‚methodologischen Etatismus' sprechen. Tatsächlich haben staatszentrierte Ansätze gerade in der westeuropäischen (im Unterschied zur nordamerikanischen) Politikwissenschaft eine starke Tradition (vgl. Schultze 2002, 910), die erst in jüngerer Zeit durch eine größere Skepsis (bis hin zum Pessimismus) gegenüber der staatlichen Planung und Steuerung herausgefordert wird (vgl. Braun 2002, 912 ff.). Genau diese Spannung zwischen der kategorialen Bedeutung des Staates und seiner nachträglichen Relativierung kommt im staatsbezogenen Governance-Begriff zum Ausdruck, der heute einen beträchtlichen Teil der (politikwissenschaftlichen) Steuerungsdebatte bestimmt. Als bester Beleg für die Verwendung eines staatsbezogenen Governance-Begriffs kann paradoxerweise dessen Abgrenzung zu ‚government' gelten, einem Begriff, der die traditionellen staatszentrierten Analysestandards *vor* der Governance-Wende repräsentiert. Entscheidend für die hier dargestellte Governance-Perspektive ist jedoch, dass der Staat auch *nach* dem steuerungspolitischen und governance-analytischen Paradigmenwechsel seinen normativen Charakter beibehält. Im Unterschied zu einer radikal gesellschaftlichen Governance-Perspektive, in der getreu dem Motto ‚governance without government' die Rolle des/r Staates/n marginalisiert erscheint, lässt sich diese Untersuchungsperspektive daher auch auf die mildere Formel von ‚governance *with* government' bringen (vgl. Benz 2004a, 19 ff; Pierre/Peters 2000, 15 ff.).

Mit der Bildung des Gegensatzpaars von ‚government' und ‚governance' wird deutlich, dass hier auf die *spezifischere* Bedeutungsebene von Governance abgehoben und deren empirische Besonderheit und Neuartigkeit herausgestellt wird. Demselben Zweck dient, von einer *allgemeineren* Governance-Definition ausgehend, die Gegenüberstellung von ‚old governance' und ‚new governance' (Peters 2000, 36 ff.). Der Paradigmenwechsel lässt sich also an beiderlei Begriffsextensionen festmachen. Nichtsdestoweniger unterscheidet sich der (politikwissenschaftliche) Oberbegriff ‚politische Steuerung' von seinem (soziologischen) Gegenstück ‚Koordination und Steuerung', obwohl beide eine Mehrzahl unterschiedlicher Regelungssysteme umfassen: Politische Steuerung bezieht sich allein auf die ‚absichtsvolle Regelung kollektiver Sachverhalte', schließt also Mechanismen der privaten Interessenabstimmung oder spontanen Verhaltenskoordination, insbesondere marktliche und gemeinschaftliche Regelungssysteme, per definitionem aus (vgl. Mayntz 2004, 67). Darin spiegelt sich der engere Institutionenbegriff der Politikwissenschaft wider, der sich auf (staatlich verbürgte) Regelungssysteme beschränkt, die im öffentlichen Interesse für Recht und Ordnung sorgen (vgl. Czada 2002, 354).

Das Konzept politischer Steuerung folgt dabei dem in der Politikwissenschaft gebräuchlichen dreidimensionalen Politikbegriff, dessen formale Dimension (polity) auf die institutionelle Ordnung politischer Systeme, insbesondere die Rechtsordnung, Bezug nimmt, dessen prozessuale Dimension (politics) sich auf den konflikthaften Prozess der Interessenvermittlung und Entscheidungsfindung, insbesondere die Rechtsetzung, bezieht und dessen inhaltliche bzw. materielle Dimension (policy) auf die politisch-administrative Verarbeitung von Problemen und Implementation von Lösungen, insbesondere durch Verrechtlichung, verweist (vgl. Druwe 1987, 394 f.). Wie aus den Einschüben zu dieser Begriffsbestimmung ersichtlich, spielt allein der Aspekt rechtlicher Regelung – als Spezialfall politischer Steuerung – in allen drei Dimensionen des Politikbegriffs eine wichtige Rolle; somit dürfte unmittelbar einleuchten, dass „mit dem Begriff Governance der Gesamtzusammenhang von *polity* (Institutionen), *politics* (Prozesse) und *policy* (Politikinhalte) erfasst werden kann" (Benz 2004a, 15). Es ist jedoch nicht die rechtliche bzw. rechts-staatliche Verklammerung von Form, Prozess und Inhalt der Politik, die das Wesen von Governance ausmacht, sondern gerade deren Überformung durch andere Steuerungstypen, die nicht allein von Staats wegen gelten.

In der ‚neuen' Governance-Perspektive steht der Staat dem Markt bzw. der Gesellschaft nicht mehr nur gegenüber, sondern tritt mit diesen, um der ‚absichtsvollen Regelung kollektiver Sachverhalte' (Mayntz) willen, in Wechselwirkung: „[T]he new governance is a strategy to link the contemporary state to the contemporary society." (Pierre/Peters 2000, 51 f.). Statt gesellschaftliche Probleme ausschließlich im Rahmen staatlicher Hierarchien zu bearbeiten, werden die Lösungsbeiträge unterschiedlicher, als komplementär geltender Regelungssysteme (z. B. Staat, Markt, Netzwerk, Gemeinschaft) miteinander kombiniert, so dass ein institutioneller Gesamtzusammenhang entsteht, der auch als ‚meta governance' bezeichnet wird (vgl. Benz 2004a, 20 f.; Jessop/Sum 2006, 267 f.). Wenn die Aufgabe des Managements der öffentlich-privaten Interdependenzen in der staatsbezogenen Governance-Perspektive weiterhin dem Staate zugeschrieben wird, dann nur mehr als einem (besonders legitimierten) Primus inter Pares (vgl. Pierre/Peters 2000, 13 u. 82 f.; Mayntz 2004, 72). Als steuerungspolitisches Leitbild dieses Governance-Typus hat sich der kooperative Staat (in der Politics-Dimension) bzw. der regulative Staat (in der Policy-Dimension) herauskristallisiert, der sich vom Interventionsstaat der ‚alten' Governance-Perspektive maßgeblich unterscheidet.

Der Begriff der Kooperation charakterisiert das für den Steuerungserfolg konstitutive Zusammenwirken staatlicher und privatwirtschaftlicher bzw. zivilgesellschaftlicher Akteure in Politiknetzwerken, in denen politische Entscheidungen ausgehandelt werden. Generell lassen sich (‚lose gekoppelte') Netzwerke als institutionelle Regelungssysteme beschreiben, die insofern eine Mittelstellung zwischen hierarchischen und marktlichen Ordnungsformen einnehmen, als sie wesentliche Eigenschaften beider verknüpfen – z. B. Kontrolle einerseits, Autonomie andererseits (Mayntz 1996a, 477 f.). Die Institutionalisierung des (öffentlich-privaten) Interdependenzmanagements in Politiknetzwerken entspricht dabei dem Integrationsproblem, das sich einer funktional differenzierten Gesellschaft stellt, in der bestimmte Teilsysteme und die sie repräsentierenden Organisationen ein hohes Maß an (relativer) Autonomie gewonnen haben (vgl. Mayntz 1996a, 474 ff.). In diesem Kontext verweist Governance auf „die gewachsene Bedeutung von Verhandlungen und Verhandlungssystemen für die Entwicklung und Implementation von Politik im kollektiven Interesse" (Mayntz 2004, 71), d. h. auf die Notwendigkeit einer verantwortlichen Einbindung sektoraler korporativer Akteure in die politische Steuerung. Diese ‚Verhandlungsnetzwerke' – um die beiden Schlüsselbegriffe in einem Wort zusammenzuziehen – arbeiten sowohl im Schatten der (staatlichen) Hierarchie als auch des (marktlichen) Wettbewerbs und gegebenenfalls der (gemeinschaftlichen) Solidarität, was bedeutet, dass die Verhandlungslogik von der Suspension anderer Regelungsmodi abhängt und die Autorität der Netzwerkakteure auf den ihnen verfügbaren Handlungsalternativen beruht.

Aus politikwissenschaftlicher Sicht interessiert nun (zumindest außerhalb der Debatte um ‚global governance') die Leistungsfähigkeit des kooperativen Staats gegenüber dem Interventionsstaat mehr als das Ordnungspotenzial entstaatlichter bzw. außerstaatlicher Regelungssysteme. Da am Steuerungs- und Koordinierungsanspruch des Staates grundsätzlich festgehalten wird, befasst sich die Governance-Analyse hier vornehmlich mit dem veränderten Stellenwert des Staates und den Modalitäten staatlicher Machtausübung im Rahmen oder im Hintergrund von Verhandlungen (vgl. Mayntz 2004, 72; Pierre/Peters 2000, 18). Die empirische und theoretische Dimension des Governance-Begriffs lassen sich für die staatszentrierte Perspektive demnach folgendermaßen zuspitzen:

> „[O]n the one hand it refers to the empirical manifestations of state adaptation to its external environment as it emerges in the late twentieth century. On the other hand, governance also denotes a conceptual or theoretical representation of co-ordination of social systems and, for the most part, the role of the state in that process." (Pierre 2000, 3)

Die normative Prämisse dieses Ansatzes besteht darin, dass Wirtschaft und Gesellschaft trotz zugestandener Selbstregulierungskapazitäten staatlicher Steuerung bedürfen (vgl. Peters 2000, 40 f.), woraus die Verankerung dieses Governance-Begriffs in (staatsnahen) politisch-praktischen Diskursen ersichtlich wird.

1.2.2 Wirtschaftsbezogener Governance-Begriff

Zwar entstammt Governance als (moderner) Terminus dem politisch-administrativen Bereich – mit Nachweisen bis ins späte Mittelalter (insbesondere für *frz.* ‚gouvernance', vgl. Demers 1999, 369; Pierre/Peters 2000, 1; Schmitt von Sydow 2001, 171); in der aktuellen sozialwissenschaftlichen (Grund-)Bedeutung als ‚institutionelle Koordinierung sozialer Handlungen', auf die sämtliche Begriffsspezifikationen zurückgehen, wurde Governance jedoch nicht in der Politikwissenschaft geprägt, sondern in der Wirtschaftswissenschaft (vgl. Benz 2004a, 15; Mayntz 2004, 66). Am sichtbarsten wird dieser Entstehungskontext noch in der Ableitung ‚corporate governance', die im Mittelpunkt einer Debatte um die Führung und Überwachung von (Groß-)Unternehmen im Interesse der ‚shareholders' (und gegebenenfalls ‚stakeholders') steht. Dieser Sonderverwendung gehen jedoch gedanklich zwei Entwicklungsschritte voraus (Abstraktion und Konkretisierung), die ihre Entsprechung in zwei voneinander abgrenzbaren, wirtschaftsbezogenen Governance-Diskursen finden. Demnach lassen sich unterscheiden ein wirtschaftstheoretischer, institutionenökonomisch einzuordnender und ein politökonomischer, den historischen und soziologischen Institutionalismus einbeziehender Gebrauch des Governance-Begriffs (vgl. Benz 2004a, 15 f. u. 24 f.; Lütz 2004, 48 ff.).

Tatsächlich geht die Einführung des Governance-Begriffs in die Ökonomik mit deren institutionentheoretischen Wendung (und interdisziplinären Öffnung) einher, die der Einsicht in die Bedeutung von (formellen wie informellen) Regeln für den wirtschaftlichen Austausch zu verdanken ist: „[E]conomic action is a special case of social action and, therefore, needs to be coordinated or governed by institutional arrangements." (Hollingsworth u. a. 1994, 4; vgl. Benz 2004a, 16). Auf dieser Grundlage wird der funktionale Vergleich der Koordinierungsleistung ungleichartiger Regelungssysteme möglich. Insoweit findet im Rahmen der genannten Diskurse auch konsequent der *weiter* gefasste Governance-Begriff Verwendung. Eine normative Färbung gewinnen die Analysen lediglich durch ihr besonderes Erkenntnisinteresse, sofern dies auf die Herausstellung bestimmter institutioneller Äquivalente abzielt, die dann allerdings – anders als im staatsbezogenen Diskurs – nicht mit dem *enger* gefassten Governance-Begriff belegt werden. Im Ausnahmefall von ‚corporate governance' gilt das Attribut als unverzichtbar Bestandteil des Begriffs und markiert einen eigenen, weithin geschlossenen (Anwendungs-)Diskurs, der jedoch nicht den Governance-Begriff als solchen, sondern lediglich seinen Bedeutungskontext spezifiziert.

Auf den primär wirtschaftstheoretischen, institutionenökonomischen Governance-Diskurs ist hier nur insoweit einzugehen, als er anhand eines Vergleichs der Transaktionskosten den (neo-)klassischen Urtypus wirtschaftlicher Koordination – den freien Markt – um die Alternative der Unternehmenshierarchie ergänzt und damit den Weg zur Einbeziehung auch weiterer Koordinationstypen, wie des Staates oder des Netzwerks, geebnet hat (vgl. Lütz 2004, 149; Hollingsworth/Boyer 1997, 7 f.; Schneider/Kenis 1996, 14 ff.). Die nunmehr sichtbare Vielfalt und Komplexität von Regelungssystemen im Bereich der Wirtschaft inspiriert eine politökonomische Debatte um unterschiedliche institutionelle ‚Konfigurationen' oder ‚Varianten' der Marktwirtschaft. Gegenüber der (reinen) Institutionenökonomik wird dabei empirisch wie analytisch ein neuer (ganzheitlicher, interdisziplinärer) Schwerpunkt gesetzt, der nicht nur betriebswirtschaftlich, sondern auch wirtschaftspolitisch relevante Aussagen ermöglicht. Den Bezugspunkt des wirtschaftsbezogenen Governance-Begriffes bildet jedoch nicht der Staat, sondern das Unternehmen, und zwar als Steuerungssubjekt und nicht -objekt (vgl. Lütz 2004, 148; vgl. Gamble 2000, 110). Das Unternehmen wird als Knotenpunkt wirtschaftlicher und sozialer Beziehungen, d. h. koordinierungsbedürftiger Interdependenzen betrachtet: „[B]ecause its capabilities are ultimately relational, a firm encounters many coordination problems. Its success depends substantially on its ability to coordinate effectively with a wide range of actors." (Hall/Soskice 2001b, 6; vgl. Hollingsworth/Boyer 1997, 6). Über seine Schnittstellen zur wirtschaftlichen, gesellschaftlichen und politischen Umwelt in den Bereichen industrielle Beziehungen, berufliche Aus- und Weiterbildung, ‚corporate governance', zwischenbetriebliche Beziehungen und Beschäftigte (Hall/Soskice 2001b, 6 f.) wird es zum Teil eines umfassenden Beziehungsgefüges, eines ‚sozialen Produktionssystems', in dem „a society's idiosyncratic customs and traditions as well as norms, moral principles, rules, laws, and recipes for action" (Hollingsworth/Boyer 1997, 2) ihren Ausdruck finden. All diese Institutionen ermöglichen und beschränken zugleich das unternehmerische Handeln (vgl. Hall/Soskice 2001b, 9; Hollingsworth/Boyer 1997, 2).

Auf dieser Grundlage lassen sich beispielsweise eine ‚koordinierte' und eine ‚liberale' Spielart der volkswirtschaftlichen Koordinierung unterscheiden, wobei die terminologische Redundanz darauf zurückzuführen ist, dass aus institutionentheoretischer Sicht in der *einen* Variante des Kapitalismus ein besonderer Regelungstypus (jenseits von Markt und Unternehmen) hervortritt, der in der *anderen* weitgehend fehlt, jene gegenüber dieser also als besonders, d. h. auf besondere Weise, koordiniert erscheinen lässt (vgl. Hall/Soskice 2001b, 8; inkl. Fn. 6). Tatsächlich entspricht die als liberal bezeichnete Marktwirtschaft (v. a. im angloamerikanischen Raum) noch annäherungsweise dem auf Märkte, Unternehmen und wenig Staat reduzierten (post-)neoklassischen Wirtschaftsmodell, während sich die für koordinierte Ökonomien (v. a. im kontinentaleuropäischen Raum) charakteristischen Regelungsformen erst im politökonomischen Alternativmodell ausreichend nachvollziehen lassen (vgl. Hall/Soskice 2001b, 9 f. u. 14). Besondere Aufmerksamkeit erfährt dabei das Netzwerk – das horizontal oder (wider den Anschein) auch vertikal organisiert sein, eigeninteressiertes oder aber normkonformes Handeln voraussetzen kann (Hollingsworth/Boyer 1997, 10):

> „In all of this, actors are neither integrated into a formal organization nor do they act autonomously within a market. Rather, actors are loosely joined to each other in long-term relationships that ensure their capacity to cooperate and collaborate with each other through repeated exchanges." (Hollingsworth/Boyer 1997, 8)

Eine weitere (konzeptuelle) Ausdifferenzierung der Regelungssysteme erbringt neben dem Markt, dem Unternehmen, dem Staat und dem Netzwerk noch den Verband und die Gemeinschaft (vgl. Lütz 2004, 152; Hollingsworth/Boyer 1997, 15 ff.).

Der wirtschaftsbezogene Governance-Begriff stellt den Koordinierungsbedarf der Unternehmen ins Zentrum der Analyse, erfasst von dort aus jedoch die gesamte politische Ökonomie, inklusive der „structure of the state and its policies" (Hollingsworth/Boyer 1997, 2). So gilt der Staat in der Logik dieses Ansatzes – unbeschadet eines davon abweichenden Erkenntnisinteresses – als (Voraus- oder Rand-)Bedingung der Selbstregulierung der Wirtschaft, nicht aber als deren Steuerungsinstanz; er schafft mit der Wirtschaftsordnung zwar eine Grundlage für die erfolgreiche Interdependenzbewältigung, sein Anteil an der ökonomischen Koordinationslast interessiert jedoch nur bedingt (vgl. Gamble 2000, 110 f.; Lütz 2004, 151). In der staatsbezogenen Governance-Perspektive bedarf die Wirtschaft hingegen – unter dem Verweis auf Marktversagen und Kollektivgutprobleme – grundsätzlich der Steuerung durch den Staat (vgl. Pierre/Peters 2000, 106 f.); es wird ein Subjekt-Objekt-Verhältnis suggeriert. Allerdings wird mit ‚new governance' auch im Rahmen des staatlichen Interdependenzmanagements zunehmend das Selbstregulierungsvermögen wirtschaftlicher Akteure in Rechnung gestellt. Es sind demnach insbesondere die öffentlich-privaten Governance-Netzwerke (als Schnittstellen der politischen Steuerung und wirtschaftlichen Koordinierung), in denen sich die Problemzugänge von politik- und wirtschaftswissenschaftlicher Seite treffen (vgl. Schneider/Kenis 1996, 17 ff.).

1.2.3 Gesellschaftsbezogener Governance-Begriff

Die Governance-Debatte wirft das Problem gesellschaftlicher Ordnung (neu) auf: „In der Soziologie ist die theoretische und empirische Beschäftigung mit dieser Ordnungsthematik vor allem unter dem Begriff der gesellschaftlichen *Integration* gelaufen. In der Politikwissenschaft ist für die Ordnungsfrage in neuerer Zeit *Governance* als theoretisches Konzept ausgearbeitet worden." (Lange/Schimank 2003, 4; H. i. O.). Demnach steht in der Governance-Perspektive das Steuerungs- und Koordinierungs*handeln* im Vordergrund, weniger seine Integrations*funktion* (Lange/Schimank 2003, 16). Andererseits wird an der (gesellschaftstheoretischen) Nahtstelle von Soziologie und Politikwissenschaft das (intentionale) Steuerungshandeln – ‚governing' – von der (systemischen) Steuerungsfunktion – ‚governance' – unterschieden (Mayntz 1993, 11; Kooiman 1993, 257 f.). Der Governance-Begriff besitzt sowohl Prozesscharakter, wie schon an der Wortbildung – Substantivierung eines Verbs – erkenntlich ist, als auch Strukturcharakter, insofern Abstimmungsprozesse auf Dauer gestellt, in Form von Regelungssystemen institutionalisiert werden (vgl. Schneider/Kenis 1996, 10; Pierre/Peters 2000, 14 ff.). Jenseits der Dichotomie von Struktur und Handlung lässt sich schließlich festhalten, „that governing and governance are subjected to a permanent process of mutual interaction" (Kooiman 1993, 258). Ob Handlung, Prozess, Struktur oder Funktion: Governance ist offenbar keiner Kategorie eindeutig und unwidersprochen zuordenbar.

Als weiterführend erweist sich für die Deutung des gesellschaftsbezogenen Governance-Begriffs jedoch die Unterscheidung – und Einheit – von Koordination und Steuerung, durch die es möglich wird, die durch die Konzepte der politischen Steuerung einerseits und der wirtschaftlichen Koordinierung andererseits markierten Debattenschwerpunkte gesellschaftstheoretisch zurückzubinden: Während es sich bei Steuerung im sinnbildlichen Gebrauch um eine intentionale und transitive Form der (Inter-)Aktion handelt, bezieht Koordinierung darüber hinaus auch transintentionale Formen und Effekte der (Inter-)Aktion mit ein und betont überdies die Wechselseitigkeit der Handlungsabstimmung (vgl. Lange/Schimank 2003, 7 f. u. 13 f.). Wird Koordinierung nicht als Oberbegriff, sondern als Gegenbegriff zu Steuerung verwendet, werden Steuerungstätigkeiten definitorisch ausgeschlossen – mithin auch weite Bereiche des Staatshandelns, die den Bezugspunkt des staatsbezogenen Governance-Begriffs bilden. Soziologisch gehaltvoller (und auch wortgetreuer) erscheint jedoch die Subsumierung sämtlicher Bewältigungsformen der Interdependenz zwischen Akteuren, die zu gesellschaftlicher Ordnung führen, unter den Koordinierungsbegriff. Hierzu zählen insbesondere alle Tätigkeiten der Beobachtung, Beeinflussung und Verhandlung, die – mit zunehmendem Nachdruck – ein- oder mehrseitige Anpassungs(re)aktionen nach sich ziehen. Finden solche Koordinierungsaktivitäten regelmäßig, d. h. wiederholt und in ähnlichem Muster statt, können sich stabile wechselseitige Erwartungen, mithin gemeinsame Institutionen herausbilden (vgl. Lange/Schimank 2003, 10 ff.). Idealtypen solcher (aggregierten) Regelungssysteme bilden der Markt (Koordination durch Beobachtung), die Gemeinschaft (Koordination durch Beobachtung und Beeinflussung), das Netzwerk (Koordination durch Beobachtung, Beeinflussung und Verhandlung) und der Staat (Koordination durch Beobachtung, Beeinflussung und Verhandlung unter einem staatlichen Gewaltmonopol) (vgl. Lange/Schimank 2003, 11 ff.).

Der gesellschaftsbezogene Governance-Begriff unterscheidet sich nun vom staatsbezogenen Governance-Begriff durch die Berücksichtigung nicht nur staatlicher, sondern auch gesellschaftlicher Akteure als Steuerungssubjekte, sieht – eine handlungstheoretische Begriffswahl unterstellt – aber keine Erweiterung der einbezogenen Koordinierungstätigkeiten auf solche auch ohne Regelungsabsicht vor:

> „Given a perspective that allows for governance occuring apart from what governments do, here governance is conceived of as systems of rule, as the purposive activities of any collectivity that sustain mechanisms designed to insure its safety, prosperity, coherence, stability, and continuance." (Rosenau 2000, 171)

Zugleich bezieht sich der so gefasste Governance-Begriff weniger auf die (Gesamt-)Gesellschaft als auf die (Zivil-)Gesellschaft, die dem Staat gegenübergestellt wird – ‚government' versus ‚governance' (bzw. ‚state-centric world' versus ‚multicentric world'; Rosenau 2000, 172 f. u. 188). Mit der Einnahme einer gesellschaftszentrierten Perspektive (‚societal governance'; Kooiman 2000; vgl. Koob 1999) wird der steuerungstheoretische Paradigmenwechsel radikalisiert und eine (antietatistische) Konzeptualisierung von ‚governance without government' möglich – nicht zuletzt in der Form von ‚global governance' (vgl. Rosenau 2000, 172). Die normative Prämisse des gesellschaftsbezogenen Governance-Ansatzes besteht dabei in dem Selbststeuerungspotenzial der Zivilgesellschaft, dem die steuerungspolitische Zusammenarbeit mit dem Staat und die Verstaatlichung von Steuerungsaufgaben nachgelagert sind (Peters 2000, 36 u. 41 f.; Kooiman 2000, 146 ff.).

Gleichwohl bildet weniger die zivilgesellschaftliche Selbstregulierung als solche den Schwerpunkt der gesellschaftsbezogenen Governance-Debatte als wiederum ein besonderes Interdependenzproblem: „the organization of interactive governance processes for social-political problems with a complex, dynamic and diverse character" (Kooiman 1993, 255). Im Kern geht es hierbei um Strukturen und Prozesse des so genannten ‚co-governing', d. h. der steuerungspolitischen Vernetzung zwischen öffentlichen und privaten Akteuren, als ‚dritten' Typus der Koordination neben ‚self governing' und ‚hierarchical governing' (vgl. Kooiman 2000, 147 ff). Hier sind zunächst jene (hybriden) Governance-Netzwerke angesprochen, deren Bedeutung auch für die politische Steuerung und für die wirtschaftliche Koordinierung in Wissenschaft und Praxis herausgestrichen wird, wenn auch an die Stelle der Bezugsgrößen Staat und Markt nun die Zivilgesellschaft tritt. Jedoch werden die Regelungssysteme von Staat und Gesellschaft nicht nur um einen dritten Typus, das öffentlich-private Netzwerk, ergänzt, sondern eben dadurch auch miteinander integriert. Das wirft zum einen die Frage auf, inwieweit sich staatliche, gesellschaftliche und intermediäre Handlungssphäre noch voneinander abgrenzen lassen, zum anderen, nach welchen Regeln ihre Integration erfolgt. Offenbar eignet sich der Netzwerkbegriff, mit dem sich nicht nur horizontale, sondern auch vertikale (Wechsel-)Beziehungen erfassen lassen, auch zur Beschreibung des übergreifenden Regelungssystems (vgl. Schneider/Kenis 1996, 23 f.). Demnach stünde auch ‚network governance' nicht nur für eine Unterscheidung, sondern ebenso für eine Einheit: für die Ausdifferenzierung eines heterarchischen Governance-Typus wie für dessen Verallgemeinerung auf der Ebene von ‚meta governance'.

1.3 Governance und Regulierung als Kategorien der Staatlichkeit

Governance und Regulierung sind auf verschiedenen Bedeutungsebenen sinnverwandte Konzepte: Beide beziehen sich bei allgemeiner Betrachtung auf Strukturen und Prozesse der Regelung sozialen Verhaltens (inklusive spontaner, transintentionaler oder informeller Koordinierung) und rücken bei größerer Zuspitzung die Interaktionen innerhalb (neuartiger) öffentlich-privater Netzwerke in den Blickpunkt. Die gebräuchlichste Fassung des Regulierungsbegriffs innerhalb dieses Bedeutungsspektrums (vgl. Picciotto 2002, 1 ff.; Baldwin/Cave 1999, 1 f.; Jordana/Levi-Faur 2004b, 3 ff.; Feick 1987, 458) bezieht sich auf die politische Steuerung ökonomischer Transaktionen, kurzum: das Verhältnis von Staat und Wirtschaft, entspricht also einer Verquickung des staatsbezogenen Governance-Begriffs mit dem wirtschaftsbezogenen Governance-Begriff. Aus dieser Zwischenstellung resultiert die (normative) Ambivalenz des Regulierungskonzepts, das gleichermaßen zur Verhinderung von Marktversagen – Primat der Politik – und Staatsversagen – Primat der Wirtschaft – geeignet scheint und in Politik- und Wirtschaftswissenschaft entsprechend unterschiedliche Akzentuierungen erfahren hat. Der Regulierungsbegriff wird im Folgenden zur (politökonomischen) Anreicherung des Governance-Konzeptes als Einheit der Unterscheidung von Regulierung (oder auch Reregulierung) und Deregulierung verwendet und damit jenseits der mit dieser Dichotomie verbundenen wirtschaftspolitischen Auseinandersetzungen gestellt. Beide Konzepte – Governance und Regulierung – dienen in dieser Arbeit somit zur Bestimmung distinkter (und kontingenter) politökonomischer Merkmale der Staatlichkeit.

1.3.1 Politökonomische Begriffe staatlicher Regulierung

Das politökonomische Konzept des regulativen Staates stützt sich auf einen sehr eng gefassten Regulierungsbegriff, der für die Standardsetzungs-, Überwachungs- und Sanktionsbefugnisse politisch unabhängiger, d. h. außerhalb der eigentlichen staatlichen Hierarchie operierender Agenturen bzw. Kommissionen steht. Dieser im marktorientierten Politikzusammenhang der USA entstandene ‚amerikanische Regulierungsstil' hat in den letzten (beiden) Dekaden auch in Europa an Bedeutung gewonnen und die Tradition der Verstaatlichung (insbesondere auf dem europäischen Kontinent) und Selbstregulierung (insbesondere auf den Britischen Inseln) zurückgedrängt (vgl. Majone 1996c, 9 ff.; Majone 1996f, 47 ff.). Allgemeiner gefasst geht es jedoch nicht nur um die Einsetzung von spezialisierten Regulierungsagenturen (die in engem Austausch mit den Gerichten stehen; vgl. Majone 1994, 28 f.), sondern vor allem um die Abkehr von (einseitigen) Command-and-Control-Ansätzen der Regulierung (vgl. Schneider 2004, 22; Baldwin/Cave 1999, 34 ff.). Der regulierungspolitische Paradigmenwechsel schlägt sich in einer veränderten Rolle des Staates nieder: „[T]he role of the state changes from that of a producer of goods and services to that of an umpire whose main function is to ensure that economic actors play by the agreed rules of the game." (Majone 1996f, 54). Das bedeutet nicht, dass der staatliche Regulierungsanspruch selbst zurückgenommen oder gar aufgegeben wird (im Sinne einer Deregulierung *ohne* Reregulierung); vielmehr kann auch der regulative Staat sehr verschiedene politische Gestaltungsziele verfolgen: „It can be market enforcer, social planner, night watchman, or any combination of the three." (Jordana/Levi-Faur 2004b, 11; vgl. Majone 1996a, 2).

Dem Konzept des regulativen Staates liegt eine Unterscheidung von Einkommens(um)verteilung (Transfereinkommen, meritorische Güter), makroökonomischer Stabilisierung (Wirtschaftswachstum, Beschäftigung und Preisstabilität) und Regulierung (Verhinderung von Marktversagen im Falle von Wettbewerbsversagen, öffentlichen Gütern, Externalitäten, unvollständigen Märkten, Informationsproblemen) als Hauptfunktionen des Staates im – etwas vage umrissenen – sozioökonomischen Bereich zugrunde. Je nach dem, welche dieser Funktionen besonders ausgeprägt ist oder hervorgehoben werden soll, ist entsprechend die Rede vom Wohlfahrtsstaat (Primat der (Um-)Verteilung) oder Interventionsstaat (Primat der Stabilisierung) – bzw. beide Funktionen zusammengenommen vom keynesianischen Wohlfahrtsstaat – im *Gegensatz* zum regulativen Staat (Primat der Regulierung) (vgl. Majone 1996f, 54 f.; Majone 1996b, 229 u. 239 f.). Im regulativen Staat gilt demzufolge das Prinzip, Wirtschafts-, Sozial- und Umweltpolitik möglichst marktkonform zu gestalten, d. h. (Eigentums-)Rechte zu definieren (vgl. Schneider 2004, 22 f.) und darauf aufbauend die (Markt-)Preise sprechen zu lassen. Das regulierungspolitische Programm ist komplex:

> „policing financial markets and enforcing competition rules in an increasingly interdependent world economy; controlling the risks of new products and new technologies; reducing environmental pollution; and protecting the health and economic interests of consumers without impeding the free flow of goods, services and people across national boundaries" (Majone 1996f, 56).

Insbesondere im Bereich der Risikoregulierung tritt der regulative Staat (mit der Maxime größtmöglicher unternehmerischer Freiheit) demnach in ein spannungsvolles Verhältnis zum ‚Präventionsstaat' (mit der Maxime größtmöglicher öffentlicher Sicherheit bzw. dem Prinzip der Vorsorge; vgl. Habermas 1992, 524 ff.).

Der Übergang vom Interventionsstaat zum regulativen Staat bedeutet demzufolge eine stärkere Orientierung der Politik an der Logik des Marktes; staatliche Eingriffe in den Marktmechanismus sollen auf das notwendige Minimum reduziert werden. Diesem Ziel dient nicht zuletzt eine ‚responsive Regulierung', die sich nach dem Prinzip ‚so weich wie möglich, so hart wie nötig' in einer Pyramide möglicher Umsetzungs- und Sanktionsstrategien emporarbeitet (vgl. Scott 2004, 157 ff.; Baldwin/Cave 1999, 99). An diesem Punkt lässt sich die Um- und Aufwertung des Regulierungsbegriffs unmittelbar mit der Governance-Wende in Verbindung bringen: In der staatszentrierten Governance-Perspektive entspricht der responsive Ansatz des regulativen Staates dem Verhandlungsansatz des kooperativen Staats. Paradoxerweise wird der Übergang vom Interventionsstaat zum kooperativen Staat hier jedoch oftmals gerade als Abkehr von den Grundsätzen ‚regulativer Politik' beschrieben – gemeint ist damit dann allerdings (in konventioneller politikwissenschaftlicher Diktion) jene, „die nach dem hierarchischen Befehlsmodell mit Geboten, Verboten und Strafandrohung arbeitet" (Mayntz 2004, 68), und nicht (in der wohlfahrtsökonomischen Terminologie) jene, die marktkonformen Steuerungsinstrumenten den Vorzug gibt. Tatsächlich deutet diese Entwicklung (und Umgewichtung) der Staatsfunktionen auf eine Relativierung der staatlichen Hierarchie wie des staatlichen Rechts als Steuerungsressource gegenüber der marktlich organisierten Wirtschaft hin (vgl. Scott 2004, 146 ff.).

Eine ganz andere politökonomische Deutung erfährt der Regulierungsbegriff in der Regulationstheorie, die vom französischen Begriff ‚régulation' ausgeht und, im Unterschied zu ‚réglementation', auf ein Regelungs*system* verweist. Diese Nuancierung, die im Deutschen durch das Wortpaar Regulation/Regulierung wiedergegeben werden kann, geht im englischen (Einheits-)Begriff ‚regulation' im Allgemeinen unter (vgl. Boyer 2002a, 1). Das systembezogene Interesse der Regulationstheorie richtet sich auf das – historisch gewachsene – Zusammenspiel von (spannungsträchtigem) Akkumulationsregime und (stabilisierender) Regulationsweise, kurzum: „die wechselseitigen Konstitutionsverhältnisse von Ökonomie und Politik" (Röttger 2003, 19). Wirtschaft und Staat (sowie die Zivilgesellschaft) werden daher im Hinblick auf ihre grundlegenden Interdependenzen und den gesellschaftlichen Gesamtzusammenhang ‚relational' definiert: So stehen der Begriff der ‚integralen' Ökonomie für eine „erweiterte durch soziale Kräfte geprägte und durch gesellschaftliche Institutionen und Organisationen eingebettete und regulierte Ökonomie" (Bieling 2002, 16) und der Begriff des ‚integralen' Staates für einen „erweiterten, auf die kapitalistischen Reproduktionsbedingungen gestützten und bezogenen Entscheidungs- und Kontrollraum" (Bieling 2002, 16; vgl. Delorme 2002, 115 ff.). Demnach reguliert der Staat insoweit die Wirtschaft, als „aus dem widersprüchlich verlaufenden Akkumulationsprozess ein regulatorisches Element als Staatsfunktion ausgelagert wird" (Demirović 2003, 49).

Im Unterschied zum Konzept des regulativen Staates, das den Wandel ‚from government to governance' institutionenökonomisch auf den Punkt bringt, wird die regulatorische Funktion des Staates im Regulationsansatz in eine interdisziplinäre Perspektive gerückt und damit auch institutionentheoretisch sehr viel weiter gefasst (vgl. Boyer 2002c, 14 f. u. 18; Boyer 2002b). Überdies gestaltet sich die Übersetzung ins Governance-Vokabular etwas komplexer (vgl. Jessop 1995b, 312 ff.; Jessop 2003a): So lässt sich der Begriff der Regulation (im Sinne des wirtschaftsbezogenen Governance-Begriffs) zunächst als wirtschaftliche Koordination deuten, zumal die kapitalistische (Re-)Produktion den Dreh- und Angelpunkt der Theorie bildet. Gleichwohl stellt er gerade den Beitrag des Staats zur Stabilisierung der (konflikthaften) Wirtschaftsdynamik heraus, betont also den Anteil politischer Steuerung (im Sinne des staatsbezogenen Governance-Begriffs) an der wirtschaftlichen Koordination (im Sinne des wirtschaftsbezogenen Governance-Begriffs). Darüber hinaus wird auch die Rolle der (,integralen'; vgl. Bieling 2002, 17) Zivilgesellschaft einbezogen, also der Anteil der gesellschaftlichen (Selbst-)Steuerung (im Sinne des gesellschaftsbezogenen Governance-Begriffs). Der Regulationsbegriff steht somit auf der Höhe des allen Differenzierungen übergeordneten (gesellschaftstheoretischen) Governance-Begriffs. In seiner (marxistisch eingefärbten) politökonomischen Fassung lenkt er die Aufmerksamkeit allerdings weniger auf das Problem gesellschaftlicher Ordnung an sich als auf das Ordnungsproblem kapitalistischer Gesellschaften und „[d]ie materiellen Grundlagen der Koordination" (Jessop 2003b, 32).

Regulations- und Governance-Begriff lassen sich darüber hinaus aber auch auf einer konkreteren Ebene zusammenbringen: So ist es Ziel des Regulationsansatzes zu untersuchen, „how the founding institutions of a social order and an economic dynamic are altered" (Boyer 2002c, 15), und insbesondere aufzuzeigen, wie sich eine (epochale) Veränderung der kapitalistischen Verwertungsstrategien und – damit zusammenhängend – der gesellschaftlichen Kräfteverhältnisse in einer Umstellung der Regulationsweise widerspiegelt. Aktuell steht dabei die Ablösung des nationalen keynesianischen Wohlfahrtsstaats auf der Basis fordistischer Massenproduktion zur Debatte; der sich auf ,postfordistischer' Grundlage formierende neue Staatstypus wird (versuchsweise) als ,postnationales schumpeterianisches Workfare Regime' charakterisiert, das „ökonomisch auf die Förderung von Flexibilität und ständiger Innovation im Rahmen offener Volkswirtschaften setzt" (Jessop 2001b, 88). Die postfordistische Regulationsweise zeichnet sich demnach durch eine neue Intensität des Wettbewerbs, auch unter den Beschäftigten, eine Flexibilisierung und Internationalisierung der Regulierungssysteme und eine Bedeutungszunahme öffentlich-privater Netzwerke aus; sie impliziert nicht zuletzt eine Veränderung des Rechtssystems und des Rechts selbst (vgl. Hirsch 2001b, 188 ff.). Hinsichtlich der Transformation des Staates stehen die Analysen der ,new governance' und des ,regulativen Staates' mit dem Regulationsansatz somit (inhaltlich wie begrifflich) offenbar in einem engen Zusammenhang.

1.3.2 Dimensionen der Staatlichkeit im Wandel

Während der (spezifizierte) Regulierungsbegriff eine politökonomische Neubewertung der Staatsfunktionen ermöglicht, führt der (verallgemeinerte) Governance-Begriff auf das Grundproblem allen – auch des staatlichen – Handelns zurück: das ‚Management von Interdependenzen' (Benz 2004a, 25). Relational betrachtet, wird der Staat – der ‚Status' der politischen Ordnung – über die Wechselwirkungen in denen er steht und die er zu bewältigen sucht, definiert, d. h. (paradoxerweise) abgegrenzt. Entsprechend sind es neue Verflechtungen, Grenzüberschreitungen, die den Wandel des Staats bzw. der Staatlichkeit ausmachen. Der Unterschied zwischen dem Government-Status und dem Governance-Status wird also in Entgrenzungen vormals als separiert erfahrener Handlungssphären gesehen – ob in *territorialer* Hinsicht, im Verhältnis zu anderen (ihrerseits hoheitlichen) Ebenen des Regierens, oder in *funktionaler* bzw. sektoraler oder organisationaler Hinsicht, im Verhältnis zu anderen (insbesondere nicht-hoheitlichen) Formen des Regierens (vgl. Benz 2004a, 13 f.; Zürn/Leibfried 2005, 13 f.). Staatlichkeit entfaltet sich demzufolge in zweifacher Richtung: zum einen als Differenzierung der Staatsfunktionen in der vertikalen Dimension, also oberhalb und unterhalb der (vormaligen) staatlichen Einheit, zum anderen als Differenzierung der Staatsfunktionen in der horizontalen Dimension, also innerhalb und außerhalb der (vormaligen) staatlichen Einheit. Die vertikale Verflechtung kommt idealtypisch im Begriff der ‚multilevel governance' zum Ausdruck, die horizontale Verflechtung im Begriff der ‚network governance'. Soweit sich territoriales und funktionales Differenzierungsprinzip jedoch wechselseitig bedingen, stehen auch Mehrebenen- und Netzwerkmerkmale der staats(de)zentrierten Regelungssysteme im Zusammenhang.

Die *vertikale* Entwicklungsrichtung der Staatlichkeit steht für eine Verlagerung von Steuerungsfunktionen von der zentralen Ebene des Staats auf höhere wie auf tiefere Ebenen: „[C]ontrol is being decentred up or down to other forms of government" (Pierre/Peters 2000, 202). Als solche anderen Staatsformen bzw. Regime werden auf der einen (supranationalen) Seite beispielsweise die Welthandelsorganisation (WTO) und die Europäische Union eingestuft, auf der anderen (subnationalen) Seite Bundesländer und autonome Regionen. Entsprechend lässt sich auch von einer Internationalisierung und ‚Infranationalisierung' bzw. einer Entnationalisierung der politischen Steuerung sprechen. Zur Bezeichnung (teilweise) dezentrierter, denationalisierter staatlicher Regelungssysteme hat sich das ‚multilevel'-Attribut bzw. im Deutschen der Begriff des Mehrebenensystems etabliert. Damit wird zweierlei zum Ausdruck gebracht: erstens, dass die Steuerungsbefugnisse auf unterschiedliche Ebenen verteilt sind, und zweitens, dass zwischen den Ebenen Koordinierungsbedarf besteht. Die Bewältigung der Interdependenzen zwischen den territorial differenzierten Regelungssystemen gerät insbesondere dann zu einem (Management-)Problem, wenn die Zuständigkeiten der verschiedenen Gebietskörperschaften nicht exklusiv und eindeutig geregelt sind, sondern von einer sozialräumlichen Politikverflechtung und daraus resultierenden Regelungskonflikten auszugehen ist (vgl. Benz 2004b, 126 f.).

Für die politische Steuerung in und von Mehrebenensystemen ist nicht nur relevant, welcher Art die zugrunde liegenden Regelungssysteme sind, sondern auch welcher Art die Verknüpfung zwischen ihnen ist: So sind die Schaltstellen zwischen den Systemen oftmals von (institutionellen) Akteuren besetzt, die mehreren Ebenen mit unterschiedlichen Entscheidungslogiken zugehören – beste Voraussetzung für ein ‚two-level game' (Putnam 1988). Schließlich „bestehen Zusammenhänge zwischen den die Ebenen verbindenden Prozessen und Regeln und denen innerhalb der Ebenen" (Benz 2004b, 131), und zwar insoweit primäre und sekundäre, höher oder tiefer gelagerte Regelungssysteme einander bedingen (ermöglichen und begrenzen) und so jeweils ihren ‚Schatten' auf das Gesamtgebilde werfen. Als typisch für die Mehrebenenpolitik kann die Koordination durch Verhandlungen (zwischen den Vertretern der verschiedenen Ebenen) im Schatten der (meist nationalstaatlichen) Hierarchie wie des (interregionalen bzw. internationalen) Wettbewerbs angenommen werden (vgl. Benz 2004b, 135). Es geht somit nicht nur um die Neuformierung der staatlichen Hierarchie (government) auf und zwischen mehreren Ebenen, sondern auch um die Neurelationierung von hoheitlicher Steuerung zu anderen Koordinationstypen (governance). Im Begriff der ‚multilevel governance' spielen vertikale und horizontale Dimension der veränderten Staatlichkeit somit bereits ineinander (Benz 2004b, 130).

Mit der *horizontalen* Dimension der Staatlichkeit im Wandel ist im Allgemeinen eine Übertragung von Steuerungskompetenzen von der Staatsbürokratie auf privatwirtschaftliche und zivilgesellschaftliche Kräfte gemeint (und nicht umgekehrt): „[C]ontrol is […] being decentred outward to private sector actors of all sorts" (Pierre/Peters 2000, 202) – oder sie wird an ‚neutrale' Akteure (wie unabhängige Regulierungsagenturen) delegiert. Eine solche Dezentrierung von Staatsfunktionen, auch als Entstaatlichung bezeichnet, steht im Gegensatz zur Konzentration von Steuerungsbefugnissen im Staatsapparat, der Verstaatlichung. Grundsätzlich können sich Staat und Staatlichkeit also in beiderlei Richtungen entwickeln, zentrifugal oder zentripetal – wenn auch der ‚verstaatlichte Staat' ebenso tautologisch wie der ‚entstaatlichte Staat' paradox erscheint. Legt man jedoch den erweiterten Staatsbegriff der Regulationstheorie zugrunde, der auf die Ausdifferenzierung eines regulatorischen Moments aus dem mit Ineffizienzen (Marktversagen, Interessenkonflikten, Anomie) belasteten Wirtschaftsprozess zurückgeht, wird deutlich, dass selbst die Einbindung nicht-staatlicher Akteure in die Regulierung noch auf einer funktionalen Differenzierung von Wirtschaft und ‚Staat' beruht. Nicht dieses Grundprinzip steht mit der (partiellen) Privatisierung bzw. Vergesellschaftung von Staatsfunktionen also zur Disposition, sondern lediglich, wie die zum Problem gewordenen politökonomischen Interdependenzen neu gestaltet werden können, insbesondere wie Staatsversagen vermindert werden kann. Es handelt sich demnach um „eine Re-Artikulation des Staates in seinem integralen Sinne als ‚politische Gesellschaft + Zivilgesellschaft'" (Jessop 2001b, 94).

Für die solchermaßen ‚entstaatlichte' Form politischer Steuerung steht der Governance-Begriff im engeren, auf die Bedeutung von öffentlich-privaten Netzwerken und Partnerschaften bezogenen Sinne (vgl. Jessop 2001b, 90; Hirsch 2001a,

118); demgemäß lässt sich ‚network governance' als Integrationsprinzip der funktional differenzierten Staatlichkeit interpretieren. Mit der territorialen Differenzierung der Staatlichkeit und ‚multilevel governance' besteht nun insofern ein Zusammenhang, als der Übergang des Staates von einem adversativen (government) zu einem kooperativen (governance) Regulierungsstil im Grunde nicht nur horizontal, sondern diagonal, d. h. zugleich Ebenen übergreifend verläuft. Internationalisierung und Denationalisierung des (National-)Staates verbinden sich also mit einer Entstaatlichung seiner Steuerungsfunktionen: Das gilt zum einen für die internationale Ebene der Staatlichkeit, auf der (staatsbezogene) supranationale und (gesellschaftsbezogene) transnationale Regelungssysteme neben der klassischen Staatenwelt an Bedeutung gewonnen haben; das gilt zum anderen für die subnationale Ebene der Staatlichkeit, auf der regionale Netzwerke zwischen öffentlichen und privaten Akteuren, inner und außer Landes geknüpft werden; und das gilt schließlich für die nationalstaatliche Ebene selbst, auf der Entscheidungen in einen zunehmend internationalisierten und denationalisierten (Verhandlungs-)Kontext gestellt werden müssen, in dem nichtstaatliche Akteure ohne sozialräumliche Bindung eine hohe Bedeutung erlangt haben (vgl. Jessop 2001b, 89 ff.; Jessop 2001a, 161 ff.; Hirsch 2001a, 117 ff.).

Die Transformation der Staatlichkeit in Richtung Mehrebenen- und Netzwerk-Governance wird zusammenfassend – und in deutlicher Absetzung vom klassischen Modell des Nationalstaats – auch als ‚Internationalisierung des Staates' bezeichnet, „die sich mit einer räumlich-sozialen *Diversifizierung staatlicher Ebenen und Funktionen* verbindet" (Hirsch 2001a, 121; H. i. O.). Die Internationalisierung des Staates geht auf den engen Zusammenhang von *Globalisierung* und *Governance*, weltwirtschaftlichem Strukturwandel und Krise des Interventions- und Wohlfahrtsstaats zurück, als (aufeinander bezogene) Schlüsselmerkmale des postfordistischen Produktionsregimes und der postnationalen Regulationsweise (vgl. Pierre/Peters 2000, 50 ff., v. a. 59 f.; Jessop 2001b, 87 ff.). Somit stellt der Begriff des ‚internationalen Staats', mit dem der Mehrebenencharakter der Staatlichkeit, also die Polity-Dimension, herausgestellt wird, ein Synonym sowohl zum ‚kooperativen Staat' in der Politics-Dimension wie zum ‚regulativen Staat' in der Policy-Dimension dar. Dabei wird nicht im Sinne des klassischen Staatsbegriffs (und Government-Paradigmas) auf eine internationale Regierung an der Spitze einer zentralisierten staatlichen Hierarchie abgehoben. Vielmehr wird von einer internationalen Governance-Struktur ausgegangen,

„[that] includes not just formal rules guiding inter-state interactions (e.g. voting rules, agenda-setting rules) but also norms, understandings, standard operating procedures, and accepted, ongoing ‚ways of doing things', that may or may not result from formal legislation" (Caporaso 1996, 32),

d. h. einer aus der Interaktion unterschiedlicher (staatlicher und nicht-staatlicher) Akteure entstandenen politischen – und politökonomischen – Ordnung oberhalb der Nationalstaaten.

1.4 Governance und Regulierung als Konzepte der Europaforschung

Ein besonders prominentes Beispiel für eine solche internationale Governance-Struktur bietet die Europäische Union, die sich als politische (und wirtschaftliche) Einheit zwischen den bzw. oberhalb der Nationalstaaten konstituiert hat, intergouvernementale und supranationale Züge trägt (vgl. Caporaso 1996, 33). Dieses mitunter als eigen- oder einzigartig (‚sui generis') apostrophierte europäische Institutionengebilde bringt den Übergang von ‚government' zu ‚governance' zwar in besonderer Weise zum Ausdruck, repräsentiert jedoch ein allgemeineres Phänomen, illustriert ein grundsätzlicheres Theorem – den zuvor beschriebenen Wandel der Staatlichkeit. Gleichwohl markiert die Governance-Wende in der Europaforschung bzw. in der Integrationsforschung, in deren Mittelpunkt die Theorien der *europäischen* Integration stehen, eine Abkehr nicht nur vom Nationalstaat als bestimmender Untersuchungseinheit (von ‚government' zu ‚governance'), sondern auch von der Integration als dominantem Deutungsmuster der staatlichen Rekonfiguration auf europäischer Ebene (von Integration zu Regulierung). Unter dem ‚Integrationsbias' stehen die Kompetenztransfers zwischen Mitgliedstaaten und Union im Mittelpunkt der Analyse; die politökonomische Dimension des Transformationsprozesses, die die Aufgabenteilung zwischen Staat, Wirtschaft und Gesellschaft betrifft, bleibt jedoch unterbelichtet. Insofern eignet sich der Governance-Begriff nicht nur zur Herausstellung der postnationalen Tendenzen, sondern auch der regulativen Wendung des europäischen Integrationsprojekts. Beide Aspekte werden im Folgenden näher ausgeführt.

1.4.1 Wende von Government zu Governance

In der Politikwissenschaft galt die Europäische (Wirtschafts-)Gemeinschaft zunächst als Domäne der ‚internationalen Beziehungen', und zwar sowohl in ihrer empirischen Grundstruktur (als zwischenstaatliches Vertragswerk) als auch in ihrer theoretischen Zuordenbarkeit zur gleichnamigen Teildisziplin (IB). Der akademische – und in vermittelter Form auch der politische – Diskurs wird somit lange Zeit von der Kontroverse zwischen Intergouvernementalismus und (Neo-)Funktionalismus beherrscht, zwei in den Internationalen Beziehungen beheimateten ‚Großtheorien', die die Entwicklung des Integrationsprojekts auf geradezu gegensätzliche Weise erklären (und entsprechend zu unterschiedlichen Prognosen gelangen). Auch wenn der Intergouvernementalismus in seinen Begrifflichkeiten eher ‚gouvernemental' geprägt ist und der (Neo-)Funktionalismus eher ‚non-gouvernemental', Ersterer die Souveränität des Staates behauptet und Letzterer ebendiese bestreitet, entspricht diese Theoriedifferenz noch *nicht* der Unterscheidung von Government- und Governance-Paradigma: Dabei scheint weniger die Zuordnung des ‚staatsorientierten' Intergouvernementalismus strittig als die des ‚gesellschaftsorientierten' (Neo-)Funktionalismus (vgl. Jachtenfuchs/Kohler-Koch 2003, 11), der wenn nicht als Repräsentant, so doch als Vorläufer des Governance-Ansatzes – zumindest in seiner institutionalistischen Variante – gelten kann. Die eigentliche Governance-Wende in der Europa- bzw. Integrationsforschung besteht jedoch ausdrücklich in einem ‚comparativist turn' (Rosamond 2000, 106), d. h. einer Übertragung von Fragestellungen und Erklärungsangeboten aus der Vergleichenden Regierungslehre auf das europäische politische System, die die beiden IB-Klassiker der Integrationstheorie, Intergouvernementalismus und (Neo-)Funktionalismus, gleichermaßen alt aussehen lässt.

Eine Ironie der Theorieentwicklung besteht nun darin, dass der Governance-Ansatz erst mit einem Umweg über die Vergleichende Regierungslehre in die Europaforschung gelangt, obwohl der Governance-Begriff, ebenso wie die Integrationstheorie(n), eine Schöpfung der Internationalen Beziehungen ist: Auf diesem Gebiet dient er zur Beschreibung von (vornehmlich) heterarchischen, informellen und dynamischen „Formen der Interaktion und Kooperation zwischen Regierungen, Verwaltungen und transnationalen gesellschaftlichen Akteuren" (Benz 2004a, 16) und inspiriert nicht zuletzt die Global-Governance-Debatte, die die Not inter- und transnationaler Koordination zur Tugend machen will. Mit Modifikationen hat das Konzept jedoch auch in der Vergleichenden Regierungslehre Einzug gefunden, wo es eine Erweiterung des Blickwinkels über die förmliche Regierungstätigkeit hinaus anleitet (vgl. Benz 2004a, 18). Auf Grundlage dieser konzeptionellen Weiterentwicklung (von ‚governance without government' zu ‚governance with government') findet das Governance-Paradigma schließlich Anwendung auf das europäische Institutionengefüge, für das sich (quasi) im Schnittpunkt von Internationalen Beziehungen und Vergleichender Regierungslehre über die Zeit ein eigener Forschungsschwerpunkt herausgebildet hat. Gerade diese (intra- und interdisziplinäre) Mittelstellung und Mittlerrolle der Europaforschung trägt jedoch maßgeblich zur Fortentwicklung des Governance-Paradigmas bei (vgl. Jachtenfuchs/Kohler-Koch 2004, 98).

Nicht zufällig wird ‚Governance' bzw. ‚Regieren' daher im europäischen Forschungskontext als „der fortwährende Prozess bewusster politischer Zielbestimmung und Eingriffe zur Gestaltung gesellschaftlicher Zustände" (Jachtenfuchs/Kohler-Koch 2004, 78; vgl. Jachtenfuchs/Kohler-Koch 2003, 14 f.) bestimmt, d. h. eine mittlere Bedeutungsextension zwischen dem allgemeinen Koordinationsbegriff und dem staatsbezogenen Steuerungsbegriff gewählt. Auch empirisch erweist sich die europäische Governance offenbar als Mischtypus zwischen dem Regieren innerhalb und jenem außerhalb der klassischen Staaten(-welt), mithin als besonders geeignet zu erkunden, „wie sich Regieren im Übergang von der nationalen zur postnationalen Konstellation verändert" (Jachtenfuchs/Kohler-Koch 2004, 95). So werden der Europäischen Union, die sich heute als Ganze etwa in einer mittleren Position zwischen intergouvernementalem und supranationalem Pol bewegt und darin möglicherweise auch ihr Gleichgewicht findet (vgl. Jachtenfuchs/Kohler-Koch 2003, 19; Stone Sweet/Sandholtz 1998, 8 f.), sowohl Züge von ‚government' bzw. ‚old governance' als auch von ‚governance' bzw. ‚new governance' zugeschrieben, was bedeutet, dass die klassische europäische (National-)Staatlichkeit durch Phänomene der Mehrebenen- und Netzwerk-Governance überformt und umgeformt, nicht aber –

bzw. nur in einem dialektischen Sinne – aufgehoben wird (vgl. Sbragia 2000, 220 ff; Eriksen/Fossum 2004, 115 ff.). Als ‚klassisches' Merkmal der Staatlichkeit wäre aus intergouvernementaler Sicht zunächst die (Schlüssel-)Rolle der Mitgliedstaaten als Herren der Verträge und hoheitliche Implementations- und Sanktionsgewalten zu betonen; aus supranationaler Sicht gerät jedoch darüber hinaus die ‚westfälische' bzw. ‚webersche' Qualität (vgl. Caporaso 1996, 34 ff.; Lepsius 2000, 290 ff.) der Gemeinschaft selbst in den Blick: Allerdings zeigt sich, wie im Folgenden dargestellt wird, das alte ‚government' auf übernationaler Ebene in einem neuen (rechtlichen) Gewand.

Obwohl die EU nicht als Staat im eigentlichen Sinne gelten kann, da sie weder Gewaltmonopol noch Steuerhoheit und auch keine Allzuständigkeit besitzt (vgl. Jachtenfuchs/Kohler-Koch 2003, 20; Böröcz/Sarkar 2005, 155), enthält sie doch die wesentlichen Elemente der Rechtsstaatlichkeit. Genau dieses Paradox eines Rechtsstaats mit beschränkter Hoheitsgewalt wird mit dem Begriff der Rechtsgemeinschaft erfasst (Nicolaysen 1999, 862 f.). Hier interessiert zunächst jedoch weniger die Unterscheidung von (Rechts-)Staat und (Rechts-)Gemeinschaft als das in beiden Begriffen verwendete Rechtskonzept, das vom Rechtsstaat her gedacht, also im Bedeutungsfeld von ‚government' generiert wird. Auch in empirischer Hinsicht wird der EU, zumindest in ihren Kernbereichen, eine eher dem innerstaatlichen bzw. rechtsstaatlichen als dem zwischenstaatlichen bzw. völkerrechtlichen Bereich vergleichbare Rechtsverbindlichkeit bescheinigt (vgl. Zürn/Wolf 2000, 119 ff.). In einem Kontinuum, das den Grad der Verrechtlichung, genauer: der Verstaatlichung des Rechts, bemisst, steht das Gemeinschaftsrecht also dem Government-Pol näher als dem Governance-Pol. Es ist daher grundsätzlich von einem gouvernementalen, staatsähnlichen Zusammenspiel von gesetzgebender, vollziehender und richterlicher Gewalt im europäischen Mehrebenensystem auszugehen. Gleichwohl besteht ein wesentlicher Unterschied zwischen der rechtsstaatlichen (nationalen) und der rechtsgemeinschaftlichen (europäischen) Integration im Stellenwert des Rechts im Vergleich zu anderen Steuerungsmedien: So stellt die ‚Integration durch Recht' in Form der Übertragung von Gesetzgebungs-, Rechtsprechungs- und Vollzugskompetenzen an supranationale Institutionen geradezu ein Synonym für die europäische Vergemeinschaftung dar, und nicht etwa die Herausbildung einer gemeinsamen politischen Kultur. Die *Exklusivität rechtsförmiger Vergemeinschaftung* (jenseits nationaler Verbundenheit) kann daher als idealtypisches Merkmal internationalisierter Staatlichkeit gelten.

Das Recht erfüllt also nicht nur auf mitgliedstaatlicher, sondern auch auf europäischer Ebene gouvernementale Funktionen, die statt eines Rechtsstaats nunmehr eine Rechtsgemeinschaft begründen. Diese (vertikale und horizontale) Verschiebung und Umorientierung der Rechtsordnung kann auch als *Wandel der Rechtsstaatlichkeit* bzw. als Wandel des Rechts im Übergang von ‚government' zu ‚governance' gedeutet werden. Die beiden Pole, zwischen denen sich das supranationale Recht dabei bewegt, lassen sich annäherungsweise mit „Rechtsbindung und Informalität" (Jachtenfuchs/Kohler-Koch 2004, 93) bezeichnen. Erstere macht das Wesen der Rechtsgemeinschaft aus, Letztere bildet die Essenz von (Verhandlungs-)Netzwerken; Erstere dominiert in den vergemeinschafteten Kernbereichen, Letztere bestimmt die flankierenden Politiken der EU (vgl. Jachtenfuchs/Kohler-Koch 2004, 90 ff.). Als funktionales Äquivalent zur ‚Integration durch Recht' erweist sich somit gewissermaßen der runde Tisch, an dem Gemeinschafts- wie Mitgliedstaatenvertreter, öffentliche wie private Akteure sitzen. Die Bearbeitung von Konflikten findet dann nicht auf dem Rechtsweg, sondern auf dem Verhandlungsweg statt. Der steuerungspolitischen Polarisierung zum Trotz ist in der europäischen Governance jedoch von einer erheblichen Interdependenz von Rechtsbindung und Informalität auszugehen. In Rechtskonflikten, die die informellen Verfahren der politischen Koordinierung zum Gegenstand haben, stößt das Recht allerdings an seine (Form-)Grenzen; um gleichwohl zu einer rechtlichen Lösung zu gelangen, bedarf es daher einer Selbstbegrenzung bzw. Entformalisierung des Rechts, etwa durch Konzentration auf das Prinzip der Verfahrensgerechtigkeit. Diese widersprüchliche Konstitution eines *postgouvernementalen Rechts*, das dem Prinzip kooperativer Staatlichkeit gerecht wird, kommt im Begriff der ‚legal governance' zum Ausdruck (Heydebrand 2003b, 334 ff.).

Wie in einem Vexierbild lassen sich in der EU also sowohl die klassischen Schemen der Staatlichkeit (inklusive der Rechtsstaatlichkeit) ausmachen als auch neuartige Konturen, die im Rahmen des Governance-Paradigmas naturgemäß besondere Aufmerksamkeit erfahren. Dazu zählen insbesondere die territoriale und funktionale Differenzierung (post-)moderner Staatlichkeit, mithin auch die Mehrebenen- und Netzwerk-Merkmale europäischen Regierens. Umgekehrt kommt diesen – maßgeblich an der europäischen Politik (polity, politics, policy) entwickelten und erprobten – Konzepten der ‚multilevel governance' und der ‚network governance' ein prototypischer Beschreibungswert für die internationalisierte Form der Staatlichkeit zu. *Zum einen* zeichnet sich die Europäische Union demnach durch ein hohes Maß der Aufgabenteilung und Politikverflechtung zwischen den verschiedenen Ebenen und einen Ebenen übergreifenden Prozess der politischen Willensbildung aus (Jachtenfuchs/Kohler-Koch 2004, 91). Diese im Mehrebenenansatz herausgearbeiteten Systemeigenschaften resultieren in einem Verlust nationalstaatlicher Steuerungskompetenzen – einerseits an supranationale, europäische Institutionen, andererseits an (mit diesen verbündete) sub- und transnationale Akteure –, der unter Umständen über die ursprünglichen Intentionen der Mitgliedstaaten hinausgeht und sich auch durch nachträgliche individuelle oder kollektive Kontrollanstrengungen kaum mehr wettmachen lässt (Hooghe/Marks 2001, 2 ff.). *Zum anderen* gilt die Europäische Union durch ihre besondere „Kombination aus Elementen von Hierarchie (Steuerung durch Recht), Verhandlungen und Politikwettbewerb im Zusammenwirken von öffentlichen Amtsträgern und Vertretern gesellschaftlicher Interessen" (Benz 2004a, 23) als Paradebeispiel für das Regieren in Netzwerken. Dieses lässt sich – in Abgrenzung zu etatistischen, korporatistischen und pluralistischen Politikformen – weiter qualifizieren als durch individuelle (und nicht kollektive) Interessen begründetes und konsoziativ (und nicht majoritär) gestaltetes Gemeinschaftsprojekt, in dem sich die Einheitsbildung durch (wechselwirksame) Verhandlungen vollzieht (Eising/Kohler-Koch 1999, 5 f.; Kohler-Koch 1999, 22 ff.). Im *gemeinsamen* Fokus der

Mehrebenen- und Netzwerk-Perspektive stehen somit die europäischen Mehrebenen-Policy-Netzwerke, die sich von ihren nationalen Vorläufern nicht nur der Ausdehnung nach (quantitativ), sondern auch nach Akteuren und Interessen, Funktion und Struktur (qualitativ) abheben (Schumann 1993, 419 f.).

1.4.2 Übergang von Integration zu Regulierung

Die Umformung bzw. ‚Reartikulation' des politischen Raums im Rahmen der europäischen Integration erschöpft sich jedoch nicht in der Herausbildung eines zweidimensional (territorial und funktional) differenzierten Mehrebenenverhandlungssystems, sondern führt aufgrund des sich unter diesen Bedingungen einstellenden regulativen Konsenses auch zur Institutionalisierung und Konstitutionalisierung eines – dann kaum mehr verhandelbaren – politökonomischen Regimes (Hueglin 1999, 253 f. u. 261 f.). Dabei lässt sich die wirtschaftspolitische Entwicklungsrichtung, die die Europäische (Wirtschafts-)Gemeinschaft genommen hat, durch den – politikverflechtungsbedingten – Vorsprung der (weithin konsensfähigen) ‚negativen Integration' gegenüber der (schlechter konsentierbaren) ‚positiven Integration' beschreiben,

> „i.e. between measures increasing market integration by eliminating national restraints on trade and distortions of competition, on the one hand, and common European policies to shape the conditions under which markets operate, on the other hand" (Scharpf 1996, 15).

Im Ergebnis steht eine institutionell bedingte, durchaus konfliktträchtige und oft kritisierte Aufgabenteilung zwischen (output-legitimierter) ‚govern*ance* for and with the people' im Konzert von unabhängigen Experten und organisierten Interessen auf europäischer Ebene und (input-legitimiertem) ‚govern*ment* by and of the people' durch direkte Repräsentation und Beteiligung des Wahlvolkes auf mitgliedstaatlicher Ebene (Schmidt 2005, 15 ff.; Scharpf 1998, 85 ff.).

Die über diesen „regulatory bias of Community policy-making" (Majone 1996e, 64) zwischen ‚politics' und ‚policy' der europäischen ‚polity' bestehende Verknüpfung erlaubt es somit auch in diesem Beispielfall, kooperative, regulative und internationale Staatlichkeit konzeptionell in eins zu setzen. Dies gilt zumindest bei statischer Betrachtung; der ‚Wandel der Staatlichkeit' beschreibt jedoch einen Prozess – im Falle der europäischen Staatlichkeit den seit Mitte des letzten Jahrhunderts laufenden ‚Integrationsprozess'. Allgemeiner betrachtet handelt es sich dabei um einen (staatlichen) Transformationsprozess, der die Internationalisierung bzw. Europäisierung der politischen Ordnung, die Konsultation von und Kooperation mit privatwirtschaftlichen und zivilgesellschaftlichen Kräften und die marktbasierte, regulative Ausrichtung der (Wirtschafts-, Sozial- und Umwelt-)Politiken fördert und forciert. Diese drei Dimensionen des politischen Wandels lassen sich auch als institutionelle Voraussetzung (polity), interaktiver Ablauf (politics) und materielles Ergebnis (policy) interpretieren, also in eine (chrono-)logische Ordnung bringen. Je nachdem, auf welche Dimension sich der analytische Fokus richtet, tritt die ‚europäisierte', ‚kooperative' oder ‚regulative' Beschaffenheit des (postmodernen) Staatsgebildes auf Gemeinschaftsebene hervor. Das Konzept des ‚Wandels der Staatlichkeit' postuliert insoweit eine Gleichzeitigkeit des Ungleichzeitigen (fungiert also als Einheit der Unterscheidung), als Bedingung und Folge korrelieren, also in einem regelhaften (sozialen) Zusammenhang stehen. Vor dem Hintergrund dieser wechselseitigen Implikation der drei Dimensionen des Transformationsprozesses (Gleichzeitigkeit) kann dann im Turnus die Polity-Dimension, die Politics-Dimension oder die Policy-Dimension in den Vordergrund treten (Ungleichzeitigkeit). In diesem Sinne lässt sich argumentieren, dass das Integrationsprojekt zwar von Beginn an nicht nur (pro-)europäische, sondern auch kooperative und (in nuce) regulative Züge trägt, gleichwohl letztere erst im fortgeschrittenen Stadium für die (Selbst-)Beschreibung der Gemeinschaft an Gewicht gewinnen.

Tatsächlich lässt sich die gesamte Geschichte der EU (analog zur US-amerikanischen) als stufenweiser Auf- und Ausbau eines regulativen Staates lesen, dessen Konturen sich bereits in den Römischen Verträgen und somit in der institutionellen Grundordnung der (Wirtschafts-)Gemeinschaft abzeichnen, der jedoch erst mit dem Binnenmarktprogramm und den damit verbundenen politischen Richtungsentscheidungen in den 1980er-Jahren ein klares Profil gewinnt (vgl. Majone 1996e, 49 ff.; Armstrong/Bulmer 1998, 45 ff.). Insofern lässt sich für diese Phase der (konstruktiven, kreativen) Konsolidierung, symbolisiert durch die Einheitliche Europäische Akte und die nachfolgenden Vertragsrevisionen, auch von einer regulativen Wendung des Integrationsprozesses sprechen. Dessen ‚Relaunch' in Form der Binnenmarktinitiative (und nachfolgend der Wirtschafts- und Währungsunion) enthält zugleich eine Neubestimmung „first, of state-economy relations and, second, of the national-supranational balance of power in Europe" (Armstrong/Bulmer 1998, 44), d. h. für die *horizontale* und *vertikale* Komponente der (nur unzureichend) als europäische Integration beschriebenen staatlichen Transformation. Vereinfacht betrachtet werden die ‚vier Freiheiten' (Freiheit des Personen-, des Waren-, des Dienstleistungs- und des Kapitalverkehrs), deren sich die ‚Marktbürger' in der Europäischen (Wirtschafts-)Gemeinschaft erfreuen (sollen), begründet durch „a double shift of decision making away from national states – to the market and to the European level" (Hooghe/Marks 2001, 119). Zwar ist eine solche Verlagerung der (nationalstaatlichen) Steuerungskompetenzen nach ‚oben' und ‚außen' (vgl. Pierre/Peters 2000, 202) bereits in den Gründungsverträgen angelegt, doch wird der mit dem Binnenmarktprojekt verbundene Integrationsschub erst durch Veränderungen in der wirtschaftspolitischen Großwetterlage ausgelöst, genauer: als (europäische) Reaktion auf die (globale) Krise (nationaler) keynesianischer Wohlfahrtsstaatlichkeit begriffen. Die regulative Seite des Integrationsprozesses lässt sich also sowohl auf ihre Kontinuität (seit Beginn der gemeinschaftlichen Zeitrechnung in den 1950er-Jahren) als auch auf ihre Diskontinuität (infolge des weltwirtschaftlichen Umbruchs in den 1970er- und 1980er-Jahren) hin betrachten. Damit verbunden geraten entweder mehr die (durch interne Konflikte und funktionale Spillovers bestimmten) Binnenstrukturen der europäischen politischen Ökonomie in den Blick oder aber die (durch globale Interdependenzen und externe Schocks geprägten) Außenstrukturen. Schließlich erfährt der Regulierungsbegriff selbst eine unterschiedliche Ausdeutung; seine theoretische Mehrwertigkeit bleibt auch in Anwendung auf den Integrationszusammenhang erhalten. Wie im Folgenden deutlich werden wird, fügen sich die aus den verschiedenen begrifflichen Perspektiven gewonnenen Ansichten der europäischen ‚Regulierung' gleichwohl zu einem einheitlichen Bild.

Das *Konzept des regulativen Staates* ist (ursprünglich) mit einer eng gefassten, der neoklassischen Ökonomie verhafteten Bedeutungsextension des Regulierungsbegriffs verknüpft. Der analytische Ausgangspunkt – und normative Bezugspunkt – liegt hier im Markt bzw. in der Vermeidung von Marktversagen, woraus theorieimmanent die Bevorzugung einer (marktkonformen) Regulierung gegenüber einer (eingriffsintensiven) Umverteilung und Stabilisierung folgt. Empirisch spiegelt sich der (wohlfahrts-)ökonomische Primat der Regulierung in einer ‚glaubwürdig' auf den Markt ‚verpflichteten' (credible commitment) Wirtschaftsordnung und -politik wider, also beispielsweise in der Übertragung ‚kritischer' Regulierungsbefugnisse von (input-legitimierten, wiederwahlorientierten) Politikern auf (output-legitimierte, ergebnisorientierte) Experten. Auch die Europäische Union beruht in ihrem (gemeinschaftlichen) Wesenskern auf einem solchen Kompetenztransfer von den (Parlamenten und) Regierungen der Mitgliedstaaten an die Europäische Kommission (und spezielle Regulierungsagenturen), womit die „Grundlagen eines supranationalen regulativen Staates" (Majone 1996b, 233 f.; vgl. Majone 1996e, 1996f; Caporaso 1996; Jabko 2004) geschaffen sind. In diesem Ordnungsrahmen wirken unterschiedliche Faktoren auf eine Schärfung des regulierungspolitischen Profils der Gemeinschaft hin. Dazu zählen auf der ‚Angebotsseite' beispielsweise das institutionelle Eigeninteresse der Kommission und der geringe budgetäre Spielraum der Gemeinschaft (der sich durch Überwälzung der Implementationskosten auf Mitgliedstaaten und Marktteilnehmer virtuell vergrößern lässt) und auf der ‚Nachfrageseite' – neben reinen Spillover-Effekten – das Interesse ökonomischer Akteure an einer kostengünstigen und berechenbaren Regulierung sowie nicht-ökonomischer Akteure an einem hohen (z. B. Umwelt-, Verbraucher-, Gesundheits-)Schutzniveau bzw. die entsprechenden (wirtschafts-, umwelt- und sozialpolitischen) Interessenbündnisse der Mitgliedstaaten (Majone 1996b, 230 ff.). Die Entwicklungsdynamik des regulativen europäischen ‚Staates' (cum grano salis) wäre jedoch nicht zu verstehen ohne das (anglo-)amerikanische Vorbild, das zunächst die wirtschaftliche Regulierung (Wettbewerbspolitik) und später auch die soziale Regulierung (Umwelt-, Verbraucher- und Risikopolitik) der Gemeinschaft entscheidend beeinflusst hat – und schließlich, in der Krise keynesianischer Wohlfahrtsstaatlichkeit, eine Privatisierungs- und Deregulierungswelle auslöst (Majone 1996f, 49 ff.). Mit diesem letzten Entwicklungsschub werden die regulativen Grundzüge des gemeinschaftlichen Ordnungsrahmens noch einmal erheblich gesteigert, so dass spätestens jetzt das (für die USA schon länger gebräuchliche) Etikett regulativer Staatlichkeit auch für den europäischen Staatenverbund gerechtfertigt scheint.

Anders als der auf die Korrektur von Marktversagen reduzierte ökonomische Regulierungsbegriff bezieht „a more inclusive definition of regulation" (Armstrong/Bulmer 1998, 260) auch rein *politisch* begründete Eingriffe in das Marktgeschehen ein, etwa die staatliche Förderung meritorischer Güter. Mit dieser Begriffserweiterung wird die ‚unsichtbare Hand' des Marktes als Bezugsgröße nicht mehr verabsolutiert; vielmehr wird sie von Beginn an ins Verhältnis zur ‚sichtbaren Hand' des Staates gesetzt. Am Beginn der politökonomischen Analyse steht in diesem Fall also eine Relation: das (kontingente) Verhältnis zwischen Staat und Markt, öffentlicher und privater Hand. Empirisch lässt sich für die „reorganization of European political economy" (Hooghe/Marks 2001, 140) in den 1980er-Jahren somit (auch ohne begriffliche Verrenkungen) von alternativen *Regulierungs*projekten sprechen, die die politische Auseinandersetzung bestimmen: „a neoliberal project and a project for regulated capitalism" (Hooghe/Marks 2001, 141). Beide Projekte stehen mit ihren jeweiligen Anhängerschaften für eine ‚Vollendung' des Binnenmarkts, sehen also eine Stärkung sowohl europäischer als auch marktlicher Koordinierungselemente vor; nichtsdestoweniger streben sie eine je unterschiedliche Ausgestaltung der wirtschaftlichen und politischen Ordnung der Gemeinschaft an. Die Konfliktlinien verlaufen dabei einerseits zwischen tendenziell ‚rechts' gerichteten, marktliberalen Positionen und tendenziell ‚links' gerichteten, sozialdemokratischen Positionen, zum anderen zwischen eher ‚national' orientierten, auf der mitgliedstaatlichen Autonomie beharrenden Positionen und eher ‚supranational' orientierten, die europäische Integration vorantreibenden Positionen; kombiniert ergibt sich „a division ranging from center-left supranationalists who support regulated capitalism to rightist nationalists who support neoliberalism" (Hooghe/Marks 2001, 125). Angelehnt an die Unterscheidung von negativer und positiver Integration (z. B. Scharpf 1996, 15) lässt sich das ‚neoliberale' Projekt demzufolge mit einer Politik der negativen Regulierung *unter Minimierung* der positiven Regulierung (zumal auf europäischer Ebene) verbinden und das Projekt für einen ‚regulierten [sic] Kapitalismus' mit einer Politik der (vorzugsweise europaweiten) positiven Regulierung *in Ergänzung* zur negativen Regulierung (Hooghe/Marks 2001, 123 ff. u. 132 f.). Mit Forcierung der negativen Integration bzw. Regulierung findet somit in beiden Regulierungsprojekten eine Abkehr von der nationalstaatlich begrenzten, primär nachfrageorientierten Wirtschaftspolitik keynesianischer Prägung statt, während die Leitbilder für eine Neurelationierung von Staat und (Binnen-)Markt gleichwohl sehr unterschiedlich ausfallen (vgl. Hooghe/Marks 2001, 119).

Mit der *Regulationstheorie* wird der (wohlfahrtsökonomisch begründete und wohlfahrtsstaatlich erweiterte) Regulierungsbegriff schließlich in einen politökonomischen Erklärungskontext eingepasst, der wirtschaftliche und politische Faktoren nicht differenziert bzw. entdifferenziert betrachtet, sondern a priori integriert (im Sinne einer ‚integralen' Ökonomie und eines ‚integralen' Staates; vgl. Bieling 2002, 16). Diese holistische Konzeption wird auf das konkrete Zusammenspiel von produktiven und regulativen Funktionen in einer historisch bestimmten Gesellschaftsformation bezogen – und damit empirisch relevant: So lässt sich die wirtschaftliche und politische Integration Europas im Querschnitt (und ohne den globalen Kontext zu berücksichtigen) recht einfach als Ausdruck der konstitutiven Interdependenz von Akkumulationsregime und Regulationsweise beschreiben. Problematischer wird die Darstellung jedoch im Längsschnitt, der – mit einem halben Jahrhundert europäischer Einigung – die Spätphase des ‚Fordismus', eine krisenhafte Übergangsperiode sowie die Anfangsphase des ‚Postfordismus' umfasst (also weltwirtschaftliche, weltgeschichtliche Zusammenhänge in sich aufnimmt). Das Zusammenwirken kontinuierlicher und diskontinuierlicher Faktoren lässt sich nun in der Weise deuten, dass der Integrationsprozess im Übergang vom Fordismus zum Postfordismus selbst eine Wandlung durchgemacht hat, d. h., dass sich analog zur Regulationsweise auch die ‚Integrationsweise' verändert hat: Demnach folgt auf die in den 1950er-Jahren begründete und bis in die frühen 1970er-Jahre während alte ‚monnetsche Integrationsweise' zunächst eine anhaltende Stagnations- bzw. Transformationskrise und dann (spätestens) ab Mitte der 1980er-Jahre eine neue ‚wettbewerbsstaatliche Integrationsweise' (Ziltener 2000, 85; Ziltener 1999, 200). Der im Binnenmarktprogramm verkörperte neuerliche Integrationsschub findet seinen tieferen Grund also im „Übergang von der komplementären europäischen Absicherung der nationalen wohlfahrtsstaatlichen Regulation zur Durchsetzung europäisierter, stärker selektiver und ‚kompetitiver' Regulationsmodi" (Bieling/Deppe 1996, 482), kurzum: im Wechsel von Keynes zu Schumpeter als Leitfiguren der (wirtschaftspolitischen) Integration. Demnach lässt sich der ‚Strukturbruch europäischer Staatlichkeit' (Ziltener 2000, 87) weniger aus der (Eigen-)Logik des europäischen Politiksystems heraus begreifen als aus der (Gesamt-)Logik des kapitalistischen Weltsystems; nicht die (europa-)politische Stagnation, sondern die (welt-)wirtschaftliche Stagnation in den 1970er-Jahren gilt als das entscheidende Krisenmoment, das zur Umstrukturierung des Integrationsprozesses führte, nämlich zur Herausbildung einer ‚neuen Kohärenz zwischen (globalisiertem) Akkumulationsregime und (europäisierter) Regulationsweise' (Deppe 2000, 345; vgl. Tömmel 1995, 50 ff.; Ziltener 1999, 50 ff.). Die Neudefinition der europäischen Wirtschaftsordnung mit der Binnenmarktinitiative (und der in Folge lancierten Wirtschafts- und Währungsunion) erfolgt dabei maßgeblich durch transnationale Akteure, deren Identitäten, Interessen und Strategien sich im Kontext des globalen Strukturwandels formieren (van Apeldoorn 2001, 70; vgl. van Apeldoorn 2002, 50 ff.; Holman 2001, 173), d. h. jenseits territorialer Grenzen, innerhalb wie außerhalb der Gemeinschaft. Durch den Bedeutungsgewinn dieser Kräfte ist die weitere Integration auf einen postfordistischen, postkeynesianischen Kurs festgelegt. Als Kompromiss zwischen den beiden unter dieser Bedingung konkurrierenden Regulierungsprojekten entwickelt sich schließlich ein – mit einigen neomerkantilistischen und sozialdemokratischen Elementen angereicherter – ‚eingebetteter Neoliberalismus' (van Apeldoorn 2001, 82 f.; van Apeldoorn 2002, 78 ff. u. 158 ff.; vgl. Bieling 2002, 22 ff.; Ziltener 1999, 139 ff.).

So unterschiedlich die Erkenntnisinteressen der mit dem europäischen Integrationskontext befassten Regulierungsansätze sind, entsteht doch ein einheitliches Bild von der regulativen Bestimmtheit der Gemeinschaft: Wesentliche Regulierungsfunktionen sind von Beginn an primärrechtlich festgeschrieben und werden sekundärrechtlich fortgeschrieben. Andererseits steht die gemeinschaftliche Regulierung bis zur wirtschaftspolitischen Wende Ende der 1970er-, Anfang der 1980er-Jahre im Schatten des fordistisch-keynesianischen Wohlfahrtsmodells, an dem sich auch das Wohl und Wehe der europäischen Einigung bemisst. Demnach tritt die regulative Staatlichkeit Europas erst mit dem Binnenmarktprojekt aus dem Zustand der Latenz hervor und erfährt unter dem neuen Leitstern der wirtschaftlichen Öffnung und des Wettbewerbs in den Folgejahren einen massiven Ausbau. Es bleibt also eine Frage des Blickwinkels, ob der Integrationsprozess in dieser Hinsicht stetig oder gebrochen erscheint, ob seine regulative Grundausrichtung eher über- oder unterschätzt wird. Der Regulierungsbegriff lässt sich allerdings auch komplett der Erneuerungsphase des *Integrations*projekts vorbehalten – seiner Erneuerung als *Regulierungs*projekt. Mit anderen Worten: Auf eine Phase (unter dem Primat) der Integration folgt eine Phase (unter dem Primat) der Regulierung. Genau damit wird aber die (empirisch-konzeptionelle) Governance-Wende umschrieben, so dass sich ein begrifflicher Dreiklang aus keynesianischer Wohlfahrtsstaatlichkeit, ‚government' und Integration bzw. aus schumpeterianischer Wettbewerbsstaatlichkeit ‚governance' und Regulierung ergibt. Umgekehrt wird mit der Verwendung des Governance-Begriffs im akademischen (und politischen) Diskurs nicht nur der Staatsbegriff als Maßstab, sondern auch die Integrationsdimension als Richtschnur für das europäische Gemeinschaftsprojekt relativiert. Mit dem trennscharfen Gebrauch der Begriffe Integration und Regulierung würde überdies der programmatischen Umschaltung von der Integrationsproblematik auf die Regulierungsproblematik entsprochen, die in (Form) der Governance-Forschung stattgefunden hat, wie im Folgenden deutlich wird.

In der Europaforschung (als Integrationsforschung) stand lange Zeit die Integrationsproblematik im Mittelpunkt. Die klassischen Integrationstheorien, Intergouvernementalismus und (Neo-)Funktionalismus, erkundeten die Entwicklungsgründe und -gesetze der EU als Novum in der Staatenwelt, betrachten ihren Gegenstand also in der Totalen. Dabei gehen beide (Groß-)Theorien davon aus, „dass die Herausbildung gemeinschaftlicher Institutionen die zu erklärende abhängige Variable ist" (Jachtenfuchs/Kohler-Koch 2003, 12). Der institutionelle Kontext der Gemeinschaft ist für die Europaforschung jedoch nicht nur als *Explanandum* von Interesse, sondern auch als *Explanans*. Dies gilt insbesondere für den Bereich der Policy-Analyse, deren Erklärungsanspruch mit der politikfeldbezogenen Verdichtung von ‚polity', ‚politics' und ‚policy' auf eine geringere, mittlere Reichweite zielt (Jachtenfuchs/Kohler-Koch 2003, 12; vgl. Schumann 1993; Héritier 2003). Bei einer solchen Nahaufnahme (eines bestimmten Segmentes) der EU sind weniger die Bedingungen ihrer Existenz von Belang als das Faktum ihres Funktionierens, weniger die großen Richtungsentscheidungen als der fortlaufende Regulierungsbetrieb: „The politics of European integration are not just about whether there should be more or less *integration*. [...] Much (perhaps most) of what goes on in the EU game is about day-to-day technical, regulatory policy-making." (Rosamond 2000, 106 f.; H. i. O.). Während im Fall der Policy-Analyse also auf die Einzelheiten der Regulierung (unterhalb der großen Politikentscheidungen) in einem institutionell abhängigen Problembearbeitungsprozess abgehoben wird, bezieht eine weiter angelegte (systembezogene) Governance-Perspektive auch die Normierungseffekte ein, die der fortlaufende Politikbetrieb auf das größere Ganze hat. Diese Rückwirkungen von den Prozessen (politics) und Inhalten (policy) auf die Form und Ordnung (polity) der Gemeinschaft lassen sich auch als „konstitutionelle Dimension des alltäglichen Regierens" (Jachtenfuchs/Kohler-Koch 2003, 16) – einschließlich des ‚Regulierens' – bezeichnen, kurz: als ‚Verfassungspraxis'. An dieser Stelle tritt der institutionelle Kontext somit erneut als Explanandum in die Gleichung der Europaforschung ein, jedoch nicht mehr unter integrationspolitischem Vorzeichen, sondern bereits unter regulierungspolitischem Vorzeichen, zumal wenn die „systematische Verlagerung von Allokationszuständigkeiten vom Staat auf den Markt" (Jachtenfuchs/Kohler-Koch 1996, 29) als Forschungsschwerpunkt benannt wird. In aller Deutlichkeit wird die Umorientierung vom ‚Integrationsstand' zum ‚regulativen Status' der Gemeinschaft (als erklärungsbedürftiger, abhängiger Variable) schließlich in den bereits dargestellten politökonomischen Ansätzen vollzogen, die systematisch mit dem Regulierungsbegriff arbeiten und dadurch zugleich eine Schärfung des Governance-Begriffs ermöglichen. Hier wird die Herausbildung eines regulativen Staates bzw. die Durchsetzung einer neuen Regulationsweise auf supranationaler Ebene als Ergebnis eines umfassenden Wirkungszusammenhangs von wirtschaftlichen, politischen und gesellschaftlichen Faktoren betrachtet, in dem Europa nur einen besonderen Kristallisationspunkt bildet. Mit (regionaler) Integration wird in diesen Theorien eine bestimmte Form der Regulierung jenseits von (national integrierten) Einzelstaaten bezeichnet; der Integrationsbegriff wird also grundsätzlich vom Regulierungsbegriff abgeleitet (etwa definiert als ‚Übertragung von Regulierungskompetenzen an europäische Institutionen'; vgl. Majone 1996e, 68). Unter dieser Prämisse können beide Begriffe im europäischen Kontext dann nahezu synonym verwendet werden, z. B. negative/positive Integration als ‚negative/positive Regulierung' (Hooghe/Marks 2001, 132 f.) oder umgekehrt Regulationsweise als ‚Integrationsweise' (Ziltener 2000, 85). Insgesamt hat mit der Governance-Wende in der Europaforschung also nicht nur eine Erweiterung des Begriffs politischer Steuerung, sondern auch eine Umorientierung auf Regulierungsfragen stattgefunden.

Es ist diese Forschungsperspektive, in die im Weiteren das europäische Recht, insbesondere die europäische Rechtsprechung, gestellt werden soll. Die zentrale Annahme ist, dass sich mit dem Übergang von ‚government' zu ‚governance', von Integration zu Regulierung auch das staatliche Recht bzw. die Rechtsstaatlichkeit wandelt. Die Ambivalenz dieser Entwicklung ist in den Begriff der Rechtsgemeinschaft eingegangen, der das Alte (‚old governance') im Neuen (‚new governance') beschreibt. Für die Entwicklungsrichtung steht (in der Polity-Dimension) die auf Recht gegründete internationalisierte Staatlichkeit und (in der Politics-Dimension) die auf Verfahrensgerechtigkeit zielende kooperative Staatlichkeit. Der in der Trias des Wandels der Staatlichkeit noch fehlende Aspekt der regulativen Staatlichkeit schließlich bezeichnet einen Entwicklungstrend, der *mehr Recht mit weniger Staat und mehr Markt* zu verbinden verspricht – mit Konsequenzen für die gemeinschaftliche Wirtschaftsverfassung (Policy-Dimension). Im Folgenden soll herausgearbeitet werden, welche Rolle dem Europäischen Gerichtshof nicht nur bei der ‚Integration', sondern auch bei der ‚Regulierung' durch Recht zukommt. Da es hierbei weniger auf sein gouvernementales Standbein als auf sein postgouvernementales Spielbein ankommen wird, lautet die Kernidee dieser Arbeit ‚judicial governance'.

1.5 Fazit: ‚From National Government to European Governance'

Die vorangegangenen Überlegungen zum Governance-Begriff und zu seiner Anwendung im Kontext der Europaforschung lassen sich schematisch in einem zweidimensionalen Grundmodell des Übergangs vom Regieren im klassischen Nationalstaat (national government) zum Mehrebenen- und Netzwerkregieren in der Europäischen Union (European governance) zusammenfassen. Nach diesem Modell sind in idealtypischer Überzeichnung eine *vertikale* und eine *horizontale* Dimension des Wandels der Staatlichkeit zu unterscheiden, die in etwa der Differenzierung von territorialer (sozialräumlicher) und funktionaler (sektoraler, organisationaler) Bestimmtheit des Regierens entsprechen und somit den Trend zum Regieren in Mehrebenensystemen und Netzwerkkonstellationen abzubilden erlauben. Einfachheitshalber wird der klassische Nationalstaat in den Ursprung (Nullpunkt) eines Koordinatensystems gesetzt, das hier lediglich aus dem ersten (von den positiven Achsen-Abschnitten markierten) Quadranten besteht. Dem Modell nach zeichnet sich das europäische Regieren gegenüber dem nationalstaatlichen Regieren durch höhere Werte sowohl auf der vertikalen (Integrations-)Achse als auch auf der horizontalen (Regulierungs-)Achse aus und wird entsprechend diagonal zum Ursprung in der rechten oberen ‚Ecke' des ersten Quadranten platziert (Abb. 2).

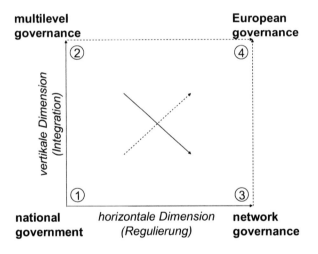

Abbildung 2: Governance-Grundmodell: Dimensionen der Staatlichkeit im Wandel

Bei diesem einfachen Denkmodell, das der weiteren Ideenfindung und Argumentation dieser Arbeit zugrunde liegt, handelt es sich gewissermaßen um einen Ausschnitt aus dem in der Governance-Debatte verschiedentlich verwendeten – und ebenfalls zweidimensional angelegten – Suchraster für den Wandel des klassischen Nationalstaats, d. h. die Verlagerung hoheitlicher Entscheidungskompetenzen ‚nach oben' oder ‚nach unten', ‚nach innen' oder ‚nach außen' (Pierre/Peters 2000, 202), wie es etwa in einem groß angelegten Forschungsprogramm zur ‚Staatlichkeit im Wandel' (Zürn u. a. 2004) ausgearbeitet wird: Im Ursprung stehen auch hier die ‚nationalen Politiken' des ‚demokratischen Rechts- und Interventionsstaats westlicher Prägung' (DRIS), der als ein auf nationaler Ebene geschlossener, ‚multifunktionaler Staat' identifiziert wird, „that combines the Territorial State, the state that secures the Rule of Law, the Democratic State, and the Intervention State" (TRUDI; Zürn/Leibfried 2005, 3; vgl. Zürn u. a. 2004). Die beiden konzeptionellen ‚Achsen staatlichen Wandels' sehen in positiver Richtung eine ‚Internationalisierung' (y-Achse) bzw. ‚Vergesellschaftung' (x-Achse) und in negativer Richtung eine ‚Subnationalisierung' (y-Achse) bzw. ‚Verstaatlichung' (x-Achse) politischer Funktionen vor. Die vertikale Dimension des Wandels der Staatlichkeit spannt sich demzufolge zwischen Subnationalisierung und Internationalisierung auf, die horizontale Dimension zwischen Verstaatlichung (bzw. ‚Nationalisierung') und Vergesellschaftung (bzw. ‚Liberalisierung', ‚Deregulierung'). Supranationalisierung und Transnationalisierung werden dabei als Synthese von Internationalisierung und Verstaatlichung bzw. von Internationalisierung und Vergesellschaftung begriffen und im Modell diagonal zum (nationalstaatlichen) Ursprung verortet (Zürn u. a. 2004, 20 ff.; vgl. Zürn/Leibfried 2005, 13 ff.).

In der nun an dieser Stelle vorgeschlagenen europabezogenen Spezifizierung eines solchen (heuristischen) Grundmodells für den (analytisch und empirisch noch genauer zu erkundenden) Wandel der Staatlichkeit werden Inter- und Supranationalisierung in der *vertikalen* Dimension der ‚Internationalisierung' der nationalen Ebene und der ‚Verstaatlichung' der europäischen Ebene des Regierens zusammengefasst. Paradigmatisch ist damit die *Integrationsdimension* bezeichnet (wobei der Fokus auf dem eigentlichen Prozess der europäischen Integration, also gewissermaßen der supranationalen Verstaatlichung liegt). Internationalisierung und Vergesellschaftung werden demgegenüber in der *horizontalen* Dimension der ‚Entnationalisierung' und ‚Entstaatlichung' des Regierens – sei es auf der nationalen, sei es auf der europäischen Ebene – zusammengeführt. Paradigmatisch ist damit die *Regulierungsdimension* bezeichnet (wobei der Fokus auf der europapolitisch bzw. -rechtlich induzierten Deregulierung und Vergesellschaftung liegt). Eine Grundthese dieser Arbeit lautet nun, dass sich die so genannte Governance-Wende (‚from government to governance') auf der europäischen Ebene mit einem Übergang von der vertikalen Dimension der Integration (‚from national government to multilevel governance') zur horizontalen Dimension der Regulierung (‚from national government to network governance') verbindet, d. h. von einer Europäisierung, die sich vor allem als Prozess der Supranationalisierung und Verstaatlichung bzw. des Souveränitätstransfers auf eine höhere Ebene (‚nach oben') verstehen lässt, zu einer Europäisierung, die zunehmend auch als Prozess der Transnationalisierung und Vergesellschaftung bzw. der Delegation oder Rückgabe staatlicher Verantwortlichkeit an private Akteure (‚nach außen') zu begreifen ist. Diese – durch die Nummernfolge im Schaubild veranschaulichte – Entwicklung eines europäischen Mehrebenen- und Netzwerkregierens lässt sich (im Sinne der Dreifaltigkeit des englischen Politikbegriffs) zugleich als musterhafte Herausbildung einer der Form nach internationalen, dem Ablauf nach kooperativen und dem Ergebnis nach regulativen Staatlichkeit begreifen. In diesem polit(ökonom)ischen Kontext vollzieht sich auch der in dieser Arbeit zu ergründende Wandel der *Rechts*staatlichkeit.

Die rechtliche Dimension klassischer (National-)Staatlichkeit und deren Transformation in den letzten (drei) Dekaden findet sich zwar in dem soeben vorgestellten breiteren Untersuchungsrahmen bereits berücksichtigt, in dem neben der ‚Ressourcendimension' des modernen Territorialstaats, der ‚Legitimationsdimension' des demokratischen Nationalstaats und der ‚Wohlfahrtsdimension' des sozialen Interventionsstaats auch die rechtsstaatliche bzw. Rule-of-law-Dimension der nationalen Konstellation des Regierens ausgearbeitet und auf die möglichen Folgen von (postnationaler) Internationalisierung und Subnationalisierung und (parastaatlicher) Deregulierung und Vergesellschaftung untersucht wird. Die Rechtsdimension bleibt in diesem Untersuchungsansatz jedoch konventionellen Konzepten der Rechtsstaatlichkeit verhaftet (Monopol der legitimen Ausübung von Gewalt; Prinzip der Gewaltenteilung) und dabei eng an die (das staatliche Gewaltmonopol materiell absichernde) Ressourcendimension und die (die demokratische Rechtmäßigkeit der Gewaltausübung verbürgende) Legitimitätsdimension gekoppelt (Zürn/Leibfried 2005, 5 ff.; Zürn u. a. 2004, 7 ff.). So erscheint sie zwar staats- und demokratietheoretisch anschlussfähig, aber weder governance- noch gesellschaftstheoretisch besonders aufschlussreich. Einiges Anregungspotenzial scheint lediglich der Gedanke zu besitzen, dass „[t]he rule of law now appears to be doubly secured, from within and without" (Zürn/Leibfried 2005, 20) sowie – wie im Sinne des obigen Schemas zu ergänzen wäre – ‚from below and above': Hiermit wird gewissermaßen das eigentümliche Spannungsfeld der ‚Rechtsstaatlichkeit' in der postnationalen Konstellation skizziert. Für das darin implizierte Wechselspiel von Öffnung (von oben bzw. von außen her) und Schließung (von unten bzw. von innen her) aber stellt die europäische Rechtsgemeinschaft – mit dem Europäischen Gerichtshof in ihrer Mitte – einen Musterfall dar. Im europäischen (bzw. europäisierten) Koordinatensystem der ‚(Rechts-)Staatlichkeit im Wandel' können Ausgangs- und (vorläufiger) Endpunkt der Entwicklung daher auch als *nationaler Rechtsstaat* und *europäische Rechtsgemeinschaft* gekennzeichnet werden.

2 Der Europäische Gerichtshof als Governance-Akteur

Der Europäische Gerichtshof blieb lange Zeit „blessed [...] with benign neglect" (Stein 1981, 1) – und zwar nicht nur in der Politik und in der Öffentlichkeit (vgl. Howe 2004; Leptien 2001), sondern auch in der (Europa- bzw. Integrations-)Forschung. Dies gilt umso mehr für die nur sekundär mit Recht und Rechtsprechung befassten sozialwissenschaftlichen Disziplinen und vielleicht am stärksten für die Soziologie, die nicht nur den EuGH, sondern überhaupt die europäische Integration als Forschungsgegenstand – ‚wohl' oder ‚übel' – vernachlässigt (hat):

> „Für die Soziologie ist die europäische Integration bislang ein Randthema. Einer der bedeutendsten Prozesse der politischen Herrschaftsordnung bleibt damit soziologisch weitgehend unreflektiert, das Erkenntnispotenzial der Soziologie mit ihren distinkten Problemstellungen, analytischen Modellen und spezifischen Methoden ungenutzt." (Bach 2001, 147; vgl. Bach 2000, 11 ff.; Immerfall 2000, 482 ff.)

Rechts- und Politikwissenschaft, Wirtschafts- und Geschichtswissenschaft (vgl. Loth/Wessels 2001) scheinen für eine problemorientierte Auseinandersetzung mit der europäischen ‚Integration durch Recht' und deren Einarbeitung in die fachspezifischen Theorien und Wissensbestände allesamt besser präpariert als die Soziologie. Als (empirische) Grundlagenwissenschaft, die das Recht und die Rechtsprechung aus dem gesellschaftlichen Kontext heraus zu verstehen und zu erklären sucht, bleibt sie für eine (gesellschafts-)theoretische Aufarbeitung der Verrechtlichung und Vergesellschaftung auf europäischer Ebene gleichwohl prädestiniert – trotz aller Schwierigkeiten mit einer wahrhaft ‚europäischen Gesellschaft'.

Die Herausforderung, die europäische Integration als Prozess des *sozialen* und – damit einhergehend – des *rechtlichen* Wandels zu begreifen, richtet sich insbesondere an die *Rechts*soziologie, die sich freilich (als ‚Bindestrich-Soziologie') nicht nur aus der Soziologie, sondern auch aus der Rechtswissenschaft speist (und insoweit am Rechtsdiskurs teilhat). Doch auch sie steckt, was die Besonderheiten des europäischen Rechts betrifft, mit ihren Recherchen noch in den Anfängen: „‚Europa' als Idee und als Praxis muß von der rechtssoziologischen Forschung noch entdeckt werden." (Höland 1993, 177). Ein wesentlicher Grund für die relative Zurückhaltung bzw. den relativen Rückstand der rechtssoziologischen Europaforschung wird paradoxerweise gerade in dem integrationspolitischen (Über-)Gewicht des Rechts ausgemacht: Es sei „die in der Idee der Integration durch Recht angelegte Präponderanz des Rechts in der Herstellung der Europäischen Gemeinschaften, die diese zu einer gewaltigen rechtlichen Kodifikation und politischen Konstruktion hat werden lassen" (Höland 1993, 179). Diese durch und durch rechtlich konstituierte, rechtspolitisch positivierte Gemeinschaft (kurz: Rechtsgemeinschaft) stelle einen ‚Juristen-Kosmos' von enormer ‚Suggestivkraft' dar, eine ‚Kunstwelt', die noch kaum in der ‚Lebenswelt' verankert ist:

„Das Recht der Europäischen Gemeinschaft, das originäre wie das abgeleitete, ist ein intergouvernmentales und interkulturelles Kunstwerk. [...] Es symbolisiert nicht bestehende Lebenswelt, sondern es erzeugt virtuelle Wirklichkeit, ein Europa hinter dem Spiegel. Darin liegt auch begründet, daß die Kommunikation über Recht in Europa nicht nur verweist, sondern eine bemerkenswert starke *konstruierende* Funktion hat." (Höland 1993, 182; H. i. O.)

Den ‚Positivismus' des Europarechts (und der Europarechtswissenschaft) mit der (Rechts-)Soziologie zu re-konstruieren, bedeutet auch, den EuGH in einem größeren, gesellschaftstheoretischen Zusammenhang zu verorten als in den akteursbetonten Disziplinen gemeinhin üblich und die europäische Integration durch Recht als voraussetzungsreiches *gesellschaftliches Konstrukt* zu begreifen, das seinen ‚realen' Halt zuallererst im Zusammenhalt der europäischen Richter und Rechtsgelehrten, in der Geschlossenheit des Europarechtsdiskurses, findet.

Die Analyse und Kritik dieses (wirklichkeitserzeugenden) Rechtsdiskurses – als eines Diskurses über die Rechtsetzung (Normenbegründung) und Rechtsprechung (Normanwendung) – bleibt in der Integrationsforschung also trotz seiner nicht unerheblichen soziologischen und rechtssoziologischen Relevanz und Brisanz weitgehend den anderen ‚Sozial'-Wissenschaften überlassen, insbesondere der Rechtswissenschaft und der Politikwissenschaft, aus deren Sicht im Folgenden die Tätigkeit des Europäischen Gerichtshofs, seine Rolle *im* Integrationsprozess bzw. *als* Governance-Akteur, darzustellen ist. Dabei finden (rechts-)ökonomische und (rechts-)historische – wie auch (rechts-)soziologische – Argumente nur insoweit Berücksichtigung, als sie von Juristen und Politologen aufgegriffen und internalisiert worden sind. Während sich *dieses* Kapitel also auf die rechts- und politikwissenschaftlichen, vielfach ‚akteurtheoretisch' angelegten Interpretationen der europäischen Rechtsprechung konzentriert, wird im *folgenden* Schwerpunktkapitel der Arbeit ein genuin soziologischer (mehr gesellschaftstheoretischer denn rechtssoziologischer) Standpunkt eingenommen, in dem der richterliche Akteur in seinen sozialen Kontext eingebettet wird. Diese beiden Kapitel sind also komplementär zueinander angelegt; sie sollen ein umfassenderes Verständnis von ‚judicial governance' ermöglichen – dies- und jenseits der Hauptströmungen der Integrationsforschung.

Im vorliegenden Kapitel bildet nun ebendiese sozialwissenschaftliche Europaforschung mit ihren verschiedenen Strömungen den Ausgangspunkt, um zu einem governance-theoretischen Verständnis des EuGH und seiner Rechtsprechung zu gelangen. Weil mit der Governance-Wende die Erkenntnisse der Integrationsforschung nicht neutralisiert, sondern neu perspektiviert werden, wird die Untersuchung *nicht* von vornherein auf die – ausdrücklich als solche firmierende – Governance-Forschung begrenzt, zumal die Zuordnungen sehr unterschiedlich ausfallen: Auf einer relativ fein gezeichneten *politikwissenschaftlichen* ‚Landkarte integrationstheoretischer Ansätze' wird mit Governance lediglich eine von neun Forschungsprovinzen neben (Neo-)Realismus, (Neo-)Funktionalismus, (Neo-)Institutionalismus, (Neo-)Föderalismus, Konstruktivismus, Regime, Netzwerk und Fusion benannt, auch wenn die Grenzen in einigen Fällen unscharf sein mögen (vgl. Wessels 2001, 27). Ein etwas gröberes Bild erhält man durch ein anderes Prisma, das ein Theorienspektrum von Neofunktionalismus, Intergouvernementalismus, Mehrebenensystem, europäischer Staatswerdung bzw. Staatlichkeit im Wandel und europäischer Gesellschaft aufwirft, wobei über die Politikwissenschaft hinaus gerade im letzten Punkt auch die *Soziologie* gewürdigt (und gefordert) wird (vgl. Bach 2001, 168 f.). Zwei dieser fünf Forschungsrichtungen (Mehrebenensystem und Staatlichkeit im Wandel) ließen sich auch mit Governance überschreiben. Zu ebenfalls fünf Kategorien (oder Debattenschwerpunkten), die sich allerdings etwas anders darstellen, kann man auch aus *rechtswissenschaftlicher* Sicht gelangen: namentlich Staatlichkeit und Verfassung; Recht als Integrationsinstrument eines nichtstaatlichen Hoheitsträgers; Gestalt, Finalität und Legitimität; Einheitsbildung und Fragmentierung sowie Verfassungsprinzipien (von Bogdandy 2001a, 9 ff.). Gerade in den ersten beiden Rubriken (Staatlichkeit und Verfassung, Integration durch Recht jenseits des Staates) spiegelt sich die Governance-Debatte wider: Zusammengenommen geht es um eine Veränderung der Staatlichkeit durch das Recht der Vergemeinschaftung bzw. die Vergemeinschaftung des Rechts. Das Recht dient als „*Instrument* politischer und gesellschaftlicher Transformation" (von Bogdandy 2001a, 23; H. i. O) und bewirkt einen Formwandel des Staats (hin zu einem „Recht ohne Staat"; von Bogdandy 2001a, 20).

Der Überschneidungsbereich von Rechts- und Politikwissenschaft, in den (innerhalb der ‚European Integration Studies') die Zuständigkeit für die Erklärung und Bewertung der EuGH-Rechtsprechung fällt, lässt sich näher mit ‚European Legal Studies' bezeichnen – womit die interdisziplinären Verständigungsschwierigkeiten freilich nicht ausgeräumt sind: „[T]here is not really an interdisciplinary attempt to advance our understanding of the influence of European law and the European Court of Justice (ECJ) on European Union (EU) politics." (Alter 2002a, 113). Umgekehrt kann dies auch für den Einfluss der EU-Politik auf das Europarecht und den Gerichtshof behauptet werden, wenn auch die Rechtsetzung an sich (als Ergebnis des politischen Prozesses) natürlich Berücksichtigung findet: „Traditionally, political scientists have ignored the influence of Community law; equally, many lawyers have understood the Community in purely legalistic terms." (Wincott 1995a, 293). Aus letzterer (juristischer) Sicht entspricht die Konstitutionalisierung der Gemeinschaft durchaus dem Text und Telos der Verträge; demnach bedürfte die außerordentliche Integrationsleistung der Rechtsprechung gar keiner politischen Erklärung (Wincott 1995a, 298). Insgesamt entsteht der Eindruck, dass Juristen und Politologen stark ihren jeweiligen (Fach-)Kulturen verhaftet bleiben und in ihren (Fach-) Artikeln gewissermaßen aneinander vorbeischreiben. Erstere interessierten sich vor allem für die Konsistenz des Rechts, die Rechtfertigung und Legitimität gerichtlicher Entscheidungen; Letztere widmeten sich eher „the political context, the interests at play and the distributional and political consequences of a ruling or doctrine" (Alter 2002a, 114). Jenseits der unterschiedlichen Erkenntnisinteressen wird der Austausch zwischen den beiden Disziplinen offenbar auch dadurch erschwert, dass ganz unterschiedliche Erklärungsansätze verfolgt werden: Der auf der einen (juristischen) Seite vorherrschende traditionelle Rechtsformalismus (wie auch der verstärkt aufkommende rechtskulturelle Pluralismus) scheint sich kaum in die auf der anderen (politologischen) Seite dominierende, rationalistische Handlungs-

bzw. Institutionentheorie übersetzen zu lassen, die eigeninteressierte Akteure unterstellt (Alter 2002a, 115) – es sei denn durch ein ‚formalistisches' (oder ‚kulturalistisches') Framing der Handlungspräferenzen. Der Hauptunterschied zwischen Rechts- und Politikwissenschaft besteht jedoch darin, „that law and legal analysis are fundamentally normative enterprises whereas political science is fundamentally a positivist enterprise" (Alter 2002a, 115).

So treffend diese Unterscheidung von eher juristisch und eher politologisch betriebener Europaforschung sein mag, wenn es um die Erschwernisse der interdisziplinären Zusammenarbeit geht, so problematisch erweist sie sich doch bei der Zu- und Einordnung von ‚Grenzgängern' zwischen diesen beiden Disziplinen, die weder dem Profil des einen noch des anderen Fachs voll entsprechen. Gewissermaßen liegt es in der (normativen) Natur der Sache, dass die europäische Integration und das europäische ‚Regieren' nicht nur unter dem Gesichtspunkt der Legalität, sondern auch der Legitimität betrachtet, nicht nur auf Form und Prozess, sondern auch auf Wesen und Inhalt untersucht werden. Tatsächlich verbindet sich das Interesse an einer empirischen Analyse der europäischen Rechtsetzung und Rechtsprechung in der Forschungspraxis vielfach mit dem Wunsche nach normativer Aufklärung. Zwar scheinen sich der *Integrationsdiskurs* (hier einschließlich des Governance-Diskurses) und der *Demokratie-* bzw. *Legitimitätsdiskurs* in der akademischen Wirklichkeit recht deutlich voneinander abgrenzen zu lassen – was sich etwa damit karikieren lässt, dass beim Betreten eines mit ‚Community: Nature of' beschrifteten (Konferenz-)Raums die Separierung der beiden (Diskurs-)Gruppen, die jeweils lebhaft untereinander, jedoch kaum miteinander kommunizierten, sofort augenfällig würde (bestätigt auch „by the helpful Community receptionist who asked whether I was here ‚for integration' or ‚for democracy/legitimacy', rather in the mode that one might inquire whether one was with the bride or groom at a wedding"; Craig 1999, 1). Gleichwohl belegt die durch diese Beobachtung eingeleitete Darstellung der unterschiedlichen demokratietheoretischen Voraussetzungen und Implikationen der integrations- und governance-theoretischen Erklärungsansätze gerade, dass diese durchaus systematisch auf normative Fragen der Legitimität bezogen sind bzw. bezogen werden können (und sollen), die wechselseitige Abschottung der beiden Diskurswelten also sachlich unbegründet ist (vgl. Craig 1999, 3 ff.).

Im *Integrationsdiskurs* stehen sich mit dem Neofunktionalismus und dem Intergouvernementalismus (vgl. Rosamond 2000, 50 ff. u. 130 ff.) seit langer Zeit zwei bedeutende Theoriekomplexe gegenüber, die sich vor allem darin unterscheiden, welche Bedeutung sie den ‚Herren der Verträge' – den durch ihre Regierungen repräsentierten Mitgliedstaaten – für das Voranschreiten des europäischen Integrationsprozesses beimessen: Die einen erkennen in der Integrationsdynamik ein logisches Moment, das – bedingt durch funktionale Interdependenzen – die Vernetzung supra- und subnationaler Akteure begünstigt und Zentralisierungstendenzen befördert; die anderen führen die Abfolge der Integrationsschritte auf die Präferenzen staatlicher Akteure für einen supranational gestützten Verhandlungkontext zurück, in dem allseitige Kooperationsgewinne erzielt werden. In der Geschichte der europäischen Einigung hatten die einen Konjunktur, wenn ‚Europa' einen Schub machte;

die anderen traten hervor, wenn der Integrationsprozess stagnierte: Wo der Neofunktionalismus in Erklärungsnöte geriet, erwies sich der Intergouvernementalismus als fruchtbare Alternative – und umgekehrt. Gemeinsam ist den beiden (in der politikwissenschaftlichen Subdisziplin Internationale Beziehungen beheimateten) Theorien der Blick auf die Entstehungsbedingungen, Entwicklungsgesetze und Besonderheiten des europäischen Integrationsprozesses in der internationalen Politik.

Mit der so genannten *Governance-Wende* wird eine grundlegend andere (eher in der Vergleichenden Regierungslehre kultivierte) Perspektive auf das europäische Institutionengefüge und das Zusammen- und Wechselspiel gouvernementaler und nicht-gouvernementaler Akteure in verschiedenen Politikfeldern und auf unterschiedlichen Handlungsebenen eröffnet (vgl. Rosamond 2000, 109 ff). Diese Form des Regierens ohne exklusive Regierung ('governance without government') wird weniger als europäische Besonderheit gesehen denn als allgemeineres Politikmuster, das sich auch im traditionellen nationalstaatlichen Rahmen abzeichnet. Neben den akteurtheoretischen Ansätzen der Policy-(Netzwerk-)Analyse (vgl. Rosamond 2000, 123 ff.) sind der Governance-Forschung verschiedene institutionalistische Strömungen (Rational Choice, historischer Institutionalismus, soziologischer Institutionalismus) zuzuordnen, die sich zwar in ihrem erkenntnistheoretischen Zugang und in ihrem Institutionenbegriff unterscheiden, jedoch sämtlich – unter dem Leitsatz 'institutions matter' – das Eigengewicht von Institutionen im politischen Prozess betonen (Rosamond 2000, 113 ff.). Der Übergang vom Integrationsparadigma (mit Neofunktionalismus und Intergouvernementalismus) zum Governance-Paradigma (mit Policy-Analyse und Institutionentheorie) lässt sich auch als Differenzierung von 'grand theory' über die Historie des Einigungsprozesses und 'middle-range theory' über den europapolitischen Alltag fassen, was bedeutet, dass die beiden Theoriegenerationen sich nicht unbedingt widersprechen müssen, sondern sich durchaus auch wechselseitig ergänzen können (Rosamond 2000, 108 u. 111 ff.).

Das *Demokratie-/Legitimitätsparadigma* wird in diesem Kapitel durch die Debatte um die Legitimität bzw. Illegitimität eines 'gouvernement des juges' im (demokratischen) nationalen Rechtsstaat bzw. in der (demokratisch mehr oder minder defizitären) europäischen Rechtsgemeinschaft repräsentiert. Zudem wird ein grundlegender Diskussionsbeitrag zum Aktivismus ('judicial activism') bzw. zur Selbstmäßigung ('judicial self-restraint') des EuGH referiert, der von einem ganz ähnlichen demokratietheoretischen Rahmen ausgeht. Das Kapitel schließt mit einem (rechts- und politikbezogenen) diskurstheoretischen Modell des 'governing with judges'. Das *Integrationsparadigma* wird zunächst über die 'Theorien internationaler Kooperation und Verflechtung' und die hier verwendeten Konzeptionen einer Verrechtlichung (und Vergerichtlichung) internationaler Beziehungen erschlossen. Im Felde der eigentlichen Integrationstheorien wird speziell auf die im Intergouvernementalismus und Neofunktionalismus entwickelten Konzeptionen einer 'Integration durch Recht' eingegangen. Insgesamt liegt der Fokus in diesem Abschnitt auf liberalistischen Theorieentwicklungen; während strukturalistische bzw. konstruktivistische Perspektiven erst im dritten (und Haupt-)Kapitel dieser Arbeit (unter einem weiter gefassten Integrationsbegriff) vertieft werden. Das *Governance-Paradigma* wird schließlich an verschiedenen Theorieansätzen illustriert, die die Rechtsprechung des EuGH anders bzw. stärker als die integrationstheoretischen Ansätze in eine komparatistische und institutionalistische, z. T. auch regulierungstheoretische Perspektive rücken. Unterschiede bestehen in der spezifischen institutionentheoretischen Ausrichtung sowie dem jeweils zugrunde liegenden (oder implizierten) Governance-Begriff. Ziel des Gesamtkapitels – und nicht nur des letzten, governance-theoretischen Abschnitts – ist die Erkundung bzw. Konkretisierung dessen, was ‚judicial governance' bedeuten kann, wenn man von dem einschlägigen Theorienbestand in der Europa(rechts)forschung sowie den angelagerten politikwissenschaftlichen Schwerpunkten ausgeht.

2.1 Das Demokratie-/Legitimitätsparadigma: ‚Gouvernement des Juges'

Im Demokratie-/Legitimitätsparadigma geht es um die normativen Aspekte einer prononciert europäischen Rechtsprechung, d. h. der durch den Europäischen Gerichtshof forcierten ‚Integration durch Recht' (vgl. Dehousse/Weiler 1990, 246 ff.). Das vorliegende Kapitel stellt exemplarisch Kriterien und Ansätze heraus, die das Verhalten der Richterschaft an der Grenze von Recht und Politik als demokratisch oder undemokratisch, legitim oder illegitim bewerten. Der Grat zwischen einer rechtswissenschaftlichen Binnensicht und einer politikwissenschaftlichen Außensicht ist hier besonders schmal, da im juristischen (rechtstheoretischen) Diskurs selbst politikwissenschaftliche (demokratietheoretische) Argumente verwendet werden. *Dass* der EuGH im Integrationsprozess auch eine politische Rolle spielt, ist dabei hier wie dort (nahezu) unbestritten: Kapitel wie ‚The Court and the Dynamics of Integration' (Dehousse 1998, 70 ff.), ‚The Court as Law-Maker' (Brown/Jacobs 2000, 317 ff.) und ‚Judging Europe's Judges' (Arnull 2003, 538 ff.) gehören zum Standardrepertoire rechtswissenschaftlicher Einführungsbände über den Europäischen Gerichtshof. Vielerlei Darstellungen konvergieren in dem Argument, dass der EuGH, indem er Recht schafft (d. h. rechtliche Auslegungsentscheidungen trifft), auch Politik betreibt (d. h. politische Selektionsentscheidungen trifft); er ist demnach nicht nur ein ‚law-maker', sondern auch ein ‚policy-maker':

> „Through its innovative interpretations, the Court's influence can be felt at all stages of the policy process: it can suggest new avenues to be explored[;] it can legitimate certain choices and delegitimate others[;] it can provoke Community legislative intervention[;] its existence affects the relationships between the various actors involved in policy debates[;] it plays a central role in the implementation of common decisions." (Dehousse 1998, 82; vgl. Dehousse 2002, 123 ff.)

Semantisch macht es allerdings einen Unterschied, ob der politische Einfluss des europäischen Richterrechts eher im Sinne des ‚gouvernement des juges' (Picard 2001) als (inhärente) Gefahr der rechtsstaatlichen Demokratie herausgestellt oder im Sinne der ‚least-dangerous branch of government' (Weiler 1999a) relativiert wird.

Im Folgenden soll nun nicht die ganze Spannbreite dieser rechts- und demokratietheoretischen Diskussion um „[t]he limits of judicial activism and perspectives of legal politics" (Micklitz 2005, 424) dargestellt, sondern vielmehr gefragt werden, welche Anschlussmöglichkeiten sich aus dem verschiedentlich gefassten Legitimitätsvorbehalt des europäischen Richterrechts für den Governance-Ansatz und das Judicial-Governance-Konzept ergeben. Im Zentrum steht dabei ein an der Grenze von Rechts- und Politikwissenschaft anzusiedelnder ‚rechtsrealistischer' Beitrag über ‚Recht und Politik' des Europäischen Gerichtshofs, der den (normativen) juristischen Diskurs für Fragen der (faktischen) gesellschaftlichen Akzeptanz öffnet (Rasmussen 1986). Die darzustellende Studie kann als Klassiker der European Legal Studies und der interdisziplinär geführten Debatte um die Legitimität des ‚judicial policy-making' (vgl. Volcansek 1992a) gelten. Gerahmt wird dieses Teilkapitel von einer knappen rechtstheoretischen und -historischen Einordnung (und governancetheoretischen Revue) des ‚non-sujet' – des Tabus oder der Anomalie – eines ‚gouvernement des juges' (Brondel u. a. 2001) und der (rechts- und politik-)wissenschaftlichen Normalisierung des ‚governing with judges' in einem integrierten (Diskurs-)Modell der Rechts- und Verfassungspolitik.

2.1.1 Europäisierung des Topos vom Gouvernement des Juges

Der Begriff des ‚gouvernement des juges' stützt sich auf das (rechtsstaatliche) Prinzip der Gewaltenteilung, das unter anderem die Trennung gesetzgeberischer und richterlicher Aufgaben gebietet. Genauer beschreibt er eine Verletzung des Gewaltenteilungsprinzips von Seiten der Richterschaft: eine Anmaßung politischer, in diesem Fall gesetzgeberischer Entscheidungskompetenzen. Eine solche *Verrechtlichung der Politik* bzw. *Politisierung des Rechts* wird in der klassischen Demokratietheorie aus Legitimitätsgründen problematisiert. Dieser *normative* Begriff des ‚richterlichen Regierens' (bzw. des ‚Richterstaats') unterscheidet sich zwar in Gehalt und Genese nachdrücklich von dem in dieser Arbeit zu be- und ergründenden Konzept der ‚judicial governance', demzufolge Legislative und Judikative faktisch in ein über den Staat hinausreichendes Netzwerk des Regierens (im Sinne von ‚network governance') verwoben sind. Um der – zumindest verbal gegebenen – Verwechselungsgefahr zu begegnen, erscheint jedoch eine *analytische* Abgrenzung der beiden Konzepte sinnvoll, zumal auch die Etikettierung des Europäischen Gerichtshofs als eines europäischen ‚gouvernement des juges' Anlass zu einer näheren Auseinandersetzung mit den in dieser Debatte vorgebrachten Argumenten gibt. Ausgehend vom Topos des ‚gouvernement des juges' wird daher im Folgenden zunächst die (ambivalente) Rolle der Richter im modernen Rechts- und Verfassungsstaat erörtert und aus der Kritik an dem klassischen Konzept eine (europäische) Deutungsperspektive für das – in dieser Arbeit zu begründende – Judicial-Governance-Konzept erschlossen.

Zunächst ist zu berücksichtigen, dass die Position der Richter in den verschiedenen Ländern sich sowohl faktisch unterscheidet als auch unterschiedlich bewertet wird (vgl. Brondel u. a. 2001, 13 f; Scoffoni 2001, 187; Pech 2001, 63 f. u. 76): Geprägt wurde der Ausdruck – ‚government by judiciary' – 1914 in den USA, wo er auf ein Ungleichgewicht der drei Staatsgewalten (‚the three branches of government') hinweisen sollte. 1921 wurde der Begriff dann in den französischen Sprachraum eingeführt, wo die Richter weder (semantisch) als Teil des Gouvernements empfunden wurden noch (verfassungsrechtlich) in einer vergleichbaren Position überhaupt erwünscht gewesen wären. Auch heute ruft der Begriff in den USA und Großbritannien, Deutschland und Frankreich noch unterschiedliche Reaktionen hervor. Government by Judiciary (oder Rule of Judges) ist gegenwärtig weder in Großbritannien noch in den USA ein bedeutender Streitgegenstand: weil das *eine* Land Verfassungsgerichtsbarkeit immer noch kategorisch ausschließt, das *andere* sie längst zur Grundfeste der Demokratie erklärt hat. Von diesem Gegensatz abgesehen nehmen die Richter jedoch in beiden Common-Law-Ländern von jeher eine bedeutende Rolle ein – anders als auf dem europäischen Kontinent, dem das Civil Law eingeschrieben ist. Hier bleibt die aktuelle Debatte gefangen zwischen einer Anerkennung des (meist positiv konnotierten) Rechtsstaats bzw. État de Droit einerseits und Vorbehalten gegenüber dem (meist pejorativ verwendeten) Richterstaat bzw. ‚gouvernement des juges' andererseits. Das republikanisch geprägte Frankreich hält dabei am nachdrücklichsten an dem Vorsatz fest, die Richter von aller Politik fernzuhalten. Der Topos des ‚gouvernement des juges' bringt also ein *kontinentaleuropäisches* (und insbesondere französisches) Unbehagen zum Ausdruck, das sich nun auch auf die europäische Ebene des Rechts und der Rechtsprechung überträgt.

Die Kritik an einer (zu) starken Position der Richter im Staate nimmt ganz überwiegend Bezug auf das montesquieusche Prinzip der Gewaltenteilung, das allerdings diesseits und jenseits des Atlantiks eine unterschiedliche Auslegung erfährt. In den USA obliegen der Richterschaft zwar rechtliche wie politische Funktionen, diese werden aber durch eine Anzahl von Doktrinen in ihrer Anwendung konditioniert. Außerdem wird stärker auf die wechselseitige Kontrolle der staatlichen Gewalten abgehoben als auf ihre funktionale Abgrenzung, weshalb ein starker Oberster Gerichtshof als Gegengewicht zum Präsidenten und zum Kongress durchaus willkommen ist (Bastien 2001, 328; Stone Sweet 2002, 32). Auf dem europäischen Kontinent wird das Gewaltenteilungsprinzip dagegen traditionell im Sinne einer (auch) funktionalen Trennung der Organe interpretiert und verlangt daher vom Richter, sich völlig auf seine Rechtsprechungsfunktion zu beschränken, d. h. nur (Gesetzes-)Recht zu sprechen und nicht auch (Richter-)Recht zu setzen. Dies wird damit begründet, dass nicht das Gericht, sondern einzig das Parlament vom souveränen Volke gewählt und zur Gesetzgebung bestimmt sei. Folgerichtig erscheint ein ‚gouvernement des juges' für die Demokratie ebenso widersinnig (‚Oxymoron') wie bedrohlich (‚Schreckbild') – „[g]ouverner et juger constituent des fonctions qui s'excluent mutuellement dans un régime démocratique" (Pfersmann 2001, 40). Da im modernen Rechtsstaat auf die Unabhängigkeit und Kontrollfunktion der Richter jedoch nicht mehr verzichtet werden kann, soll richterliche Selbstbeschränkung (‚judicial self-restraint') einem Hineinregieren des Rechts in die Politik (‚judicial activism') entgegenwirken. In erster Linie verlangt diese Doktrin, den Willen des Gesetzgebers als der politisch verantwortlichen Instanz zu respektieren und nicht durch eine eigene Rechtsauffassung zu ersetzen, da ansonsten die soziale Legitimität des Gerichts auf dem Spiel stünde (vgl. Brondel u. a. 2001, 15; Pech 2001; Scoffoni 2001, 197 ff).

Unter solchen (Legitimitäts-)Bedingungen muss der *Europäische Gerichtshof* beinahe zwangsläufig unter Verdacht des richterlichen Aktivismus geraten (vgl. Picard 2001, 212 ff.): Das Europäische Parlament ist zwar mittlerweile zum mitentscheidenden Gesetzgeber auf gemeinschaftlicher Ebene aufgerückt, kann aber weder Gesetze initiieren noch Verträge revidieren; die demokratische Legitimation und politische Verantwortlichkeit des Rates, in dem, wie in den Regierungskonferenzen, nicht Parlamentarier, sondern Regierungsvertreter zusammenkommen, ist nur in vermittelter Form gewährleistet. Hinzu kommt, dass mit dem Konstitutionalisierungsprozess der Gemeinschaft das vom EuGH fortgebildete Recht gewissermaßen an Rat und Parlament vorbei in die nationalen Rechtsordnungen hineinwirken kann, wo es von heimischen Richtern direkt angewendet wird. Wegen dieses – relativ zum Nationalstaat betrachteten – Demokratiedefizits der Gemeinschaft und der Hürde einer einstimmigen Vertragsrevision zum Zwecke der Umkehrung unliebsamer Entscheidungen des Gerichts oder Beschneidung seiner Kompetenzen scheint der Missbrauch richterlicher Macht auf supranationaler Ebene vorprogrammiert; und tatsächlich genießt der EuGH insgesamt eine „réputation maximaliste" – auch wenn ihm in jüngerer Zeit wiederum eine größere Zurückhaltung beschieden wird: „une prudence que certains trouveraient inversement parfois peut-être excessive" (Puissochet 2001, 297). Gerade weil die Gewaltenteilung als (äußeres) Begrenzungsprinzip im europäischen Kontext nicht voll ausgebildet sei, bedürfe es umso mehr der richterlichen Selbstbeschränkung als eines (inneren) Begrenzungsprinzips (Picard 2001, 240 f.; Badinter 2001, 290 f.).

Trotz der nachhaltigen Popularität einer klassischen Funktionentrennung von Recht und Politik wird das Prinzip der Gewaltenteilung jedoch bereits im modernen kontinentaleuropäischen Verfassungsstaat (darunter Frankreich und Deutschland) zumindest dort de facto durchbrochen, wo auf höchster richterlicher Ebene die Verfassungskonformität von Gesetzen, inklusive Verfassungsänderungen, zu überprüfen ist. In diesem Fall hat nicht der Gesetzgeber (und auch nicht das Volk), sondern der Richter das letzte Wort, überschreitet also im obigen Sinne seine Rechtsprechungsfunktion, ohne ein politisches Mandat zu besitzen. Dieser Widerspruch wird (in der Tradition Kelsens) zunächst dadurch gelöst, dass Verfassungsgerichten per se Legislativfunktionen zugeschrieben werden, indem sie dem ‚positiven Gesetzgeber' als ‚negativer Gesetzgeber' ohne eigene Initiativrechte beigeordnet werden, gewissermaßen als zusätzliche ‚Kammer'. Aber selbst diese (rechtspositivistische) Konstruktion wird mit der Entwicklung des *neuen Konstitutionalismus* – insbesondere der (Supra-)Konstitutionalisierung von Grundrechten – zunehmend problematisch, da die Rechtsordnung nun nicht mehr allein aus dem Gesetzgebungsprozess abgeleitet werden kann, sondern auf ein politisch unumstößliches (naturrechtliches) Fundament gestellt wird, das nicht zuletzt dem Schutze der Demokratie dient. Die Negativität der verfassungsrichterlichen Legislativfunktionen steht also mit der Möglichkeit, eine substanzielle Kontrolle über die Gesetzgebung auszuüben, erneut in

Zweifel, wenn die konstitutionelle Demokratie gegenüber der reinen Mehrheitsdemokratie mittlerweile auch auf breite Anerkennung stößt (Picard 2001, 217 f. u. 232 ff.; Pech 2001, 71 f.; Stone Sweet 2002, 35 ff., 92 ff. u. 127 ff.). Was für die nationale (rechtsstaatliche) Ebene gilt, gilt zunehmend auch für die europäische (rechtsgemeinschaftliche) Ebene: In der Tat scheint der neue Konstitutionalismus in der Europäischen Union einem „contrôle supranational de la supraconstitutionnalité" (Picard 2001, 223) Vorschub geleistet zu haben.

Es sind jedoch nicht nur diese empirischen, verfassungsrechtlichen Entwicklungen, die eine Versachlichung der normativ aufgeladenen Debatte um die politische Rolle – das ‚Gouvernement' – der Richter ratsam erscheinen lassen. So erfährt der Begriff des ‚gouvernement des juges' bereits auf grundsätzlicher Ebene für seine Gleichmacherei von gesetzgeberischen und gerichtlichen Normierungsbemühungen Kritik. Dabei wird entweder auf die Geschlossenheit des rechtlichen Diskurses abgehoben, der zur argumentativen Bezugnahme auf rechtliche Normen zwinge und alle anderen (Beweg-)Gründe sublimiere bzw. aussondere, oder aber es wird zwar ein jenseits formaler Argumentationsnotwendigkeiten verbleibender Interpretationsspielraum eingestanden, der jedoch dann nicht willkürlich, sondern im Sinne des professionellen Ethos (oder Habitus) der Richterschaft ausgefüllt werde. In beiden Fällen behielte die richterliche Entscheidungslogik ihre Spezifität gegenüber der politischen Entscheidungslogik – und damit auch das ‚richterliche Regieren' seine Spezifität gegenüber der ordentlichen Gesetzgebung (de Béchillon 2001, 343 ff.; Bastien 2001, 329 ff.). In der Konsequenz wäre die (werthaltige) Frage „Les juges gouvernent-ils?" besser durch die Frage zu ersetzen „Comment les juges gouvernent-ils?" (Troper 2001, 33), womit zunächst unterstellt wird, *dass* die Richter grundsätzlich (mit)regieren, und das Problem sodann vom Ob zum Wie verschoben wird. Durch Ausarbeitung der Besonderheiten richterlichen Regierens wäre demnach einzig zu bestimmen, worin sich das „gouvernement *par* les juges" vom „gouvernement *par* le législateur" (Troper 2001, 33; H. i. O.) unterscheidet. Die dem Begriff ‚gouvernement' bzw. ‚government' zugrunde gelegte Definition entspricht hier annäherungsweise dem Governance-Begriff, auf den in diesem Zusammenhang allerdings nicht ausdrücklich Bezug genommen wird: „[E]xerce le gouvernement toute autorité dont les décisions sont susceptibles d'avoir des conséquences pour l'organisation et le fonctionnement de la société." (Troper 2001, 33).

Aufbauend auf dieser Diskussion lässt sich die Rolle der Richter in einem weiteren Argumentationsschritt schließlich in die Frage fassen: „Comment les juges s'insèrent-ils dans le gouvernement et comment sont-ils insérés par d'autres dans ce gouvernement?" (Bastien 2001, 331). Es hängt dann vom Beobachterstandpunkt ab, ob eher die Gemeinsamkeiten oder die Unterschiede des Regierens von Legislative und Judikative sichtbar werden. So lässt eine soziologische, empirische, realistische Perspektive den Richter eher (auch) als politischen Entscheider erscheinen als eine juristische, normative, idealistische Perspektive. Um das Phänomen der Rechtsprechung in seiner Ganzheit zu erfassen, wären freilich beide Perspektiven miteinander zu kombinieren (de Béchillon 2001, 354). Zweierlei Ausarbeitungen einer solchen ‚Normalisierung' des richterlichen Regierens in der Europäischen Gemeinschaft werden im Folgenden vorgestellt. Beide Ansätze werden dem Demokratie-/Legitimitätsparadigma und damit der normativen Seite der Debatte um die (mehr oder minder) ‚politische' Rolle der europäischen Richterschaft zugeordnet; beide lassen sich – stärker als die dem Integrations- und dem Governance-Paradigma zugewiesenen Ansätze – ausdrücklich auch als Beiträge zum juristischen (bzw. um rechtstheoretische Argumente bemühten) Diskurs werten. Anstelle des ‚gouvernement des juges' als zentraler Argumentationsfigur tritt jedoch im einen Fall das ‚judicial policy-making', anhand dessen die politische Einmischung der europäischen Rechtsprechung demokratietheoretisch normiert wird, und im anderen Fall das ‚governing with judges', das auf die wechselseitige Annäherung und Anpassung von Gesetzgebung und Rechtsprechung im Rahmen der modernen Rechts- und Verfassungsstaatlichkeit abhebt, die auch die europäische Ebene prägt.

2.1.2 Politisierung des europäischen Richterrechts: Judicial Policy-Making

Mit ‚On Law and Policy in the European Court of Justice' (Rasmussen 1986) erscheint Mitte der 1980er-Jahre eine Studie, die sich mit dem ‚judicial policymaking' des EuGH befasst und ausdrücklich in der (rechts-)realistischen Tradition verortet: „The legal-theoretical foundation of the present study obviously is legal realism." (Rasmussen 1998, 25 [47], Fn. 3). Diese Studie kann als prototypisch für einen Phasenwechsel in der Europa*rechts*forschung gelten, und zwar – idealtypisch betrachtet – vom Formalismus zum Realismus bzw. vom Normativismus zum Positivismus (vgl. Treviño 1996, 441). Der rechtstheoretische Realismus bildet Teil der ‚soziologischen Bewegung im Recht' (vgl. Treviño 1996, 55 ff.) und zeichnet sich unter anderem dadurch aus, dass die Rechtsentwicklung als Dimension des sozialen Wandels betrachtet und die Rechtsprechung in ihrer Anpassungs- und Gestaltungsfunktion immer auch als Rechtsetzung verstanden wird (positiver Aspekt); entsprechend stünden die Richter als Bewahrer und Erneuerer der rechtlichen und sozialen Ordnung ebenso in der gesellschaftlichen Verantwortung wie die Politiker (normativer Aspekt). Die hier vorgestellte Studie über die ‚Politik' des Europäischen Gerichtshofs repräsentiert jedoch nicht nur den Einzug einer ‚realistischeren' Sichtweise in die akademische Debatte, sondern markiert auch das Ende der relativen Unbehelligtheit der Richterschaft von öffentlicher Kritik: Nicht zufällig fällt das verstärkte Interesse am ‚richterlichen Aktivismus' auf europäischer Ebene mit der (Wieder-)Belebung des Integrationsprozesses zusammen; so dokumentiert die Verabschiedung der Einheitlichen Europäischen Akte im Jahre 1986 – dem Erscheinungsjahr der Studie – auch auf höchster vertraglicher Ebene das Ende einer langjährigen Phase (europa-)politischer Stagnation. Ein Dutzend Jahre später wird ein Nachfolgewerk (mit dem schlichten Titel ‚The European Court of Justice'; Rasmussen 1998) publiziert, das sich jedoch nicht als ‚zweite Auflage' im Sinne eines einfachen Updates der ursprünglichen Studie versteht: Da sich zwischenzeitlich das ‚rechtliche (bzw. politische) Umfeld' grundlegend verändert habe, zeitige die neuerliche Analyse richterlicher Politik auch ein anderes, differenzierteres Ergebnis (vgl.

Rasmussen 1998, 37). Tatsächlich können viele in den 1990er-Jahren gefällte Urteile als Belege für eine stärkere Zurückhaltung des EuGH in politisch brisanten Rechtsfragen gelesen werden; entsprechend wird der ‚richterlichen Selbstbeschränkung' im Remake der Originalstudie ein größeres Gewicht beigemessen (vgl. Rasmussen 1998, 292, Fn. 588 f.).

Auch wenn zum früheren Zeitpunkt eher das (richterliche) Tun und in der späteren eher das (richterliche) Lassen in den Mittelpunkt rückt, übernimmt in beiden Studien die Unterscheidung von ‚judicial activism' und ‚judicial self-restraint' eine Erkenntnis leitende Funktion. Sie zeichnet den ‚policy-oriented approach' (Rasmussen 1998, 374 f.) trotz seiner politologischen bzw. soziologischen Grundierung als genuin *rechtswissenschaftlichen*, d. h. um eine juristische Binnenperspektive bemühten Untersuchungsansatz aus: So sollen Kriterien für die ‚richtige' Dosierung richterlichen Engagements entwickelt werden, die jedoch nicht einer (mehr oder minder frei) ‚erfundenen' „normative theory of interpretation of Community law" (Rasmussen 1998, 292) entstammen, sondern auf (rechts-)realistischen Prämissen aufbauen. Im Ergebnis steht ein ‚Test', der es dem Theoretiker wie dem Praktiker „the validity of activism allegations" (Rasmussen 1986, 261) zu untersuchen erlaubt und letztlich zur Selbstkontrolle der Richterschaft konzipiert ist. Dabei soll nicht von ‚subjektiven' Einschätzungen ausgegangen werden, denen eine gewisse Beliebigkeit anhafte – „for every claim that a prevailing activism is acceptable, a counterclaim may allege that it is a barely disguised usurpation of political power" (Rasmussen 1986, 6). Vielmehr soll die Legitimität des richterlichen Aktivismus mit der Akzeptanz oder Nicht-Akzeptanz begründet werden, die er in der Gesellschaft insgesamt erfährt. „[B]y focusing on institutionalized responses to individual activist judgments or groups of judgments" (Rasmussen 1986, 7) ließe eine solche empirische Analyse quasi die Fakten sprechen, wäre also ‚objektiver' als der normative Ansatz:

> „This approach elevates the acceptability problem to a more or less objective level of analysis. […] In terms of methodology, the student of European judicial activism has, indeed, no choice but *to monitor carefully the responses to activism offered by the Court's political as well as legal, social and economic environments.*" (Rasmussen 1986, 7; H. i. O.)

In diesem Zusammenhang sind auch die Schlüsselbegriffe der Studie – ‚judicial policymaking', ‚judicial activism' und ‚judicial self-restraint' – zu verstehen. Im (rechts-)realistischen Sinne bezeichnet *judicial policymaking* zunächst nur die Tatsache, dass der Rechtsprechung immer auch eine politische Dimension innewohnt: So betreiben die Richter bereits dann ‚Politik', wenn sie zwischen alternativen Interpretationsmöglichkeiten des geltenden Rechts wählten; ‚judicial policymaking' wäre demnach praktisch allgegenwärtig (vgl. Rasmussen 1998, 26 f.). Für eine gehaltvolle ‚policy-analysis' des Richterrechts (vgl. Rasmussen 1998, 292) bleibt dieser Begriff jedoch zu allgemein. Grundlage der Untersuchung bildet daher eine präzisere Begriffsfassung:

> „Judicial ‚policymaking' is used […] to designate courts' contribution to creating, conserving or changing public policies, or existing priorities among them, in areas of public policy which are subject to some sort of governmental regulation by binding rules of law." (Rasmussen 1986, 4; H. i. O.)

Nahezu synonym mit einem solchen (policy-orientierten) Begriff des ‚judicial policymaking' findet der Begriff des *judicial activism*' Verwendung. Auch dieser Begriff wird relativ weit gefasst; auch er enthält a priori keine Wertung, sondern wird erst a posteriori normativ qualifiziert. Ob der richterliche Aktivismus als legitim oder illegitim zu betrachten ist, wird damit zu einer *empirischen* Frage, deren Antwort sich an der faktischen Akzeptanz des Richterrechts bemisst (vgl. Rasmussen 1986, 51 ff. u. 385 ff.). Mit dem Begriff des richterlichen Aktivismus soll demgemäß nicht per se auf eine ‚Usurpation' politischer Macht abgestellt werden, wenn auch zunächst mit diesem Verständnis gearbeitet wird:

> „Judicial activism [...] connotes regular judicial policy-making in pursuance of policy-objectives which usurp the rule and policy making powers of other branches of government, specifically if judicial choice-making over a procrasted period of time is at odds with election-day results [...]." (Rasmussen 1998, 27)

Die Studie zeichnet sich jedoch dadurch aus, dass der demokratietheoretische Hintergrund einer solchen (normativen) Begriffsfassung neu ausgeleuchtet wird – mit dem Ergebnis, dass ‚judicial activism' einer demokratischen Politik mitunter sogar förderlich erscheint. Der (Gegen-)Begriff des *judicial self-restraint*', der im normativen Sprachgebrauch die Nichteinmischung der Richter in politische Streitfragen postuliert (auch wenn diese als Rechtsfragen vorgebracht werden mögen), bezeichnet im Rahmen der ‚objektivierten' Aktivismus-Akzeptanz-Analyse schließlich eine gemäßigte Form des – im Grunde unvermeidlichen – ‚judicial policymaking', welches keine gesellschaftlichen Proteste (mehr) auslöst, also offenbar nicht als Anmaßung politischer Macht wahrgenommen wird (vgl. Rasmussen 1986, 33 f.). Freilich ist die Grauzone groß: „Between the clearly acceptable and the clearly unacceptable lies a presumably vast area of judicial involvement in public policymaking." (Rasmussen 1986, 513).

Ausgangspunkt der Argumentation, in der das Konzept des richterlichen Aktivismus neu begründet und für eine Anwendung auf europäischer Ebene vorbereitet wird, ist eine Kritik an der klassischen Auffassung der Rolle der Richter in einer (Mehrheits-)Demokratie (vgl. Rasmussen 1986, 42 ff.): Hiernach gerät die Unabhängigkeit der Richter zum Problem, sobald sie über ihre – passive – Rolle als ‚bouche de la loi' hinauswachsen und das ‚Recht' nicht nur (aus-)‚sprechen', sondern auch (aus-)handeln und (aus-)gestalten. Dem wird der positive Beitrag einer – aktiven – Richterschaft zum Aufbau und Erhalt des demokratischen Rechts- und Verfassungsstaats entgegengesetzt; insbesondere aber wird betont, dass die demokratischen Entscheidungsstrukturen nicht immer so funktionierten, wie sie sollten:

> „Hence, the judicial activism hypothesis of this book places its focus on the existence of a possible gap between the democratic myth (that legislatures act effectively to the furtherance of the body politic's both general and individual interests) and social reality (inertia)." (Rasmussen 1986, 63)

Es wird argumentiert, dass im (letzteren) Falle gesetzgeberischen Versagens – genauer: wenn der Gesetzgeber aufgrund ‚struktureller und/oder funktioneller Mängel' seiner Aufgabe nicht gerecht werden kann – ein gezieltes Eingreifen der Richter in die Politik durchaus gerechtfertigt sein kann – vorausgesetzt, dass eine (dauerhafte)

Lähmung der Politik gesellschaftlich weniger akzeptabel erscheint als eine (zeitweilige) Politisierung der Rechtsprechung. „An activism may, in other words, be legitimate if it develops in order to compensate society for the critical social consequences which the legislative deficit might generate if permitted to continue unfettered by judicial interference." (Rasmussen 1986, 63 f.). Dabei können sowohl die (strukturell erzwungene) Passivität des Gesetzgebers als auch die (strukturell ermöglichte) Aktivität der Richterschaft als Ausdruck mangelnder Demokratie gewertet werden. Obwohl in der Anlage der Untersuchung letztlich die soziale Wirklichkeit über die Legitimität des Richterrechts entscheidet, spielen in der Argumentation also auch demokratietheoretische Argumente eine Rolle:

> „It is an unquestionable advantage of the proposed approach that it meets the democracy deficiency criticism by linking the acceptability of judicial activism to the existence of an inertia in the democratically accountable branches of government." (Rasmussen 1986, 64 [84], Fn. 39)

Wenn das eine ‚Demokratiedefizit' – die Entscheidungsunfähigkeit politischer Gremien – überwunden ist, verliert das andere ‚Demokratiedefizit' – richterliche Interventionen in die Politik – seine normative Basis. Denn nur das größere (gesetzgeberische) Übel kann das kleinere (richterliche) Übel rechtfertigen; fällt ersteres weg, muss auch letzteres nicht mehr hingenommen werden. Jenseits des *empirischen* Kriteriums der gesellschaftlichen Akzeptanz ist damit ein *normatives* Kriterium der politischen Dringlichkeit benannt, an dem die Legitimität oder Illegitimität einer intrusiven Urteilspraxis bemessen werden kann.

Gegenstand der Untersuchung ist nun nicht ein klassisches Gericht in einem klassischen Rechtsstaat, sondern der Europäische Gerichtshof, welcher genau genommen nicht die ‚richterliche Gewalt *im* Staate' repräsentiert, sondern die richterliche Gewalt *zwischen* und *über* den Mitgliedstaaten der europäischen Rechtsgemeinschaft. In dieser komparativen, statischen Perspektive treten die Besonderheiten einer zwar demokratisch, jedoch nicht staatlich verfassten Rechtsgemeinschaft zutage, insbesondere was die Institutionalisierung der europäischen Gesetzgebung betrifft. In einer auf die europäische Rechtsentwicklung bezogenen, dynamischen Perspektive kommt hinzu, dass die ‚Integration durch Recht' hier weniger einen erlangten (Gleichgewichts-)Zustand beschreibt als einen zwar (ziel-)gerichteten, jedoch relativ offenen Prozess, an dessen Ausgestaltung der Gerichtshof im Rückblick starken Anteil hat:

> „The European Court assumed responsibility early for being one of the chief architects of the constitutional order of the European Community. [...] In performing that crucial and salient mission, the Court became involved in extensive law and policymaking." (Rasmussen 1986, 3)

In der Studie wird somit außer Frage gestellt, *dass* in vielen Fällen ein richterlicher Aktivismus am Werk war, mehr noch, dass der EuGH als Motor des Integrationsprozesses gewirkt und die Entwicklung des Gemeinschaftsrechts ‚teleologisch' vorangetrieben habe. Vor diesem Hintergrund konzentriert sich die Darstellung darauf, die gesellschaftliche Akzeptanz einer solchen integrationsförderlichen Rechtsprechung zu begründen – und deren Grenzen aufzuzeigen. Als Inspiration des ‚judicial policymaking' gilt das Ziel bzw. die Idee der ‚Integration', „a shorthand for bringing about the promised land of the ever more closer and perfect union to which the Treaty-preamble alluded and which in the Court's view ought to be a fairly centralized federal union" (Rasmussen 1998, S. 291, Fn. 585). *Normativ* wäre der integrationspolitische Aktivismus des EuGH also mit dem Fernziel eines demokratischen Bundesstaats Europa zu begründen, in dem auch auf europäischer Ebene eine vollwertige parlamentarische Gesetzgebung installiert (und das bestehende Demokratiedefizit beseitigt) würde. Näher liegt es freilich, zur Rechtfertigung des Richterrechts auch die ‚Demokratisierung im Kleinen', innerhalb des bestehenden Institutionengefüges, heranzuziehen. Die Argumentationsfigur ist bekannt: Passivität des Gemeinschaftsgesetzgebers provoziert Aktivität des Gerichtshofs: „The proven inadequacy or inability of the Council to promote integration lay at the root of what later was perceived as a questionably warranted judicial involvement in the political affairs of Community government." (Rasmussen 1986, 52). *Empirisch* gilt es jedoch herauszufinden, wo die gesellschaftliche Akzeptanzschwelle für (höchst-)richterlichen Aktivismus in der europäischen Rechtsgemeinschaft liegt – und wie sie sich verändert.

> „Hence, in the Community, the real problem consists of defining just how much leeway for involvement in judicial law and policymaking society deems to be acceptable. It is a working hypothesis that the content of restraint or moderation requirements are not always the same, not even in the same society." (Rasmussen 1986, 34)

Dieser (Erklärungs- und Bewertungs-)Ansatz lässt sich nun insoweit als Policy-Analyse verstehen, als der Zusammenhang zwischen ‚judicial policymaking', d. h. der richterlichen Aktion, und dadurch ausgelösten ‚policy inputs', hier: der gesetzgeberischen und gesamtgesellschaftlichen Reaktion „generated by an activist case law" (Rasmussen 1986, 261) untersucht wird. Im Sinne einer Input-Output-Analyse stehen in der Perspektive des (aktiven) Gerichtshofs seinen eigenen ‚policy outputs' die ‚policy inputs' seines (reaktiven) gesellschaftlichen und politischen Umfelds gegenüber. Bei fortlaufender Interaktion wird die Zuordnung von Aktion und Reaktion und Inputs und Outputs freilich zu einer Frage der analytischen Perspektive bzw. der politischen Bewertung: Ebenso wie man die Inaktivität des Gesetzgebers auch als ‚Aktion' (etwa der politischen Selbstblockade) und originären ‚policy input' und die dadurch ausgelöste Aktivität der Richterschaft entsprechend als ‚Reaktion' und ‚policy output' begreifen kann, auf den Politik und Öffentlichkeit wiederum mit – positiven oder negativen – ‚policy inputs' re-agieren, lässt sich das ‚judicial policymaking' selbst als ‚policy input' in den politischen Betrieb verstehen, auf den hier mit bestimmten (oder unbestimmten) ‚policy outputs' reagiert wird. Die Etikettierungen – Aktion und Reaktion, Input und Output – sind also wenn nicht beliebig, so doch austauschbar. Diese Interpretation steht im Einklang mit dem Begriff des ‚negotiated regime', nach dem das Problem des Regierens in der Gemeinschaft auf eine Verhandlungslösung zugeführt wird (im Sinne des im vorigen Kapitel dargestellten Ansatzes der ‚network governance'). In Begriffen der Input-Output-Analyse ist diese Form des Regierens gekennzeichnet durch „a process of two-way communication [...] whereby policy-inputs and outputs ‚travel' between the Court and the Community's polity" (Rasmussen 1998, 371). Der Begriff des ‚negotiated regimes' steht hiernach für einen politischen Aushandlungsprozess „encompassing, among others, the Court and its countervailing national and Community powers" (Rasmussen 1998, 387), bezieht sich in diesem Falle also auf die wechselseitige Beeinflussung von Gesetzgebung und Rechtsprechung. Dabei nimmt der Verhandlungsbegriff sowohl Elemente des (realpolitischen) ‚bargaining' als auch des (rechtsrealistischen) ‚arguing' in sich auf (vgl. Rasmussen 1998, 329 u. 349; Rasmussen 1986, 75).

Die Entwicklung des europäischen (Fall-)Rechts wird also durch die positiven und negativen ‚policy inputs' seines vielfältigen Bezugsfelds beeinflusst oder auch ‚gesteuert'; umgekehrt bildet die eben beschriebene Form von ‚judicial governance' Teil des europäischen Regierens. Dass die europäische Integration wesentlich durch *Richter*recht vorangebracht worden ist, lässt sich im Rückblick also mit (primären und sekundären) ‚policy inputs' erklären, die den Gerichtshof zunächst aktiviert und dann nicht restringiert haben. Im Ergebnis steht eine integrationsfördernde Rechtsprechung, die auf fünf Säulen ruht: Eingrenzung der mitgliedstaatlichen Regulierungsspielräume, Ausweitung der (Re-)Regulierungsspielräume der Gemeinschaft, Aushärtung und Konstitutionalisierung des Gemeinschaftsrechts, Zusammenarbeit mit Kommission und Parlament, Unterstützung bzw. Duldung durch den Rat (Rasmussen 1998, 297 ff.). Dabei lässt sich die politische Strategie des Gerichtshofs anhand dreier Kategorien von Urteilen veranschaulichen (Rasmussen 1998, 301 ff.):

> „Category one judgments are those in which the Court simply gives new life and blood to a piece of substantive legislation by way of interpretation or reconstruction. The characteristic of a category one judgment thus is that it entrenches the desired policy-result into the text of the relevant substantive law provision feigning." (Rasmussen 1998, 301)

In dieser *ersten* Kategorie wird folglich durch expansive Interpretation von Rechtsbestimmungen inhaltliche Politik betrieben, etwa im Bereich der beruflichen Gleichstellung von Mann und Frau (Policy-Dimension). In der *zweiten* Kategorie besteht das ‚judicial policymaking' vornehmlich in der Erzeugung politischen Handlungsdrucks und der Beschleunigung des Gesetzgebungsprozesses, wofür etwa das *Cassis*-Urteil angeführt werden kann, das den Neuen Ansatz der Harmonisierung inspiriert hat (Politics-Dimension). In der *dritten* Kategorie schließlich erfolgt die politische Einflussnahme über die Veränderung der institutionellen Spielregeln, beispielsweise durch Eröffnung des Rechtswegs und Ausbau der Klagemöglichkeiten für bestimmte Akteure bzw. Personengruppen (Polity-Dimension).

Der eigentlich rechtsrealistische Gehalt dieses Ansatzes zur Erklärung *und* Normierung des richterlichen Aktivismus lässt sich folgendermaßen herausarbeiten: Ausgangspunkt ist die Grundidee der Studie, „that the Court's work could and should be analyzed as that of a political institution and not only a legal one" (Rasmussen 1998, 292). Wenn der Gerichtshof aber solchermaßen als Einrichtung verstanden wird, in der (auch) politische Entscheidungen gefällt werden, dann sind nicht nur rechtliche Argumente, sondern auch ‚arguments of public policy' als entscheidungsrelevant – und legitimitätsstiftend – anzusehen: „That is, only to the extent that policy considerations and arguments are permitted to penetrate the judicial process, will justice ultimately be done." (Rasmussen 1986, 37). Die Berücksichtigung der ‚sozioökonomischen Fakten' und politischen Hintergründe eines Rechtsstreits erscheint unter diesen Umständen nicht verwerflich, sondern sogar geboten. Dies gilt umso mehr, als die Richter in vielen Fällen ohnehin Abwägungsentscheidungen treffen (müssen), etwa zwischen Freiheits- und Schutzinteressen bei der Ausgestaltung des Binnenmarktes (z. B. gemäß Art. 28 und 30 EG). Wenn das Recht den sozioökonomischen Realitäten nicht mehr gerecht wird (etwa in Folge gesellschaftlichen Wandels bzw. gesetzgeberischen Stillstands), die Rechtsprechung aber nicht über formale Entscheidungsgründe hinausgeht, handelt es sich – so die Quintessenz dieser Argumentation – nicht mehr um eine sinnvolle Form der ‚richterlichen Selbstbeschränkung', sondern um ‚Justizverweigerung' (vgl. Rasmussen 1986, 431 ff.). Dahinter steht die Annahme, dass der EuGH die Auslegung der Verfassung auch an deren gesellschaftlicher Akzeptanz zu bemessen habe, dass er sogar in der Verantwortung stehe, „to pave the way for social change if the body politic's support of constitutional values dwindles critically" (Rasmussen 1986, 291). Die Aufgabe, die Verfassung zu wahren, beliefe sich im letzteren Fall gerade darauf, sie fortzuentwickeln:

> „In the Community's context this means, in particular, that *if* public consensus about the Preamble's political visions of an ever more encompassing economic, social and political integration should wither away, the Court of Justice arguably would be under an obligation to reinterpret the Treaties in order to ensure a new balance or a new congruence between society's hierarchy of values and those which the Court enforces by judicial fiat." (Rasmussen 1986, 291; H. i. O.)

Kurzum, „access to socio-economic facts will equip the Court to perform its policy-making functions better" (Rasmussen 1998, 142). Gleichzeitig würde damit der Übergang ‚from a covert to an overt operation of Community judicial activism' gelingen (Rasmussen 1986, 387 ff.), d. h. dem Gerichtshof würde „*a more free dealing with law and politics at the same time*" (Rasmussen 1986, 389; H. i. O.) erlaubt. Eine entsprechend höhere Validität käme den gesellschaftlichen Reaktionen als Maßstab für die Legitimität des richterlichen Aktivismus zu. Die Offenlegung des ‚judicial policymaking' auf Gemeinschaftsebene wird gleichzeitig als Bedingung für den Erhalt der Unabhängigkeit der Gerichte gesehen; nur auf diese Weise ließe sich eine ‚Übersteuerung' der Rechtsprechung in der einen oder anderen Richtung verhindern: „At the end of a judicial activism running wild, […] the frightening image of court-curbing or even court-destroying emerges." (Rasmussen 1986, 513). Um diese Gefahr zu vermeiden, soll der Gerichtshof in Anbetracht – bereits erfahrener oder künftig erwarteter – negativer ‚policy inputs' Selbstbeschränkung üben, insbesondere dann, „when the political/legislative impasse is over" (Rasmussen 1986, 381), wenn also den richterlichen Interventionen die (Legitimations-)Grundlage entzogen wird. Tatsächlich lässt sich parallel zur „revitalization of the Community's political processes" (Rasmussen 1998, 362) in den 1980er-Jahren eine Tendenz zu maßvolleren Gerichtsurteilen ausmachen. Die Kunst, je nach (antizipierten) Reaktionen der Gesellschaft einen legitimen richterlichen Aktivismus oder aber richterliche Selbstbeschränkung walten zu lassen, wird solchermaßen zum Ausdruck für die *richterliche Selbststeuerung*, oder genauer: die gesellschaftliche Steuerung der richterlichen Selbststeuerung. Damit wäre ein – bereits sehr komplexer – Judicial-

Governance-Begriff gewonnen, der der ‚soziologischen' (Bewegung der) Jurisprudenz gewiss alle Ehre macht. Freilich bleibt in allen Ausführungen eine normative Grundintention erkenntlich, die im Schlussplädoyer in dem Satz mündet: „The Judges must not be allowed to act like red-robed kings, but neither are they to be reduced to lawfinding puppets." (Rasmussen 1986, 513).

2.1.3 Verrechtlichung der Gemeinschaftspolitik: Governing with Judges

Unter dem Titel ‚Governing with Judges – Constitutional Politics in Europe' (Stone Sweet 2002) wird schließlich ein ‚verfassungspolitischer' Ansatz zur Faktizität und Normativität des richterlichen Regierens in Europa entwickelt, der sich programmatisch zwar auch dem Governance-Paradigma zuordnen ließe (und tatsächlich vielerlei Anregungen zur Weiterentwicklung in dieser Hinsicht bietet), dessen Grundintention jedoch eher in einer (un)dogmatischen Auseinandersetzung mit den Vorbehalten liegt, mit denen die europäische Rechtstradition immer noch einem (vermeintlichen) ‚gouvernement des juges' begegnet, die aber den Entwicklungen einer modernen Verfassungsstaatlichkeit (dem so genannten ‚neuen Konstitutionalismus') kaum mehr gerecht zu werden scheinen. „I am fully aware of the provocative nature of this type of analysis." (Stone Sweet 1998, 111). Entsprechend soll der zwischen Rechts- und Politikwissenschaft anzusiedelnde Beitrag zum ‚Mitregieren der Richter' an dieser Stelle zunächst weniger von seiner governance-theoretischen als von seiner rechtstheoretischen Seite her aufgerollt werden. Dabei kann an die weiter oben vorgenommene Differenzierung eines amerikanischen und eines (kontinental-)europäischen Verständnisses von Recht und Verfassung (und der damit zusammenhängenden Funktionen normaler und höherer Gerichte) angeknüpft werden. So wird im europäischen Civil Law traditionell davon ausgegangen, dass die Rechtsprechung der Gesetzgebung unterzuordnen sei:

> „According to this orthodoxy, American-style judicial review, rather than corresponding to a separation of powers, actually establishes a permanent *confusion* of powers, because it enables the judiciary to participate in the legislative function. In European parlance, to the extent that courts interfere with the legislative function, a ‚government of judges' emerges." (Stone Sweet 2002, 33; H. i. O.)

In der (kontinental-)europäischen Rechtstradition herrschten demgegenüber immer noch folgende Grundideen vor (Stone Sweet 2002, 33 f.): Die Verfassungsgerichtsbarkeit obliegt ausschließlich den Verfassungsgerichten; normale Gerichte sind daran nicht beteiligt, eine Berufung ist nicht möglich. Die Rechtsprechung der Verfassungsgerichte beschränkt sich auf die an sie herangetragenen Verfassungsstreitigkeiten; sonstige Rechtskonflikte obliegen allein den normalen Gerichten. Verfassungsgerichte stehen zur Legislative und Judikative (!) zwar in Beziehung, sind jedoch formal von ihnen abgehoben: „They occupy their own ‚constitutional' space, a space neither clearly ‚judicial' nor ‚political'." (Stone Sweet 2002, 34). Einige Verfassungsgerichte können Gesetze, denen gegenüber grundrechtliche Bedenken bestehen, schon vor ihrer Anwendung auf Verfassungsmäßigkeit prüfen. Alles in allem sind Verfassungsrichter demnach mit dem Primat der Verfassung betraut, normale Richter aber an den Primat des Gesetzes gebunden. Das für klassische Mehrheitsdemokratien (wie heute noch in Großbritannien) typische ‚legislative supremacy model', das jede politische Einmischung der Richter verbietet, hat in vielen (kontinentaleuropäischen) Ländern jedoch zwischenzeitlich gegenüber dem so genannten ‚higher law constitutionalism model' an Plausibilität verloren, das dem modernen Typus konstitutioneller Demokratien (und Verfassungsstaaten) besser zu entsprechen scheint: Hier garantiert die Verfassung den Bürgern Rechte gegenüber der Staatsgewalt, die vor dem Verfassungsgericht förmlich eingeklagt werden können – mit allen verfassungspolitischen Konsequenzen, die eine solche Institution mit sich bringt.

"In such polities, the production of lower order legal norms, like legislation, is relatively more participatory. The legislative process, for example, does not end on promulgation of legislation, but is lengthened by judicial politics, and opened up to include litigants and judges." (Stone Sweet 2002, 21; vgl. ebd., 49 f.)

Im klassischen europäischen Modell der Gewaltenteilung und (darauf aufbauend) der Verfassungsgerichtsbarkeit besteht für solche ‚judicial politics' normativ und faktisch wenig Raum; damit aber bleibt das für konstitutionelle Demokratien charakteristische Wechselspiel von Gesetzgebern und Richtern in der Rechts- und Verfassungsentwicklung unterbelichtet:

"Structural differentiation, but overlap in functions, are the norms. We can easily list the institutional characteristics that distinguish a European legislature from a European court; but today judges legislate, parliaments adjudicate, and the boundaries separating law and politics – the legislative and judicial functions – are little more than academic constructions." (Stone Sweet 2002, 130)

Aus diesem Grund wird im vorliegenden Ansatz ein relationales Konzept der ‚Verfassungspolitik' eingeführt, das der gewachsenen Bedeutung institutionalisierter Verfassungsgerichte Rechnung trägt: "*Constitutional Politics* comprises the relationship, as mediated by the rule-making of constitutional judges, between constitutional rules (the macro-level) and the decision-making of public officials and other individuals (the micro-level)." (Stone Sweet 2002, 21 f.; H. i. O.; vgl. Stone Sweet 1998). Diesem Konzept zufolge kann der Einfluss des Verfassungsgerichts auf den Gesetzgeber zum einen an seinen direkten Effekten (Korrektur bestimmter politischer Entscheidungen) zum anderen an seinen indirekten Effekten (Orientierung zukünftiger politischer Entscheidungen) festgemacht werden. Auch der Gesetzgeber besitzt demnach grundsätzlich zweierlei Möglichkeiten, auf die Entscheidungen des Verfassungsgerichts zu reagieren, sei es durch direkte Kontrolle (Gesetzes- bzw. Verfassungsänderungen), sei es durch indirekte Kontrolle (Androhung von Gesetzes- bzw. Verfassungsänderungen). Aus der auf Dauer gestellten Interaktion beider Organisationen ergibt sich auf dieser Basis eine Logik der wechselseitigen Beobachtung, der Antizipation von Reaktionen und der gegenseitigen Beschwichtigung durch Selbstbegrenzung (‚autolimitation'). In der verfassungspolitischen Praxis sind die Prozesse der Gesetzesformulierung und der Verfassungskontrolle auf diese Weise eng miteinander verknüpft, "each process becoming at least partly constitutive of the other" (Stone Sweet 2002, 61; vgl. ebd., 58 f., 73 ff. u. 90). In einer solchen ‚realistischen' (auf die soziale Realität abgestellten) Theorie der Verfassungspolitik sind neben Gesetzgebern und Verfassungsrichtern nun auch Verwaltungsvertreter, ordentliche Richter, (Rechts-)Wissenschaftler, private Kläger und die interessierte Öffentlichkeit zumindest insoweit einzubeziehen, als sie sich am verfassungspolitischen Diskurs beteiligen und zur Erneuerung der ‚sozialen' bzw. ‚politischen' Legitimität der Verfassungsgerichtsbarkeit beitragen. Im Vermittlungsprozess zwischen öffentlichen und privaten Akteuren und Gruppen (und ihren unterschiedlichen Rechtspositionen) wird das Verfassungsrecht solchermaßen fortlaufend weiterentwickelt (Stone Sweet 2002, 22, 132, 139, 149 f. u. 194 ff.). Dies bedeutet zum einen, dass auch die Richter unterhalb der verfassungsrechtlichen Instanzen an der Fortbildung des Verfassungsrechts teilhaben (also nicht außerhalb aller Legislativfunktionen gestellt sind), zum anderen, dass die Konstruktion der Verfassung weder allein auf den Gesetzgeber noch allein auf das Verfassungsgericht und auch nicht nur auf das Zusammenwirken beider zurückzuführen ist, sondern eine kollektive Leistung der (aktiven Teile der) gesamten Rechtsgemeinschaft darstellt.

Angesichts dieses Wechselspiels von Politik und Recht, Gesetzgebung und Rechtsprechung *in der Verfassungspolitik*, scheint das klassische Gewaltenteilungsprinzip in der kontinentaleuropäischen Rechtstradition also seine deskriptiven und normativen Funktionen weitgehend eingebüßt zu haben und Bedarf an einem neuen Erklärungs- und Handlungsmodell entstanden zu sein, welches das Verhältnis zwischen Legislative und Judikative unter Bedingung des neuen Konstitutionalismus adäquat zu erfassen und normieren vermag:

„The emergence and consolidation of a new model of the relationship between legislative and judicial power, one that incorporates the normative logic of the new constitutionalism in Europe, would effectively complete the transformation of European governance that I have been describing." (Stone Sweet 2002, 131)

In seiner analytischen Dimension dürfte ein solches Modell dem in dieser Arbeit umrissenen Judicial-Governance-Konzept entsprechen; und tatsächlich finden sich im hier referierten Ansatz zum ‚Governing with Judges' erklärtermaßen auch governance-theoretische Bezüge. Unter der Überschrift ‚constitutional decision-making and governance' wird Governance beispielsweise definiert als „the process through which the rules systems (the normative structure, the macro level) in place in any community are adapted to the purposes of those who live under them (individuals, the micro-level)" (Stone Sweet 2002, 203; vgl. ebd., 150; Shapiro/Stone Sweet 2002, 14). An diesem ‚Prozess der Regelanpassung' sind, wie anschließend ausgeführt wird, nun nicht nur Parlamente (Legislative) und Verwaltung (Exekutive), sondern auch Gerichte (Judikative) beteiligt, d. h. Letztere werden in diesem Zusammenhang ausdrücklich als Bestandteile (bzw. konstitutive Akteure) der ‚Governance-Struktur' geführt: „Courts are just one type of governance structure in that they adapt rules (the macro setting of politics) to fact contexts (the micro setting), on an ongoing basis." (Stone Sweet 2004, 5; vgl. Stone Sweet 2002, 203; Stone Sweet u. a. 2001, 7). Zumindest implizit ist in der Theorie der Verrechtlichung bzw. ‚Vergerichtlichung' somit auch ein Begriff von richterlicher Steuerung enthalten, wie in der folgenden Definition bestätigt wird:

> „Judicialization is a variable [...]: the decisionmaking of nonjudicial actors is *more or less* governed by the rules developed through adjudication. In heavily judicialized political settings, the evolution of the ‚rules of the game' governing policymaking is recorded in case law and registered in the decisionmaking of nonjudicial actors." (Stone Sweet 2004, 7; H. i. O.)

Richterliche Steuerung lässt sich demnach als Output eines Verfassungsdiskurses begreifen, an dem neben den Staat und Verfassung repräsentierenden Akteuren auch private Kläger (und deren Anwälte) beteiligt sind und in dem es nicht nur um Recht und Unrecht, sondern gewissermaßen auch um ‚Realpolitik', um wechselseitige Kontrolle und strategische Annäherung, um Überzeugungskünste und Durchsetzungsmacht geht. Folgerichtig werden ‚sozialkonstruktivistische' wie ‚rationalistische' Erklärungsansätze als gleichermaßen relevant erachtet und die ‚macro-structures, such as the law' ebenso ernst genommen wie das ‚micro setting of politics' (Stone Sweet 2002, 7).

Vereinfacht betrachtet baut das Konzept der Verfassungspolitik auf einem basalen Modell der ‚triadischen' Streitschlichtung auf, in dem zwei sich streiten und der Dritte vermittelt. Dieses Grundmodell bildet auch den Nukleus einer allgemeineren Theorie der Verrechtlichung, genauer: der Vergerichtlichung der Gesellschaft, die sich auf den Auf- und Ausbau richterlicher Macht durch die Institutionalisierung gerichtlicher (einschließlich verfassungsgerichtlicher) Streitbeilegungsverfahren bezieht: „By judicialization, I mean the process through which judicial authority over the institutional evolution of a society is constructed." (Stone Sweet 2004, 2). Eine solche dreistellige (Proto-)Theorie der ‚construction of judicial power' (Stone Sweet 2002, 12) liegt schließlich auch der stärker empirisch orientierten Analyse der ‚judicial construction of Europe' (Stone Sweet 2004; vgl. ebd., 6 f.) zugrunde, mit der die Vergerichtlichung der (europäischen) Gesellschaft(en) gewissermaßen einen neuen Höhepunkt erreicht und die ‚Integration durch Recht(sprechung)' in ihrer gesellschaftstheoretischen Relevanz bestätigt wird. In dem ‚triadischen' Grundmodell wird nun zunächst von einem kreis- oder spiralförmigen Prozess vierer aneinander anknüpfender Stadien der Verrechtlichung ausgegangen, in dem „a TDR [triadic dispute resolution] mechanism develops authority over the normative structure in place in any given community; and [...] the third party's decisions [...] come to shape how individuals interact with one another" (Stone Sweet 2002, 13). Die vier Stadien beziehen sich auf die normative bzw. rechtliche Einbettung von bilateralen Verträgen jedweder Art (Übergang von der Normstruktur zur Dyade), die Anrufung eines unparteiischen Dritten im Falle von Vertragsstreitigkeiten (Übergang von der Dyade zur Triade), das Entscheidungsdilemma des Streitschlichters, der beiden Parteien gerecht zu werden verspricht, gleichwohl ein eindeutiges Urteil zu fällen hat (Übergang von der Triade zur ‚triadischen Regelsetzung'), und schließlich die Rechtfertigung des Urteilsspruchs durch Rekurs auf bestehende (Rechts-)Normen und Präzedenzien (Übergang von der ‚triadischen Regelsetzung' zur Normstruktur). Auf der Mikroebene (‚micro setting of politics') kommt es also auf die Attraktivität rechtlicher Vermittler für politische Auseinandersetzungen an; auf der Makroebene

(‚macro-structures', such as the law') auf die Erneuerung der gesellschaftlichen Normstruktur durch die Rechtsprechung. Makro- und Mikroebene, rechtliche und politische Logik sind über (spezifizierte) individuelle Verträge und – in gegenläufiger Richtung – über (generalisierbare) richterliche Urteile miteinander verknüpft (vgl. Stone Sweet 2002, 13 ff.). Letzteres – der Zusammenhang von Normstruktur und Richterrecht – ist unter dem Aspekt der ‚Konstruktion richterlicher Macht' und der ‚richterlichen Konstruktion der Gesellschaft' nun von besonderem Interesse: Denn indem der Streitschlichter ein Urteil fällt, also allgemeine Regeln auf besondere Fälle anwendet, setzt (bzw. ersetzt und erneuert) er diese Regeln zugleich, und zwar zum einen (durch) ‚konkrete, besondere und retrospektive' Regeln für den aktuell zu entscheidenden Streitfall, zum anderen (durch) ‚abstrakte, allgemeine und prospektive' Regeln zur Rechtfertigung dieser Entscheidung (Stone Sweet 2002, 17). Auf diese Weise trägt der Richter als unabhängiger Dritter fortlaufend zur Weiterentwicklung der bestehenden Normstruktur bei, die mehr und mehr von seinen eigenen Präzedenzien überformt wird. Die (Verfassungs-)Rechtsprechung bildet solchermaßen den Kristallisationskern für die diskursive Selbstvergewisserung und Selbsterneuerung der Rechts- bzw. Verfassungsgemeinschaft.

> „In encapsulating this sequence – *dyadic rules* → *conflict* → *triadic rule-making* → *precedent* TDR [triadic dispute resolution] organizes (a potentially expansive) conversation about a community's normative structure. In doing so, it performs a profoundly governmental function to the extent that individuals are drawn into this conversation and help to perpetuate it." (Stone Sweet 2002, 17 f.; H. i. O.)

Die in dieser Theorie der Vergerichtlichung (bzw. der normativen Integration durch Rechtsprechung) enthaltenen Grundelemente und logischen Verknüpfungen kehren in spezifizierter Form auch in der Theorie der Verfassungspolitik wieder, die den – durch die Einrichtung von Verfassungsgerichten forcierten – Prozess der Konstitutionalisierung beschreibt: Statt der allgemeinen Normstruktur bildet die förmliche Verfassung den Ausgangspunkt bzw. den vorgängigen Rechtskontext, in dem dann nicht nur individuelle Verträge geschlossen, sondern kollektiv verbindliche Entscheidungen getroffen werden; der öffentliche Gesetzgeber ersetzt in diesem Sinne die privatrechtliche Dyade. Die *erste* Phase des Konstitutionalisierungsprozesses besteht also im Übergang von der Verfassung zur Gesetzgebung. Im *zweiten* Stadium wird das Verfassungsgericht aus dem politischen Prozess heraus als rechtliche Entscheidungsinstanz adressiert und in diesem Sinne ‚politisiert'. Dieser Übergang von der ‚dyadischen' Gesetzgebung zur ‚triadischen' Verfassungsprüfung wird durch Öffnung des Rechtswegs für private Kläger und normale Gerichte begünstigt. Im *dritten* Schritt, dem Übergang von der triadischen Struktur zur richterlichen Entscheidung, sieht sich der unabhängige Dritte – in diesem Fall das Verfassungsgericht – wiederum mit dem Dilemma konfrontiert, rechtlich eindeutig zu sein, aber politisch neutral zu bleiben: „We can express this dilemma as a fundamental, institutional interest: [...] to resolve legislative conflicts about constitutionality, while maintaining, or reinforcing, the political legitimacy of constitutional review into the future." (Stone Sweet 2002, 199 f.). Im *letzten* Stadium, dem Übergang von der Entscheidung zur Verfassung, in der die bestehende Verfassung *durch Richterrecht* faktisch überformt und fortgebildet wird, wird der nächste Durchlauf des (durch Gesetzesvorhaben in Gang gehaltenen) verfassungspolitischen Zirkels gleichsam unter neue verfassungsrechtliche Voraussetzungen gestellt (Stone Sweet 2002, 194 ff.). Zwischen der verfassungsrichterlichen Entscheidung und deren gesetzgeberischer Rezeption vollzieht sich somit eine Verrechtlichung (bzw. Vergerichtlichung) der Gesetzgebung (‚judicialization of law-making'), in deren Fokus die Erneuerung der ‚macrostructure' des (Verfassungs-)Rechts steht:

> „By *judicialization*, I mean (a) the production, by constitutional judges, of a formal normative discourse that serves to clarify, on an ongoing basis, the constitutional rules governing the exercise of legislative power, and (b) the reception of these rules, and of the terms of this discourse, by legislators." (Stone Sweet 2002, 195; H. i. O.)

Dem steht eine Politisierung des Verfassungsrechts (bzw. der Verfassungsgerichtsbarkeit) (‚politicization of constitutional justice') gegenüber, die sich auf die Einschaltung von (Verfassungs-)Gerichten in die mit Gesetzgebungsvorhaben verbundenen politischen Auseinandersetzungen, und damit das ‚micro setting of (constitutional) politics' bezieht: „By *politicization*, I mean (a) the move to activate constitutional review in order to alter legislative outcomes or the state of the constitutional law, and (b) the situation that constitutional judges find themselves [in] as a result of this move." (Stone Sweet 2002, 194). Durch die stete Verknüpfung von Verrechtlichungs- und Politisierungsphasen lassen sich Recht und Politik – so der Grundgedanke des ‚verfassungspolitischen' Ansatzes – *empirisch* kaum mehr unterscheiden:

> „The decision-making behaviours that constitutional review engenders are always both ‚judicial' and ‚political'; and institutions that participate in constitutional review processes necessarily engage in each other's activities. Equally important […], the politicization of constitutional review processes, by litigants, […] enables judicialization; and judicialization processes serve to legitimize constitutional review […]." (Stone Sweet 2002, 139)

Daraus ergibt sich ein (verfassungs-)rechtlicher Governance-Begriff, der erwarten lässt, „that constitutional judges will increasingly behave as sophisticated legislators, and that legislators will act as constitutional judges do" (Stone Sweet 2002, 3).

Die ‚Konstruktion einer supranationalen Verfassung' (Stone Sweet 2002, 153 ff.; Stone Sweet/Brunell 2004; 45 ff.) lässt sich nun als Fortsetzung der Konstitutionalisierungslogik auf der europäischen Ebene begreifen und mit denselben ‚verfassungspolitischen' Kategorien beschreiben – vorausgesetzt freilich, dass die Europäische Gemeinschaft selbst eine verfassungsähnliche Normstruktur und eine verfassungsgerichtliche Instanz besitzt. Genau darin wird aber die Grundlage der ‚juristischen Konstruktion Europas' (Stone Sweet 2004) gesehen:

> „The development of European constitutionalism has also infected the European Union. The European Court of Justice, the constitutional court of the Union, has fashioned a kind of supranational constitution, and this law binds governments and the parliaments they control." (Stone Sweet 2002, 1)

Im europäischen (Mehrebenen-)Kontext sind in den verfassungspolitischen Diskurs eine Vielzahl öffentlicher und privater Akteure mit unterschiedlichen Interessen und Rechtsauffassungen eingeschaltet, zwischen denen der Europäische Gerichtshof (auf Anruf) autoritativ vermittelt. Wiederum werden Verrechtlichung der Politik (Einbindung der Gesetzgeber in den Verfassungsdiskurs) und Politisierung des Rechts (Nutzung des Rechtswegs in politischen Auseinandersetzungen) gemäß dem obigen Prozessmodell miteinander verknüpft. In der Gemeinschaft erfolgt die Politisierung des (Verfassungs-)Rechts entweder direkt über die politischen Foren und legislativen Gremien der Gemeinschaft oder aber indirekt über private Kläger und nationale bzw. subnationale Richter im Rahmen des Vorabentscheidungsverfahrens. Die Verrechtlichung (bzw. Vergerichtlichung) der Politik vollzieht sich durch Rückgriff auf rechtliche Argumente im Gesetzgebungsprozess, die sich an der aktuellen Rechtsprechung und den Rechtsmeinungen der Fachöffentlichkeit orientieren (Stone Sweet 2002, 153 ff. u. 194 ff.). Die Prozesse der Politisierung des Rechts und der Verrechtlichung der Politik bilden demzufolge das Schwungrad der europäischen Integration durch Recht, in der das Mitregieren der Richter ('judicial governance') eine besondere Bedeutung gewonnen hat: „In today's multi-tiered European polity, the sovereignty of the legislature, and the primacy of national executives, are dead. In concert or in rivalry, European legislators govern with judges." (Stone Sweet 2002, 193).

Dieser Grundansatz des richterlichen (Mit-)Regierens in der EG/EU, der aus einer (dogmen-)kritischen Auseinandersetzung mit der Rolle der Richter im (Rechts- und Verfassungs-)Staat entwickelt wurde, wird in der Europa(rechts)forschung im Rahmen von unterschiedlichen Kooperationsprojekten erweitert und spezifiziert, überformt und kontextualisiert (vgl. Stone Sweet 2004, 2 f.). Durch die unterschiedlichen theoretischen und empirischen Schwerpunktsetzungen dieser (in verschiedenen Autorenteams) ausgearbeiteten Varianten ergeben sich innerhalb der Struktur dieser Arbeit Querbezüge und Verknüpfungen, die durch die analytische Darstellung nicht immer auf Anhieb ersichtlich sein mögen, gleichzeitig aber durchaus dem synthetischen (bzw. ‚holistischen') Erkenntnisinteresse der Gesamtdarstellung entsprechen. Im Einzelnen ist auf die enge Wahlverwandtschaft des in diesem Kapitel ausgeführten ‚verfassungspolitischen' Ansatzes mit dem Ansatz der ‚politischen Jurisprudenz' (vgl. Shapiro/Stone Sweet 2004) zu verweisen, aus dem auch die Inspiration für das Judicial-Governance-Konzept dieser Arbeit stammt (Kap. 2.3.6). Ein weiterer Bezugsrahmen für die in diesem Kapitel dargelegte Verrechtlichungstheorie ist mit der Theorie supranationalen Regierens gesetzt, die gewissermaßen die neofunktionalistische Integrationsforschung beerbt und mit governance- und institutionentheoretischen Begrifflichkeiten durchsetzt (Kap. 2.3.3). Die Integrationsdynamik wird in diesem Fall durch eine europäische Variante des bereits bekannten Politisierungs-Verrechtlichungs-Zirkels modelliert, wobei transnationalen Klägern und supranationalen Richtern eine besondere Rolle zukommt (vgl. Stone Sweet/Sandholtz 1998; Stone Sweet/Caporaso 1998; Stone Sweet/Brunell 2002 u. 2004). Dasselbe Untersuchungsdesign lässt sich schließlich auch mit einer stärker feldtheoretischen Argumentation unterlegen, für die sich – wiederum unter veränderter Koautorschaft – einige Ansatzpunkte ergeben (vgl. Stone Sweet u. a. 2001; Fligstein/Stone Sweet 2002), deren politökonomische und wirtschaftssoziologische Ausarbeitung freilich weit über die im vorherigen Zusammenhang erörterten rechtstheoretischen Erwägungen und verfassungspolitischen Entwicklungen hinausgeht (Kap. 3.4).

2.2 Das Integrationsparadigma: ‚Integration durch Recht'

‚Integration Through Law' ist der programmatische Titel einer in den 1980er-Jahren initiierten und publizierten Buchreihe des Europäischen Hochschulinstituts über die Integration Europas im Lichte der bundesrechtlichen Erfahrungen der USA (‚Europe and the American Federal Experience'; Cappelletti u. a. 1986 ff.), die nicht nur, aber vor allem juristischen Sachverstand bündelt. Im vorliegenden Kapitel soll demgegenüber in erster Line der politische Gehalt der ‚Integration durch Recht' herausgearbeitet werden, wobei von politikwissenschaftlichen Theorien ausgegangen wird, die nur insoweit Teil der European Legal Studies bilden, als sie *auch* mit der europäischen Rechtsentwicklung (in ihrer politischen Dimension) befasst sind. Die ‚Politik des Rechts' erschöpft sich als politikwissenschaftlicher Gegenstand jedoch nicht in einer (ideologiekritischen) ‚Analyse juristischer Rationalität', die durchaus noch in der juristischen – und rechtstheoretischen – Binnenperspektive vorgenommen werden kann (vgl. Hiebaum 2003), sondern bedarf einer Außenperspektive, von der aus das Recht ‚politisiert' werden kann, ob als institutionelle Form (polity), als prozessuales Element (politics) oder als inhaltliche Festlegung (policy) der Politik. Der Schwerpunkt der Darstellung liegt daher auf den politikwissenschaftlichen Integrationstheorien, die in Auseinandersetzung mit der Europäischen (Rechts-)Gemeinschaft und ihrer eigentümlichen supranationalen Konstitution gar nicht umhin kommen, sich auch mit den besonderen rechtlichen Institutionen, Prozessen und Inhalten dieses Politiksystems zu beschäftigen. Ebendiese Theorien machen das Integrationsparadigma der Europaforschung (einschließlich der Europarechtsforschung) aus.

Über die klassischen Integrationstheorien hinaus werden in diesem Kapitel aber auch politikwissenschaftliche Theorien berücksichtigt, die – gewissermaßen im Vorfeld der übernationalen ‚Integration durch Recht' – auf die Verrechtlichung (und Vergerichtlichung) internationaler Beziehungen gerichtet sind. Die Intention liegt dabei in der Dokumentation der Minimalbedingungen einer europäischen Rechtsgemeinschaft im internationalen Raum – während die Maximalbedingungen in ihrer Annäherung an die klassische Rechtsstaatlichkeit zu sehen sind und eher vom komparatistischen Zweig der Politikwissenschaft betreut werden. Die Integrationstheorien werden in der Systematik dieser Darstellung also gewissermaßen als ‚Verlängerung' von Kooperations- und Verflechtungstheorien in den Internationalen Beziehungen (als Teilgebiet der Politikwissenschaft) betrachtet, deren Ausgangspunkt in den internationalen Zwischenräumen der Staatlichkeit bzw. den transnationalen Zusammenhängen der Nicht-Staatlichkeit liegt. Insofern sie sich auf die (logischen) Vorstufen einer europäischen ‚Integration durch Recht' bzw. einer ‚integration through courts' (Sciarra 2001) beziehen, werden sie in diesem Kapitel unter das Integrationsparadigma subsumiert. Demgegenüber lässt sich das im nachfolgenden Kapitel illustrierte Governance-Paradigma unmittelbar mit einem Wandel der Staatlichkeit selbst in Verbindung bringen, dessen Koordinaten sich wiederum erst in einer vergleichenden (vorzugsweise mehrere Ebenen der Staatlichkeit integrierenden) Perspektive klären. Trotz der Unschärfe dieser Unterscheidung von dies- oder jenseits des Staates ansetzenden politikwissenschaftlichen Erklärungen der ‚Integration durch Recht' gerade *im Felde der Europaforschung* sollen also zunächst eher aus den Internationalen Beziehungen entwickelte Theorien und später (Kap. 2.3) dann eher der Vergleichenden Regierungslehre verhaftete Theorien dargestellt werden (womit zugleich dem im Eingangskapitel propagierten Übergang von Integration zu Regulierung entsprochen wird; vgl. Kap. 1.4.2).

2.2.1 Staaten(rechts)gemeinschaft in den Internationalen Beziehungen

Im Folgenden soll anhand der im Schwerpunkt Internationale Beziehungen entwickelten politikwissenschaftlichen Theorien und Paradigmen ein Zugang zum Europäischen Gerichtshof als Akteur in den internationalen Beziehungen erschlossen werden. Im Interesse an theoretischen Perspektiven auf die ‚Integration durch Recht(sprechung)' wird ausgehend von einer Gesamtbetrachtung der *Theorien der internationalen Beziehungen* (vgl. Meyers 2004a; Schieder/Spindler 2003) das Blickfeld sukzessive auf die *Theorien internationaler Kooperation und Verflechtung* (vgl. Meyers 2004b) und die *Theorien der europäischen Integration* (vgl. Rosamond 2000) verengt. Am Ende wird der Ansatzpunkt für die Theorien europäischer Governance markiert, die den eigentlichen Rahmen für eine Governance-Analyse europäischen Rechts und europäischer Rechtsprechung (im Sinne von ‚legal governance' und ‚judicial governance') bilden. Einer solchen Betrachtung ist freilich die in diesem Kapitel fokussierte Verrechtlichung internationaler Beziehungen bereits vorausgesetzt – und damit auch die *Genese* der europäischen Rechtsgemeinschaft als eines Governance-Kontextes und des Europäischen Gerichtshofs als eines Governance-Akteurs. In der governance-theoretischen Zielvorgabe der Darstellung liegt zugleich das Selektionskriterium der Theoriediskussion, kommt es doch darauf an, solche IB-Ansätze herauszuarbeiten, die trotz ihres internationalen Zuschnitts auch Mehrebenen- und Netzwerkphänomene des Regierens fassbar machen können. Dazu zählen insbesondere jene (akteur- und institutionentheoretischen) Ansätze, die internationale Beziehungen nicht auf intergouvernementale Beziehungen reduzieren, sondern einen weiteren Handlungskontext berücksichtigen, in dem staatliche und nicht-staatliche Akteure aufeinander und auf die internationale Politik und das internationale Recht Einfluss nehmen, genauer: einen Handlungskontext, in dem sich auch *supranationale* rechtliche Institutionen (und gerichtliche Akteure) entwickeln können, die gleichermaßen von gouvernementalen und nicht-gouvernementalen Akteuren getragen werden.

Mit diesem Untersuchungsinteresse wird bereits eine wichtige theoretische Grundentscheidung gefällt, nämlich gegen den ‚absoluten' Klassiker der internationalen Beziehungen: den Realismus. Dieser stellt gewissermaßen den Ursprung des Theoriensystems dar, die Grundthese einer anarchischen Staatenwelt, die (in Anbetracht von Kriegen und Konflikten) ihre Plausibilität nie ganz verloren, aber (mit Blick auf Kooperation und Verflechtung) immer wieder Antithesen inspiriert hat – in Gestalt von Idealismus oder Liberalismus, Pluralismus oder Strukturalismus,

Funktionalismus oder Globalismus. Das realistische (oder neorealistische) Weltbild ist das eines ‚Billard-Ball-Modells', in dem die Staaten um ein weltpolitisches Gleichgewicht der Mächte – oder auch die Weltherrschaft – ringen. Hauptakteure sind die Staaten, welche unter Bedingung (oder immerwährender Bedrohung) des Krieges nach Macht und Sicherheit streben, zumal und solange es auf internationaler Ebene keinen weltstaatlichen Souverän gibt, der die Gewalt zu monopolisieren und den (zwischenstaatlichen) ‚bellum omnium contra omnes' zu zivilisieren vermag. Im *strukturellen* (Neo-)Realismus gilt die Struktur des internationalen Systems als gegeben und bestimmt das Verhalten der als einheitliche (und insoweit gleichartige) Akteure konzipierten Staaten (vgl. Meyers 2004a, 463, 466 u. 470 ff.; vgl. Jacobs 2003, 35 ff. u. 50 ff.; Schörnig 2003, 62 ff., 66 ff.). Dem Paradigma des Realismus sollen hier zwei Paradigmen gegenübergestellt werden, die sich beide aus der Tradition des Idealismus und der Aufklärung entwickelt haben, aber heute sehr unterschiedliche Weltbilder repräsentieren. Im einen Fall wird der *realistischen Staatenwelt* eine *liberal(istisch)e Weltgesellschaft* entgegengesetzt, in der die Beziehungen zwischen den Staaten auf individuelle und gesellschaftliche Akteure, auf nationale und transnationale Assoziationen zurückzuführen sind. Im anderen Fall – und im Gegensatz dazu – werden die Machtverhältnisse zwischen den staatlichen ebenso wie zwischen den gesellschaftlichen Akteuren ‚strukturalistisch' erklärt, nämlich auf das *kapitalistische Weltsystem* zurückgeführt. Unterschiede und Gemeinsamkeiten dieser beiden Strömungen spiegeln sich etwa in ihrer ‚(neo-)klassischen' bzw. ‚kritischen' politökonomischen Fundierung und ihrer Spezifizierung zum ‚interdependenzorientierten' (horizontal organisierten) bzw. ‚dependenzorientierten' (vertikal organisierten) Globalismus wider (vgl. Meyers 2004a, 463, 466 u. 473 ff.).

Im Rahmen dieses Kapitels werden sowohl das realistische Paradigma als auch das strukturalistische Paradigma grundsätzlich als weniger einschlägig für die Konzeption internationaler Gerichte *als institutioneller Akteure* erachtet und daher aus der weiteren Theoriediskussion ausgeblendet. Damit soll nicht behauptet sein, dass sich die internationale Verrechtlichung (bzw. die Integration durch Recht) in diesen Ansätzen nicht erfassen, erklären und bewerten ließe, sondern lediglich, dass die liberalistischen bzw. pluralistischen Theorieansätze die Eigentümlichkeit rechtlicher und richterlicher Governance *aus der Sicht der internationalen Beziehungen* besser zu erschließen vermögen. Dennoch bedeutet die analytische Vorentscheidung für Theorien internationaler Kooperation und Verflechtung nicht zwangsläufig eine Absage an jegliche realistischen oder strukturalistischen Erklärungsmuster; vielmehr lassen sich auch innerhalb dieses begrenzten Theorienspektrums *staatszentrierte*, i. w. S. (sicherheits-)politische Ansätze, zu denen etwa Föderalismus und Intergouvernementalismus zu zählen sind, von *gesellschaftszentrierten*, i. w. S. (wohlfahrts-)ökonomischen Ansätzen, zu denen etwa Neofunktionalismus und ‚neoliberaler Institutionalismus' zu zählen sind, unterscheiden. Ebenso lassen sich *interdependenzorientierte* Ansätze von *dependenzorientierten* Ansätzen abgrenzen (vgl. Meyers 2004b, 502 ff.). In der Europaforschung finden sich neorealistische Anklänge vor allem im Intergouvernementalismus, der als solcher jedoch als Kooperationstheorie formuliert ist und auf ein neoliberales Fundament gestellt wird. Auf seinen Erklärungsbeitrag zur Integration durch Recht ist weiter unten noch einzugehen. Strukturalistische Argumente werden speziell in der kritischen Integrationstheorie verarbeitet, die in der Integrationsforschung freilich ebenso eine Sonderstellung einnimmt wie generell die (kritische) Internationale Politische Ökonomie im Schwerpunkt Internationale Beziehungen (vgl. Bieler/Morton 2001a, 2003; Bieling 2003; Bieling/Steinhilber 2000a; Hegmann/Neumärker; Jones/Verdun 2005). Auf den Erklärungsbeitrag dieses Theorieansatzes wird in einem späteren Kapitel zurückzukommen sein (vgl. Kap. 3.4, insbesondere 3.4.1.3).

Die Theorien internationaler Kooperation und Verflechtung ersetzen das realistische Prinzip einer ‚(Staaten-)Konkurrenz unter Anarchie' durch das liberalistische (und institutionalistische) Prinzip der ‚dauerhaften Kooperation bzw. Verflechtung unter institutioneller Verfestigung' (Meyers 2004b, 502 f.). Während im ersten Fall der Begriff der (einzelstaatlichen) Souveränität eine Schlüsselrolle spielt, ist es im letzten Fall der Begriff der (zwischenstaatlichen) Interdependenz. Das Konzept der Interdependenz entwirft eine Welt „*wechselseitiger Abhängigkeiten*, in der Ereignisse oder Entscheidungen in einem Staat nicht ohne Folgen für Politik oder Ökonomie anderer Staaten bleiben" (Spindler 2003, 89; H. i. O.). In den 1960er-Jahren wird das Interdependenzkonzept zunächst vor allem auf das macht- und sicherheitspolitische Dilemma des Kalten Krieges bezogen. In den 1970er-Jahren gewinnt es dann unter dem Eindruck weltwirtschaftlicher Krisenerscheinungen einen stärker politökonomischen Gehalt sowie einen umweltpolitischen Beiklang – in beiden Fällen geht es um äußere Abhängigkeiten und die ‚Grenzen des Wachstums' in einer (wirtschaftlich, politisch und ökologisch) interdependenten Welt. Auch die in der Folge beobachteten weltwirtschaftlichen und weltpolitischen Entwicklungen und die darauf eingestellten Diskurse um *Globalisierung* und *Governance* lassen sich mit dem Problem der Interdependenz auf einen gemeinsamen Nenner bringen. Der Interdependenzbegriff erschöpft sich jedoch nicht in seinen zeitdiagnostischen Funktionen. In den Internationalen Beziehungen steht er für ein einflussreiches analytisches Konzept, das etwa im ‚neoliberalen Institutionalismus' und in der Regimetheorie weiter ausgearbeitet wird (vgl. Spindler 2003, 90 ff. u. 104; Meyers 2004b, 485 ff.). Als Idealtypen sind *Realismus* und *Interdependenz* gegensätzlich konstruiert: Die ontologischen Prämissen des *einen* Ansatzes werden im *anderen* in ihr Gegenteil verkehrt (Spindler 2003, 97 ff.). Für die Interdependenzanalyse sind ‚antirealistische' Vorannahmen allerdings nicht zwingend; vielmehr kann sie auch auf das (neorealistisch eingefärbte) Prinzip der ‚regulierten Anarchie' gegründet werden, das den Übergang vom ‚Naturzustand der Anarchie' zum ‚Kulturzustand der Institutionalisierung' internationaler Beziehungen markiert. Ein solcher Ausgangspunkt wird etwa im rationalistischen Ansatz der (neueren) Institutionentheorie gewählt, auf den sich auch neoliberaler Institutionalismus und Regimetheorie beziehen. Grundannahme ist hier, dass Kooperation im aufgeklärten Eigeninteresse rational handelnder (staatlicher und gesellschaftlicher) Akteure erfolgt, weil und insoweit interdependenzbedingte Konflikte als Positivsummenspiele aufgefasst werden können (vgl. Meyers 2004b, 484 ff. u. 502 f.; Schörnig 2003, 82 f.). Damit ist eine theoretische Grundlage für die Verrechtlichung internationaler Beziehungen geschaffen, die ohne einen emphatischen Begriff der rechtlichen Integration (im Sinne von Vergemeinschaftung) auszukommen verspricht. Dies ist der Ausgangspunkt für die nachfolgenden Ausführungen zur Verrechtlichung der Weltpolitik. Auf die ‚eigentlichen' Integrationstheorien ist erst im Anschluss einzugehen.

2.2.1.1 Verrechtlichung im neoliberalen Institutionalismus

„In many issue-areas, the world is witnessing a move to law." (Goldstein u. a. 2000, 385): Vor diesem Hintergrund bemüht sich eine Gruppe politikwissenschaftlich orientierter, rechtswissenschaftlich informierter Forscher den Komplex der ‚Legalization and World Politics' neu zu erschließen und einen einheitlichen Untersuchungsrahmen für empirische Einzelstudien bereitzustellen. ‚Verrechtlichung' steht dabei zunächst ganz allgemein für die Ausbildung internationaler *Rechts*beziehungen innerhalb der Internationalen Beziehungen (im Sinne des gleichnamigen Forschungsschwerpunktes). Genauer wird Verrechtlichung in diesem Ansatz als besondere Form der Institutionalisierung gefasst (Goldstein u. a. 2000, 396). Dabei ist der Begriff der Institutionalisierung gleichermaßen im engeren (gegenständlichen) Sinne zu verstehen, insoweit er auf die Entwicklung internationaler ‚Institutionen' bzw. Organisationen abstellt, wie im weiteren (paradigmatischen) Sinne, insoweit er für *institutionentheoretische* Erklärungsmuster steht, hier vor allem die Theorie der rationalen Wahl (in diesem Falle von *Rechts*institutionen). In diesem doppelten Sinne des Institutionenbegriffs zeigt sich der entwickelte Untersuchungsrahmen in erster Linie dem ‚(neo-)liberalen (Neo-)Institutionalismus' verpflichtet, einer der theoretischen Grundrichtungen der Internationalen Beziehungen (vgl. Keohane u. a. 2000, 459, inkl. Fn. 7; Finnemore/Toope 2001, 743 ff.). Das Verhältnis von Politik und Recht wird in diesem Ansatz institutionell gedeutet: „The relationship between law and politics is reciprocal, mediated by institutions." (Goldstein u. a. 2000, 387). Indem (internationale) politische Beziehungen – mit den Begriffen der Institutionalisierung und der Verrechtlichung – als institutionalisierte oder nicht-institutionalisierte bzw. als verrechtlichte oder nicht-verrechtlichte (institutionalisierte) Beziehungen dargestellt werden können, wird eine Vermittlung von ‚realistischen' und ‚idealistischen' Ansätzen erreicht, in denen internationale Politik (vulgo: Macht) und internationales Recht *entweder* miteinander identifiziert *oder* einander entgegengesetzt werden. Verrechtlichung bedeutet also in diesem Zugang nicht Entpolitisierung – „to paraphrase Clausewitz, ‚law is a continuation of political intercourse, with the addition of other means'" (Abbott u. a. 2000, 419).

Der Begriff der Verrechtlichung (‚legalization') ist in dieser politikwissenschaftlichen Fassung weiter angelegt als der Begriff der Ver*gerichtl*ichung (‚judicialization'), die eine bestimmte, aber nicht alternativlose Form der rechtlichen Institutionalisierung darstellt, und weniger voraussetzungsvoll als der Begriff der Konstitutionalisierung (‚constitutionalization'), der die Ver*grundrecht*lichung internationaler Beziehungen impliziert und insoweit den Umbau eines intergouvernementalen Regimes in eine supranationale Polity insinuiert. Beide Konzepte spielen in juristischen

Interpretationen der Verrechtlichung internationaler Politik eine bedeutende Rolle (vgl. Goldstein u. a. 2000, 388 ff.). Auf den Stellenwert von Judizialisierung und Konstitutionalisierung innerhalb des hier darzulegenden (politikwissenschaftlichen) Untersuchungsrahmens wird im Zusammenhang mit der Unterscheidung zwischenstaatlicher und supra- bzw. transnationaler Streitschlichtung noch einzugehen sein; letztere kann zugleich als Charakteristikum verrechtlichter *und* vergemeinschafteter (rechtlich vergemeinschafteter bzw. gemeinschaftlich verrechtlichter) ‚internationaler' Beziehungen gelten, kurz: als Merkmal der (europäischen) Rechtsgemeinschaft. Zugleich setzt das im Kern des ‚komparativ-statischen Untersuchungsansatzes' (Abbott u. a. 2000, 408) stehende Verrechtlichungskonzept aber enger an, als es beispielsweise ein (rechts-)soziologischer bzw. konstruktivistischer Institutionenbegriff erlauben würde, mit dem nicht nur die Form, sondern auch der Prozess, nicht nur die Formalisierung (‚Legalisierung'), sondern auch die ‚Legitimierung' internationaler (Rechts-)Beziehungen erfasst werden kann (Finnemore/Toope 2001, 744 ff.). Die aus dieser Sichtweise vorgebrachte (Positivismus-)Kritik wird in der folgenden Darstellung des Untersuchungsrahmens – und dessen Zuführung auf ‚Judicial Governance' – an geeigneter Stelle noch ausgeführt. *Dass* sich der Verrechtlichungsansatz governance-theoretisch interpretieren lässt, liegt unterdessen in einer Verallgemeinerung – oder auch ‚Aufweichung' – des Rechtsbegriffs bei seiner Übertragung von nationalen Rechtssystemen auf internationale Regime begründet: dem Verzicht auf eine zentralisierte Erzwingungsgewalt als Bestimmungsmerkmal. Genauer: Um internationales Recht in Geltung zu setzen, bedarf es offenbar weniger eines internationalen Gewaltmonopols (jedenfalls nicht als Conditio sine qua non) als vielmehr geeigneter Kooperationsstrukturen in der (Rechts-)Staatengemeinschaft (vgl. Abbott u. a. 2000, 402 f. u. 418).

Verrechtlichung wird als ‚mehrdimensionales Kontinuum' entworfen, das die Vielfalt internationaler Rechtsformen systematisieren soll (vgl. Abbott u. a. 2000, 401 ff.). Das eigentliche Untersuchungsraster enthält drei – als Dimensionen gefasste – Grundmerkmale (Verbindlichkeit, Genauigkeit, Delegation), zwei Ausprägungsgrade (hoch und niedrig, z. T. auch moderat) und acht Kombinationsmöglichkeiten, aus denen Idealtypen des internationalen Rechts gebildet werden. Diese Idealtypen werden in eine Reihenfolge gebracht – mit ‚hartem Recht' an der Spitze (alle Merkmale stark ausgeprägt), ‚weichem Recht' in der Mitte (diverse Kombinationen von hoch und niedrig) und ‚Anarchie' am Ende der Verrechtlichungsskala (alle Merkmale schwach ausgeprägt) – und empirisch veranschaulicht. Dieses Verrechtlichungskonzept wird als ‚Arbeitsdefinition' zur Strukturierung und Vernetzung von Forschungsarbeiten betrachtet, deren theoretischer und empirischer Anspruch begrenzt ist: Weder soll das Wesen des internationalen Rechts geklärt werden, noch sollen Messvorschriften für die einzelnen Rechtsdimensionen erarbeitet werden (Abbott u. a. 2000, 402 f.). Als *erste* Grunddimension des Verrechtlichungskonzepts wird die Verbindlichkeit (‚obligation'; vgl. Abbott 2000, 408 ff.) benannt:

> „*Obligation* means that states or other actors [...] are *legally* bound by a rule or commitment in the sense that their behavior thereunder is subject to scrutiny under the general rules, pro-

cedures, and discourse of international law, and often of domestic law as well." (Abbott u. a. 2000, 401; H. i. O.)

Dabei ist die Einrichtung und Akzeptanz eines internationalen Rechtssystems, das die einzelnen Staaten zur Einhaltung bestimmter Grundregeln verpflichtet, bereits vorausgesetzt. Der Verbindlichkeitsgrad einer Regel (oder eines Regimes) kann jedoch innerhalb dieses Rechtssystems unterschiedlich ausgestaltet sein. Wichtigstes Indiz ist die explizite rechtliche oder nichtrechtliche Regelungsabsicht. Die *zweite* Grunddimension des Konzepts wird mit Genauigkeit (,precision'; vgl. Abbott u. a. 2000, 412 ff.) bezeichnet und hebt auf die Bestimmtheit und Kohärenz von Regeln bzw. Regelsystemen ab. Im Allgemeinen eröffnet eine weniger präzise Regel einen größeren Interpretationsspielraum; bei der Formulierung von Standards, die Fall für Fall am jeweiligen Sachverhalt konkretisiert werden, ist dies sogar beabsichtigt. Allerdings ist damit auch Streit über den Regelungsgehalt vorprogrammiert. Wie Deutungskonflikte gelöst (und Durchsetzungsprobleme behoben) werden können, hängt von der Institutionalisierung der *dritten* Grunddimension des Verrechtlichungskonzepts ab, der Übertragung der Regelanwendung auf gesonderte Gremien (,delegation'; Abbott u. a. 2000, 415): „The third dimension is the extent to which states and other actors delegate authority to designated third parties – including courts, arbitrators, and administrative organizations – to implement agreements." (Abbott u. a. 2000, 415). Dabei wird zwischen der Übertragung von Regel(durch)setzungskompetenzen und von Streitschlichtungskompetenzen unterschieden, wobei es jeweils darauf ankommt, wie unabhängig bzw. verselbstständigt die ,Agenten' von ihren ,Prinzipalen' sind. Bei der Streitschlichtung wird der Beitrag zur Verrechtlichung danach bemessen, ob ein Verhandlungsverfahren, ein Schiedsverfahren oder ein Gerichtsverfahren zur Anwendung kommt. Eine hohe Ausprägung in dieser Verrechtlichungsdimension wird folgendermaßen angezeigt: „Courts: binding third-party decisions; general jurisdiction; direct private access; can interpret and supplement rules; domestic courts have jurisdiction" (Abbott u. a. 2000, 416). Das Gegenstück bilden unstrukturierte politische Verhandlungen (im Modus des ,bargaining').

Diese drei Dimensionen der Verrechtlichung stehen nicht isoliert nebeneinander, sondern in einem systematischen, gleichwohl variablen Zusammenhang. Am unwahrscheinlichsten erscheint die (idealtypische) Konstellation, in der ein niedriger Verbindlichkeitsgrad mit einem hohen Delegationsgrad einhergeht, während eine relativ ungenaue Regelformulierung (bei hohem Verbindlichkeitsgrad) kein Hindernis für eine delegierte Rechtsanwendung darstellen muss. Der höchste Verrechtlichungsgrad ist nach diesem Schema bei ,high obligation', ,high or low precision' und ,high delegation' erreicht – Bedingungen, die etwa für bestimmte Regelungen bzw. Regelungskomplexe von E(W)G und WTO zutreffen (vgl. Abbott u. a. 2000, 406; Keohane u. a. 2000, 458). Als am stärksten ,verrechtlichte' internationale Organisation wird die EU angesehen (vgl. Alter 2000, 490 ff.). Zusammengefasst lässt sich ein hoher Verrechtlichungsgrad also folgendermaßen definieren:

„Highly legalized institutions are those in which rules are obligatory on parties through links to the established rules and principles of international law, in which rules are precise (or can be made precise through the exercise of delegated authority), and in which authority to interpret and apply the rules has been delegated to third parties acting under the constraint of rules." (Abbott u. a. 2000, 418)

Die (rechts- bzw. sozial-)konstruktivistische Kritik an diesem Konzept der Verrechtlichung setzt an dem darin enthaltenen Rechtsverständnis an, das mit den Attributen ‚liberalistisch', ‚formalistisch' und ‚positivistisch' belegt wird (Finnemore/ Toope 2001, 743 ff.). Tatsächlich scheint der ‚neoliberale Institutionalismus' seinen Rechtsbegriff nicht im weiteren, *neo*institutionalistischen Sinne zu verwenden, sondern sich in klassischer Weise auf das auf förmlichen Verträgen beruhende (primäre und sekundäre) ‚Recht' internationaler Regime und Organisationen zu beschränken. Diesem Fokus auf „*legal bureaucratization*" (Finnemore/Toope 2001, 744; H. i. O.) wird ein breiteres Rechtsverständnis entgegengesetzt, das stärker den gesellschaftlichen Kontext der Ver*recht*lichung, nämlich die zugrunde liegende soziale Praxis (in der soziale Normen generiert werden) berücksichtigt. Demnach soll Recht nicht als Form, sondern als Prozess, nicht in statischer, sondern in dynamischer Perspektive betrachtet werden. Dabei wird der Legitimierung von (Rechts-)Normen eine große Bedeutung beigemessen:

> „Much of what legitimates law and distinguishes it from other forms of normativity are the processes by which it is created and applied – adherence to legal process values, the ability of actors to participate and feel their influence, and the use of legal forms of reasoning." (Finnemore/Toope 2001, 750)

Die (i. w. S.) soziale und nicht nur (i. e. S.) politische Natur des Völkerrechts steht nicht zuletzt in der Tradition des Völkergewohnheitsrechts vor Augen, das in der hier kritisierten Konzeption jedoch keine (eigenständige) Rolle spielt (Finnemore/ Toope 2001, 746 f.). Vor einem breiteren, kulturalistischen Rechtsverständnis werden auch „the largely technical and formal criteria of obligation, precision, and delegation" (Finnemore/Toope 2001, 744) als völlig unzureichend empfunden, um das Phänomen der Verrechtlichung internationaler (sozialer) Beziehungen zu erfassen. Insbesondere bleibe der Zusammenhang von Legalisierung und Legitimierung sozialer Normen (als Rechtsnormen) bzw. „legitimacy's relationship to obligation, precision, and delegation" (Finnemore/Toope 2001, 749) ausgeblendet. Dagegen wird argumentiert, dass *Legitimität* eine Grundvariable darstellt, ohne die weder das Pflichtgefühl der Rechtsbetroffenen noch die Autorität der Rechtsvertreter zu erklären sei, ohne die sich die Verrechtlichung also weder im Einzelnen noch im Ganzen begreifen lasse. Diese Positivismus-Kritik am (neo-)liberalen Verrechtlichungskonzept der IB lässt sich darin zuspitzen, dass ‚legalization' noch zu sehr auf ‚judicialization' (in puncto Artifizialität des Rechts) und noch zu wenig auf ‚constitutionalization' (in puncto Gesellschaftlichkeit des Rechts) eingestellt sei. Ersteres bezieht sich auf die Illustration des Konzepts der internationalen Verrechtlichung anhand von formalisierter Rechtsetzung und Rechtsprechung: „[L]aw is constructed primarily through cases and courts, or through formal treaty negotiation. The processes of law are viewed overwhelmingly as processes of dispute resolution, mostly within formal institutionalized contexts." (Finnemore/Toope 2001, 745). Letzteres bezieht sich auf die soeben dargelegte Vernachlässigung der Legitimitätsbedingungen einer internationalen Verrechtlichung, wobei ebendieses Zusammenspiel von

Legalisierung und Legitimation auch als konstitutiv für die Konstitutionalisierung der internationalen Beziehungen verstanden werden kann. Anders ausgedrückt beruht diese *sowohl* darauf, dass das Regieren jenseits des Staates verrechtlicht wird, d. h. eine neue normative Form – Legalität – erhält, *als auch* darauf, dass das Regieren jenseits des Staates ‚vergesellschaftet' wird, d. h. eine neue normative Substanz – Legitimität – erhält (vgl. Zangl/Zürn 2004, 16 ff.).

Im Folgenden wird der Verrechtlichungsbegriff jedoch nicht in diesem weiteren, rechtssoziologischen bzw. -konstruktivistischen Sinne interpretiert, sondern gerade auf das Kernkonzept der ‚Vergerichtlichung' reduziert, da in *diesem* Kapitel die Rolle der Gerichte als Akteure (oder Agenten) in den internationalen Beziehungen im Vordergrund steht. Die Bedeutung des sozialen Kontextes bzw. der normativen Basis einer internationalisierten Rechtsprechung soll in dieser Arbeit mit dem Begriff der Rechtsgemeinschaft eingefangen werden und wird insoweit erst im dritten (Haupt-)Kapitel dieser Arbeit berücksichtigt, das auch einige Anschlussmöglichkeiten zur konstruktivistischen Sichtweise der internationalen (Rechts-)Beziehungen enthält (insbesondere im diskurstheoretischen Teilkapitel; Kap. 3.2). Mit einem solchen reduzierten Verrechtlichungskonzept lässt sich die Konstitutionalisierung internationaler Rechtsbeziehungen, wie weiter unten deutlich wird, aber auch aus der Perspektive der Regelentwicklung, -anwendung und -durchsetzung institutionalisierter Gremien betrachten, etwa indem die Konstitutionalisierung nicht der Gesellschaft, sondern den Gerichten zugeschrieben wird. Solchermaßen lassen sich auch ‚judicialization' und ‚constitutionalization' kurzschließen.

2.2.1.2 Vergerichtlichung im neoliberalen Institutionalismus

Ausgangspunkt einer näheren Untersuchung der Rolle der Gerichte in den internationalen Beziehungen ist die Einsicht, dass „[l]aw and politics are intertwined at all levels of legalization" (Abbott u. a. 2000, 419). Insoweit lässt sich – im Rahmen der ‚legalization of world politics' – auch von einer ‚politics of dispute settlement' sprechen (Keohane u. a. 2000, 457), die neben der (Politik der) Regelsetzung und -durchsetzung in der *dritten* Dimension des soeben erörterten Verrechtlichungskonzepts zu verorten ist. Der Fokus liegt in diesem Fall auf der „delegation of authority to courts and tribunals designed to resolve international disputes through the application of general legal principles" (Keohane u. a. 2000, 458), wobei wiederum zwischen einem hohen und einem niedrigen Delegationsgrad zu unterscheiden ist. Als Idealtypen der ‚Vergerichtlichung' firmieren entsprechend die intergouvernementale Streitschlichtung (‚interstate dispute resolution') mit einem niedrigen Delegationsgrad und die supranationale bzw. transnationale Streitschlichtung (‚transnational dispute resolution') mit einem hohen Delegationsgrad. Während der erstgenannte Typus mit der Annahme konform geht, dass internationale Politik (und internationales Recht) die Domäne der – als ‚einheitliche Akteure' auftretenden – Staaten ist, trägt der letzte Typus dem Gedanken Rechnung, dass neben unterschiedlichen staatlichen Akteuren auch zivilgesellschaftliche Akteure in die internationale Politik- und

Rechtsgestaltung eingebunden sind (Keohane u. a. 2000, 457 f.). Im Vordergrund der vergleichenden Analyse stehen jedoch weniger die theoretischen Prämissen als die empirischen Eigenschaften dieser beiden Grundmodelle. Dazu wird das Kriterium der Delegation weiter aufgelöst in die Merkmale Unabhängigkeit (‚independence'), Zugänglichkeit (‚access') und Einbettung (‚embeddedness'), deren Ausprägungsgrad wiederum über die Zuordnung zum intergouvernementalen Modell – bei niedrigen Werten – oder zum supranationalen bzw. transnationalen Modell – bei hohen Werten – entscheidet. Dabei richtet sich das Erkenntnisinteresse auf die besonderen ‚politischen' Qualitäten einer Streitschlichtung im Sinne des letzteren Modells und die Kernfrage liberaler Erklärungsansätze, „how formal legal institutions empower groups and individuals other than national governments" (Keohane u. a. 2000, 459; vgl. ebd., Fn. 7).

Das *Unabhängigkeitskriterium* zielt auf die – jenseits mitgliedstaatlicher Eigeninteressen und Einflussnahmen verbleibenden – Entscheidungsspielräume der ‚dritten Partei' ab: Je stärker die Streitschlichter von den einzelnen Mitgliedstaaten kontrolliert werden können, etwa in puncto Berufung, Ressourcen, Informationen, ‚Breite des Mandats', desto geringer ist ihre Unabhängigkeit und damit (ceteris paribus) auch der Delegations- und Verrechtlichungsgrad (vgl. Keohane u. a. 2000, 459 ff.). Das *Zugänglichkeitskriterium* „refers to the ease with which parties other than states can influence the tribunal's agenda" (Keohane u. a. 2000, 458). Die Möglichkeiten bestimmter Akteure, über den Rechtsweg politischen Handlungsdruck auf- oder auch abzubauen, wird durch die Ausgestaltung ihres ‚Standings' vor Gericht bestimmt. Der Verrechtlichungsgrad steigt (ceteris paribus), wenn internationale Gerichtsverfahren auch durch nichtgouvernementale Individuen und Gruppen angestrengt (oder zumindest angeregt) werden können (vgl. Keohane u. a. 2000, 462 ff.). Das *Einbettungskriterium* hebt – ausgehend davon, dass es kein (dem Rechtsstaat nachempfundenes) internationales Gewaltmonopol gibt – auf die Erzwingungsmöglichkeiten internationalen Rechts ab. Demnach steigt der Verrechtlichungsgrad mit der Internalisierung internationalen Rechts in den nationalen Rechtsordnungen, wenn dessen Umsetzung also auch ohne Plazet der mitgliedstaatlichen Regierungen gelingt. Hierfür stellt die Urteilspraxis nationaler Gerichte einen wichtigen Indikator dar (Keohane u. a. 2000, 466 ff.). Aus der Kombination dieser drei Einzelmerkmale ergeben sich die beiden Idealtypen internationaler Streitschlichtung: „We define low independence, access, and embeddedness as the ideal type of interstate dispute resolution and high independence, access, and embeddedness as the ideal type of transnational dispute resolution." (Keohane u. a. 2000, 458). Mit anderen Worten bleiben ‚adjudicators, agenda, and enforcement' im ersten Falle intergouvernemental bestimmt, während im zweiten Falle gilt, dass „judges are insulated from national government, societal individuals and groups control the agenda, and the results are implemented by an independent national judiciary" (Keohane u. a. 2000, 469).

Im Vergleich zu anderen internationalen Gerichtsorganen erreicht der *Europäische Gerichtshof* in allen drei Teilaspekten des Delegationskriteriums Höchstwerte und stellt insofern den (empirischen) Prototyp supranationalisierter bzw. transnationalisierter Streitschlichtung dar (Keohane u. a. 2000, 469). Die Begriffe ‚supranational' und ‚transnational' werden in diesem Zusammenhang synonym gebraucht, jedoch nicht ohne auf ihre etwas unterschiedlichen Konnotationen zu verweisen:

> „We use the term ‚transnational' to capture the individual to individual or individual to state nature of many of the cases in this type of dispute resolution. However, many of the tribunals in this category [...] can equally be described as ‚supranational' in the sense that they sit ‚above' the nation-state and have direct power over individuals and groups within the state." (Keohane u. a. 2000, 469, Fn. 24)

Der Übergang von einer intergouvernemental geprägten zu einer supra- bzw. transnational geprägten ‚Politik' der Streitschlichtung wird auf die Formel ‚from interstate to judicial politics' gebracht (Keohane u. a. 2000, 470), was so ausgelegt werden kann, dass mit der Verrechtlichung und Vergerichtlichung internationaler Beziehungen die Politik nicht nur auf das Recht, sondern das Recht auch auf die Politik zugeführt wird. Mit anderen Worten, mit der Entbindung des internationalen Rechts aus der intergouvernementalen Politik entsteht ein (supra- bzw. transnationaler) Rechtskontext, „in which judicial politics (the interplay of interests, ideas, and values among judges) and intrajudicial politics (the politics of competition or cooperation among courts) are increasingly important" (Keohane u. a. 2000, 478). Aus dem Argumentationszusammenhang geht hervor, dass ‚judicial politics' gerade nicht als Abweichung von der Rationalität (und der Legitimität) des Rechts verstanden wird, sondern als Effekt eines institutionellen Arrangements, das „greater independence of judges, wider access of litigants, and greater potential for legal compliance" (Keohane u. a. 2000, 479) miteinander verbindet. In theoretisch und empirisch schlüssiger Weise – (neo-)liberalistisch fundiert, (EU-)europäisch illustriert – wird dieser Konstellation eine besondere Entwicklungsdynamik zugeschrieben:

> „Transnational dispute resolution removes the ability of states to perform gatekeeping functions, both in limiting access to tribunals and in blocking implementation of their decisions. Its incentives for domestic actors to mobilize, and to increase the legitimacy of their claims, gives it a capacity for endogenous expansion." (Keohane u. a. 2000, 481)

In ebendiesem ‚virtuos circle' (Keohane u. a. 2000, 482) verliert die (obige) Unterscheidung von ‚legalization', ‚judicialization' und ‚constitutionalization' an Bedeutung (und ist die Entwicklung zur Rechtsgemeinschaft vorgezeichnet). Anstelle des für diesen besonderen Kontext geprägten Begriffs der ‚judicial politics' kann nun auch der in dieser Arbeit geprägte Begriff der ‚judicial governance' treten, der die supranationale und transnationale Beschaffenheit des Rechts treffend benennt, und zwar in diesem Falle nicht vom nationalen (Rechts-)Staat bzw. den ‚three branches of government' herkommend, sondern von den (macht-)politisch dominierten, internationalen bzw. intergouvernementalen (Rechts-)beziehungen ausgehend.

2.2.2 Europäische Rechtsgemeinschaft in der Integrationsforschung

Unter den Theorien internationaler Kooperation und Verflechtung zeichnen sich die (eigentlichen) Integrationstheorien dadurch aus, dass sie deutlicher als die (allgemeineren) Interdependenztheorien den Übergang vom anarchischen Naturzustand konkurrierender Staaten über die strategische Kooperation und begleitende Regelbildung zum institutionalisierten Kulturzustand einer (Staaten-)Gemeinschaft voraussetzen bzw. nachvollziehen. Der Gemeinschaftsbegriff soll dabei jedoch nicht im schwachen Sinne der Staaten- oder Völkergemeinschaft (etwa der Vereinten Nationen) verwendet werden, sondern im starken Sinne einer ‚Friedensgemeinschaft' oder ‚Rückversicherungsgemeinschaft', einer ‚Wohlfahrts- und Prosperitätsgemeinschaft' oder einer ‚Zivilisations- und Wertegemeinschaft' (etwa der Europäischen Gemeinschaft) (Meyers 2004b, 493 f.). Als Dimensionen der Integration lassen sich im Allgemeinen eine eher politische, *staatszentrierte* und eine eher ökonomische, *gesellschaftszentrierte* Dimension unterscheiden. Erstere richtet sich auf die Schaffung bzw. den Erhalt von ‚Frieden durch Kooperation und gemeinsame Sicherheitsproduktion' und wird etwa im Föderalismus und im Intergouvernementalismus betont; letztere richtet sich auf die ‚Schaffung von Wohlfahrt durch Marktintegration und Management internationaler wirtschaftlicher Interdependenz' und wird etwa im Funktionalismus und im Neofunktionalismus betont (Meyers 2004b, 507). Geht man zurück auf die Unterscheidung von realistischem, liberalistischem und strukturalistischem Paradigma in den Theorien der internationalen Beziehungen, so lassen sich Intergouvernementalismus und Neofunktionalismus, die im Folgenden besonders interessieren, sowie die kritische Integrationstheorie, auf die in einem späteren Kapitel näher einzugehen ist (Kap. 3.4.1.3), jeweils einem anderen Paradigma zuordnen. Genauer lässt sich der *klassische* Intergouvernementalismus als eine Variante des Neorealismus verstehen, in dem sich unter Bedingung ‚regulierter Anarchie' die Frage nach der relativen Verteilung von Kooperationsgewinnen stellt, und der Neofunktionalismus als eine Variante des neoliberalen Institutionalismus, in dem die Überwindung der Anarchie durch Institutionenbildung und den absoluten Kooperationsgewinnen für alle Parteien eine höhere Bedeutung zukommt. Der (ausweislich) *liberale* Intergouvernementalismus lässt sich freilich, soweit er über die zwischenstaatliche Interaktion hinaus auch gesellschaftliche Akteure und gemeinschaftliche Institutionen berücksichtigt, ebenfalls dem liberalistischen Paradigma zuordnen bzw. als (weitere) Variante des neoliberalen Institutionalismus (oder auch der Regimetheorie) begreifen (vgl. Meyers 1994, 503 ff.; Moravcsik 1993; Schieder 2003). Eine größere Repräsentativität für die (liberalen) Integrationstheorien kommt jedoch dem Neofunktionalismus zu, in dessen Rahmen sich die Eigentümlichkeiten einer ‚Integration durch Recht' bzw. der Herausbildung einer ‚Rechtsgemeinschaft' *jenseits* des Staates (als basaler Handlungseinheit) wohl am besten fassen lassen.

Zunächst soll das Feld der Integrationsforschung jedoch mit den ‚frühen' Theorien des Föderalismus und des Funktionalismus abgesteckt werden, die für sehr unterschiedliche Auffassungen der – supra*nationalen* bzw. über*staatlichen* – Integration und Gemeinschaftsbildung stehen und nicht nur im wissenschaftlichen Sinne (als Erklärungsansätze), sondern auch im politischen Sinne (als Leitbilder) miteinander konkurrieren. Der *Föderalismus* (vgl. Meyers 2004b, 495 u. 507 f.; Rosamond 2000, 23 ff.) kann als *staatszentrierte* Integrationstheorie beschrieben werden, die die ‚Triebkraft' der Integration in der politischen Willensentscheidung einzelner

Staaten sieht, sich zu einem größeren Ganzen – zu einem Staatenbund oder gar einem Bundesstaat – zu vereinigen. Ziel ist die Bündelung national- bzw. einzelstaatlicher Souveränitätsrechte und Gestaltungskompetenzen in einer gemeinsamen politischen Verfassung, die trotz ihres *über*staatlichen Charakters als (über-)*staatliche* Verfassung wahrgenommen wird, weswegen dem Akt oder Prozess der (förmlichen) Konstitutionalisierung gemeinhin eine hohe Bedeutung zukommt. Im europäischen Kontext verbindet sich das föderalistische (Integrations-)Projekt mit der ‚Finalität' eines europäischen Bundesstaats. Der *Funktionalismus* (vgl. Meyers 2004b, 495 u. 507 f.; Rosamond 2000, 31 ff.; Conzelmann 2004, 141 ff.) ist zu den *gesellschaftszentrierten* Integrationstheorien zu zählen; er entwirft die ‚Triebkraft' der Integration – auch der politischen – als einen aus der (scheinbar unpolitischen) wirtschaftlichen und gesellschaftlichen Verflechtung resultierenden Sachzwang. Insofern steht nicht die politische, sondern die politökonomische Integration im Zentrum funktionalistischer Argumentation (vgl. Rosamond 2000, 28 f.). Das integrationstheoretische (und -politische) Kredo dieses Ansatzes lautet ‚form follows function', was bedeutet, dass sich der institutionelle Rahmen (polity) aus der praktischen Zusammenarbeit (politics) in konkreten Problemfeldern (policy) ‚von unten' entwickeln und nicht ‚von oben' vorgegeben werden soll. Das Prinzip einer funktional differenzierten zwischenstaatlichen, besser: transnationalen (‚zwischengesellschaftlichen') Kooperation wird durch die Gründungsverträge der Europäischen Gemeinschaften, die eine regionale Spezifikation und supranationale Organisation des Integrationsprozesses vorsehen, allerdings bereits im Ansatz verletzt und von den Klassikern des Funktionalismus entsprechend skeptisch beurteilt. Während im Föderalismus also vor allem die politische Legitimation der (europäischen) Integration durch Recht und die institutionelle Verfasstheit der (europäischen) Rechtsgemeinschaft interessieren, befasst sich der Funktionalismus mit dem gesellschaftlichen Substrat einer rechtlichen Vergemeinschaftung. Insoweit ihm eine differenzierte und offene überstaatliche Rechtsgemeinschaft analytisch näher steht als ein einheitlicher und geschlossener supranationaler Rechtsstaat, scheint er bereits die Mehrebenen- und Netzwerkmerkmale rechtlicher Integration (und Governance) vorwegzunehmen.

Abschließend soll noch ein dritter Ansatz der frühen Integrationsforschung erwähnt werden, der auf Basis kommunikativer gesellschaftlicher Verflechtungen eine pluralistische Form der (Sicherheits-)Gemeinschaft zwischen rechtlich gleichwohl selbstständigen Staaten entwirft (vgl. Rosamond 2000, 42 ff. u. 169 ff.). Auch wenn die Herausbildung supranationaler (Rechts-)Institutionen bzw. einer supranationalen (Rechts-)Gemeinschaft nicht im Fokus dieses Integrationsansatzes steht, stellt er möglicherweise einen (weiteren) geeigneten Ansatzpunkt dar, um die Bedingungen der Möglichkeit von ‚legal governance' auf internationaler Ebene zu erörtern – zumal seine Begrifflichkeiten bereits system- bzw. governance-theoretisch (kybernetisch) unterlegt sind (vgl. Deutsch 1976, 14 ff.). Statt dieser letzten Spur weiter zu folgen, soll im Folgenden jedoch auf die mit der rechtlichen Integration bzw. rechtsgemeinschaftlichen Verfasstheit der E(W)G näher befassten und in der Europaforschung prominenteren Ansätze des Intergouvernementalismus und des Neofunktionalismus eingegangen werden, wobei es sich anbietet, auf empirisch aktualisierte und theoretisch gereifte Fassungen zurückzugreifen, die sich ausdrücklich (auch) mit der Rolle des Europäischen Gerichtshofs beschäftigen. Der Nachteil eines solchen Theorienvergleichs auf neuerem Entwicklungsstand ('liberaler Intergouvernementalismus' vs. '(neofunktionaler) Supranationalismus') besteht in der abnehmenden Distinktionskraft beider Ansätze: eines staatszentrierten Ansatzes, der die gesellschaftlichen Akteure nicht mehr vernachlässigt, und eines gesellschaftszentrierten Ansatzes, der auch die eigenständige Bedeutung der staatlichen Akteure berücksichtigt. Bei Einigung auf einen rationalen Akteurs- und Institutionenbegriff scheint (innerhalb der liberalen Tradition) sogar eine Synthese dieser beiden Ansätze möglich. Freilich wären dabei auch die Begriffe des '(Rechts-)Staates' und der '(Rechts-)Gemeinschaft' sowie des 'Rechts' selbst methodologisch zu individualisieren und zu rationalisieren – und damit gewissermaßen ihres tiefer gehenden soziologischen (strukturalistischen bzw. konstruktivistischen) Gehalts beraubt.

2.2.2.1 Integration durch Recht im Intergouvernementalismus

Während der 'klassische', neorealistisch geprägte Intergouvernementalismus die europäische Integration als Ergebnis der Verhandlungen zwischen Staaten mit (exogen) gegebenen Präferenzen begreift (vgl. Schieder 2003, 183), berücksichtigt der 'liberale' Intergouvernementalismus auch „die Beziehungen zwischen Staaten und ihrem innerstaatlichen und transnationalen gesellschaftlichen Umfeld" (Schieder 2003, 175). Das liberal(istisch)e Element besteht genauer in einer Rückführung der Interessen (einheitlicher) staatlicher Akteure auf der internationalen Ebene auf die Interessen gesellschaftlicher Akteure (Individuen und Gruppen) auf der sub- und transnationalen Ebene. Anders als im 'Realismus' und im 'Institutionalismus' werden demnach „die Handlungsmuster internationaler Politik nicht aus der internationalen Machtverteilung oder den internationalen Institutionen, sondern aus dem ‚sozialen Kontext', in den sie eingebettet sind" (Schieder 2003, 177), bestimmt. Zur theoretischen Grundausstattung des liberalen Intergouvernementalismus gehören also ein *liberales* und ein *intergouvernementales* Element, „a liberal theory of how economic interdependence influences national interests, and an intergovernmentalist theory of international negotiation" (Moravcsik 1993, 474). Erstere beschreibt die (gesellschaftlichen) Faktoren einer erhöhten (staatlichen) Nachfrage nach regionaler Integration, letztere das (zwischenstaatliche) Zustandekommen eines entsprechenden (inter- oder supranationalen) institutionellen Angebots (vgl. Moravcsik 1993, 483 ff. u. 496 ff.). Diese beiden Theoriebausteine stehen auf dem rationalistischen (Mikro-)Fundament der (neo-)klassischen Internationalen Politischen Ökonomie und sollen in dem Sinne die Last der Generalisierbarkeit des ‚einzigartigen' europäischen Integrationsprozesses tragen, dass für alle seine Besonderheiten eine allgemeine ökonomische Erklärung gesucht wird, in der es um die Ressourcen, Interessen und Strategien individueller oder kollektiver Akteure geht. Dabei kommt es auch in der liberalen Version des Intergouvernementalismus in erster Linie auf das (Rational-)Verhalten der Staaten an, die als ‚gatekeepers' der internationalen (Kooperations-)Beziehungen fungieren und somit in ihrem Tun und Lassen über Fortgang oder Stillstand des Integrationsprozesses entscheiden. Die staatlichen Präferenzen werden allerdings nicht (mehr) unabhängig von den Präferenzen gesellschaftlicher Akteure definiert und auch nicht in Gegensatz zu den institutionellen (Eigen-)Interessen supranationaler Organisationen gebracht. Insofern bedeutet eine ‚intergouvernementale Wende' in Theorie und Praxis der europäischen Integration (vgl. Rosamond 2000, 74 ff.) ebenso wenig ein Comeback der Staaten *zulasten* sub-, trans- und supranationaler Akteure, wie eine Revitalisierung (oder ‚neofunktionale Wende') des Integrationsprozesses einen Sieg der Gemeinschaftsinstitutionen und der gesellschaftlichen Kräfte *gegen* die Staatenvertreter impliziert. Tatsächlich enthält auch der liberale Intergouvernementalismus eine europapolitische Vision, die freilich nicht auf der Überwindung des Staates beruht, sondern auf seinen inneren Wandel setzt:

> „[T]he real achievement and hope of the Community may lie not in the transcendence of traditional state preferences and power, but in the underlying domestic and international forces that have shaped national preferences and power in the direction of greater co-operation." (Moravcsik 1993, 519)

Supranationale Organisationen werden in der institutionenökonomischen Weiterentwicklung des (liberalen) Intergouvernementalismus als ‚Agenten' der Mitgliedstaaten betrachtet, die die internationale Kooperation erleichtern; eben dadurch lässt sich in der Sichtweise dieses Ansatzes aber auch das Handlungsvermögen der ‚Prinzipale' – ‚the power of governments' – steigern. Dies gilt (im spieltheoretischen Sinne) nicht nur für die (Ebene der) Außenpolitik, sondern auch für die (Ebene der) Innenpolitik, also das Verhältnis von Gesellschaft und Staat, das sich im Übrigen ebenfalls als Prinzipal-Agent-Relation beschreiben lässt (vgl. Moravcsik 1993, 507 ff.; Schieder 2003, 183). In einem intergouvernementalen Erklärungsmodell der ‚Agententätigkeit' (besser: ‚agency') des *Europäischen Gerichtshofs* gilt es also zunächst zu klären, warum die Mitgliedstaaten überhaupt eine unabhängige supranationale Rechtsprechungsinstanz geschaffen haben – und warum sie diese in der Mehrzahl der Fälle haben gewähren lassen. Im ökonomischen Erklärungsmodell sollen supranationale Organe der Rechtsanwendung bzw. -durchsetzung die Verlässlichkeit internationaler Kooperation bzw. die Glaubwürdigkeit mitgliedstaatlicher Selbstverpflichtungen erhöhen und stellen damit das institutionelle Rückgrat einer Rechtsgemeinschaft dar:

> „By taking the definition of compliance outside of the hands of national governments, a supranational legal system strengthens the credibility of national commitments to the institution. The cost of such delegation, which goes beyond the monitoring functions of classical international regimes, is increased political risk." (Moravcsik 1993, 512)

Das mit der Delegation von Rechtsanwendungsfunktionen verbundene ‚politische Risiko' wird nach diesem ökonomisch-rationalen Erklärungsansatz durch die Senkung der Transaktionskosten zwischenstaatlicher Vereinbarungen aufgewogen – zumindest im Normalfall. D. h. in der Perspektive des Intergouvernementalismus arbeiten supranationale Institutionen per definitionem im (längerfristigen, aufgeklärten) Eigeninteresse der Mitgliedstaaten, ansonsten wären sie gar nicht erst eingerichtet worden bzw. würden sie nicht weiter unterhalten werden. Es wird jedoch eingeräumt, dass den Prinzipalen ‚institutionell bedingt' auch ein Stück weit die Kontrolle über ihre Agenten entgleiten kann. Einen solchen Ausnahmefall, in dem sich eine supranationale Organisation (erwiesenermaßen) über einen längeren Zeitraum über die (aggregierten) mitgliedstaatlichen Präferenzen hinweggesetzt und damit ihr Mandat überzogen habe – zumeist ungestraft –, stelle die Rechtsprechung des Europäischen Gerichtshofs dar:

> „The expansion of judicial power in the EC [European Community] presents an anomaly for the functional [i. e. rational choice; S. F.] explanation of delegation as a deliberate means by national governments of increasing the efficiency of collective decision-making." (Moravcsik 1993, 513)

Die institutionellen Gründe werden in den immanenten Beschränkungen der europäischen Entscheidungsfindung, also der relativ geringen Wahrscheinlichkeit einer Überstimmung des Richterrechts durch Gesetzesrecht (d. h. Änderungen der Rechtsgrundlage durch den Gemeinschaftsgesetzgeber oder die Vertragsstaaten) ausgemacht (vgl. Moravcsik 2005, 367 f.).

Es ist diese *(neo-)institutionalistische* Argumentationslinie, die zugleich den jüngsten Entwicklungsstrang, die neueste theoretische Errungenschaft des (liberalen) Intergouvernementalismus ausmacht (vgl. Rosamond 2000, 141 ff.; Schieder 2003, 186 u. 190 f.). Insofern die institutionalistische Weiterung (oder Wendung) dieses Grundansatzes (erneut) eine Relativierung der Staaten als Schlüsselakteure der internationalen Beziehungen impliziert, indem neben den ‚institutional choices' auch die ‚institutional consequences' – insbesondere die nicht-intendierten – Berücksichtigung finden, wird aber auch ein Schritt weg vom Intergouvernementalismus, hin zum Supranationalismus vollzogen (Tsebelis/Garrett 2001, 383 ff.). In ähnlicher Weise ließ sich bereits die Einfügung eines ‚liberalen' Theoriebausteins als Annäherung des staatszentrierten (intergouvernementalen) Ansatzes an den gesellschaftszentrierten (neofunktionalen) Ansatz deuten. Als Beispiel für einen solchermaßen begründeten ‚neoinstitutionalistischen Intergouvernementalismus' kann eine spieltheoretische Analyse der ‚strategischen Interaktionen' zwischen dem *Europäischen Gerichtshof* und den mitgliedstaatlichen Regierungen (oder alternativ: den mitgliedstaatlichen Gerichten) angeführt werden, die zwischen einem einseitigen ‚political power approach' und einem einseitigen ‚legal autonomy approach' rationalistisch und empiristisch zu vermitteln sucht (vgl. Garrett u. a. 1998, 149 ff.). Das ‚legal politics game in the EU' wird definiert als „a noncooperative stage game that is repeated indefinitely and in which actors discount the future at a reasonable rate" (vgl. Garrett u. a. 1998, 152) und besteht aus dem EuGH, dem die Interpretation des Gemeinschaftsrechts obliegt, dem jeweiligen Mitgliedstaat, der eines Rechtsbruchs beschuldigt wird, und den anderen Mitgliedstaaten, deren es zu einer Änderung der Rechtsgrundlage, d. h. zur Überstimmung des Gerichtshofs, bedarf. Der Gerichtshof steht in dem Dilemma, seine *politische* Autorität/Legitimität (die Akzeptanz seiner Entscheidungen durch die Regierungen) zu wahren, ohne seine *rechtliche* Autorität/Legitimität (die Gültigkeit seiner Argumente im Rechtsdiskurs) zu verspielen: „Avoiding member government defiance may call for one decision; maintaining legal consistency may demand a very different one." (Garrett u. a. 1998, 151). Der *erste* Schritt eines jeden Spiels besteht in der gerichtlichen Entscheidung pro oder kontra eine beklagte (oder klagende) Regierung. Wird diese verurteilt, kann diese in einem *zweiten* Schritt die (negative) Entscheidung akzeptieren oder nicht. Bei Nichtakzeptanz besteht die Alternative einseitiger Defektion oder gemeinschaftlicher Gesetzesänderung, d. h. Mobilisierung der anderen Mitgliedstaaten. Diese können sich dann in einem *dritten* Schritt für oder gegen eine Unterstützung des Änderungsanliegens entscheiden. Als nächstes ist wiederum der EuGH am Zuge, der erneut über einen mitgliedstaatlichen Rechtsbruch zu befinden hat.

> „In the second round, however, the Court takes into account the information it gained in the previous play of the game (that is, whether the member government complied with the Court's decision and the ramifications of this behavior for the Court and the government in terms of their reputations with other members of the EU)." (Garrett u. a. 1998, 154)

Auf diese Weise wird das Spiel mannigfach – im Grenzfall unendlich oft – wiederholt und bestimmt so über den Prozess der rechtlichen Integration bzw. die Entwicklung des europäischen Rechtssystems.

Die gesellschaftlichen Akteure und die institutionellen Effekte erhalten nur indirekt über die Kosten-Nutzen-Kalküle (und Präferenzordnungen) von EuGH und Mitgliedstaaten Einzug in die spieltheoretische Matrix, indem sie bestimmte Optionen verteuern oder aber vergünstigen, wobei wiederum die Implementationskosten (eines unliebsamen Urteils) auf innenpolitischer Ebene gegen die Verhandlungskosten (einer Rechtsänderung) auf inter- bzw. supranationaler Ebene aufgerechnet werden müssen. Was die Entwicklung der *institutionellen Rahmenbedingungen* betrifft, lässt sich aus einem supponierten Drei-Phasen-Modell des Integrationsprozesses die Hypothese ableiten, dass in dessen *erster* Phase, die hier auf den langen Zeitraum von 1958 bis 1987 datiert wird (der durch den Luxemburger Kompromiss geprägt sei), der EuGH die ‚Integration durch Recht' relativ unbehelligt vorantreiben konnte, weil ihm keine (oder kaum) negative Sanktionen durch Gemeinschaftsgesetzgeber bzw. Vertragsherren drohten. In der *zweiten* – sehr kurz angesetzten – Phase von der Einheitlichen Europäischen Akte bis zum Vertrag von Maastricht

> „the Court's discretion to interpret secondary legislation was curtailed by the move from unanimity to QMV [qualified majority voting] (though its discretion in constitutional interpretation was unaffected because treaty revisions require unanimity among member states)" (Tsebelis/Garrett 2001, 359).

In der *dritten* Phase sei durch die institutionelle Aufwertung des Europäischen Parlaments relativ zum Ministerrat (und die damit vorprogrammierte Konfliktkonstellation) eine an den Gerichtshof adressierte Gesetzesänderung seitens der Mitgliedstaaten erneut erschwert worden, wodurch sich dessen Entscheidungsspielraum ceteris paribus vergrößert habe (vgl. Tsebelis/Garrett 2001, 358 ff.; Moravcsik 2005, 367 f.). Es sind diese institutionellen – oder auch konstitutionellen – Rahmenbedingungen (bzw. ihre strategischen Implikationen), die in der *institutionalistischen* Variante des staatszentrierten Ansatzes nicht nur aus den augenblicklichen Präferenzen der Mitgliedstaaten begriffen werden können (und auch nicht nur aus dem ‚legal politics game' mit dem EuGH als Counterpart), sondern die als – intendierte oder unintendierte, jedenfalls sehr komplexe – Effekte vorausgegangener Entscheidungen betrachtet werden müssen – und insofern nicht als ‚institutional choice', sondern als ‚institutional consequence' und gewissermaßen als unabhängige Variable zu werten sind: „The study of institutional consequences is logically prior to the study of institutional choice. Institutions determine how policy objectives will be translated into political outcomes." (Tsebelis/Garrett 2001, 387). Insofern lässt sich auch in die intergouvernementalistische Tradition ein (Theorie-)Element der institutionellen Eigendynamik integrieren. Was damit jedoch *nicht* gemeint ist, ist die Verselbstständigung des Integrationsprozesses in Richtung einer ‚immer engeren Union', eine den Gründungsverträgen eingeschriebene Finalität einer supranationalen Polity, der die Mitgliedstaaten nolens volens folgen müssen. Vielmehr wird gerade hier darauf hingewiesen, dass sich in der letzten (verfassungspolitischen) Dekade ein konstitutionelles Gleichgewicht zwischen der Gemeinschaft und den Mitgliedstaaten eingespielt habe, das „a stable endpoint of European integration in the medium term" (Moravcsik 2005, 364) markiere und auch dem Verhältnis von Kommission, Rat, Parlament und Gerichtshof einen äußeren Rahmen gebe.

2.2.2.2 Integration durch Recht im Neofunktionalismus

Anders als beim staatszentrierten Intergouvernementalismus, der die integrationspolitische Bedeutung von gesellschaftlichen Akteuren und supranationalen Organisationen gering schätzt, handelt es sich beim Neofunktionalismus um eine grundständig ‚liberale' und ‚institutionalistische' Integrationstheorie, die weniger am Staat als ‚gatekeeper' denn am ‚bypassing the state' interessiert ist (vgl. Conzelmann 2003, 141; Meyers 2004b, 502 f.). In der sukzessiven Eingrenzung der Theorien internationaler Beziehungen über die Theorien internationaler Kooperation und Verflechtung auf die Integrationstheorien, insbesondere die Theorien europäischer Integration, bildet der Neofunktionalismus gewissermaßen den logischen Schlusspunkt: „For many, ‚integration theory' and ‚neofunctionalism' are virtual synonyms." (Rosamond 2000, 50). Dies gilt umso mehr, als der neofunktionalistische Integrationsansatz – zumindest zu Gründerzeiten der Gemeinschaften – auch dem *politischen* Projekt einer sachlogisch voranschreitenden Einigung Europas entsprach (vgl. Rosamond 2000, 51 u. 152). Damit wird der aus der funktionalistischen Tradition stammende Gedanke wieder aufgegriffen, dass sich die institutionelle Form der überstaatlichen Zusammenarbeit aus ihrer gesellschaftlichen Funktion zu ergeben habe, also nicht ‚von oben', durch zwischenstaatlichen Beschluss vorgegeben werden, sondern ‚von unten', aus konkreten Problemlösungen erwachsen soll. Dahinter steht die Annahme, dass eine Annäherung zwischen ‚souveränen' Staaten – zudem wenn diese zuvor Krieg miteinander geführt haben – zunächst in eher ‚technischen' (regulativen) Bereichen gesucht werden sollte, in denen (macht-)politisch wenig auf dem Spiel steht, aber von einer Zusammenarbeit beispielsweise wirtschaftliche Vorteile zu erwarten sind. Das Neue am *Neo*funktionalismus ist in seiner stärkeren theoretischen und empirischen – und weniger politischen – Orientierung, vor allem aber in seiner akteurs- und institutionenbezogenen Spezifizierung zu sehen, die das funktionalistische ‚Sachzwang'-Argument zumindest ansatzweise auch handlungstheoretisch unterfüttert. Am Exempel der europäischen Integration erfährt das *funktionale* Integrationsprinzip zugleich eine *regionale* Anwendung und – in diesem Sinne – eine Eingrenzung (vgl. Conzelmann 2003, 142 u. 146 ff.; Rosamond 2000, 54 ff.; Meyers 2004b, 508). Mit Integration ist in der Europäischen *Wirtschafts*gemeinschaft (EWG) zunächst vor allem die ökonomische Integration gemeint, als deren ‚Nebeneffekt' sich auch die politische Integration einzustellen verspricht (Rosamond 2000, 52). Mit anderen Worten: Die ‚Friedensgemeinschaft' sollte den Umweg (oder die Abkürzung) über die ‚Wohlfahrtsgemeinschaft' nehmen. Als eigentliche Träger und Triebkräfte des Integrationsprozesses gelten entsprechend nicht die (Mitglied-)Staaten, auch wenn auf der intergouvernementalen Ebene wichtige Grundsatzentscheidungen getroffen werden, sondern – wie nachstehend deutlich wird – gesellschaftliche Eliten auf der einen und supranationale Organisationen auf der anderen Seite, denen jeweils im eigenen Interesse an einer Stärkung europäischer Handlungszusammenhänge und Institutionen gelegen ist.

Im Mittelpunkt des Neofunktionalismus steht „ein erklärender Mechanismus für das Ausgreifen von Kooperation von einem bereits trans- oder supranational regulierten wirtschaftlichen Sektor in andere Sektoren, von der ökonomischen in die politische Sphäre und schließlich für das Entstehen der politischen Gemeinschaft" (Conzelmann 2003, 151): Dieses sachzwanghafte Voranschreiten, kurz: die ‚Logik' der Integration wird im Begriff des ‚spillover' erfasst. Dessen Grundmodell stellt der *funktionale* Spillover dar, nach dem die grenzüberschreitende Zusammenarbeit in *einem* Wirtschaftssektor (oder Politikbereich) Anreize schafft, auch benachbarte, mit ihm verflochtene Wirtschaftssektoren (oder Politikbereiche) zu integrieren. Eine solche Ausweitung der Problemlösung auf einen größeren Funktionszusammenhang liegt aufgrund der insgesamt zu erreichenden Effizienzgewinne grundsätzlich im Interesse aller Beteiligten, wenn auch die transnational engagierten Akteure jeweils die größten Vorteile erlangen mögen. Zusätzlich werden die Konzepte eines politischen und eines erzeugten Spillover verwendet: Der *politische* Spillover bezeichnet eine Verlagerung der politischen Aktivitäten – und mehr noch der Loyalität – der an einer umfassenden Problemlösung interessierten gesellschaftlichen Gruppen (und ihren organisierten Eliten) auf die supranationale Ebene. Im Zuge dessen kommt es zu transnationalen Zusammenschlüssen gesellschaftlicher Interessen, die im Bündnis mit den supranationalen Organisationen die nationalen Regierungen zu einer Fortsetzung des Integrationskurses drängen.

> „Als Ergebnis der wachsenden Kompetenzen der supranationalen Organe, der rationalen Nutzenkalküle der diesen Organen gegenüber stehenden gesellschaftlichen Gruppen und der von diesen Gruppen abhängigen Regierungsakteure entsteht so eine politische Gemeinschaft auf regionaler Ebene." (Conzelmann 2003, 153)

Während in funktionalem und politischem Spillover die gesellschaftliche (ökonomische und politische) Eigendynamik des Integrationsprozesses zum Ausdruck kommt, stellt der *erzeugte* (‚cultivated') Spillover die Komponente institutioneller Steuerung in Gestalt der supranationalen Organisationen heraus, die einerseits eine Vermittlungsfunktion zwischen den Mitgliedstaaten erfüllen und bei der Ausarbeitung kooperativer Problemlösungen helfen, andererseits die Einbindung gesellschaftlicher Akteure in den Integrationsprozess vorantreiben und damit neue politische Realitäten schaffen (vgl. Conzelmann 2003, 151 ff.; Rosamond 2000, 59 ff.). Alles zusammen hat dem Neofunktionalismus den Vorwurf des ‚Automatismus' und der mangelnden ‚Mikrofundierung' eingebracht. Der theorieimmanente Fokus auf selbstinteressierte (individuelle und institutionelle) Akteure scheint freilich eine rationalistische Weiterentwicklung des Ansatzes zu erlauben und – auf dieser Grundlage – sogar eine Synthesemöglichkeit mit dem grundlegend liberalisierten und institutionalisierten, gewissermaßen staats*de*zentrierten Intergouvernementalismus zu eröffnen (vgl. Tsebelis/Garrett 2001, 385 f.; Mattli/Slaughter 1998, 179 ff.). Auf diese (Rational-Choice-)Perspektive wird im folgenden Kapitel zurückzukommen sein. An dieser Stelle interessiert zunächst die neofunktionalistische (Grund-)Konzeption der Integration durch Recht.

Erst in den 1980er- und 1990er-Jahren etabliert sich der *Europäische Gerichtshof* als Gegenstand einer (auch) politikwissenschaftlich interessierten Europa(rechts) forschung. Die neue, kritische Aufmerksamkeit für die Rechtsprechung des EuGH, ihre politischen Voraussetzungen und Wirkungen, steht im Zusammenhang mit der Erneuerung des Integrationsprozesses in diesem Zeitraum – verliert doch ein richterlicher ‚Ersatzgesetzgeber' seine Berechtigung, wenn die politische und legislative Stagnation ‚offiziell' beendet ist (vgl. Kap. 2.1). Gleichzeitig verhelfen die über eine aktive Gesetzgebung implementierten Integrationsfortschritte, als Spillover-Effekte interpretiert, dem neofunktionalistischen Erklärungsansatz zu einer neuen Konjunktur. Es liegt daher nahe, beide Diskussionsstränge zusammenzuführen und die integrationspolitische Rolle des EuGH durch die Linse des Neofunktionalismus zu betrachten. Genau dies ist das Anliegen der neofunktionalistisch inspirierten ‚politischen Theorie rechtlicher Integration' – „a first-stage theory of the role of the Court in the community that marries the insights of legal scholars in the area with a theoretical framework developed by political scientists" (Burley/Mattli 1993, 43). In dieser Theorie soll die integrationspolitische Rolle des Gerichtshofs von Grund auf geklärt werden, und zwar beginnend mit der Frage, „how the Court integrated its own domain, rather than beginning with legal integration as a fait accompli and asking about the interrelationship between legal and political integration" (Burley/Mattli 1993, 52 f.). Insbesondere soll die ‚Macht des Rechts' nicht einfach unterstellt, sondern auf die Interessen und Ziele individueller Akteure (Richter, Anwälte, Kläger, Beklagte) zurückgeführt werden, die im Prozess der Rechtsfindung miteinander interagieren: „Only a genuine political account of how they achieved their objectives in the process of legal integration will provide the basis for a systematic account of that process with the political processes of the EC." (Burley/Mattli 1993, 53). *Rechtliche Integration* wird definiert als „the gradual penetration of EC law into the domestic law of its member states" (Burley/Mattli 1993, 43); sie stellt das Explanandum in diesem Untersuchungszusammenhang dar. Mit ‚allmählicher Durchdringung' (oder auch Überformung) des nationalen Rechts durch das europäische Recht ist in *formaler* Hinsicht die Ausweitung eines ‚vorrangig' an zuwendenden Primär- und Sekundärrechts auf Gemeinschaftsebene und die Erweiterung der vor nationalen Gerichten einklagbaren individuellen Rechte der Gemeinschaftsbürger gemeint; in *substanzieller* Hinsicht wird auf das Übergreifen gemeinschaftsrechtlicher Regulierung vom ökonomischen Kernbereich auf (angrenzende) wirtschafts- und sozialpolitische Regelungsbereiche, einschließlich des Anstoßes grundrechtlicher Entwicklungen, abgestellt. Zur rechtlichen Integration zählt schließlich die Ausbildung und Akzeptanz von Auslegungsprinzipien, die die Einheit und Geschlossenheit des Gemeinschaftsrechts gewährleisten (Burley/Mattli 1993, 43).

Zur Erklärung der rechtlichen Integration werden in diesem Ansatz nun nicht die Mitgliedstaaten herangezogen, sondern in ‚klassischer', neofunktionalistischer Manier „supranational and subnational actors pursuing their own self-interests within a politically insulated sphere" (Burley/Mattli 1993, 43; vgl. Mattli/Slaughter 1998, 186 ff.). So erlaube etwa das Vorabentscheidungsverfahren, das eine Interaktion von Europäischem Gerichtshof, mitgliedstaatlichen Gerichten (insbesondere niederer Instanzen) und individuellen Klägern (mit einem europarechtlichen Anliegen) beschreibt, ein „circumventing [of] the state" (Burley/Mattli 1993, 54). Als Ergebnis dieses Zusammenspiels von Akteuren, deren (politische) Interessen besser durch supranationales als durch nationales Recht befördert werden, bildet sich „a specialized and highly interdependent community above and below the level of member state governments" (Burley/Mattli 1993, 59) heraus, eine europäische *Rechts*gemeinschaft, deren Rückgrat in einer (einheitlich sozialisierten) ‚Gemeinschaft der Europarechtler' besteht – „a neofunctionalist interest group par excellence" (Burley/Mattli 1993, 65; vgl. Mattli/Slaughter 2003, 254 f.). Das Gemeinschaftsrecht wird in dieser Anwendung des neofunktionalistischen Erklärungsmodells ähnlich dem Gemeinsamen Markt als eher von einer technischen Rationalität beherrschter Bereich grenzüberschreitender Kooperation gesehen, der über Spillover-Effekte eine besondere Integrationsdynamik zu entfalten verspricht. Im Wege der rechtlichen Integration soll somit auch die politische Integration vorangebracht werden. Dieser Zusammenhang von Recht und Politik wird folgendermaßen pointiert: „[L]aw functions both as mask and shield. It hides and protects the promotion of one particular set of political objectives against contending objectives in the purely political sphere." (Burley/Mattli 1993, 72). Die politische Funktion des (Richter-)Rechts ist demzufolge paradox konstruiert – nur indem es sich unpolitisch geriert, kann es politisch wirksam sein. Mit anderen Worten: „[A] court's political legitimacy, and hence its ability to advance its own political agenda, rests on its legal legitimacy." (Burley/Mattli 1993, 73). Die rechtliche Legitimität leitet sich *normativ* von einer den professionellen Standards genügenden (‚technisch einwandfreien') Urteilsfindung ab; *empirisch* besteht sie in der Anerkennung (und Umsetzung) ergangener Gerichtsurteile in der europäischen Rechtsgemeinschaft, die in diesem Fall als vom instrumentellen Selbstinteresse supra- und subnationaler Akteure zusammengehaltene *pro*europäische (integrationsfreundliche) Rechtsgemeinschaft entworfen wird (vgl. Burley/Mattli 1993, 54 f., 60, 64 f. u. 73; Mattli/Slaughter 1998, 196 ff.).

Am Beispiel des Vorabentscheidungsverfahrens wird deutlich, wie es dem EuGH (als supranationalem Akteur) gelingt, die individuellen Kläger und vermittelnden (niederen) Gerichtsinstanzen (als subnationale Akteure) in die rechtliche Integration – den Aufbau eines gemeinschaftsrechtlichen Systems – einzubinden. Auf der *einen* Seite eröffnet der EuGH über die Doktrin unmittelbarer Anwendbarkeit privaten Akteuren eine rechtliche Möglichkeit zur Verfolgung ihrer wirtschaftlichen oder politischen Interessen, genauer einen Rechtsweg, der nicht über die (Regierungen der) Mitgliedstaaten führt. „In neofunctionalist terms, the Court created a pro-community constituency of private individuals by giving them a direct stake in promulgation and implementation of community law." (Burley/Mattli 1993, 60). Auf der *anderen* Seite verbündet sich der EuGH auf diese Weise mit den mitgliedstaatlichen Gerichten, insbesondere jenen niedrigerer Instanzen, denen die Vorabentscheidungsverfahren – ihr ‚heißer Draht' nach Luxemburg – eine größere Eigenständigkeit ermöglichen.

„It succeeded ultimately in transforming the European legal system into a split system, in which these lower courts began to recognize two separate and distinct authorites above them: their own national supreme courts, on questions of national law, and the ECJ on questions of European law." (Burley/Mattli 1993, 63)

Die rechtliche Integration beruht also nicht nur darauf, dass die (potenziell) integrationsförderlichen Interessen supranationaler und subnationaler Akteure rechtlich sublimiert werden, sondern auch darauf, dass diese institutionell kurzgeschlossen werden. Die einer europäischen Integration besonders hinderlichen nationalen Sonderinteressen werden auf diese Weise in ihrer Durchschlagskraft geschwächt. Der theoretische Stellenwert, der dem EuGH als supranationalem Akteur und ‚Triebkraft der rechtlichen Integration' im neofunktionalistischen Erklärungsansatz zukommt, lässt sich anhand des Spillover-Konzepts nun folgendermaßen präzisieren: Zunächst wurde die rechtliche Integration (als abhängige Variable) im Sinne des *funktionalen Spillovers* als zunehmende ‚Durchdringung' des nationalen Rechts durch das europäische Recht definiert. Die Funktionslogik des Rechts selbst und der funktionale Zusammenhang der Rechtsinhalte wirken demnach gemeinsam auf eine ‚Vertiefung' (im konstitutionellen Sinne) und ‚Erweiterung' (im materiellen Sinne) der rechtlichen Integration hin (vgl. Burley/Mattli 1993, 43 u. 65 f.). Die Entstehung einer europäischen Rechtsgemeinschaft, in der vor allem supranationale Akteure (hier: der EuGH) und subnationale Akteure (hier: private Kläger, nachgeordnete Gerichte) komplementäre Interessen an einer Stärkung des Gemeinschaftsrechts besitzen, lässt sich demgegenüber durch den Begriff des *politischen Spillovers* beschreiben, nach dem gesellschaftliche Erwartungen, Loyalitäten und Wertbindungen auf eine höhere Ebene übertragen, gewissermaßen ‚europäisiert' werden – worauf sich letztlich auch die nationalen Akteure (hier: die mitgliedstaatlichen Regierungen, höchsten Gerichte) einzustellen haben (vgl. Burley/Mattli 1993, 67 f.). In diesem Zusammenhang verleiht der Europäische Gerichtshof dem ‚gemeinsamen Interesse' der Mitgliedstaaten, die das Integrationsprojekt einst auf den Weg gebracht haben, und der supra- und subnationalen Akteure, die es sich in der Folge zu Eigen gemacht haben, einen rechtlichen Ausdruck; er strukturiert den europarechtlichen Diskurs durch

(Neu-)Auslegung der Verträge und institutionalisiert ihn in Form einer *pro*europäischen Rechtsgemeinschaft. Insoweit lässt er sich als Agens eines *erzeugten Spillovers* begreifen, der dem gesellschaftlichen Bedarf an ‚europäischen' (Rechts-)Lösungen Stimme und Autorität verleiht (vgl. Burley/Mattli 1993, 68 f.). In dieser Steuerungsfunktion wäre das neofunktionalistische Äquivalent des Judicial-Governance-Konzeptes zu sehen.

Auch wenn die neofunktionalistische Interpretation der rechtlichen Integration (und darin implizierten politischen Integration) grundsätzlich auf einer Spillover-Logik aufbaut, lassen sich theorieimmanent durchaus auch die Grenzen einer solchen Integrationsdynamik formulieren. Anders als im intergouvernementalistischen Erklärungsansatz werden hier jedoch weniger die *politischen* Beschränkungen – (drohende) negative Sanktionen der Mitgliedstaaten – betont als die in der europäischen Rechtsgemeinschaft wirkenden *rechtlichen* Beschränkungen (vgl. Burley/ Mattli 1993, 74; Mattli/Slaughter 1998, 196 ff.). Konzeptionell wird damit zum Ausdruck gebracht, dass der Europäische Gerichtshof weniger den mitgliedstaatlichen Vertragsherren verpflichtet ist als der von ihm selbst ‚erzeugten' Rechtsgemeinschaft.

In der liberalen Theorietradition lässt sich nun ein weiterer Argumentationsschritt unternehmen, der über die Fixierung des Intergouvernementalismus wie des Neofunktionalismus auf ‚den' Staat (als einheitlichen Akteur) – dessen Kontrollmacht über den Integrationsprozess entweder bestätigt oder bestritten wird (Mattli/ Slaughter 1998, 184 f.) – hinausgeht und das Konzept der Rechtsgemeinschaft konsequenter im Sinne eines Mehrebenen- und Netzwerk-Modells entwirft, das eine bessere Berücksichtigung nationaler bzw. staatlicher Akteure als Wirkkräfte der rechtlichen Integration verspricht:

> „[W]e have added an alternative model of a disaggregated state to the existing analysis of links between individuals and supranational institutions, a model of national government institutions interacting quasi-autonomously with both individuals and other private entities in domestic society and with the ECJ." (Mattli/Slaughter 1998, 204)

Die Rechtsgemeinschaft umfasst also nicht mehr nur supra- und subnationale Akteure, deren Interessen durch die rechtliche Integration befördert werden, sondern auch nationalstaatliche Akteure (etwa Regierungen und höchste Gerichte), die ihre Interessen durch eine Fortsetzung des Integrationskurses möglicherweise gefährdet sehen. In einem weiteren theoretischen Zusammenhang soll der Begriff des *desaggregierten Staates* zum Ausdruck bringen, dass die „government institutions performing executive, administrative, judicial, and legislative functions" (Slaughter 2002, 28), aus denen sich der Staat zusammensetzt, in den internationalen Beziehungen ‚quasi-autonom' agieren und ‚uneinheitliche' Interessen vertreten können („shaped by their particular institutional/professional interests, values, and goals"; Slaughter 2002, 28). Damit lässt sich eine ‚transgouvernementale' Ebene der internationalen Rechtsbeziehungen bezeichnen, die sich von den freiwilligen Rechtsbeziehungen zwischen Individuen und Gruppen der transnationalen Gesellschaft auf der einen Seite und den klassischen völkerrechtlichen Beziehungen zwischen einheitlich repräsentierten Staaten auf der anderen Seite maßgeblich unterscheidet (vgl.

Slaughter 2002, 18 ff.; Slaughter 1995, 16 ff.). Die transgouvernementalen Rechtsbeziehungen sind gekennzeichnet durch „domestic governmental institutions […] interacting directly with one another in the process of making, selecting and enforcing the law governing transnational transactions" (Slaughter 1995, 17). Das Spezifikum der europäischen Rechtsgemeinschaft, die horizontale Vernetzung supra-, infra- und subnationaler Akteure, lässt sich somit in einen weiteren, transnationalen Rahmen stellen. Mehr noch, wenn die liberale Staaten- bzw. Gesellschaftswelt als ‚transnationale Polity' konzipiert werden kann, dann gilt dies umso mehr für die europäische Rechtsgemeinschaft (vgl. Slaughter 2002, 22 ff. u. 36 f.).

2.3 Das Governance-Paradigma: ‚Judicial Governance'

Mit dem dritten Abschnitt dieses Kapitels, das verschiedenerlei Perspektiven auf den Europäischen Gerichtshof als einen (nicht nur rechtlichen, sondern auch) politischen Akteur vereint, kann nun einerseits unmittelbar an die vorangegangenen (institutionenbezogenen) Ausführungen angeschlossen werden, andererseits soll aber auch vorgeführt werden, worin der besondere Erklärungswert (oder Deutungsgehalt) einer governance-theoretischen Perspektive auf die europäische Rechtsprechung liegt. Das Judicial-Governance-Konzept soll in dieser Arbeit im Sinne dieses letzteren (Governance-)Paradigmas geprägt werden und damit sowohl von einem demokratietheoretischen Bias (Demokratie-/Legitimitätsparadigma) als auch von einem integrationstheoretischen Bias (Integrationsparadigma) zunächst frei gehalten werden. Die Darstellung beginnt mit zwei Ansätzen, die den Gerichtshof als ‚Agenten' oder ‚Treuhänder' mit eigenen (Ver-)Handlungsspielräumen konzipieren. Es folgen governance-theoretisch ausgearbeitete Perspektiven auf die europäische ‚Integration' und ‚Regulierung', die jeweils auch dem EuGH eine wichtige Rolle zumessen. Im fünften Ansatz wird die eigentümliche Funktion des Gerichtshofs auf der europäischen Ebene der Staatlichkeit herausgestrichen. Abschließend wird die für einen Judicial-Governance-Begriff (jenseits von ‚judicial activism' und ‚judicial self-restraint') besonders einschlägige Konzeption der Normalität des richterlichen Regierens im Sinne der ‚politischen Jurisprudenz' vorgestellt.

2.3.1 Europäischer Gerichtshof als Agent der Mitgliedstaaten

Die im Folgenden als erster governance-theoretischer Ansatz darzustellende ‚theory of supranational delegation, agency, and agenda setting (in the EU)' ist der Rational-Choice-Variante des neuen Institutionalismus mit Schwerpunkt auf Prinzipal-Agent-Beziehungen zuzuordnen, steht also in der Tradition der Neuen Politischen Ökonomie. Dabei wird der institutionalistische Leitsatz ‚institutions matter' auf supranationale Institutionen bezogen und zur Untersuchungsfrage umformuliert: „Put simply, we can ask whether supranational institutions *matter* […] in the politics of the European Union and other international organizations." (Pollack 2003, 4; H. i. O.). In diesem Falle soll es speziell um die *europäischen* supranationalen Institutionen gehen, genauer: um die supranationalen *Organisationen* der EU, unter anderem den Europäischen Gerichtshof. Es ist also zwischen einem engeren, organisationsbezogenen und einem weiteren, regelbezogenen Institutionenbegriff zu unterscheiden.

> „I distinguish between EC *institutions*, which establish the general decision rules for policy-making and institutional change, and EC supranational *organizations* which are collective actors operating within the Community's institutional system." (Pollack 1998, 217, Fn. 1; H. i. O.)

Die Frage nach der Bedeutung der supranationalen Organisationen im europäischen Politikzusammenhang wird im Anschluss an die Theoriedebatte in der Integrationsforschung (insbesondere zwischen Neofunktionalismus und Intergouvernementalismus) folgendermaßen pointiert: „Are the EU's supranational organizations indeed ‚the engines of integration', that is, the motivating force behind the major integrative developments of the past five decades?" (Pollack 2003, 390). Inhaltlich ist damit vor allem das Verhältnis zwischen den supranationalen Organisationen (als Agenten) und den Mitgliedstaaten (als Prinzipalen) angesprochen, wobei vor allem der Unabhängigkeitsgrad Ersterer gegenüber Letzteren interessiert; methodisch gilt es dabei zu klären, ob die supranationalen Organisationen (respektive die Mitgliedstaaten) entsprechend als abhängige oder als unabhängige Variablen zu modellieren sind (Pollack 2003, 4). Wegen seiner komparatistischen und institutionalistischen Grundausrichtung lässt sich dieser Theorieansatz – unabhängig von der hier gewählten integrationstheoretischen Zuspitzung – dem Governance-Paradigma zuordnen. Soweit er dabei auf den EuGH als Akteur fokussiert, enthält er auch eine Deutungsmöglichkeit von ‚judicial governance'.

In der theoretischen Grundlegung der empirischen Untersuchung der Delegationsbeziehungen zur Kommission, zum Gerichtshof und zum Parlament wird unterschieden zwischen ‚delegation' und ‚discretion' auf der einen Seite und ‚agency' und ‚agenda-setting' auf der anderen Seite. Damit wird die ‚institutionelle Wahl' einer Prinzipal-Agent-Beziehung der ‚institutionellen Wirkung' ebendieser Beziehung gegenübergestellt, wobei jedoch die (institutionellen) Konsequenzen der Delegation von Entscheidungen auf die (institutionellen) Bedingungen der Entscheidung zur Delegation zurückzubeziehen sind. Die untersuchungsleitende These bezieht sich auf diese beiden Stadien der Einrichtung (oder ‚Theorie') und Ausführung (oder ‚Praxis') einer Prinzipal-Agenten-Beziehung: Im *ersten* (Einrichtungs-)Stadium entscheiden sich die Mitgliedstaaten für die Delegation bestimmter Entscheidungen an eine supranationale Organisation (etwa den EuGH), um die Transaktionskosten der europäischen Entscheidungsfindung zu senken. Gleichzeitig entwickeln die ‚Prinzipale' aber auch Kontrollmechanismen, die den Entscheidungsspielraum des ‚Agenten' begrenzen und die Profitabilität der Delegationsbeziehung gewährleisten sollen. Im *zweiten* (Ausführungs-)Stadium entwickeln die Agenten ein (institutionelles) Eigeninteresse, und soweit es die Prinzipale – oder ihre Kontrollmechanismen – zulassen, auch ein (institutionelles) Eigenleben. Inhaltlich spezifiziert:

„Once created, [...] supranational agents develop their own distinct preferences, generally for greater integration, and they pursue these preferences as ‚engines of integration', albeit within the bounds of the discretion allocated to them in the original act of delegation." (Pollack 2003, 19)

Im Rahmen dieser Arbeit interessiert vor allem die (institutionen- bzw. handlungstheoretische) Konzeption des Agenten (hier: des EuGH) unter den Aspekten ‚agency' und ‚agenda-setting'; um den theoretischen Zusammenhang zu wahren, ist jedoch auch auf die Übertragung von Entscheidungen (‚delegation') und die Begrenzung von Entscheidungsspielräumen (‚discretion') einzugehen.

Unter dem Aspekt der ‚delegation' (vgl. Pollack 2003, 20 ff. u. 155 ff.) geht es zunächst um die Funktionalität (besser: Rationalität) von ‚Institutionen' im Allgemeinen und der Institutionalisierung einer Delegationsbeziehung im Besonderen. Zur Begründung wird im Rational-(Institutional-)Choice-Ansatz vor allem die Senkung der Transaktionskosten zwischenstaatlicher Kooperation angeführt, die beispielsweise durch Informations- oder Glaubwürdigkeitsprobleme entstehen. Es werden vier Problembereiche benannt, in denen sich Prinzipal-Agent-Beziehungen als besonders nützlich erweisen können, in der Terminologie dieses Ansatzes: ‚incomplete contracting', ‚monitoring (and enforcing) compliance', ‚credible commitment' (bzw. ‚regulatory delegation') und ‚(formal) agenda-setting' (Pollack 2003, 21 ff.). Dem EuGH komme vor allem die (erstgenannte) Funktion zu, den ‚unvollständigen Vertrag' zwischen den Mitgliedstaaten – in diesem Fall die Gemeinschaftsverträge zuzüglich des Sekundärrechts – zu interpretieren und (Deutungs-)Streitigkeiten zu schlichten. Darüber hinaus übernehme er in Zusammenarbeit mit der Kommission eine Überwachungs- und Durchsetzungsfunktion (Pollack 2003, 157). In der Rolle einer ‚Regulierungsagentur' oder eines Politikinitiators wird er im Stadium der institutionellen Wahl eher nicht gesehen – was aber nicht ausschließt, dass seine institutionelle Wirkung möglicherweise Aspekte ‚glaubwürdiger' Regulierung und politischer Initiative enthält. Unter dem Aspekt der ‚discretion' (vgl. Pollack 2003, 26 ff. u. 165 ff.) werden die Kosten der Delegation problematisiert, die durch Unzuverlässigkeit des Agenten (‚slippage' und ‚shirking') und den – damit verbundenen – Kontrollaufwand der Prinzipale (Verwaltung, Überwachung, Sanktionierung) entstehen (Pollack 2003, 26 f.). Besonders hoch ist der Entscheidungsspielraum eines Agenten in so genannten ‚treuhänderischen' Beziehungen, zu denen auch das Verhältnis zwischen Gesetzgebern und Gerichten zählt: Hier hängt die Glaubwürdigkeit der Prinzipale (bzw. ihrer Selbstverpflichtungen) gerade davon ab, dass sie ihrem Agenten ein Mindestmaß an Unabhängigkeit – d. h. politischer Nichtkontrollierbarkeit – gewähren (vgl. Pollack 2003, 29 ff.; Majone 2001a, 68 ff.; Majone 2001b, 116). Tatsächlich besitzt der EuGH einen beträchtlichen Entscheidungsspielraum – nicht nur im Vergleich zur Kommission, sondern offenbar auch zu den nationalen Verfassungsgerichten. Als (gerichtsspezifische) Kontrollmechanismen werden benannt: Bestimmungen über Berufung, Amtszeiten, Abberufung von Richtern; Möglichkeiten einer Überstimmung des Richterrechts durch Gesetzesrecht; Akzeptanz der Urteile und Legitimität des Gerichts (Pollack 2003, 165 ff.).

Unter dem Aspekt der ‚agency' (Pollack 2003, 34 ff.) wird untersucht, wie die Agenten mit dem ihnen gewährten Entscheidungsspielraum umgehen – und inwieweit die Kontrollmechanismen der Prinzipale greifen. Was die institutionellen Eigeninteressen der supranationalen Organisationen der EU (einschließlich des EuGH) anbelangt, wird hierbei die Annahme getroffen, dass diese einerseits ihre Kompetenzen maximieren, andererseits die Integration voranbringen wollen – sei es durch Deregulierung, sei es durch Reregulierung:

„[S]upranational agents are characterized by a [...] preference for greater competences for themselves and for the European Union as a whole, including *both* the liberalization *and* the reimposition of social regulations from the European level [...]." (Pollack 2003, 39; H. i. O.)

Es wird also zwischen ‚mehr' oder ‚weniger' Integration, nicht aber zwischen ‚mehr' oder ‚weniger' Regulierung unterschieden, was bedeutet, dass in diesem Untersuchungskontext – ob nun theoretisch oder empirisch motiviert – die Regulierungspräferenzen den Integrationspräferenzen nachgeordnet werden. Die selbstbezogene, integrationistische Rechtsprechung eines allzu entscheidungsfreudigen (aktivistischen) EuGH kann von den Mitgliedstaaten, sofern sich diese (mehrheitlich) einigen können, durch gesetzgeberische Gegenmaßnahmen kontrolliert werden. Unter günstigen Umständen genügt deren Antizipation durch den Agenten, unter widrigen Umständen bleibt den Prinzipalen nur die unilaterale Defektion – oder doch noch einzulenken (vgl. Pollack 2003, 43 ff.). Unter dem Aspekt des ‚agendasetting' (Pollack 2003, 47 ff.) lässt sich zwischen der formellen und der informellen Themensetzung (oder sogar Kursbestimmung) in der Politik unterscheiden. Für den Europäischen Gerichtshof erscheint nur letztere Kategorie passend. Summarisch lauten die Bedingungen, unter denen informelles ‚agenda-setting' eines supranationalen Agenten aussichtsreich erscheint: „imperfect information, supranational expertise, low distributional consequences, high transaction costs of memberstate bargaining, and the ability of supranational entrepreneurs to mobilize latent transnational coalitions" (Pollack 2003, 52).

Aus der Perspektive der institutionellen Wahl wird dem Gerichtshof nach diesem Erklärungsansatz ein hohes Maß an (Entscheidungs-)Unabhängigkeit gewährt: „[T]he Court's extensive statutory discretion and the weakness of the various control mechanisms available to member governments explain the extraordinary independence of the ECJ in its interpretation of EU law" (Pollack 2003, 382). Die institutionelle Wirkung dieser Handlungsfreiheit wird (über die theoretische Analyse hinaus) anhand des richterlichen ‚Acquis' demonstriert, und zwar am Beispiel der Konstitutionalisierung der Verträge (Vorrang und unmittelbare Anwendbarkeit des Gemeinschaftsrechts; Ausweitung des Vorabentscheidungsverfahrens), der Marktliberalisierung (Verallgemeinerung des Prinzips der Warenverkehrsfreiheit; Etablierung des Prinzips gegenseitiger Anerkennung) und der sozialen Regulierung (Erweiterung des Gleichbehandlungsgrundsatzes auf Pensionsregelungen; Beschränkung der Rückwirkung des Urteils) (vgl. Pollack 2003, 183 ff., 299 ff. u. 350 ff.). Alle drei ‚Fallstudien' betreffen eine – extensive – „treaty interpretation by the European Court of Justice, which can be overturned only by a unanimous decision of the member states to amend the treaties" (Pollack 2003, 69). Tatsächlich kommt eine kollektive Sanktionierung des Gerichtshofs durch legislative Überstimmung nur sehr selten vor. Etwas vorsichtiger muss das Urteil über das Drohpotenzial der Prinzipale ausfallen, das sich aus der Entscheidung des Agenten allein nicht ermessen lässt, – so bleibt in vielen Fällen unklar, ob dieser wirklich unabhängig agiert oder ‚nur' Reaktionen antizipiert (vgl. Pollack 2003, 66; Pollack 1998, 222 ff.). Aus den genannten Rechtsprechungslinien, die offenbar mehr Integration gebracht haben als von den Mitgliedstaaten zunächst beabsichtigt, lassen sich empirische Belege für die Agency-Qualitäten des Gerichtshofs gewinnen: für die Verfolgung einer eigenen, politischen Agenda sowie die Funktion eines (informellen) ‚agenda-setting', wenn dies auch der rechtlichen Binnenperspektive widersprechen mag. Die institutionelle Autonomie des EuGH wird jedoch zweifach relativiert: im Sinne der Prinzipal-Agent-Beziehung, in der es gewissermaßen auf die Frustrationstoleranz der Vertragsherren ankommt, und im Sinne der Beziehung zu anderen Akteuren der Rechtsgemeinschaft, in die der Gerichtshof eingebettet ist. So wird etwa in Bezug auf die Rechtsprechung zur Warenverkehrsfreiheit (*Cassis*, *Keck*) geschlossen, dass die Mitgliedstaaten dem Gerichtshof zwar gewisse, äußere Grenzen steckten.

> „Within those limits, however, the Court has exercised its authority to expand upon, and then contract, its interpretation of Article 28, with greater apparent regard for the views of the legal community than for those of its member-state principals." (Pollack 2003, 320)

Wenn also die eingangs formulierte Untersuchungsfrage dahingehend beantwortet wird, dass die supranationalen Organisationen zwar ‚Motoren der Integration' seien, aber wegen ihrer Rückbindung an *mitgliedstaatliche* Interessen eben nicht ‚*die* (einzigen) Motoren der Integration' (Pollack 2003, 390 f.), dann gilt dies im Falle des Gerichtshofs auch und umso mehr für seine Rückbindung an *rechtsgemeinschaftliche* Interessen (die hier im neofunktionalistischen oder liberalistischen Sinne konzipiert werden).

2.3.2 Europäischer Gerichtshof als Treuhänder der Rechtsgemeinschaft

Die Konsequenz, die Bindungen inter- bzw. supranationaler Gerichte an die Rechtsgemeinschaft als Bestimmungsfaktoren der Rechtsprechung (auch theoretisch) höher zu gewichten als die Bindungen an die Vertragsherren und Mitgliedstaaten, wird jedoch erst in einem anderen Ansatz vollzogen. Mit diesem Schritt wird zugleich der engere Rahmen der Prinzipal-Agent- und Rational-Choice-Theorie (und die hier favorisierte ‚Logik der Konsequenzen') verlassen und die rechtssoziologische – rechtliche und soziologische – Dimension der Delegation *gerichtlicher* Entscheidungsrechte (im Sinne der ‚Logik der Angemessenheit' und der ‚Logik des Argumentierens') stärker herausgearbeitet: „Thus we enter the world where ‚persuasion' and ‚legitimacy of behavior' matters more than ‚tools of control' […]." (Alter 2004, 11 f.; vgl. Wiener 2003, 125 ff.). Die Frage, ob der Europäische Gerichtshof ein ‚unabhängiger' Akteur (Agent) ist oder nicht, erhält dadurch einen neuen Rahmen und die Kompromissformel ‚relativer Autonomie' einen neuen Gehalt (Schultz 1999;

vgl. Alter 2004, 7): Nicht mehr die Prinzipal-Agent-Relation ist entscheidend, sondern die Relation des Gerichtshofs zur Rechtsgemeinschaft. Jener wird als ‚Treuhänder' konzipiert, der nicht den Vertragsherren, sondern dem Recht (und) der Europäischen Gemeinschaft – der europäischen Rechtsgemeinschaft – verpflichtet ist. In dieser Betrachtung ist für den EuGH eher die ‚Rechtstreue' handlungsleitend als ein (vorauseilender) Gehorsam gegenüber den politischen Vorlieben der nationalen Exekutiven, was bedeutet, dass er zwar im Auftrag der EG/EU-Mitgliedstaaten, aber im Sinne der europäischen Rechtsgemeinschaft entscheidet. Die vertikale (Abhängigkeits-)Beziehung des gerichtlichen ‚Agenten' zu seinen mitgliedstaatlichen ‚Prinzipalen' wird somit von horizontalen (Reputations-)Beziehungen überformt, in denen die Richterschaft nur dann Anerkennung gewinnt, wenn sie sich ihren Berufsnormen entsprechend verhält und nach bestem Wissen und Gewissen urteilt. „Indeed the Trustee really cannot only care about what the Principal wants; to cater to the author of the contract rather than the beneficiary of the trust would create a legitimacy problem for the Trustee." (Alter 2004, 11). Und Legitimität lässt sich diesem Verständnis nach nicht durch die Mitgliedstaaten verordnen, sondern nur in der (weiteren) Rechtsgemeinschaft gewinnen – „in the legitimacy politics of interpreting the law" (Alter 2004, 20). Charakteristisch für eine solche ‚Legitimitätspolitik' ist, dass sie mit den Mitteln desND Rechts geführt wird, innerhalb wie außerhalb des Gerichts:

> „Courtroom politics take place in an environment highly constrained by law and legal procedure, where judges have a privileged position because they get to ask the questions, decide what is and is not relevant, and determine the outcome. The post-ruling legitimacy politics take place in the public arena where the audience is the Trustee's beneficiary, not the Principals themselves, and where states are joined by other non-state actors in trying to influence the larger public debate." (Alter 2004, 20)

Im Ursprung dieses Erklärungsansatzes steht wiederum die Frage nach den Triebkräften der rechtlichen Integration, definiert als „the expansion and penetration of European law into the national realm" (Alter 2002b, 44). Der ‚treuhänderischen' Deutung des Gerichtshofs geht eine Theorieentwicklung voraus, die an die Theorien internationaler Verrechtlichung und europäischer Integration (durch Recht) anknüpft und ‚the making of an international rule of law in Europe' (Alter 2002b) in den Mittelpunkt stellt. In Auseinandersetzung mit den ‚klassischen' Theorien europäischer Integration – dem Intergouvernementalismus und dem Neofunktionalismus – und dem ‚legalistischen' (formalistischen) Verständnis einer Integration durch Recht wird eine eigenständige (rationalistisch-institutionalistische) Argumentation entwickelt, die den Schwerpunkt auf die Strategien nationaler (einschließlich subnationaler) Gerichte und den zwischengerichtlichen Wettbewerb (‚inter-court competition') setzt (vgl. Alter 2002b, 33 ff.; Alter 2003, 241 ff.). Dabei richtet sich das Augenmerk vor allem auf die Konstitutionalisierung der Verträge (Vorrang und unmittelbare Anwendbarkeit des Gemeinschaftsrechts) und – in Verbindung damit – auf die Umgestaltung des Vorabentscheidungsverfahrens, das die Interaktion von EuGH, (sub)nationalen Gerichten und privaten Klägern institutionalisiert und gleichsam zum ‚Königsweg' der Integration durch Recht(sprechung) geworden ist (vgl. Alter

1998, 126 ff. u. 133 ff.; Alter 2000, 493 ff.; Alter 2002b, 17 ff. u. 209 ff.). Das Verhältnis zwischen Mitgliedstaaten und Gerichtshof wird zunächst als Prinzipal-Agent-Beziehung entworfen, die jedoch bereits durch Einschaltung der (sub)nationalen Gerichte aufgebrochen wird (vgl. Alter 1998, 123 ff.; Alter 2002b, 182 ff.). Diese theoretische ‚Bruchstelle' wird später Anlass zur Klärung der Grundsatzfrage ‚Agent or Trustee?' (Alter 2004) und zur Herausstellung der Verpflichtungen des EuGH gegenüber der ‚Rechtsgemeinschaft' (Alter 2000, 496, inkl. Fn. 25) bieten.

An dieser Stelle interessieren nun weniger die integrationstheoretischen als die governance-theoretischen Eigentümlichkeiten dieses komparatistischen politischen Erklärungsansatzes rechtlicher Integration (vgl. Alter 2003, 246; Alter 2002b, 44, Fn. 11). Einschlägig dafür erscheint zunächst die Konzeption des zwischengerichtlichen Wettbewerbs nicht (nur) als eines rechtlichen Diskurses (‚legal dialoguing' im Sinne von ‚arguing'), sondern (auch) als eines Verhandlungsprozesses (‚doctrinal negotiation' im Sinne von ‚bargaining'):

> „A negotiation [...] implies competing interests where parties recognize that they may not be able to have it as they most like it. Negotiations usually lead to compromises that take into account the power of the negotiating parties, the conflicting interests of the different actors, and the intensity of those interests." (Alter 2002b, 38)

Dieser ‚politische' Charakter der rechtlichen bzw. richterlichen Interaktion wird am Beispiel der Durchsetzung der gemeinschaftsrechtlichen Suprematie-Doktrin in den verschiedenen mitgliedstaatlichen Rechts- bzw. Gerichtssystemen demonstriert. Zu den ‚Verhandlungspartnern' zählen neben dem EuGH und den nationalen und subnationalen Gerichten auch die Mitgliedstaaten. Ergebnis ist ein ‚ausgehandelter Kompromiss' (Alter 2002b, 38), in dem der EuGH die Vorrangstellung des Gemeinschaftsrechts gegenüber den Mitgliedstaaten gerade so weit behaupten kann, wie ihm die nationalen und subnationalen Gerichte dabei entgegenkommen. Die (rechtsgemeinschaftliche) Interaktion von EuGH und mitgliedstaatlichen Regierungen wird über die (rechtsstaatliche) Interaktion von mitgliedstaatlichen Regierungen und Gerichten gewissermaßen ‚domestiziert', also zu einer inneren Angelegenheit gemacht. Rechtliche Integration – „[which] is at its core a process of negotiation between legal and political actors at the [sub]national and supranational level" (Alter 2002b, 44) – bedeutet dann, dass die gemeinschaftlichen (Rechts-)Interessen auch in der mitgliedstaatlichen Rechtsprechung gewahrt werden, und zwar im institutionellen Eigeninteresse einer (sub)nationalen Richterschaft. Dem liegt die Annahme zugrunde, dass Gerichte als bürokratische Organisationen zu verstehen seien, die eigene Interessen entwickeln und im Rahmen ihrer institutionellen Möglichkeiten auch eine eigene Politik verfolgen (vgl. Alter 2002b, 45 f.; Alter 2003, 241). Grundsätzlich seien die Richter als Gruppe auf Mehrung ihrer Unabhängigkeit, ihres Einflusses und ihrer Autorität bedacht; in Bezug auf die rechtliche Integration Europas entwickelten sie aber abhängig von ihren (supranational, national oder subnational bemessenen) Kompetenzen auch unterschiedliche – teils komplementäre, teils konkurrierende – Interessen und Strategien. Die rechtliche Integration Europas lasse sich so im Wesentlichen auf einen *zwischengerichtlichen Wettbewerb* zurückführen, in dem sich in der Vergangenheit die proeuropäischen Interessen (hier: an einer Vorrangstellung des Gemeinschaftsrechts) in hohem Maße durchsetzen konnten:

> „The inter-court competition explanation claims that different courts have different interests *vis-à-vis* EC law, and that [sub]national courts use EC law in bureaucratic struggles between levels of the judiciary and between the judiciary and political bodies, thereby inadvertently facilitating the process of legal integration." (Alter 2003, 241; H. i. O.)

Nach diesem Erklärungsansatz bestünde der eigentliche Motor für die rechtliche Integration nicht im institutionellen Eigeninteresse des EuGH, das mit dem Gemeinschaftsinteresse eng gekoppelt sei, sondern im Interessenunterschied zwischen niedrigeren (subnationalen) und höheren (nationalen) mitgliedstaatlichen Gerichtsinstanzen. So stünden die höchsten nationalen Gerichte mit dem EuGH insoweit in einem Interessenkonflikt, als eine Erweiterung der supranationalen Rechtsprechungskompetenz – etwa durch Anerkennung der Suprematie-Doktrin – ihre eigene Rechtsprechungskompetenz, das Letztentscheidungsrecht über Kernfragen des nationalen (nunmehr europäisch überformten) Rechts, untergräbt: „In general, high courts have a preference to limit the doctrinal and substantive expansion of European law so as to limit the areas where the ECJ will become a higher court and they will be subjugated." (Alter 2003, 242). Demgegenüber profitierten nachgeordnete, subnationale Gerichtsinstanzen von der Möglichkeit, im Vorabentscheidungsverfahren direkt den EuGH zu konsultieren und so Rechtsfragen, die unter Umständen auch national gelöst werden könnten, eine europäische Wendung zu geben. Auf diese Weise könnten sie die ihnen übergeordneten (nationalen und supranationalen) Gerichtsinstanzen gewissermaßen gegeneinander ausspielen: „[I]f the lower court does not like what it thinks ‚Mom' (the higher court) will say, it can go ask ‚Dad' (the ECJ) to see if it will get a more pleasing answer." (Alter 2003, 242). Umgekehrt geben die nationalen und subnationalen Gerichte dem EuGH mit jeder übermittelten Rechtsfrage die Gelegenheit, nicht nur die rechtliche Integration voranzutreiben, sondern auch „to refine its jurisprudence to cultivate support for its doctrine in national legal communities" (Alter 2002b, 53). Die europäische Integration durch Recht(sprechung) spiegelt sich insofern in der zunehmenden Nutzung des Vorabentscheidungsverfahrens wider, in dem die Interessen supranationaler und (sub)nationaler Gerichtsinstanzen zur Konvergenz gebracht werden können. Gleichzeitig werden die mitgliedstaatlichen Regierungen und höchsten Gerichte durch diese rechtliche Integration ‚von unten' (ausgehend von privaten Klägern und erstinstanzlichen Gerichten) veranlasst, im Interesse der Rechtseinheit und Rechtssicherheit das nationale Recht mit dem europäischen Recht in (neuen) Einklang zu bringen – mit dem Effekt, dass die Doktrin des gemeinschaftsrechtlichen Vorrangs mittlerweile in allen Mitgliedstaaten de facto anerkannt wird.

Gleichwohl wird der Integrationsprozess in diesem Erklärungsansatz nicht als Einbahnstraße entworfen: Die über die Gerichte geleiteten ‚Verhandlungen' über Zustand und Zukunft des Integrationsprojektes generierten mit dem ‚spillover' des europäischen Rechts auch einen ‚backlash', der den Integrationsprozess aufzuhalten oder sogar umzukehren vermag (vgl. Alter 2000, 512 ff.): „The very same cases that have advanced European integration have contributed to perceptions that European integration, and the European Court, unduly compromise national sovereignty and threaten the national constitutional order." (Alter 2002b, 54). So stellten die höchsten Gerichte in einigen Mitgliedstaaten den Vorrang europäischen Rechts ausdrücklich unter den Vorbehalt ihrer eigenen Verfassung, hielten also weiterhin an den nationalen Souveränitäts- und Letztentscheidungsrechten fest (Alter 2002b, 59 ff.). Das ‚Politische' an dieser Theorie der rechtlichen Integration besteht nicht nur im Interessenbündnis zwischen dem EuGH und subnationalen Gerichtsinstanzen (wie im Neofunktionalismus), sondern auch im Interessenbündnis zwischen nationalen höchsten Gerichten und Regierungen, nicht nur in der Rückbindung des EuGH an die Herren der Verträge (wie im Intergouvernementalismus), sondern auch in der Rückbindung des EuGH an die weiter gefasste europäische Rechtsgemeinschaft. Das vorgestellte Wettbewerbs- oder auch Verhandlungsmodell, das sich zwar auf die Interaktion der supranationalen, nationalen und subnationalen Gerichtsinstanzen konzentriert, aber mittelbar alle rechtlichen und politischen Akteure erfasst, die in diesem Prozess etwas zu gewinnen oder zu verlieren haben, veranschaulicht, wie der ‚Schatten des Rechts' (bzw. der Rechtsprechung) in die politischen Entscheidungsprozesse hineinwirkt (vgl. Alter 2002b, 2 u. 221), und umgekehrt, wie das europäische Rechts- und Gerichtssystem selbst zum politischen ‚Schlachtfeld' wird (vgl. Alter 2002b, 60).

Während bisher auf das Beispiel der Durchsetzung der Suprematie-Doktrin (und die Konstitutionalisierung der Verträge) abgehoben wurde, lässt sich diese Perspektive auch auf den Bereich der Marktregulierung (Deregulierung und Reregulierung) anwenden, wie sich am politischen Gehalt der ‚*Cassis de Dijon*'-Rechtsprechung demonstrieren lässt. Jenseits legalistischer, neofunktionalistischer und intergouvernementalistischer Erklärungen lässt sich auch diese ‚bahnbrechende Entscheidung' des Europäischen Gerichtshofs (Alter/Meunier-Aitsahalia 1994) als Angebot eines ‚politischen Kompromisses' werten, der im rechtlichen Prozess entwickelt und im politischen Prozess (in diesem Fall auf Initiative der Kommission) weiterverhandelt wird: „However, the policy that was ultimately adopted was neither the policy derived from the Court decision nor the policy advocated by the Commission's communication, but rather a compromise reflecting the concerns of mobilized interest groups and of the different member states." (Alter/Meunier-Aitsahalia 1994, 554 f.). Die Betonung liegt in dieser Darstellung auf den politischen (institutionellen) Konsequenzen der *Cassis*-Entscheidung, die den EuGH im Nachhinein als ‚(agent) provocateur' erscheinen lassen, der zumindest mittelbar Politik betreiben kann: „This ‚Court as provocateur' argument [...] implies that policy effects do not flow directly from court verdicts themselves, but rather from a political process triggered by a Court verdict." (Alter/Meunier-Aitsahalia 1994, 555). Ein vollständigeres Bild erhielte man, wenn auch die politischen (institutionellen) Bedingungen der *Cassis*-Entscheidung bzw. der (späteren) Neuverhandlung des mit diesem Urteil angebotenen Kompromisses stärker berücksichtigt würden: Dazu wären im weiteren Sinne auch die (welt-)wirtschaftlichen und (europa-)politischen Krisenerfahrungen der 1970er-Jahre zu zählen, die die Reformbedürftigkeit nicht nur des wohlfahrtsstaatlichen Regulierungsmodells, sondern auch der europäischen Harmonisierungspolitik belegen und sich – so ist zu mutmaßen – auch in der Liste der abzuarbeitenden Fälle (kurz: im ‚docket') des Gerichtshofs niederschlagen, jedenfalls wenn und soweit der Rechtsweg als alternativer politischer Einflusskanal genutzt wird, auch und gerade von wirtschaftlichen Interessen (vgl. Alter/Meunier-Aitsahalia 1994, 550 ff. u. 555 ff.). Um die Bedingungen und Konsequenzen einer durch den EuGH beförderten politischen ‚Reaktion' gleichermaßen zu erfassen, erscheint daher der Begriff des ‚Katalysators' geeigneter (mit dem in diesem Fall jedoch nicht der Gerichtshof selbst, sondern seine *Cassis*-Entscheidung belegt wird; vgl. Alter/Meunier-Aitsahalia 1994, 554). Mit dem Begriff der ‚judicial governance' ließe sich eine solche ‚katalysatorische' Steuerungsfunktion schließlich systematischer auf die in der so genannten Governance-Wende gebündelten politökonomischen Entwicklungen zurückbeziehen.

2.3.3 Europäischer Gerichtshof als Instanz des supranationalen Regierens

Das mit der Theorie supranationalen Regierens aufgelegte Forschungsprogramm zielt auf eine übergreifende Theorie der europäischen Integration, die in ihren Ambitionen mit den Klassikern des Fachs gleichzieht: „We propose a theory of European integration, focusing on the process through which supranational governance – the competence of the European Community to make binding rules in any given policy domain – has developed." (Stone Sweet/Sandholtz 1998, 1). Dabei ähnelt der Versuch, die Eigendynamik des Integrationsprozesses zu begründen, zunächst stark dem Erklärungsmodell des Neofunktionalismus, nimmt dann aber – ohne den umfassenden Erklärungsanspruch zurückzunehmen – eine governance- und institutionentheoretische Wendung (Rosamond 2000, 126 ff.; Stone Sweet/Sandholtz 1998, 3 u. 5 f.).

Der Governance-Begriff wird in diesem Theorieansatz zunächst als Oberbegriff für die unterschiedlichen Formen des Regierens auf einem Kontinuum zwischen den idealtypischen Polen intergouvernementaler und supranationaler Politik verwendet (Stone Sweet/Sandholtz 1998, 8). Integration – die Entwicklung horizontaler und vertikaler Beziehungen zwischen gesellschaftlichen, wirtschaftlichen und politischen Akteuren – stützt sich auf

„[1] *EC rules*: the legal, and less informal, constraints on behavior produced by interactions among political actors operating at the European level; [2] *EC organizations*: those governmental structures, operating at the European level, that produce, execute, and interpret EC rules; and [3] *transnational society*: those non-governmental actors who engage in intra-EC exchanges – social, economic, political – and thereby influence, directly or indirectly, policy-making processes and outcomes at the European level." (Stone Sweet/Sandholtz 1998, 9; H. i. O.)

Es wird argumentiert, dass durch die zunehmende Institutionalisierung dieser drei positiv miteinander verknüpften Dimensionen eine je nach Politikfeld unterschiedlich intensive Integrationsdynamik entsteht, die als Bewegung vom intergouvernementalen zum supranationalen Pol des Regierens dargestellt werden kann. Als mit der Wahrung des Rechts betraute *EG-Organisation*, die in Konfliktfällen von *transnationalen Akteuren* um eine Auslegung der strittigen *EG-Regeln* angerufen wird, hat der Europäische Gerichtshof an dieser Entwicklungslogik nun folgendermaßen Anteil: Wenn grenzüberschreitend tätige Akteure, um Streitigkeiten zu klären und Rechtssicherheit zu erlangen, via Vorabentscheidungsverfahren vor den EuGH ziehen, erwirken sie eine Fortbildung des EG-Rechts. Die Rechtsprechung beeinflusst (und steigert) jedoch nicht nur das Niveau transnationaler Aktivitäten, sondern wirkt auch auf den Politikbetrieb zurück, wo sie dem Gemeinschaftsgesetzgeber (oder, im Falle von Vertragsrevisionen, den Mitgliedstaaten) als Grundlage für weitere Rechtsetzungsaktivitäten dient. Mit dem Ausbau des rechtlichen Acquis aber bewegt sich das Mehrebenensystem weiter in Richtung des Idealtyps supranationaler Governance, so dass dem EuGH – im Wechselspiel mit den anderen beteiligten Institutionen – insgesamt eine integrationsverstärkende, horizontale und vertikale Verbindungen befördernde Funktion zugeschrieben werden kann (vgl. Stone Sweet/Caporaso 1998; Fligstein/Stone Sweet 2002; Stone Sweet/Brunell 2002 u. 2004).

Für den EuGH selbst bedeutet die fortschreitende Integration bzw. Institutionalisierung supranationaler Governance einen Gewinn an Autonomie, die ihm ermöglicht, durch die Interpretation und Modifikation von Regeln eigene (politische) Steuerungssignale zu setzen (Stone Sweet/Sandholtz 1998, 10 u. 16 f.). Hier wird die spezifischere Fassung des Governance-Begriffs als „authority to make, interpret, and enforce rules in a given social setting" (Stone Sweet/Fligstein/Sandholtz 2001, 7) relevant, die gesetzgebende, rechtsprechende und vollziehende Funktionen berücksichtigt. Diese werden im institutionalisierten politischen Raum, der Stätte ‚kollektiver Governance', zusammengeführt (Stone Sweet/Fligstein/Sandholtz 2001, 13). Im Konzept des politischen Raums wird der EuGH nicht auf seine Rechtsprechungsfunktion begrenzt, sondern als politische Organisation neben anderen betrachtet. Politische Organisationen handeln, unbeschadet ihrer formellen Zuständigkeit, demnach immer dann wie Gerichte (‚in a judicial mode'), wenn sie Regeln setzen oder interpretieren, um aktuelle Streitfälle zu schlichten, und wie Gesetzgeber (‚in a legislative mode'), wenn sie gesellschaftliche Erwartungen und individuelles Verhalten strukturieren, um künftigen Konflikten vorzubeugen (Stone Sweet/Fligstein/Sandholtz 2001, 7 f.). Zumindest mit seinen Grundsatzurteilen reicht der EuGH demzufolge auch in den prospektiven, gesetzgeberischen Funktionsbereich hinein. Der (in dieser Theorie nicht verwendete) Begriff ‚judicial governance' ließe sich also auf die (rechtlich-politisch) gemischten Funktionen gerichtlicher Organe beziehen, die in Interaktion mit anderen politischen Organisationen des Mehrebenensystems stehen (vgl. Kap. 2.1.3 u. 2.3.6).

Die institutionelle Logik der Integration wird in der Theorie supranationalen Regierens in erster Linie auf transnationale gesellschaftliche Triebkräfte zurückgeführt, vor allem auf das grenzüberschreitende Engagement wirtschaftlicher Akteure, deren Grundfreiheiten in den Verträgen garantiert werden und das Fundament des Gemeinsamen Marktes bilden:

„The move to European governance has been driven by firms trading more across national borders, by the economies of Europe becoming increasingly interdependent in other myriad ways, and by actors gradually finding that the forms and methods of supranational governance served their evolving conception of interests." (Stone Sweet/Fligstein/Sandholtz 2001, 2)

Es wäre jedoch genauer zu unterscheiden zwischen den (binnenmarktorientierten) Unternehmen, die in den 1950er-Jahren von den Gründungsmitgliedern der EWG eingeladen wurden, in einen europaweiten Wettbewerb einzutreten, und den (außenhandelsorientierten) Unternehmen, die im Zuge der Globalisierung in den letzten Dekaden an Bedeutung gewonnen haben und verstärkt auch die Prinzipien des internationalen (weltweiten) Wettbewerbs in die Gemeinschaft hineintragen. Zudem besitzen (europäisch und international vernetzte) zivilgesellschaftliche Organisationen aus dem nicht-wirtschaftlichen Bereich im politischen System der EU heute ein größeres Gewicht als zu Beginn des Integrationsprozesses. Die Grundaussage: „The expansion of transnational society pushes for supranational governance, which is exercised to facilitate and regulate that society." (Stone Sweet/Sandholtz 1998, 19) wäre also nach internen und externen, wirtschaftlichen und nicht-wirtschaftlichen Triebkräften der Integration (bzw. der Regulierung) zu differenzieren. Auf diese unterschiedlichen Faktoren wird in dem Ansatz gelegentlich hingewiesen (vgl. Stone Sweet/Sandholtz 1998, 11 u. 15; Stone Sweet/Fligstein/Sandholtz 2001, 21 f.; Fligstein/Stone Sweet 2002, 1214, Fn. 3), die Spezifität ihres Wirkens bleibt jedoch der Demonstration einer allgemeinen Integrationslogik untergeordnet, so dass ein Formwandel oder eine Zielverschiebung des europäischen Projekts nicht hinreichend kenntlich gemacht werden kann.

2.3.4 Europäischer Gerichtshof als regulativer Akteur im Binnenmarkt

Ein weiterer governance-theoretischer Ansatz befasst sich unter anderem mit der Entwicklung des Binnenmarktregimes als Anwendungsfall des Regierens im Mehrebenensystem. Dabei wird eine konsequent institutionalistische Sicht zugrunde gelegt, die – unter dem Etikett des historischen Institutionalismus – evolutorische und konstruktivistische Elemente miteinander vereint (Rosamond 2000, 118 f.; Armstrong/Bulmer 1998, 51 f.). Als Institutionen gelten dabei „the rules, norms, beliefs, rhetorics, ideologies, and procedures which shape the interaction between institutional actors and which orientate the institutional actors to their allotted functions" (Armstrong 1995, 167). Im Mittelpunkt stehen institutionelle Entwicklungen auf der Meso- und Mikroebene, jedoch unter Berücksichtigung von übergeordneten (sozialen, rechtlichen, wirtschaftlichen, politischen) Systemzwängen. Damit entsteht ein komplexeres und zugleich ‚alltäglicheres' Bild des Integrationsprozesses, als es reine Makrotheorien vermitteln können:

„Unlike the institutionalist orientation of neo-functionalism, this scholarship is less inclined to construct the role of institutions in terms of a conformity to a teleology of integration and more inclined to situate the role of institutions against a backdrop of a complex, uncertain and changing world." (Armstrong 1998, 102; vgl. ebd. 100 u. 106)

Der Governance-Begriff wird mittels des Begriffs der Regulierung konkretisiert; beide werden mit dem Motiv von ‚governance without government' verknüpft. Auf diese Weise können der Wandel gesellschaftlicher Organisationsstrukturen und die Transformation des Staates in der Theoriekonzeption berücksichtigt werden. Es lässt sich somit darstellen, über welche institutionellen Prozesse staatliche Strukturen einen zunehmend regulatorischen Charakter gewinnen, also stärker auf Funktionen wirtschaftlicher und sozialer Regulierung konzentriert werden (Armstrong/Bulmer 1998, 49 f. u. 255 ff.). Als neue politische Organisationsform mit staatsähnlichen, regulatorischen Eigenschaften wird dabei das horizontal und vertikal differenzierte Mehrebenensystem betrachtet, für das die EU ein prominentes Beispiel gibt: „What emerges, then, are complex, multi-level, interacting governance regimes populated by an array of actors utilizing a reservoir of policy goals, policy ideas, and policy instruments." (Armstrong 1999, 746). Dem historisch-institutionalistischen Ansatz zufolge ist jedoch die gezielte Steuerung eines solchen Systems kaum möglich; weder EU-Organisationen noch Mitgliedstaaten könnten die politische Entwicklung der Gemeinschaft hinreichend kontrollieren (Armstrong 1999, 786).

Unter diesem Vorbehalt werden auch dem Europäischen Gerichtshof, um den ein Beziehungsnetz aus Gesetzgebern, Klägern und Richtern auf nationaler, subnationaler und supranationaler Ebene entstanden ist (als rechtliche Dimension des Mehrebenensystems), Steuerungs- und Regulierungsfunktionen zugeschrieben. Obwohl der Begriff ‚judicial governance' selbst keine Verwendung findet, wird im Zusammenhang mit dem Binnenmarkt doch durchgehend sowohl von Governance als auch von ‚judicial regulation' gesprochen: „We suggest that the evidence from the judicial regulation of the internal market justifies our use of the term ‚governance' to analyse the regulatory activities of the ECJ." (Armstrong/Bulmer 1998, 272). Demzufolge forciert der EuGH mit seiner Rechtsprechung nicht nur die Konstitutionalisierung der Verträge, sondern nimmt – über rechtliche Argumente – auch zu spezifischen Politikinhalten, insbesondere Regulierungspolitiken Stellung, entwickelt selbst ein ‚Regulierungssystem' (Armstrong/Bulmer 1998, 84 u. 263 ff.). Selbst wenn Gesetzesänderungen noch ausstünden, könnten veränderte wirtschafts- und gesellschaftspolitische Stimmungslagen bereits in die gerichtlichen Auseinandersetzungen hineingetragen werden, vornehmlich durch Kläger aus dem privaten Bereich (Wincott 2000, 20 f.). Richterliche Regulierung gilt in diesem Sinne als Ausdruck institutioneller Autonomie, was bedeutet, dass der EuGH nicht von äußeren Kräften determiniert wird, sondern eigene politische Impulse setzen kann. Nichtsdestoweniger interessiert sich der historische Institutionalismus gerade für die (exogenen) Störeinflüsse, ob wirtschaftlicher oder politischer Art, die (endogenen) institutionellen Wandel im Recht, also eine Umgestaltung des Regulierungssystems, anregen (Armstrong/Bulmer 1998, 52 u. 109 f.; Armstrong 1998, 103 f.). Dies betrifft sowohl das Wechselspiel zwischen Recht und Politik in der Gemeinschaft selbst („how the logics of legal and political development of the Community interact with one another") als auch die Einbettung der Gemeinschaft in die globale politische Ökonomie („how the internal logic[s] interact with external factors") (Wincott 1995a, 294).

Obwohl Integration als wissenschaftliches Paradigma und Telos der Gemeinschaft in diesem Ansatz mit Skepsis betrachtet wird, wird doch berücksichtigt, dass der EuGH in erster Linie auf (Binnenmarkt-)Integration programmiert ist und diesen Existenzgrund der Europäischen Gemeinschaft mit regulatorischen Zielvorstellungen in Einklang bringen muss: „[T]he judicial reconciliation of integration and regulation is set to be a continuing feature of governance of the SEM [Single European Market]." (Armstrong/Bulmer 1998, 268). Zugleich wird betont, dass der EuGH eine vom Integrationsziel unabhängige Verantwortlichkeit für seine regulatorischen Steuerungsaktivitäten im Mehrebenensystem behält (Armstrong/Bulmer 1998, 272 f.). Ungeklärt bleibt jedoch die Frage, ob sich die Differenz von Integration und Regulierung auch in den verschiedenen Rechtsprechungslinien bemerkbar macht: So könnte argumentiert werden, dass sich die Konstitutionalisierungslogik von der Regulierungslogik prinzipiell unterscheidet, also über ‚formalrechtliche' (Recht als Form betreffende) Aspekte oder Fälle anders, d. h. in einem anderen institutionellen Kontext entschieden wird, als über ‚materiellrechtliche' (Recht als Inhalt betreffende) Aspekte oder Fälle. Der unterschiedliche Charakter dieser Rechtsbereiche wird auch daran deutlich, dass die Regulierung notwendig auf der Konstitutionalisierung aufbaut, selber aber wandelbar bleibt (vgl. Wincott 1995a, 302 ff.; Wincott 1995b, 587 ff.; Armstrong 1995, 173 ff.).

2.3.5 Europäischer Gerichtshof als Symbol europäischer Staatlichkeit

In einem weiteren, explizit governance-theoretischen Ansatz wird die Europäische Union als Steuermann (‚coxswain'; Sbragia 2000) hypostasiert, der zweierlei Arten des Steuerns – ‚old governance' und ‚new governance' – miteinander verbindet. ‚Old governance' (im Sinne von vertikaler Steuerung) bezieht sich auf die Tatsache, dass die Union verbindliche Entscheidungen fällen und durchsetzen kann, ohne selber ‚Staat' zu sein (Sbragia 2000, 220 f.). ‚New governance' (im Sinne von horizontaler Koordination) bezieht sich auf die informationelle und legitimatorische Nutzung von Politiknetzwerken: „Policy networks, in effect, help the Union ‚steer'." (Sbragia 2000, 235). Als Ausgangspunkt zur Erschließung der Rolle des Europäischen Gerichtshofs dient die Beobachtung, dass die EU durchaus in einem ‚klassischen' Sinne zu steuern vermag, dabei jedoch ohne eigene (kasernierte) Zwangsgewalt auskommen muss: „The European Community makes binding decisions but the symbol of its enforcement powers is the judge rather than the police officer or the soldier." (Sbragia 2000, 220). Mehr als im ‚traditionellen' Staat hängt das Steuerungsvermögen in der Gemeinschaft demnach an der Macht des Rechts – und damit auch an der rechtlichen Entscheidungsmacht des Gerichtshofs. „That dimension of coercion, in fact, is essential for the Union's capacity to steer." (Sbragia 2000, 222). Genauer geht es um die ‚institutionalisierte Ausübung richterlicher Autorität' bei der Anwendung und Durchsetzung rechtlicher Bestimmungen (Sbragia 2000, 221).

Grundlage der richterlichen Steuerung bildeten die Gründungsverträge, in der „[t]he liberalization of the market, rather than its restriction, is the privileged position" (Sbragia 2000, 223). Über die Konstitutionalisierung der Verträge sei es dem Gerichtshof gelungen, diese (wirtschafts-)politische Grundausrichtung auch für die Mitgliedstaaten verbindlich zu machen: „In so doing, it has given the Union a privileged position in shaping the future contours of Europe's political economy – and institutionally has given itself an absolutely pivotal role." (Sbragia 2000, 226). Dabei habe die rechtliche Umsetzung der europäischen Wirtschaftsverfassung vor allem von der Ausweitung des Vorabentscheidungsverfahrens profitiert, das von (diskriminierenden) mitgliedstaatlichen Regelungen betroffenen Wirtschaftsakteuren einen Zugang zum EuGH verschafft habe (Sbragia 2000, 227). Durch seine Regulierungsentscheidungen – zumeist Deregulierungsentscheidungen – habe der Europäische Gerichtshof schließlich maßgeblich die europäische Integration vorangebracht. Im Vordergrund stehen in diesem Ansatz jedoch – ganz im Sinne des Judicial-Governance-Konzeptes – seine Steuerungsfunktionen: „Judges are important actors in steering non-state actors as well as public actors." (Sbragia 2000, 227). Gerichte strukturierten die Beziehungen zwischen öffentlichen und privaten Akteuren, gestalteten den Rahmen für Märkte, Hierarchien und Netzwerke und fällten ‚strategische Entscheidungen' „in the sense that they eliminate certain options from the policy agenda while privileging others" (Sbragia 2000, 227). Die eigentümliche Rolle der Gerichte, die den Modus der ‚old governance' unter Bedingungen der ‚new governance' perpetuierten, stelle für die klassische Staatstheorie wie die neuere Governance-Theorie gleichermaßen eine Herausforderung dar (Sbragia 2000, 227 f.).

2.3.6 ‚Judicial Governance' als Normalität des europäischen Regierens

Der ursprüngliche Stichwortgeber dieser Arbeit ist allerdings Martin Shapiro, mit dem dieses Kapitel daher abgeschlossen werden soll. In einem Aufsatz über die politische Rolle des Europäischen Gerichtshofs verwendet er – wenn auch eher beiläufig und allgemein – den Ausdruck ‚judicial governance' (Shapiro 1999, 339) und nimmt damit gewissermaßen die Idee, den EuGH als Governance-Akteur zu interpretieren, vorweg. Ausgehend von der einschlägigen Passage, in der von ‚judicial governance' die Rede ist, soll im Folgenden dargelegt werden, wofür dieser Ausdruck nicht nur im Kontext des zitierten Aufsatzes, sondern auch im weiteren Rahmen der ‚political jurisprudence' steht. Im unmittelbaren Satzzusammenhang wird das EuGH-richterliche Regieren (‚judicial governance') als Bestandteil oder Dimension des europäischen Regierens (‚Community/Union governance') betrachtet. Im weiteren Sachzusammenhang tritt ‚judicial governance' als neutral gehaltener (politikwissenschaftlicher) Begriff für die richterliche Tätigkeit an die Stelle eines normativ eingefärbten (politischen) Begriffs des ‚judicial activism'. In der Wahl des Begriffs ‚judicial governance' anstelle von ‚judicial activism' spiegelt sich die Absicht wider, die ‚Geschichte' vom Europäischen Gerichtshof etwas anders zu erzählen als gewöhnlich. Die gängigste Fassung lautet, dass sich der EuGH in Zeiten politischer Stagnation als Ersatzgesetzgeber betätigt und die europäische Integration mit den Mitteln des Richterrechts vorangebracht habe. Nachdem die Vertragsherren und der Gemeinschaftsgesetzgeber in ihre Rolle zurückgefunden und dem Integrationsprozess durch Erneuerung des Vertragswerks und umfassende Gesetzesinitiativen neuen Schwung verliehen hätten, sei ein solcher richterlicher Aktivismus jedoch nicht länger gerechtfertigt gewesen. Tatsächlich zeigten die Richter bei Rechtsfragen von hoher politischer Bedeutung in der Folge eine größere Zurückhaltung (vgl. Kap. 2.1). Wenn man das Konzept des richterlichen Aktivismus – und auch das Konzept der richterlichen Selbstmäßigung – nun durch den Begriff des richterlichen Regierens ersetzt, erhält die ‚Geschichte' eine etwas andere Wendung: Am Ende steht nicht weniger Aktivismus, sondern mehr ‚governance'. So heißt es im Wortlaut:

> „Increases in the activity of other organs of the Union do not necessarily compel decreases in ECJ activity. Indeed such increases point more to the overall forward movement of Union governance, including judicial governance, than to the rise of some Union organs at the expense of others." (Shapiro 1999, 339)

Damit wird die *Normalität* eines hohen Beteiligungsgrades der Richterschaft an der Politik herausgestellt, unabhängig davon, ob gerade ‚judicial activism' Konjunktur hat oder ‚judicial self-restraint'.

Diese Deutung des Europäischen Gerichtshofs als eines Governance-Akteurs entspricht dem Grundsatz der politischen Rechtswissenschaft (‚political jurisprudence'), Richter und Gerichte als politische Akteure zu betrachten (und als solche zu ‚normalisieren'). Die *politische Jurisprudenz* steht in der Tradition der ‚soziologischen Jurisprudenz' und des ‚rechtlichen Realismus' und wird später (unter marxistischem Vorzeichen) in der ‚kritischen Rechtsforschung' radikalisiert. Aus politikwissenschaftlicher Sicht stützt sie sich auf den ‚Pluralismus' bzw. die ‚Gruppentheorie', in deren Zentrum die Aggregation der politischen Interessen (konkurrierender) gesellschaftlicher Gruppen steht – in diesem (Anwendungs-)Fall also die Interessenaggregation auf dem Rechtsweg, vermittelt durch Gerichte (vgl. Shapiro 2002a, 19 ff.; Shapiro/Stone Sweet 2002, 4 u. 9; Treviño 1996, 55 ff. u. 391 ff.). Der Begriff der politischen Jurisprudenz findet als Sammelbezeichnung für genuin politikwissenschaftliche Arbeiten Verwendung, die sich mit der (politischen) Bedeutung von Recht und Rechtsprechung bzw. von Richtern und Gerichten auseinandersetzen – und in einem Punkt übereinkommen: „the unashamed acceptance of judges and courts as part of government, and thus amenable to the same modes of analysis as applied to other political actors and institutions" (Shapiro/Stone Sweet 2002a, 4 f.; vgl. ebd. 13). Der Begriff des ‚government' wird hier im weiteren Sinne des Staates bzw. der Staatsgewalt (und nicht im engeren Sinne der Regierung bzw. Exekutivgewalt) verwendet. In diesem Zusammenhang lässt sich von der richterlichen Gewalt im Staat als ‚the third (and least-dangerous) branch of government' sprechen (vgl. Shapiro 2002a, 22 f.; Weiler 1999b).

> „In short, the attempt is to intellectually integrate the judicial system into the matrix of government and politics in which it actually operates and to examine courts and judges as participants in the political process rather than presenting law, with a capital L, as an independent area of substantive knowledge." (Shapiro 2002a, 21)

Die (analytische) Gleichbehandlung von Richtern bzw. Gerichten und anderen politischen Akteuren und Organisationen impliziert jedoch nicht ihre (inhaltliche) Gleichmachung in Bezug auf die Art und Weise, *wie* Politik betrieben wird – etwa, was die Gewichtung unterschiedlicher Interessen in der Entscheidungsfindung anbelangt (vgl. Shapiro/Stone Sweet 2002, 7).

Dass Richter als Teil der Staatsführung (im Sinne von ‚government') und solchermaßen als politische Akteure zu betrachten sind, ist nun nicht nur für das (politikwissenschaftliche) Verständnis der Richter, sondern auch für das Verständnis des Staates – als eines Rechtsstaates oder Richterstaates – relevant. Eine Verrechtlichung bzw. Vergerichtlichung des Staates qua ‚Politisierung' der Richter (durch Ausbau ihrer rechtlichen Kompetenzen und damit auch ihrer politischen Funktionen), bedeutet für die politische Jurisprudenz, „that it will be increasingly difficult for scholars who do empirical research on government, or governance, to avoid encountering a great deal of law and courts" (Shapiro/Stone Sweet 2002, 1). Wenn die Staatsmacht die Form des Rechtsstaats annimmt und Gerichte als ‚neutrale Dritte' engagiert, dann muss sie künftig auch mit ihnen rechnen: als Akteuren, die mit Recht Politik betreiben. Dabei impliziert ‚judicial governance' in diesem Sinne (wenn man die Unterscheidung von ‚government' und ‚governance' zunächst außer Acht lässt) weniger ein ‚government by judges', also eine – normativ problematische – Hegemonie der Richter, als ein – analytisch darstellbares – ‚governing with judges' (Stone Sweet 2002). *Dass* Richter eine politische Rolle spielen, die nicht nur um des Rechts willen, sondern auch um der Politik willen von (forscherischem) Interesse ist, gilt umso mehr unter Bedingung der Konstitutionalisierung des (Rechts-)Staates – der Herausbildung eines Verfassungsstaates mit einer institutionalisierten Verfassungsgerichtsbarkeit (vgl. Kap. 2.1).

Ein modernes Analysewerkzeug für Recht und Verfassung, Gerichte und Verfassungsgerichte wird mit dem ‚neuen Institutionalismus' bereitgestellt, der den Institutionenbegriff auf alle (formellen und informellen) Regeln und Regelsysteme bezieht. Der Leitsatz ‚institutions matter' lässt sich dann folgendermaßen interpretieren: „If the rules really matter, then law and courts must really matter" (Shapiro/ Stone Sweet 2002, 10). In der politischen Jurisprudenz bildet eine solche (neo-) institutionalistische Argumentation keinen Fremdkörper: „It had been studying institutions all along." (Shapiro/Stone Sweet 2002, 11). Wenn Recht und Verfassung Institutionen (hier: formalisierte Regelsysteme) sind, dann gilt dies auch für die durch sie geschaffenen, auf sie verwiesenen Gerichte und Verfassungsgerichte. Diese institutionelle Basis haben die Gerichtsorganisationen mit den anderen organisierten Staatsgewalten – Legislative und Exekutive – gemein, unterscheiden sich von diesen jedoch in einem wesentlichen Punkt: „Courts are instituted as third-party conflict resolvers." (Shapiro 2002b, 162). Mit der Position des unparteiischen Streitschlichters, in diesem Falle des Richters, sind auf der einen Seite besondere Kriterien einer (rechtmäßigen oder auch gerechten) Interessenaggregation verbunden, auf der anderen Seite bringt sie auch ein gewisses Maß an Regel- bzw. Rechtsetzung mit sich, jedenfalls unter (realistischen) Bedingungen interpretationsbedürftiger ‚unvollständiger' Verträge (vgl. Shapiro 2002b, 164; Shapiro 1999, 326 f.). Auch wenn dieser Argumentation ein Prinzipal-Agent-Modell unterlegt ist – im vorliegenden Fall mit dem (Staats-)Volk als Prinzipal und den drei (Staats-)Gewalten als Agenten –, geht die Untersuchungsperspektive über einen ‚rationalistischen' Institutionalismus hinaus und nimmt Elemente eines historischen und soziologischen Institutionalismus auf, etwa wenn auf die „culturally defined pre-existing institutions" (Shapiro 2002b, 163) verwiesen wird, die der Formulierung (Formalisierung) einer Verfassung zugrunde liegen, und wenn die kulturelle Einbettung der Gerichte in die Rechtsgemeinschaft, hier die ‚epistemic community of lawyers', und deren Einbindung in das Regieren herausgestellt wird (vgl. Shapiro 2002b, 173 ff.; Shapiro 1999, 325 f.).

Damit ist die theoretische Grundlage bereitet, auf der die einleitenden und folgenden Ausführungen zum Europäischen Gerichtshof – zur ‚judicial governance in der europäischen Rechtsgemeinschaft' – aufbauen. Der Übergang ‚from government zu governance' und vom Rechtsstaat zur Rechtsgemeinschaft wird in diesem komparatistischen Ansatz zwar nicht expliziert; es fehlt aber auch der ‚politischen' Theorien rechtlicher Integration oftmals innewohnende exzeptionalistische Bias. Wenn die Rechtsprechung auf der europäischen Ebene auch besonderen Umständen unterliegen mag (die auf institutionalistische Weise erfasst werden können), so zeichnet dieser Ansatz doch ein Bild der Normalität eines in die ‚day-to-day politics' der Interessenaggregation involvierten supranationalen (Verfassungs-)Gerichts (vgl. Shapiro/Stone Sweet 2002, 7). Die ‚institutionelle Wahl' einer solchen Rechtsprechungsinstanz birgt ‚institutionelle Konsequenzen' – etwa dass die vertragsschließenden Staaten im Endeffekt „got one more major policy participant than they wanted" (Shapiro 1999, 331). Dieses Dilemma wird folgendermaßen ausgeführt:

> „In choosing to adopt an institutional form with a long culturally determined repertoire, one must take the bitter with the sweet. The very attributed characteristics of legality, neutrality, and independence, the very institutional strengths of low visibility, incremental, esoteric, epistemically defended, and precedent-driven decision-making that led to the instituting of a judicial conflict resolver for the ECSC [European Coal and Steel Community; as a forerunner of the European (Economic) Community; S. F.] entailed a potential for unanticipated, path-dependent consequences. That is, once created, the court would be required to make new law and would be institutionally strong enough to do so." (Shapiro 1999, 328)

Dabei werde das Verselbstständigungspotenzial des Gerichtshofs noch dadurch gesteigert, dass eine Wirtschaftsgemeinschaft eine besondere Affinität zur Rechtsgemeinschaft, zur Herstellung von Rechtssicherheit (durch Verrechtlichung und Vergerichtlichung) besitze, und gleichzeitig eine politische Kontrolle der Rechtsprechung durch die Vertragsherren bzw. den Gemeinschaftsgesetzgeber – in Form (drohender) legislativer Überstimmung – in der Praxis sehr voraussetzungsreich sei (Shapiro 1999, 328).

Wenn in diesem Ansatz nun die Zeitdimension einbezogen und „the evolving political role of the ECJ" (Shapiro 1999, 333) betrachtet wird, dann geht es natürlich auch um dessen *integrations*politische Rolle, nur bedeutet ein Nachlassen des integrativen Impetus (bzw. Alleingangs) der Richterschaft eben nicht, dass auch ihre politische Bedeutung sinkt. Eingangs wurde bereits darauf hingewiesen, dass die Kategorien des richterlichen Aktivismus und der richterlichen Zurückhaltung für eine Beschreibung (geschweige denn eine Erklärung) der Entwicklung der Rechtsprechung nicht ausreichten, insbesondere wenn sie direkt an die gesetzgeberischen Kontrollmöglichkeiten (und -realitäten) gekoppelt würden. Hingegen wäre davon auszugehen, dass die institutionelle Evolution durch verschiedentliche Faktoren bestimmt wird – „in part by the Member States, in part by exogenous events, in part by the special institutional characteristics of judicial review courts and, in part, by the interaction between the preferences of judicial and other institutions of the Communities" (Shapiro 1999, 340). Während in den Interaktionen zwischen Gerichtshof, Mitgliedstaaten und Gemeinschaftsorganen und den institutionellen Besonderheiten von Recht und Rechtsprechung die Ingredienzien der europäischen Rechtsgemeinschaft erkannt werden können, lassen sich die ‚äußeren Ereignisse' im Sinne der Governance-Wende deuten, unter der sich sowohl die Deregulierungswelle (Marktschaffung; Abbau von Handelshemmnissen) als auch die etwas später einsetzende Reregulierungswelle (Marktregulierung; Umwelt-, Gesundheits- und Verbraucherschutz) subsumieren lassen, die zwar nicht die Regulierungsabsicht, jedoch den (marktorientierten) regulatorischen Ansatz teilen (vgl. Shapiro 1999, 341; Shapiro 1992, 122 f. 134 ff.).

Am Beispiel des „ECJ's free movement of goods case law which is, of course, the central story of European integration" (Shapiro 1999, 338), lässt sich nun eine auf endogene wie exogene Bestimmungsfaktoren gestützte, alternative Lesart des verminderten ‚Aktivismus' des Gerichtshofs verdeutlichen, die zugleich weniger auf Kompetenzkonflikte (zwischen den Unionsorganen) als auf Regulierungskonflikte (inhaltlicher Art) abstellt. Demnach lässt sich die Entwicklung der Rechtsprechung von *Dassonville* über *Cassis* bis zu *Keck*, auf die im letzten Kapitel der Arbeit (Kap. 4) noch zurückzukommen sein wird, auch „as the progressively more and more successful achievement of a specific constitutional goal up to the point of indifference" (Shapiro 1999, 338) lesen, mit anderen Worten, als Ergebnis des *institutionellen Erfolgs* und nicht der Eindämmung oder Einschüchterung des Gerichtshofs (vgl. Shapiro 1999, 335 ff. u. 341). Zum anderen wird auf die „complex interactions between integration and regulatory politics" (Shapiro 1999, 338) verwiesen, die den EuGH in einer ersten Phase, die hier mit der – bis zur ersten Vertragsrevision währenden – Gründungsphase der Gemeinschaft gleichgesetzt wird (wobei aber vor allem die letzte Dekade dieses Zeitraums gemeint sein dürfte), zunächst auf eine eindeutige Liberalisierungspolitik hinführen, „because in this period integration goals and deregulation goals ran in the same direction, and the whole Western world was in the grip of international free trade and deregulation ideas" (Shapiro 1999, 341). In der zweiten Phase dann, die hier auf die 1980er- und 1990er-Jahre datiert wird, „[l]ike the rest of the industrialized world, Europe is [...] caught up in the politics of simultaneous de-regulation and re-regulation" (Shapiro 1999, 341) – was wiederum die größere Differenziertheit der Rechtsprechung des EuGH, insbesondere die Gleichzeitigkeit von Urteilen mit ‚negativer' und ‚positiver' Integrationswirkung und sogar solchen mit integrationsbegrenzender Wirkung (zur Wahrung eines Kernbestands mitgliedstaatlicher Regulierungsautonomie) zu erklären vermag (vgl. Shapiro 1999, 338). Weder die endogene, institutionentheoretische noch die exogene, regulierungstheoretische Lesart implizieren einen Rückzug des Gerichtshofs aus der ‚Politik' (verfassungs-)rechtlicher Interpretation. Vielmehr scheint sogar einiges auf einen mit der Komplexität der Fälle (und Abwägungserfordernisse) wachsenden rechtspolitischen Entscheidungsspielraum hinzuweisen (Shapiro 1999, 342; vgl. Shapiro 1992, 154 ff.).

2.4 Fazit: Judicial Governance als ‚Regulatory Judicial Policy-Making'

Es wäre sicherlich unangemessen, von einem in der rechts- und politikwissenschaftlichen Governance-Debatte (vor-)gebildeten Judicial-Governance-Begriff bereits *politökonomische* Elaboriertheit und *gesellschaftstheoretische* Tiefe zu erwarten – eine solche ‚Makrokontextualisierung' kann und soll ja erst im nachfolgenden, mit soziologischen Großtheorien befassten Kapitel geleistet werden. Gleichwohl ist in dieser ersten Zwischenbilanz auch auf die begrenzten Sichtmöglichkeiten hinzuweisen, die eine auf den Mainstream der European Legal Studies beschränkte Perspektive richterlicher Steuerung mit sich bringt. Die Verknüpfung von Vergerichtlichung (der Politik) und Politisierung (des Richterrechts) in einem Konzept – ‚judicial governance' – endet somit leicht im definitorischen Kreisverkehr (vgl. ‚Politik als Recht – Recht als Politik'; Massing 2005). Anders ausgedrückt, wenn es in der Europa(rechts)forschung ein halbes Jahrhundert nach Gründung der Europäischen (Rechts-)Gemeinschaft selbstverständlich erscheint, dass die rechtliche Integration durch Politik und die politische Integration durch Recht vorangetrieben wird bzw. wurde, dann ist der heuristische Mehrwert eines solchen Begriffs schwer zu vermitteln. Und so ist es auch wenig verwunderlich, dass in den in diesem Kapitel diskutierten Beiträgen – trotz des modischen Governance-Vokabulars – nur selten und auch dann meist nur beiläufig von ‚judicial governance' die Rede ist.

Beispiele für eine solche eher schwache Besetzung bzw. Verwendung des Begriffs finden sich ausgerechnet im rechts- und governance-theoretisch einschlägigen Werk Shapiros (Shapiro 1999, 339) und Stone Sweets: So ist im Schlusskapitel der ‚juristischen Konstruktion Europas' zwar ausdrücklich von „judicial governance in the EU" (Stone Sweet 2004, 243) die Rede, jedoch lediglich im Sinne von ‚Techniken' der juristischen Argumentation, deren sich der Europäische Gerichtshof bei der Konstruktion (und Konstitutionalisierung) der europäischen Rechtsgemeinschaft bedient. Die im Rechtsdiskurs verständlicherweise viel beachteten ‚Präzedenzien' und ‚Prinzipien' bedürfen jedoch der Vermittlung mit (außerrechtlichen) sozialen Tatbeständen, wenn sie in einem interdisziplinären Diskussionszusammenhang mehr besagen sollen, als dass bei der ‚Integration durch Recht(sprechung)' eine gehörige Portion juristischer Rationalismus am Werk ist (und dass dieser auch zur Durchsetzung politischer Interessen geeignet sein mag). Die Frage nach den Bedingungen oder Bestimmungsgründen der richterlichen Steuerung – und einer bestimmten inhaltlichen Richtung der richterlichen Steuerung – lässt sich jedoch nicht allein durch eine *Re*konstruktion der richterlichen Konstruktion(en) beantworten, solange die Rechtslogik keine eindeutige ist (oder allenfalls rückwirkend als solche erscheint), sondern auch Kontingenzen und Alternativen enthält und somit richterrechtliche und rechtsgemeinschaftliche Entscheidungsspielräume eröffnet. Auch eine Veränderung des gesellschaftlichen Stellenwerts richterlicher Steuerung diesseits, vor allem aber jenseits des nationalen Rechtsstaats bleibt beim alleinigen Rekurs auf rechtliche Argumente (auch in ihrer Verknüpfung mit politischen Interessen) unbeobachtbar.

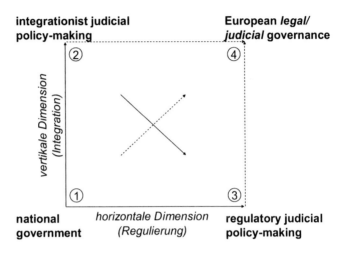

Abbildung 3: Richterliche Steuerung in der EG/EU: Von Integration zu Regulierung

Mehr Einsichten in den gesellschaftlichen Gehalt richterlicher Steuerung (im Kontext eines Wandels des Staates und der Rechtsstaatlichkeit) verspricht daher das Problemfeld ‚judicial governance and market integration' bzw. ‚judicial governance and market-building' (Stone Sweet 2003, 36; Stone Sweet/McCown 2004, 120), in dem die ‚Integration durch Recht' auf die Errichtung eines Gemeinsamen Marktes (bzw. die Vollendung des Binnenmarktes) programmiert ist und Rechtslogik und Marktlogik eine Verbindung einzugehen scheinen. Die Analysen der Rechtsprechung – und des politökonomischen Umfelds der Rechtsprechung – in diesem Kernbereich des Gemeinschaftsrechts, bleiben jedoch mit wenigen Ausnahmen dem ‚Recht-Fertigungs'-Vokabular (vgl. Joerges/Teubner 2003) der Rechtsgemeinschaft im engeren Sinne einer ‚legal epistemic community' bzw. einer ‚legal community [of] judges, lawyers, officials and clerks' (Schepel/Wesseling 1997) verhaftet. Zwar sind die European Legal Studies nicht einfach als (Hof-)Berichterstatter des Europäischen Gerichts(-hofs) zu verstehen, jedoch arbeiten sie zumindest dort, wo sie die Urteilspraxis einer immanenten Deutung unterziehen, auch mit normativen Konstrukten, die ebenjener europarechtlichen Glaubensgemeinschaft (im bourdieuschen Sinne) entstammen und dadurch eine kritische Distanz oder Außensicht erschweren, wie sie (zumindest in einer ‚positivistischen' Voreinstellung) eine politologische oder soziologische Rechtsbetrachtung erfordert. Im europarechtlichen Schrifttum zeigt sich dies etwa darin, dass „the writings from judges, clerks and officials are barely distinguishable from those of academics" (Schepel/Wesseling 1997, 176).

Soziologisch inspirierte (Sekundär-)Analysen der binnenmarktbezogenen Rechtsprechung – genauer: der richterlichen ‚Steuerung' der Marktintegration – stehen daher vor der Herausforderung, den Zusammenhang von Recht und Wirtschaft nicht juristisch zu verkürzen, sondern auch politökonomisch bzw. gesellschaftstheoretisch zu entfalten, was durch den Bias der European *Legal* Studies, denen der Großteil des verfügbaren Text- bzw. Datenmaterials entstammt, unweigerlich erschwert ist. Aufgabe des nachfolgenden Kapitels ist es daher auch, einen Verfremdungseffekt bezüglich der gängigen rechtlichen und politischen (jeweils normativ gerahmten) Interpretationen der Rechtsprechungspraxis zu erzielen, der im Abschlusskapitel dann den Versuch einer (makro-)soziologischen Neuperspektivierung des europäischen Wirtschaftsverfassungsrechts anleiten wird. Bevor die (Grundlagen einer) ‚Soziologie des (Europa-)Rechts' erkundet werden sollen, ist jedoch zunächst noch anhand des im ersten Kapitel vorgestellten Governance-Grundmodells (‚from national government to European governance') eine ‚bildliche' Einordnung der drei grundlegenden Paradigmen der Europaforschung vorzunehmen, die mit unterschiedlichen Sichtweisen auf den Gerichtshof als europarechtlichen und –politischen Akteur verbunden sind und diesem Kapitel eine (grobe) Struktur verliehen haben (Abb. 3).

Der untersuchungsleitende Gedanke lässt sich dabei dahingehend zusammenfassen, dass sich die Europaforschung bisher auf die *vertikale* Dimension der europäischen Rechtsprechung – namentlich deren demokratische Legitimation (Demokratie-/Legitimitätsparadigma) und integrationspolitische Effekte (Integrationsparadigma) – konzentriert hat, demgegenüber aber die *horizontale* Dimension und damit den qualitativen Wandel des (Richter-)Rechts weitgehend vernachlässigt hat (Governance-Paradigma). Tatsächlich lässt sich im Durchgang der Einzeldarstellungen in den drei Unterkapiteln feststellen, dass im zweidimensionalen Suchraster des Governance-Grundmodells der Judicial-Governance-Gedanke eher in seinem (rechts-)politischen als in seinem (rechts-)ökonomischen Gehalt, eher im Hinblick auf Mehrebenen-Governance als auf Netzwerk-Governance angenähert wurde. Der Fokus liegt ganz überwiegend auf (der demokratietheoretischen Bewertung) der integrationspolitischen Rolle des EuGH, im Schaubild zusammengefasst als ‚integrationist judicial policy-making' (was einem ‚supranational judicial policy-making' i. e. S. entspricht; vgl. Volcansek 1992b), unter Verwendung klassischer staats- und rechtstheoretischer Begrifflichkeiten bzw. eines allgemeinen, alle Formen politischer Steuerung beinhaltenden Governance-Konzepts. Unterbelichtet bleibt dabei die regulative Dimension der Rechtsstaatlichkeit bzw. der Beitrag der europäischen Rechtsprechung zum Wandel des Verhältnisses von Staat und Markt, Politik und Wirtschaft in Richtung von heterarchischen Formen des Regierens, im Schaubild repräsentiert als ‚regulatory judicial policy-making' (was – zumindest perspektivisch – einem ‚transnational judicial policy-making' entspricht). Die rechtliche Beschaffenheit des europäischen Regierens (‚European legal/judicial governance') aber – so die Grundthese dieses Kapitels – lässt sich nur in der Zusammenschau beider Dimensionen des Übergangs vom nationalen Rechtsstaat zur europäischen Rechtsgemeinschaft begreifen. Während im europarechtlichen Diskurs die erstere (Mehrebenen-)Perspektive dominiert, scheint die letztere (Netzwerk-)Perspektive eher im ‚weltrechtlichen' Zusammenhang erprobt zu werden, was eine Vermittlung und Zusammenführung beider Perspektiven zusätzlich erschwert.

3 Die europäische Rechtsgemeinschaft als Governance-Kontext

Die im vorigen Kapitel dargestellten Paradigmen und Perspektiven der European Legal Studies haben den Europäischen Gerichtshof im Wesentlichen als (Agenten oder) *Akteur* im Zusammenspiel mit anderen Akteuren (oder Prinzipalen) betrachtet, jedoch den weiteren sozialen *Kontext* seines Wirkens weitgehend vernachlässigt. Demgegenüber sollen im vorliegenden Schwerpunktkapitel dieser Arbeit nun aus unterschiedlichen, i. w. S. ‚soziologischen' Theorietraditionen heraus auch die strukturellen und kulturellen Zusammenhänge einer (dezidiert) europäischen Rechtssprechung erarbeitet werden. Auf diese Weise wird dem *gesellschafts*theoretischen Defizit (oder Desideratum) der Integrations- bzw. Europaforschung begegnet.

> „Eine soziologisch kompetente Analyse und Beurteilung der *gesellschaftlichen* Folgen der dynamisch voranschreitenden politischen und ökonomischen Europäisierung ist eine überfällige Aufgabe für eine an Diagnosen der Gegenwartsgesellschaften sich bewährende Makrosoziologie." (Bach 2000, 14 f.; H. i. O.)

Überfällig erscheint aber insbesondere auch eine (makro-)soziologische Betrachtung der gesellschaftlichen *Bedingungen* (und nicht nur der Folgen) der *rechtlichen* (und nicht nur der politischen und ökonomischen) Europäisierung und in diesem Sinne eine ‚Soziologisierung' des Diktums von der (europäischen) ‚Integration durch Recht'. Dabei geht es nicht zuletzt darum, ein umfassenderes, über akteursbezogene Ideen und Interessen hinausreichendes Verständnis der „Dominanz der Judikative als Integrationsfaktor" (Bach 2000, 22) zu erlangen. Ausgangspunkt bildet wiederum das dieser Arbeit zugrunde gelegte Governance-Vokabular. Mit dem allgemein gefassten Governance-Begriff wird die Frage nach der gesellschaftlichen Ordnung (neu) gestellt; neben ‚Koordination' und ‚Steuerung' eignet sich als Übersetzung daher auch der soziologische Grundbegriff der *Integration* (vgl. Lange/ Schimank 2003, 4 u. 8), der zugleich eine Verallgemeinerung des meist sehr spezifischen Verständnisses der ‚europäischen Integration' darstellt (vgl. Immerfall 2000, 483 f. u. 487 f.). Eine *rechts*soziologische Deutung der Governance-Problematik könnte den Beitrag des Rechts zur Koordinierung und Steuerung entsprechend auf dessen gesellschaftliche(n) Integrationsfunktion(en) zurückführen.

In anderen Worten: *Zwar* gehört die ‚Integration durch Recht' (auch ohne ausdrückliche soziologische Referenzen) längst zum begrifflichen Inventar der (Integrations- bzw.) Europaforschung, in der die Schlüsselrolle des Rechts für die wirtschaftliche, politische und gesellschaftliche Vernetzung der Mitgliedstaaten in der EG/EU breite Anerkennung gefunden hat. Gleiches gilt für die europäische ‚Rechtsgemeinschaft', die es in der Rechtsqualität, nicht aber in der Staatsqualität mit dem Rechtsstaat aufnehmen kann – genau in dieser Zwiespältigkeit aber kommt die ‚Eigenart' der supranationalen (Rechts-)Ordnung zum Ausdruck (Nicolaysen 1999, 862 f.; vgl. MacCormick 1999, 9 u. 18 ff.; Buckel 2003, 62 f.). *Jedoch* harren die dem (meta-)politischen und (meta-)rechtlichen Jargon entstammenden Konzepte der ‚Integration durch Recht' und der ‚Rechtsgemeinschaft' einer gesellschaftstheoretischen Fundierung, die nun im Folgenden mit Hilfe der Systemtheorie, der Diskurstheorie, des Strukturfunktionalismus und der Regulations- und Feldtheorie geleistet werden soll. Durch Kombination und Verschränkung dieser i. w. S. auch rechtssoziologischen Perspektiven soll die These eines (gesellschaftlich bestimmten) ‚Wandels der (Rechts-)Staatlichkeit' größere Plastizität gewinnen. Dabei zielt die Untersuchung einerseits auf die grundlegenden Integrationsfunktionen des Rechts und insbesondere der Rechtsprechung in modernen Gesellschaften ab, wie sie sich im Lichte dieser vier soziologischen Großtheorien bzw. Gesellschaftstheorien darstellen – ‚judicial governance' *in abstracto*. Andererseits werden die unterschiedlichen Sichtweisen auf den europäischen Rechtszusammenhang und die Rolle des EuGH zugeführt. Dazu wird die (doppelte) Wendung von ‚government' zu ‚governance' und von ‚Integration' zu ‚Regulierung' jeweils theorieimmanent rekonstruiert, so dass die speziellen Regulierungsfunktionen der Rechtsprechung in der europäischen Rechtsgemeinschaft einsichtig werden – ‚judicial governance' *in concreto*.

3.1 Rechtsgemeinschaft und Rechtsprechung in der Systemtheorie

In ihrer ‚Urfassung' erschließt sich die (mit Luhmann neu ansetzende) rechtssoziologisch spezifizierte Systemtheorie das Problem der (rechtlichen) Handlungskoordinierung über die Begriffe der Komplexität und der Kontingenz:

> „Unter *Komplexität* wollen wir verstehen, daß es stets mehr Möglichkeiten gibt, als aktualisiert werden können. Unter *Kontingenz* wollen wir verstehen, daß die angezeigten Möglichkeiten weiteren Erlebens auch anders ausfallen können, als erwartet wurde […]. Komplexität heißt also praktisch Selektionszwang, Kontingenz heißt praktisch Enttäuschungsgefahr und Notwendigkeit des Sicheinlassens auf Risiken." (Luhmann 1972, 31; H. i. O.)

Als Struktur des Gesellschaftssystems dient das Recht der Regulierung von Komplexität und Kontingenz der Handlungskoordinierung, wobei die Strukturierungsleistung in einer zeitlich, sozial und sachlich kongruenten Generalisierung wechselseitiger Verhaltenserwartungen (einschließlich Erwartungserwartungen) besteht.

> „Das Recht muß demnach als eine Struktur gesehen werden, die Grenzen und Selektionsweisen des Gesellschaftssystems definiert. Es ist keineswegs die einzige Gesellschaftsstruktur […]. Aber das Recht ist als Struktur unentbehrlich, weil ohne kongruente Generalisierung normativer Verhaltenserwartungen Menschen sich nicht aneinander orientieren, ihre Erwartungen nicht erwarten können." (Luhmann 1972, 134)

Mit der zeitlichen, sozialen und sachlichen Dimension der Generalisierung von Verhaltenserwartungen ist zugleich die Grundrichtung der Evolution des Rechts als (Erwartungs-)Struktur (Luhmann 1972, 252; Luhmann 1975b. 233) – oder in späterer Diktion: als (eigen-)strukturdeterminiertes System – der Gesellschaft beschrieben. Im Laufe der gesellschaftlichen Entwicklung ermöglicht das Recht somit immer voraussetzungsreichere – und in diesem Sinne unwahrscheinlichere – Bindungen.

In *zeitlicher* Hinsicht bedeutet rechtliche Koordinierung, dass Erwartungen normativ stabilisiert werden, also auch kontrafaktisch, im Falle von Enttäuschungen, aufrechterhalten werden. Diese durch ‚Normierung' erzielte „zeitliche Stabilität im Sinne der Fortsetzbarkeit des Erwartens" (Luhmann 1972, 30) übersetzt sich jedoch gesellschaftsgeschichtlich nicht notwendig in eine zunehmende Starrheit bis hin zur Unveränderlichkeit von (Rechts-)Normen. Normierung kann sich vielmehr auf einen ganzen Komplex von Erwartungen (und Erwartungsstilen) beziehen, der neben normativen (Stil-)Elementen durchaus auch kognitive (Stil-)Elemente – also die Bereitschaft, aus Enttäuschungen zu lernen – enthalten kann. Tatsächlich besteht die *Positivierung* des Rechts in der modernen Gesellschaft dann auch in einer Kombination zeitlicher Stabilität *und* Variabilität von Erwartungen. In *sozialer* Hinsicht beruht rechtliche Koordinierung auf dem für solche Verhaltenserwartungen unterstellbaren (und nötigenfalls mobilisierbaren) gesellschaftlichen Konsens, also dem Rückhalt der – über die unmittelbaren Handlungsbeteiligten hinaus – jeweils miterwartenden ‚Dritten', allgemeiner: der *Rechtsgemeinschaft*. In der Rechtsgemeinschaft findet eine ‚Institutionalisierung' normativer Verhaltenserwartungen statt, d. h. ihre Verfestigung und Abstützung in gesellschaftlichen Regelungsstrukturen und -routinen. Mit zunehmender Ausdehnung der Rechtsgemeinschaft gewinnt dabei die „*Institutionalisierung der institutionalisierenden Funktion*" (Luhmann 1972, 74; H. i. O.) an Bedeutung, also die Ausdifferenzierung von Rechtsinstitutionen, in denen der normative Konsens der Rechtsgemeinschaft repräsentiert, konkretisiert und aktualisiert werden kann. Dazu sind insbesondere Richter und Gerichte zu zählen, die Fall für Fall darüber zu entscheiden haben, was Recht ist bzw. als solches gelten soll (und mit entsprechender Autorität sanktioniert werden kann). In *sachlicher* Hinsicht schließlich bedarf rechtliche Koordinierung der Einbettung normativer Erwartungsstrukturen „in einen [sinnhaften; S. F.] Zusammenhang wechselseitiger Bestätigung und Begrenzung" (Luhmann 1972, 94). Als Resultat der fortlaufenden Synthetisierung und Systematisierung einer Vielzahl von Einzelerwartungen ermöglicht dieser Sinnzusammenhang nicht nur die sachliche ‚Identifikation' von Normen (wider alle Abstraktionen und Konkretisierungen), sondern sorgt auch dann noch für eine grundlegende Erwartungssicherheit, wenn einzelne Normen revidiert oder ausgetauscht werden. Schließlich dienen die Sinnverallgemeinerungen selbst als „*Erzeugungsregel für Einzelerwartungen*" (Luhmann 1972, 83; H. i. O.), also letztlich der Selbstproduktion des Rechts.

Diese drei Dimensionen der Generalisierung von Verhaltenserwartungen – Normierung, Institutionalisierung und Identifikation – beschränken sich gegenseitig und verschränken sich (per definitionem) in zeitlich, sozial und sachlich kongruent generalisierten Verhaltenserwartungen: eben im Recht. Zwar ist das Recht nach diesem Verständnis keine eigentlich moderne Errungenschaft; eine Spezialisierung des Rechtsmechanismus entspricht jedoch der Zunahme von Komplexität und Kontingenz der Handlungskoordinierung unter Bedingungen sozialer Differenzierung:

„Von der Funktion kongruenter Generalisierung her gesehen gibt es in jeder Gesellschaft Recht; aber der Grad der strukturellen Ausdifferenzierung wandelt sich im Laufe der gesellschaftlichen Entwicklung, und zwar in dem Maße, als die Komplexität der Gesellschaft zunimmt und der Bedarf für kongruent generalisierte normative Verhaltenserwartungen infolgedessen sich schärfer profiliert." (Luhmann 1972, 103)

Das Recht kommt diesem Bedarf nach, indem es die Komplexität der Gesellschaft in der Weise ‚strukturiert', „daß trotz wechselseitiger Limitierung der Möglichkeiten insgesamt mehr Möglichkeiten für sinnvolle Auswahl zur Verfügung stehen" (Luhmann 1972, 7). Dies gelingt, indem das Recht unter der Kongruenzbedingung generalisierter Verhaltenserwartungen die Komplexität der Gesellschaft einerseits reduziert, wodurch andererseits eine (rechts-)strukturabhängige Steigerung der Komplexität möglich wird. Insgesamt wird die Gesellschaft somit durch rechtliche Koordinierung auf ein höheres Ordnungsniveau geführt: „Offensichtlich hat das Recht für das Erreichen hoher und strukturierter Komplexität in sozialen Systemen eine wesentliche, wenn nicht ausschlaggebende Funktion." (Luhmann 1972, 7).

3.1.1 Soziologische Kybernetik als Governance-Theorie

Soweit sich diese Frühfassung einer systemtheoretischen Rechtssoziologie auf das Problem der Handlungskoordinierung (Generalisierung von Verhaltenserwartungen) bezieht und mit der Funktion des Rechts für das umfassende Sozialsystem (Strukturierung gesellschaftlicher Komplexität) befasst, erweist sie sich noch ohne Weiteres als eine Theorie der ‚Integration durch Recht'. In späteren Ausarbeitungen der Systemtheorie wird das Recht jedoch nicht mehr als *Struktur*, sondern als *System* der Gesellschaft konzipiert und das Vermittlungsverhältnis zwischen beiden begrifflich verkompliziert. Dieser Theorieentwicklung scheint die Erkenntnis leitende Formel einer ‚Integration durch Recht' nicht mehr ohne Weiteres gerecht zu werden, zumal der Integrationsbegriff von systemtheoretischer Seite ausdrücklich problematisiert wird (Luhmann 1993, 125 f. u. 154 f.). Statt wider dieses Selbstverständnis bei der Darstellung und Interpretation der rechtssoziologisch spezifizierten Systemtheorie von der Idee der ‚Integration durch Recht' (in ihrem Rohzustand) auszugehen, wird im Folgenden zunächst der Versuch unternommen, die soziologische *Kybernetik* in ihren Grundzügen als *Governance*-Theorie zu reformulieren. Damit wird der (durch doppelte Anknüpfung an κυβερναν etymologisch nahegelegten) Intuition entsprochen, dass sich der in den fortgeschrittenen Versionen der Systemtheorie enthaltene Steuerungsbegriff besonders eignen könnte, den politikwissenschaftlichen Governance-Begriff zu soziologisieren. Dafür spricht, dass die soziologische Systemtheorie, obwohl sie ihre Weiterentwicklung in den letzten dreißig Jahren wohl in erster Linie dem naturwissenschaftlichen Vorbild verdankt, auch die sozialwissenschaftliche Steuerungsdebatte rezipiert hat (vgl. Luhmann 1989; Scharpf 1989; Mayntz 1998; Mayntz/Scharpf 2005). Davon ausgehend ließe sich argumentieren, dass sie zumindest in Ansätzen auch die Governance-Wende internalisiert hat (wie immer man dann die Kausalzusammenhänge konstruieren würde). Diese Lesart der *Systemtheorie als Governance-Theorie* soll im Folgenden zunächst auf abstrakter Ebene erprobt werden, bevor im Einzelnen auf die systemtheoretischen Entsprechungen der (europäischen) Rechtsgemeinschaft und der (europäischen) Rechtsprechung eingegangen wird. Dazu wird in einem ersten Schritt das Grundkonzept autopoietischer Funktionssysteme erläutert (und für das Rechtssystem spezifiziert), in einem zweiten Schritt auf die systemtheoretische Vereinbarkeit von normativer Schließung und kognitiver Öffnung des (Rechts-)Systems eingegangen, in einem dritten Schritt über den Begriff der strukturellen Kopplung das Wirkungsgefüge unterschiedlicher Funktionssysteme erschlossen und in einem vierten Schritt schließlich eine dynamische Perspektive auf strukturelle Entwicklungstrends und Gestaltungsmöglichkeiten der Ko-Evolution eröffnet.

3.1.1.1 Autopoiesis gesellschaftlicher Funktionssysteme

Die Systemtheorie baut auf der basalen Unterscheidung von System und Umwelt auf: Ein System unterscheidet sich von der Umwelt; es differenziert sich (aufgrund der eigenen Operationen) als System gegenüber (s)einer Umwelt aus. In dieser konstruktivistischen (Unterscheidungs-)Prämisse steckt die Existenzbedingung von Systemen, die als solche dann für real genommen werden können. Die konstitutive Differenz von System und Umwelt kehrt im System selbst als Unterscheidung von Selbstreferenz (Verweis nach innen) und Fremdreferenz (Verweis nach außen) wieder. Aufgrund der Wiedereinführung der Unterscheidung von System und Umwelt ins System ist dieses zur Selbstbeobachtung und damit auch zur Selbstproduktion, d. h. zum (selbst gesteuerten) Bestandserhalt fähig. Alle weiteren systeminternen Unterscheidungen schließen sich an ein solches ‚re-entry' der System-Umwelt-Unterscheidung an. Unter diesen systemtheoretischen Voraussetzungen kann das Recht von einem rechtssoziologischen Beobachter als System qualifiziert werden:

> „Das Rechtssystem ist als ein System, dessen Operationen an Selbstbeobachtung gebunden sind, in der Lage, die Differenz von System und Umwelt, die durch dieses Operieren reproduziert wird, in das System wiedereinzuführen und sich selbst mit Hilfe der Unterscheidung von System (Selbstreferenz) und Umwelt (Fremdreferenz) zu beobachten." (Luhmann 1993, 52 f.).

Die Umwelt des Rechtssystems bildet alles, was vom System als Nicht-Recht erkannt bzw. ignoriert wird, was rechtlich nicht kommunizierbar, weder Recht noch Unrecht ist. Zugleich lässt sich die Gesellschaft als das umfassende Sozialsystem – im Sinne eines (global angelegten) Kommunikationsverbunds – bestimmen, das sich durch die Tatsache der Kommunikation begründet und aus allem nicht-kommunikativen Umweltgeschehen ausgrenzt. Insofern gilt das Rechtssystem als auf Rechtskommunikationen spezialisiertes Teilsystem der Gesellschaft, das sich von seiner nicht-rechtlich spezifizierten gesellschaftlichen und der allgemein außergesellschaftlichen Umwelt unterscheidet und diese Unterscheidung selbst fortlaufend reproduziert (Luhmann 1993, 34 u. 54 f.).

Eine Theorie des Rechts kann grundsätzlich sowohl im Modus der Selbstbeobachtung als auch im Modus der Fremdbeobachtung des Rechtssystems formuliert werden, also im Rechtssystem selbst (als normative Reflexionstheorie) oder in seiner Umwelt (etwa als empirische Theorie mit wissenschaftlichem Anspruch) entstehen. Entsprechend lässt sich eine juristische Beobachtungsweise des Rechts als Binnenperspektive des Rechtssystems einordnen, während die (rechts-)soziologische Beobachtungsweise mit der Einnahme einer Außenperspektive verbunden ist: „Der Soziologe beobachtet das Recht von außen, der Jurist beobachtet es von innen." (Luhmann 1993, 16 f.). Aus Sicht der Systemtheorie lässt sich das Recht schließlich nur noch als ein sich selbst beschreibendes System beschreiben, sei es von einem internen Beobachter (Juristen), sei es von einem externen Beobachter (Soziologen). Demgemäß beschreibt die systemtheoretische Rechtssoziologie das Recht zwar von außen und wird selbst an den (Wahrheits-)Kriterien des Wissenschaftssystems bemessen, berücksichtigt dabei aber die rechtsinternen Unterscheidungen und normativen Geltungskriterien des Rechtssystems. Insofern zielt sie auf eine Integration beider Perspektiven, eine Verbindung von Fremdbeschreibung und Selbstbeschreibung des Rechtssystems. Auch eine systemtheoretisch ‚irritierte' und inspirierte Reflexionstheorie des Rechts würde sich, unter umgekehrtem Vorzeichen, um eine Verknüpfung von Binnenperspektive und Außenperspektive des Rechts bemühen. Grundsätzlich könnte eine ausgearbeitete Rechtssystemtheorie also wissenschaftliche und rechtliche Anschlussfähigkeit zugleich beweisen (Luhmann 1993, 543 f.). Einstweilen ist jedoch festzuhalten, dass die Systemtheorie die internen Unterscheidungen des Rechtssystems, also all die (Beobachtungs-)Operationen, die zu Rechtsentscheidungen führen, wie auch diese selbst, mittels eines eigentümlichen, extern gesetzten Vokabulars auf die konstruktivistische Grundunterscheidung von System und Umwelt zurückführen will. Aus diesem Grunde muss sie die (ebenso normativen wie faktischen) Unterscheidungen des Rechtssystems anerkennen: „Sie muß es so beschreiben, wie die Juristen es verstehen." (Luhmann 1993, 18). Gleichzeitig kann sie die Fremdbeschreibung der Selbstbeschreibung des Rechts aber auf Kriterien einstellen, die im Rechtssystem selbst möglicherweise sinnlos, also ohne rechtsbezogenen Informationsgehalt sind. So geht es einer gesellschafts- und systemtheoretisch fundierten Rechtssoziologie beispielsweise auch darum, „den Stellenwert des Rechts in der modernen Gesellschaft zu erkennen und die Veränderungen zu notieren, die sich abzuzeichnen beginnen" (Luhmann 1993, 25). Theoriearchitektonisch stehen jedoch die Tücken der Selbstreferenz von Systemen im Vordergrund, in diesem Falle also die Paradoxien (und Entparadoxierungen) des Rechtssystems, die einer Externalisierung der Beobachterposition – einer Wendung vom Juristen zum (Rechts-)Soziologen – bedürfen (Luhmann 2000, 21 f).

In der neueren Systemtheorie finden die theoretischen Konsequenzen einer selbstreferenziellen Operationsweise von Systemen im Begriff der Autopoiesis (Selbstproduktion) Ausdruck:

> „Die Innovation, die mit dem Begriff der Autopoiesis eingeführt ist, überträgt die Vorstellung der selbstreferenziellen Konstitution auf die Ebene der elementaren (für das System nicht weiter auflösbaren) Operationen des Systems und damit auf alles, was im System für das System als Einheit fungiert." (Luhmann 1993, 45)

Das bedeutet, dass alle rechtsbezogenen Kommunikationsakte selbst(referenziell) produziert werden und dadurch eine emergente Qualität gewinnen, die die (idiosynkratische) Systemgeschichte widerspiegelt. Voraussetzung für eine solche basale Selbstbezüglichkeit der Rechtsproduktion ist eine Abschließung des Systems nach außen, genauer: seine operative Geschlossenheit. Die Umwelt des Systems hat insofern keinen Durchgriff auf die Funktionslogik des Rechts; die rekursive Vernetzung von Rechtskommunikationen erfolgt allein nach systeminternen (Unterscheidungs-) Maßstäben. Fragt man nach dem Sinn einer solchen Systembildung, kommt erneut der (bereits im Zusammenhang mit dem Problem der Handlungskoordinierung eingeführte) Begriff der Komplexität ins Spiel:

> „Das Rechtssystem [...] konstituiert und reproduziert *emergente Einheiten* (inclusive: sich selber), die es ohne operative Geschlossenheit nicht geben würde. Und es leistet auf diese Weise eine *eigenständige Reduktion von Komplexität*, ein selektives Operieren angesichts einer Fülle von Möglichkeiten, die – sei es ignoriert, sei es abgewiesen – jedenfalls unberücksichtigt bleiben, *ohne daß dies der Autopoiesis Abbruch tut.*" (Luhmann 1993, 62; H. i. O.)

Es geht also, wie schon in der früheren systemtheoretischen Fassung des (rechtlichen) Koordinationsproblems dargelegt, um die Strukturierung von Komplexität, nur dass das Recht nicht mehr als Gesellschaftsstruktur gilt, sondern als strukturbestimmtes System, und der Strukturbegriff sich nicht mehr auf die Korrelation von Recht und Gesellschaft bezieht, sondern autopoietisch aufgelöst wird. Mit anderen Worten: Das Rechtssystem strukturiert – reduziert und steigert – gesellschaftliche Komplexität, indem es sich selbst (Selbstreferenz) und seine Umwelt (Fremdreferenz) strukturiert; es kann also genau genommen als ‚eigenstrukturbestimmtes' System gelten: „Alle Beständigkeit, alle Änderbarkeit, jede Struktur muß im System erst produziert werden, und dies durch die Operationen, über die das System als eigene verfügt." (Luhmann 1993, 50). Strukturen sind demnach Selbstfestlegungen des Systems, die im Übergang von Operation zu Operation ‚kondensiert' werden und deren Bindungswirkung in jedem weiteren Schritt ‚konfirmiert' oder auch ‚modifiziert' werden kann (Luhmann 1993, 49 f.). Strukturen müssen also laufend aktualisiert werden; sie können nicht außerhalb des – immer momenthaften – Operationsgeschehens bestehen. Diese Strukturbildung ermöglicht wiederum erst den *normativen Stil des Erwartens*, der für die rechtliche Handlungskoordinierung typisch ist. Somit gilt:

> „Realitätswert haben Strukturen nur dadurch, daß sie zur Verknüpfung kommunikativer Ereignisse verwendet werden; Normen nur dadurch, daß sie, explizit oder implizit, zitiert werden; Erwartungen nur dadurch, daß sie in Kommunikationen zum Ausdruck kommen." (Luhmann 1993, 46)

Wenn Strukturen, Normen, Erwartungen im Rechtssystem fortlaufend prozessiert werden, stehen sie – (system-)theoretisch betrachtet – ständig zur Disposition; genau auf diese Weise wird die *Positivität* des (modernen) Rechts, seine jederzeitige Änderbarkeit veranschaulicht. In ihr kommt die paradoxe Konstitution des Rechtssystems zum Ausdruck:

> „Das positive Recht *gilt*, weil es *durch Entscheidung geändert werden könnte*. Es gilt *auf Grund seiner Aufhebbarkeit* und kann relativ zeitfesten Bestand trotzdem erreichen, wenn im Augenblick niemand daran denkt oder niemand die Möglichkeit oder die Macht hat, ein Änderungsverfahren einzuleiten." (Luhmann 2000, 35 f.; H. i. O.)

Positives Recht – die Legalisierung und Routinisierung von Rechtsänderungen – ist als solches überaus voraussetzungsvoll und unwahrscheinlich, also erst in einer hochkomplexen Gesellschaft denkbar (Luhmann 1972, 208 f. u. 352 f.). Zugleich verdeutlicht es, dass Komplexitätsreduktion und Komplexitätssteigerung Hand in Hand gehen, die Limitation des Möglichen immer im Horizont unendlicher Möglichkeiten erfolgt. Tatsächlich beruht die Strukturierungsleistung (und mithin auch die Geltung) positiven Rechts einzig darauf, „daß ein Überschuß an Möglichkeiten der Aufhebung des Rechts geschaffen wird, diese Möglichkeiten inhibiert und fallweise dann wieder desinhibiert werden" (Luhmann 2000, 36). Auch der Geltungsbegriff wird in der Systemtheorie also auf die Autopoiesis des Rechtssystems eingestellt. Demnach fungiert die Rechtsgeltung nur mehr als Verknüpfungssymbol rechtlicher Kommunikationen; der „einzige Geltungstest" (Luhmann 1993, 110) besteht in der Anschlussfähigkeit der Rechtsoperationen. Entsprechendes gilt für die Einheit des Rechtssystems: Wenn unter Bedingungen positiven Rechts alle Rechtsstrukturen, alle Geltungskriterien disponibel sind, dann liegt die einzige Sicherheit (auch: Rechtssicherheit) nur noch in der Autopoiesis des Rechtssystems. Eine solche Systembildung wird einerseits durch funktionale Spezifikation, andererseits durch binäre Kodierung gestützt, wie im Folgenden erläutert wird (Luhmann 1993, 60 f.).

Das Recht erfüllt für die Gesellschaft eine besondere *Funktion*, d. h. es löst (für diese) ein spezifisches (Koordinations-)Problem. Unter Bedingungen funktionaler Differenzierung wird die besondere Funktion des Rechts nur im Rechtssystem wahrgenommen und nirgendwo sonst. Als Funktionssystem gleicht das Recht den anderen Funktionssystemen der Gesellschaft (etwa Politik, Wirtschaft, Wissenschaft), als Rechtssystem ist es jedoch einzigartig, in seiner Funktion unersetzlich (Luhmann 1997, 745 ff.). Die Funktion des Rechtssystems lässt sich unmittelbar über den (eingangs bereits erläuterten) Begriff der Kontingenz erschließen. Kontingenz, die jederzeitige Aktualisierbarkeit anderer als der erwarteten (genauer: in Erwartungen kondensierten) Möglichkeiten, belastet das Handeln (und Erleben) mit der Gefahr, Enttäuschungen zu erleiden. Dieser mit wachsender gesellschaftlicher Komplexität zunehmenden Enttäuschungsgefahr wird die Sollgeltung des (in der modernen Gesellschaft positivierten) Rechts entgegengehalten, die in einem *normativen Stil des Erwartens* Ausdruck findet, der grundsätzlich auch kontrafaktisch, also im Falle von Enttäuschungen, durchgehalten werden kann. Somit geht es bei der Rechtsfunktion letztlich um die „Sicherung eines Bestandes von Erwartungen […] in einer kontingenten Welt" (Luhmann 1981a, 73). Wiederum lassen sich (mit der älteren wie der neueren rechtssoziologischen Systemtheorie) Zeitdimension, Sozialdimension und Sachdimension kongruent generalisierter und damit stabilisierter Verhaltenserwartungen unterscheiden. Die Betonung wird in der Theorie autopoietischer Systeme dabei jedoch ausdrücklich auf die *Zeitdimension* rechtlich-normativer Verhaltenserwartungen gelegt, also auf zeitliche Bindungen und nicht auf soziale Bindungen – entgegen den Prätentionen einer *sozialen* ‚Integration durch Recht' in der konventionellen Rechtssoziologie (Luhmann 1993, 125 f.). Erwartungssicherheit wird somit in erster Linie als Stabilität in der Zeit, im Hinblick auf die jederzeitige Änderbarkeit des Rechts bestimmt. Gleichwohl wird eingeräumt, dass die unterschiedlichen Dimensionen (hier: Zeitdimension und Sozialdimension) „empirisch nicht gegeneinander zu isolieren sind" (Luhmann 1993, 131), dass rechtlich-normative Zeitbindungen ganz automatisch auch soziale Effekte erzeugen, einerseits neuen Konsens, andererseits neuen Dissens stiften. Der Sachdimension, in der über die Inhalte des Rechts und die Kriterien für Recht und Unrecht entschieden wird, wird bei der normativen Stabilisierung von Verhaltenserwartungen schließlich eine Ausgleichsfunktion zugedacht, die dazu dient, „Zeitbindung und Konsens/Dissensfähigkeit in einer Zone wechselseitiger Kompatibilität zu halten" (Luhmann 1993, 131). Generell gilt, dass rechtliche Erwartungssicherheit nicht nur im negativen Sinne durch die Einschränkung bestehender Handlungsmöglichkeiten vergrößert werden kann, sondern auch im positiven Sinne durch die Eröffnung neuer Handlungsmöglichkeiten; auch hier lässt sich also auf beiden Seiten der Komplexitäts(un)gleichung ansetzen (Luhmann 1993, 136).

Eine steuerungstheoretische Rekonstruktion der Systemtheorie hat also davon auszugehen, dass die Funktion des Rechtssystems nicht in der ‚Integration' oder ‚Steuerung' durch Recht besteht, sondern in der *Erwartungssicherung*. Damit wird nicht bestritten, dass mit der normativen Stabilisierung von Verhaltenserwartungen auch das Verhalten selbst (zumindest tendenziell) in die gewünschten Bahnen gelenkt wird – tatsächlich ist eine hohe Korrelation zwischen Erwartung und Umsetzung in vielen Fällen Voraussetzung für den Bestand einer Norm. Lediglich wird die einzigartige Funktion des Rechtssystems – der spezifisch rechtliche Beitrag zur gesellschaftlichen Reproduktion, für den es (definitionsgemäß) kein funktionales Äquivalent gibt – eben nicht in der Erzielung bestimmter Verhaltenseffekte gesehen, sondern in der Reduzierung von (Erwartungs-)Unsicherheit unter Bedingung doppelter Kontingenz:

„Der das Recht prägende Sicherheitsbedarf bezieht sich zunächst auf die Sicherheit der eigenen Erwartungen, vor allem der Erwartungserwartungen und erst zweitrangig auf die Sicherheit der Erfüllung dieser Erwartungen durch das erwartete Verhalten." (Luhmann 1972, 100)

Die sekundären Steuerungswirkungen des Rechts werden in der (neueren) Systemtheorie als *Leistung* eingestuft, die das Rechtssystem für seine innergesellschaftliche Umwelt (einschließlich anderer Funktionssysteme) erbringt, die aber als solche nicht alternativlos ist: Weil „die außerrechtlichen Systeme über zahlreiche funktionale Äquivalente verfügen, um das gewünschte Verhalten als Prämisse anderen Verhaltens sicherzustellen" (Luhmann 1993, 157), steht die (Verhaltens-)Steuerung durch Recht auch nicht im Zentrum einer (rechtssoziologisch ausgearbeiteten) Systemtheorie, die sich der Einzelbetrachtung und Einmaligkeit der Funktionssysteme verschrieben hat – und weniger an einer systemübergreifenden Steuerungsperspektive interessiert ist. Gleichwohl wird die rechtliche Verhaltenssteuerung nicht als bloßer Nebeneffekt der rechtlichen Erwartungssicherung betrachtet, der sich erst im Laufe der Evolution eingestellt hat. Vielmehr hat erst die Ausdifferenzierung des Rechtssystems den ursprünglichen Zustand der *Einheit* von Erwartungssicherung und Verhaltenssteuerung (im gesellschaftlichen Normgefüge) beendet. Mit der Differenzierung von rechtlicher Funktion und Leistung gerät die kontrafaktische Stabilisierung von Verhaltenserwartungen, für die es dann außerhalb des Rechts keinen Ersatz mehr gibt, diesem gewissermaßen zur Pflicht, während die normative Verhaltenssteuerung, zu der innergesellschaftlich verschiedenerlei Alternativen bestehen, als

Kürleistung eingestuft werden kann. Andererseits kann die Systemtheorie in dieser Konstellation aber auch Anlass sehen, vor einer Gefährdung der Rechtsfunktion (Erwartungssicherung) durch überzogene Leistungsansprüche (Verhaltenssteuerung) zu warnen (Luhmann 1981a, 73 ff.; Luhmann 1993, 157 ff.).

Rechtskommunikationen zeichnen sich dadurch aus, dass sie sich am *Kode* von Recht und Unrecht orientieren: „Immer wenn auf Recht bzw. Unrecht referiert wird, ordnet sich eine solche Kommunikation dem Rechtssystem zu." (Luhmann 1993, 70). Das bedeutet nicht, dass jede Bezugnahme auf Recht schon als eine (rechts-)systembildende bzw. (rechts-)systeminterne Kommunikation anzusehen ist. Vielmehr setzt die Anwendung des Rechtskodes eine Beobachtung zweiter Ordnung voraus, die die Unterscheidung von Recht und Unrecht auf beliebige Operationen (bzw. Beobachtungen erster Ordnung) anwenden kann; erst dadurch kommt die operative Schließung des Rechtssystems zustande (Luhmann 1993, 70 ff.). Wenn das Rechtssystem seine Grenzen durch die (Verwendung der) Unterscheidung von Recht und Unrecht bestimmt, bedeutet dies nicht, dass diese mit der Unterscheidung von (Rechts-)System und (Rechts-)Umwelt identisch ist: Mit dem Unrecht des Rechtssystems ist nicht das Nichtrecht der Umwelt des Rechtssystems gemeint, denn nur Unrecht, nicht aber Nichtrecht lässt sich rechtlich kommunizieren. Schließlich bleibt die Unterscheidung von Recht und Unrecht (anders als die kollektiv bindende Entscheidung über Recht und Unrecht) nicht dem organisierten Entscheidungssystem des Rechts, also den Parlamenten und Gerichten vorbehalten, sondern schließt die alltägliche Auseinandersetzung mit Rechtsfragen ein, und zwar „immer dann, wenn eine Kommunikation in den Kontext einer Rechtsdurchsetzung, einer Vorsorge für Rechtskonflikte, einer Rechtsänderung, also in ein Prozessieren der rechtsnormativen Erwartungen eintritt" (Luhmann 1999, 6). In allem steht der Rechtskode für die Grundparadoxie des Rechtssystems, nämlich die Unentscheidbarkeit der Frage, ob es Recht oder Unrecht ist, zwischen Recht und Unrecht zu unterscheiden – der Rechtskode ist auf sich selbst nicht anwendbar. Zur Vermeidung dieses Kurzschlusses – der aporetischen Selbstreferenz des Rechtssystems – bedarf es einer weiteren Unterscheidung, die auch Fremdreferenzen (also Umweltbezüge) vorsehen kann. Diese Entparadoxierung wird durch die Differenzierung von Kode und Programm geleistet (Luhmann 1993, 188 ff.).

3.1.1.2 Operative Schließung und kognitive Öffnung

Im Folgenden geht es um die Frage, wie die bisher dargelegte normative bzw. semantische Geschlossenheit und Unabhängigkeit des Rechtssystems mit seiner kognitiven Öffnung gegenüber der Umwelt vereinbar ist bzw. mit seiner materiellen und energetischen Abhängigkeit von der nicht-gesellschaftlichen Umwelt und seiner ‚strukturellen' Abhängigkeit von der innergesellschaftlichen Umwelt einhergehen kann. Gerade der letzteren System-Umwelt-Relation – den so genannten *strukturellen Kopplungen* – wird in der Argumentation ein besonderer Wert beigemessen, da diese zur Beschreibung von Governance-Phänomenen besonders geeignet scheinen.

Zunächst werden jedoch die Modalitäten der Umweltoffenheit des Rechtssystems auf Ebene der Rechtsprogramme und auf Ebene der Erwartungsbildung erläutert. In beiden Fällen geht es um die Verdeutlichung fremdreferenzieller, kognitiver Einstellungen des Rechtssystems, also „um die Berücksichtigung der gesellschaftlichen Umwelt des Rechtssystems in sachlicher und in historischer Perspektive" (Luhmann 2000, 25). Dabei bleibt die normative Funktionsbestimmung des Rechtssystems vorausgesetzt; die rechtsinterne Erzeugung und Verarbeitung von Wissen ist somit immer nur bedingt möglich: „Eine Öffnung für Kognition steht immer unter der autopoietischen Bedingung der Einarbeitung des Einzelfalles oder auch der geänderten Norm in die laufende und weiterlaufende Entscheidungspraxis des Systems." (Luhmann 1993, 81). Der systemtheoretische Beobachter wird in allen hier dargestellten System-Umwelt-Relationen dieselbe(n) Paradoxie(n) wiederentdecken: dass Offenheit nur aufgrund von Geschlossenheit möglich ist und Unabhängigkeit nur in Abhängigkeit – und umgekehrt. Evolutionär betrachtet steigern sich Offenheit und Geschlossenheit, Abhängigkeit und Unabhängigkeit gegenseitig – und damit auch die Komplexität des Gesamtarrangements (Luhmann 1993, 76 u. 763; Luhmann 2000, 24 ff.).

Die Differenzierung von Kode und Programmen entspricht in ihrer Anlage der Unterscheidung von Selbstreferenz und Fremdreferenz, Geschlossenheit und Offenheit, Invarianz und Variabilität, mit dem Kode auf der einen und den Programmen auf der anderen Seite der Unterscheidung. Mittels Entscheidungsprogrammen, die zur richtigen (vs. falschen) Zuordnung der Kodewerte Recht und Unrecht aufgelegt werden, sich also insbesondere im Gesetzesrecht und im Richterrecht kristallisieren, kann das Rechtssystem demnach auf die Umwelt Bezug nehmen (Fremdreferenz), Informationen verarbeiten (kognitive Offenheit) und Anpassungsleistungen vollbringen (Änderbarkeit), kurzum: *lernen* – wenn auch nur unter den (system-)eigenen Bedingungen. Auf diese Weise gewinnt das Recht an sinnhaft-sachlicher Komplexität (Luhmann 1993, 93, 192 f. u. 207). Rechtsprogramme überführen die Definition und Lösung von Rechtsproblemen in (ihrerseits rechtsförmig institutionalisierte) Entscheidungsprozesse: „Die Umstrukturierung des Rechts auf die Form von Entscheidungsprogrammen ist mithin als ein Moment seiner Positivierung zu sehen." (Luhmann 1972, 227). Die Berücksichtigung von ‚dritten Werten' jenseits von Recht und Unrecht (Luhmann 1993, 192) erfolgt klassisch im Wenn-dann-Schema von *Konditionalprogrammen*: „Wenn die Tatsache a vorliegt, ist die Entscheidung x rechtmäßig; wenn nicht, dann nicht." (Luhmann 1993, 84). Dies impliziert, dass die (fremdreferenziellen) Fakten zum Entscheidungszeitpunkt feststehen und die Entscheidung aus der (selbstreferenziellen) Rechtsnorm ohne Zutun der Richter abgeleitet werden kann. Die Umstellung auf Konditionalprogramme bringt unter Bedingung zunehmender Differenzierung evolutionäre Vorteile mit sich: „Konditional programmierte Systeme können mit höherer Kontingenz und daher auch mit höherer Komplexität von Sachverhalten zusammen bestehen." (Luhmann 1972, 229 f.).

In puncto Komplexitätsreduktion und -steigerung fällt die Bilanz von *Zweckprogrammen*, die ebenfalls ihren Eingang in das moderne Rechtssystem gefunden haben (und im Zusammenhang mit der Interventions- und Wohlfahrtsstaatlichkeit prominent geworden sind), vergleichsweise schlechter aus, denn „Zweckprogramme lassen es [...] nicht zu, die Tatsachen, die im Rechtsverfahren zu berücksichtigen sind, hinreichend zu limitieren." (Luhmann 1993, 195). In Zweckprogrammen geht es um die künftige Zielverwirklichung unter gegenwärtigen Bedingungen; eine rechtliche Struktur erhalten sie etwa dann, wenn über die Rechtmäßigkeit (Geeignetheit) von Mitteln oder die Berechtigtheit (Angemessenheit) von Erwartungen zu entscheiden ist – und zwar typischerweise, *bevor* der gesetzte Zweck erreicht ist. Mit anderen Worten:

> „Zweckprogramme ziehen [...] das Risiko des Auseinanderklaffens der gegenwärtigen Zukunft und der künftigen Gegenwarten in die Gegenwart hinein. Sie riskieren, daß die künftigen Gegenwarten nicht mit dem übereinstimmen werden, was als gegenwärtige Zukunft vorausgesetzt wird." (Luhmann 1993, 199)

Unter diesen Bedingungen fällt es naturgemäß schwer, Erwartungssicherheit aktuell zu gewährleisten, zumal richterliche Zweckmäßigkeitserwägungen immer vorläufig sind und von der Realität schnell überholt werden können. Was die *Steuerungsleistung* betrifft, können sich (flexible) Zweckprogramme gegenüber (unflexiblen) Konditionalprogrammen hingegen als vorteilhaft erweisen. Von einer ‚Juridifizierung' der Zwecke oder der Zweckverfolgung ist wiederum die *teleologische* Interpretation *konditional* formulierter Rechtsprogramme zu unterscheiden: „Dabei gewährt dann gerade die konditionale Programmierung Freiheiten in der Imagination von Zwecken, die bei einer Zweckprogrammierung niemandem gestattet werden würden." (Luhmann 1993, 203). Hier stehen die Entscheidungsprämissen bereits vor Eintreten des Rechtsfalls fest und müssen nicht noch im schwebenden Verfahren an den aktuellen Stand der Erkenntnisse angepasst werden (Luhmann 1993, 199 ff.).

Das Rechtssystem kultiviert die Unterscheidung von Selbstreferenz und Fremdreferenz, Geschlossenheit und Offenheit, Invarianz und Variabilität jedoch nicht nur über die Differenzierung von Kodes und Programmen, sondern auch über die Differenzierung von Erwartungsstilen *im* Recht, nämlich von normativ und kognitiv stilisierten Erwartungen. Auch in dieser Weise wird sachliche Komplexität generiert (Luhmann 1993, 131). Normativer und kognitiver Erwartungsstil stellen (im Hinblick auf das Problem der Handlungskoordinierung) zwei funktional äquivalente Strategien des Umgangs mit Enttäuschungen dar. Der *normative Erwartungsstil*, auf dessen Basis die operative Schließung des Rechtssystems erfolgt, lässt sich durch die Weigerung, aus Enttäuschungen zu lernen, kennzeichnen – nichts anderes ist mit der kontrafaktischen Stabilisierung von Verhaltenserwartungen gemeint. Hier geht es in erster Linie um die Durchhaltefähigkeit von Erwartungen. Im Gegenzug lässt sich der *kognitive Erwartungsstil* durch Lernbereitschaft im Falle von Enttäuschungen charakterisieren. Hier geht es vor allem um eine schnelle Reaktion auf veränderte Umweltbedingungen. „Mit Hilfe dieser Differenzierung kann die Gesellschaft einen Kompromiß einregulieren zwischen den Notwendigkeiten der Wirklichkeitsanpassung und der Erwartungskonstanz." (Luhmann 1972, 44). Obwohl der normative Erwartungsstil im Rechtssystem für die Autopoiesis (unbedingte) Priorität genießt, bedeutet dies nicht, dass kognitiv stilisierte Erwartungen im Recht keine Rolle spielten; mit der *Positivierung* des Rechts werden sie sogar zu einer Selbstverständlichkeit erhoben:

„Der Einbau von Änderungsmöglichkeiten erfordert den Einbau von Lernmöglichkeiten in das Recht, und das heißt: den Einbau von kognitiven Erwartungsstrukturen – genauer: von als kognitiv normierten Erwartungsstrukturen – in ein primär normatives Erwartungsgefüge." (Luhmann 1972, 261)

In einer paradoxen Formulierung: Um der Durchhaltefähigkeit von Erwartungen willen werden im Recht selbst Änderungsmöglichkeiten vorgesehen. Damit gelangt man zu einem kombinierten kognitiv-normativen Erwartungsstil, dessen Essenz, solange das Rechtssystem als solches besteht, normativ ist und der gleichwohl mit verfahrensmäßigen Rechtsänderungen, also einem ‚Umlernen von Erwartungen' in einer dynamischen Umwelt vereinbar ist. In der Erwartungsbildung impliziert normative Geschlossenheit eine Reduktion von Komplexität durch (lernunwillige) Ausblendung von Alternativen und kognitive Öffnung eine Steigerung von Komplexität durch (lernbereite) Einbeziehung von Alternativen (Luhmann 1972, 50 ff. u. 260 ff.; Luhmann 1975b, 234 f.; Luhmann 1993, 80 u. 233 ff.).

Mit den bisher dargelegten Theorieelementen wird man zu der Einsicht gelangen, dass der *Steuerungsbegriff* in der (neueren) Systemtheorie auf Höhe des Autopoiesis-Konzeptes anzusetzen hat, demzufolge normative Geschlossenheit als unbedingte und kognitive Offenheit als bedingte Eigenschaft des (Rechts-)Systems gilt. Tatsächlich ist in den verschiedenen Theorievarianten die Selbststeuerung der Systeme Schlüssel zu allen steuerungs- bzw. governance-theoretischen Einlassungen. Paradigmatisch gilt: „Steuerung ist immer Selbststeuerung von Systemen" (Luhmann 1988a, 338). Man kann Steuerung dann ganz allgemein „als Strukturveränderung eines Systems" (Teubner 1989, 29) bestimmen oder bezeichnet damit „eine ganz spezifische Verwendung von Unterscheidungen, nämlich das Bemühen um eine *Verringerung der Differenz*" (Luhmann 1988a, 328; H. i. O.). In jedem Falle ist es aber das System selbst, das seine Strukturen verändert und seine Differenzen verringert; insoweit ist es eher als Steuerungs*subjekt* zu verstehen denn als Steuerungs*objekt*. Sinnverwandt mit diesem (Selbst-)Steuerungskonzept ist der Begriff der *Autonomie* – „wörtlich: Selbstlimitierung" (Luhmann 1993, 63). Systemtheoretisch gewendet verdeutlicht der Autonomiebegriff, dass die evolutionär (mit den Unabhängigkeiten) gesteigerten Abhängigkeiten eines Systems dessen selbstreferenzielle Operationsweise weder determinieren noch unterminieren können. Die Autonomie autopoietischer Systeme ist demnach nicht relativ, sondern absolut zu verstehen – auch wenn, so wird regelmäßig eingeräumt, ein Beobachter auf einer anderen (Beobachtungs-)Ebene durchaus Kausalzusammenhänge zwischen System und Umwelt bzw. Systemen, die füreinander Umwelt sind, entdecken könnte. Im systemtheoretischen Kontext kommt es jedoch darauf an, dass die Unterscheidung von System und Umwelt, Selbst- und Fremdreferenz selbst eine systeminterne Unterscheidung ist, also das System als Beobachter voraussetzt:

„Fremdreferenz gilt uns deshalb noch nicht als Einschränkung der Systemautonomie, weil das Referieren immer eine systemeigene Operation bleibt, die im System durch interne Vernetzungen ermöglicht, das heißt: an Normen sichtbar sein muß. Und deshalb charakterisiert die

Operation des Beobachtens mit Hilfe der Unterscheidung von Selbstreferenz und Fremdreferenz zunächst auch nur das System selbst, und zwar genau in der eigenen Handhabung seiner Autonomie." (Luhmann 1993, 77; vgl. ebd., 63 ff.)

Im Unterschied zum Autopoiesis-Konzept liegt im Begriff der Autonomie also nicht nur ein Verweis nach innen, im Sinne der (selbstreferenziellen) operativen Schließung des Systems, sondern auch nach außen, im Sinne der (fremdreferenziellen) Öffnung gegenüber der Umwelt (Willke 1996, 139).

3.1.1.3 Integration als intersystemische strukturelle Kopplung

Reichhaltiger wird die systemtheorieinterne Steuerungsdebatte durch Einbeziehung des Konzepts struktureller Kopplungen, die – paradoxerweise – als „weitere Bedingungen der Autonomie von Funktionssystemen" (Luhmann 1997, 780) gelten, und zwar allein schon deshalb, weil Kopplungen (argumentationslogisch und entwicklungsgeschichtlich) Entkopplungen voraussetzen. Es werden aber noch weitere Gründe für eine Steigerung der systemischen Autonomie durch strukturelle Kopplungen angeführt, die jedoch zunächst eines genaueren Verständnisses dieses Konzeptes bedürfen: Strukturelle Kopplungen sind spezifische System-Umwelt-Relationen, auf denen das System in seiner Operationsweise und Strukturbildung aufbauen kann; sie stehen orthogonal zu (also in Unabhängigkeit von) der Autopoiesis des Systems. Technisch ausgedrückt beinhalten sie die „Umformung analoger (gleichzeitiger, kontinuierlicher) Verhältnisse in digitale, die nach einem entweder/oder-Schema behandelt werden können" (Luhmann 1997, 779 f.). Im Falle von intersystemischen Beziehungen, also von Beziehungen zwischen Systemen, die füreinander Umwelt sind, entsprechen diese Kopplungen ungefähr den wechselseitigen Leistungsbeziehungen, auf die sich die beteiligten Systeme in ihrer Funktionsweise stützen. Der Begriff struktureller Kopplungen bezeichnet jedoch nicht die Bandbreite der Leistungen, die Systeme füreinander erfüllen, sondern die schmalen Grade, über die Systeme einander (in ihren gegebenen Erwartungsmustern) ‚irritieren', nicht aber bestimmen können: „Die Begriffe ‚strukturelle Kopplung' und ‚Irritation' bedingen einander wechselseitig." (Luhmann 1993, 442). Durch strukturelle Kopplungen wird das System-Umwelt-Verhältnis (bzw. System-System-Verhältnis) auf wenige Berührungspunkte konzentriert – mit dem paradoxen Effekt, dass Einwirkungen (eines Systems in) der Umwelt auf das (Referenz-)System zugleich beschränkt und erleichtert werden, also wiederum Komplexität in einem ersten Schritt reduziert wird (Indifferenz gegenüber einer Vielzahl von Umweltereignissen), um in einem zweiten Schritt gesteigert zu werden (Intensivierung der Irritationen an wenigen Schnittstellen). Auf Irritationen, die das System im Wege struktureller Kopplung erreichen, kann dieses, muss aber nicht mit Strukturanpassungen reagieren; genau in dieser Selbstbestimmtheit des Umgangs mit Irritationen wahrt das System seine (autopoietische) Autonomie. Der Begriff der *Irritation* impliziert die ‚zeitliche Desintegration' zwischen den gekoppelten Systemen: die Unmöglichkeit einer intersystemischen Synchronisation des Operationsgeschehens (Luhmann 1993, 440 ff.; Luhmann 1997, 790 ff.; Luhmann 2002, 373 f.).

Das Konzept struktureller Kopplungen ist (in der hier interessierenden Anwendung) nur vor dem Hintergrund funktionaler Differenzierung im Sinne des Nebeneinanders einer Mehrzahl von autopoietischen Funktionssystemen zu verstehen, die in ihrer Operationsweise und Strukturbildung zwar grundsätzlich unabhängig voneinander bleiben, jedoch ihre Funktionserfüllung und Leistungserbringung (jedenfalls bis auf Weiteres) wechselseitig voraussetzen müssen; mit der funktionalen Differenzierung der Systeme sind insoweit auch Abhängigkeiten bzw. Interdependenzen entstanden. Über die Zeit führen strukturelle Kopplungen somit zu einer ‚structural drift' bzw. einer Ko-Evolution der Systeme, worauf in der weiteren Argumentation noch zurückzukommen sein wird; zunächst genügt jedoch eine *statische* Betrachtung des Zusammenhangs von funktionaler Differenzierung und strukturellen Kopplungen. Unter dem Primat funktionaler Differenzierung verlieren regionale Gesellschaften ihre Einheit; als neue Gesellschaftseinheit fungiert die Weltgesellschaft: In diesem systemtheoretischen Postulat, das es ebenfalls an späterer Stelle noch auszuführen gilt, ist ein abstraktes *Integrationskonzept* enthalten, das die Einheit der Gesellschaft weniger handlungstheoretisch (über soziale Integration) als systemtheoretisch (über Systemintegration) begründet. Einheit bildet hier bereits grundbegrifflich die Kehrseite der Differenz, entsprechend bedarf die Integration einer funktional differenzierten (Welt-)Gesellschaft auch keines (global-dörflichen) Gemeinschaftsgefühls. Insoweit die Integrationskonzepte der Soziologie als Variationen des in der Politikwissenschaft geprägten Governance-Konzepts verstanden werden können (Lange/Schimank 2003, 4), lässt sich nun auch der systemtheoretische Integrationsbegriff (und nicht nur das Autopoiesis-Konzept) steuerungstheoretisch ausdeuten. In einem basalen Sinne bezeichnet er ganz einfach das, „was gleichzeitig möglich ist" (Luhmann 1997, 760), also im vorliegenden Zusammenhang das, was durch strukturelle Kopplungen ein- und nicht ausgeschlossen wird. „Faktisch sind alle Funktionssysteme durch strukturelle Kopplungen miteinander verbunden und in der Gesellschaft gehalten." (Luhmann 1997, 779). Damit lässt sich Systemintegration als Resultat von Abhängigkeiten bzw. Kopplungen auf der Basis von Unabhängigkeiten bzw. Entkopplungen zwischen Systemen und ihren Umwelten (mitsamt den darin vorkommenden anderen Systemen) bestimmen – auch dieser Begriff ist also paradox konstituiert.

Strukturelle Kopplungen gelten nun jedoch nicht nur als Ausdruck systemtheoretischer Selbstverständlichkeiten – etwa in dem Sinne, dass Differenz Einheit und Unabhängigkeit Abhängigkeit impliziert –, sondern auch als Indikatoren eines ganz praktischen Problems:

> „Strukturelle Kopplungen [...] entstehen [...] erst, wenn die funktionale Differenzierung des Gesellschaftssystems so weit fortgeschritten ist, daß Trennung und Zusammenhang der Funktionssysteme ein Problem bilden und die Paradoxie der Einheit des Ganzen, das aus Teilen besteht, auf strukturelle Kopplungen abgeladen werden und dadurch Form erhalten kann." (Luhmann 1993, 446)

Insoweit ist das, was gleichzeitig möglich ist, eben nicht beliebig, sondern eine evolutionäre Errungenschaft; in strukturellen Kopplungen sind also gewissermaßen die Konflikte des Zusammenspiels autopoietischer Funktionssysteme ‚aufgehoben'. Dass die Teilsysteme unter diesen Bedingungen wechselseitiger Beschränkung gleichwohl einen Gewinn an *Autonomie* erzielen, wird einerseits damit begründet, dass es einem jeden System überlassen bleibt, wie es mit seinen strukturellen Kopplungen und den darüber laufenden Irritationen umgeht, ob es diese verstärkt und für Selbstveränderungsprozesse nutzt oder abschwächt und schlichtweg aushält. Andererseits scheint unter Bedingung funktionaler Differenzierung gerade die Verschiedenheit struktureller Kopplungen den Erhalt des Funktionsprimats und der Autopoiesis der Teilsysteme zu gewährleisten:

> „Der wichtigste Zwang zu operativer Autonomie und Selbstorganisation dürfte [...] in der *Vielzahl* von strukturellen Kopplungen mit *verschiedenen* Segmenten der Umwelt liegen, denn das hat zur Folge, daß keiner dieser Außenbeziehungen die Führung überlassen werden kann und Engpaßprobleme vorübergehender Natur sind." (Luhmann 1997, 780; H. i. O.)

Dieses letzte Argument gilt jedoch nur unter der Prämisse, dass Steuerung (im Sinne von Führung) als ein systemübergreifendes Phänomen in einer ‚dezentrierten' Gesellschaft obsolet geworden ist – dass also mit der (weltgesellschaftlichen) Durchsetzung funktionaler Differenzierung alle Funktionssysteme prinzipiell als gleichrangig anzusehen sind (Luhmann 1997, 746). Dagegen ließe sich ein horizontalisierter Steuerungsbegriff – Governance – durchaus mit dem Primat funktionaler Differenzierung vereinbaren, wie es zumindest in einigen Seitensträngen der Systemtheorie auch nahe gelegt wird. Damit gelangt man dann auch zur (theoretisch wie empirisch ergiebigeren) Frage nach der Vereinbarkeit von Selbststeuerung und Fremdsteuerung.

Der *Integrationsbegriff* steht weniger in Verdacht einer hierarchischen bzw. zentralistischen Ordnungskonzeption als der klassische *Steuerungsbegriff* und erweist sich damit im (luhmannschen) Mainstream der Systemtheorie gegenüber einzelsystemischen (Selbst-)Steuerungskonzepten und – dadurch widerlegten – intersystemischen Dominanzkonzeptionen zunächst als der geeignetere Stellvertreter für den Governance-Begriff. Integration wird abstrakt begriffen und als Analogon (oder Pendant) zur funktionalen Differenzierung konzipiert:

> „Mit dem Ausfall hierarchischer Integration entfällt nicht auch der Integrationsbedarf; es ändern sich nur die Formen, in denen gesellschaftliche Integration (begriffen als Einschränkung der gesellschaftlich eingerichteten Freiheitsgrade der Teilsysteme) vollzogen werden kann." (Luhmann 2002, 355)

Diese evolutionsgeschichtlich begriffene Kombination von funktionaler Differenzierung und nicht-hierarchischer Integration wird in der Systemtheorie als (paradoxiehaltige) Unterscheidung aufgefasst und als solche letztlich – wie gesehen – „durch die Unterscheidung von Autopoiesis und struktureller Kopplung [ersetzt]" (Luhmann 1997, 778). Die Zusammenhänge bleiben aber sichtbar. Die Systemtheorie kann also grundsätzlich in zweierlei Weise zur allgemeinen Steuerungsdebatte beitragen – je nachdem, ob sie eher die eine Seite der Unterscheidung (*funktionale Differenzierung* bzw. *Autopoiesis*) betont oder aber die andere Seite (*Integration* bzw.

strukturelle Kopplung). Wenn das Phänomen der Autopoiesis funktional differenzierter Systeme den Schwerpunkt der Argumentation bildet, wird Steuerung vornehmlich als Selbststeuerung eines Systems begriffen (Luhmann 1988a, 338). Dagegen kann die Systemtheorie das Hauptgewicht aber ebenso gut auf das Phänomen der Integration durch strukturelle Kopplungen legen und Steuerung entsprechend systemübergreifend als ‚Fremdsteuerung durch Selbststeuerung' definieren (Teubner 1989, 82 f.; Willke 1992, 200). Dieser Perspektivwechsel hin zur *Integrationsseite* vollendet gewissermaßen die Governance-Wende *in* der Systemtheorie, die durch Radikalisierung der *Differenzierungsseite* (durch Einführung des Autopoiesis-Konzeptes) eingeleitet worden ist.

Dieser letzte Schritt in der kybernetischen Theoriebildung – die Ausarbeitung der systemübergreifenden Integrationsmomente (und deren steuerungstheoretische Spezifizierung) – ist auch als Reaktion auf den gestiegenen ‚Irritationspegel', die zunehmende ‚Selbstirritation' der funktional differenzierten Gesellschaft zu werten (Luhmann 1997, 795). Zwar erlaubt die Umstellung auf funktionale Differenzierung eine enorme Steigerung der gesellschaftlichen Komplexität:

> „Die Komplexitätsgewinne liegen, formal gesehen, darin, daß die Gesellschaft über Ausdifferenzierung neuer System/Umwelt-Unterscheidungen in der Gesellschaft nach innen expandiert. Dadurch werden innerhalb dessen, was operativ zur Autopoiesis von Kommunikation beiträgt, mehr und verschiedenartigere Kommunikationen möglich, und zwar sowohl gleichzeitig als auch im Nacheinander. [...] So wird die Gesamtgesellschaft komplexer, und dies nicht nur durch eine Addition der Operationen der einzelnen Funktionssysteme, sondern als Beobachtungs- und Auswahlbereich für jedes Einzelsystem." (Luhmann 1997, 764)

Doch kann sich die Gesellschaft eine solche Expansion nach innen nur unter der Voraussetzung struktureller Kopplungen leisten, über die die einzelnen Teilsysteme in ihren Umweltrelationen irritierbar bleiben, also in den Stand gesetzt werden zu lernen. Dabei besteht *Lernfähigkeit* in der „Fähigkeit [...], eine Ausgangsirritation im System zu vermehren und im Abgleichen mit vorhandenen Strukturen so[ ]lange weitere Irritationen zu erzeugen, bis die Irritation durch angepaßte Strukturen konsumiert ist" (Luhmann 1997, 790 f.). Die gesteigerte Irritierbarkeit einer funktional differenzierten Gesellschaft geht sowohl mit einer Unkoordiniertheit der Irritationen einher als auch mit einer Unkoordiniertheit der (wahlweise: Anpassungs- oder Abwehr-)Reaktionen des jeweils irritierten Systems. Dieser Schluss lässt sich zumindest aus der Abwesenheit bzw. Überforderung einer zentralen Stelle zur Behebung der Folgeprobleme funktionaler Differenzierung ziehen (Luhmann 1997, 790). Die mit dem Autopoiesis-Konzept gesetzte Prämisse einer Unkoordiniertheit der Irritationen einerseits, der Strategien ihrer Verarbeitung andererseits ist nun im (theoretischen wie praktischen) Interesse an einer systemübergreifenden Steuerungsperspektive auf den Prüfstand zu stellen. Dafür bedarf es zunächst einer Verfeinerung des Konzepts struktureller Kopplungen.

Das Theorem struktureller Kopplungen wurde im vorliegenden Zusammenhang ausschließlich auf die innergesellschaftlichen System-Umwelt-Relationen von Funktionssystemen, also genau genommen auf deren – ‚unkoordiniertes' – Zusammenspiel bezogen, wobei der Koordinationsbegriff im vorliegenden Zusammenhang nicht dem zuvor erörterten Integrationskonzept entspricht, sondern einem hierarchischen Steuerungskonzept angenähert (und wie dieses aus theorieimmanenten Gründen verworfen) wird. Als Ausdifferenzierungen des Gesellschaftssystems stützen sich aber alle funktionalen Teilsysteme auf Kommunikationen, so dass strukturelle Kopplungen in diesem Spezialfall die Irritation von Kommunikationen durch Kommunikationen – also von gleichartigen Operationen – beinhalten. Für diese Sonderkonstellation steht der Begriff *operativer Kopplung*, der darauf ausgelegt ist, „daß bestimmte Ereignisse in mehreren Systemen zugleich als Operationen identifiziert werden und ein Beobachter sie dann als Einheit sehen kann" (Luhmann 1997, 753). Für die beteiligten Systeme haben die Operationen aber weiterhin den Status von selbstproduzierten, emergenten Einheiten, die mit einem je (system-)spezifischen Sinn aufgeladen werden, so dass sich die Einheit des Kommunikationsakts noch im selben Moment in eine Differenz der Bedeutungen auflöst, die ganz unterschiedliche Anschlusskommunikationen erzeugen. Operative Kopplungen sind gegenüber strukturellen Kopplungen (zwischen ungleichartigen Systemen) effizienter: „[S]ie verdichten und aktualisieren die wechselseitigen Irritationen und erlauben so schnellere und besser abgestimmte Informationsgewinnung in den beteiligten Systemen." (Luhmann 1997, 788). Alternativ lässt sich dieses Phänomen auf den Begriff der *„Interferenz* von gleichartigen autopoietischen Systemen, die sich innerhalb eines umfassenderen autopoietischen Systems herausdifferenziert haben" (Teubner 1989, 106), bringen. Auf der gemeinsamen Basis von Kommunikationen werden zwischen den gesellschaftlichen Teilsystemen schließlich organisations- oder netzwerkförmige Ausgestaltungen operativer Kopplungen denkbar, über die sich dann – ohne den systemtheoretischen Boden zu verlassen – auch systemübergreifende Koordinationswirkungen erzielen lassen. In solchen Fällen handelt es sich um Formen der „ökologischen (nicht: systemischen) Rekursivität" (Teubner 1992, 538), die die Selbstproduktion eines Komplexes operativ gekoppelter, autopoietischer Systeme gewährleisten.

Im Vordergrund der orthodoxen Version der (radikalisierten) Systemtheorie steht eine Ausdifferenzierung der strukturellen – und zugleich operativen – Kopplung von Funktionssystemen in Form von *Organisationssystemen*, die einen eigenen Typus autopoietischer Systembildung darstellen: „Organisationen bilden und reproduzieren sich durch Entscheidungen, die sich im Netzwerk der eigenen Entscheidungen des Systems rekursiv identifizieren." (Luhmann 2002, 397). Funktionssysteme und Organisationssysteme können in vielfältiger Weise kombiniert werden; die hier interessierende Möglichkeit betrifft die (Selbst-)Limitierung der Funktionssysteme durch (differente) Anknüpfung an (einheitliche) Organisationsentscheidungen: „Daß Organisationen der strukturellen Kopplung von Funktionssystemen dienen, […] liegt mithin daran, daß sie eine Hypertrophie von Entscheidungsmöglichkeiten erzeugen, die dann durch die Entscheidungspraxis und ihre ‚Selbstorganisation' reduziert wird." (Luhmann 2002, 400). Damit können die Funktionssysteme von der strukturierenden Wirkung eines übergreifenden Entscheidungssystems profitieren, ohne sich ausdrücklich ‚abstimmen' (hier: ihre autopoietische Autonomie einschränken) zu müssen (Luhmann 2002, 398). Einen weiteren Schritt in Richtung

Governance-Analyse bedeutet die Einbeziehung von „,Verhandlungssysteme[n]' [...], die in der Form von regulären Interaktionen Organisationen zusammenführen, die ihrerseits Interessen aus verschiedenen Funktionssystemen vertreten" (Luhmann 1997, 788). In diesem Falle erfolgt die Ausdifferenzierung struktureller bzw. operativer Kopplungen zwischen Funktionssystemen also in Form eines *Interaktionssystems* von Organisationssystemen, an die wiederum die Funktionssysteme angebunden sind. Auf einer solch „verschachtelten Systemkomplexität" (Willke 2003b, 542) beruht letztlich die Ansicht einiger unorthodoxer Vertreter der Systemtheorie, dass zwischen den Funktionssystemen eine ‚Abstimmung' (hier: eine Strategie der vernetzenden Koordination) durchaus möglich ist: „Vernetzende Koordination bezeichnet den Abstimmungsmodus zwischen operativ autonomen, selbststeuernden Einheiten im Kontext einer Interdependenz zwischen ihnen, die strukturelle Kopplung erzeugt." (Willke 1997, 119). Dahinter verbirgt sich das Konzept einer *Makrosteuerung*, die auf der letzten Ordnungsstufe keiner alles integrierenden (Organisations-)Hierarchie mehr bedarf und insofern dem horizontalen Strukturprinzip funktionaler Differenzierung entspricht – auf einen Begriff gebracht: Netzwerk-Governance.

3.1.1.4 Integration als systemübergreifende strukturelle Drift

Schließlich stellt sich die Frage nach der Langzeitwirkung struktureller Kopplungen zwischen Funktionssystemen: nach der ‚structural drift' der Systeme, die bewirkt, „daß die gekoppelten Systeme nach einiger Zeit sich in Zuständen befinden, die so aussehen, als ob sie durch planmäßige Koordination zustande gekommen wären" (Luhmann 2002, 400 f.) – also nach der „Dynamik der gesellschaftlichen Integration" (Luhmann 1997, 759). Aus der Perspektive eines jeden Systems geht es dabei um die Ausgestaltung der (internalisierten) System-Umwelt-Relation durch Verarbeitung von Irritationen, also letztlich um die (Fort-)Entwicklung der eigenen Systemrationalität (Luhmann 1997, 793). Um die gesellschaftliche Entwicklung über längere Zeiträume zu erschließen, hat die (luhmannsche) Systemtheorie von Beginn an evolutionstheoretisches Vokabular eingearbeitet, insbesondere die Konzepte der Variation, Selektion und Stabilisierung. Allerdings hat sie dann selber eine Entwicklung durchlaufen, die es rechtfertigt, von drei verschiedenen (Entwicklungs-)Phasen der Systemtheorie zu sprechen, die sich auch in ihrer Ausarbeitung als Evolutionstheorie widerspiegeln. Die drei Stadien der systemtheoretischen Evolutionstheorie sind im vorliegenden (rechtssoziologischen) Zusammenhang nicht nur insoweit interessant, als sie die Entwicklung von Recht und Gesellschaft in unterschiedlicher Weise fassen. Im Nacheinander (und zum Teil auch Nebeneinander) der verschiedenen Konzeptionen einer systemtheoretischen Rechtssoziologie kommt auch eine veränderte Wirklichkeitserfahrung (im Sinne eines ‚Widerstands von Kommunikationen gegen Kommunikationen') zum Ausdruck, die – in wie immer vermittelter Weise – mit unterschiedlichen gesellschaftsgeschichtlichen Wirklichkeiten korrespondiert: Wenn man den Übergang von der ersten zur zweiten Phase der Theorieentwicklung mit der Umstellung auf das Autopoiesis-Konzept markiert, dann könnte die vor-autopoietische systemtheoretische Rechtssoziologie somit nach wie vor geeignet sein, um einen vor-autopoietischen Entwicklungszustand des Rechts in der Gesellschaft zu dokumentieren. Wenn man den Übergang von der zweiten zur dritten Phase der Theorieentwicklung mit dem Perspektivenwechsel von funktionaler Differenzierung zu Integration, von Autopoiesis zu struktureller Kopplung kennzeichnet, dann könnte diese jüngste systemtheoretische Wendung (post bzw. praeter Luhmann) durch eine Verschärfung der Folgeprobleme funktionaler Differenzierung provoziert worden sein. Einer solchen kruden Synchronisierung von Theorie und Empirie steht freilich die konstruktivistische Prämisse entgegen, dass es ,die Wirklichkeit da draußen' immer nur als Wirklichkeit hier drinnen gibt – genau das ist mit dem ,re-entry' der System-Umwelt-Unterscheidung in das System gemeint. Als eines naturalistischen Fehlschlusses unverdächtig erweist sich jedoch eine steuerungstheoretische Sublimierung der obigen (Korrespondenz-)These, die sich auf die Aussage beschränkt, dass in dem zweifachen Phasen- bzw. Paradigmenwechsel der Systemtheorie die *Governance-Wende* vollzogen worden ist: von der (bedingten) Fremdsteuerung zur (unbedingten) Selbststeuerung und von der (unbedingten) Selbststeuerung zur (bedingten) Fremdsteuerung durch (unbedingte) Selbststeuerung.

In der *Frühfassung* der (rechtssoziologischen) Systemtheorie wird die Entwicklung des Rechts erstmals in evolutionstheoretische Begriffe gebracht: *Variation* bezieht sich auf die Vielfalt und Unabgeschlossenheit von Möglichkeiten des normativen Erwartens; *Selektion* bezieht sich auf die institutionalisierte Auswahl bestimmter und Ausscheidung anderer Möglichkeiten normativen Erwartens; *Stabilisierung* bezieht sich auf die Wahrung des Zusammenhanges zwischen den rechtmäßigen Möglichkeiten normativen Erwartens durch Verallgemeinerung von Sinn und Inhalt. Die evolutionären Mechanismen der Variation, Selektion und Stabilisierung setzen in differenzierter und einheitsstiftender Weise an der zeitlichen, sozialen und sachlichen Dimension der Erwartungsbildung an; sie bringen *zeitliche* Bindung durch Normativität, *soziale* Bindung durch Institutionalisierung und *sachliche* Bindung durch Sinnfestlegung in Verknüpfung, strukturieren gesellschaftliche Komplexität und schaffen so das (moderne) Recht.

> „Sie leisten verschiedene, aber komplementäre Beiträge zur strukturellen und prozeßmäßigen Anpassung der Gesellschaft an höhere Komplexität. Ihr Zusammenspiel gewährleistet die Erhaltung der Kongruenz normativer Verhaltenserwartung auch bei steigender Komplexität der Gesellschaft." (Luhmann 1972, 140)

Recht wird in diesem (Entwicklungs-)Stadium der Systemtheorie eher als Gesellschaftsstruktur denn als gesellschaftliches Teilsystem, und insbesondere (noch) nicht als autopoietisches Funktionssystem begriffen. „Recht als Struktur und Gesellschaft als Sozialsystem müssen [...] im Verhältnis wechselseitiger Interdependenz gesehen und erforscht werden." (Luhmann 1972, 9): Damit kann der Zusammenhang von Recht und Gesellschaft noch relativ einfach gefasst werden – als Entsprechungsverhältnis von rechtlichem und gesellschaftlichem Wandel. Das bedeutet einerseits, dass die rechtlichen Evolutionsmechanismen noch nicht von den gesellschaftlichen

Evolutionsmechanismen ausgesondert und Rechtsnormen noch nicht gegenüber sozialen Normen verselbstständigt sind (Teubner 1989, 70 ff.). Das bedeutet zum anderen, dass das Recht, sofern es trotz seines (theoretisch betrachtet) vor-autopoietischen Zustands bereits (empirisch betrachtet) positivierte Züge angenommen hat, als „Instrument gesellschaftlicher Veränderungen" (Luhmann 1972, 294) begriffen werden kann. Zur Einordnung einer solchen ‚(Gesellschafts-)Steuerung durch Recht' lassen sich dann verschiedene Konstellationen der Änderung bzw. Nichtänderung von Recht (als unabhängiger Variable) auf der einen Seite und der Änderung bzw. Nichtänderung der Gesellschaft (als abhängiger Variable) auf der anderen Seite unterscheiden (Luhmann 1972, 325 f.). Zugleich kann das positivierte Recht als Hindernis der gesellschaftlichen Entwicklung identifiziert werden, und zwar gerade wegen seiner Selbstbezogenheit; entsprechend wird bisweilen ein stärkerer Gesellschaftsbezug (hier: in der Sachdimension des Rechts) eingefordert:

"Das Recht muß als eine Struktur der Gesellschaft, die Rechtskategorien müssen als Kategorien gesellschaftlicher Planung gesehen werden. Die Sicherung der Kontinuität des Erwartens wird als Teilmoment in den Planungskontext aufgenommen und auf ihn relativiert. Stabilität ist nicht mehr Voraussetzung, Stabilisierung ist das Problem planerischen Entscheidens." (Luhmann 1972, 297)

Mit der *autopoietischen Wendung* der Systemtheorie werden die Evolutionsmechanismen der Variation, der Selektion und der Stabilisierung konzeptuell mit den Elementen, Strukturen und der Einheit des Systems verknüpft. Im Einzelnen besteht Evolution somit in der Verbindung von:

„(1) *Variation* eines autopoietischen *Elements* im Vergleich zum bisherigen Muster der Reproduktion; (2) *Selektion* der damit möglichen *Struktur* als Bedingungen weiterer Reproduktionen; und (3) *Stabilhalten des Systems* im Sinne der dynamischen Stabilität, also Weiterführen der autopoietischen, strukturdeterminierten Reproduktion in dieser geänderten Form." (Luhmann 1993, 242; H. i. O.)

Auf das Rechtssystem bezogen meint Variation wiederum das Auftauchen ungewohnter Normprojektionen, Selektion die Entscheidung über die Rechtmäßigkeit von Normen, Stabilisierung die Systematisierung von Rechtsentscheidungen. Grundlegend für dieses Stadium der Systemtheorie ist die Annahme einer Internalisierung der Evolutionsmechanismen in das Rechtssystem. Das bedeutet, dass die *Variation* der Rechtselemente (eigen-)strukturdeterminiert erfolgt und Neuerungen nicht von außen, sondern von innen kommen; dass die *Selektion* der Strukturen, also die Bestimmung dessen, was als Recht gilt und was nicht, ohne Rücksicht auf gesellschaftliche Normen vorgenommen wird und zu rechtlich eindeutigen Ergebnissen gelangt; dass schließlich *Stabilisierung* sich nicht an gesellschaftsweiten Sinnzusammenhängen, etwa einer universellen Moral bemisst, sondern allein im Geflecht der Paragraphen, ihren Anwendungen und Kommentaren gelingt (Teubner 1989, 74 f.). Wiederum lässt sich das Vermittlungsverhältnis von Recht und Gesellschaft betrachten, das in der Systemtheorie nun ausdrücklich durch ‚Interdependenzunterbrechungen' gekennzeichnet wird (Luhmann 1997, 768 f.). *Einerseits* hat die gesellschaftliche Evolution (die hinsichtlich der tatsächlich gemeinten System-Umwelt-Relation noch einer Spezifizierung bedürfte) keinen Durchgriff mehr auf die Evolution des Rechts. Das Recht evoluiert aus sich selbst heraus, und zwar nicht nur, was die Wahrung der Einheit des (Rechts-)Systems betrifft, sondern auch, was die Erneuerung von Elementen und Strukturen betrifft: „Weder bei der Variation noch bei der Selektion geht es um eine extern induzierte Innovation des Rechts. Evolution ist kein Planverfahren." (Luhmann 1993, 268). Alles andere ist Zufall; jede (als solche) beobachtete Umweltanpassung ist eine intern erzeugte Strategie des Umgangs mit Irritationen. *Andererseits* hat die rechtliche Evolution aber auch keinerlei Durchgriff auf die Evolution der Gesellschaft insgesamt bzw. die Evolution anderer gesellschaftlicher Teilsysteme. Auch diese erfüllen ihre Funktionen und erbringen ihre Leistungen nur unter Voraussetzung autopoietischer Autonomie, und das bedeutet auch: evolutionärer Verselbstständigung.

Das vorerst letzte Kapitel der (Entwicklung der) evolutionstheoretischen Systemtheorie ist mit der Ausarbeitung des Konzepts der *Ko-Evolution* eingeleitet – womit die evolutionstheoretische Konsequenz aus dem Perspektivwechsel von funktionaler Differenzierung zu Integration, von Autopoiesis zu struktureller Kopplung gezogen wird. Ausgangspunkt ist erneut die mit der Unabhängigkeit eines autopoietischen Systems zugleich gesteigerte Abhängigkeit von der Umwelt bzw. die mit der normativen Geschlossenheit des Rechtssystems einhergehende kognitive Öffnung. In dynamischer Betrachtung der Bedeutung struktureller Kopplungen stellt sich nun die Frage nach der ‚structural drift' der sich wechselseitig irritierenden Systeme. Zu deren Beurteilung bedarf es wiederum eines Überschreitens der (selbstreferenziellen) einzelsystemischen zugunsten einer (fremdreferenziellen) intersystemischen Perspektive, was in der orthodoxen, ‚autologischen' Systemtheorie bereits als Ablenkung vom eigentlichen Erkenntnisinteresse – der paradoxen Konstitution allen Beobachtens und Unterscheidens – gilt, geht es doch hier um fremdreferenziellen Informationsgewinn mittels bestimmter Unterscheidungen und nicht um den selbstreferenziellen Zirkel hinter allen Unterscheidungen. Gleichwohl könnte ein Beobachter des systemübergreifenden Evolutionsgeschehens feststellen, dass trotz evolutionärer Verselbstständigung eines jeden autopoietischen Systems (Binnenperspektive) die Evolutionspfade der strukturell gekoppelten Systeme miteinander korrelieren (Außenperspektive). Eine ‚Ko-Evolution' in diesem Sinne bedürfte der Fundierung auf Ebene der einzelnen Evolutionsmechanismen, mithin der Ko-Variation, Ko-Selektion und Ko-Retention. Den Schlüssel zu einem solchen Begriff der Ko-Evolution liefert das Phänomen der operativen Kopplung bzw. der Interferenz von Systemen, die dasselbe kommunikative Ereignis operativ verarbeiten – was letztlich systemübergreifende, ‚entdifferenzierende' Interaktion ermöglicht (Teubner 1989, 78 ff). Für einen (orthodoxen) Beobachter, der die Autopoiesis-Seite der Unterscheidung (von Differenzierung und Integration) bezeichnet, gilt:

> „Ereignisse, die in mehreren Systemen zugleich vollzogen werden, bleiben [...] an die rekursiven Netzwerke der verschiedenen Systeme gebunden, werden durch sie identifiziert und haben deshalb eine ganz verschiedene Vorgeschichte und eine ganz verschiedene Zukunft, je nachdem, welches System die Operation als Einheit vollzieht." (Luhmann 1997, 753 f.)

Von einer parallel verlaufenden Evolution kann dann nicht die Rede sein. Dagegen wird ein (unorthodoxer) Beobachter, der die Kopplungs-Seite der Unterscheidung (von Differenzierung und Integration) bezeichnet, bereits in einem einzelnen Moment der Ko-Evolution – einer Variation, die in mehreren Systemen prozessiert wird – die Bedingung der Möglichkeit eines parallelisierten Evolutionsgeschehens erkennen. Vorausgesetzt ist die Unterlegung der systemspezifischen Entfaltung ko-evolutorischer Momente durch fortgesetzte intersystemische Interaktion, die auf die beteiligten Systeme in jeder Evolutionsphase – Variation, Selektion, Retention – (erneut) limitierend wirkt. Somit kann sich die Ko-Variation (als wechselseitige Verstärkung von Variationstendenzen) über die fortlaufende Interaktion in Ko-Selektion (als wechselseitige Verstärkung von Strukturbildungen) und schließlich in Ko-Retention (als wechselseitige Verstärkung von Systemkulturen) übersetzen (Teubner 1989, 79). Unter diesen Umständen können die Evolutionspfade unterschiedlicher Teilsysteme (etwa von Politik und Recht, Recht und Wirtschaft), je nach Ausgestaltung der Kopplungssysteme, kurz-, mittel- oder langfristig integriert werden.

Soweit die systemübergreifende Interaktion rein zufällig und planlos betrieben wird, lässt sich unter den beschriebenen Bedingungen noch von einer spontanen Ko-Evolution der Teilsysteme ausgehen. Es bleibt dann bei einer (System-)Integration im allgemeinen Sinne des ‚gleichzeitig Möglichen'. Dieser im Grunde alternativlose Integrationsprozess wird auf der Interaktionsebene typischerweise als Konflikt erfahren (eben weil in den meisten Fällen das eine das andere gerade ausschließt) und folgerichtig als – einer Lösung bedürftiges – ‚Abstimmungsproblem' zwischen den verschiedenen Teilsystemen gedeutet:

> „Wenn die Abstimmungsprobleme bestandskritisch werden, kann dies der Anlaß sein, sozusagen künstlich, gesteuert, bewußt, Interaktionssysteme zwischen den Systemen einzusetzen, die diese Ko-Evolution gezielt vorantreiben. […] Dies wäre ein Anlaß von gesteuerter Ko-Evolution zu sprechen." (Teubner 1989, 80)

Alternativ findet das Konzept der Metamorphose Verwendung, das gegenüber dem Konzept ‚bloßer Ko-Evolution' um eine „Komponente intentionaler Steuerung (und des darin implizierten strategischen Handelns)" (Willke 2003a, 33) bereichert ist. Erst mit diesem Schritt, der Einbeziehung und Herausstellung besonderer Einrichtungen der (absichtsvollen) gesellschaftlichen (Selbst-)Steuerung, wozu auch intersystemische Verhandlungsnetzwerke zu zählen sind, zieht die (hier: evolutionstheoretisch zugespitzte) Systemtheorie mit den zeitgenössischen Governance-Theorien gleich. Doch könnte man behaupten, dass die Systemtheorie die kollektive Governance-Wende der politikwissenschaftlichen Steuerungstheorien (als Theorien politischer Steuerung) mit der Umstellung auf das Autopoiesis-Konzept – und damit dem Paradigmenwechsel von Fremdsteuerung zu Selbststeuerung – bereits vorweggenommen hat und sich nun mit der Herausarbeitung der steuerungstheoretischen Implikationen für die *intersystemische* Perspektive (unter Einbeziehung des politischen Systems) begnügen kann. Alle ‚gesteuerte Ko-Evolution', oder einseitig betrachtet: aller ‚regulatorische Erfolg' steht demnach unter dem Autopoiesis-Vorbehalt der beteiligten Systeme (vgl. Luhmann 1989; Scharpf 1989; Willke 1989). Die Formel einer ‚Fremdsteuerung durch Selbststeuerung' bedeutet also systemtheoretisch genau genommen Folgendes: Einerseits konditioniert die (autopoietische) Selbststeuerung eines ersten Systems die (autopoietische) Fremdsteuerung durch ein zweites System – diese kann also nur *bedingt* gelingen; andererseits affiziert die (autopoietische) Fremdsteuerung durch das zweite System die (autopoietische) Selbststeuerung des ersten Systems – und zwar immer dann, *wenn* sie gelingt. Auf einer solchen ‚doppelten Selektivität' beruht letztlich jede Steuerungsbeziehung zwischen autopoietischen Systemen, unabhängig davon, ob sie symmetrisch oder asymmetrisch konzipiert wird (Teubner 1989, 99 f.; Teubner 1995, 144 f.). Steuerung bzw. ‚Regulierung' wird nicht instrumentell verstanden, nicht über das (möglicherweise erreichte) Ziel, sondern das (tatsächlich eingesetzte) Mittel definiert, – wobei jedoch unterstellt werden muss, dass das gewählte Mittel (zumindest prinzipiell) zum gewünschten Ziele führen kann: „Diese stets mitlaufende Fiktion – im Sinne einer notwendigen Unterstellung – des ‚Unter-Kontrolle-Bringen-Könnens' kann mithin als Bedingung der Möglichkeit von Regulierung bezeichnet werden." (Bora 2003, 211).

In der Konsequenz erhalten sowohl das Konzept der Selbststeuerung als auch das Konzept der Fremdsteuerung unter der systemtheoretischen Integrationsperspektive neue Nuancierungen: Zur Verfeinerung des Konzepts der Selbststeuerung eignen sich die Begriffe der *Reflexion* und der *Selbstbeschränkung*; das Konzept der Fremdsteuerung wird durch die Begriffe der *Kontextsteuerung* und der *Supervision* präzisiert. Auf der Seite der *Selbststeuerung* meint Reflexion „eine Form der Selbststeuerung, durch welche Systeme ihre eigene Identität thematisieren und genau darauf einstellen, daß ihre Umwelt im wesentlichen aus anderen Systemen besteht, mithin jedes System auch Umwelt für andere Systeme ist" (Willke 1992, 73). Hier geht es um die Institutionalisierung der Selbstbeobachtung und Selbstaufklärung, insbesondere auch über die Umweltwirkungen des Systems. In einer Intersystemperspektive läuft die Reflexion auf eine ‚Reflexion zweiter Ordnung' hinaus, also eine Reflexion der (System-Umwelt-)Reflexion von *anderen* Systemen (gemäß der *eigenen* System-Umwelt-Unterscheidung). Auf diese Weise lässt sich ein systemtheoretischer Begriff der „‚Verantwortung' als Folgenzuschreibung durch Beobachtung der Fremdbeobachtung eigenen Operierens" (Bora 2003, 212), kurz: der „responsivity als responsibility" (Bora 2003, 212), gewinnen. Im Hinblick auf eine künftige Systemidentität wird dann gegebenenfalls eine Strategie der Selbstveränderung durch Selbstbeschränkung aufgelegt: Selbstbeschränkung bedeutet in diesem Zusammenhang, dass „ein System sich selbst innerhalb seines Operationsmodus die ‚constraints' vorgibt, die es nach seiner Umweltperzeption zu anderen Systemen in dieser Umwelt für kompatibel hält" (Willke 1992, 332). Mit dieser Form der Selbstlimitierung bleibt die Autopoiesis bzw. die Autonomie des Systems gewahrt, und zwar trotz (oder gerade wegen) der Internalisierung von Bestandsvoraussetzungen anderer Systeme in seiner Umwelt. Auf der Seite der *Fremdsteuerung* weist der Begriff der Kontextsteuerung darauf hin, dass externe Steuerung eines Systems nur noch „in der Form der *Konditionalisierung der Randbedingungen*, die als beobachtbare Differenzen die Informationsbasis der jeweiligen basalen Zirkularität abgeben" (Willke 1992, 189; H. i. O.; vgl. Willke 1987), möglich erscheint. Eine solche Kontextsteuerung erfolgt – angepasst an die funktionale Differenzierung – dezentral und nicht-hierarchisch; sie stützt sich nicht auf Interventionen, auf Ge- und Verbote;

sondern unterbreitet Angebote, stellt Optionen zur Auswahl. Doch auch eine solch reduzierte Form der Fremdsteuerung bedarf einer gewissen Übersicht, einer Supervision – hier zu verstehen „im Sinne einer Verstärkung der Beobachtungskapazität zu dem Zweck, durch zusätzliche Perspektiven und Sichtweisen blinde Flecken der Operationsform eines Funktionssystems kenntlich zu machen" (Willke 1997, 11 f.). Grundsätzlich bedarf es dazu einer gleichberechtigten Verschränkung aller Systemperspektiven, einer Verstetigung der ‚Intervision'. Dennoch wird immer noch dem politischen System eine besondere Verantwortung für die „Erfindung wechselseitig kompatibler Identitäten" (Willke 1992, 303) zugeschrieben; es gilt (im Zusammenspiel mit dem Rechtssystem) als intersystemisch besonders verpflichtete Reflexionsinstanz. Dieser Untersuchungsfokus auf einer politischen bzw. rechtlichen (Fremd-)Steuerung kommt auch in der Bezeichnung ‚Supervisionsstaat' (government) bzw. ‚Supervisionsregime' (governance) zum Ausdruck (Willke 1992, 180; Willke 1997, 13). Unabhängig von der Zuschreibungsebene einer solchen Metasteuerung geht es darum, dass die Funktionssysteme ihre Interdependenzen aktiv gestalten und „sich wechselseitig begrenzen, entweder weil sie in einen gemeinsamen ökologischen Kontext eingebunden sind oder weil sie sich selbst einen gemeinsamen Kontext in der Idee einer übergreifenden Einheit geben" (Willke 2003a, 87).

Nach all diesem – der Neuperspektivierung der Systemtheorie als Governance-Theorie – bleibt noch der (system-)theoretische Stellenwert des *Governance-Begriffs* selbst zu klären. Auch hier bietet sich ein Perspektivwechsel von der einen auf die andere Seite der Unterscheidung von System und Umwelt, Differenzierung und Integration, Autopoiesis und Kopplung an, diesmal am Begriff der *Kontingenzformel*: Mit Kontingenz wird in der Systemtheorie – jenseits des Problems der Handlungskoordination – der „Zustand *selbsterzeugter Unbestimmtheit*" (Luhmann 1997, 745; H. i. O.) bezeichnet, in den sich operativ geschlossene Systeme versetzt sehen, die keine äußeren Limitierungen akzeptieren: Sie sind auf Selbstlimitierung angewiesen. Um der Beliebigkeit zu entrinnen, erfinden sie sich Leitbegriffe, die die ‚Bedingungen der (eigenen) Möglichkeit' benennen und ‚Bestimmungsleistungen des Systems' ermöglichen, selber aber unbedingt gelten und relativ unbestimmt bleiben: Kontingenzformeln. Kontingenzformeln müssen in diesem Sinne ‚generalisiert' und ‚respezifizierbar' sein: „Sie müssen für eine unbestimmte Vielzahl von Situationen gelten, aber in jeder Situation etwas besagen, das heißt etwas ausschließen und einschränkende Kommunikationen anleiten können." (Luhmann 2002, 120). Diese Voraussetzungen scheinen auch für den Governance-Begriff zuzutreffen, der zwischen Bestimmtheit und Unbestimmtheit, Bedingtheit und Unbedingtheit oszilliert und politische und meta-politische Debatten prägt. Fraglich ist nur, für welches (Funktions-)System sich dieser neue Leitbegriff empfiehlt, wenn einerseits das politische System bereits mit passenden Formeln eingedeckt ist und andererseits Governance ohnehin mehr als die Selbstlimitierung des Politischen meint. Eine Lösung könnte nun genau in Letzterem bestehen, nämlich Governance als Kontingenzformel nicht für ein einzelnes System, sondern für einen (sich selbst limitierenden) Systemkomplex vorzusehen. Präziser gefasst könnte sich der Governance-Begriff dann auf die strukturellen Kopplungen bestimmter Funktionssysteme (etwa Politik, Recht und

Wirtschaft) beziehen, insbesondere wenn diese in Form von Organisationen und/oder Netzwerken ausgestaltet und ausdifferenziert werden.

3.1.2 Rechtsgemeinschaft zwischen Staats- und Wirtschaftsverfassung

Anders als in der ‚älteren' soziologischen Systemtheorie (in der Tradition Parsons') spielt der Begriff der Rechtsgemeinschaft in der ‚neueren' Systemtheorie (in der Tradition Luhmanns) keine Rolle. Es ist anzunehmen, dass die Verwendung bzw. Nichtverwendung des Begriffs mit den unterschiedlichen Vorstellungen zusammenhängt, die sich die Vertreter der beiden Theoriekomplexe von einer gesellschaftlichen – und insbesondere einer rechtlichen – Integration (bzw. Steuerung) machen. Vereinfacht betrachtet setzt die radikalisierte Systemtheorie *analytisch* vor allem auf Systemintegration (und evolutionäre Anpassung), während im Strukturfunktionalismus die soziale Integration (und solidarische Verbundenheit) einen hohen Stellenwert behält. Das bedeutet nicht, dass sich die *empirischen* Aussagen dieser beiden Theorien widersprächen – System- und Sozialintegration beziehen sich zwar auf unterschiedliche, jedoch nicht auf unvereinbare Wirklichkeiten. Die unterschiedlichen (integrations-)theoretischen Grundinteressen bilden sich auch in den rechtssoziologischen Spezifikationen ‚der' Systemtheorie ab. Obwohl man in beiden Theorietraditionen einen Trend (‚structural drift') zur Aufnahme und Einarbeitung von governance-analytischen Elementen ausmachen kann, zeugt die Auslassung der ‚Rechtsgemeinschaft' (und sinnverwandt der ‚Integration durch Recht') in allen Entwicklungsstufen der neueren Systemtheorie von bleibenden Divergenzen im Begriffsapparat. Im Folgenden geht es nun darum, verschiedene (theorieimmanente) Argumente so zu arrangieren, dass diese Leerstelle geschlossen wird – jedoch nicht um die traditionelle, nationale Rechtsgemeinschaft zu rekapitulieren, sondern um die neuartige, supranationale Rechtsgemeinschaft fassbar zu machen. Es gilt also nicht, das ältere, sozialphilosophisch motivierte, sondern das neuere, rechtspolitisch motivierte Konzept der Rechtsgemeinschaft system- und governance-theoretisch (im obigen Sinne) zu unterlegen. Im ersten Schritt wird dazu das Konzept des Rechtsstaats als struktureller Kopplung von politischem System und Rechtssystem eingeführt. Im zweiten Schritt wird die ‚structural drift' von Rechtsstaaten in der (zunehmend aktualisierten) Weltgesellschaft erörtert. Im dritten Schritt wird die strukturelle Kopplung zwischen Rechts- und Wirtschaftssystem in Form der Wirtschaftsverfassung dargestellt. Im vierten Schritt wird der Entwicklungszusammenhang von wirtschaftlicher und rechtlicher Globalisierung skizziert. Im fünften und letzten Schritt werden die Ausführungen auf eine Synthese zugeführt, die den (systemtheoretischen) Status der europäischen Rechtsgemeinschaft klären soll.

3.1.2.1 Rechtsstaat als Kopplung von Politik und Recht

Politik und Recht werden in der Systemtheorie als zwei unterschiedliche Systeme mit je spezifischen Funktionen konzipiert. Das politische System steht in dieser Unterscheidung für die ‚Lösung' (Artikulation und Bearbeitung) gesellschaftlicher Probleme; es macht sich zur Aufgabe, „Meinungsbildungen so zu kondensieren, daß kollektiv bindende Entscheidungen getroffen werden können" (Luhmann 1993, 424). Bereits in dem Moment, in dem rechtsverbindliche Entscheidungen tatsächlich getroffen werden, somit neues Recht geschaffen oder altes Recht verändert wird, übernimmt das Rechtssystem die Weiterbehandlung der – nunmehr ‚entpolitisierten' und ‚verrechtlichten' – Probleme bzw. Problemlösungen. Typischerweise obliegt diese „Transformation von Politik in Recht" (Luhmann 1993, 429) dem Parlament als (eigentlichem) Gesetzgebungsorgan; allerdings verfügt bisweilen auch die Exekutive (auf Regierungs- wie Verwaltungsebene) über quasi-gesetzgeberische Entscheidungsspielräume. Für das politische System ist weder der normative noch der kognitive Erwartungsstil prägend (systembildend); die Handlungskoordinierung erfolgt hier vielmehr auf der Grundlage von Macht, oder in einem ursprünglichen Sinne: von Gewalt, ohne die es kollektiven Entscheidungen an Bindungskraft mangelte. Der Unterscheidung von Politik und Recht (als Funktionssystemen) korrespondiert insoweit die Unterscheidung von Macht und Recht (als Kommunikationsmedien):

> „Die Politik benutzt das Medium Macht, und politische Macht artikuliert sich in überlegener, mit Zwang drohender Weisungsgewalt. [...] Normatives ‚Sollen' dagegen setzt keine Machtüberlegenheit, ja überhaupt keine Überlegenheit dessen voraus, der entsprechende Erwartungen artikuliert." (Luhmann 1993, 150 f.)

Im Folgenden werden funktionale Differenzierung und Autopoiesis bzw. Integration und strukturelle Kopplung der beiden Systeme (zunächst) unter der „Prämisse der Staatlichkeit von Recht und Politik" (Luhmann 1993, 416) entworfen. Tatsächlich erweist sich jedoch gerade der klassische Staatsbegriff, der eine politisch-rechtliche Einheit suggeriert, für das Verständnis der Differenz und der Freiheitsgrade – und darüber vermittelt auch der Integration und Abhängigkeiten – von politischem und rechtlichem System als hinderlich (Luhmann 1993, 407).

Im Begriff der Staatsgewalt(en) wird das Ursprungsparadox des Staates deutlich – und sein Beitrag zur Handlungskoordinierung: „Die Gewalt des Staates wird eingesetzt, um Gewalttätigkeiten anderer Provenienz zu unterbinden – mit mehr oder weniger Erfolg, wie man weiß, aber doch als Stütze für Erwartungen." (Luhmann 2002, 191). Das physische Gewaltmonopol des Staates dient also der Zivilisierung gesellschaftlicher Beziehungen und zugleich der Vergrößerung der allgemeinen *Erwartungssicherheit*. Man kann die Lösung des Gewaltproblems nun der Politik zuschreiben (oder als Voraussetzung aller Politik betrachten); doch gelten auch Parlamente und Gerichte, die in der Systemtheorie zum Rechts(entscheidungs)system gezählt werden (Luhmann 1993, 145), nicht von ungefähr als Staatsgewalten: Sie nehmen nicht nur die Geschichte der gewaltsamen Staatsgründungen als Ursprungsmythos in sich auf, sondern berufen sich weiterhin mit jeder Entscheidung auf das staatliche Gewaltmonopol (auch wenn mittlerweile sehr viel mehr Recht gilt, als durch Gewalt gedeckt werden könnte).

„Ohne jede Möglichkeit der Erzwingung bliebe das Rechtssystem eine Farce. Andererseits kann keine politische Macht gebildet werden ohne Kontrolle über (möglicherweise entgegenstehende) physische Gewalt. Beide Systeme sind auf denselben ‚symbiotischen Mechanismus' angewiesen, und sie können sich nur auf der Ebene der Konditionierung differenzieren." (Luhmann 1981b, 158)

Den gemeinsamen Nenner von Recht und Macht bildet somit die Gewalt, die jedoch in beiden Systemen in unterschiedlicher Weise sublimiert wird. Im Rechtssystem gilt die Staatsgewalt als Unterpfand für die Durchhaltbarkeit normativer Erwartungen, da (im Enttäuschungsfalle) ihre jederzeitige Durchsetzbarkeit gewährleistet scheint – selbst wenn die Rechtsgeltung als solche (anders als der Rechtsgehorsam) kaum erzwungen werden kann. Insofern bleibt die Entwicklung des Rechtssystems abhängig „von der parallellaufenden Evolution eines politischen Systems, das mit einer Art primärer Enteignung der Gesellschaft die Disposition über das Machtmittel physischer Gewalt entzieht und die eigene Macht auf dieser Grundlage konsolidiert" (Luhmann 1993, 281 f.).

Das Gewaltparadox des Staates führt auf die Spur *struktureller Kopplungen* zwischen politischem und rechtlichem System, die in ihren Entparadoxierungsstrategien zusammenwirken (Luhmann 1993, 118 u. 285): Einerseits „liefert das Rechtssystem dem politischen System Asymmetrisierungen in der Form von Prämissen für den Einsatz physischer Gewalt" (Luhmann 1981b, 168), der dann entweder rechtmäßig oder unrechtmäßig, jedenfalls nicht mehr beliebig erfolgen kann; andererseits profitiert das Rechtssystem insoweit von den politisch gesetzten und im Staatsapparat geronnenen Erzwingungsmöglichkeiten, als die Geltung des Rechts auch darauf beruht, dass (normative) Erwartungssicherheit mit einiger Verlässlichkeit in (tatsächliche) Erwartungserfüllung überführt werden kann. Die primordiale Staatsgewalt wird somit im Wechselspiel von Politik und Recht entproblematisiert, d. h. entparadoxiert – es entsteht der so genannte *Rechtsstaat*. In diesem Sinne steht der Begriff des Rechtsstaats in der Systemtheorie für die strukturelle Kopplung von politischem System und Rechtssystem. Dabei entstammt das Begriffselement des Staates eigentlich den Reflexionstheorien des politischen Systems; es bezeichnet eine besondere Herrschaftsordnung, die maßgeblich auf einem territorialen Gewaltmonopol beruht (Luhmann 1997, 758; Luhmann 2002, 190). Das Rechtssystem steuert dem Rechtsstaatsbegriff die ebenfalls selbstbezügliche Semantik der ‚rule of law' bei; den Staat setzt es nicht als solchen, sondern nur in Form von Befriedungs- und Erzwingungsleistungen voraus, die die Rechtsgeltung begünstigen (Luhmann 1993, 425). Neben dieser Gründung des Rechtsstaates auf dem *Problem der Gewalt* (im Sinne eines auf Abwehrrechte konzentrierten Rechtsschutzstaates) gewinnt mit der Durchsetzung und Normalisierung positiven Rechts auch seine Gestaltungsfunktion an Bedeutung, die sich ebenfalls auf strukturelle Kopplungen im Wechselspiel von Politik und Recht stützt.

Mit der Positivierung des Rechts (und der Demokratisierung der Gesetzgebung) wird der moderne Rechts- und Verfassungsstaat über seine Befriedungs- und

Schutzfunktionen hinaus verbreitert; über die Schaffung politischer Teilnahmerechte und sozialer Teilhaberechte entwickelt sich das Recht allmählich auch zum *Instrument politischer Gestaltung.* Dadurch sieht sich „das Rechtssystem politischen Initiativen ausgesetzt, die es in Verfahren der Gesetzgebung, der administrativen Regulierung und der Rechtsprechung (einschließlich der Rechtsprechung der Verfassungsgerichte) laufend abarbeiten muß" (Luhmann 1993, 479), gewinnt aber zugleich Möglichkeiten, die Politik zu disziplinieren – oder zumindest nachhaltig zu irritieren. Ähnlich dem Gewaltparadox kompensiert die Politik das Gestaltungsparadox (nämlich dass nicht alles möglich ist, was möglich wäre) durch „‚Zweitcodierung' der Macht durch das Recht" (Luhmann 2000, 51), wodurch alle kollektiv bindenden Entscheidungen ihrerseits an das Recht gebunden sind. Auch das Recht verschiebt „die Paradoxie der Rechtskonstitution nur in die Intersystembeziehungen zwischen Recht und Politik" (Luhmann 2000, 8), wenn es sich in der Rechtsprechung von politischen Entscheidungsvorgaben – dem positiven Recht – abhängig macht, die ihrerseits einer Rechtsgrundlage bedürfen. Somit wird auch im Bereich (rechts-)staatlicher Gestaltungsfunktionen die Beliebigkeit dessen, was rein politisch oder rein rechtlich betrachtet, möglich wäre, durch die Selektivität der strukturellen Kopplungen zwischen dem politischen System und dem Rechtssystem eingeschränkt, am sichtbarsten in der *Verfassung.* Zugleich nehmen aber auf beiden Seiten die Möglichkeiten zu, an den extern(alisiert)en Differenzen und den daraus resultierenden Irritationen zu wachsen, d. h. das Operationsgeschehen des Gegenübers für den eigenen Strukturaufbau, zur Steigerung der eigenen Freiheitsgrade zu nutzen (Luhmann 1993, 426):

> „Über Verfassungen erreicht man also durch *Beschränkung* der Berührungszonen auf beiden Seiten eine *immense Zunahme* von wechselseitiger Irritabilität – mehr Möglichkeiten des Rechtssystems, politische Entscheidungen in Rechtsform zu registrieren, aber auch mehr Möglichkeiten der Politik, das Recht zur Politikumsetzung zu benutzen." (Luhmann 1993, 471; H. i. O.)

Mit den Abhängigkeiten der Politik vom Recht und des Rechts von der Politik steigen demzufolge auch die Unabhängigkeiten beider Systeme. Von der Seite der *funktionalen Differenzierung* und der Autopoiesis der Systeme her betrachtet, erübrigt sich somit der Einheitsbegriff des Staates. Politisches System und Rechtssystem arbeiten je für sich, operativ geschlossen, mit einer eigenen Semantik; und wenn ein Beobachter (ereignishafte) Gemeinsamkeiten oder (kausale) Zusammenhänge zwischen beiden Systemen erkennt, so handelt es sich aus Sicht der Systeme nur um Momente oder Zufälle, deren Bedeutung sich in der rekursiven Vernetzung ihrer Operationen rasch verliert. Zugleich lässt sich weder die Politik als laufende Interpretation des Rechts (bzw. rechtlicher Programme) noch das Recht als laufende Implementation der Politik (bzw. politischer Programme) begreifen (Luhmann 1981b, 155; Luhmann 1993, 418 u. 434 f.). Insbesondere aber besteht zwischen beiden Systemen – jenseits der (beiderseitigen) Asymmetrisierungen – keine Hierarchie. Auch von der Seite der *Integration* und der strukturellen Kopplung her betrachtet, gibt es keinen Anlass zu einer Renaissance des Staatsbegriffs (wenn darunter ein politisch-rechtlich vereinheitlichtes Funktionssystem zu verstehen wäre). Je doch stellt sich die Frage, welche Art von ‚structural drift' durch die strukturellen Kopplungen zwischen politischem System und Rechtssystem hervorgerufen wird, also inwiefern „nach längerer Zeit die Systeme für Politik und für Recht sich in Zuständen befinden und eine eigene Geschichte zu erinnern haben, die nur auf Grund der Kopplung zu erklären sind" (Luhmann 2002, 391). Man kann dies zunächst für beide Systeme getrennt untersuchen, also beispielsweise analysieren, wie die Politik das Recht irritiert oder wie das Recht die Politik irritiert (und was diese jeweils daraus lernen). Fasst man beide Perspektiven zusammen – unter der Prämisse, dass Steigerung der Irritabilität und Steigerung der Lernfähigkeit zusammenhängen (Luhmann 1997, 790) –, dann geht es letztlich darum herauszufinden, in was sich die beiden Systeme da gegenseitig hineinsteigern und wie sich die strukturellen Kopplungen – der *Rechts- und Verfassungsstaat* – selbst entwickeln. Was in der internen, einzelsystemischen Perspektive als Irritation erscheint, kann in der externen, intersystemischen Perspektive dann als Resonanz gefasst werden (Bora 2003, 204). Schließlich ist zu berücksichtigen, welche Rolle die strukturellen Kopplungen zu dritten Systemen (insbesondere der Wirtschaft) in diesem Untersuchungskomplex spielen.

Mit dem Konzept des *Supervisionsstaats* (Willke 1992; Willke 1997), das der eher unorthodoxen, governance-interessierten Strömung der Systemtheorie entstammt, wird das Ergebnis eines solchen Forschungsprogramms gewissermaßen vorweggenommen, wenn auch die Begriffswahl zunächst etwas staatslastig bleibt und politisches und rechtliches System nicht eindeutig abgegrenzt werden. Das Konzept des Supervisionsstaats steht im Kontext einer gesellschaftstheoretischen, genauer: systemtheoretischen Erneuerung der Staatstheorie und wird dem politischen System somit als alternative Reflexionsformel angeboten, die den Bedingungen einer hoch entwickelten, funktional differenzierten Gesellschaft Rechnung trägt. Entsprechend soll der Supervisionsstaat in diesem systemtheoretischen Entwurf eigentlich nicht den Rechtsstaat im Sinne der strukturellen Kopplung von politischem System und Rechtssystem ersetzen, sondern den Rechtsstaat als Identifikationsfigur des politischen Systems, genauer: den Rechtsstaat in der Ausprägung als Interventions- und Wohlfahrtsstaat (Willke 1992, 8 f., 34 u. 302 f.; Willke 2003b, 549). Aber selbst wenn das Konzept des Supervisionsstaats primär als Reflexionsangebot an das politische System zu verstehen ist, dessen aktuellen Zustand beschreiben und künftigen Zustand prospektieren soll, enthält es auch Aussagen über die intersystemische ‚structural drift', also die Auswirkungen der strukturellen Kopplungen zu anderen Funktionssystemen (inklusive des Rechtssystems). Grundlage des Supervisionskonzepts ist ein Formwandel des Staates (und damit auch des Rechtsstaates) im Sinne der einer funktional differenzierten Gesellschaft innewohnenden Entwicklungstendenzen

„von Hierarchie zu Heterarchie, von direkter Autorität zu kommunikativer Vernetzung, von zentraler Position zu polyzentrischer Komposition, von Fremdbindung zu Selbstbindung, von eindimensionaler Kontrolle zu polykontexturaler Einbindung" (Willke 1992, 173 f.).

Letztlich geht es um eine staatstheoretische Lösung des systemtheoretischen Dilemmas von funktionaler Differenzierung und Autopoiesis auf der einen Seite und

Integration und struktureller Kopplung auf der anderen Seite – und um ein neues Verständnis von Ordnung als ‚organisierter Komplexität' (Willke 1992, 59 f.; Willke 1997, 306 f.; Willke 2003b, 542).

Der Supervisionsstaat verkörpert somit „die Grundidee einer polyzentrischen Architektur gesellschaftlicher Ordnung" (Willke 1992, 79): Einerseits bildet er einen Teil (autopoietisches Funktionssystem) *des* Ganzen (funktionale Differenzierung); andererseits wirkt er als Teil (strukturell gekoppeltes Funktionssystem) aber auch konstitutiv *für* das Ganze (Systemintegration), und zwar hier ausdrücklich als Koordinationsinstanz. In diesem Sinne steht das Konzept des Supervisionsstaats auch pars pro toto für die *Governance-Wende* in der Systemtheorie, insbesondere für die neuen Modalitäten politischer Steuerung (als Fremdsteuerung durch Selbststeuerung). Da ein Primat der Politik systemtheoretisch haltlos geworden ist (Willke 1992, 7; Luhmann 2000, 46), wird dem politischen System nur mehr die Rolle des Primus inter Pares zugewiesen; d. h. es genießt gegenüber den anderen Teil(system)en keine besonderen Rechte (mehr) – wenn es gegenüber dem (Gesellschafts-) Ganzen auch (noch) besondere Pflichten empfinden mag. Diese Ambivalenz findet sowohl in der Supervisionsfunktion des Staates wie auch in der damit verbundenen Strategie der dezentralen Kontextsteuerung Niederschlag. Den Anknüpfungspunkt einer enthierarchisierten politischen Steuerung bildet die Reflexions- und Lernfähigkeit der Funktionssysteme, die ‚Visionen' und ‚Revisionen' der eigenen Entwicklung (unter Einbeziehung irritierender Umweltbedingungen) erlaubt (Willke 1999, 109 ff.). Es geht also zunächst um eine (selbst-)aufgeklärte Form der Selbststeuerung:

> „Reflexion bindet die überbordende Handlungsfähigkeit und Optionenvielfalt der spezialisierten Teilsysteme an die Fähigkeit zur Selbstkontrolle und Selbstbindung: In die subsystemspezifischen Relevanzkriterien und Entscheidungsprämissen werden diejenigen Umweltbedingungen als *interne* Restriktionen eingebaut, welche unter dem Gesichtspunkt des notwendigen Zusammenhangs und der unverzichtbaren Koordination des Ganzen reziproke Rücksichtnahmen auf die jeweiligen Bestandsbedingungen der anderen Teile erfordern." (Willke 1992, 77 f.; H. i. O.)

Dem Supervisionsstaat stellt sich nun die Aufgabe, diesen Reflexionsprozess zu forcieren, um den Wegfall des (hierarchischen) Fremdzwangs durch (koordinativen) Selbstzwang zu kompensieren (Willke 1992, 61, 73 f. u. 135). Insbesondere geht es ihm dabei um eine Lösung oder auch nur Begrenzung der Folgeprobleme funktionaler Differenzierung. Dies gelingt ihm – wenn überhaupt – durch Ausnutzung des Irritationspotenzials struktureller Kopplungen, anders ausgedrückt: durch „Steuerungsimpulse in der Form der *Konditionalisierung der Randbedingungen*, die als beobachtbare Differenzen die Informationsbasis der jeweiligen basalen Zirkularität abgeben" (Willke 1992, 189; H. i. O.). Solch dezentrale Kontextsteuerung (‚Optionenpolitik') bleibt notwendig auf die Selbststeuerung der Teilsysteme angewiesen: Die einzelnen Funktionssysteme werden lediglich in ihrer Reflexion auf die Umweltbedingungen (inklusive der Antizipation von Irritationen) bestärkt und zur Auswahl intersystemisch vorteilhafter (negative Externalitäten vermindernder) Möglichkeiten angeregt – also zur Selbstbeschränkung angehalten (Willke 1992,

135, 185, 331 f. u. 341 f.). Der originäre Beitrag des Supervisionsstaats besteht dabei in einer besonderen „Perspektive der Erfindung wechselseitig kompatibler Identitäten" (Willke 1992, 303) für die einzelnen Funktionssysteme, die zugleich mit der Legitimität kollektiv verbindlicher Entscheidungen unterlegt werden kann. Prinzipiell sind jedoch alle Teilsysteme zur (einseitigen) ‚Supervision' und (wechselseitigen) ‚Intervision' – also zum Ausleuchten der ‚blinden Flecken' (einschließlich der Grundparadoxien) anderer Funktionssysteme – befähigt und berechtigt. Tatsächlich besteht der allseitige Erfolg politischer Steuerung letztlich in einem solchen intersystemischen (diskursiven) Austausch der Perspektiven, aus dem sich erst eine geteilte ‚Vision' über den Fortbestand der Gesellschaft entwickeln und in gemeinsamen Kontextbedingungen, d. h. strukturellen Kopplungen, fundiert werden kann (Willke 1992, 349 f.; Willke 1997, 306 f.). Genau an dieser Stelle kommen wieder die komplexen (organisations- und funktionssystemübergreifenden) *Verhandlungssysteme* ins Spiel, die dafür sorgen, „daß das für die Gesellschaft insgesamt riskante Auseinandertreiben der Funktionsbereiche jedenfalls punktuell und teilweise in organisierten Vernetzungen aufgefangen wird" (Willke 1992, 183 f; vgl. Willke 1997, 133 f.).

3.1.2.2 Rechtsstaatlichkeit in der Weltgesellschaft

Gesellschaftstheorien profilieren sich maßgeblich durch ihren Gesellschaftsbegriff (und zwar auch dann, wenn sie andere Begriffe wichtiger nehmen). In der Systemtheorie bezeichnet die Gesellschaft das alle Kommunikationen umfassende Sozialsystem. Dass damit *weltweit* alle Kommunikationen eingeschlossen sind, führt unmittelbar – und ohne besonderen Informationsgewinn – zum Begriff der Weltgesellschaft: Gesellschaft *ist* Weltgesellschaft (vgl. Luhmann 1975a; Luhmann 1997, 145 ff.; Stichweh 2000). Der systemtheoretische Weltgesellschaftsbegriff beinhaltet jedoch mehr als diesen trivialen Zusammenhang zwischen der (prinzipiellen) Universalität der Kommunikation und der (materiellen) Universalität der Gesellschaft – obwohl bereits diese Fassung zur Distinktion von der Vielzahl gesellschaftstheoretischer Entwürfe (in Wissenschaft und Alltag) genügt, die (implizit oder explizit) von einer Mehrzahl von Gesellschaften in dieser Welt ausgehen und für die ‚eine' Weltgesellschaft daher keine Selbstverständlichkeit ist. Deutlicher wird die Eigentümlichkeit des systemtheoretischen Weltgesellschaftsbegriffs jedoch, wenn man ihn mit dem vielgestaltigen (zumeist auf eine Zunahme der weltweiten Interdependenzen bezogenen) Konzept der *Globalisierung* in Verbindung bringt, der dazu verführt, Weltgesellschaft als das Resultat von Globalisierungsprozessen zu betrachten. Dieser populären Lesart der Globalisierung (bzw. der als Globalisierung titulierten und wahlweise auf die letzten Jahrzehnte oder Jahrhunderte datierten Entwicklungen) als Ursache von Weltgesellschaft oder Synonym für globale Vergesellschaftungsprozesse tritt die Systemtheorie mit einer Umkehr des Zusammenhangs entgegen: Weltgesellschaft ist demnach eher als Bedingung (der Möglichkeit von) denn als Folge der (diese Möglichkeit aktualisierenden) Globalisierung aufzufassen.

Diese Prämisse wird bereits in der vor-autopoietischen Frühphase der neueren Systemtheorie und damit deutlich vor Einsetzen einer breiten (inner- und außerakademischen) Debatte über Sinn und Zweck der Globalisierung formuliert:

> „Die Weltgesellschaft konstituiert sich nicht dadurch, daß mehr und mehr Personen trotz räumlicher Entfernung in elementare Kontakte unter Anwesenden treten. Dies ist nur eine Nebenerscheinung der Tatsache, daß in jeder Interaktion ein ‚Und so weiter' anderer Kontakte der Partner konstituiert wird mit Möglichkeiten, die auf weltweite Verflechtungen hinauslaufen *und sie in die Interaktionssteuerung einbeziehen*." (Luhmann 1975a, 54; H. i. O.)

Und diese Voraussetzung wird allen inner(system)theoretischen Umtrieben und außer(system)theoretischen Widerständen zum Trotz bis in die jüngere Zeit beibehalten – auch ‚die Gesellschaft der Gesellschaft' (so der Titel eines recht aktuellen Werks; Luhmann 1997) lässt sich nur als Weltgesellschaft begreifen:

> „Geht man von Kommunikation als der elementaren Operation aus, deren Reproduktion Gesellschaft konstituiert, dann ist offensichtlich in *jeder* Kommunikation Weltgesellschaft impliziert [...]. Es werden immer weitere Kommunikationsmöglichkeiten vorausgesetzt und immer symbolische Medien verwendet, die sich nicht auf regionale Grenzen festlegen lassen. [...] Weltgesellschaft ist das Sich-ereignen von Welt in der Kommunikation." (Luhmann 1997, 150; H. i. O.)

Dass Weltgesellschaft gleichwohl als ein (sehr) modernes Phänomen verstanden wird, hat einerseits (in struktureller Hinsicht) mit dem Grad der Aktualisierung der in jeder Kommunikation angelegten weltgesellschaftlichen Möglichkeiten zu tun – also damit, dass sich der ‚weltweite Möglichkeitshorizont' in einen ‚faktisch vereinheitlichten Welthorizont' verwandelt (Luhmann 1975a, 54) – und andererseits (in semantischer Hinsicht) mit der Plausibilität der Selbstbeschreibung der Gesellschaft als Weltgesellschaft – also damit, dass die Realisation der weltgesellschaftlichen Möglichkeiten die Grenz(konstruktion)en älterer Reflexionstheorien obsolet werden lässt (Luhmann 1997, 156): Insofern ist die heutige Gesellschaft mehr Weltgesellschaft denn je zuvor (und zwar auch im kurzen Zeithorizont der Globalisierungsdebatte).

Voraussetzung dafür, dass die Weltgesellschaft Aktualität und Plausibilität gewinnt, ist die Durchsetzung des Prinzips funktionaler Differenzierung, d. h. die Ausdifferenzierung singulärer Funktionssysteme jenseits anderer, insbesondere regionaler Differenzierungen der Gesellschaft (‚Regionalgesellschaften'): Weltweit gibt es für jede (systembildende) Funktion dann nur noch *ein* System, innerhalb dessen regionale Grenzen keine Endgültigkeit mehr besitzen. Regionale Differenzierung hingegen entwickelt sich unter der Bedingung einer Mehrzahl von Funktionssystemen, die ohne oder mit je spezifischem Raumbezug operieren, zu einem nachrangigen Prinzip (Luhmann 1975a, 60 f.; Luhmann 1997, 166). Das gilt auch für Politik und Recht, deren regionale Differenziertheit zwar augenfälliger sein mag als ihre funktionale Einheitlichkeit; dennoch differenziert sich die Weltgesellschaft systemtheoretisch betrachtet nicht zunächst in Regionalgesellschaften und dann in eine Mehrzahl politischer und rechtlicher Systeme, sondern in ein globales politisches und ein globales rechtliches System, die sich ihrerseits in Form von (Rechts-)Staaten differenzieren und strukturell koppeln.

Konzentriert man sich zunächst auf die Ausdifferenzierung des *politischen Systems*, so resultiert die regionale (bzw. segmentäre) ‚Zweitdifferenzierung der Weltpolitik' in der Ausbildung von Territorialstaaten, die als emergente Einheiten des weltgesellschaftlichen Staatensystems zu begreifen sind. Demnach ist die staatliche Souveränität nicht mehr als ein Strukturmoment der weltpolitischen Autopoiesis. Tatsächlich beruht die (Steigerung der) weltpolitischen und einzelstaatlichen Unabhängigkeit auf der (Steigerung der) Abhängigkeit auf Basis struktureller Kopplungen: Die Ausdifferenzierung der Politik in Form des weltgesellschaftlichen Staatensystems „verringert die Wahrscheinlichkeit, daß andere Funktionssysteme ‚politisiert' werden" (Luhmann 2002, 223), also in ihrer Funktionslogik dauerhaft gestört werden; dadurch werden „die Globalisierungstendenzen der entsprechenden Funktionssysteme [ge]stärkt" (Luhmann 2002, 224) und idealerweise Rationalisierungsgewinne erzielt. Auf solchen Leistungssteigerungen beruhen wiederum maßgeblich die im Staatensystem erzielten politischen Erfolge (einschließlich der Steuerungserfolge), auch wenn diese sich letztlich nur an systemeigenen Kriterien bemessen lassen. Insgesamt ergibt sich aus dem Wechselspiel der (operativ geschlossenen, strukturell gekoppelten) Funktionssysteme ein positiver Verstärkungseffekt von Abhängigkeiten und Unabhängigkeiten. Innerhalb des weltpolitischen Systems, aus der einzelstaatlichen Binnensicht, entwickelt sich daraus eine (globalisierungsbedingte) ‚structural drift': „Die Abhängigkeit einzelner Staaten von bestimmten anderen Staaten nimmt ab und ihre Abhängigkeit vom politischen System der Weltgesellschaft nimmt zu." (Luhmann 2002, 221). Die regionale Differenziertheit des weltpolitischen Systems verändert also mit der Zeit ihren Charakter; die *Staatlichkeit* befindet sich im Wandel. Systemtheoretisch lässt sich diese reduzieren auf das, was „für die Weltpolitik unerläßlich ist[:] die kollektive Kommunikationsfähigkeit der Staaten" (Luhmann 2002, 226). Im Hinblick auf die ‚Optimierung der Politikfunktion' durch sozialräumliche Abgrenzungen (ohne die voraussetzungsvolle demokratische, wohlfahrtsstaatliche Politikgebilde kaum bestehen könnten), kann zwar bis auf Weiteres von einer regionalen (bzw. segmentären) Binnendifferenzierung des politischen Funktionssystems ausgegangen werden, über die strukturelle Entwicklung der Staatlichkeit ist damit aber nur wenig gesagt.

Was nun die Entwicklung des *Rechtssystems* anbetrifft, so scheint diese sich erst einmal nicht von der Entwicklung des politischen Systems trennen zu lassen, zumal die Gesetzgebung (im Rechtssystem) mit kollektiv verbindlichen Entscheidungen (im politischen System) verbunden, genauer: operativ gekoppelt ist. Mit dem politischen System gerät also auch das Rechtssystem unter Globalisierungsdruck. Vor der Einführung des Autopoiesis-Konzepts genügte zur Verdeutlichung der ‚Grenzen' des Rechts in der Weltgesellschaft ein schlichter Verweis auf „die zunehmende Diskrepanz zwischen dem Gesellschaftssystem auf der einen Seite, das eine globale Einheit anstrebt, und dem positiven Recht auf der anderen Seite, das innerhalb territorialer Jurisdiktionsgrenzen in Geltung gesetzt wird" (Luhmann 1972, 333). Demnach steht die regionale Differenziertheit von Politik und Recht einer weltpolitischen und weltrechtlichen Lösung der durch die Globalisierung anderer Funktionssysteme bedingten Probleme entgegen: Mit der Politik bleibt auch das Recht gegenüber den Realitäten der Weltgesellschaft ‚rückständig' (Luhmann 1972, 336). Erst mit der autopoietischen Wende der Systemtheorie gerät die (zunehmende) „Diskrepanz von Politik und Recht" (Luhmann 1993, 557) in den Blickpunkt: Obwohl politisches System und Rechtssystem in ihrer regionalen Differenziertheit und vielen Einzelleistungen strukturell gekoppelt sind, bleiben sie in ihrer Welt- und Funktionsbezogenheit unabhängig voneinander. Auch wenn das Recht immer noch von der Politik her gedacht und die Institution des Rechtsstaats als entscheidende Schnittstelle zwischen Politik und Recht begriffen werden kann, lässt sich das Recht der Weltgesellschaft nicht mehr nur unter der Prämisse der Staatlichkeit begreifen: Durch Einführung des Autopoiesis-Konzepts wird die Bindung des Rechts an die Politik kontingent gesetzt, und dies ermöglicht es, ein (Welt-)Recht ohne (Welt-)Staat zu denken (Luhmann 1993, 573, inkl. Fn. 42). Eine Globalisierung nicht-staatlichen Rechts kann sich somit auch jenseits der Politik aus der strukturellen Kopplung zu anderen, globalisierten Funktionssystemen ergeben. Zu klären bleibt dann nur noch die funktionale Einheit zwischen staatlichem und nicht-staatlichem, zwischen regionalisiertem und globalisiertem Recht.

Mit der Staatlichkeit des Rechts (und der Rechtsstaatlichkeit) steht grundsätzlich auch das Recht selbst zur Disposition, jedenfalls insoweit das als weltweites Funktionssystem konzipierte Rechtssystem eigentlich – dem Ursprung nach – ein europäisches Rechtssystem ist und sich als solches möglicherweise gerade nicht globalisieren lässt. Dieses „in der abendländischen Tradition ausgebildete Rechtssystem" (Luhmann 1981a, 78), das ebenso als evolutionärer Zufall wie evolutionäre Errungenschaft gelten kann, wird geprägt durch Normativismus (der Erwartungssicherung), Schematismus (von Recht und Unrecht), Universalismus (der Entscheidungen) und funktionale Ausdifferenzierung (durch operative Schließung). In der Übertragung auf die Weltebene kann es sich bewähren – oder eben nicht: „Nichts berechtigt uns zu der Unterstellung, daß diese ins gesellschaftliche Leben eindringende, es durchdringende und regulierende Rechtskultur in der modernen Gesellschaft sich halten und fortsetzen läßt." (Luhmann 1993, 24). Einerseits wird also die aus der europäischen Tradition gewonnene Funktionsbestimmung des Rechts für die Weltgesellschaft verallgemeinert, andererseits wird aber auch die Unwahrscheinlichkeit der Durchsetzung eines solch voraussetzungsvollen Rechts auf globaler Ebene erkannt. Hält man an der normativen Funktionsbestimmung des Rechts (und an der Prämisse seiner Staatlichkeit) fest, könnte es durchaus als „eine Fehlspezialisierung der Menschheitsentwicklung" (Luhmann 1972, 339; Luhmann 1975a, 57) identifiziert werden – d. h. als evolutionäre Sackgasse. Allerdings widerspricht die normative Geschlossenheit des Rechtssystems nicht seiner kognitiven Öffnung; das Recht könnte sich seiner globalisierten Umwelt also *lernend* anpassen, sich schrittweise entsprechend umstrukturieren, ohne seine Identität (und Funktion) als Recht zu verlieren, d. h. die Autopoiesis zu unterbrechen. Im Zuge dessen könnte die Rückbindung des Rechtssystems an das politische System zugunsten anderer struktureller Kopplungen abgeschwächt werden, so dass auch die staatliche Qualität des Rechts an Bedeutung verliert.

Der *normative*, d. h. im Grundsatz lernunwillige und strukturkonservative Erwartungsstil des Rechts, der die Stabilisierung evolutionär höchst unwahrscheinlicher Verhaltenserwartungen ermöglicht hat, gerät in einer (durch Wirtschaft, Wissenschaft und Technik) stark *kognitiv* geprägten und dynamischen Weltgesellschaft, die das Umlernen von Verhaltenserwartungen prämiert, unter Anpassungsdruck. Die Frage, „ob nicht das Recht selbst sich verändert in dem Maße, als die Weltgesellschaft sich konsolidiert und dem kognitiven Stil menschlicher Kontakte einen Primat zuweist" (Luhmann 1972, 340), lässt sich – zumindest hypothetisch – mit einer ‚structural drift' des Rechtssystems beantworten, die sich unter Bedingung der Globalisierung durch eine Stärkung der Positivität des Rechts und (damit zusammenhängend) eine *Temporalisierung der Normgeltung* auszeichnet (Luhmann 1972, 340 ff; Luhmann 1993, 555 ff.). Positivität meint die Entscheidungsgesetztheit und damit Veränderlichkeit des Rechts, wobei nicht nur an ein progressives Gesetzesrecht oder Richterrecht zu denken ist, sondern auch an nicht-staatliche Rechtsinnovationen (etwa über Verträge oder Organisationen). Dem Recht bieten sich also auch außerhalb des (staatlich) organisierten Entscheidungssystems des Rechts Möglichkeiten, auf ‚Lernanlässe' oder ‚Lernpressionen' der Weltgesellschaft zu reagieren, denen strukturelle Kopplungen zu *anderen* Funktionssystemen als der Politik (namentlich zur Wirtschaft und zur Wissenschaft) zugrunde liegen. Temporalisierung der Normgeltung bezieht sich auf eine Flexibilisierung des Rechts in der Zeit: „Was an sachlicher Konsistenz nicht mehr erreichbar ist, wird durch zeitliche Inkonsistenz [...] kompensiert." (Luhmann 1993, 279). Dabei geht es genau genommen darum, dass die Rechtsgeltung selbst nicht mehr *normativ* stabilisiert (also auf Dauer gestellt) wird, sondern *kognitiven* Bedingungen ihrer Bewährtheit unterliegt (also jederzeit änderbar wäre), – wodurch „ein wichtiger Stützmechanismus des Rechts, das normative Erwarten normativen Erwartens an Bedeutung verliert" (Luhmann 1993, 556). Somit geraten rechtliche Erwartungssicherung und Verhaltenssteuerung in der globalisierten Weltgesellschaft zunehmend unter den Vorbehalt ihrer Sinnhaftigkeit:

> „Das Recht nähme die Form von normierten Verhaltensmodellen an, die zur Lösung erkannter Probleme entworfen, in Geltung gesetzt, erprobt und nach Maßgabe von Erfahrungen geändert werden. Die Normativität hätte nur noch die Funktion, die Konstanz des Erwartens zu sichern, solange und soweit sie sinnvoll erscheint." (Luhmann 1972, 342)

Insgesamt entstehen im Recht – definiert als kongruente Generalisierung von Verhaltenserwartungen – durch die Einarbeitung von Lernerfahrungen somit Inkonsistenzen, die es in (mindestens) einer der drei Dimensionen verarbeiten muss: als zeitliche Inkonsistenz (erhöhte Veränderungschancen), soziale Inkonsistenz (alternative Verbindlichkeitsgrade) oder sachliche Inkonsistenz (erweiterte Interpretationsspielräume). Mit der Positivierung des Rechts (und der Temporalisierung der Normgeltung) wächst jedoch nicht nur die Lern- und Anpassungsfähigkeit des Rechts, sondern auch die *Rechtsunsicherheit* – weil man sich nicht mehr nur auf das Recht, sondern auch auf Rechtsänderungen einzustellen hat (Luhmann 1993, 559 f.).

3.1.2.3 Wirtschaftsverfassung als Kopplung von Wirtschaft und Recht

Mit der Globalisierung der Weltgesellschaft – der Forcierung weltgesellschaftlicher Inderdependenzen – kommt es zu „einer Verlagerung des evolutionären Primats von normativen auf kognitive Mechanismen" (Luhmann 1972, 340) und damit zusammenhängend zu einer zunehmend *kognitiven Stilisierung des normativen Erwartens*. Zur (Wieder-)Herstellung von Erwartungssicherheit in einer (durch Wirtschaft, Wissenschaft und Technik geprägten) dynamischen Umwelt gelten Recht und – via struktureller Kopplung – Politik nicht länger als „*die wichtigsten Risikoträger gesellschaftlicher Evolution*" (Luhmann 1972, 338; H. i. O.). Die Integration der modernen Weltgesellschaft lässt sich entsprechend nicht mehr zureichend als ‚Integration durch Recht' begreifen; sie beruht auf *anderen* (funktional-äquivalenten) Mechanismen als die Integration der rechtsstaatlich verfassten europäischen Regionalgesellschaften. Die auf Ebene der Weltgesellschaft anfallenden Folgeprobleme funktionaler Differenzierung lassen sich unter dieser Perspektive weniger einem Defizit an rechtlich-normativer Integration zuschreiben als „einer weiten Diskrepanz von Möglichkeitsproduktion und Lernfähigkeit [...], einer Diskrepanz, die nur durch kognitive Mechanismen der Forschung und Planung langsam vermindert werden kann" (Luhmann 1975a, 66). Die gesteigerte Möglichkeitsproduktion, die zur Positivierung des (dauerhaft irritierten) Rechts führt, geht maßgeblich auf die wirtschaftliche Dynamik der Weltgesellschaft zurück, oder evolutionär besehen: auf die „Abgabe des gesellschaftlichen Primats an die Wirtschaft" (Luhmann 1981b, 151). Unter Bedingung der Autopoiesis sozialer Systeme kann damit nicht (mehr) die Unterordnung von Politik und Recht unter die Wirtschaft gemeint sein, sondern nur (noch) ihre nachhaltige Irritation durch die Wirtschaft. Das Verhältnis zwischen Recht und Wirtschaft kann man sowohl als mittelbares als auch als unmittelbares konzipieren: Im *ersten* Falle geht es um den politisch vermittelten Zusammenhang von Wirtschafts- und Rechtssystem, also die Umwandlung von wirtschaftlichen in politische und von politischen in rechtliche Differenzen. In diesem Fall wird die Schnittstelle zum Recht weiterhin als strukturelle Kopplung in Form des Rechtsstaats ausgestaltet; gleichzeitig stehen das politische System und das Wirtschaftssystem in einem wechselseitigen Irritationszusammenhang. Im *zweiten* Falle steht die strukturelle Kopplung zwischen dem Rechts- und Wirtschaftssystem selbst im Mittelpunkt, und zwar sowohl in der (Irritations-)Wirkung, die die Wirtschaft ohne Zwischenschaltung der Politik auf das Recht ausübt, das dadurch zur lernenden Selbstveränderung angetrieben werden kann, als auch in der (Irritations-)Wirkung, die das Recht – gegebenenfalls wiederum in Reaktion auf Irritationen aus der Politik – auf die Wirtschaft ausübt, einschließlich normativer Steuerungsimpulse, die eine Strukturveränderung der Wirtschaft anregen sollen.

Das Recht unterliegt also mittelbar auch solchen ökonomischen Einflüssen, die sich aus der strukturellen Kopplung zwischen der Wirtschaft und der Politik ergeben. Die Politik reflektiert ihr Verhältnis zur Wirtschaft in Begriffen der politischen Steuerung oder Regulierung. Systemtheoretisch ist dies als politische (Fremd-)Steuerung der wirtschaftlichen (Selbst-)Steuerung zu fassen. Demnach setzt sich die Politik zum Ziel, „Differenzminimierungsprogramme [d. h. Steuerungsprogramme; S. F.], nach denen man sich in der Wirtschaft richtet, zu beeinflussen" (Luhmann 1988a, 346). Umgekehrt lässt sich aber auch das Verhältnis der Wirtschaft zur Politik als externe (wirtschaftliche) Einflussnahme auf interne (politische) Steuerungsprogramme begreifen. Strukturelle Kopplungen, die als Interdependenzunterbrecher zwischen beiden Funktionssystemen wirken, also eindeutige Steuerungssignale in uneindeutige Irritationen verwandeln, finden sich etwa im Bereich der öffentlichen Finanzen, wo sich Machtmedium und Geldmedium wechselseitig konditionieren, im volkswirtschaftlichen Dokumentationssystem, das wirtschaftlich und politisch (unterschiedlich) relevante Daten bereithält, oder in der Angewiesenheit wiederwahlorientierter Politiker auf wirtschaftliche Erfolge und gewinnorientierter Wirtschaftsakteure auf politische Unterstützung. Im Zuge der Transnationalisierung ökonomischer Beziehungen kommt es – vermittelt über solche strukturellen Kopplungen – zur verstärkten Irritation der territorialen Segmente des (Welt-)Politiksystems durch das (Welt-)Wirtschaftssystem, also zum (Steuerungs-)Konflikt zwischen Globalität und Regionalität (Luhmann 1997, 781; Luhmann 2002, 383 ff.).

Im Unterschied zu diesen mittelbaren Einwirkungen der Ökonomie können die sich aus der strukturellen Kopplung zwischen der Wirtschaft und dem Recht selbst ergebenden Irritationen auch ohne Einschaltung der Politik von ökonomischen in rechtliche Differenzen und von rechtlichen in ökonomische Differenzen verwandelt werden. Eine prominente Rolle besitzt in diesem Zusammenhang die (Kopplungs-) Institution des *Vertrags*, der die ‚structural drift' beider Systeme – im Sinne einer wechselseitigen Steigerung von wirtschaftlicher und rechtlicher (Selbst-)Produktion – kanalisiert (Luhmann 1993, 453; Luhmann 1997, 783). Insoweit der Vertrag sowohl rechtliche als auch wirtschaftliche Anschlusskommunikationen ermöglicht, fungiert er als Bindeglied zwischen Rechts- und Wirtschaftssystem:

> „Ein Vertrag ist immer wirtschaftliche Kommunikation, da er als Verfügung Zahlungsakt ist und als Verpflichtung Zahlungsakte bindend in Aussicht stellt, und er ist immer Rechtshandlung, da er nicht nur die Rechtslage ändert, sondern neue Rechtsnormen erzeugt." (Teubner 1989, 113 f.)

Über Verträge, die sowohl vom Wirtschaftssystem als auch vom Rechtssystem ‚gelesen' werden können, werden die selbstreferenziellen Kreisläufe von Wirtschaft und Recht in einem übergreifenden (‚Ultra'-)Zyklus zusammengeschlossen:

> „Der Zusammenschluß wirkt in der Weise wachstumsbeschleunigend, daß die Wirtschaft Transaktionen produziert, die zugleich autokatalytisch für das eigene Wachstum und fremdkatalytisch für das Wachstum der Rechtsnormproduktion wirken und umgekehrt." (Teubner 1991, 541)

Die wechselseitigen Irritationen hemmen also nicht die Autopoiesis der strukturell gekoppelten Systeme, sondern treiben sie an; auf der Basis punktueller Abhängigkeiten können so gesteigerte Unabhängigkeiten entstehen.

Ein anderer Typus struktureller Kopplung, der für das Verhältnis von Recht und Wirtschaft (aber auch für das Zusammenspiel anderer Funktionssysteme) bedeutsam ist, entsteht durch die Ausdifferenzierung formaler Organisationen, im Wirtschaftssystem also vor allem von *Unternehmen*: Der Entscheidungsmechanismus, auf dem sich Organisationssysteme gründen, wird vom Rechtssystem als Rechtsbildungsmechanismus (miss-)verstanden und nach eigenen Maßstäben sanktioniert. Organisationen entwickeln sich auf diese Weise ähnlich wie Verträge zu „eine[r] vom offiziellen Recht abgestützte[n] private[n] Normbildungsmaschinerie" (Teubner 1991, 543). Verträge wie Organisationen bieten dem Recht – und über das Recht vermittelt der Politik – somit die Möglichkeit, die Selbststeuerung der Wirtschaft durch vertrags- bzw. organisationsrechtliche Änderungen gezielt zu irritieren. Auf der Basis von Verträgen und Organisationen und deren Vernetzung in Form eines ‚Inter-Organisations-Rechts' und ‚Inter-Vertrags-Rechts' entsteht zwischen Wirtschaft und Recht sowie – als Drittem im Bunde – der Politik ein Geflecht struktureller Kopplungen, das mit dem Begriff des *Neokorporatismus* oder allgemeiner: (Netzwerk-) Governance belegt werden kann, hier aber vor allem in seiner wirtschaftsrechtlichen Produktivität interessiert. In diesem Regulierungskomplex dominiert nicht das organisierte Entscheidungssystem des Rechtssystems von Legislative und Judikative, also der (Rechts-)Staat im engeren Sinne; staatlicher Rechtsetzung und Rechtsprechung kommt *neben* der nicht-staatlichen, ‚gesellschaftlichen' Rechtserzeugung nur eine subsidiäre Bedeutung zu:

> „Ein ganzes Netzwerk kollektiver Akteure fungiert als ‚gesellschaftlicher Gesetzgeber': Unternehmen, Verbände, Gewerkschaften, Handelskammern, Kartellamt, Quangos, Kommunen, Anwaltskanzleien, Wirtschaftsrechtslehrstühle. Die gesellschaftliche Rechtsbildung findet nicht in einer Unzahl von Individualverträgen, sondern über kollektive Verhandlungen, strategische Kommunikation, kurz: über Machtbeziehungen in organisierten Märkten statt." (Teubner 1991, 544)

Ähnlich dem ‚gesellschaftlichen Gesetzgeber', der neben die staatliche Legislative tritt, bieten privat organisierte Formen der Konfliktregulierung eine Alternative zur staatlichen Gerichtsbarkeit. Unter gegenwärtigen Bedingungen (der Staatlichkeit) ist jedoch davon auszugehen, dass das ‚nicht-staatliche Recht' (Luhmann 1972, 256) bzw. ‚gesellschaftliche Recht' (Teubner 1991, 545; Teubner 2003, 41) im Schatten des staatlichen Rechts bzw. der Staatsgewalt steht. In anderen Worten: Was das gesellschaftliche Recht ausmacht, lässt sich nicht unabhängig vom staatlichen Recht feststellen, solange Recht und Politik strukturell gekoppelt sind und die regionale Binnendifferenzierung des politischen Systems auch die Entscheidungsorganisation(en) des Rechtssystems betrifft.

Die Vielfalt struktureller Kopplungen eines Systems wird als Garantie seiner autopoietischen Unabhängigkeit betrachtet (Luhmann 1997, 780). Zugleich scheint die *Stärkung* der strukturellen Kopplung zwischen Recht und Wirtschaft aber mit einer *Schwächung* der strukturellen Kopplung zwischen Politik und Recht einherzugehen – also einer Entpolitisierung (im Sinne der Irritierbarkeit durch Politik), insbesondere aber einer Entstaatlichung des Rechts Vorschub zu leisten. Damit sinkt empirisch das Risiko der Vereinnahmung des Rechts durch die Politik und steigt das Risiko der Vereinnahmung des Rechts durch die Wirtschaft – auch wenn strukturelle Kopplungen per definitionem auf der Autopoiesis der Systeme beruhen, also ‚Korruption' gerade unterbinden (Luhmann 1993, 445). Unter ‚neokorporatistischen' Bedingungen fungiert das Recht dann als „Registrierungsinstrument von Vereinbarungen, [...] das nicht jede Vereinbarung annimmt" (Luhmann 2000, 54), eignet sich aber nur noch sehr bedingt als Instrument aktiver politisch-rechtlicher Steuerung. Man kann dann reklamieren,

> „daß das Recht [dadurch] in seiner ursprünglichen Funktion, Erwartungen für voraussehbare Konflikte sicherzustellen, wieder in Funktion tritt, und daß nur die inzwischen eingeübte Gewohnheit, das Recht als Implementationsmaschinerie staatlicher Politik zu sehen, uns hindert, dem Recht hier wieder zu Ansehen und Wirksamkeit zu verhelfen" (Luhmann 2000, 55 f.).

Man kann aber auch eine neuartige, reflexive Steuerung durch Recht konstatieren, die durch Steigerung der *Lernfähigkeit* des Rechts (insbesondere gegenüber der Wirtschaft) den Übergang vom Dirigismus zur Optionenpolitik, von ‚government' zu ‚governance' vollzieht (Teubner 1989, 115; vgl. Teubner/Willke 1984; Luhmann 1985; Münch 1985; Nahamowitz 1985): Während *vor* der Governance-Wende, im Hinblick auf die strukturelle Kopplung des Rechts zur Politik, der Rechtsstaat und, im Hinblick auf die strukturelle Kopplung der Politik zur Wirtschaft, der Interventions- und Wohlfahrtsstaat die Selbstbeschreibung des politischen Systems dominierte, zeichnet sich *nach* der Governance-Wende als neue politische Reflexionsfigur im Verhältnis zur Wirtschaft der regulative Staat (im Sinne Majones) ab, der sich systemtheoretisch zum Supervisionsstaat (im Sinne Willkes) verallgemeinern lässt. Mit der Umbenennung von Supervisions*staat* in Supervisions*regime* (Willke 1997, 13) werden schließlich die begrifflichen Konsequenzen aus dem Wandel der Staatlichkeit – als Relativierung des (National-)Staates im Kontext von Mehrebenen- und Netzwerk-Governance – gezogen.

Eine konzeptuelle Alternative dazu bietet der Begriff der *Verfassung* – jedoch nicht in Anwendung auf den Staat, sondern auf die Gesellschaft. Den Ausgangspunkt hierzu bildet die Unterscheidung der strukturellen Kopplungen zwischen Recht und Politik auf der einen Seite und zwischen Recht und Wirtschaft auf der anderen Seite, die das traditionelle Ordnungsschema von Staat und Gesellschaft ersetzen (Luhmann 1993, 494). Dem klassischen Staatsbegriff entspricht systemtheoretisch der Rechtsstaat, spezifischer: der Verfassungsstaat, sowie in Umkehrung des Begriffs: die Staatsverfassung. Statt Verfassungsstaat und Staatsverfassung lässt sich allgemeiner auch von Verfassungspolitik und ‚Politikverfassung' (besser: politischer Verfassung) sprechen. Dem klassischen Gesellschaftsbegriff entspräche per Analogie die ‚Verfassungsgesellschaft' (besser: ‚verfasste Gesellschaft') bzw. die ‚Gesellschaftsverfassung'. Tatsächlich werden diese Begriffe in der unorthodoxen Strömung der Systemtheorie eingesetzt, um (bestimmte) strukturelle Kopplungen des Rechts zu anderen Funktionssystemen als der Politik als (quasi-)konstitutionell zu qualifizieren. Im Falle der im Governance-Kontext besonders interessierenden strukturellen Kopplung zwischen Rechts- und Wirtschaftssystem würden die Begriffe der ‚Verfassungswirtschaft' (besser: ‚verfassten Wirtschaft') bzw. der *Wirtschaftsverfassung* diese heuristische Funktion übernehmen. Während der Begriff der Wirtschaftsverfassung – nebst anderen politisch besetzten (Ordnungs-)Konzepten wie der Marktwirtschaft – durch die systemtheoretische Unterscheidung von Autopoiesis und struktureller Kopplung gerade überwunden werden sollte (Luhmann 2002, 388), kann er auf diese Weise theorieimmanent bzw. Theorie erweiternd als

Oberbegriff für die (verfassungsartigen) strukturellen Kopplungen von Recht und Wirtschaft wieder eingeführt werden: Durch diesen Kunstgriff werden die strukturellen Kopplungen, die das Rechtssystem mit verschiedenen anderen Funktionssystemen verbinden, als funktionale Äquivalente der Systemintegration veranschaulicht, so dass sich beispielsweise die Staatsverfassung (als Kopplungsinstitut von Politik und Recht) der Wirtschaftsverfassung (als Kopplungsinstitut von Recht und Wirtschaft) gegenüberstellen lässt. Damit wird deren tatsächliche Konfrontation *im* Rechtssystem analytisch nachgebildet. Generell lässt sich die (sich mit der ‚Globalisierung' zunehmend aufdrängende) Alternative zur rechtsstaatlichen Integration in der (zunehmend) parastaatlich organisierten und (zunehmend) kognitiv stilisierten *Konstitutionalisierung* von Funktionssystemen und Intersystembeziehungen vermuten.

Der Verfassungsbegriff steht in der jüngsten Phase der Systemtheorie also ganz allgemein für die strukturelle Kopplung zwischen dem Rechtssystem und einem beliebigen gesellschaftlichen Teilsystem – sofern diese Kopplung konstitutionelle Züge annimmt:

> „In addition to the quality of the legal norm and to its structural coupling with a social system, a specific autological relationship, a hierarchialisation between norms of ‚higher' constitutional quality and norms of ‚lower' quality of ordinary law must exist." (Teubner 2004, 22)

Grundsätzlich ist jedoch im Sinne der ‚Theorie eines gesellschaftlichen Konstitutionalismus' davon auszugehen, dass mit der Entwicklung autonomer Gesellschaftsbereiche auch ein autonomes (gesellschaftliches) Recht entsteht; und „every process of juridification simultaneously contains latent constitutional norms" (Teubner 2004, 15). Konstitutionalisierung jenseits von Politik und Staat ist also zumindest analytisch betrachtet nichts Ungewöhnliches; empirisch betrachtet scheint allerdings die wechselseitige Durchdringung von ‚ziviler' und ‚politischer' Verfassungsbildung *im* nationalen Rechtssystem der (moderne) Normalfall gewesen zu sein – der erst dann als Sonderfall entlarvt werden konnte, als die territoriale (Einheits-)Verfassung für ganz unterschiedlich dimensionierte Funktionssysteme an Plausibilität verlor. Mittlerweile lassen sich die (als solche definierten) Konstitutionalisierungsprozesse in den verschiedenen gesellschaftlichen Teilbereichen nicht mehr allein dem Rechtssystem und seiner strukturellen Kopplung mit der (verstaatlichten) Politik zuschreiben, sondern finden ihren Grund in der Selbstperpetuierung und Selbstlimitation autopoietischer Funktionssysteme. Gesellschaftliche (Teil-)Verfassungen überbrücken in diesem Sinne die Differenz von funktionaler Differenzierung und Integration, Autopoiesis und struktureller Kopplung: „In constitutionalisation the point is to liberate the potential of highly specialised dynamics by institutionalising it and, at the same time, to institutionalise mechanisms of self-restraint against its society wide expansion." (Teubner 2004, 12). Mit Verlagerung des evolutionären Primats in der Weltgesellschaft von Recht und Politik (bzw. dem Rechtsstaat) zur Wirtschaft (sowie Wissenschaft und Technik) gewinnen *marktorientierte* gegenüber staatsorientierten Verfassungen somit integrations- und steuerungstheoretisch ein größeres Gewicht.

Tatsächlich passt sich der vergesellschaftete Verfassungsbegriff nahtlos in das systemtheoretische Konzept der Fremdsteuerung (im Sinne der Supervision und Kontextsteuerung) durch Selbststeuerung (im Sinne der Reflexion und Selbstbeschränkung) ein:

> „In Gesellschaften, die sehr konkret durch eine zentrifugale Dynamik, durch organisierte Unverantwortlichkeit, durch Überspezialisierung und mangelnde Kompatibilität der systemischen Optionen gekennzeichnet sind, und die zudem gerade aufgrund ihrer hohen Komplexität über keine zentrale Instanz der Integration des Ganzen mehr verfügen, *liegt es an den differenzierten Funktionssystemen, selbst die erforderlichen Vorleistungen für die Möglichkeit der Integration des Gesellschaftssystems zu erbringen.* Vorstellbar ist dies als eine Form der inneren Konstitutionalisierung, die […] die für eine viable Identität des Ganzen unabdingbaren Rechte und Autonomien der anderen Funktionssysteme der Gesellschaft ins Spiel bringt." (Willke 1992, 359; H. i. O.)

In der Summe und Vernetzung der sich selbst verfassenden Teilsysteme kann so eine ‚verfasste Gesellschaft' (Willke 1992, 358) entstehen, die – idealerweise – den demokratischen Gehalt der politischen Verfassung moderner Rechtsstaaten für die (anderen) gesellschaftlichen Teilverfassungen verallgemeinert und respezifiziert: Es ist nicht zuletzt die Legitimationsfunktion des demokratischen Verfassungsstaats, die zu einer Übertragung des Verfassungskonzepts auf primär außerpolitisch bzw. außerstaatlich geregelte Gesellschaftsbereiche motiviert. Das Konstitutionalisierungskonzept trägt damit „der systemischen Qualität von Demokratie als ‚Regierungsmodell' für das Zusammenspiel der autonomen und funktional differenzierten Teile von Gesellschaft" (Willke 2003b, 540) Rechnung. Wie immer man diese normative Wendung der Systemtheorie einschätzen mag, bleibt als analytischer Ertrag die Möglichkeit, die autopoietische Entkopplung und strukturelle Kopplung von Recht und Politik für das Verständnis des Rechts jenseits des (nationalen Rechts-)Staates, im Zusammenhang von Governance und Globalisierung, fruchtbar zu machen, wie im Folgenden dargelegt werden wird.

3.1.2.4 Wirtschaft und Recht im Kontext der Globalisierung

Im Unterschied zum Begriff des Supervisionsstaates eignet sich der Begriff des Supervisionsregimes bzw. des ‚supervisorischen Steuerungsregimes' (Willke 1997, 9) unmittelbar zur Anwendung auf die Modalitäten der politischen Steuerung in der globalisierten Weltgesellschaft. Zur Abhebung des Prozesses der Globalisierung vom (Möglichkeits-)Zustand der Weltgesellschaft wird in *dieser* – staatstheoretisch ansetzenden – Version der Systemtheorie noch zwischen der funktionalen Differenzierung auf Ebene der Regionalgesellschaften und der funktionalen Differenzierung auf Ebene der Weltgesellschaft unterschieden: Erst im Zuge der Globalisierung gewinnt demnach das im regionalen Maßstab bereits durchgesetzte Prinzip funktionaler Differenzierung auch auf weltgesellschaftlicher Ebene Vorrang, nämlich dann,

> „wenn die lateralen Verflechtungen gleichgeordneter Funktionssysteme […] wichtiger, prägender, dichter und unproblematischer werden als die innergesellschaftlichen translateralen

Verflechtungen mit den anderen (ungleichartigen) Funktionssystemen der Muttergesellschaften" (Willke 1997, 291).

Eine solche Unterscheidung zwischen primär regional geleisteter Systemintegration und primär global geleisteter Systemintegration ermöglicht es, die moderne (Welt-) Gesellschaft – zumindest hypothetisch – nach ihrem Zustand *vor* und ihrem Zustand *nach* der auf die letzten (drei) Dekaden datierbaren und mit Globalisierung und Governance(-Wende) überschreibbaren Entwicklungsphase zu differenzieren. Das Referenzsystem für diese Unterscheidung von verschiedenen Ebenen der Systemintegration bzw. der Systemsteuerung bildet zunächst die Politik (und nicht das Recht). Der Übergang vom nationalen Supervisionsstaat zum transnationalen oder globalen Steuerungsregime lässt sich entsprechend als Entregionalisierung bzw. pointierter: als Entterritorialisierung der Politik fassen, d. h. als politische (Selbst-) Steuerung von Kollektiven, die räumlich nicht mehr eindeutig abgrenzbar sind (Willke 1997, 163; Willke 2003b, 550). Ursächlich dafür ist die globale Durchsetzung des Prinzips funktionaler Differenzierung, das die Politik als Steuerungszentrum regional begrenzter Gesellschaften obsolet werden lässt, denn „wenn das politische System nicht mehr in der Lage ist, die Einheit der Gesellschaft gegen die Diversität ihrer Funktionssysteme zu behaupten, dann kann auch das Territorium nicht mehr als Surrogat der Einheit dienen" (Willke 1997, 121). Unter diesen Umständen lassen sich die (globalisierten) Funktionssysteme in räumlicher und funktionaler Hinsicht nur noch durch Mehrebenen- und Netzwerk-Governance gehaltvoll, etwa im Sinne eines (politisch bestimmten) Gemeinwohls, integrieren (Willke 1997, 7, 126 f. u. 133 f.).

Mit der Entterritorialisierung der Politik ist zugleich deren Entnationalisierung und Entstaatlichung impliziert, jedenfalls soweit das nationalstaatliche Politikmodell den Bezugspunkt bildet. Analog ist, ausgehend vom nationalstaatlichen Rechtsbegriff, von einer (tendenziellen) Entterritorialisierung, Entnationalisierung und Entstaatlichung des Rechts auszugehen. Damit wandeln sich – unter Voraussetzung der Systemdifferenz und Autopoiesis von Politik und Recht – nicht nur die Bedingungen der *politischen* Steuerung, sondern auch die Bedingungen der *rechtlichen* Steuerung: „Die Autonomie des Rechts bietet die Möglichkeit, auch jenseits der formalen Grenzen der Demokratie (der Grenzen des Nationalstaats) Recht oder Derivate des Rechts als Medium der Gestaltung von Steuerungsregimes zu nutzen." (Willke 2003b, 551). Diese *Steuerungsregime* stellen sich – gerade im Hinblick auf die Verknüpfung von Recht, Politik und Wirtschaft (aber auch von Erziehung und Wissenschaft) als *Produktionsregime* dar, die in einem Geflecht mehrerer untereinander strukturell gekoppelter Funktionssysteme bestehen. Als „Hybride zwischen Recht und Gesellschaft" (Teubner/Zumbansen 2000, 197) folgen solche Produktionsregime einem eigentümlichen Entwicklungspfad, der sich aus der – zwischen Independenz und Interdependenz vermittelnden – Ko-Evolution (Ko-Variation, Ko-Selektion, Ko-Retention) der beteiligten Systeme ergibt. Die resultierende ‚structural drift' des Gesamtarrangements wirkt auf die rechtliche Steuerung (innerhalb) der Produktionsregime zurück:

"Rechtstheorie und Rechtsdogmatik werden bestimmt durch ko-evolutionäre Prozesse innerhalb des Produktionsregimes, die das Recht in eine enge Kompatibilitätszone mit wirtschaftlichen, politischen und anderen nicht-rechtlichen Institutionen überführen." (Teubner/Zumbansen 2000, 198)

Unter Bedingung der Globalisierung gewinnen entterritorialisierte Steuerungsregime (aus dem Blickwinkel der Politik) bzw. Produktionsregime (aus dem Blickwinkel der Wirtschaft), in denen auch die Modalitäten rechtlicher Erwartungssicherung und Verhaltenssteuerung (unter Voraussetzung der Autopoiesis des Rechtssystems) ko-evolutionär bestimmt werden, ein zunehmendes Gewicht. Ihnen inhärent ist eine Tendenz zur ‚Globalisierung des Rechts' (Teubner 2000, 247 ff.). Konzeptionell (und empirisch) bildet das globale, nicht-staatliche Recht den Gegenpol zum nationalstaatlichen Recht. Das *globale Recht* entsteht gewissermaßen im Konflikt von (zunehmend transnational organisierter) Wirtschaft und (vornehmlich nationalstaatlich organisierter) Politik: „Der Unterschied zwischen hochglobalisierten gesellschaftlichen Teilsystemen, besonders der Wirtschaft, und einer nur internationalisierten, aber nicht ausreichend globalisierten Politik bringt das Rechtssystem in eine institutionelle Schieflage." (Teubner 2000, 252). Diese Schieflage kommt in den widersprüchlichen Komponenten zum Ausdruck, aus denen sich Steuerungs- bzw. Produktionsregime zusammensetzen: einer nationalstaatlichen bzw. rechtsstaatlichen Komponente und einer (über-)regionalen bzw. globalen Komponente, „welche vor allem der Logik einer globalisierten Ökonomie und einer globalen Vernetzung folgt" (Willke 1997, 271). Im Grundsatz bedeutet dies, dass in Governance-Arrangements sowohl das globale, nicht-staatliche Recht – also Rechtsnormen mit (nicht nur internationalem oder supranationalem, sondern) globalem Geltungsanspruch – als auch das klassische nationalstaatliche Recht eine Rolle spielen können und dann als Teilrechtsordnungen integriert, d. h. *strukturell gekoppelt* werden müssen. Mit anderen Worten, das (per Staatsverfassung) an das politische System und (per Wirtschaftsverfassung) an das Wirtschaftssystem – sowie an weitere (konstitutionalisierte) Funktionssysteme – strukturell gekoppelte Rechtssystem internalisiert (oder sublimiert) das Prinzip funktionaler Differenzierung in Form unterschiedlicher, funktionssystemspezifischer Verfassungen, die die Einheit des Rechts herausfordern. Mit der Differenzierung des Rechts innerhalb räumlich und funktional entgrenzter Steuerungsregime wäre somit

„die Einheit des Rechtssystems von Einheit auf die Differenz von Einheit und Vielfalt umzustellen, also die Leitidee des Rechts nicht mehr in der Herstellung von Ordnung zu suchen, sondern in der Kompetenz, mit Unordnungen in einer geordneten Weise umzugehen" (Willke 2003a, 112).

Damit gelangt man zum Begriff des *hybriden Rechts*, der die Qualitäten des Rechts in (globalisierten) Governance-Kontexten, kurz: der ‚legal governance' beschreibt. Als hybrid stellen sich Rechtsformen dar, die „an den Schnittstellen unterschiedlicher Logiken kondensieren – zwischen den Operationslogiken von Hierarchie und Markt, Funktionssystemen und gesellschaftlicher Einheit, nationaler Interessen und transnationaler Austauschbeziehungen" (Willke 2003b, 546). Hybrides Recht (ent)steht also zwischen globalem, nicht-staatlichen Recht auf der einen Seite und nationalstaatlichem Recht auf der anderen Seite und nimmt Elemente beider in sich auf. Das klassische Recht (government) gilt als gewaltbasiertes Recht – was bedeutet, dass die kursierenden Rechtsansprüche (zumindest prinzipiell) durch das staatliche Gewaltmonopol gedeckt sind; das hybride Recht (governance) gilt demgegenüber als konsensbasiertes Recht – was bedeutet, dass die kursierenden Rechtsansprüche ihren Rückhalt (zumindest im Grundsatz) im wechselseitigen Einvernehmen finden (Willke 2003a, 128 f.; Willke 2003b, 546). Dem klassischen Recht liegt demnach ein vertikaler Koordinationsmodus zugrunde, dem hybriden Recht ein horizontaler Koordinationsmodus. Die Einheit dieser Differenz (und die Einheit des Rechts) besteht nun darin, dass das hybride Recht – und auch das globale Recht – auf den Ordnungsleistungen des nationalstaatlichen Rechts aufbaut, die insofern als rechtsstaatliche Bindungen vorausgesetzt bleiben. Umgekehrt profitiert aber auch das nationalstaatliche Recht von den Ordnungsleistungen des globalisierten bzw. hybridisierten Rechts: „Die Ordnung der Teilordnungen weist damit alle Merkmale struktureller Kopplung auf." (Willke 2003b, 547). In diesem Sinne übersetzt der Begriff struktureller Kopplung die Formel vom ‚Schatten des Rechts' in die Systemtheorie, und zwar nicht nur bezogen auf den Einfluss des staatlichen Rechts auf das gesellschaftliche Recht (inklusive Demokratisierungszumutungen; vgl. Willke 2003a, 116; Willke 2003b, 547), sondern auch umgekehrt bezogen auf den Einfluss des gesellschaftlichen Rechts auf das staatliche Recht. So ist es der Schatten der ‚legal governance', der dafür sorgt,

> „daß die Rolle des staatlich gesetzten Rechts sich verändert, seine gesellschaftliche Relevanz abnimmt und eine Transformation seiner Funktion erkennbar wird, wonach dieses langwierige, umständliche, komplizierte und teure Recht nur noch eine supervisorische Rolle spielt" (Willke 1997, 279 f.).

Das Paradox der Einheit in Vielfalt wird auch durch den Begriff des *polykontexturalen Rechts* veranschaulicht, der für „ein Recht ohne Rechtseinheit [steht], ein Recht, das von unterschiedlichen gesellschaftlichen Systemen mit widersprüchlichen Eigenrationalitäten erzeugt und aufrechterhalten wird" (Teubner 2000, 260). Wiederum wird das Spannungsfeld zwischen Nationalstaat und Weltgesellschaft ausgemessen, in dem das Recht seine hierarchischen Konturen verliert – auch in der Binnendifferenzierung von Rechtsetzung und Rechtsanwendung. Mit Durchsetzung der funktionalen Differenzierung und eines ‚(rechts-)kulturellen Polyzentrismus' auf Ebene der Weltgesellschaft gewinnt das Recht seinen Halt nicht mehr in der staatlichen Einheit von Recht und Politik, sondern in „einer heterarchischen Vielheit von Rechtsordnungen, die jeweils in ‚struktureller Kopplung' zu einem anderen gesellschaftlichen Teilsystem stehen" (Teubner 2000, 260). Über die strukturellen Kopplungen des Rechts zu globalisierten Funktionssystemen (insbesondere der Wirtschaft) werden Verrechtlichungs- und Konstitutionalisierungsprozesse geleitet, die keines Umwegs über die Politik bedürfen (wenn auch die Funktions- und Leistungsfähigkeit des politischen Systems vorausgesetzt bleibt). So entwickelt sich mit der Globalisierung der Wirtschaft und der Globalisierung des Rechts eine globale *Wirtschaftsverfassung*, die ihre Geltungskraft nicht aus dem Sanktionspotenzial des Staates (bzw. des Staatensystems) bezieht, sondern aus dem Konsens der Vertragsparteien (die im wirtschaftlichen Austausch miteinander stehen), die also nicht auf vertikaler (staatlicher) Koordination beruht, sondern auf horizontaler (markt- bzw. netzwerkförmiger) Koordination. Die Politik kann eine solche Wirtschaftsverfassung zwar zu beeinflussen suchen, indem sie die Wirtschaft auf der einen und das Recht auf der anderen Seite durch kollektiv verbindliche Entscheidungen (ob auf staatlicher oder zwischenstaatlicher Ebene) irritiert, aber in ihren Grundprinzipien nicht bestimmen – diese bilden sich allein im Wechselspiel von Wirtschaft und Recht heraus, die jeweils gegenüber der Politik beträchtliche Freiheitsgrade besitzen. Das Recht reagiert mit seiner Strukturbildung demnach ebenso auf die Politik wie auf die Wirtschaft und andere Funktionssysteme, ‚koppelt' intern die verschiedenen Teilverfassungen (darunter Wirtschaftsverfassung und Staatsverfassung) und ‚driftet' auf diese Weise in eine Richtung, die „der vielwertigen Logik gesellschaftlicher Fragmentierung" (Teubner 2000, 266) entspricht.

3.1.2.5 Status der europäischen Rechtsgemeinschaft

Die soziologische Systemtheorie eignet sich in besonderer Weise zur Reformulierung der Prinzipien von Mehrebenen- und Netzwerk-Governance. Dabei lässt sich Governance im allgemeinsten Sinne als ‚Form der Systemsteuerung' bestimmen (Willke 2003a, 15, inkl. Fn. 12) oder spezifischer als Komplex politischer, rechtlicher, wirtschaftlicher und sonstiger Steuerungsinstitutionen, einschließlich struktureller Kopplungen (Sand 2000, 9, 49 u. 69 f.). Der Vorzug einer systemtheoretischen Betrachtungsweise des Regierens jenseits des Staates liegt vor allem in der Modellierung der *horizontalen* Dimension: In den gängigen politikwissenschaftlichen (Steuerungs-)Theorien steht Netzwerk-Governance zwar recht anschaulich für das Zusammenspiel von öffentlichen und privaten Akteuren, also der Vertreter von Staat und Wirtschaft (bzw. von Staat und Gesellschaft). Konzeptionell bleibt die horizontale Dimension des Wandels der Staatlichkeit jedoch ziemlich unscharf. Dies gilt gerade im Vergleich zu dem reichhaltigen Theoriebestand, auf den die Politikwissenschaft für die Beschreibung der *vertikalen* Dimension, nämlich der Spezifika von Mehrebenensystemen, zurückgreifen kann, wozu insbesondere die Beiträge zur Föderalismusdebatte zu zählen sind. Hieran knüpft die (demokratie- und staatstheoretisch interessierte Strömung der) Systemtheorie an, wenn sie die Konzepte der *Föderalität* und *Subsidiarität* aufgreift; sie geht jedoch deutlich darüber hinaus, wenn sie die Prämissen funktionaler Differenzierung einarbeitet, d. h. die Prinzipien vertikaler Aufgabenteilung um Prinzipien horizontaler Koordination ergänzt. Föderalität und Subsidiarität werden in diesem Sinne als komplementäre „Formen der Selbststeuerung komplexer Sozialsysteme" (Willke 2003a, 63) begriffen, genauer: der Selbststeuerung auf unterschiedlichen Systemebenen:

> „Subsidiarität bezeichnet die Sicht von ‚unten', in der sich ein System entgegen seiner eingebauten Neigung zu einer dezentralen Operationsweise nur dann zu einer übergreifenden Koordination zwingen lässt, wenn es seine Probleme sonst nicht lösen kann. Föderalität dagegen beleuchtet die komplementäre Sicht von ‚oben' aus der Perspektive eines Gesamtsystems, dem

sich die Frage stellt, welche Form des Zusammenspiels seiner Teile unter Bedingungen hoher organisierter Komplexität einen Wohlfahrtsgewinn verspricht." (Willke 2003a, 62)

Diese System-‚Ebenen' lassen sich in einer funktional differenzierten Gesellschaft jedoch nicht mehr rein räumlich bestimmen und daher auch nicht mehr in eine Rangfolge von Gebietskörperschaften bringen. Vielmehr tritt die vertikale Dimension des Regierens zunehmend hinter die horizontale Dimension zurück, was eine Enthierarchisierung und Entterritorialisierung von Koordination und Steuerung impliziert. Konsequenterweise werden die Konzepte der Föderalität und der Subsidiarität daher um die Dimension der funktionalen Differenzierung erweitert: Auch in den horizontalen Beziehungen zwischen funktionalen Teilsystemen drängt sich demzufolge ein föderaler und subsidiärer Modus der Handlungskoordination auf (Willke 1997, 308; Willke 2003a, 43 f., 47 f. u. 53 u. 87 f.; Willke 2003b, 540). Auf diese Weise entsteht ‚Heterotopia' – eine Form der (Un-)Ordnung,

> „die [...] in einer partiell globalisierten Welt Gouvernanz auf der Basis von Föderalität und Subsidiarität zu verwirklichen sucht, sich dabei aber der erschreckenden Heterogenität globaler Kontexte stellt" (Willke 2003a, 11).

Der analoge Begriff für das Recht, das – ursprünglich Inbegriff der (normativen) Ordnung – „in der Inkongruenz zwischen unmöglicher Ordnung und möglicher Unordnung der Weltgesellschaft einen schweren Stand hat" (Willke 2003a, 129), lautet ‚Heteronomie' (Willke 2003a, 12 u. 76 ff.). Auch im Recht setzen sich also komplexere Formen der Ordnung durch, die „der räumlichen Dimension unterschiedlicher Größenordnungen und territorialer Konstellationen und der funktionalen Dimension unterschiedlicher Systemlogiken, Operationsformen und Diskursarten" (Willke 2003a, 47 f.) besser gerecht werden. Der Begriff der Heteronomie, der sich auf die Ungleichartigkeit der rechtlichen Teilordnungen bezieht, steht dabei zunächst etwas unvermittelt neben dem Begriff der Autonomie, der sich auf die operative Geschlossenheit des Rechtssystems bezieht (Willke 1996, 139; Willke 2003a, 96); Autonomie und Heteronomie scheinen in dieser Verwendung keine direkten Antonyme zu bilden. Die paradoxe (und systemtheoretisch probate) Aussage, dass Autonomie und Heteronomie des Rechtssystems einander bedingen und wechselseitig zu steigern vermögen, lässt sich erst mit Bezug auf das Gegensatzpaar von funktionaler Differenzierung und Integration, Autopoiesis und struktureller Kopplung verdeutlichen: *Heteronomie* bezieht sich dann auf die (rechtsinterne) Integration der Teilrechtsordnungen als Beitrag zur (rechtsexternen) Integration der Funktionssysteme. Somit lässt sich unter Berücksichtigung der in die Form struktureller Kopplung gebrachten Vermittlungseinrichtungen (die zugleich als Interdependenzunterbrecher fungieren) von einer (wachsenden) Heteronomie des Rechtssystems sprechen, die mit seiner Autonomie nicht automatisch im Widerspruch steht. Als weitere Deutungsvariante bietet es sich an, den Begriff der Heteronomie mit der kognitiven Öffnung des Rechtssystems in Verbindung zu bringen, also die Vorsilbe ‚hetero-' (*dt.* anders, fremd, ungleich, verschieden) nicht auf die Vielgestaltigkeit des Rechts, sondern auf seine Umweltbezogenheit (und Lernfähigkeit) zu beziehen, also auf (den Umgang mit) Fremd-Referenz. Auch wenn der autopoietischen Konzeption des Rechtssystems zufolge nicht nur die Wirtschaft, sondern auch die Politik (und alle anderen

Funktionssysteme) fremdreferenziell beobachtet werden, lassen sich die Positivierung des Rechts und vielerlei Rechtsänderungen letztlich auf die Entwicklungsdynamik der Wirtschaft zurückführen (Luhmann 1981b, 149 ff.), die so zum vielleicht wichtigsten Referenzpunkt für Heteronomie avanciert. So wird offenbar noch nicht das politisch (fremd-)gesetzte staatliche Recht, sondern erst das von anderen Funktionssystemen jenseits des Staates hervorgebrachte hybride Recht als eigentlich heteronom betrachtet. In dieser Weise verstanden legt die Heteronomie des Rechts nahe, „die Normenstruktur des Systems komplexer zu gestalten und genau damit und gleichzeitig feingliedrigere Verweisungen auf rechtsexterne Sachverhalte zuzulassen" (Willke 2003a, 100; vgl. Luhmann 1993, 87), also stärker auf kognitive Elemente – und ein *lernendes* Recht – zu setzen.

‚Heterotopia' als Ordnungsideal der funktional differenzierten Weltgesellschaft wird demzufolge einerseits über die Konzepte der Föderalität und Subsidiarität in die Begriffe der Mehrebenen- und Netzwerk-Governance übersetzt; andererseits bleiben diese Konzepte bei der Spezifikation des *rechtlichen* Ordnungsideals unter dem Begriff der ‚Heteronomie' – als deren Gegenpole das globale, nicht-staatliche und das nationale, (rechts-)staatliche Recht gelten – unausgeführt. Es ergibt sich zwar intuitiv, dass das *europäische*, (rechts-)gemeinschaftliche Recht sich sowohl in der vertikalen Dimension als auch in der horizontalen Dimension der Veränderung der (Rechts-)Staatlichkeit als Zwischenform irgendwo zwischen den genannten Polen der Rechtsevolution verorten lässt, d. h., dass es keiner Sondertheorie bedarf, um die Sui-generis-Qualitäten des Europarechts zu erklären. Jedoch wird in der Systemtheorie nur an sehr wenigen Stellen expliziert, wie sich diese (teilglobalisierte, teilentstaatlichte) Zwischenform des Rechts genauer beschreiben lässt. Insbesondere bleibt unklar, in welcher Weise funktionale und räumliche Dimension (im Sinne des erweiterten Föderalitäts- und Subsidiaritätsbegriffs) auf europäischer Ebene wechselwirken und inwieweit nationale Staatsgewalt und supranationaler Konsens einander bedingen – und damit auch, was genau die europäische Rechtsgemeinschaft eigentlich ist. Eine mögliche Antwort liegt in der Synthese der in diesem Kapitel zusammengeführten Argumente: Ausgehend von einem verallgemeinerten Verfassungsbegriff lässt sich die (faktische) ‚Verfassung' der EG/EU dann aus rechtssystemischer Sicht als Rechtsordnung verstehen, die einerseits auf internationalen (Staats-)Verträgen beruht und insofern strukturell an das politische System gekoppelt ist, die andererseits aber auf transnationale (Wirtschafts-)Verträge Bezug nimmt und insofern strukturell an das Wirtschaftssystem gekoppelt ist. Wenn die europäische Verfassung auch als (internationale) politische Verfassung begründet und durch Gesetzgebungsaktivitäten geprägt ist, so steht sie doch stark unter dem Eindruck bzw. Einfluss einer aus der Vernetzung ökonomischer Akteure hervorgegangenen, selbsttätig evoluierenden (transnationalen) Wirtschaftsverfassung. Schließlich ist es die Rechtsprechung, die diese Teilrechtsordnungen bzw. Teilverfassungen in einem umfassenden Konstitutionalisierungsprozess zusammenführt und erst dadurch eine politökonomisch verfasste, supranationale Rechtsgemeinschaft gebiert. Dabei stellen die strukturellen Kopplungen zwischen der politischen und der wirtschaftlichen Teilverfassung, über die fortlaufend (wechselseitige) Irritationen kanalisiert werden, eine stete Herausforderung für die Einheit des (europäischen) Rechts und die Einheitlichkeit der (europäischen) Rechtsprechung dar. ‚Judicial governance' wäre dann eine Strategie des Umgangs mit solchen Kollisionen.

Diese Argumentation erfährt in der governance-theoretisch ausgearbeiteten Systemtheorie grundsätzlich Unterstützung. So gilt die Konstitutionalisierung Europas als einschlägiges Beispiel für die Viabilität einer Verfassungskonstruktion, die nicht mehr ausschließlich an den Staat bzw. das politische System gekoppelt ist (Teubner 2004, 5 ff. u. 19). Gleichwohl bleiben direkte Bezugnahmen auf die EG/EU in der Systemtheorie insgesamt rar. Zumeist werden nur die (im hybriden Recht miteinander verknüpften) Extreme globalen und nationalen Rechts gegeneinander gestellt, ohne dass das europäische Recht eigens gewürdigt wird. Einige systemtheoretische (insbesondere governance-analytische) Konzepte lassen sich aber relativ einfach auf eine supranationale Rechtsordnung übertragen, beispielsweise der Begriff hybrider Steuerungsregime. Hier stellt sich im Hinblick auf die supranationale Rechtsordnung einerseits die Frage, warum unterhalb der Globalisierung des Rechts noch eine Europäisierung des Rechts stattfindet, andererseits aber auch, warum wesentliche Qualitäten des Rechtsstaats in der Rechtsgemeinschaft ‚aufgehoben' werden – und schließlich, wie die Stabilität einer solchen *Zwischenlösung* einzuschätzen ist. Es liegt nahe, die Antwort im Verhältnis von Legitimität und Effizienz hybrider Rechtsformen bzw. hybrider Steuerungsregime zu suchen, deren rechtsstaatliche (Schließungs-)Komponente eine demokratische Rückbindung erlaubt, während die wirtschaftsrechtliche (Öffnungs-)Komponente zugleich Wohlfahrtsgewinne ermöglicht. Der Umbau des nationalen Wohlfahrtsstaats zum supranationalen Supervisionsregime (wiederum mit allen möglichen Zwischenlösungen) verspricht dann eine neue Kombination von Legitimität und Effizienz. Mit der Typisierung supervisorischer Steuerungsregime als Verhandlungssysteme bzw. -netzwerke (zwischen ‚Staat' und ‚Markt') erweist sich die systemtheoretische Modellierung der europäischen Governance dann als unmittelbar anschlussfähig an die in der Europaforschung debattierten Konzeptionen (Willke 1997, 271 u. 133 f.; Willke 2003b, 543 u. 547).

Mit der Verrechtlichung und Konstitutionalisierung der intersystemischen Steuerungsbeziehungen (im Zusammenhang mit der Globalisierung des Rechts) wird der Begriff der Netzwerk-Governance somit auch für das Verständnis der *europäischen Rechtsgemeinschaft* relevant: „Taking into account the importance of non-traditional legal relationships could lead to a new conception of a ‚network-like' relationship between national, trans- and supra-national forms of legal integration in the EU." (Ladeur 2001, 283). Gemäß dem ‚Heteronomie'-Konzept ist somit auch auf europäischer Ebene nicht mehr mit einer einheitlichen und eindeutigen (hierarchisch strukturierten) Rechtsordnung zu rechnen; die rechtliche Integration besteht vielmehr in „co-operative, horizontal forms of relationships between the infrastructures of law" (Ladeur 2001, 283) – also in der strukturellen Kopplung und wechselseitigen Irritation von nationalem, transnationalem (bzw. globalisiertem) und supranationalem Recht. Soweit die europäische Integration durch die heteronome, heterarchische Organisation des Rechts bestimmt ist, gewinnt sie einen ‚offenen Charakter' und löst sich insbesondere von einseitig politischen Strukturvorgaben (Ladeur 2001, 281).

Europäische Integration findet zugleich als rechtliche Integration (von Teilrechtsordnungen) im Rechtssystem und als Systemintegration im (funktional differenzierten) Gesellschaftssystem statt. Dort macht sich die Governance-Wende als „new phenomenon of overlap amongst the various national, supranational and transnational components of the integration of systems of law, politics and economics" (Ladeur 1997, 43) bemerkbar. Als institutionelles Arrangement entsteht die EG/EU selbst im Wechselspiel von Rechtssystem, politischem System und Wirtschaftssystem, so dass

> „when analysing the identity of the new European institutions more focus should be given to studies of the processes of the evolvements of the EC/EU and the EEA [European Economic Area] and to the interactions between the political, legal, economic and administrative elements of the institutions in these processes" (Sand 1998, 94).

Eine besondere Betonung verdient dabei der wirtschaftliche Bias der emergenten supranationalen Rechtsordnung, der auf die strukturellen Kopplungen zwischen dem Recht (und der Politik) auf der einen und der Wirtschaft auf der anderen Seite verweist (Sand 1998, 100 f.; Sand 2004, 52 ff.). Es ist anzunehmen, dass das Recht durch die (ökonomisch affizierte) Europäisierung – ebenso wie durch die Globalisierung – einen Bedeutungswandel erfährt: Einerseits wird es in seiner traditionellen (rechtsstaatlichen) Form geschwächt; andererseits gewinnt es durch die relative Entkopplung von der Politik aber auch an Freiheitsgraden. Letztlich bringt die Heteronomisierung der Rechtsordnungen im Gemeinschaftsrahmen also sowohl (neue) Abhängigkeiten als auch Unabhängigkeiten des Rechtssystems von anderen Funktionssystemen – wie insbesondere dem Wirtschaftssystem – mit sich (Sand 2000, 18 f.). Die Implikationen für die Rechtsprechung in einem solchen politökonomischen Kontext werden im folgenden Abschnitt ausgearbeitet.

3.1.3 Rechtliche Steuerung zwischen Zentrum und Peripherie

Recht ist nicht selbstverständlich staatliches Recht, also ein – im modernen Sinne – rechtsstaatlich organisiertes Recht, das sich (allein) im Wechselspiel von Legislative und Judikative entwickelt: Hiernach trägt in einem ‚kybernetischen Zirkel' sowohl der Richter den (Unterscheidungen und) Entscheidungen des Gesetzgebers Rechnung, wie auch der Gesetzgeber den (Unterscheidungen und) Entscheidungen des Richters gerecht zu werden sucht (Luhmann 1993, 302). Vielmehr ist die Erzeugung des Rechts – die kontrafaktische Stabilisierung von Verhaltenserwartungen – (auch und vor allem) eine gesellschaftliche Angelegenheit, die nur dann über den (Rechts-) Staat geleitet wird, wenn kollektiv verbindliches Recht entstehen soll, das notfalls zwangsweise durchgesetzt werden kann:

> „Die Entscheidung des Gesetzgebers (und das gleiche gilt [...] für die Entscheidung des Richters) findet eine Fülle von Normprojektionen vor, aus denen sie mit mehr oder minder großer Entscheidungsfreiheit auswählt. [...] Ihre Funktion liegt nicht in der Schöpfung, in der Herstellung von Recht, sondern in der Selektion und symbolischen Dignifikation von Normen als bindendes Recht." (Luhmann 1972, 208)

Wenn Gesetzgeber und Richter (qua Autopoiesis) in ihrer Entscheidungs*logik* unabhängig voneinander bleiben, obwohl sie über Rechtskommunikationen (insbesondere Gesetzestexte) operativ gekoppelt sind, dann ist das Verhältnis von staatlichem zu gesellschaftlichem Recht aufseiten des Staates mehrdeutig (und wegen der Vielzahl nicht-staatlicher gesellschaftlicher Teilsysteme auch aufseiten der Gesellschaft). Tatsächlich macht es einen Unterschied, ob private Rechtsansprüche ein Gesetzgebungsverfahren oder einen Gerichtsprozess durchlaufen, auch wenn letztlich in beiden Fällen – im einen prospektiv, im anderen retrospektiv – unter Zugriff auf die Staatsgewalt über ihre Geltung entschieden werden kann. Im Folgenden soll die Differenzierung von politischem System und Rechtssystem *im Verhältnis* zum Wirtschaftssystem rechtssystemintern als Differenzierung von Gesetzgebung und Rechtsprechung *im Verhältnis* zur privaten Geltungsproduktion rekonstruiert werden (Luhmann 1993, 107 f., inkl. Fn. 132) und anhand dessen die systemtheoretische Fruchtbarkeit des Suchbegriffs ‚judicial governance' ausgelotet werden. Dazu wird im ersten Schritt die Binnendifferenzierung des Rechtssystems mit der besonderen Position der Gerichte dargestellt; im zweiten Schritt werden die Konsequenzen der Positivierung des Rechts für die Rechtsprechung aufgezeigt; im dritten Schritt werden die rechtlichen Folgen der wohlfahrtsstaatlichen Entwicklung erörtert; im vierten Schritt werden die Implikationen globalisierter Steuerungsregime erläutert; im fünften Schritt wird schließlich resümierend nach den Modalitäten einer Steuerung bzw. Regulierung durch Richterrecht gefragt.

3.1.3.1 Binnendifferenzierung des Rechtssystems

Systemtheoretisch ist das Rechtssystem, das alle an Recht und Unrecht orientierten Kommunikationen umfasst, abzuheben vom ‚Gerichtssystem', dem organisationalen Substrat der richterlichen (Staats-)Gewalt. Kommunikationen, die von Gerichts wegen über Recht und Unrecht befinden, machen also nur einen kleinen Teil des Rechtssystems aus: „Rein quantitativ gesehen operiert das Rechtssystem weitgehend außerhalb des organisatorisch-professionellen inneren Kerns." (Luhmann 1993, 68). Zugleich sind als Rechtskommunikationen nicht nur Anwendungen des Rechts (im Sinne der Inanspruchnahme alten Rechts) anzusehen, sondern auch Veränderungen des Rechts (im Sinne der Begründung neuen Rechts). Da im Rechtssystem immer nur das (als) Recht gilt, was aktuell als Recht kommuniziert wird und weiteren Rechtskommunikationen Anschluss bietet, ist die Unterscheidung von altem Recht (Rechtswahrung) und neuem Recht (Rechtsschöpfung) nur in der Retrospektive von Belang. Somit kann auch die gesetzgebende (Staats-)Gewalt als Teil des Rechtssystems betrachtet werden. Der Judikative und der Legislative gemein ist, dass rechtlich verbindliche und staatlich sanktionierbare Entscheidungen gefällt werden, während alle anderen Rechtskommunikationen rechtlich unverbindlich bleiben bzw. auf andere Sanktionsmechanismen zugreifen müssen. Somit kann davon ausgegangen werden, dass sich innerhalb des Rechtssystems ein organisiertes Entscheidungssystem ausdifferenziert hat, das „die zirkuläre, rekursive Reproduktion von Rechtsentscheidungen" (Luhmann 1993, 145) leistet und seinerseits in Gesetzgebung und Rechtsprechung differenziert ist. Gesetzgebung und Rechtsprechung bilden wiederum unterschiedliche rechtliche Interaktionssysteme bzw. Entscheidungsverfahren aus, „die eine spezifische Funktion erfüllen, nämlich eine einmalige verbindliche Entscheidung zu erarbeiten, und dadurch von vornherein in ihrer Dauer begrenzt sind" (Luhmann 1975b, 41). Gesetzgebungs- wie Gerichtsverfahren tragen somit über die Produktion singulärer Rechtsentscheidungen im Rahmen organisationaler (rechtlicher) Bindungen zur Autopoiesis des Rechtssystems bei; jedoch ist natürlich nicht alles, was im Kontext von Parlamenten und Gerichten kommuniziert wird, automatisch Recht.

Neben (Rechts-)*Verfahren* spielen auch (Rechts-)*Verträge* im Rechtssystem eine bedeutende Rolle – dabei sind im systemtheoretischen Begriff des Vertrags „immer inbegriffen: ähnliche Mittel privater Rechtserzeugung" (Luhmann 1993, 324). Ganz allgemein handelt es sich bei Verfahren und Verträgen um unterschiedliche Formen des Umgangs mit der gesteigerten Komplexität und Kontingenz in der modernen Gesellschaft:

> „Wie im Bereich der ‚Gesellschaft' die Kategorie des Vertrags, so scheint im Bereich des ‚Staates' die Kategorie des Verfahrens jene Zauberformel zu bieten, die ein Höchstmaß an Sicherheit und Freiheit kombiniert […]. Vertrag und Verfahren – das scheinen evolutionär unwahrscheinliche Errungenschaften zu sein, die es der Gegenwart ermöglichen, sich selbst aufs Änderbare festzulegen und jede mögliche Zukunft auszuhalten." (Luhmann 1975b, VII)

Dieser Gegenüberstellung entspricht in einer elaborierteren Fassung der Systemtheorie der (funktionale) Vergleich von Gesetz und Vertrag bzw. Staatsverfassung und Wirtschaftsverfassung, also der strukturellen Kopplung von Rechtssystem und politischem System auf der einen Seite und von Rechtssystem und Wirtschaftssystem auf der anderen Seite. Demzufolge wird in Form von Gesetzen und in Form von Verträgen gleichermaßen Recht erzeugt; im einen Falle handelt es sich dabei um ein ‚Kopplungsprodukt' zwischen Recht und Politik, im anderen Falle um ein ‚Kopplungsprodukt' zwischen Recht und Wirtschaft. In Form von Verträgen können also auch außerhalb des organisierten Entscheidungssystems des Rechtssystems Rechtsentscheidungen gefällt und mithin Rechtsänderungen erreicht werden:

> „Die bindende Entscheidung von Rechtsfragen kommt zwar nur durch Assoziierung mit der politischen Funktion kollektiv bindenden Entscheidens zustande, die den Rekurs auf Durchsetzungsgewalt garantiert. Aber das heißt keineswegs, daß nicht riesige Mengen von Rechtskommunikationen außerhalb dieses engen Bereichs der Parlamente und Gerichte zustande kommen und daß nicht riesige Mengen von positivem Recht auch ohne Einschaltung dieser Instanzen, also ohne jede politische Kontrolle geschaffen werden, nämlich durch Verträge." (Luhmann 1993, 74)

Wenn man weitere Wege der Rechtserzeugung, etwa im Rahmen von Organisationssystemen (jenseits von Legislative und Judikative), ausklammert, gibt es im Rechtssystem somit drei Möglichkeiten, per Entscheidung (positives) Recht geltend zu machen: die *Gesetzgebung*, die *Rechtsprechung* und die *Vertragsschließung*. Damit stellt sich die Frage, wie die Rechtsansprüche aus diesen verschiedenen Bereichen (innerrechtlich) koordiniert werden.

Wegen der (punktuellen) Rückbindung der Gesetzgebung an das politische System und der Vertragsschließung an das Wirtschaftssystem, liegt es konzeptionell nahe, diese beiden Bereiche an die Ränder des Rechtssystems zu verlegen, während sich der Bereich der Rechtsprechung als Conditio sine qua non der ‚Integration durch Recht' in der Mitte platzieren lässt. Es ist also von einer internen Zentrum-Peripherie-Differenzierung des Rechtssystems auszugehen (Luhmann 1993, 321 ff):
„Die Organisation der Gerichtsbarkeit wäre demnach dasjenige Teilsystem, in dem das Rechtssystem sein Zentrum hat. [...] Alle anderen, nichtgerichtlichen Arbeitsbereiche des Rechtssystems gehören zur Peripherie." (Luhmann 1993, 321). Mit diesem *triadischen* Arrangement von zentraler Rechtsprechung, peripherer Gesetzgebung und peripherer Vertragsschließung stellt sich die Systemtheorie in einen Gegensatz zur klassischen Rechtsquellenlehre, nach der das Gesetzesrecht dem Richterrecht übergeordnet wird und das Vertragsrecht als „ein Rechtsinstitut unter zahlreichen anderen" (Luhmann 1993, 324) von untergeordneter Bedeutung bleibt. Mit der Zentrum-Peripherie-Konzeption wird somit sowohl einer Überbewertung der Gesetzgebung als auch einer Unterbewertung der Vertragsschließung begegnet. Zudem wird die Alleinstellung der Gerichte hervorgehoben, die einerseits relativ losgelöst von den Ansprüchen anderer Funktionssysteme (etwa politischer und wirtschaftlicher Akteure) operieren, andererseits aber in jedem Fall Entscheidungen treffen müssen (während Gesetzgeber und Vertragspartner nicht unbedingt in Aktion zu treten haben). Die Zentrum-Peripherie-Differenzierung wird dabei nicht als hierarchisches, sondern eher als *horizontales* Ordnungsprinzip begriffen:

> „Da ein Zentrum nicht ohne Peripherie und eine Peripherie nicht ohne Zentrum operieren kann, formuliert diese Unterscheidung keine Differenz des Ranges oder der gesellschaftlichen Relevanz. [...] Keinesfalls geht es um eine Umkehrung innerhalb des hierarchischen Strukturmusters mit der Folge, daß die Gerichte nun für wichtiger gehalten werden als der Gesetzgeber." (Luhmann 1993, 323)

An dieser Stelle zeigt sich bereits eine wesentliche Übereinstimmung der *systemtheoretischen* Verortung der Gerichte mit ihrer *governance-theoretischen* Verortung (im Sinne des Judicial-Governance-Konzepts): Einerseits geht es darum, die konzeptionellen Konsequenzen aus der Verselbstständigung der Gerichte zu ziehen, ohne damit ihre Überlegenheit gegenüber Parlamenten und Regierungen zu behaupten (also nicht: ‚gouvernement des juges'); andererseits soll das Verhältnis der Rechtsprechung zur Gesetzgebung auf der einen und zur Vertragsschließung auf der anderen Seite (bzw. das Verhältnis des Rechts zur Politik und zur Wirtschaft) als strukturell analog, genauer: als funktional äquivalent betrachtet werden. Die Zentrum-Peripherie-Differenzierung des Rechtssystems stellt somit ein geeignetes Erkenntnismittel dar, um die Governance-Wende rechtssoziologisch und systemtheoretisch nachzuvollziehen:

> „Der Hauptertrag dieses Umbaus der Differenzierungstheorie vom Schema einer Hierarchie (mit zirkulären Rückkopplungen) zum Schema Zentrum/Peripherie dürfte in der Parallelisierung und Vernetzung von gerichtlicher und privater Geltungsproduktion liegen." (Luhmann 1993, 324)

Damit lässt sich das ‚Dreiecksverhältnis' von Rechtsprechung, Gesetzgebung und Vertragsschließung über die *strukturellen Kopplungen* von Gesetzesrecht und Richterrecht auf der einen, Vertragsrecht und Richterrecht auf der anderen sowie Gesetzesrecht und Vertragsrecht auf der dritten Seite (system- und governance-)theoretisch adäquat formulieren. Den analytischen Bezugspunkt bilden im vorliegenden Untersuchungszusammenhang die Gerichte.

Die zentrale Stellung der Gerichte liegt systemtheoretisch jedoch nicht nur darin begründet, dass die strukturellen Kopplungen zu (den Organisationen in) anderen Funktionssystemen relativ schwach ausgeprägt sind, verglichen etwa mit dem Verhältnis von Parlamenten (im Recht) und Parteien (in der Politik) oder Vertragspartnern (im Recht) und Unternehmen (in der Wirtschaft). Vielmehr sind es auch die Gerichte, die das ‚Paradoxiemanagement des (Rechts-)Systems' leisten (Luhmann 1993, 316 ff.), die also einen Weg aus der fundamentalen Paradoxie des Rechtssystems weisen: der Einheit (der Differenz) von Recht und Unrecht, die dazu führt, dass (an erster und letzter Stelle) offen bleiben, also verdeckt werden muss, ob überhaupt mit Recht Recht gesprochen wird. Praktisch bedeutet dies, dass die Gerichte auch dann zu einer Entscheidung über Recht und Unrecht gelangen müssen, wenn diese rein rechtlich gar nicht möglich ist (etwa aufgrund unzureichender oder widersprüchlicher Entscheidungsprämissen); sie müssen auch Unentscheidbares entscheiden: „Wenn das Recht nicht gefunden werden kann, muß es eben erfunden werden." (Luhmann 1993, 317). Für die Entfaltung dieser Recht-Unrecht-Paradoxie bietet sich die Form des *Verfahrens* an, das die Ungewissheit über die Zuteilung der Kodewerte im Einzelfall prozessiert und mit einem Urteil – und (vorläufiger) Rechtsgewissheit – beendet wird. Dabei ist das Gerichtsverfahren selbst verfahrensrechtlich geregelt – ohne Verfahrensrecht kein Rechtsverfahren (Luhmann 1993, 207 ff.). Paradox konstituiert ist auch das ‚Verbot der Justizverweigerung', das sich selbst erzwingt – und zwar per Gericht. Zumindest in *dieser* Hinsicht sind Gerichtsentscheidungen (trotz aller Revisionsvorbehalte) immer rechtens; und dass mitunter faktisch gar nicht entschieden wird, beeinträchtigt nicht den kontrafaktischen Geltungsanspruch des Verbots, Entscheidungen zu verweigern (Luhmann 1993, 303 ff.).

Es liegt nahe, den Mechanismen der Gesetzgebung und der Vertragsschließung eine erhebliche Entscheidungs*freiheit* bei der Produktion positiven Rechts zuzugestehen: Obwohl in diesen ‚Kontaktzonen' zu den Funktionssystemen der Politik und der Wirtschaft Irritationen verarbeitet werden müssen (wenn sie nicht ignoriert werden können), gibt es – rechtlich besehen – keinen Entscheidungs*zwang*.

> „Gesetze oder Verträge mögen aus politischen bzw. wirtschaftlichen Gründen zu Entscheidungen genötigt sein, aber das sind Zwänge anderer Art, denen gegenüber das Rechtssystem frei ist zu entscheiden, ob und in welchen Zusammenhängen sie rechtlich relevant sind – oder nicht." (Luhmann 1993, 320)

Dagegen kann sich die Rechtsprechung nicht gegen rechtliche Entscheidungen entscheiden: Rechtsentscheidungen müssen getroffen werden, weil es die Entparadoxierung des Rechtssystems so verlangt – für Gerichte ist es Unrecht, *nicht* über Recht und Unrecht zu entscheiden. Diesem Entscheidungs*zwang* entspricht eine (andere) Form der Entscheidungs*freiheit*, die darauf hinaus läuft, „daß das Gericht das Recht selbst ‚schafft', das es ‚anwendet'" (Luhmann 1993, 307). Dafür steht der Begriff des *Richterrechts*, das als Rechtsquelle eigener Art neben das *Gesetzesrecht* und das *Vertragsrecht* tritt (die insoweit funktionale Äquivalente bilden). Die Bedingung der Möglichkeit von Richterrecht lässt sich dreistellig formulieren:

> „Der Entscheidungszwang und die mit ihm einhergehende, durch ihn produzierte *Freiheit*, nach Gründen für eine (wie immer fragwürdige) Entscheidung zu suchen, wird durch Gerechtigkeitsgesichtspunkte *eingeschränkt*. Und diese Trias von Zwang, Freiheit und Einschränkung produziert Recht." (Luhmann 1993, 304; H. i. O.)

Bezüglich der ‚Einschränkung durch Gerechtigkeitsaspekte' besteht eine Beschränkung der Urteilsfindung durch Gesetzes- und Vertragsrecht (das jedoch einer Übersetzungsleistung der Richterschaft bedarf). Der autopoietische Charakter der richterlichen Rechtserzeugung aber zeigt sich an der *Selbst*beschränkung durch (selbstreferenzielle) Präzedenzien und gegebenenfalls durch (fremdreferenzielle) Rücksichtnahmen. In diesem Sinne bezeichnet ‚judicial self-restraint' im allgemeinsten, systemtheoretischen Sinne die Selbststeuerung gerichtlicher Organisationssysteme im rekursiven Netzwerk richterlicher Rechtskommunikationen.

3.1.3.2 Positivität von Recht und Rechtsprechung

Heute wird wie selbstverständlich davon ausgegangen, dass das Recht durch Entscheidung gesetzt wird und durch Entscheidung geändert werden kann, dass es also nur aufgrund seiner „Entscheidungsgesetztheit" (Luhmann 1972, 202) gilt: Das moderne Recht ist positives Recht. Die Begriffe der *Positivierung* bzw. der Positivität des Rechts spielen in der frühen (luhmannschen) Fassung der rechtssoziologischen Systemtheorie noch eine bedeutende Rolle. Nach der autopoietischen Wende wird allerdings „das mit ‚Positivität' unzulänglich bezeichnete Problem begrifflich anders formuliert" (Luhmann 1993, 40); an die Stelle des traditionsbelasteten Terminus tritt in der systemtheoretischen Rekonstruktion – seltener in der rechtstheoretischen Reflexion – das Autopoiesis-Konzept (Luhmann 1993, 516 f.; Luhmann 2000, 35 f.). Die älteren Ausführungen zur Positivierung und Positivität des Rechts bleiben jedoch für ein Verständnis der gerichtlichen Entscheidungsspielräume aufschlussreich. So lässt sich etwa die moderne Rechtsentwicklung in zwei (einander überlappende) Phasen der Positivierung des Rechts unterteilen: In der einen erlangt das Recht als Gesetzesrecht Positivität, in der anderen auch als Richterrecht. Zumeist steht die Entwicklung des Gesetzesrechts im Vordergrund; für die hier geführte Argumentation interessiert jedoch vor allem die Entwicklung des Richterrechts. Den Ausgangspunkt bildet erneut die – als Verschärfung des Koordinationsproblems erfahrene – Steigerung der Komplexität (und damit des Selektionszwangs) und der Kontingenz (und damit der Enttäuschungsgefahr) durch Umstellung des Gesellschaftssystems auf das Prinzip funktionaler Differenzierung. Die Positivierung des Rechts lässt sich als Teilmoment dieses gesellschaftlichen Strukturwandels verstehen: „Durch Umstrukturierung des Rechts auf Positivität werden die Kontingenz und die

Komplexität des Rechts immens gesteigert und damit dem Rechtsbedarf einer funktional differenzierten Gesellschaft angeglichen." (Luhmann 1972, 210). Das Recht selbst – verstanden als zeitlich, sozial und sachlich kongruente Generalisierung normativer Verhaltenserwartungen – wird somit auf neue Bedingungen eingestellt; insbesondere setzen sich zeitliche Änderbarkeit von Rechtsnormen, soziale Repräsentation in Rechtsverfahren und sachliche Komplexität der Geltungsansprüche als Merkmale des modernen Rechts durch (Luhmann 1972, 210 ff.).

Dass das moderne Recht durch Entscheidungen gesetzt wird und nur dadurch Geltung erhält, bedeutet auch, dass es immer nur vorbehaltlich einer Änderung gilt, dass also das aktuelle Recht nur eine Auswahl aus dem überhaupt möglichen Recht darstellt. In dieser Selektivität des Rechts liegt begründet, dass auch Nichtentscheidungen (über eine Änderung) als Entscheidungen (über eine Nichtänderung) definiert werden können:

> „Soweit Änderungsmöglichkeiten präsent sind, nimmt auch das Festhalten am geltenden Recht die Form einer Entscheidung an: Die Änderbarkeit des Rechts ist dann laufend aktuell, und damit wird auch das Unterlassen von Änderungen ein Verhalten, das rechenschaftspflichtig gemacht werden kann." (Luhmann 1981b, 125)

Musterhaft ist nun für das traditionelle, nicht-positivierte Recht davon auszugehen, dass in den mit seiner Interpretation betrauten Instanzen ein konservativer Stil der Komplexitätsreduktion vorherrscht und das Kontingenzbewusstsein nur schwach ausgeprägt ist. Demgegenüber bildet die Einführung des Gesetzesrechts insofern eine evolutionäre Errungenschaft, als sich das Recht nun kognitiv auf eine höhere Komplexität und Kontingenz einstellen kann, wobei der Gesetzgeber „der Adressat für Änderungswünsche, die Instanz für institutionalisiertes Lernen im Recht" (Luhmann 1981b, 136) ist, während vom Richter nach wie vor – auch im Zweifelsfalle – ein kontrafaktisches Festhalten an den jeweils gesetzten Rechtsnormen erwartet wird. Diese *erste* (idealtypische) Phase der Rechtsmodernisierung zeichnet sich somit durch die Positivität des *Gesetzesrechts* aus, während die Entscheidungsspielräume der Richterschaft weiterhin größtenteils negiert werden. Rechtsprechung und Gesetzgebung entwickeln mit der „Differenzierung von Mechanismen der Enttäuschungsabwicklung und Mechanismen des Lernens" (Luhmann 1981b, 137) eine Form der rechtlichen Arbeits- und Gewaltenteilung, die in der klassischen Rechtslehre normativ abgesichert wird. In der *zweiten* (idealtypischen) Phase der Rechtsmodernisierung wird auch die Positivität des *Richterrechts* (wieder-)entdeckt: Zwar mussten Gerichte schon immer auch in schwierigen (also uneindeutigen) Fällen Rechtsentscheidungen treffen, wurden aber nichtsdestoweniger auf eine deduktive Argumentationslogik reduziert. Mit Durchsetzung der Entscheidungsbedingtheit allen Rechts (und einem entsprechenden Kontingenzbewusstsein) ändert sich jedoch – zumindest der Tendenz nach – auch das Rollenbild des Richters:

> „Dieser kann, wenn alles Recht auf Entscheidungsprozessen beruht, seinen eigenen Entscheidungsbeitrag ins Offene bringen und neu legitimieren. Er braucht ihn nicht länger als lediglich kognitiven Prozeß, als Erkenntnis und logische Folgerung darzustellen, sondern kann eigene normbildende Entscheidungsarbeit vertreten [...]." (Luhmann 1981b, 126 f.)

Mit der ‚normbildenden Entscheidungsarbeit' der Richterschaft ist dabei nicht notwendig eine stärker kognitive Stilisierung des (Richter-)Rechts oder gar eine Entdifferenzierung zwischen – lernbereiter – Gesetzgebung und – lernunwilliger – Rechtsprechung impliziert. Allerdings bleibt die Entscheidung zwischen Lernen und Nichtlernen anlässlich Irritationen grundsätzlich dem (einerseits operativ verselbstständigten, andererseits operativ gekoppelten) Gerichtssystem selbst vorbehalten.

Die Positivierung des Rechts wird nicht nur – allgemein – mit der Umstellung der Gesellschaft auf das Prinzip funktionaler Differenzierung, also mit der Entstehung der modernen Weltgesellschaft in Verbindung gebracht, sondern auch – spezifischer – mit einer Umstellung des evolutionär führenden Erwartungsstils von (normativer) Lernunwilligkeit zu (kognitiver) Lernbereitschaft, deren Bedeutung mit der aktuellen Dynamik der Globalisierung weiter wächst. Mit Blick auf die treibende Kraft der Wirtschaft in diesem Strukturwandel wird in der frühen (luhmannschen) Fassung der Systemtheorie postuliert, „daß die Positivierung des Rechts einen gesellschaftlichen Primat der Wirtschaft voraussetzt, einen Übergang von politischer Gesellschaft (societas civilis) zu wirtschaftlicher Gesellschaft" (Luhmann 1981b, 150). Dieser Übergang wurde in den zurückliegenden Jahrhunderten in den „am weitesten entwickelten neuzeitlichen Gesellschaften" (Luhmann 1981b, 149) vollzogen; seine Konsequenzen reichen aber bis in die Gegenwart hinein – jedenfalls wenn man die ökonomische Globalisierung der letzten Dekaden (bzw. ihren Widerschein in der öffentlichen Debatte) als Indikator nimmt. In Begriffen der autopoietisch gewendeten Systemtheorie ließe sich dieser Paradigmenwechsel auf eine Veränderung des strukturellen Kopplungsmusters von Recht, Politik und Wirtschaft zurückführen: Dabei wäre der evolutionär errungene ‚Vorrang' der Wirtschaft gegenüber Recht und Politik zu übersetzen in eine ‚structural drift', in der die (Leistungs-) *Abhängigkeiten* des Rechts und der Politik von der Wirtschaft analytisch ebenso bedeutsam wären wie ihre (funktionalen) *Unabhängigkeiten* von der Wirtschaft. Man könnte also nur von einer Stärkung der strukturellen Kopplung zwischen Recht und Wirtschaft sowie zwischen Politik und Wirtschaft und von einer Schwächung der strukturellen Kopplung zwischen Recht und Politik sprechen bzw. innerhalb des Rechtssystem von einer engeren Kopplung zwischen Gesetzesrecht sowie Richterrecht und Vertragsrecht (im privatrechtlichen Bereich) und einer relativen Entkopplung von Gesetzesrecht und Richterrecht (im öffentlich-rechtlichen Bereich). Da aber strukturelle Kopplungen grundsätzlich in beide Richtungen wirken, bliebe konzeptionell grundsätzlich offen, ob eher die Wirtschaft Recht und Politik durch Dauerirritationen zu einer kognitiven Anpassung verleitet oder ob umgekehrt eher Recht und Politik mit ihren Steuerungsimpulsen in der Wirtschaft normativ erfolgreich sind. Eine solche kausale Rekonstruktion des gemeinsamen Evolutionspfads der Funktionssysteme widerspräche der in der (orthodoxen) Systemtheorie favorisierten (dekonstruktivistischen) Beobachtung dritter Ordnung.

3.1.3.3 Rechtsentwicklung im nationalen Wohlfahrtsstaat

Der *Wohlfahrtsstaat* wird in der Systemtheorie zunächst im Hinblick auf die strukturelle Kopplung von politischem System und Wirtschaftssystem problematisiert. Wie der Rechtsstaat im Hinblick auf die strukturelle Kopplung von politischem System und Rechtssystem stellt er eine Projektion des politischen Systems dar: So besitzt zwar die politische Selbstbeschreibungsformel des Staates auch im Rechtssystem einige Plausibilität, jedoch kaum mehr im Wirtschaftssystem, dessen volks- bzw. staatswirtschaftliche Binnendifferenzierung als Artefakt politischer (und rechtlicher) Fremdsteuerung in der wirtschaftlichen Selbststeuerung mit der Globalisierung an Bedeutung verliert. Damit ist bereits das Grundparadox des Wohlfahrtsstaats angesprochen, das sich als „Regulierungs/Deregulierungs-Paradox" (Luhmann 2002, 112) darstellt, als Widerspruch zwischen Korrektur der Wirtschaft, also Anpassung der Wirtschaft an die Politik (Regulierung), und Förderung der Wirtschaft, also Anpassung der Politik an die Wirtschaft (Deregulierung). Im Versuch, die wirtschaftliche Selbststeuerung durch politische (und rechtliche) Fremdsteuerung zugleich in ihren Bedingungen zu stärken und in ihren Wirkungen zu schwächen, spiegelt sich die Integrationsproblematik in einer funktional differenzierten Gesellschaft wider, die insbesondere die Steuerungsillusion der Politik, die Unlösbarkeit der selbst gestellten Probleme betrifft:

> „[D]ie zur Lösung anstehenden Probleme sind unlösbare Probleme, weil sie die funktional-strukturelle Differenzierung des Gesellschaftssystems in das politische System hineinspiegeln, zugleich aber darauf beruhen, daß das politische System nur ein Teilsystem eben dieser funktionalen Differenzierung der Gesellschaftssystems ist. Mit der Redefinition von unlösbaren Problemen in politisch lösbare Probleme sichert der Wohlfahrtsstaat seine eigene Autopoiesis. Es gibt immer etwas zu tun." (Luhmann 2002, 215 f.)

Unbeschadet der paradoxen Erfolgsaussichten des Wohlfahrtsstaats, dessen Ratio – wie etwas despektierlich formuliert wird, darin bestehe, „die Kühe aufzublasen, um mehr Milch zu bekommen" (Luhmann 2002, 215) – kommt es zwischen Politik und Wirtschaft über nachhaltige wechselseitige Irritationen zu ‚koordinierten Strukturentwicklungen', und insoweit Politik und Wirtschaft strukturelle Kopplungen zum Recht unterhalten, auch zu einer wohlfahrtsstaatlich induzierten ‚structural drift' des Rechtssystems. Dabei schlägt sich die rechtliche Seite des sich selbst perpetuierenden Wohlfahrtsstaats in den Eigentümlichkeiten positivierten Rechts nieder, insbesondere in einer Verselbstständigung des Richterrechts. Anlass dafür ist nicht zuletzt die – irritierende – Unbestimmtheit des Gesetzesrechts, in dessen Form die Politik ihre (wohlfahrtsstaatlichen) Problemlösungen an das Recht übergibt (Luhmann 1993, 495 u. 561). Hier entwickelt sich das Regulierungsparadox zum Verrechtlichungsparadox, zum Widerspruch zwischen Verrechtlichung und Entrechtlichung, „auch wenn dies noch keine [system-]theoretisch durchdachten Begriffe sind" (Luhmann 2000, 50; vgl. ebd., 28, inkl. Fn. 59). *Verrechtlichung* könnte in diesem Zusammenhang also den Versuch der Politik bezeichnen, mittels (Ausbau) des Rechts die Wirtschaft zu normieren, Entrechtlichung dagegen den Versuch der Politik, mittels (Rückbau) des Rechts aus der Wirtschaft zu lernen. Entsprechend ambivalent sind die Folgen für die Rechtsprechung:

> „Parallel zu zu viel und zu detaillierter normativer Regelung mag es dann zu wenig juristische Limitation geben, und angesichts der Binnendifferenzierung des Systems wird es kaum möglich sein, beides zu einem befriedigenden statistischen Durchschnittswert zu verrechnen." (Luhmann 2000, 28)

Was nun die Positivität des Richterrechts, also die Entscheidungsautonomie der Richterschaft betrifft, könnte man *erstens* einfach davon ausgehen, dass sie mit jeder Inanspruchnahme des Rechts wächst – ganz gleich, ob es von dem Gesetzgeber in regulierender oder deregulierender Absicht gesetzt wurde. Was für den Zugriff der Politik auf das – per se: staatliche – Recht gilt, gilt auch für den Zugriff der Wirtschaft auf das – staatlich überformte private – Recht: je mehr Vertragsrecht (und Organisationsrecht), desto mehr Richterrecht. Man könnte *zweitens* jedoch auch davon ausgehen, dass die richterlichen Entscheidungsfreiheiten mit der Verrechtlichung abnehmen und mit der Entrechtlichung zunehmen, was jedenfalls dann wenig erstaunlich wäre, wenn erstere mit einem höheren und letztere mit einem geringeren Bestimmtheitsgrad des Gesetzesrechts in Verbindung gebracht würde und wenn diese Differenz wiederum mit der Unterscheidung von Konditionalprogrammen und Zweckprogrammen korrespondierte. Auch die *dritte*, vielleicht nächstliegende Möglichkeit ist natürlich denkbar: Verrechtlichung bezeichnet dann die zunehmende Ausdifferenzierung des Rechtssystems, einschließlich zunehmender Binnendifferenzierung, d. h. auch Zunahme des Richterrechts; Entrechtlichung stünde demgegenüber vielleicht weniger für die Entdifferenzierung des Rechtssystems als dessen gesamtgesellschaftliche Marginalisierung im Sinne eines zunehmenden Nichtgebrauchs des Rechts. Hier wäre wiederum zu unterscheiden zwischen (Nicht-)Gebrauch des Rechts in seiner Funktion (für das Gesamtsystem) und in seiner Leistung (für die anderen Funktionssysteme) sowie zwischen der (Nicht-)Verwendung von staatlichem und von nicht-staatlichem Recht. Diese drei Deutungsvarianten lassen sich nun folgendermaßen zusammenbringen: Die Entscheidungsfreiheit der Richter wächst im abstrakten Sinne mit der Komplexität des Rechtssystems und stellt als solche nur das Korrelat des gleichfalls wachsenden Entscheidungszwangs dar. Im konkreten Sinne wächst sie mit dem Einsatz von Zweckprogrammen und dem Leistungsanspruch des Rechts. Umgekehrt geht sie mit der Konzentration auf Konditionalprogramme und die basalen Rechtsfunktionen zurück. Diese Deutungssynthese liegt der folgenden Argumentation zugrunde. Zunächst ist zu überlegen,

> „welche strukturellen Folgewirkungen es im Rechtssystem und in den Interpenetrationsverhältnissen zu Systemen seiner gesellschaftlichen Umwelt hat, wenn die Detailkonditionierung der Rechtsprogramme durch eingebaute Zweckprogramme ersetzt wird" (Luhmann 1993, 203).

So ist für den Wohlfahrtsstaat (im Verhältnis zum liberalen Rechtsstaat) der Einsatz von Zweckprogrammen mit einem hohen Steuerungsanspruch charakteristisch. Bereits mit der Durchsetzung des Gesetzespositivismus entsteht „ein Bewußtsein der Unvermeidlichkeit von richterlichen Interpretationsfreiheiten, wenn nicht richterlicher Rechtserzeugung" (Luhmann 1993, 420), also für die Positivität (auch) des

Richterrechts. Mit Einzug der Zweckprogrammierung in das Recht und der Orientierung der Rechtsprechung nicht nur an der Vergangenheit, sondern auch an der Zukunft verliert sich nun tendenziell die spezifische Funktion des Rechts, normative Erwartungssicherheit – genauer: Rechtssicherheit – zu gewährleisten, während es zugleich zunehmend *Steuerungsleistungen* erbringt (Luhmann 2000, 31). Unter diesen Umständen gewinnen die Richter substanzielle Interpretationsfreiheiten. Doch selbst wenn die Richter auf eine teleologische Argumentation verzichten und weniger die (sekundäre) Steuerungsleistung des Rechts als die (primäre) Funktionserfüllung des Rechts in den Mittelpunkt der Rechtsprechung rücken, entsteht ein eigensinniges Richterrecht, das sich gegenüber der Un(ter)bestimmtheit des Gesetzesrechts profiliert. In der Konsequenz lässt sich die Rechtsprechung nicht mehr „als schlichte Anwendung des Gesetzes, als bloße Ausführung des gesetzgeberischen Willens, als verlängerter Arm einer planmäßigen Verhaltenssteuerung verstehen" (Luhmann 1981a, 789).

3.1.3.4 Rechtsentwicklung in globalisierten Steuerungsregimen

Die Produktions- bzw. Steuerungsregime, die sich unter Bedingung der Globalisierung (und der Governance-Wende) entwickelt haben, beruhen auf einer anderen rechtlichen Konstellation: Neben das staatliche Recht tritt hier verstärkt ein außer- oder parastaatliches Recht – ein nicht-staatliches Recht, das zunächst im Schatten des Staates gedeiht, aber dann seinerseits (zunehmend) das staatliche Recht in den Schatten stellt. In dieser Wechselwirkung von staatlichem und nicht-staatlichem Recht entwickelt sich ein hybrides bzw. heteronomes Recht, das sich in der Dimension Konditional- versus Zweckprogramme und Funktions- versus Leistungsorientierung anders positioniert als das wohlfahrtsstaatliche Recht. Um dieser neuartigen Form des Rechts auf die Spur zu kommen und seine Implikationen für die Rechtsprechung zu eruieren, ist wiederum die governance-theoretisch inspirierte Systemtheorie heranzuziehen. Anders als in der orthodoxen (luhmannschen) Fassung wird hier als Ausweg aus den – selbst verantworteten oder globalisierungsbedingten – Aporien des Wohlfahrtsstaats nicht eine Rückbesinnung auf die Tugenden des liberalen Rechtsstaates nahe gelegt (mit einem konditional programmierten, auf Erwartungssicherheit konzentrierten Recht), sondern eine Weiterentwicklung zur ‚legal governance' innerhalb von Steuerungsregimen, die teils staatlicher, teils privater Natur sind. Insoweit dabei auch staatliche Gerichte und/oder private Schiedsgerichte eine Rolle spielen, lässt sich dann nach den Besonderheiten einer ‚judicial governance' fragen. Was die Beteiligung staatlicher Gerichte (oder Gerichte mit abgeleiteter Staatsgewalt) betrifft, scheint es geradezu so, „daß sich Gerichtsprozesse und Produktionsregimes […] wechselseitig anziehen" (Teubner/Zumbansen 2000, 202): Das nicht-staatliche Recht, das als Nebenprodukt der Selbststeuerung und Autolimitation (auch nicht-politischer, nicht-rechtlicher) Funktionssysteme entsteht – etwa im Sinne der Selbstverfassung der globalisierten Wirtschaft -, wird über ‚Gerichtstests' mit dem staatlichen Recht kompatibel gemacht:

„Die individuelle Prozeßführung vor Gericht ist in der Tat der Königsweg des Rechts, auf dem es zu verbindlichen Entscheidungen darüber gelangt, welche von den miteinander konkurrierenden Normen im Produktionsregime ausgewählt wird." (Teubner/Zumbansen 2000, 200)

Die Interpretationen der staatlichen oder quasi-staatlichen Gerichte bieten sich also als Fixpunkte an, in denen die Steuerungsregime auch unter Bedingungen der Heteronomie, jenseits des nationalen Rechtsstaates Halt gewinnen können (Teubner/Zumbansen 202 f.).

Mit Hilfe solcher Steuerungs- oder Regulierungsregime steigert das Rechtssystem seine Lernfähigkeit – und zwar über die Kontaktzonen zu anderen Funktionssystemen, also von den Rändern her. So ermöglichen Gesetze auf der einen und Verträge auf der anderen Seite, Irritationen aus der politischen und wirtschaftlichen Umwelt des Rechtssystems in Rechtsform zu bringen und damit auch in Gerichtsverfahren geltend zu machen. Das Recht lernt also zunächst in seiner Peripherie und kann diese Lektionen dann auch in seinem Zentrum verarbeiten (Willke 2003a, 101 f.). Neben der staatlichen Gesetzgebung finden sich in der Peripherie des Rechtssystems „many forms of rule-making by ‚private governments' which in reality have a highly ‚public' character" (Teubner 2002, 207); diese produzieren ihr eigenes Recht (im Rahmen des Privatrechts) und stützen sich dabei weniger auf die staatliche Sanktionsgewalt als auf gesellschaftlichen Konsens (Willke 2003a, 127 f.). Der hier auf private Konstellationen des Regierens übertragene Begriff des ‚government' entspricht exakt dem, was im vorliegenden Zusammenhang mit ‚governance' (und spezifischer: ‚legal governance') gemeint ist: dass Steuerung (durch Recht) ein Ergebnis des Zusammenwirkens von (rechtsstaatlicher) Fremdsteuerung und (privatrechtlicher) Selbststeuerung im Sinne der Autopoiesis und strukturellen Kopplung der beteiligten Systeme ist. Mit der Globalisierung (der Wirtschaft wie des Rechts) ‚bricht' der staatliche (Bezugs-)Rahmen, der der (Rechtsquellen-)Hierarchie von Verfassungsrecht, Gesetzesrecht, Richterrecht und Vertragsrecht (sowie Organisationsrecht) Plausibilität verliehen hat. Es ist dann nicht mehr selbstverständlich, dass Staatsverfassungen das höchste Recht enthalten und Verfassungsgerichte die oberste Rechtsinstanz bilden. Entsprechend bietet es sich an, den Verfassungsbegriff über den (Rechts-)Staat hinaus zu verallgemeinern und neben der peripheren Rechtserzeugung durch staatliche Gesetzgebung auch die periphere Rechtserzeugung in Funktions-, Organisations- und Interaktionssystemen außerhalb der Staatsorganisation einzubeziehen. Neben den national bzw. regional gebundenen Staatsverfassungen lässt sich so die Entstehung von ‚global civil constitutions' beobachten, die eine Durchsetzung der Zentrum-Peripherie-Differenzierung der Rechtssystems auch in der Rechtspraxis belegen. Dabei ist grundsätzlich von einer Überlagerung und wechselseitigen Irritationswirkung der Konstitutionalisierungsprozesse diesseits und jenseits des Staates bzw. der Politik auszugehen; ganz im Sinne des hybriden Rechts werden also auch Verfassungen (kraft struktureller Kopplungen) hybride Züge tragen – etwa wenn die nationalen Staatsverfassungen um eine transnationale Komponente und die globalen Zivilverfassungen um eine (zwischen-)staatliche Komponente angereichert werden (Teubner 2002, 199 f.; Teubner 2004, 17 f.).

Das hybride Recht der Steuerungsregime lässt sich nun nicht mehr zureichend mit der Alternative von Konditionalprogrammen und Zweckprogrammen erfassen, schon weil es eine Mehrzahl von Entscheidungsprogrammen gibt, deren Bedingungen und Finalitäten nicht im Vorhinein abgestimmt sind. Die Entscheidungsgewalt von Parlamenten und Gerichten kommt zwar auch in den Steuerungsregimen zum Tragen, monopolisiert sie aber nicht. Die rechtliche (Selbst-)Steuerung bleibt nicht allein dem (eher kognitiv stilisierten) Gesetzesrecht und dem (eher normativ stilisierten) Richterrecht vorbehalten, sondern wird auch im Wege der privaten Rechtserzeugung und –anwendung geleistet. Unter der Prämisse zunehmender Lernzumutungen für das Recht der globalisierten Weltgesellschaft scheint der Rückweg von Zweckprogrammen (mit gewissen Freiheitsgraden) zu Konditionalprogrammen (mit eindeutigen Parametern) versperrt – jedenfalls wenn auf die Steuerungsleistungen des Rechts auch dann nicht verzichtet werden soll, wenn dadurch eine größere Funktionalität des Rechts, sprich: Rechtssicherheit, (zurück-)erlangt werden könnte. Unter diesen Umständen müssen sich die rechtlichen Entscheidungsprogramme vielmehr auf die Bedingungen der Netzwerk-Governance einstellen und Lernmöglichkeiten vorsehen:

> „[T]he specific network approach suggests the idea that under conditions of complexity the law operates in accordance with programmes which are themselves incomplete and can only be written further on a basis of learning through application. This reflects the fact that legal orders do not simply consist of legal propositions, but increasingly form a complex, heterarchical network oriented towards cooperation, which modifies itself through learning from the linkage among its various components (statute, court decision, relational agreements, etc.)." (Ladeur 1997, 51)

Während sich das klassische Konditionalprogramm paradigmatisch mit dem liberalen Rechtsstaat verbindet (und auf die formale bzw. prozedurale Rationalität des Rechts abhebt) und das Zweckprogramm mit dem Interventions- und Wohlfahrtsstaat (mit einer Höhergewichtung der materialen Rationalität des Rechts), scheint sich somit für die Supervisionsregime dies- und jenseits des Staates ein neuer Programmtypus abzuzeichnen, der speziell auf die Integration unterschiedlicher Teilrechtsordnungen eingestellt ist und dadurch auch die ‚intersystemische Abstimmung' in funktional differenzierten Gesellschaften erleichtert (und auf einer systemisch-diskursiven Weiterentwicklung der prozeduralen Rationalität des Rechts aufbaut) (Willke 1992, 177 ff.; Willke 2003a, 92 ff.). Steuerung durch Recht könnte in diesem Sinne verstärkt in die Form eines ‚Relationierungsprogramms' gebracht werden,

> „welches die unterschiedlichen Logiken und Teilrationalitäten der beteiligten Systeme nicht auf die Perspektive eines einzelnen Systems reduziert (etwa auf autoritativ gesetzte politische Steuerungsziele), sondern das die ausdifferenzierten Eigenlogiken und operativen Autonomien der zu koordinierenden Akteure erhält und diese in ihren Bedingungen und Konsequenzen aufeinander bezieht und abstimmt, eben relationiert" (Willke 1992, 179)

Solche Relationierungsprogramme stellen einen Ausdruck der *Lernfähigkeit* des Rechts unter Bedingungen der Heteronomie dar. Die Funktion des Rechts, normative Erwartungssicherheit zu gewährleisten, auch wenn die Erwartungen im Einzelfall enttäuscht werden mögen, wird jedoch gerade mit der *Lernunwilligkeit* des Rechts begründet. Diese Spannung zwischen Normativität und Lernfähigkeit wird grundsätzlich schon im Begriff des positiven Rechts aufgelöst. Einen Beobachter der intersystemischen Beziehungen wird es gleichwohl interessieren, ob empirisch betrachtet im Verhältnis zwischen dem Rechtssystem und einem anderen Funktionssystem eher die normative Komponente dominiert (Fremdveränderung) oder die kognitive Komponente (Selbstveränderung). Trotz der symmetrischen Konzeption struktureller Kopplungen drängt sich also die Frage auf, inwiefern sich die ‚structural drift' zusammenhängender Systeme auf asymmetrische Lerneffekte (auf Basis wechselseitiger Leistungsabhängigkeiten) zurückführen lässt, wobei es dann im Einzelnen auf das Unterscheidungsvermögen und den Kausalitätsbegriff des Beobachters ankommen wird. Rein theoretisch lässt sich jedoch – hier im Hinblick auf die Entwicklung des Wirtschaftsrechts – nicht entscheiden, „was sich mehr verändert hat: das Recht oder die Ökonomie" (Willke 1992, 200). So kann im Grunde jegliches Kopplungsprodukt zwischen dem Rechtssystem und einem anderen Funktionssystem als Intersystemrecht bezeichnet werden, ganz gleich, wie enttäuschungsfest oder lernbereit sich das Recht gegenüber diesem anderen System verhalten hat, solange es nur selbst weiterhin zwischen Recht und Unrecht unterscheidet. Andererseits kann die governance-orientierte, rechtssoziologische Systemtheorie gerade deswegen an einem *gehaltvollen* Konzept der ‚Integration (bzw. Steuerung) durch Recht' festhalten, weil sie das Recht auch über seine Lernfähigkeit definiert und Erwartungen und Erfahrungen als wechselseitig konditioniert begreift:

> „Lernfähigkeit des Rechts [...] ist dann durchaus mit Normativität vereinbar, wenn die Unvollständigkeit der Grundlage für Erwartungsbildung und die Möglichkeit zur Erzeugung neuer Bindungen durch das Experimentieren in Rechnung gestellt wird (dies trifft allerdings eher auf den Bereich des Privatrechts zu)." (Ladeur 2000, 183)

Die analytische Differenzierung zwischen der Funktion des Rechts für das Gesellschaftssystem (Erwartungssicherheit) und seiner Leistung für andere Funktionssysteme (Verhaltensregulierung) spielt in dieser systemtheoretischen Variante somit eine geringere Rolle als in der Ausgangstheorie (Luhmann 1993, 139, inkl. Fn. 26). Mit der Bestimmung des Rechts als

> „Schaffung (durch Regelsetzung und Entscheidung) und Stabilisierung (bei Selbstorganisation durch die Rechtssubjekte) von flexiblen Mustern der Koordination in artifiziellen Netzwerken aus Zwängen und Anschlussmöglichkeiten, die die Bindung von Ungewissheit ermöglichen" (Ladeur 2000, 186),

wird gleichermaßen auf Funktion und Leistung, Normativität und Lernfähigkeit des Rechts rekurriert.

3.1.3.5 Implikationen für die Steuerung durch Richterrecht

Der Bedeutungswandel des Rechts – und der Rechtsprechung – spielt sich offenbar genau in diesem Spannungsfeld von Funktion und Leistung, Normativität und Lernfähigkeit ab. Die ‚zentrale' Funktion rechtlicher Erwartungssicherung verbindet sich eher mit einer selbstreferenziellen, begrifflichen, formalen Argumentation, die ‚periphere' Leistung rechtlicher Verhaltenssteuerung dagegen eher mit einer fremdreferenziellen, interessenbezogenen, materiellen Argumentation (Luhmann 1993, 393 f.). Normative Geschlossenheit und kognitive Offenheit drücken sich also in unterschiedlichen Argumentationsstilen aus, denen auch in der Rechtsevolution bzw. der Ko-Evolution des Rechtssystems mit anderen Funktionssystemen eine unterschiedliche Rolle zukommt: Entsprechend lässt sich von einer Öffnung des Rechtssystems sprechen, wenn sich dieses lernend an Umweltveränderungen anpasst, und von einer Schließung des Rechtssystems, wenn es sich auf interne Konsistenzerfordernisse besinnt. Die Veränderungen des ‚Rechts der Gesellschaft' in den zurückliegenden Dekaden lassen sich mit ebendiesem Dilemma von Öffnung und Schließung beschreiben (Sand 2000, 8 ff., 14 u. 18): Das Recht ist zum einen offener geworden, was sich in Verrechtlichungsprozessen jenseits des Staates und der zunehmenden Heteronomie rechtlicher Ordnung ausdrückt. Durch die abnehmende ‚Autonomie' rechtlicher Ordnung hat das Recht zum anderen aber auch an Eindeutigkeit und Verbindlichkeit verloren – und ist damit in seiner Funktion, Erwartungssicherheit zu gewährleisten, geschwächt (‚Entrechtlichung').

„Various descriptions might end up in depicting both the gain and the loss of the relative social power of law. Law may then paradoxically have become both increasingly significant and also more open and indeterminate, challenged by knowledge, science and economy." (Sand 2000, 14)

Diese Ambivalenz der Rechtsentwicklung lässt sich in der These zusammenfassen, dass die Ausweitung rechtlicher Steuerung in neue Bereiche mit Einschränkungen in der hergebrachten Funktionalität des Rechts einhergeht. Tatsächlich zeichnet sich das hybride Recht durch eine Rücknahme des klassischen Regelungsanspruchs und einen stärkeren Angebotscharakter im Sinne der ‚Optionenpolitik' aus. Letztlich bedeutet das: „Die Geltung von Rechtsnormen wird in das Belieben der Rechtsunterworfenen gestellt." (Teubner 1989, 116). Unter *diesen* Umständen wird die Funktion rechtlicher Erwartungssicherheit der Leistung rechtlicher Verhaltenssteuerung untergeordnet.

‚Steuerung durch Recht' lässt sich systemtheoretisch nur noch auf die paradoxe Formel der Fremdsteuerung durch Selbststeuerung bringen: „*Das Recht reguliert die Gesellschaft, indem es sich selbst reguliert.*" (Teubner 1989, 82; H. i. O.). Ebenso operieren die gesellschaftlichen Teilsysteme, auf die die rechtliche Steuerung gerichtet ist, im Modus der Selbststeuerung und affizieren ihrerseits (absichtlich oder unabsichtlich) die Selbststeuerung des Rechtssystems. Im allgemeinsten Sinne umfasst ‚legal governance' alle (selbstreferenziell oder fremdreferenziell) rechtsbezogenen Steuerungsleistungen. Weil die Governance-Debatte sich aber vor allem auf das (veränderte) Verhältnis von Politik und Wirtschaft bezieht, lässt sich ‚Steuerung durch Recht' auch in dem spezifischeren Sinne verstehen, dass die Politik mittels des Rechts die Wirtschaft steuert, was sich systemtheoretisch folgendermaßen problematisieren lässt:

"(1) autopoietische Geschlossenheit des Rechtssystems, (2) autopoietische Geschlossenheit des regulierten [hier: wirtschaftlichen; S. F.] Teilsystems, (3) Interventionsansprüche des seinerseits autopoietisch geschlossenen politischen Systems." (Teubner 1989, 89)

Eine solche Konstellation autopoietischer Systeme lässt sich nun nicht mehr hierarchisch denken; ‚legal governance' impliziert daher nicht nur eine Wirkungsrichtung von der Politik über das Recht zur Wirtschaft, sondern trilaterale Wechselwirkungen; die rechtliche Steuerung wird systemtheoretisch nicht über ‚Kausalitätsketten', sondern ‚simultane Ereignisketten' zwischen Recht, Politik und Wirtschaft erfasst (Teubner 1995, 144). Soweit Gerichte in diese Steuerungsprozesse einbezogen sind, lässt sich dann auch von ‚judicial governance' sprechen. Auch hier handelt es sich nicht nur um die Selbststeuerung des gerichtlichen Organisationssystems, sondern um deren Implikationen für die Selbststeuerung anderer inner- und außerrechtlicher Teilsysteme, insbesondere für Gesetzgebung und Politik bzw. Vertragsschließung und Wirtschaft.

Eine größere soziologische Tiefe als das Steuerungskonzept besitzt der Begriff der Integration, hier: der ‚Integration durch Recht'. Systemtheoretisch wird (in einer systemübergreifenden Perspektive) der Begriff der Integration dem Begriff der funktionalen Differenzierung gegenübergestellt, so wie der Begriff der strukturellen Kopplung (in einer systemspezifischen Perspektive) dem Begriff der Autopoiesis gegenübergestellt wird. Wenn mit ‚legal governance' nicht einfach die Selbststeuerung des Rechtssystems beschrieben werden soll, sondern die Fremdsteuerung durch Selbststeuerung, geraten die strukturellen Kopplungen zu anderen Funktionssystemen und somit der spezifisch rechtliche Beitrag zur gesamtgesellschaftlichen Integration in den Blickpunkt:

„Recht könnte als das Medium verstanden werden, welches die Widersprüche zwischen differenzierten Teilsystemen in einer bestimmten Weise strukturiert, nämlich auf Differenzbegriffe bringt, die im Hinblick auf die Einheit der Differenz, das heißt: Gesellschaft, produktive Intersystembeziehungen fördern. Die Steuerungsfunktion des Rechts wäre dann ausgerichtet auf die Differenz zwischen der Einheit von Gesellschaft und der Verschiedenheit ihrer Teile." (Willke 1992, 204)

Eine solche ‚Förderung produktiver Intersystembeziehungen' beläuft sich auf die Verrechtlichung (bzw. Konstitutionalisierung) der Funktionssysteme und der zwischen ihnen eingerichteten strukturellen Kopplungen. Das Recht leistet auf diese Weise – indem es intersystemischen Netzwerken eine Rechtsgrundlage gibt – einen originären Beitrag zur Netzwerk-Governance (Teubner 2003, 44). Dieses wäre der materielle Leistungsanspruch des Rechts, der noch mit seiner Funktionslogik in Einklang gebracht werden muss. Soweit Gerichte sich in dieser Weise um eine Integrationswirkung bemühen, müssten sie daher (als Einschränkung ihres Entscheidungsspielraums) einen Gerechtigkeitsbegriff zugrunde legen, der weder nur deduktiv (im Stile der Konditionalprogramme) noch einfach induktiv (im Stile der Zweckprogramme), sondern ‚relational' (im Stile der Relationierungsprogramme) ansetzt:

„Gerechtigkeit würde […] als Antwort auf die funktionale Differenzierung der modernen Gesellschaft ‚horizontal' zwischen den Konsistenzanforderungen des positivierten Rechts und den Anforderungen einer Vielfalt von autopoietisch geschlossenen gesellschaftlichen Teilsystemen eine prekäre Balance herstellen müssen." (Teubner 1989, 147 f.)

Auf diese (zunächst sehr abstrakte) Weise ließe sich der normative Gehalt von ‚judicial governance' bestimmen.

Resümierend soll die rechtstheoretische (oder auch rechtspolitische) Unterscheidung von ‚judicial activism' und ‚judicial self-restraint' auf der Basis des (Einheits-)Konzepts von ‚judicial governance' systemtheoretisch wieder eingeholt werden. Für diesen Zweck lässt sich der richterliche Aktivismus – im Sinne der rechtlichen Fremdsteuerung – mit den Konzepten der Kontextsteuerung und der Supervision und die richterliche Zurückhaltung – im Sinne der rechtlichen Selbststeuerung – mit den Konzepten der Reflexion und der Selbstbeschränkung verbinden. Eine terminologische Komplikation im Verhältnis zu diesem (einseitigen, selbstreferenziellen) Reflexionsbegriff ergibt sich dadurch, dass *beide* Seiten der ‚judicial governance' grundsätzlich nur *reflexiv* bestimmt werden können – insoweit das Gerichtssystem als Referenzpunkt für die (systemtheoretisch formulierte) Reflexionstheorie des Rechtssystems dient. Der in diesem Rahmen etablierte Terminus des ‚reflexiven Rechts' stützt sich auf eine Rechtsreflexion in diesem umfassenden (auf die Außen- und Innenseite rechtlicher Steuerung) bezogenen Sinne. So steht der Begriff des reflexiven Rechts im Rechtssystem selbst dafür, dass „*das Rechtssystem sich als ein autopoietisches System in einer Welt von autopoietischen Systemen identifiziert und daraus operative Konsequenzen zieht*" (Teubner 1989, 87; H. i. O.). In diesem Fall darf Reflexivität also nicht allein selbstreferenziell, im Sinne der Selbstreflexion, verstanden werden, sondern enthält auch eine fremdreferenzielle Note, die sich auf die rechtlich induzierte (Selbst- und Fremd-)Reflexion *anderer* Funktionssysteme bezieht und das Recht somit als „Medium der reflexiven Abstimmung widersprüchlicher Teilsystemrationalitäten" (Willke 1992, 205) ausweist.

Der aktivistische, supervisorische, fremdsteuernde Aspekt des Richterrechts „als Form des Prozessierens gesellschaftlicher Widersprüche" (Willke 1992, 205) liegt nun einerseits in der Differenzierung von politischem System und Rechtssystem und den immanenten Grenzen des Gesetzesrechts begründet, andererseits in der Differenzierung nicht-rechtlicher, aber normierungsbedürftiger Funktionssysteme und der „Vielheit gesellschaftlicher Autonomie-Rechte" (Teubner 2003, 41). Eine aktive, schöpferische Rechtsprechung wird demnach schon deswegen nötig, weil die Gesetzgebung sich vornehmlich an (‚parlamentsanhängigen') politischen Konflikten orientiert und weniger an (gerichtsanhängigen) Rechtskonflikten (Teubner 1994, 201). Richterrecht tritt in die Lücke, die sich zwischen Gesetz und Wirklichkeit, also den relativ starren ‚normativen Konstruktionselementen des Gesetzes' und den relativ dynamischen ‚faktischen Modellannahmen' der Gesellschaft auftut (Ladeur 2003, 95 f.). Darüber hinaus wird die Verrechtlichung der funktional differenzierten Gesellschaft zunehmend selbst zum (Rechts-)Problem: „Es ist nicht nur der primäre Normierungsbedarf der gesellschaftlichen Teilsysteme, sondern auch der sekundäre Normierungsbedarf der Massenproduktion von Recht, auf den das Richterrecht reagiert." (Teubner 1994, 202). Das Problem besteht in der Zunahme von Rechtskollisionen, die rechtlich normiert werden müssen, ohne dass auf gesetzliche Lösungen zurückgegriffen werden kann. Dies gilt insbesondere dann, wenn die staatliche Rechtsordnung unter Bedingungen der *Heteronomie* nur noch als Teilrechtsordnung unter anderen firmiert.

> „Einer Abwertung des politisch-legislativen Rechts entspricht eine gleichzeitige Aufwertung plural-gesellschaftlicher Rechte als Resultat innergesellschaftlicher Konflikte und eine Aufwertung des Richterrechts als Sensorium für gesellschaftliche Normativitäten in der Gesellschaft." (Teubner 2003, 42)

Die Gerichte können periphere Rechtskonflikte in zentrale Rechtsentscheidungen überführen, ohne dass sie als Teil des staatlich organisierten Entscheidungssystems notwendigerweise die ‚raison d'état' den Rationalitäten anderer Funktionssysteme voranstellen müssten: Unter der systemtheoretischen Perspektive der Differenzierung von politischem System und Rechtssystem ist das Richterrecht weniger an den Staat (und dessen Souveränitätsansprüche) gebunden als das Gesetzesrecht. Eine solche richterlich forcierte, kollisionsrechtliche ‚Integration' oder besser: Kompatibilisierung der Funktionssysteme steht wiederum unter der Herausforderung, die „Konsistenzanforderungen des Rechtsdiskurses mit den Funktionsanforderungen autonomer gesellschaftlicher Teilsysteme zu verbinden" (Teubner 1989, 147), also Funktions- und Leistungsfähigkeit des Rechts gemeinsam zu optimieren.

Der Aspekt richterlicher Zurückhaltung liegt im Konzept der rechtlichen Fremdsteuerung durch Selbststeuerung unmittelbar offen, wenn man darunter auch die Selbststeuerung des nicht-rechtlichen Zielsystems versteht. So reduziert sich die rechtliche Steuerung (anderer) gesellschaftlicher Teilsysteme darauf, „daß das Recht Veränderungsabsichten kanalisiert, die diese Teilsysteme *von sich aus* haben" (Willke 1992, 203; H. i. O.), – wenn solche Veränderungsabsichten auch durch politische oder rechtliche Supervision erst angeregt worden sein können. Bei der systemtheoretischen Ausformulierung des Prinzips richterlicher Selbstbeschränkung handelt es sich nun quasi um einen Reimport: So dient die dogmatische Zurückhaltung angloamerikanischer Richter in politisch brisanten Streitfällen explizit als Vorlage für das Konzept einer politischen Selbstbeschränkung im Übergang vom Wohlfahrtsstaat zum Supervisionsstaat in der staats- bzw. steuerungstheoretischen Spielart der Systemtheorie (Willke 1992, 329 ff.):

> „Das Modell des ‚judicial [self-]restraint' betrachte ich als geeignetes Grundmodell für die Relationierung spezialisierter Funktionssysteme im Kontext komplexer Gesellschaften. Es realisiert Selbstbindung anstelle von Fremdzwang und institutionalisiert Langfristigkeit in den Interaktionsbeziehungen zugleich autonomer und interdependenter Sozialsysteme." (Willke 1992, 331)

Als Aspekte der *politischen* Selbstbeschränkung werden neben dem Föderalitäts- und dem Subsidiaritätsprinzip (die in ihrer systemtheoretischen Fassung auch eine funktionale Komponente enthalten) mit direktem Bezug zum Rechtssystem die funktionale Gewaltenteilung, das Verfassungsrecht und die Unabhängigkeit der Richter genannt (Willke 1992, 333). All diese Aspekte spielen auch im systemtheoretisch verstandenen Konzept *richterlicher* Selbstbeschränkung eine Rolle. Im Einzelfall geht es darum, bei der Urteilsfindung die Rationalitäten der anderen Funktionssysteme anzuerkennen (also etwa im Sinne der ‚political questions'-Doktrin

Machtfragen den Entscheidungen der Politiker zu überlassen). Richterliche Selbstbeschränkung bedeutet aber nicht notwendig eine Konzentration auf die Funktion der Erwartungssicherung bzw. die Schließung des Rechts – genauso wenig wie die (intersystemisch ausgreifende) ‚Integration durch (Kollisions-)Recht' eine Konzentration auf Steuerungsleistungen bzw. die Öffnung des Rechts bedeutet. Vielmehr impliziert reflexives Recht gerade die gerichtliche Anerkennung von ‚Gesellschafts-Rechten' (Teubner 2003, 41), die sich nicht der staatlichen Gesetzgebung verdanken:

> „Social norms on the periphery of the legal system are, in general, accepted at the centre of the law, but a process of judicial review of law fends off corrupting elements stemming from the shortcomings of the external source of law measured against the standards of due process and the rule of law. At the same time, however, the law acknowledges the intrinsic rationality of the external law-making processes, translates these into the quality of legal norms, and thereby brings about a considerable social upgrading of them." (Teubner 2004, 24 f.)

Ob es sich bei diesen ‚standards of due process and the rule of law', die einer gerichtlichen Anerkennung nicht-staatlichen Rechts vorausgesetzt sind, um rechts*staat*liche Standards im klassischen Sinne handelt, dürfte indes eine empirische Frage sein, auf die die europäische Rechts*gemeinschaft* nur eine mögliche Antwort gibt.

Einen letzten Aspekt für das systemtheoretische Verständnis von ‚judicial governance' gewinnt man, wenn man die funktionale Differenzierung ihrer aktuellen Ausprägung nach auch als ‚organisierte Differenzierung' begreift (Willke 1992, 183). In diesem Begriff, der sich insbesondere auf jüngere Phänomene der intersystemischen Vernetzung (im Sinne einer Netzwerk-Governance) bezieht, liegt zugleich ein allgemeiner Verweis auf den Stellenwert von ‚Kopplungsorganisationen', also organisational gefassten strukturellen Kopplungen zwischen Funktionssystemen. Dazu sind aber auch Gerichtsorganisationen zu zählen, was unter der Prämisse funktioneller (!) Gewaltenteilung überraschen mag, systemtheoretisch jedoch folgendermaßen begründet werden kann (Bora 2003, 204 ff.): Im Unterschied zu Funktionssystemen zeichnen sich Organisationssysteme generell durch (die Möglichkeit der) Multireferenzialität aus, derzufolge ihre Entscheidungslogik auf unterschiedliche Funktions*kodes* eingestellt werden kann:

> „Diese *Multireferentialität* organisatorischer Programmierung erlaubt einerseits hoch differentielle Operationen, öffnet jedoch andererseits auch Einfallstore für organisationsinterne Konflikte, die auf konfligierende Fremdreferenzen zurückzuführen sind." (Bora 2003, 206; H. i. O.)

Als zentrale Organisationen des Rechtssystems) zeichnen sich die Gerichte durch eine Grundorientierung am Rechtskode aus; sie können sich aber auch beispielsweise auf den Machtkode und den Geldkode beziehen und somit „als Organisationen mit primär rechtlicher (und erst in zweiter und dritter Linie: wirtschaftlicher und politischer usw.) Programmierung" (Bora 2003, 206) gelten. Mit einer Politisierung oder Ökonomisierung des Rechts bzw. der Rechtsprechung wäre entsprechend eine Orientierung von Rechtsentscheidungen an Operationen des politischen oder des wirtschaftlichen Systems gemeint – bis hin zur Aufgabe der richterlichen (Primär-)

Orientierung an Recht und Unrecht, was allerdings einer Unterbrechung der Autopoiesis des Rechtssystems an dieser (zentralen) Stelle gleichkäme. Unterhalb dieser Schwelle der ‚Entrechtlichung' bliebe jedoch konzeptionell und praktisch genug Spiel für ‚judicial governance' als „organisationsspezifisches Phänomen" (Bora 2003, 210): der (fallübergreifenden) Kombination rechtlicher, politischer und wirtschaftlicher Funktionslogik innerhalb der Rechtsprechung. Damit ermöglicht die Multireferenzialität der Gerichte (und ihrer Entscheidungsprogramme) es gewissermaßen, ohne Verlust der autopoietischen *Autonomie* des Rechts die *Heteronomie* der Teilrechtsordnungen zu internalisieren, also unterschiedliche Funktionssysteme im Recht und in der Rechtsprechung zu koppeln. Was unter dem Blickwinkel der funktionalen Differenzierung bzw. Autopoiesis als (Autonomie-)Problem erscheint, manifestiert sich unter dem Blickwinkel der Integration bzw. strukturellen (hier: organisationalen) Kopplung somit als (Heteronomie-)Lösung: die Politisierung bzw. Ökonomisierung des (Richter-)Rechts im Gegenzug zur Juridifizierung der Politik bzw. der Wirtschaft. Das Untersuchungsanliegen dieser Arbeit besteht insbesondere in der Herausarbeitung der (Plausibilität der) letzteren Perspektive.

3.2 Rechtsgemeinschaft und Rechtsprechung in der Diskurstheorie

Die Diskurstheorie – bzw. die Theorie kommunikativen Handelns – baut auf der sprachlichen Verständigung als besonderem Mechanismus der Handlungskoordinierung auf. Demnach erschöpft sich die Sprache nicht in ihrer Informationsfunktion, die sich (zweckrationale) Akteure im Umgang miteinander zunutze machen, sondern entfaltet zwischen den (konsensorientierten) Teilnehmern eines Dialogs auch eine eigentümliche Bindungswirkung: Indem sich die Akteure – jeweils als ‚Sprecher' und ‚Hörer' – über normative Geltungsansprüche verständigen *und* ihre Handlungspläne darauf einstellen, „wird die Sprache selbst als primäre Quelle der sozialen Integration erschlossen" (Habermas 1992, 34). Die (supponierte) kommunikative Vernunft leistet demnach, obwohl sie auf kontrafaktischen Voraussetzungen – der idealen Sprechsituation – beruht, einen faktischen Beitrag zur Handlungskoordinierung:

> „Die für Aussagen und Normen (auch für Erlebnissätze) beanspruchte Gültigkeit transzendiert ihrem Sinne nach Räume und Zeiten, während der aktuelle Anspruch jeweils hier und jetzt, innerhalb bestimmter Kontexte erhoben und – mit Fakten erzeugenden Handlungsfolgen – akzeptiert oder zurückgewiesen wird." (Habermas 1992, 36)

Die solchermaßen in die Sprache eingelagerte Spannung von ‚Faktizität' und ‚Geltung' überträgt sich über die Integrationswirkung von Sprechhandlungen auf die soziale Ordnung, die insoweit *auch* rationale Akzeptabilität beansprucht. In der Diskurstheorie wird diese normative Dimension der gesellschaftlichen Realität als (intersubjektive) Teilnehmerperspektive präsent gehalten und theorieimmanent mit der (objektivierenden) Perspektive eines soziologischen Beobachters vermittelt (Habermas 1992, 21 f.).

Unter der Prämisse, dass die soziale Ordnung – aus Sicht der Handelnden – durch die Anerkennung normativer Geltungsansprüche konstituiert wird (Habermas 1992,

33), lässt sich das Ordnungsproblem der modernen Gesellschaften folgendermaßen fassen: Auf der einen Seite gewinnen strategische Interaktionen mit der Expansion und Verselbstständigung der Wirtschaft (und bedingt auch des Staates) sozialstrukturell an Gewicht; auf der anderen Seite wird die Bindungskraft tradierter Autoritätsstrukturen und lebensweltlicher Gemeinsamkeiten durch Prozesse soziokultureller Differenzierung geschwächt. Unter diesen Voraussetzungen steigt aber – diskurstheoretisch gewendet – das ‚Dissensrisiko'; die Ordnung der Gesellschaft wird also nicht mehr durch einen gemeinschaftlichen Normenbestand prästabiliert. Diesen zu erneuern obliegt in zunehmendem Maße der rationalen Verständigung zwischen den Handelnden eines Kommunikationsverbunds, die alsdann der Normativität des Faktischen mit der Faktizität des Normativen entgegentreten können. Dazu bedarf es positivierter Normen, die einerseits faktischen Zwang ausüben, d. h. strategische Interaktionen wirksam regulieren können, und andererseits legitime Geltung genießen, d. h. mit guten Gründen befolgt werden können. Diesem Anspruch, ‚Faktizität' und ‚Geltung' – aufs Neue – zu integrieren, genügt aber offenbar in besonderer Weise das moderne Recht. Die ‚Integration durch Recht' wird somit als Wesensmerkmal komplexer (in Wirtschaft, Staat und Lebenswelt differenzierter) Gesellschaften postuliert; Rechtsnormen werden als Bindeglied zwischen erfolgs- und verständigungsorientierter Handlungskoordinierung konzipiert (Habermas 1992, 42 ff.).

Das Paradox eines zugleich erzwingbaren und kritisierbaren, d. h. „gleichzeitig durch faktischen Zwang und durch legitime Geltung" (Habermas 1992, 44 f.; H. i. O.) wirkenden Rechts löst sich in der logischen Abfolge von Rechtsetzung und Rechtsdurchsetzung auf, d. h. in der Rückführbarkeit des Zwangs, dem die Adressaten der Rechtsnormen unterliegen, auf die Freiheit, die die Urheber der Rechtsordnung genießen, wobei Adressaten und Urheber im (diskurstheoretischen) Idealfall gleichzusetzen sind. Der „Legitimitätsglauben der Rechtsgenossen" (Habermas 1992, 48) verweist also auf die Qualität – insbesondere die ‚kommunikative Rationalität' – des Gesetzgebungsverfahrens, den „eigentlichen Ort der sozialen Integration" (Habermas 1992, 50) innerhalb des Rechtssystems: Die ‚Integration durch Recht' setzt somit (normativ) die Integrität und Inklusivität der Rechtsbegründung voraus. Damit Zwangsgesetze solchermaßen als Freiheitsgesetze begründet werden können, nimmt der Prozess der Selbstgesetzgebung die Form von institutionalisierten Diskursen an, in denen „das Dauerrisiko des Widerspruchs […] in die Produktivkraft einer präsumptiv [sic] vernünftigen politischen Meinungs- und Willensbildung umgewandelt [wird]" (Habermas 1992, 57). Dieses gelingt jedoch nur, indem der prinzipiell unbeschränkten Kommunikation prozedurale Grenzen gesetzt werden, an denen (Rechts-)Normen zu Fakten werden, d. h. ausreichend begründet sind, um mit Sanktionen belegt zu werden. Solcherlei ins Verfahren der Rechtsetzung eingebaute Beschränkungen erscheinen freilich selbst als notwendig und berechtigt, um eine rechtliche Integration der Gesellschaft überhaupt zu ermöglichen, zumal sich jeder Konsens (hic et nunc) realistischerweise nur als Suspension eines (raum- und zeitlosen) Dissenses begreifen lässt. Damit aber kehrt die Spannung von Faktizität und Geltung auch in der Rechtsetzung wieder (Habermas 1992, 56 f.).

Gleichwohl spiegelt sich in der Ambivalenz von Rechtsetzung und Rechtsdurchsetzung eine institutionelle Differenzierung der Begründung und Anwendung rechtlicher Normen wider, die auf der einen Seite um die Zustimmung verständigungsorientierter Akteure werben, auf der anderen Seite zweckrationalen Akteuren Restriktionen auferlegen. Während die Sanktionszumutungen vor allem die (über Geld und administrative Macht) *systemisch* bzw. ‚objektiv' integrierten Handlungssphären der modernen Gesellschaft betreffen, richten sich die Legitimitätserwartungen vornehmlich an die (über Solidarität) *sozial* bzw. ‚intentional' integrierten Handlungszusammenhänge. ‚Integration durch Recht' bezeichnet somit die Verknüpfung systemischer und sozialer Integration im Medium des Rechts: „Weil das Recht auf diese Weise mit Geld und administrativer Macht ebenso verzahnt ist wie mit Solidarität, verarbeitet es in seinen Integrationsleistungen Imperative verschiedener Herkunft." (Habermas 1992, 59). Wegen der normativen Rückbindung des Rechts an diskursive Verfahren der Gesetzgebung wird seine Vermittlungsfunktion zwischen dem Wirtschafts- und Verwaltungssystem einerseits und der Lebenswelt andererseits jedoch asymmetrisch gefasst – als Einwirkung der kommunikativen Vernunft auf die Rationalität der Systeme. Allein durch das Recht kann demzufolge noch die (beziehungsreiche) Umgangssprache in die (reduzierten) Spezialkodes übersetzt und die Sachgewalt der Funktionssysteme mit den Legitimitätserwartungen der Lebenswelt konfrontiert werden:

> „Das Recht funktioniert gleichsam als Transformator, der erst sicherstellt, daß das Netz der sozialintegrativen gesamtgesellschaftlichen Kommunikation nicht reißt. Nur in der Sprache des Rechts können normativ gehaltvolle Botschaften *gesellschaftsweit* zirkulieren; ohne die Übersetzung in den komplexen, für Lebenswelt und System gleichermaßen offenen Rechtskode würden diese in den mediengesteuerten Handlungsbereichen auf taube Ohren treffen." (Habermas 1992, 78; H. i. O.)

Nach dieser Konzeption kompensiert das Recht Defizite der sozialen Integration; es „springt in die Funktionslücken von sozialen Ordnungen ein, die in ihren sozialintegrativen Leistungen überfordert sind" (Habermas 1992, 61). Die Doppelwertigkeit des Rechts ermöglicht aber auch die entgegengesetzte Wirkrichtung von der Systemwelt auf die Sozialwelt; unter den Prämissen der Diskurstheorie gilt eine ‚Verrechtlichung', die sich (allein) unter dem Druck systemischer Imperative vollzieht, allerdings als illegitim – im Unterschied zur kommunikativ vermittelten ‚Integration durch Recht'. Der Begriff der Verrechtlichung wird hier im Sinne einer ‚inneren Kolonialisierung' gedeutet, derzufolge „die Subsysteme Wirtschaft und Staat infolge des kapitalistischen Wachstums immer komplexer werden und immer tiefer in die symbolische Reproduktion der Lebenswelt eindringen" (Habermas 1982, 539). Wenn das Recht im Rahmen der Funktionssysteme, also kombiniert mit den Medien Geld und Macht, selbst als (normativ weitgehend neutralisiertes) Steuerungsmedium fungiert, leistet es der Entkopplung von System und Lebenswelt bzw. der Umstellung von der sozialen auf die systemische Integration weiter Vorschub – jedenfalls solange die verfahrensmäßigen Sicherungen der Legitimität rechtlicher Steuerung zu schwach sind (Habermas 1982, 535 f.). Empirisch bleibt die Gewichtung von Faktizität und Geltung, systemischer und sozialer Integration innerhalb einer Rechtsordnung eine offene Frage. Die Diskurstheorie enthält jedoch ein normatives Bewertungskriterium für die jeweils erbrachten Integrations- bzw. Steuerungsleistungen des Rechts (vgl. Habermas 1992, 363; Joerges 1996, 73 f.; Zürn/Wolf 2000, 123 f.). Getreu dem Motto, dass nicht alles ‚recht' ist, was ‚Recht' ist, zählt in diskurstheoretischen Governance-Ansätzen demnach nicht nur der Erfolg der rechtlichen Handlungskoordinierung, sondern auch ihr Ursprung in rationalen Verständigungsprozessen – eine Qualifizierung, die im Begriff der ‚good governance' zum Ausdruck kommt (Joerges 2002c, 22).

Die Theorie kommunikativen Handelns geht davon aus, dass mit der sprachlichen Struktur einer Gesellschaft auch die Möglichkeit zur Verständigung gesetzt ist. In einem idealen Sinne kann die solchermaßen konstituierte Kommunikationsgemeinschaft als räumlich wie zeitlich unbegrenzt angenommen werden – weil jeder Diskurs in sich unabgeschlossen bleibt, jeder Konsens nur bis auf Widerruf gilt. Dieses ‚transzendierende Moment' der kommunikativen Vergemeinschaftung bleibt grundsätzlich auch dann erhalten, wenn das Diskursprinzip in Form des Rechts institutionalisiert wird, also Diskurse zugleich verstetigt und effektiviert werden, sich eine ‚Rechtsgemeinschaft' herausbildet. Andererseits vollzieht sich mit der Positivierung des Rechts (das als gemeinsame Sprache von Lebenswelt und Systemen dient) auch eine ‚Positivierung' der Rechtsgemeinschaft: Sie organisiert sich in Zeit und Raum, entwickelt ein kollektives Selbstverständnis und kollektive Ziele, schreitet schließlich – in Gestalt des Rechtsstaats – mit aller (rechtlichen) Gewalt zur Tat. Hinsichtlich seines normativen Gehalts und der Reichweite seiner Geltungsansprüche unterscheidet sich das Recht einer (definierten) Rechtsgemeinschaft somit von der Moral einer (infiniten) Kommunikationsgemeinschaft:

> „Während moralische Regeln mit dem, was im gleichmäßigen Interesse aller liegt, einen schlechthin allgemeinen Willen ausdrücken, bringen juridische Regeln auch den partikularen Willen der Angehörigen einer bestimmten Rechtsgemeinschaft zum Ausdruck. Und während der moralisch freie Wille gewissermaßen virtuell bleibt, [...] ist der politische Wille einer Rechtsgemeinschaft, [...] auch Ausdruck einer intersubjektiv geteilten Lebensform, von gegebenen Interessenlagen und pragmatisch gewählten Zwecken." (Habermas 1992, 188; H. i. O.)

Einerseits bildet die Rechtsgemeinschaft somit eine Instanz der universalen Moral, andererseits sondert sie sich als politischer Verband aus; die Legitimität von Rechtsnormen bezieht sich daher nicht nur auf das menschheitliche Allgemeininteresse, sondern auch auf das *„faktische Willenssubstrat"* eines partikular bestimmten Kollektivs (Habermas 1992, 193; H. i. O.).

3.2.1 Differenzierung von Rechtsgemeinschaft und Rechtsstaat

Entgegen den ‚konkretistischen' und ‚organizistischen' Anmutungen des Begriffs der Rechtsgemeinschaft (und mehr noch des Staatsvolks; vgl. Habermas 1992, 107 f.) steht dieser in der Diskurstheorie für „hoch artifizielle Gemeinschaften, und zwar Assoziationen von gleichen und freien Rechtsgenossen, deren Zusammenhalt gleichzeitig auf der Androhung äußerer Sanktionen wie auf der Unterstellung eines rational motivierten Einverständnisses beruht" (Habermas 1992, 23). Analytisch lässt sich die ‚Androhung äußerer Sanktionen' mit einem erfolgsorientierten, *vertikalen* Modus der Handlungskoordinierung verbinden, während die ‚Unterstellung eines rational motivierten Einverständnisses' einem verständigungsorientierten, *horizontalen* Modus der Handlungskoordinierung entspricht. Als Chiffre für den vertikalen Modus lässt sich, vereinfacht betrachtet, der *Staat* einsetzen, für den horizontalen Modus die *Gemeinschaft*: Das (umfassende) Konzept der Rechtsgemeinschaft lässt sich also nach seiner rechts*staatlichen* und seiner (eigentlich) rechts*gemeinschaftlichen* Seite hin differenzieren. Diese konzeptuelle Unterscheidung von Rechtsstaat und Rechtsgemeinschaft entspricht der doppelten – einerseits aktiven, zielgerichteten; andererseits passiven, reflexiven – Selbstbestimmung eines sozialräumlichen Kollektivs in Auseinandersetzung mit dem Grundproblem gesellschaftlicher Ordnung:

> „Im einen Fall versteht sich das Kollektiv als ein zu zielgerichtetem Handeln fähiges Quasi-Subjekt, im anderen Fall als eine Gemeinschaft von Individuen, die sich darüber verständigen, welches Verhalten sie legitimerweise voneinander erwarten können." (Habermas 1992, 196)

Im Folgenden wird in einem ersten Schritt auf die Rechtsgemeinschaft als ‚pouvoir constituant' bzw. Legitimationsmacht eingegangen; in einem zweiten Schritt wird der Rechtsstaat als ‚pouvoir constitué' bzw. Ordnungsmacht dargestellt; in einem dritten Schritt schließlich wird die Konstitution einer (supranationalen) Rechtsgemeinschaft jenseits des (nationalen) Rechtsstaats erörtert.

3.2.1.1 Rechtsgemeinschaft als Legitimationsmacht

Die Rechtsgemeinschaft lässt sich diskurstheoretisch als ‚Assoziation freier und gleicher Rechtsgenossen' bestimmen. Konzeptionell ergeben sich die „Bedingungen der Rechtsförmigkeit einer horizontalen Vergesellschaftung" (Habermas 1992, 156) dabei aus der Verknüpfung des Diskursprinzips mit der Rechtsform. Während das Ideal *reiner* kommunikativer Vergesellschaftung (also einer allein nach dem Diskursprinzip gestalteten Gesellschaft) empirisch unerreicht bleibt, beansprucht die Idee einer sich selbst organisierenden *Rechts*gemeinschaft größere Realitätsnähe, insoweit der diskursive Vergesellschaftungsmodus dort, wo er rechtsförmig institutionalisiert wird, auch implementiert werden kann (Habermas 1992, 396 f.). Im ersten Argumentationsschritt bleibt die Einrichtung einer (rechtsstaatlichen) Sanktionsgewalt, die dies leistet, allerdings noch ausgeblendet, d. h. es geht zunächst nur um die Rechte, die sich die Mitglieder einer Rechtsgemeinschaft im Modus der Verständigung wechselseitig zuerkennen (würden). Dazu gehören in einem abstrakten Sinne sowohl Rechte, die die ‚Rechtsgenossen' zur diskursiven Rechtsetzung *autorisieren*, also die Teilnahme an der diskursiven Meinungs- und Willensbildung regeln, als auch Rechte, die sie als private Rechtssubjekte *adressieren*, also beispielsweise gleiche Handlungsfreiheiten garantieren; dabei sind die Autoren und Adressaten einer solchen ‚horizontalen' Rechtsordnung prinzipiell als identisch anzusehen

(Habermas 1992, 155 ff.). Im eigentlichen Sinne wird die Rechtsgemeinschaft – als Urheberin des Rechtsstaats – jedoch über ihre Autorenfunktion bestimmt.

In partikular bestimmten Rechtsgemeinschaften, die nicht nur allgemeine Verhaltenserwartungen, sondern auch kollektive Ziele normieren, impliziert die diskursive Rechtsetzung die Bildung kommunikativer Macht. Dieser Begriff bezeichnet zunächst nichts anderes als die ‚Ausübung politischer Autonomie' durch diskursiven Zusammenschluss. Seine besondere Aussagekraft gewinnt er allerdings erst in der Trias von kommunikativer, administrativer und sozialer Macht. Dabei steht die *administrative* Macht für die exekutive Staatsgewalt und bezeichnet „den anderen Aggregatzustand, in den die kommunikative Macht überführt werden muß" (Habermas 1992, 186), wenn die frei gewählte Ordnung zwingende Wirkung entfalten soll. Mit *sozialer* Macht wird dagegen auf das Gewicht organisierter Interessen (beispielsweise der Privatwirtschaft) in der politischen Meinungs- und Willensbildung verwiesen – was die diskursiven Verfahren im Extremfall zur Makulatur werden lässt. Es ist das Recht, das Ersteres (die Umsetzung kommunikativer in administrative Macht) leisten und Letzteres (die Aufhebung kommunikativer durch soziale Macht) verhindern soll. Sofern man mit der Rechtsgemeinschaft, die dieses Recht autorisiert, nun nicht nur die Genese *kommunikativer* Macht, sondern auch die Erzeugung gesellschaftlicher Solidarität verbindet, entsprechen die drei hier benannten ‚Ordnungsmächte' offenbar den „drei Gewalten der gesamtgesellschaftlichen Integration: Geld, administrativer Macht und Solidarität" (Habermas 1992, 187). Insofern lässt sich die Rechtsgemeinschaft als Ursprungsort der sozialen Integration konzipieren, die in Form des Rechtskodes auch die systemisch koordinierten Handlungsbereiche noch einzuholen vermag; insofern ragt die Solidarität der (freien und gleichen) Rechtsgenossen also bis in die Funktionssysteme der Wirtschaft und der Verwaltung hinein (Habermas 1992, 363). Damit wird deutlich, dass der Rechts*staat* die soziale Integration lediglich prozessiert; mit den Mitteln des (seinerseits sozialintegrativ begründeten) Rechts kann er die Reproduktion der gesellschaftlichen Solidarität in der Rechts*gemeinschaft* nur ermöglichen, nicht aber erzwingen (Habermas 1992, 466).

Die Diskurstheorie setzt sich von anderen (‚normativistischen') Demokratietheorien ab, die ein *staatszentriertes* Verständnis der Gesellschaft zugrunde legen: „Unterschiede ergeben sich sowohl zur liberalen Konzeption des Staates als des Hüters einer Wirtschaftsgesellschaft wie zum republikanischen Konzept einer staatlich institutionalisierten sittlichen Gemeinschaft." (Habermas 1992, 359). Demgemäß bestimmt sich die (politische Autonomie der) Gesellschaft einerseits nicht durch ihr Verhältnis zum Staat – weder im Sinne der negativen Freiheit noch im Sinne der positiven Freiheit. Andererseits wird der diskursive Modus der Vergesellschaftung nur für die Rechtsgemeinschaft postuliert, nicht aber für die Gesellschaft insgesamt. Dadurch bleibt die Diskurstheorie kompatibel mit (‚objektivistischen') Gesellschaftstheorien, die von einer *dezentrierten*, funktional differenzierten Gesellschaft ausgehen, – jedoch ohne den Schluss zu ziehen, dass Politik und Staat die Gesellschaft überhaupt nicht mehr integrieren können oder gar sollen. Zumindest im Selbstverständnis der Rechtsgemeinschaft soll die hier autorisierte ‚Integration durch Recht' auch die Gesellschaft als Ganze adressieren (Habermas 1992, 60 u. 366 f.). Wie die

Rechtsgemeinschaft selbst, so ist nach Auffassung der Diskurstheorie auch der von ihr ausgehende rechtsförmige Integrationsmodus (der soziale und systemische Integration verknüpft) *horizontal* angelegt; er durchwirkt die gesamte Gesellschaft, ohne hierarchisch begründet zu sein (wenn er auch hierarchisch instrumentiert wird), und legitimiert auch noch das Schalten und Walten der – rechtsbasierten – Organisationen und Funktionssysteme.

Als artifizielle ‚Assoziation freier und gleicher Rechtsgenossen' hebt sich die Rechtsgemeinschaft von urwüchsigen, in konkreten Beziehungen begründeten Solidaritätsstrukturen in der Weise ab, dass „sich über das Medium des Rechts die Anerkennungsstrukturen verständigungsorientierten Handelns von der Ebene einfacher Interaktionen auf die abstrakt vermittelten, anonymen Beziehungen zwischen Fremden übertragen" (Habermas 1992, 465). Die Rechtsgemeinschaft ist damit in ihrem Wesenskern *zivilgesellschaftlich* organisiert; in der Zivilgesellschaft bzw. der auf ihr basierten politischen Öffentlichkeit werden (legitimes) Recht und (legitime) Macht konstituiert und in die rechtsstaatlich organisierte Politik übermittelt (Habermas 1992, 435 ff. u. 443 ff.). Davon ausgehend lässt sich die Rechtsgemeinschaft als ‚pouvoir constituant' (und Legitimationsmacht) vom Rechtsstaat als ‚pouvoir constitué' (und Ordnungsmacht) differenzieren, deren beider Einheit im Recht liegt. Die Schnittstelle zwischen Legitimation und Durchsetzung bildet der parlamentarische Prozess der Meinungs- und Willensbildung, der die Umwandlung von kommunikativer in administrative Macht leistet. Aus dieser Konstruktion wird ersichtlich, dass sich der ‚pouvoir constituant' in einer Theorie, die auf „der *höherstufigen Intersubjektivität* von Verständigungsprozessen" (Habermas 1992, 362; H. i. O.) aufbaut, nicht in einem einmaligen Gründungsakt erschöpft, sondern selbst auf Dauer gestellt sein muss: weil jeder Konsens nur vorläufig ist. Rechtlich besehen muss daher die fortlaufende Ausübung politischer Autonomie durch die zivilgesellschaftliche bzw. parlamentarisch eingeholte Rechtsgemeinschaft gewährleistet sein. Entsprechend erfährt auch die ‚Konstitution' selbst – als „unter den kritischen Augen einer politisierten Rechtsöffentlichkeit" (Habermas 1992, 340) fortzuschreibende – eine prozeduralistische Deutung.

3.2.1.2 Rechtsstaat als legitimierte Ordnungsmacht

Die soziale Geltung positiven Rechts stützt sich (per definitionem) gleichermaßen auf seine diskursiv begründete Legitimität wie „auf die *artifiziell hergestellte Faktizität* der Androhung rechtsförmig definierter und vor Gericht einklagbarer Sanktionen" (Habermas 1992, 47; H. i. O.). Die Rechtsetzung – im Sinne einer ‚wechselseitigen Zuerkennung von Rechten' – impliziert demnach bereits die Rechts*durch*setzung. Entsprechend bildet der vertikal koordinierte (reale) Rechtsstaat das logische Komplement zur horizontal koordinierten (idealen) Rechtsgemeinschaft. Tatsächlich sind die Autoren des Rechts in einer komplexen Gesellschaft nicht – oder nur in einem äußerlichen Sinne – mit seinen Adressaten identisch, so dass die Selbstbestimmung verständigungsorientiert Handelnder in ihrer Kehrseite als Fremdbestimmung erfolgsorientierter Akteure erfahren wird. Darüber hinaus bedarf es in einer Gesellschaft, die als Ganze nicht diskursiv strukturiert ist, einer rechtlichen Absicherung der kommunikativen Rationalität der Rechtsgemeinschaft: Das sichtbarste Resultat dessen ist die Einrichtung der Legislative als rechtsstaatlich konstituierter Gewalt, die die konstituierende Gewalt repräsentiert, d. h. präsent hält. Der „Übergang von der horizontalen Vergesellschaftung der Bürger, die sich gegenseitig Rechte zuerkennen, zur vertikal vergesellschaftenden Organisationsform des Staates" (Habermas 1992, 169 f.) leitet somit den zweiten Argumentationsschritt ein, in dem der Rechtsstaat als (legitimationsbedürftige) Ordnungsmacht neben die (legitimationsstiftende) Rechtsgemeinschaft tritt.

Die in der Rechtsgemeinschaft generierte kommunikative Macht wird durch Institutionalisierung der drei Staatsgewalten in *politische Herrschaft* überführt, um dem legitim gesetzten Recht auch faktische Geltung zu verschaffen. Die diskurstheoretische Grundannahme einer Verschränkung des Rechts mit der – zunächst unspezifisch gefassten – ‚politischen' Macht gilt somit gleichermaßen für die (ursprüngliche) *kommunikative* Macht wie für die (abgeleitete) *administrative* Macht – und entsprechend für die *gesetzgebende* und *richterliche* Gewalt. Gleichzeitig droht das Recht jedoch von einer anderen Macht vereinnahmt zu werden, nämlich der *sozialen* (Über-)Macht organisierter Interessen: „Die wechselseitige Konstituierung von Recht und politischer Macht stiftet zwischen beiden Momenten einen Zusammenhang, der die latente Möglichkeit einer Instrumentalisierung des Rechts für den strategischen Einsatz von Macht eröffnet und perpetuiert." (Habermas 1992, 208). Im Gegensatz zum kommunikativ erzeugten, legitimen Recht wird die Einwirkung sozialer Macht auf die Rechtsetzung und -durchsetzung in der (Binnenperspektive der) Rechtsgemeinschaft als eine „*von außen* ins Recht eindringende Faktizität" (Habermas 1992, 58; H. i. O.) wahrgenommen, die das Recht desavouiert. Gemäß der Idee des Rechtsstaates müssen die Staatsgewalten nun allerdings selber rechtlich verfasst *und* legitimiert sein:

> „Nicht die Rechtsform als solche legitimiert die Ausübung politischer Herrschaft, sondern allein die Bindung ans *legitim gesetzte* Recht […], das in einer diskursiven Meinungs- und Willensbildung von allen Rechtsgenossen rational akzeptiert werden konnte." (Habermas 1992, 169; H. i. O.)

Der vertikale Rechtsmodus des Staates bleibt also normativ zurückgebunden an den horizontalen Rechtsmodus der Rechtsgemeinschaft.

In Gestalt des Rechtsstaats entfalten sich die „objektiv-rechtliche[n] Implikationen, die in den subjektiven Rechten in nuce enthalten sind" (Habermas 1992, 168; H. i. O.), also in jenen Rechten, die sich die ‚freien und gleichen Rechtsgenossen' wechselseitig zuerkennen. Dabei findet der Wesensgehalt der Rechtsgemeinschaft in den politischen Teilnahmerechten Ausdruck, die die Rechtsgenossen als Autoren der Rechtsetzung etablieren (mit gleichen Chancen, diese Rolle auch wahrzunehmen). Kanalisiert werden diese Rechte durch den Gesetzgebungsprozess als staatlicher Organisationsform der politischen Meinungs- und Willensbildung. Die ‚Ausübung politischer Autonomie' lässt sich rechtsstaatlich aber nur normieren, wenn geklärt ist, auf welches Kollektiv sich die Rechtsgemeinschaft bezieht, welches also ihre Mitglieder sind – und welche Statusrechte diese gegenüber Nichtmitgliedern genießen. Damit besitzt die rechtliche Integration immer eine Innen- wie Außenseite, hypostasiert in der staatlichen ‚Souveränität'. Zu den Rechten, die die Rechtsgenossen (auch) jenseits ihrer Autorenrolle adressieren, gehören die (aus der Gewährleistung gleicher subjektiver Freiheiten entstandenen) liberalen Abwehrrechte, die gegen ein Zuviel des Staats gerichtet sind, wie die (aus der Gewährleistung gleicher Chancen zur politischen Mitgestaltung entstandenen) sozialen Teilhaberechte, die ein Zuwenig des Staats verhindern sollen. Während die *politischen Teilnahmerechte* die Rechtsgemeinschaft im eigentlichen (sozialintegrativen) Sinne ausmachen, bilden die *liberalen Abwehrrechte* zugleich die Basis des (marktlich koordinierten) Wirtschaftssystems und die *sozialen Teilhaberechte* die Basis des (staatlich koordinierten) Wohlfahrtssystems, also systemisch integrierter Handlungssphären. Die als Selbstanwendung des Rechts begriffene Verrechtlichung von Rechtsetzung und -umsetzung mündet schließlich im Grundrecht auf individuellen Rechtsschutz: Damit das Recht auch im Konfliktfalle gewahrt wird (und gegebenenfalls fortgebildet werden kann), bildet sich ein staatlich organisiertes, im Kern jedoch diskursives *Gerichtssystem* aus (Habermas 1992, 105 u. 167 f.).

„Kurzum, der Staat wird als Sanktions-, Organisations- und Exekutivgewalt nötig, weil Rechte durchgesetzt werden müssen, weil die Rechtsgemeinschaft einer identitätsstabilisierenden Kraft ebenso wie einer organisierten Rechtsprechung bedarf, und weil aus der politischen Willensbildung Programme hervorgehen, die implementiert werden müssen." (Habermas 1992, 168)

Es entspricht der politischen Folklore – und inspiriert vor allem die ‚realistischen' Strömungen der Politikwissenschaft –, dass der Staat als Ultima Ratio „eine kasernierte Gewalt in Reserve hält" (Habermas 1992, 167). In der in normativer Absicht entworfenen, ‚idealistischen' Diskurstheorie bezeichnet dieses ultimative Zwangsmittel den logischen Pol der rechtsstaatlichen Ordnungsmacht, der gemeinsam mit dem logischen Pol der rechtsgemeinschaftlichen Legitimationsmacht das Spannungsfeld von (rechtlicher) Faktizität und Geltung erzeugt. Die soziale Geltung (und faktische Befolgung) von Rechtsnormen hängt also sowohl vom Legitimitätsglauben der Rechtsgenossen ab als auch von der Wirksamkeit der unterschiedlichen Sozialisations- und Sanktionsinstanzen (Habermas 1992, 48) – und zwar umgekehrt proportional: Je glaubhafter die politische Legitimation des Rechts ist, desto eher kann auf die Glaubhaftigkeit der staatlichen Gewaltandrohung verzichtet werden. Praktisch bestimmt sich die Rechtsbefolgung durch eine Mischung aus freier Einsicht (der Rechtsgenossen in ihrer Autorenrolle) und unfreiwilliger Anpassung (der Rechtsgenossen in ihrer Adressatenrolle). Die staatliche Exekutivgewalt lässt sich also nur im äußersten Falle auf das physische Gewaltmonopol des Staates reduzieren. Soweit die administrative Macht an die kommunikative Macht rückgekoppelt bleibt, transportiert sie auch als Sanktionsgewalt noch den Anspruch legitimer Geltung. Die Gewährleistung der Kontinuität von legitimer Rechtsetzung und Rechtsdurchsetzung gilt der Diskurstheorie wiederum als Kernidee des Rechtsstaats. Anders gewendet verbindet sich mit der Forderung nach einer rechtsstaatlichen Verwaltungspraxis „das Prinzip der Trennung von Staat und Gesellschaft, das verhindern soll, daß soziale Macht ungefiltert, also ohne durch die Schleusen der kommunikativen Machtbildung hindurchzugehen, in administrative Macht umgesetzt wird" (Habermas 1992, 209).

Mit der Ausgründung des Rechtsstaates formiert sich die Rechtsgemeinschaft zu einem räumlich und zeitlich abgrenzbaren Kollektiv, das imstande ist, „die Identität des rechtlich organisierten Zusammenlebens nach außen und nach innen aufrechtzuerhalten" (Habermas 1992, 167). Die Erlangung kollektiver Handlungsfähigkeit durch Selbstbegrenzung hängt wiederum mit der Einrichtung eines staatlichen Gewaltmonopols zusammen, dessen Reichweite notwendig begrenzt bleiben muss (Habermas 1992, 157 f.). Die staatliche Interventionskapazität erhöht sich noch durch die Ausdifferenzierung von Legislative und Exekutive; in diesem Sinne „trennt sich das beratende und beschlussfassende Kollektiv von jenen Teilen oder Instanzen, die für es handeln, d.h. beschlossene Programme anwenden und ausführen können" (Habermas 1992, 196). Die partikulare Bestimmtheit und kollektive Handlungsfähigkeit der (rechtsstaatlich instrumentierten) Rechtsgemeinschaft spiegelt sich in der Rechtsordnung in Form von normativen Selbstfestlegungen und Zielsetzungen wider, die nicht nur moralisch, sondern auch ethisch-politisch und pragmatisch begründet werden und dadurch die Rechtsgeltung relativieren: „Ein kollektives Selbstverständnis kann nur innerhalb des Horizonts einer vorgefundenen Lebensform authentisch sein; die Wahl von Strategien kann nur im Hinblick auf gesetzte Zwecke rational sein; ein Kompromiß kann nur mit Bezug auf gegebene Interessenlagen fair sein. Die entsprechenden Gründe gelten relativ auf die geschichtliche und kulturell ausgeprägte Identität der Rechtsgemeinschaft, relativ auf die Wertorientierungen, die Ziele und Interessenlagen ihrer Mitglieder." (Habermas 1992, 193). Durch eine ideologische und teleologische Ausgestaltung der Rechtsordnung gewinnt die Rechtsgemeinschaft gegenüber Nichtmitgliedern nicht nur in der Extension, sondern auch in der Intention einen *exklusiven* Charakter.

Aus der normativen Anlage der Diskurstheorie resultiert „die Forderung nach einer Gewichtsverschiebung im Verhältnis jener drei Ressourcen Geld, administrative Macht und Solidarität, aus denen moderne Gesellschaften ihren Integrations- und Steuerungsbedarf befriedigen" (Habermas 1992, 363), und zwar zugunsten einer in diskursiven Prozessen generierten gesellschaftlichen Solidarität (die nunmehr in der ‚Sprache des Rechts' ‚gesellschaftsweit zirkulieren' soll). Im Hinblick auf die Governance-Problematik lässt sich dieser theoretische (Lösungs-)Beitrag folgendermaßen einordnen: Während sich die ‚objektivistischen' Theorien der (funktional differenzierten) Gesellschaft hauptsächlich mit der Problemlösungsfähigkeit (oder Output-Seite) der Politik befassen, konzentriert sich die ‚normativistische' Diskurstheorie stärker auf ihre Legitimationsbasis (oder Input-Seite): „Hier unterliegt das politische System nicht den externen Beschränkungen einer sozialen Umwelt, es erfährt vielmehr seine Abhängigkeit von internen Ermöglichungsbedingungen." (Habermas 1992, 466.). Während es im ersten Fall also primär um die Effektivität der Politik geht (die durchaus im Modus systemischer Integration gefasst werden kann), wird im zweiten Fall vor allem nach ihrem kommunikativen Gehalt gefragt (der auf den Modus sozialer Integration festgelegt ist). In beiden Fällen, bei mangelnder Effektivität wie bei unzureichender Legitimität, lässt sich – normativ – von ‚politischem Versagen' sprechen (Habermas 1992, 466). Was die Fortentwicklung des Rechtsstaats betrifft, legen Systemtheorie und Diskurstheorie jedoch scheinbar unterschiedliche Schlüsse nahe: sei es eine stärkere Kooperation von Staat und Gesellschaft (jenseits des Rechts), sei es eine stärkere Trennung von Staat und Gesellschaft (vermittels des Rechts).

3.2.1.3 Rechtsgemeinschaft im deliberativen Supranationalismus

Der Governance-Begriff der Diskurstheorie erschöpft sich also nicht im ‚externen' Erfolg administrativer Macht, sondern bezieht als ‚interne' Erfolgsbedingungen deren Rückbindung an kommunikative Macht mit ein. Legitimität und Effektivität politischer Gestaltung stehen demnach in einem inhärenten Zusammenhang. Auch wenn das ‚Versagen der Politik' in Begriffen der *systemischen* Integration gefasst wird, wird die Ursache in Mängeln der *sozialen* Integration vermutet, wobei das Recht – als Mittler zwischen Lebenswelt und Systemen, kommunikativer und administrativer Macht – den analytischen und normativen Bezugspunkt bildet. Diese Interpretation lässt sich folgendermaßen spezifizieren:

> „In Abwesenheit der sozialintegrativen Funktion [des Rechts] treten vor allem zwei Steuerungs- und Problemlösungsdefizite auf: die Teilsysteme können sich verselbstständigen und ihre privilegierte Position im Sinne der Selbstbedienung ausnutzen[,] und die Koordination der Teilsysteme untereinander mißlingt." (Zürn/Wolf 2000, 128)

Die Referenzeinheit für den Zusammenhang von kommunikativer und administrativer Macht bildet in der Diskurstheorie ein sozialräumlich bestimmtes Kollektiv, das sich zur Rechtsgemeinschaft formiert, und mehr noch: einen Rechts*staat* ausgebildet hat. Insoweit scheinen Problembeschreibung wie Lösungsentwurf einer ‚Integration durch Recht' von einem ‚methodologischen Etatismus' (weniger jedoch von einem ‚methodologischen Nationalismus') geleitet zu sein. Als Kompensation für „die auf nationaler Ebene entstehenden Defizite an Steuerungsfähigkeit und Legitimation" (Habermas 1998, 124) geraten jedoch zunehmend grenzüberschreitende Rechtsordnungen in den Blick, zumal wenn sie ihrerseits rechtsstaatliche Züge annehmen. Daher wird in einem dritten Argumentationsschritt die Konstitution einer (supranationalen) Rechtsgemeinschaft jenseits des (nationalen) Rechtsstaats zu erörtern sein.

Die Diskurstheorie spezifiziert sich im Hinblick auf die „Herausforderungen der postnationalen Konstellation" (Habermas 1998, 96), vulgo: Globalisierung, zum *deliberativen Supranationalismus*. Dieser überträgt die These eines Zusammenhangs von legitimer Rechtsetzung und effektiver Problemlösung im nationalen Rechtsstaat auf das Regieren (‚governance') in der *europäischen Rechtsgemeinschaft*. Die ‚Integration durch Recht', die in der EG/EU und anderen supranationalen Rechtsordnungen (z. B. der Welthandelsorganisation) vollzogen wird – und die ‚Rechtsgenossen' verschiedener national bestimmter Rechtsgemeinschaften auf höherer Stufe vereint –, wird als „Überwindung der unter den Bedingungen von Entgrenzung offensichtlich werdenden Strukturdefizite des demokratischen Rechtsstaates im Rahmen einer Realisierung der Bedingungen legitimen supranationalen Rechts" (Neyer 1999, 26) gedeutet. Damit wird das ‚Versagen der Politik' als ‚Versagen des nationalen Rechtsstaats' qualifiziert (Joerges/Neyer 1998, 225; Joerges 2002b, 34; Joerges 2005b, 8). Wiederum wird die Ursache des Problems nicht in Defiziten der (abgeleiteten) systemischen Integration, sondern in Defiziten der (ursprünglichen) sozialen Integration ausgemacht: in einer unzureichenden Legitimation des nationalen Rechts. Insbesondere wird den Rechtsetzungsprozessen in nationalstaatlich organisierten Demokratien eine mangelnde *Inklusivität* angelastet: Demnach müsste eine Rechtsgemeinschaft alle von den Auswirkungen rechtlicher Regeln Betroffenen in die Autoren- und Adressatenrolle einbeziehen (Zangl/Zürn 2004, 23, Fn. 2) – auch diejenigen jenseits der eigenen Staatsgrenzen. Außernationale Interessen bleiben in der ‚nationalen Konstellation' jedoch klassischerweise unterrepräsentiert – was mit der Zunahme inter- und transnationaler *Interdependenzen* an Brisanz gewinnt. In diskurstheoretischer Sicht lassen sich supranationale Rechtsordnungen nun daran messen, inwieweit sie diesen (un)demokratischen ‚Konstruktionsfehler' nationaler Rechtsstaaten beheben:

> „Deliberative Supranationalism can hence be conceptualized as a supplement to the model of the constitutional nation-state. It respects the nation-state's constitutional legitimacy while simultaneously clarifying and sanctioning the commitments arising from its interdependence with equally democratically legitimate states, and with the supranational prerogatives that the institutionalization of this interdependence requires." (Joerges 2005b, 8)

Im deliberativen Supranationalismus bleibt die diskurstheoretische Lesart der ‚Integration durch Recht' erhalten; jenseits des nationalen Rechtsstaats konzentriert sich die Frage nach der normativen Qualität des Rechts allerdings auf

> „die Begründbarkeit der Geltungsansprüche eines Rechtssystems, das ohne die Zwangsmittel eines staatsgleichen Souveräns auskommen muß und sich auch nicht auf die Legitimationsmuster demokratisch organisierter Verfassungsstaaten stützen kann" (Joerges 1996, 75).

In dynamischer Betrachtung lässt sich die ‚Verrechtlichung' der Interdependenzbewältigung auf supranationaler Ebene von den ‚vier epochalen Verrechtlichungsschüben' absetzen, die den nationalen Rechtsstaat hervorgebracht und weiterentwickelt haben: Während im *ersten* Schub zunächst der bürgerliche Staat entsteht, in dem die Rechtsordnung Wirtschafts- und Verwaltungssystem erfasst, und im *zweiten* Schub dann der bürgerliche *Rechts*staat, in dem auch der Privatbereich Rechtsschutz erhält, führt erst der *dritte* Verrechtlichungsschub zur Herausbildung des demokratischen Rechtsstaats, in dem der Legitimationsprozess diskursiv organisiert und verrechtlicht wird. Im *vierten* Verrechtlichungsschub erhält der demokratische Rechtsstaat schließlich sozialstaatliche Züge. Insgesamt lässt sich die Entwicklung des modernen Rechtsstaats im Hinblick auf das Verhältnis von System und Lebenswelt als sukzessive Aufwertung und Rationalisierung der sozialintegrativen Funktion der Lebenswelt bewerten – freilich im Spannungsfeld von Freiheit und Gleichheit, Öffentlichkeit und Privatheit (Habermas 1982, 524 ff.). In sozialräumlicher Hinsicht hat sich der demokratische Rechts- und Sozialstaat auf Grundlage eines mit Souveränität (bzw. einem Gewaltmonopol) ausgestatteten Territorialstaats und schließlich politisch-kulturell (bzw. völkisch) definierten Nationalstaats entwickelt (Habermas 1998, 97 ff.). Der *fünfte* Verrechtlichungsschub vollzieht sich nun jenseits des Nationalstaats, gliedert ihn zunehmend in inter-, trans- und supranationale Rechtsordnungen ein, differenziert gewissermaßen die ‚Rechtsstaatlichkeit' über verschiedene sozialräumliche Ebenen aus. Schließlich zeichnet sich die „Entwicklung einer ‚Verfassung' für einen Zusammenschluß von Verfassungsstaaten" (Joerges 1994, 106, Fn. 44) ab. Da die übergeordnete Ebene dieses Zusammenschlusses aber selbst nicht staatlich verfasst ist, lässt sich das resultierende, rechtlich ausgestaltete Mehrebenensystem besser mit Governance-Begrifflichkeiten beschreiben als dem klassischen, staatszentrierten Vokabular.

In einer diskurstheoretisch anschlussfähigen (jedoch ihrerseits auf dem neoliberalen Institutionalismus aufbauenden) Fassung wird Governance als „die an sozialen Grundwerten orientierte Steuerung gesellschaftlicher Beziehungen mittels dauerhafter Regelungen" (Zangl/Zürn 2004, 14) definiert und das Regieren jenseits des Nationalstaates durch die Begriffe ‚governance with governments' für internationales Regieren, ‚governance without governments' für transnationales Regieren, ‚public-private partnerships' für transnationales Regieren unter (nicht-privilegierter) staatlicher Beteiligung sowie ‚global governance' für das entstehende Gesamtarrangement beschrieben (Zangl/Zürn 2004, 14 f.). Der Weg vom nationalstaatlichen, intergouvernementalen Regieren – ‚governance by governments' – zum idealen Endpunkt einer normativ gefassten ‚global governance', führt dieser Konzeption nach über Verrechtlichung, Vergesellschaftung und Konstitutionalisierung. Der Begriff der Verrechtlichung wird in Bezug auf Rechtsetzung, Rechtsprechung und Rechtsdurchsetzung als die ‚verfahrensmäßige Institutionalisierung sekundärer Rechte' definiert, was sich an Kriterien wie der Transparenz und Inklusivität der Regelsetzung; der Klageberechtigung, Gerichtsbarkeit und richterlichen Unabhängigkeit sowie der Autorisierung und Zentralisierung von Sanktionen bemisst (Zangl/Zürn 2004, 21 ff.). Der Begriff der Vergesellschaftung bezieht sich hier weniger auf die sozialintegrative Qualität des Rechts (die bereits in den Kriterien der Verrechtlichung enthalten ist, jedenfalls soweit die diskursive Struktur von Rechtsetzung und Rechtsprechung Berücksichtigung findet) als auf die Übergänge von staatlicher zu gesellschaftlicher Governance (Zangl/Zürn 2004, 16). Der Begriff der Konstitutionalisierung schließlich wird – in nicht ganz einsichtiger Weise – als Verknüpfung der Verrechtlichungs- und der Vergesellschaftsdimension eingeführt; soweit er auf das gemeinsame Wertefundament und die Konsistenz (mehrstufiger) supranationaler Rechtsordnungen abzielt, lässt er sich aber auch als konsequente Fortführung der Legitimationsarbeit in der Verrechtlichungsdimension darstellen (Zangl/Zürn 2004, 17 f. u. 35 ff.).

Diese zweidimensionale Konzeption ist hilfreich, um die ‚Verrechtlichung jenseits des Nationalstaats' in eine vertikale, rechts*staatliche* Dimension und eine horizontale, rechts*gemeinschaftliche* Dimension zu differenzieren. Diese Unterscheidung erscheint grundsätzlich für alle Governance-Arrangements möglich, ob ‚by', ‚with' oder ‚without governments'; ob intergouvernemental, supranational, in öffentlich-privater Partnerschaft oder transnational. Bei der diskurstheoretischen Ausdeutung dieser beiden Dimensionen ist zu beachten, dass sich die *vertikale* Dimension auf die administrative (Ordnungs-)Macht bezieht und die *horizontale* Dimension auf die kommunikative (Legitimations-)Macht. Das bedeutet für die horizontale Dimension, dass am ‚Prinzip der Trennung von Staat und Gesellschaft' (Habermas 1992, 215 ff.) festgehalten wird, welches einen Kurzschluss der administrativen Macht mit der (illegitimen) sozialen Macht unterbinden soll. Eine ‚Vergesellschaftung' der Rechts(aus)gestaltung – im Sinne einer verstärkten Einbindung sozialer Interessengruppen – stärkt die Legitimität einer Rechtsordnung somit nur dann, wenn die Funktionsbedingungen diskursiver Verfahren eingehalten (also beispielsweise schwach organisierte Interessen nicht unterprivilegiert) werden. Folglich sind gesellschaftszentrierte Governance-Formen den staatszentrierten Governance-Formen in puncto normativer (Rechts-)Qualität nicht automatisch als überlegen (aber eben auch nicht als unterlegen) anzusehen. Im Folgenden steht mit Blick auf die EG/EU die Konstruktion einer supranationalen Rechtsordnung (in ihrer horizontalen und vertikalen Dimension) und die Beurteilung ihrer normativen Qualität im Vordergrund.

In der ‚historischen Konstellation' von Staatsgebiet, Nation und Volkswirtschaft konnten sich demokratische Gemeinwesen entwickeln, deren Rahmen sich mit den territorial, kulturell und ökonomisch gesetzten Grenzen deckt. Mit der (technologisch und politisch bedingten) ‚Globalisierung' der Ökonomie und der Herausbildung einer (kommunikativ und kulturell vernetzten) ‚Weltgesellschaft' sehen sich die rechtsstaatlichen Demokratien jedoch mit internationalen Interdependenzen konfrontiert, die eine nationale Selbstbestimmung erschweren. Zwar ermöglichen zwischenstaatliche, ‚übernationale' Zusammenschlüsse ihren Mitgliedern einen Rückgewinn an Handlungsfähigkeit; jedoch scheint die demokratische Legitimation des umfassenden Gemeinwesens weder theoretisch noch praktisch eine Selbstverständlichkeit zu sein. Insofern besteht das besondere (Erkenntnis-)Interesse der Diskurstheorie (und des deliberativen Supranationalismus) darin, „in der postnationalen Konstellation neue Formen einer demokratischen Selbststeuerung der Gesellschaft zu entwickeln" (Habermas 1998, 134). Die Bewährungsbedingungen für das neuerliche Demokratieprojekt werden als ‚Interferenz von Netzwerken und Lebenswelten' gefasst, wobei der Begriff des Netzwerks mit dem Koordinationsmodus funktionaler Integration und der Begriff der Lebenswelt mit dem Koordinationsmodus sozialer Integration verbunden wird; dies entspricht – mit geringfügigen Anpassungen – der Terminologie von System und Lebenswelt. Der Übergang von der nationalen zur postnationalen Konstellation wird nun in den Kontext einer durch die Dialektik der ‚Öffnung' und ‚Schließung' sozial integrierter Lebenswelten gekennzeichneten Modernisierungsdynamik gestellt: Demnach gerät die von selbstinteressierten, erfolgsorientierten Akteuren forcierte internationale Vernetzung zur Herausforderung für die über Werte, Normen und Selbstverständnis geeinten, national begrenzten (Solidar-)Gemeinschaften (Habermas 1998, 125 f.). Die programmatische Neubegründung der Demokratie (in diskursiver Theorie und Praxis) empfiehlt sich vor diesem Hintergrund als Alternative zu „sich progressiv gebenden Projektionen der Öffnung" und „regressiven Utopien der Schließung" (Habermas 1998, 134). Als erste Kandidatin für eine ‚postnationale Demokratie' zieht die EU besondere Aufmerksamkeit auf sich.

Wählt man zum Maßstab für den (rechts-)gemeinschaftlichen Zusammenhalt die nationale Solidarität und zum Maßstab für das (rechts-)staatliche Durchsetzungsvermögen das physische Gewaltmonopol, so gelangt man zum Modell eines ‚postnationalen Bundesstaates', das die so genannten ‚Euroföderalisten' für die EU verwirklicht sehen möchten (Habermas 1998, 135 u. 163). Demnach soll – diskurstheoretisch betrachtet – die über den europäischen Binnenmarkt hergestellte Vernetzung (funktionale Integration) durch einen gleichfalls europaweit angelegten egalitären Universalismus kommunikativ unterfüttert werden (soziale Integration). Wie die staatsbürgerliche Solidarität auf der nationalen Ebene soll auch die unionsbürgerliche Solidarität auf der europäischen Ebene im Wesentlichen rechtsvermittelt sein. Als Voraussetzung für eine solch weitreichende ‚Integration durch Recht' gilt – neben einer Europäisierung der politischen Meinungs- und Willensbildung – die Entwicklung eines normativen Selbstverständnisses der Europäer als (einander verpflichteter) Unionsbürger (Habermas 2001): Denn während über allgemein-moralische und empirisch-pragmatische Fragen grundsätzlich auch in globalen Interaktionszusammenhängen Einigung erzielt werden kann (einerseits per Abstraktion, andererseits per Kompromiss), bedürfen politisch-ethische Fragen einer kollektiven Selbstverständigung, d. h. einer Rückbesinnung auf das Wertefundament einer *besonderen* Rechtsgemeinschaft. In diesem Punkte erscheint ein ‚Bundesstaat Europa' immerhin aussichtsreicher als ein prospektiver Weltstaat (Habermas 1992, 197 ff.; Habermas 1998, 163 f.). Als ähnlich wahrscheinlich oder unwahrscheinlich kann die Einrichtung eines rechtsstaatlich legitimierten physischen Gewalt*monopols* auf europäischer Ebene gelten.

Allerdings muss eine supranationale Rechtsordnung die idealen Pole der ‚Faktizität' und ‚Geltung' nicht gleichermaßen ausgestalten wie der – durch Gewaltmonopol und Solidargemeinschaft geprägte – nationale Rechtsstaat. Mit der europäischen Integration stellen sich vielmehr neue rechtstheoretische und rechtspraktische Probleme, die einer eigenen empirischen und normativen Konzeption bedürfen (Joerges 1994, 105 f., inkl. Fn. 44). Etwa lässt sich das Spezifikum supranationalen Rechts nicht nur teleologisch, für einen möglichen Endzustand bestimmen, sondern auch phänomenologisch, der aktuellen Erscheinung nach. Die Qualität des europäischen Rechts entspricht aber einstweilen nicht der eines Bundesstaats, sondern der eines Staatenverbunds bzw. einer Rechtsgemeinschaft (Joerges 1996, 91 f.). Was das bedeutet, erschließt sich über eine diskurstheoretische Rekonstruktion des Übergangs zwischen nationalem und internationalem Recht bzw. rechtsstaatlicher und völkerrechtlicher Governance. Dass dem europäischen Recht in dem angezeigten Spektrum eine mittlere Position zugeschrieben werden kann, harrt einer theoretischen Erklärung, die der deliberative Supranationalismus auf die diskursive Qualität rechtlicher Normen stützt: Demnach gewinnen Normen ihre *Rechts*qualität jenseits des Rechtsstaats in Abhängigkeit von ihrer Internalisierung durch die Rechtsgenossen einer überstaatlichen Rechtsgemeinschaft. In der Rezeption des Ansatzes stellt sich dies – in rechtlicher, politischer und gesellschaftlicher Hinsicht – folgendermaßen dar:

> „Rechtlich internalisiert heißt [...], daß Verhaltensnormen, die jenseits des Nationalstaates entwickelt worden sind, direkt auf die Regelungsadressaten durchgreifen; politisch internalisiert heißt, daß die Regelungsbetroffenen einklagbare Bürgerrechte und unmittelbare Partizipationsrechte besitzen; gesellschaftlich internalisiert heißt, daß eine politische Öffentlichkeit besteht, die sowohl die Regelsetzungs- als auch die Regelanwendungsprozesse begleitet."
> (Zürn/Wolf 2000, 124)

Gemessen an diesen Kriterien ist nun im Gemeinschaftsrecht (im Vergleich zum Völkerrecht) bereits eine hohe Rechtsqualität erreicht; Internalisierungsdefizite zeichnen sich (im Vergleich zum Rechtsstaat) vor allem noch für die europäische (Rechts-)Öffentlichkeit ab. Der Internalisierungsbegriff lässt sich spiegelbildlich zum Begriff der *Inklusivität* fassen: Die Unionsbürger sollen sich – im Sinne einer wechselseitigen Zuerkennung von Rechten – als unmittelbare Autoren und Adressaten des supranationalen Rechts begreifen können. Mit zunehmender Internalisierung bzw. Inklusivität wächst somit auch die Legitimität des Europarechts (Zürn/ Wolf 2000, 124 ff. u. 130 f.). Während in der Diskurstheorie der horizontal angelegten Rechtsetzung (Aspekt der Rechts*gemeinschaft*), welche dem Recht die Legitimität verleiht, gemeinhin eine vertikal angelegte Rechts*durch*setzung (Aspekt des Rechts*staats*) gegenübersteht, welche dem Recht die Effektivität verleiht, gelangt der deliberative Supranationalismus zu einem differenzierteren Urteil hinsichtlich der Bedeutung einer *zentralen* Sanktionsinstanz für die Rechtsdurchsetzung jenseits des Nationalstaates: Zum einen könnten Zwangsmechanismen durch eine bessere Gestaltung des Rechts substituiert werden, insoweit die soziale Geltung des Rechts *auch* auf dessen Legitimität und Einsichtigkeit zurückgeht; zum anderen könnte in miteinander funktional vernetzten, nationalstaatlich integrierten Gesellschaften auf der Basis wechselseitiger Sanktionspotenziale ein reziproker Zwang zur Rechtsbefolgung entstehen. Zur Durchsetzung supranationalen Rechts bedarf es also nicht unbedingt der Einrichtung (und gegebenenfalls Ausübung) eines supranationalen Gewaltmonopols. Tatsächlich erscheint in der europäischen Rechtsgemeinschaft bereits in Ansätzen eine ‚Horizontalisierung der Rechtsdurchsetzung' jenseits des Nationalstaats verwirklicht:

> „Zumindest auf der europäischen Ebene existiert bereits eine – mitunter fragile, aber jedenfalls deutlich beobachtbare – Verbindung von Interessenkoordination, Reziprozität und transnationalem Diskurs, die auf der einen Seite die Regelungsbetroffenen – wenigstens partiell – in die Politikformulierung und -umsetzung miteinbezieht und auf der anderen Seite die Bindewirkung der entsprechend erzielten Entscheidungen auf ein dem Nationalstaat ähnlich hohes Niveau zu heben vermag." (Zürn/Wolf 2000, 132)

Dem deliberativen Supranationalismus zufolge besteht das *Besondere* der europäischen Rechtsgemeinschaft also gerade darin, dass sie sich weniger zu einem (föderalen) Rechtsstaat mit eigenständiger (zentraler) Sanktionsgewalt auszuformen als ihre Durchsetzungskraft ‚aus der Horizontalen', aus Vernetzung und Vergemeinschaftung, zu schöpfen scheint. Damit ist nicht gesagt, dass der vertikale Koordinationsmodus auch auf der Mitgliedstaatenebene entbehrlich wäre; vielmehr können die nationalen Verwaltungs- und Gerichtssysteme, die ihrerseits auf rechtsstaatlicher Sanktionsgewalt beruhen, bis auf Weiteres als unabdingbare Stützen der gemeinschaftlichen Rechtsordnung gelten. Jedoch hängt die Effektivität des europäischen Rechts offenbar nicht von einer Rechts*staats*werdung Europas ab, wie die (im internationalen Maßstab) relativ hohe Rechtsbefolgungsquote in der europäischen Rechtsgemeinschaft (samt mitgliedstaatlichem Unterbau) bezeugt. Die Horizontalität des rechtsgemeinschaftlichen Zwangs findet folgerichtig auch in einer Neufassung des Supranationalismus-Begriffs Niederschlag (den der deliberative Supranationalismus immerhin im Namen führt): Im Gegensatz zum „,vertical' (‚orthodox') supranationalism" (Joerges 2005b, 6; vgl. Joerges 2006, 20 ff.) herkömmlicher Lesart bestimmt sich der deliberative Supranationalismus nicht durch eine prinzipielle Vorrangstellung des europäischen Rechts gegenüber dem nationalen Recht, sondern durch die Einsichtigkeit (und Legitimität) einer Metanorm, die „auf die Kompatibilisierung verschiedener Rechte abzielt" (Joerges 2003, 208). Aufgabe des europäischen Rechts ist es demnach, die mitgliedstaatlichen Rechtsordnungen so zu koordinieren und zu integrieren, dass grundsätzlich alle Unionsbürger als ‚freie und gleiche Rechtsgenossen' einbezogen werden, was umgekehrt bedeutet, dass eine rechtliche Besserstellung der nationalen Staatsbürger jeweils begründungspflichtig ist. Auf diese Weise soll das ‚politische Versagen' des Nationalstaats überwunden, die Demokratie auf eine postnationale Grundlage gestellt werden (Joerges 2005b, 6 ff.; Joerges 2003, 206 ff.; Joerges 2002b, 34 f.; Joerges 2002a, 28; Joerges 2006, 17 f.). Indem der rechtspolitische Behelfsbegriff der ‚europäischen Rechtsgemeinschaft' solchermaßen eine diskurstheoretische und supranationalistische Neubewertung erfährt, lässt sich die These eines ‚Wandels der Rechtsstaatlichkeit' (in Form einer Internationalisierung, Denationalisierung und Entstaatlichung des Rechtsstaates) auf das Gewicht horizontaler Koordinationsmodi in der Begründung *und* Anwendung von Rechtsnormen auf europäischer Ebene beziehen.

3.2.2 Rechtsprechung im Wandel der Rechtsstaatlichkeit

Die Diskurstheorie des Rechts besteht im Kern in einer Theorie des demokratischen Rechtsstaates, dessen Konstruktionsprinzipien sowohl die Legitimität als auch die Effektivität politischer Steuerung bzw. gesellschaftlicher Selbststeuerung verbürgen sollen (Habermas 1992, 527 f.). In diesem Sinne handelt es sich nicht nur um eine (normative) Theorie der Rechtsordnung, sondern auch um eine (rechtliche) Theorie der Gesellschaftsordnung, und zwar sowohl der sozialen Ordnung des Rechtlichen als auch der rechtlichen Ordnung des Sozialen. In der Europaforschung hat zwar die Gestaltungsfunktion des Rechts (also die Wirkung des Rechts auf die Gesellschaft) unter dem Etikett der ‚Integration durch Recht' breite Aufmerksamkeit gefunden, doch ist die gesellschaftliche Bedingtheit des Rechts (also die Wirkung der Gesellschaft auf das Recht) demgegenüber ein Randthema geblieben, das durch Verweis auf die Eigenständigkeit der Rechtsform (aus idealistischer Sicht) oder durch Gleichsetzung von Macht und Recht (aus realistischer Sicht) meist schnell erledigt wird. Anders verfährt die Diskurstheorie: Indem sie zweierlei systematische Perspektiven in sich aufnimmt, idealtypisch die eines juristischen Teilnehmers und die eines soziologischen Beobachters, erschließen sich ihr sowohl die (normativen) Gründe als auch die (empirischen) Ursachen für die soziale Geltung einer Rechtsordnung. Die Verknüpfung beider Perspektiven erfolgt dabei zugunsten derjenigen eines Rechtsteilnehmers, der zugleich partikular bestimmt (d. h. mit gewissen Vorstellungen und Vorurteilen ausgestattet) und universal orientiert (d. h. zur kommunikativen Rationalisierung fähig) ist (Habermas 1992, 21, 94 u. 468). Nimmt man diese doppelte Rekonstruktion der Rechtsordnung aus dem Blickwinkel der *Gerichte* vor (die gleichermaßen rechtfertigen und Recht fertigen; vgl. Joerges 2003), ergibt sich ein diskurstheoretischer Begriff von ‚judicial governance'. Dieser wird im Folgenden in drei Schritten herausgearbeitet: Zum einen wird die Rolle der Gerichte (bzw. der juristischen Diskurse) im rechtsstaatlichen System der Gewaltenteilung betrachtet; zum anderen wird analysiert, wie sich diese Rolle im Wandel des Rechtsstaats verändert hat. Schließlich wird nach den Implikationen für die Rechtsprechung in der europäischen Rechtsgemeinschaft gefragt.

3.2.2.1 Diskursive Gewaltenteilung im klassischen Rechtsstaat

Die Diskurstheorie des Rechts befasst sich mit dem Recht des (demokratischen) Rechtsstaates, also dem positiven, staatlichen Recht, das zur politischen Steuerung (im Sinne einer mittelbaren gesellschaftlichen Selbststeuerung) eingesetzt wird. Das Recht konstituiert die formalen Systeme der Wirtschaft und der Verwaltung, überformt aber auch ursprünglich informell geregelte Handlungsbereiche. Sämtliche am Recht orientierten Kommunikationen ergeben das Rechtssystem i. w. S., das einerseits als Bestandteil der Lebenswelt gelten kann (weil es auf Verständigungsleistungen aufbaut und somit die soziale Integration fortsetzt), andererseits aber über diese hinausragt (insoweit es die Spezialkodes der Funktionssysteme begründet und dadurch systemische Integration ermöglicht) (Habermas 1992, 108 u. 240). Davon zu unterscheiden ist das Rechtssystem i. e. S., das die *reflexiv* am Recht orientierten Kommunikationen umfasst, also die fortlaufende Produktion und Reproduktion des Rechts:

> „Zur Institutionalisierung des Rechtssystems in diesem Sinne bedarf es der Selbstanwendung des Rechts in Gestalt sekundärer Regeln, die Kompetenzen der Setzung, Anwendung und Implementierung von Recht konstituieren und übertragen." (Habermas 1992, 239)

Im Rechtsstaat wird die Selbstanwendung des Rechts im Rahmen der Gewaltenteilung von Gesetzgebung, Justiz und Verwaltung wahrgenommen. Rechtstheoretisch kommt der Rechtsprechung dabei ein besonderer Stellenwert zu: „Weil alle Rechtskommunikationen auf einklagbare Ansprüche verweisen, bildet das Gerichtsverfahren den Fluchtpunkt für die Analyse des Rechtssystems." (Habermas 1992, 241). Im Innersten des Rechtssystems i. e. S. wird mit dem (auf Rechtsschutz spezialisierten) Gerichtssystem die Identität des Rechts *als solchem* gesichert. Obwohl das Recht insofern der (politischen) Macht bedarf, als es durch kommunikative Macht begründet und mittels administrativer Macht implementiert wird, steht es selbst jenseits der Politik. Eine Theorie des Rechts lässt sich daher im Kern als Theorie der Rechtsprechung, als Analyse des Rechts aus Sicht der Richter konzipieren (Habermas 1992, 241). Die rechtssystematische und rechtstheoretische Verortung der Rechtsprechung wird im ersten Argumentationsschritt näher ausgeführt.

Das rechtsstaatliche Prinzip der Gewaltenteilung wird in der Diskurstheorie nicht („konkretistisch") im Sinne einer organisationalen Trennung von Legislative, Judikative und Exekutive verstanden, sondern auf die unterschiedlichen Funktionen bezogen, die von den staatlichen Gewalten wahrzunehmen sind. Die landläufige Unterscheidung der ‚Institutionen' (bzw. Organisationen) der Gewaltenteilung stimmt also nicht notwendig mit ihren Funktionen (bzw. der Institutionalisierung dieser Funktionen) überein. Tatsächlich wird die *Gesetzgebungsfunktion* nicht nur von der gewählten Volksvertretung, die *Rechtsprechungsfunktion* nicht nur von den Gerichten und die *Vollzugsfunktion* nicht nur von Regierung und Verwaltung ausgeübt. Vielmehr wirken Gerichte (durch Rechtsfortbildung) und Verwaltungen (durch Selbstprogrammierung) auch an der Gesetzgebung mit sowie Verwaltungen (implizit) an der Anwendung und Gerichte (indirekt) am Vollzug des gesetzten Rechts. Zudem können staatliche (Rechts-)Funktionen zumindest teilweise an halböffentliche und private Organisationen delegiert werden (Habermas 1992, 239 f.). Die empirische Mehrdeutigkeit in der Organisation der Gewaltenteilung kann durch normative Eindeutigkeit in den wahrgenommenen Funktionen kompensiert werden; diskurstheoretisch lassen sich dazu die verschiedenen Funktionen der Gewaltenteilung mit bestimmten Diskurstypen in Verbindung bringen:

> „Argumentationslogisch betrachtet, ergibt sich die Kompetenztrennung zwischen gesetzgebenden, gesetzesanwendenden und gesetzesvollziehenden Instanzen aus der *Verteilung von Zugriffsmöglichkeiten auf verschiedene Sorten von Gründen* und aus der Zuordnung entsprechender Kommunikationsformen, die die Art des Umgangs mit diesen Gründen festlegen." (Habermas 1992, 235 f.; H. i. O.)

Die Gesetzgebung erfolgt demnach in Begründungsdiskursen, in die eine Vielfalt normativer und pragmatischer Gründe Eingang finden kann, die Rechtsprechung in Diskursen der Normanwendung, in denen die in die Gesetzesnormen eingegangenen Gründe rechtslogisch systematisiert werden, der Vollzug schließlich in pragmatischen Diskursen, in denen die normativen Gründe zu unverfügbaren Rechtsvorgaben geronnen sind (Habermas 1992, 236).

Die Staffelung der Diskurstypen nach der Verfügbarkeit von Gründen – von (normativ offenen) *Normenbegründungsdiskursen* über (einer immanenten Kritik zugängliche) *Normanwendungsdiskurse* zu (normativ geschlossenen) *Umsetzungsdiskursen* – suggeriert eine eindeutige Abfolge von Gesetzgebung, gegebenenfalls Rechtsprechung und Umsetzung im Durchlauf der organisationalen Zuständigkeiten. In ihrer diskurstheoretischen Ausdeutung verlangt die Logik der (funktionalen) Gewaltenteilung jedoch lediglich „die Institutionalisierung verschiedener Diskurse und entsprechender Kommunikationsformen, die – *gleichviel in welchem Kontext* – Zugriffsmöglichkeiten auf entsprechende Sorten von Gründen eröffnen" (Habermas

1992, 528 f.; H. i. O.). Wenn also beispielsweise im ‚Kontext' der Rechtsanwendung oder der Rechtsumsetzung Defizite in der Normenbegründung festgestellt werden, ist eine (Wieder-)Aufnahme entsprechender Diskurse angezeigt, sei es im ordentlichen Gesetzgebungsverfahren, sei es innerhalb des Gerichts- oder Verwaltungssystems selbst. Demnach sind in allen Phasen des politischen Prozesses diskursive Schleifen möglich, die einen Zugriff auf bisher unberücksichtigte Gründe (jeglichen Typs) erlauben, sofern sie in adäquater Form institutionalisiert werden. Solchermaßen lassen sich juristische Anwendungsdiskurse bei Bedarf um Elemente von Begründungsdiskursen und administrative Umsetzungsdiskurse um Elemente von Begründungs- und Anwendungsdiskursen ergänzen. Das Prinzip der Gewaltenteilung wird somit – über die organisationale Arbeitsteilung zwischen Legislative, Judikative und Exekutive hinaus – in eine funktionale Differenzierung und logische Ordnung von Begründungs-, Anwendungs-, und Umsetzungsdiskursen überführt, die die Rückbindung der rechtsstaatlichen Sanktionsgewalt an die rechtsgemeinschaftliche Legitimationsmacht gewährleisten kann (Habermas 1992, 231 ff. u. 528 ff.).

Die argumentationslogische Unterscheidung von Gesetzgebungs- und Rechtsprechungsfunktion rekurriert auf die ihnen zugrunde liegenden Diskurstypen. Während Normenbegründungsdiskurse den Grundcharakter der Rechtsgemeinschaft widerspiegeln, in der die Rechtsgenossen als ‚Freie' und ‚Gleiche' Gründe einbringen, Perspektiven austauschen und Einigung erzielen, sind Normanwendungsdiskurse (mindestens) nach den gegnerischen Streitparteien und der Richterschaft differenziert, also triadisch strukturiert. Der juristische Diskurs besteht in einer Vermittlung zwischen den unterschiedlichen Rechtsauffassungen der Streitparteien unter Einbeziehung der Perspektiven der unbeteiligten Rechtsgenossen, die durch den Richter – als Repräsentanten der *Rechtsgemeinschaft* – vertreten werden. Entsprechend richtet sich auch die Urteilsbegründung nicht nur an die Streitparteien, sondern an eine breitestmögliche Rechtsöffentlichkeit (Habermas 1992, 212 u. 280 f.). Die Rückbindung des Richters an die Rechtsgemeinschaft erfolgt über die in den Gesetzesnormen enthaltenen Gründe: Im Sinne einer Kontinuität zwischen Normenbegründung und Normanwendung

> „kann sich der juristische Diskurs nicht selbstgenügsam in einem hermetisch abgeschlossenen Universum des geltenden Rechts bewegen, sondern muß sich [...] gegenüber den im Gesetzgebungsprozeß zur Geltung gebrachten und im Legitimitätsanspruch von Rechtsnormen gebündelten pragmatischen, ethischen und moralischen Gründen offenhalten" (Habermas 1992, 282 f.).

Zwischen der Legitimität des Rechts und der Rationalität der Rechtsprechung besteht also ein sachlogischer Zusammenhang. Die Aporie von (argumentationslogischer) Differenzierung und (sachlogischer) Einheit von Gesetzgebung und Rechtsprechung zeigt sich am Beispiel der Verfassungsgerichte, für die die Funktionen der Normanwendung und der (negativen) Normenbegründung kaum mehr zu trennen sind (Habermas 1992, 292 ff.).

Im Verhältnis der Rechtsprechung zur Gesetzgebung geht es um den Erhalt der kommunikativen Qualität des Rechts, also die Legitimitätsdimension der Rechtsanwendung. Mit der rechtsstaatlichen Funktion der Rechtsprechung verbindet sich jedoch nicht nur das Kriterium der rationalen Akzeptabilität richterlicher Entscheidungen, sondern auch das Kriterium der *Rechtssicherheit*. Rechtssicherheit bezieht sich auf die Stabilisierung von Verhaltenserwartungen durch eine konsistente Entscheidungspraxis der Gerichte und – damit zusammenhängend – einen konsequenten Gesetzesvollzug. In dieser Dimension trägt die richterliche Gewalt zur Positivierung und faktischen Durchsetzung des Rechts bei – und partizipiert insoweit selbst an der administrativen Macht (Habermas 1992, 212 f. u. 241 ff.). Das Kriterium der Rechtssicherheit ist rückwärtsgerichtet auf den ‚Entstehungszusammenhang' des Rechts bezogen, d. h. die „institutionelle Geschichte des Rechts bildet den Hintergrund jeder gegenwärtigen Entscheidungspraxis" (Habermas 1992, 243). Gerichtsurteile sind in dieser Weise auf ‚interne Rechtfertigung' im gewachsenen Komplex von Gesetzesrecht, Richterrecht und Gewohnheitsrecht angelegt. Dagegen weist der *Legitimitätsanspruch* richterlicher Entscheidungen insofern über den rechtlichen Entstehungszusammenhang hinaus, als die Prämissen der Urteilsbegründung im Lichte einer (prospektiven) Rechtsöffentlichkeit einer ‚externen Rechtfertigung' unterzogen werden. Die vorgefundene Rechtsordnung wird durch die Entscheidungspraxis der Gerichte somit gleichermaßen reproduziert wie transzendiert.

„Das Rationalitätsproblem der Rechtsprechung besteht also darin, wie die Anwendung eines kontingent entstandenen Rechts intern konsistent vorgenommen und extern rational begründet werden kann, um gleichzeitig *Rechtssicherheit* und *Richtigkeit* zu garantieren." (Habermas 1992, 244; H. i. O.)

Ähnlich wie die Gesetzgebung ist auch die Rechtsprechung mit dem Problem konfrontiert, Diskurse zu institutionalisieren, d. h. „die idealen Anforderungen an das Argumentationsverfahren mit den durch den faktischen Regelungsbedarf auferlegten Restriktionen in Einklang [zu bringen]" (Habermas 1992, 288). Im Falle der Rechtsprechung bedeutet dies, die in sich unabgeschlossene juristische Auseinandersetzung auf eine Entscheidung zuzuführen, die rechtsstaatlich implementiert (oder einer Revision unterzogen) werden kann. Dies gelingt durch die „*Einbettung von Diskursen in Rechtsverfahren*" (Habermas 1992, 219; H. i. O.), d. h. durch eine (inhaltlich) offene Argumentation innerhalb eines (formal) geschlossenen Rechtsverfahrens, das selbst Gegenstand des Rechts ist:

„Das Verfahrensrecht regelt nicht die normativ-rechtliche Argumentation als solche, aber es sichert in zeitlicher, sozialer und sachlicher Hinsicht den institutionellen Rahmen für *freigesetzte* Kommunikationsabläufe, die der Logik von Anwendungsdiskursen gehorchen." (Habermas 1992, 288; H. i. O.)

Rechtsentscheidungen – die Ergebnisse juristischer Auseinandersetzungen – werden auf diese Weise rechtsstaatlich erwartbar und verfügbar. Unter Bedingung der Verfahrensgerechtigkeit genügen sie zugleich den Legitimätsansprüchen der Rechtsgemeinschaft. Insofern leisten die Recht(sprechung)sverfahren einen ebenso effektiven wie legitimen Beitrag zur ‚Integration durch Recht'. In der Rechtsprechung kehrt die Spannung zwischen Faktizität und Geltung somit *intern* einerseits (inhaltlich) im Verhältnis von Rechtssicherheit und Legitimität richterlicher Entscheidungen wieder, andererseits (pragmatisch) im Verhältnis von idealen Anforderungen und faktischen Beschränkungen juristischer Diskurse (Habermas 1992, 241 f. u. 287 f.). *Ex-*

tern besteht sie im Verhältnis der richterlichen Gewalt (bzw. des rechtlichen Anwendungsdiskurses) zur gesetzgebenden Gewalt (bzw. zum legitimierenden Begründungsdiskurs) auf der einen Seite und zur vollziehenden Gewalt (bzw. zum zweckbestimmten Durchführungsdiskurs) auf der anderen Seite.

3.2.2.2 Wandel der Paradigmen des Rechts und des Rechtsstaats

Methodisch hat sich die Diskurstheorie des Rechts auf die Teilnehmerperspektive eines Recht(sprechung)sexperten, im einfachsten Falle des Richters, festgelegt (Habermas 1992, 241). Als ‚rekonstruktiv ansetzende Gesellschaftstheorie' (Habermas 1992, 19) lässt sie jedoch auch den (soziologischen) Beobachterposten nicht unbesetzt. Durch Ineinanderblendung beider Perspektiven gelingt eine Verknüpfung des Beobachterwissens mit dem Teilnehmerwissen, in diesem Fall der gesellschaftlichen Bedingtheit des Rechts mit seiner juristischen Unbedingtheit. Im Folgenden steht der Begriff des Rechtsparadigmas für eine Rekonstruktion der gesellschaftlichen Bedingtheit des Rechts aus der Teilnehmerperspektive, unter Berücksichtigung der „für die Beteiligten selbst latent bleibenden Sinnzusammenhänge, die ein Rechtssystem mit seiner gesellschaftlichen Umgebung objektiv, aber auch subjektiv verknüpfen" (Habermas 1992, 468). Ein Rechtsparadigma gibt also das Gesellschaftsbild einer Rechtsgemeinschaft wieder – insbesondere wiederum jenes der Richterschaft: „Ein Rechtsparadigma wird in erster Linie an exemplarischen Entscheidungen der Justiz abgelesen und meistens mit dem impliziten Gesellschaftsbild von Richtern gleichgesetzt." (Habermas 1992, 472 f.). Es enthält sowohl deskriptive als auch normative Bestandteile, ist idealisierendes Abbild und Leitbild zugleich. *Einerseits* kommen in einem spezifischen Rechtsparadigma also die gesellschaftlichen Bedingungen (Ermöglichungen und Begrenzungen) zum Ausdruck, von denen das Recht auszugehen hat, die geschichtlichen Umstände, unter denen ‚eine Assoziation freier und gleicher Rechtsgenossen' zu realisieren ist. *Andererseits* wirkt es direkt handlungsleitend, fordert zur konkreten Umsetzung der Rechtsidee, zur Verwirklichung einer *bestimmten* Interpretation der Grundrechte und der rechtsstaatlichen Prinzipien heraus (Habermas 1992, 238 f., 468 ff. u. 527). Im zweiten Argumentationsschritt wird nun auf dieser begrifflichen Basis der (paradigmatische) Wandel des Rechtsstaats und – davon ausgehend – der Rechtsprechung dargestellt.

„Die beiden in der modernen Rechtsgeschichte folgenreichsten, auch heute noch miteinander konkurrierenden Rechtsparadigmen sind die des bürgerlichen Formalrechts und des sozialstaatlich materialisierten Rechts." (Habermas 1992, 238 f.). Dabei verbindet sich das Paradigma des bürgerlichen Formalrechts mit dem Modell des liberalen Rechtsstaats, in dem die liberalen Abwehrrechte eine Schlüsselrolle spielen, und das Paradigma des sozialstaatlich materialisierten Rechts mit dem Modell des Interventions- und Wohlfahrtsstaats, in dem die sozialen Teilhaberechte eine besondere Bedeutung erhalten. Diese beiden (paradigmatischen) Modelle des Rechtsstaats unterscheiden sich insbesondere in der Interpretation des Prinzips der Gewaltenteilung (Habermas 1992, 299 ff.). Im *liberalen Rechtsstaat* steht der Schutz des

Bürgers vor (einem Missbrauch) der Staatsgewalt im Vordergrund; entsprechend werden die politischen Gestaltungsbefugnisse beim Gesetzgeber – als durch Wahlen legitimierter Volksvertretung – konzentriert, während Justiz und Verwaltung einer strikten Gesetzesbindung unterliegen. Diese Gewichtung spiegelt sich in den unterschiedlichen Zeithorizonten der drei Gewalten wider:

> „Die richterliche Entscheidungspraxis wird als vergangenheitsorientiertes Handeln begriffen, das an die zum geltenden Recht geronnenen Entscheidungen des politischen Gesetzgebers fixiert ist, während der Gesetzgeber zukunftsorientierte Entscheidungen trifft, die künftiges Handeln binden, und die Verwaltung aktuelle, in der Gegenwart anstehende Probleme bewältigt." (Habermas 1992, 300)

Im *Interventions- und Wohlfahrtsstaat* wiederum gewinnt die Chancengleichheit der Bürger im Verhältnis zueinander an Gewicht; dabei wird der Staat – über alle Instanzen hinweg – positiv in die Pflicht genommen. Rechtlich schlägt sich dies in einer Umstellung von formalem auf materiales Recht, von Konditional- auf Zweckprogramme nieder und zieht insofern eine Politisierung der Rechtsprechung nach sich, als sich „in dem Maße, wie sich die juristische Argumentation gegenüber moralischen Grundsatz- und politischen Zielsetzungsargumenten öffnet, die lineare Bindung der Justiz an die Vorgaben des politischen Gesetzgebers *lockert*" (Habermas 1992, 301; H. i. O.). Damit erweitert sich der Zeithorizont der Rechtsanwendung, je nach Lage der zu bearbeitenden Konflikte, auf Gegenwart und Zukunft.

Als drittes lässt sich das Paradigma des reflexiven Rechts – in Verbindung mit dem Modell des (proaktiven) regulativen Staates – aufführen (Habermas 1992, 307 u. 494). Diskurstheoretisch treffender ist jedoch seine Zuspitzung zum ‚prozeduralistischen Rechtsparadigma', das „die ursprüngliche Idee der Selbstkonstituierung einer Gemeinschaft freier und gleicher Rechtsgenossen wieder sichtbar mach[t]" (Habermas 1992, 474), also die politischen Teilhaberechte aufwertet. Das *prozeduralistische Rechtsparadigma* wird als Synthese seiner Vorläufer, des liberalen (formalen) und des sozialstaatlichen (materialen) Rechtsparadigmas, auf einem höheren Reflexionsniveau konzipiert. Entsprechend lautet das normative Leitbild, einerseits das im liberalen Rechtsstaat freigesetzte Wirtschaftssystem in sozialer und ökologischer Hinsicht einzubetten, andererseits das im Sozialstaat ermächtigte Verwaltungssystem im Hinblick auf Effektivität und Legitimität zu kontrollieren. Während die ‚impliziten Gesellschaftsbilder' der vorgängigen Rechtsmodelle noch als unbegriffenes Orientierungswissen wirken konnten, wird das prozeduralistische Rechtsparadigma ausdrücklich einer ‚selbstkritischen Rechtfertigung' unterzogen (Habermas 1992, 474 u. 494). Empirisch reagiert das prozeduralistische Rechtsparadigma auf „Probleme einer nachlassenden Bindungswirkung des regulativen Rechts" (Habermas 1992, 526), die sich aus der Entwicklung des Rechtsstaats (mit dem Schwerpunkt ‚Rechtssicherheit') zum Sozialstaat (mit dem Schwerpunkt ‚soziale Wohlfahrt') und Sicherheitsstaat (mit dem Schwerpunkt ‚Prävention') ergeben. *Einerseits* wird das Recht mit dem (Mengen- und Komplexitäts-)Wachstum der Staatsaufgaben in seiner Bedeutung als Steuerungsmedium relativiert:

> „Nur die klassische Eingriffsverwaltung [des liberalen Rechtsstaats] kann ihre Aufgaben mit den normativen Mitteln des Rechts zureichend lösen; die Verwaltungen des Sozial- und des

Sicherheitsstaats stützen sich auf eine erweiterte Geldbasis und eine neue Wissensbasis – und müssen, indem sie sich auf einen kognitiven Handlungsmodus umstellen, von den normativen Mitteln des Rechts Abstand nehmen." (Habermas 1992, 525)

Andererseits wird es als Steuerungsmedium aber auch für andere Ziele als das der Rechtssicherheit vereinnahmt; es kommt somit zu einer „Instrumentalisierung des Rechts für Zwecke der politischen Steuerung, die die Struktur des Rechtsmediums überfordert und die Bindung der Politik an die Verwirklichung unverfügbaren Rechts auflöst" (Habermas 1992, 528). Dieser doppelte Bedeutungswandel des Rechts im Übergang vom liberalen Rechtsstaat zum regulativen Staat hat zur Konsequenz, dass die Effektivität der Staatstätigkeit – durch Kombination rechtlicher und nicht-rechtlicher Steuerungsmedien – zwar gesteigert werden mag, ihre Legitimität aber nicht mehr – zumindest nicht mehr in klassischer Weise, nämlich über das legitim gesetzte und strikt angewendete und ausgeführte Recht – gesichert ist (Habermas 1992, 517 f. u. 525 f.). Diskurstheoretisch gelangt man so zu dem Schluss, dass „eher die *unzureichende Institutionalisierung rechtsstaatlicher Prinzipien* als eine ausweglose Überforderung der komplexer gewordenen Staatstätigkeit durch diese Prinzipien" (Habermas 1992, 527; H. i. O.) für die ‚Krise des Rechtsstaats' verantwortlich zu machen ist.

Auch der Wandel des Rechtsstaats vollzieht sich somit in einem Spannungsfeld von Faktizität und Geltung (bzw. Effektivität und Legitimität): Empirisch gewinnt mit der Erweiterung des staatlichen Aufgabenkatalogs die politische Steuerung an Bedeutung (ob als direkte Steuerung im Interventions- und Wohlfahrtsstaat oder als indirekte Steuerung im Sicherheitsstaat; vgl. Habermas 1992, 525); das zu Steuerungszwecken eingesetzte, regulative Recht zeichnet sich jedoch durch eine relative ‚Bindungsschwäche' aus. Normativ resultiert daraus die Forderung, die rechtsstaatlichen Institutionen (zur Gewährleistung einer funktionalen Gewaltenteilung) auf die veränderten Handlungsspielräume von Gesetzgeber, Justiz und Verwaltung einzustellen. Insbesondere geht es darum, die Bindung an die kommunikative Macht überall dort zu gewährleisten, wo (auch außerhalb des Parlaments) politische Entscheidungen fallen. Im Einzelnen bedeutet dies zunächst, dass der Gesetzgeber selbst die (rechtlichen) Voraussetzungen dafür zu schaffen hat, dass die Legitimationskette auch dann nicht reißt, wenn er regulatives Recht (ein)setzt und einen Teil der Entscheidungen Dritten – Justiz- und Verwaltungsorganen, gegebenenfalls auch gesonderten Regulierungsgremien – überlässt. Die kommunikative Rückbindung der administrativen Macht kann in diesem Fall verfahrensrechtlich, durch Einbau legitimitätsstiftender Diskurselemente in Verwaltungsverfahren, gewährleistet werden (Habermas 1992, 529 ff.). Auch in Gerichtsverfahren bedarf es im Falle weitreichender Rechtsentscheidungen einer Erneuerung der Legitimation; d. h. die bereits vorausgesetzten (und verfahrensrechtlich abgesicherten) juristischen Diskurse sind zu ergänzen durch ‚quasi-gesetzgeberische' (Rechtsschöpfungs-)Diskurse:

> „Soweit Gesetzesprogramme auf eine rechtsfortbildende Konkretisierung in dem Maße angewiesen sind, daß der Justiz trotz aller Kautelen Entscheidungen in der Grauzone zwischen Gesetzgebung und Rechtsanwendung zufallen, müssen die juristischen Anwendungsdiskurse auf

eine erkennbare Weise um Elemente von Begründungsdiskursen ergänzt werden." (Habermas 1992, 530)

Mit der (empirischen) Anerkennung einer gesetzgeberischen Funktion *auch* der Gerichte verbindet sich also die (normative) Forderung nach einer Erweiterung – und rechtsstaatlichen Absicherung – der argumentationslogischen Legitimationsbasis einer ‚regulativen' Rechtsprechung. Aus dieser Verknüpfung ergibt sich ein diskurstheoretischer Begriff von ‚judicial governance'.

Das in der Diskurstheorie ausgearbeitete prozeduralistische Rechtsparadigma leitet sich von der Schlüsselfunktion des prozeduralen Rechts ab, die Ausübung der politischen Teilnahmerechte auch und gerade im gewandelten Rechtsstaat zu gewährleisten, oder andersherum, die veränderte rechtsstaatliche Konstitution durch Übereinkunft der ‚freien und gleichen Rechtsgenossen' von Grund auf zu legitimieren (Habermas 1992, 493). Aus dem prozeduralistischen Rechtsverständnis resultiert letztlich ein prozeduralistisches Verfassungsverständnis: Die *Verfassung* wird grundsätzlich als ‚ein unabgeschlossenes Projekt' betrachtet – und zwar in sachlicher, zeitlicher und sozialer Hinsicht. In der *sachlichen* Dimension manifestiert sich die Offenheit der Verfassung in der Modulation vom liberalen über den sozialen zum regulativen (Rechts-)Staat; in der *zeitlichen* Dimension tritt sie jeder neuen Generation als ‚[Zukunfts-]Projekt einer gerechten Gesellschaft' entgegen (Habermas 1992, 464 f.). In der *sozialen* Dimension schließlich lenkt das prozeduralistische Verfassungsverständnis den Blick von der Autorität des (Verfassungs-)Richters auf die Authentizität des (verfassungsrechtlichen) Diskurses; die Offenheit – und Rationalität – der Verfassung liegt also in entscheidendem Maße in einer institutionellen Verstetigung des ‚pouvoir constituant' begründet. Die methodische Privilegierung der Perspektive des Richters wird mithin dadurch relativiert, dass dieser selbst nur als Exponent eines offenen und öffentlichen Diskurses über die Verfassung (und das Verfassungsrecht) gilt: Die Gemeinschaft der Rechtsgenossen ist insoweit auch eine ‚Gemeinschaft der Verfassungsinterpreten' (Habermas 1992, 277, 340 u. 477). Für Verfassungsgerichte, deren Übergriffe in die Politik ebenso notorisch wie funktional notwendig sind, gilt es mehr noch als für einfache Gerichte ohne explizite Legislativfunktion, sich vor einer institutionalisierten, (im staatsbürgerlichen Sinne) politisierten Rechtsöffentlichkeit zu legitimieren. Schließlich ergibt sich aus dieser Konzeption auch ein Maßstab für ‚richterlichen Aktivismus' und ‚richterliche Selbstbescheidung': Denn einerseits ist „eine offensive Verfassungsrechtsprechung in Fällen, wo es um die Durchsetzung des demokratischen Verfahrens und der deliberativen Form politischer Meinungs- und Willensbildung geht, [...] normativ gefordert" (Habermas 1992, 340); andererseits wird den Verfassungsgerichten durch das prozeduralistische Rechtsverständnis bei funktionierender Rechtsöffentlichkeit eine eher zurückhaltende Rolle, ‚die Rolle eines Tutors', auferlegt. (Habermas 1992, 340 u. 529 f.).

3.2.2.3 Rechtsprechung in der europäischen Rechtsgemeinschaft

Der prozeduralistische Verfassungsbegriff, den das prozeduralistische Rechtsparadigma impliziert, bezieht sich auf die konstitutionelle ‚Praxis der Selbstgesetzgebung' einer Assoziation von Rechtsgenossen. Die sich (in Prozessen der Selbstverständigung und Selbstbestimmung) selbst verfassende Rechtsgemeinschaft trägt – im Rahmen des räumlich und zeitlich (überhaupt) Möglichen – notwendigerweise partikulare Züge. Gleichwohl ist sie nicht auf eine (vorpolitisch integrierte) nationale Schicksalsgemeinschaft festgelegt, sondern begründet eine (universalistisch angelegte) Staatsbürgernation, in der „die öffentliche, diskursiv strukturierte Meinungs- und Willensbildung eine vernünftige politische Verständigung unter Fremden möglich macht" (Habermas 1998, 113). Was die Rechtsgemeinschaft eint, ist demnach weniger die aus gemeinsamer Abstammung erwachsene Vaterlandsliebe als ein aus der Praxis der Selbstgesetzgebung entstehender ‚Verfassungspatriotismus'. Dieser bedarf einer Aufwertung der politischen Teilnahmerechte gegenüber den liberalen Abwehrrechten und den sozialen Teilhaberechten (die sich ansonsten verselbstständigen können) bzw. einer Stärkung der kommunikativen Macht gegenüber der administrativen Macht und der sozialen Macht (die sich ansonsten miteinander kurzschließen können). Seinen inklusiven Sinn kann der Verfassungspatriotismus aber auch *jenseits* nationalstaatlicher Grenzen entfalten, etwa auf *europäischer* Ebene (Habermas, 1998, 112 ff. u. 150 ff.; Habermas 2001). In diesem Sinne lässt sich die europäische ‚Integration durch Recht' mit dem Begriff der Konstitutionalisierung belegen, ohne dass damit eine Staatswerdung oder Nationenbildung projektiert wäre. Diskurstheoretisch steht der Prozess der Konstitutionalisierung der europäischen Rechtsgemeinschaft unter der Bedingung, das politische Versagen der Mitgliedstaaten, soweit es in einer mangelnden (transnationalen) Inklusivität begründet liegt, zu kompensieren. Entsprechend steht die Formel eines ‚Konstitutionalismus jenseits des (nationalen Verfassungs-)Staates' für das Anliegen,

> „ein neuartiges plurales, nicht-homogenes Gemeinwesen zu entwerfen, in dem die demokratische Legitimität der Mitgliedstaaten anerkannt wird, in dem aber gleichzeitig Verpflichtungen positiviert sind, die sich aus der Interdependenz dieser Staaten ergeben" (Joerges/Neyer 1998, 226; vgl. Joerges 2002a, 3; Maduro 1998, 175).

Im Folgenden wird in einem dritten Argumentationsschritt die Konstitutionalisierung der europäischen Rechtsgemeinschaft einer diskurstheoretischen Deutung unterzogen, und zwar wiederum gestützt auf den deliberativen Supranationalismus, der sich ausdrücklich auch mit Governance-Phänomenen befasst: „‚Deliberative Supranationalism' offers a viable alternative in the search for the Constitutionalisation of Europe because it can be understood as a response to the legitimacy problems of transnational governance in post-national constellations." (Joerges 2005b, 1). Auf dieser Grundlage lässt sich der rechtstheoretische Paradigmenwechsel mit der Governance-Wende in Verbindung bringen, „which both enabled and forced the legal system to content itself with proceduralized controls" (Joerges 2005b, 11). Über die Rolle der Rechtsprechung (speziell des EuGH) in diesem Zusammenhang gelangt man schließlich zu einem – dem deliberativen Supranationalismus gemäßen – Begriff von ‚judicial governance'.

Die Herausbildung einer europäischen ‚Rechtsgemeinschaft' (Hallstein) bzw. eines europäischen ‚Verfassungsverbunds' (Pernice) lässt sich nicht nur mit dem Begriff der ‚Integration durch Recht', sondern auch mit dem Begriff der ‚Konstitutionalisierung' beschreiben. ‚Konstitutionalisierung' bezeichnet im deliberativen Supranationalismus

> „die Idee einer rechtlichen Einbindung des Regierens, die darauf setzt, dass die Prozesse der politischen Meinungsbildung und Entscheidungsfindung mit Hilfe des Rechts ‚deliberativ' strukturiert werden können und daraus ihre Legitimität gewinnen" (Joerges 2002a, 28).

Zugleich schwingt in dem Begriff „die gesellschaftliche Einbindung (embeddedness) des Rechtsfindungsprozesses" (Joerges 2002a, 28) mit, genauer: die diskursive Konstitution der (rechtsbegründenden) Rechtsgemeinschaft. Im Begriff der ‚Konstitutionalisierung von unten' (oder des ‚horizontalen Konstitutionalismus') kommt darüber hinaus zum Ausdruck, wie sich die europäische Rechtsgemeinschaft in Auseinandersetzung mit der Praxis laufend selbst ‚verfasst', während sich der Gegenbegriff der ‚Konstitutionalisierung von oben' (oder des ‚vertikalen Konstitutionalismus') auf die offiziellen Konstitutionalisierungsmaßnahmen der ‚Herren der Verträge' bezieht. Bei undifferenziertem Gebrauch insinuiert der Begriff der Konstitutionalisierung eine Kontinuität der europäischen Entwicklung, die praktisch so nicht gegeben ist; vielmehr haben sich mit den Koordinaten des Integrations- und Konstitutionalisierungsprozesses im Zeitverlauf auch die Begriffsinhalte von ‚Recht' und ‚Verfassung' verschoben: „Das Recht ‚ist' nicht per se ‚die' Verfassung Europas; es macht Metamorphosen durch, wenn Europa sich umgestaltet, neu verfasst wird." (Joerges 2002a, 2 f.).

Diskurstheoretisch schließt sich an den (empirischen) Wandel von Recht und Verfassung die (normative) Frage nach ihrer Legitimität, d. h. ihrer Rückführbarkeit auf Verständigungsprozesse, an. Drei grobe Phasen der europäischen Rechtsentwicklung lassen sich dabei unterscheiden: eine (rechtsbetonte) Gründungsphase, eine (wirtschaftsbetonte) Erneuerungsphase und eine (politikbetonte) Stabilisierungsphase. In der *ersten* Phase wird – maßgeblich durch die Rechtsprechung des EuGH – die Suprematie des europäischen Rechts begründet. Dieser ‚vertikale Konstitutionalismus', dem die (eigentliche) Idee einer ‚europäischen Rechtsgemeinschaft' entstammt, findet eine strikt rechtsmethodische Erklärung, aber auch Deckung bei der ordoliberalen Theorie einer supranationalen Wirtschaftsverfassung. Damit konnte die Legitimationsfrage auf europäischer Ebene zunächst negativ beschieden werden – zumal die Gemeinschaftskompetenzen begrenzt blieben und die Mitgliedstaaten ihre individuellen Kontrollrechte behielten. In der *zweiten* Phase wird mit der Binnenmarktinitiative ein neuerlicher Verrechtlichungsschub eingeleitet, der jedoch unter dem Primat der Ökonomie – der Steigerung von Wirtschaftswachstum und Wettbewerbsfähigkeit – steht. Die Kompetenzen der Gemeinschaftsebene werden erweitert, die einzelstaatlichen Vetorechte beschnitten. Während von der wirtschaftlichen Steuerung auf europäischer Ebene (gerade unter Bedingungen der Globalisierung) gemeinhin Effektivitätsgewinne erwartet werden, bleibt die Differenzierung von supranationaler Output-Legitimation und nationaler Input-Legitimation – wie sie etwa im Modell des europäischen Regulierungs-‚Staats' vorgenommen wird – umstritten (Joerges 2002a, 4 ff., 9 ff. u. 21). Die an dieser Problematik anknüpfende *dritte* (noch unabgeschlossene) Phase schließlich wird durch die (Re-)Politisierung des Gemeinschaftsprojekts in den 1990er-Jahren eingeleitet und mit der Verfassungsdebatte zur Jahrtausendwende fortgesetzt; damit steht das Demokratie-Defizit der Gemeinschaft (im Sinne einer unzureichenden Input-Legitimation) auch offiziell auf der Agenda. In dieser dritten Phase wird der Unterschied zwischen einer auf höchster politischer Ebene vorangebrachten Konstitutionalisierung und einer inkrementellen Konstitutionalisierung ‚von unten', die sich aus den Lernprozessen einer mit konkreten Rechtsproblemen befassten Praxis ergibt, augenfällig. Letztere ist zwar für die gesamte europäische Rechtsentwicklung (in allen drei Phasen) von Bedeutung; jedoch gewinnt sie erst mit der politischen und rechtlichen Ausgestaltung des Binnenmarktprojekts in besonderen ‚Governance'-Strukturen eine größere Aufmerksamkeit (Joerges 2002a, 22 ff.). Als Exeget der Verträge hat der EuGH – gerade in der Gründungsphase – nachhaltig zur Effektivierung der ‚Konstitutionalisierung von oben' beigetragen (Joerges 2002a, 4 ff.); im Folgenden wird er jedoch im Zusammenhang mit dem prozeduralistischen Rechtsparadigma als Agent eines von der Vertragsschließungsebene gesonderten ‚horizontalen Konstitutionalismus' gewürdigt.

Die Grundidee der diskursiven Rechtstheorie, die politischen Teilnahmerechte der Staatsbürger zu stärken, um eine legitime Rechtsetzung zu ermöglichen, wird vom deliberativen Supranationalismus auf die Unionsbürger übertragen, die entsprechend nicht nur in den Genuss ökonomischer Freiheiten, sondern auch politischer Rechte gelangen sollen. Wiederum geht es darum, die normativen Diskurse nationaler Rechtsgemeinschaften für die Belange der (de facto) Rechtsbetroffenen anderer Nationalitäten zu öffnen, um das nationalstaatliche Versagen – im Hinblick auf die rechtliche Verarbeitung transnationaler Interdependenzen – zu kompensieren (Joerges 2005b, 9; Joerges 2002b, 34 f.; Joerges/Neyer 1998, 226; vgl. Maduro 1998, 166 ff.). Rudimentär impliziert dies auch die Anerkennung Nichtstaatsangehöriger als (de jure) Rechtsadressaten und Rechtsautoren innerhalb nationaler Rechtsordnungen. Jedoch steht weniger die substanzielle Annäherung von unionsbürgerlichem und staatsbürgerlichem Rechtsstatus zu Gebot als die deliberative Anerkennung unionsbürgerlicher Rechte innerhalb der nationalen Rechtsetzungs- und Rechtsanwendungsdiskurse – also ihre verfahrensrechtliche Ausgestaltung. Was die prozedurale Qualität europäischen Rechts betrifft, wird nun darauf verwiesen, „dass wichtige Regeln und Prinzipien des europäischen Rechts als Institutionalisierungen eines deliberativen Politikstils interpretiert werden können, dass es also in dem supranationalen Europarecht tatsächlich eine Rechts-Schicht gibt, die deliberative Problemlösungen begünstigt, weil sie Interaktionen an inhaltliche und erzwingbare Vorgaben bindet" (Joerges 2003, 208 f.). Unter dieser Voraussetzung kann der deliberative Supranationalismus ohne Weiteres als ‚justiziabel' betrachtet werden, genauer: er kann durch ein supranationales Gericht, dessen Autorität sich (allein) auf den Acquis communautaire stützt, forciert werden. Dem EuGH fällt somit die Aufgabe zu, durch die juridische Rahmung deliberativer Prozesse unionsweit auf die Einhaltung politischer Teilhaberechte und die Stärkung der Rechtsöffentlichkeit zu dringen (Joerges 2005b, 9; Joerges/Neyer 1998, 227; vgl. Maduro 1998, 173 f.; Micklitz 2005, 424 ff.).

Die supranationale Verrechtlichung von vertikalen Rechtskonflikten (zwischen europäischem und nationalem Recht) und horizontalen Rechtskonflikten (zwischen mitgliedstaatlichen Rechtsordnungen) erlaubt somit in vielen Fällen eine ebenso wirksame wie akzeptable Streitbeilegung durch Urteilsspruch des EuGH als Repräsentanten der europäischen Rechtsgemeinschaft. Insoweit wird noch einem vertikalen (bzw. orthodoxen) Supranationalismus mit einem hierarchischen Suprematiekonzept entsprochen. Wenn sich das europäische Recht auch quasi ‚horizontal' über (!) eine Mehrzahl nationaler Rechtsordnungen legt, wird es von jedem einzelnen Mitgliedstaat doch vornehmlich in seiner ‚vertikalen' Dimension erfahren (vgl. Micklitz 2005, 41). Die eigentümliche Perspektive des *horizontalen* (bzw. deliberativen) Supranationalismus erschließt sich daher erst in Streitfällen, in denen eine (letztinstanzliche) Entscheidung des EuGH, die sich auf den Vorrang des Gemeinschaftsrechts stützt, als unzureichend legitimiert empfunden würde (Joerges 2003, 205 ff.). In dieser Hinsicht bieten so genannte ‚diagonale' (Kompetenz-)Konflikte Aufschluss, die sich durch Interdependenzen und Abgrenzungsprobleme zwischen gemeinschaftlichem und mitgliedstaatlichem Recht auszeichnen. In solchen Fällen kann eine einseitige (auf das eine *oder* andere Recht gestützte) Lösung kaum allseitige Legitimität beanspruchen; aussichtsreicher erscheint demgegenüber die Wahl eines rechtlichen Mittelwegs, „that ensures compatibility with Community concerns while respecting the autonomy of democratically legitimated actors" (Joerges 2005b, 12; vgl. Joerges 2006, 35 ff.). Dazu bedarf es nach diskurstheoretischer Auffassung wiederum eines deliberativ strukturierten Vermittlungsprozesses, aus dem sich eine beidseitig konsentierte ‚supranationale' Metanorm entwickeln kann (Joerges 2003, 207 f.). Eine solche Rechtslösung wäre also durch das europäische Recht nicht eindeutig vorgegeben und nur insoweit vorstrukturiert, als der bereits anerkannte Rechtsbestand der Gemeinschaft berührt wird. Für den EuGH, der als europäische Zentralgewalt das Gemeinschaftsinteresse verkörpert, impliziert dies eine Zurückhaltung bei der praktischen Durchsetzung europäischer Kompetenzansprüche und erneut ein aktives Eintreten für prozedurale, deliberativ gestaltete Konfliktlösungen (Joerges 2002a, 25). Soweit es um die Lösung von – vertikalen, horizontalen oder diagonalen – Rechtskonflikten geht, steht die Befassung der Gerichte mit der Entwicklung eines übergreifenden ‚Kollisionsrechts' außer Frage, mithin die Eröffnung (und Beschließung) von Normanwendungsdiskursen innerhalb von Gerichtsverfahren. Je uneindeutiger die Entscheidungsvorgaben und je strittiger die Entscheidungskompetenzen sind, desto eher wird im Rahmen eines Verfahrens jedoch *auch* auf Normenbegründungsdiskurse zurückzugreifen sein: Um die allseitige Legitimität der Entscheidungen zu gewährleisten, bedarf die gerichtliche Entscheidungsfindung dann nicht nur der Normanwendung unter richterlichem Vorsitz, sondern zusätzlicher Begründungselemente, in denen auch die Richterperspektive noch pluralisiert,

d. h. auf die Vermittlung unterschiedlicher (prinzipiell gleichberechtigter) Rechtsordnungen eingestellt wird.

Die ‚Konstitutionalisierung von unten' – die inkrementelle Neuverfassung der Gemeinschaft – vollzieht sich allerdings nicht nur in Gerichtsverfahren bzw. im (kollisions-)rechtlichen Dialog zwischen EuGH und mitgliedstaatlichen Gerichten, sondern auch in umfassenderen, transnationalen ‚governance arrangements', die gouvernementale und nicht-gouvernementale, europäische und nationale Akteure zusammenbringen:

> „An der Streiterledigung in europäischen [Governance-]Konstellationen kann die öffentliche Gerichtsbarkeit nur einen sehr begrenzten Anteil haben. Dies alles ist mehr und anderes als Kollisions*recht*, weil in jenen transnationalen Foren nicht bloß Rechtsregeln, sondern auch Problemlösungen erarbeitet werden." (Joerges 2003, 211; H. i. O.)

Unter Einbeziehung der Governance-Wende – „the apparently irresistible transformation of institutionalised government into transnational governance arrangements" (Joerges 2005b, 11) – lässt sich der deliberative Supranationalismus somit nicht mehr auf die legitime Begründung eines Kollisionsrechts im Rahmen von Gerichtsverfahren reduzieren. Tatsächlich impliziert die Governance-Wende auch einen paradigmatischen Wandel des Rechts zu – verglichen mit den materialisierten Zweckprogrammen des Interventions- und Wohlfahrtsstaats – „more indirect and organisational forms of legal programming through which the law could avoid overburdening itself" (Joerges 2005b, 5). Ein solches auf Steigerung der Effektivität politischer Steuerung angelegtes ‚postinterventionistisches' Rechtskonzept stellt gewissermaßen das Pendant zur (postfordistischen) regulativen Politik dar. Mit der Aufwertung flexibler Rechtsformen und der Einbeziehung privater Akteure in ihre Ausgestaltung lockert sich allerdings der (rechtsstaatliche) Zusammenhang von Recht und kommunikativer Macht auf der einen Seite und von Recht und administrativer Macht auf der anderen Seite – mit dem Folgeproblem einer Angleichung von Recht und sozialer Macht. Letztlich bildet die ‚Steuerung durch Recht' daher ein widersprüchliches Konstrukt: „While governance arrangements seek the law's support, they also challenge the law's rule through a de-juridification of the polity." (Joerges 2004, 341). Die Spannung zwischen (gesteigerter) Effektivität und (verminderter) Legitimität des flexibilisierten Rechts lässt sich nun dadurch bewältigen, dass die Governance-Aktivitäten – gemäß dem prozeduralistischen Rechtsparadigma – verfahrensrechtlich strukturiert und *darüber* rechtsstaatlich eingebunden werden. Wiederum geht es um die Institutionalisierung normativer Diskurse, deren Legitimitätsbedingungen rechtsstaatlich kontrolliert werden können, jedoch dieses Mal außerhalb von Gerichtsverfahren (und auch außerhalb des förmlichen Gesetzgebungsverfahrens). Auch in diesem weiteren Zusammenhang lässt sich die Rolle des Rechts (und der Gerichte) kollisionsrechtlich bestimmen:

> „In terms of conflict resolution, [...] the law should encourage the concerned actors themselves to take up the search [for] problem-solving and interest-mediation. It should ensure that their activities respect principles of fairness, enhance their deliberative quality, and then eventually acknowledge such societal norm generation. It is this way that law can respond to collisions and contestations, and it can thus be characterized as conflicts law." (Joerges 2005b, 6)

Der Erfolg postinterventionistischen Rechts hängt nicht von einer rechtsstaatlichen Durchsetzungsmacht ab, auch wenn sein Wirkungsgrad durch den ‚Schatten' interventionistischen Rechts (als Rückfallposition) erheblich gesteigert zu werden vermag. Tatsächlich verleiht das ‚entstaatlichte' Recht auch Governance-Strukturen jenseits des Nationalstaats Effektivität. Diskurstheoretisch bedeutsamer ist jedoch, dass es sie auch mit einem Legitimitätsanspruch versieht, also ‚good governance' ermöglicht (Joerges 2002c, 22). Nun ist in diesem (Anwendungs-)Fall mit ‚transnationaler Governance' nicht das europäische Mehrebenensystem insgesamt bezeichnet, das neben einer transnationalen Dimension (im Sinne von ‚governance without governments') ja auch eine intergouvernementale Dimension (im Sinne von ‚governance with governments') besitzt (Zangl/Zürn 2004, 14 f.), sondern eine Strukturbesonderheit der gemeinschaftlichen Binnenmarktregulierung: das so genannte Ausschusswesen (Komitologie). Im weiteren Sinne werden auch Regulierungsagenturen und (nicht formalisierte) öffentlich-private Netzwerke einbezogen. Diese unterschiedlichen Spielarten einer ‚network governance', die öffentliche und private Akteure zusammenbringt, gelten als spontane Gebilde einer regulativen Politik, die – zwecks Steigerung des Steuerungserfolgs – auf dem Expertenwissen und den Managementkapazitäten privater Organisationen aufbaut (Joerges 2002b, 35 ff.; Joerges 2005b, 12 ff.; Joerges 2006, 45 ff.; Joerges/Neyer 1998). Die mit „der sachlichen, normativen und politischen Komplexität der ‚Durchführung' des Gemeinschaftsrechts" (Joerges 2002b, 38) betrauten Regulierungsnetzwerke entziehen sich jedoch sowohl der Unterscheidung von gesetzgebender, rechtsprechender und vollziehender Gewalt, insoweit ihre Funktionen über die einer klassischen Verwaltung hinausgehen, als auch der Unterscheidung von supranationalen und intergouvernementalen Institutionen, insoweit sie sich transnational bzw. ‚infranational' (Weiler), also jenseits bzw. unterhalb der nationalen Politikebene, formieren (Joerges 2002b, 35 u. 37 f.). Damit stehen sie nicht nur außerhalb der in den nationalen Rechtsstaaten etablierten, sondern auch der in den Gründungsverträgen der europäischen Rechtsgemeinschaft vorweggenommenen Legitimationsstrukturen. Gleichwohl ist die Entwicklung der europäischen Marktregulierung nicht per se als illegitim zu werten; vielmehr erkennt der deliberative Supranationalismus hierin einen praktischen Versuch, den Binnenmarkt gesellschaftlich einzubetten – in einer Weise, die den unterschiedlichen Belangen der Mitgliedstaaten gerecht wird:

> „Comitology responds to the non-unitary social embeddedness of the European ‚common' market. In the European constellation, market governance continues to require that the concerns of various jurisdictions be accommodated, and these responses can be neither produced nor attributed to some superior and unitary authority. They result, rather, from the search responses that the polities concerned can endorse." (Joerges 2005b, 13)

Dieser Prozess lässt sich nun insofern als Konstitutionalisierung ‚von unten' fassen, als die Governance-Netzwerke dem Binnenmarkt einen (postinterventionistischen) rechtlichen Rahmen setzen und dadurch Legitimität verleihen, also die wirtschaftliche Integration durch politische Integration, die systemische Integration durch soziale Integration unterfüttern („Integration durch Deliberation"; Joerges 2006, 45). Voraussetzung für diese diskurstheoretische Konstruktion ist, dass sich die Governance-Mechanismen selbst auf kommunikative Rationalität gründen. Das Erkenntnisinteresse, das der deliberative Supranationalismus an der europäischen Marktregulierung hegt, besteht folglich darin, die Legitimitätsbedingungen ‚transnationaler Governance' empirisch herauszuarbeiten und normativ fortzuentwickeln – „to bridge the schism between facticity and validity" (Joerges 2004, 344) und „to redefine the meaning of constitutionalism in a non-state context" (Joerges 2002c, 26). Damit lässt sich das Untersuchungsanliegen ohne Weiteres auch auf die ‚Außendimension' des Binnenmarktes übertragen, denn auch die Regulierung des Welthandels wird offenbar zunehmend in einem ‚nichtstaatlichen Zusammenhang' des Regierens in transnationalen Netzwerken geleistet (vgl. Joerges 2004, 2005a).

Die Rolle der Gerichte, speziell des EuGH, in solchen weniger mit der Erarbeitung von Rechtsregeln als der Entwicklung von Problemlösungen befassten Governance-Netzwerken bleibt notwendig begrenzt (Joerges 2003, 211). Gleichwohl operieren diese weder in einem politischen Vakuum (sondern unter mitgliedstaatlicher und gemeinschaftlicher Aufsicht), noch in einem ‚rechtsfreien Raum':

> „Die primärrechtlichen Regeln und Prinzipien, an die sich die Mitgliedstaaten beim Umgang mit Regelungsdifferenzen zu halten haben, bleiben wirksam, und die unmittelbar anwendbaren Freiheitsrechte entfalten eine horizontale Wirkung. Es gibt, wenn auch einstweilen allzu rudimentäre, Transparenz-Gewährleistungen, Partizipationsrechte, Rechtsschutzmöglichkeiten […]." (Joerges 2002b, 38)

Dieser (gemeinschafts-)rechtliche Rahmen bleibt weiterhin justiziabel, mit dem EuGH als oberster Instanz. Dagegen verschließen sich die in den Governance-Netzwerken entwickelten Problemlösungen grundsätzlich einer juristischen Kritik, und zwar weil den Gerichten genau das fehlt, was die öffentlich-privaten Kooperationsstrukturen auszeichnet: „the management capacities and epistemic resources needed to find out, what ‚good' transnational governance might require" (Joerges 2005b, 11). In den Anwendungsdiskursen (und gegebenenfalls ergänzenden Begründungsdiskursen) innerhalb von Gerichtsverfahren kann zwar die Perspektive privater Akteure einbezogen werden, nicht aber auf ihren pragmatischen (Verständigungs-)Leistungen aufgebaut werden. Es besteht theorieimmanent daher kein Grund anzunehmen, dass das gerichtliche Urteil dem praktischen Urteil überlegen und somit die ‚Güte' des Regierens justiziabel wäre. Zwischen dem rechtlichen Input und dem politischen Output von Governance-Prozessen – mit (eindeutig) positiven bzw. (eindeutig) negativen Implikationen für ein Tätigwerden der Gerichte – liegt schließlich die Ausgestaltung der Verfahrensbedingungen, unter denen mit den erarbeiteten politischen Problemlösungen *auch* neues ‚Recht' entsteht: Im „conflict-of-laws approach to transnational governance" (Joerges 2005b, 15), dem der deliberative Supranationalismus hier folgt, wird die Legitimität einer Rechtsentwicklung innerhalb von Governance-Regimen – und somit einer Konstitutionalisierung ‚von unten' – nicht ins Ermessen der einen oder anderen Seite gestellt (sei es der gemeinschaftlichen oder der mitgliedstaatlichen, sei es der öffentlichen oder der privaten), sondern von der allseitigen Konsentierung einer (kollisionsrechtlichen) *Metanorm* abhängig gemacht. Auf diese Weise kann aus der normativen Reflexion der faktischen Rechtfertigungspraxis ein prozedurales Recht der Rechtserzeugung, in einem

Wort: ein Rechtfertigungsrecht entstehen. Dieses wäre „ein Recht, das real existierende Rechtsproduktions- und *governance* Arrangements so verfasst, dass sie die Anerkennung, die sie beanspruchen, auch verdienen" (Joerges 2003, 211; vgl. ebd., 183 u. 205; Joerges 200a, 96; Joerges 2005b, 2). Ein solches Rechtfertigungsrecht entspricht dem prozeduralistischen Rechts- und Verfassungsparadigma und präzisiert dieses zugleich für die postnationale Konstellation. Die Gerichte können seine Entwicklung in zweierlei Weise forcieren: einerseits als Teilnehmer der europäischen Rechtsgemeinschaft bzw. Governance-Akteure, die über ein gewisses Argumentationspotenzial verfügen, andererseits als Delegierte der europäischen Rechtsgemeinschaft bzw. Governance-Akteure, die ein gewisses Sanktionspotenzial besitzen. Doch „wie immer besonnen Gerichte interagieren mögen, sie können die Rechtsentwicklung in Europa nicht beherrschen" (Joerges 2003, 211). Das gilt umso mehr für den EuGH, der zwar ein beträchtliches Argumentationspotenzial, jedoch nur geringes Sanktionspotenzial besitzt. Sein supranationalistischer Bias relativiert sich indes durch die aus Effektivitäts- und Legitimitätsgründen nötige Kooperation mit mitgliedstaatlichen Gerichten (vgl. Micklitz 2005), die dann auch den eigentlichen (Rechts-)Weg zu deliberativer Supranationalität weist und somit eine diskurstheoretische Deutung von ‚judicial governance' leiten müsste.

3.3 Rechtsgemeinschaft und Rechtsprechung im Strukturfunktionalismus

Die ‚klassische' steuerungstheoretische Debatte, die in den 1970er- und 1980er-Jahren in der deutschen Soziologie und Politikwissenschaft geführt wird, nimmt ihren Ausgang von einem angelsächsischen Konzept: So ersetzt der deutsche Begriff der ‚Steuerung' offenbar *sinngemäß* den englischen Begriff der ‚control', für den eine *wörtliche* Übersetzung – im Sinne von ‚Kontrolle' – zu eng erscheint (Mayntz 1993, 10): Sowohl im alltagssprachlichen als auch im sozialwissenschaftlichen Gebrauch steht ‚control' bzw. ‚Steuerung' nicht nur (attributiv) für die Überwachung und Prüfung, sondern (konstitutiv) für die Organisation und Regelung von Systemen und Prozessen. In der amerikanischen Soziologie hat die ‚kybernetische' Dimension des Steuerungsbegriffs (durch Parsons) eine besondere Ausarbeitung erfahren: In der auch in Europa einflussreichen Tradition des Strukturfunktionalismus steht ‚control' im Range eines Schlüsselbegriffs, der sich – anders als weite Teile der (bewusst oder unbewusst) auf ihn bezogenen älteren Steuerungs- und aktuellen Governance-Debatte – nicht auf das Phänomen bzw. Problem ‚politischer' Steuerung beschränkt, sondern allgemeiner auf die funktionalen Voraussetzungen ‚gesellschaftlicher' Integration und Ordnung, die *auch* der Politik zugrunde liegen, referiert (vgl. Lange/Schimank 2003, 3 ff.). Was im Kontext einer akteursbezogenen politikwissenschaftlichen Engführung der Debatte und Näherbestimmung des Governance-Begriffes eher als funktionalistischer Ballast erscheinen mag (der dann auch eine gewisse „conceptual haziness" bedingt; Mayntz 1993, 11), soll im Folgenden im Sinne des soziologischen Grundinteresses dieser Arbeit für eine ‚Makrokontextualisierung' (Lange/Schimank 2003, 17) der Frage nach (den Bedingungen der Möglichkeit) rechtlicher Integration und Steuerung jenseits des (National-)Staats fruchtbar gemacht werden, die sich in einem strukturfunktionalistischen Argumentationszusammenhang besonders prononciert als Frage nach der *normativen* Konstitution einer übernationalen (europäischen) Rechtsgemeinschaft stellt.

Die Perspektive des Strukturfunktionalismus wird im vorliegenden Kapitel über die Rezeption, ‚Radikalisierung' und ‚Reformulierung' des amerikanischen Originals – des „Parsonianischen Ansatzes der Handlungstheorie" (Münch 1992b, 317) – im Kontext einer (schwerpunktmäßig in Deutschland) geführten, durch die Theorien Webers, Luhmanns und Habermas' geprägten, gesellschafts- und modernisierungstheoretischen Debatte erschlossen (Münch 1992b, 309 ff.; vgl. Münch 1988, 17 ff.). Grundkonzepte, wie der theorieimmanente Integrations- und Steuerungsbegriff, werden also gleichermaßen übersetzt wie interpretiert – und unter dem Aspekt des globalisierungsbedingten Strukturwandels neu pointiert. Als Inbegriff der strukturfunktionalistischen Argumentation soll jedoch der Begriff der Interpenetration herausgestellt werden (vgl. Münch 1988, 109 ff.). Genauer geht es dabei (Weber folgend) um die „Interpenetration differenzierter Sphären des Handelns als diejenige zentrale Eigenart der modernen westlichen Kultur, die diese von den traditionalen Kulturen unterscheidet" (Münch 1992b, 309) – und die das Grundmuster einer ‚voluntaristischen' Gesellschaftsordnung bildet, welche sich auch jenseits nationalstaatlicher Grenzen denken lässt (Münch 1984, 26 f. u. 617 f.). Über das Konzept der Interpenetration – und die These einer maßgeblich durch Interpenetration gekennzeichneten modernen Gesellschaft – gewinnen die vorgenannten Begriffe der Integration und Steuerung einen nicht nur a priori *analytisch* (à la Luhmann) oder *normativ* (à la Habermas) begründeten, sondern wesentlich erst a posteriori zu konkretisierenden *empirischen* Gehalt, durch den die bisher aus (soziologischer) Sicht der Systemtheorie und Diskurstheorie erschlossene Governance-Problematik in einem neuen Licht erscheint (Münch 1992b, 309 ff.). Zunächst ist aber auf die analytischen und normativen Voraussetzungen einer solchen empirischen Wendung der Untersuchungsfrage – gesellschaftliche Integration als (faktische) Interpenetration differenzierter Handlungssphären – einzugehen.

Tatsächlich liegt (auch) dem ‚handlungstheoretischen' Untersuchungsansatz ein abstraktes (system-)theoretisches Analysemodell zugrunde, das eher durch eine deduktive als eine induktive Logik getragen scheint: Sein Grundgerüst besteht im (berühmt-berüchtigten) AGIL-Schema, das folgende vier Funktionen unterscheidet:

> „(A) *Adaptation*: Anpassung an die Umwelt durch Öffnung des Spielraums möglicher Ereignisse, d. h. Erhöhung ihrer Zahl; (G) *Goal attainment*: Zielsetzung und Zielverwirklichung durch Spezifikation des Spielraumes möglicher Ereignisse, d. h. Selektion eines Ereignisses unter einer Vielzahl möglicher Ereignisse; (I) *Integration*: Integration des Systems durch Schließung des Handlungsspielraumes, d. h. Einfügen der Ereignisse in eine Ordnung, die sie untereinander verbindet und so die Zahl ihrer Kombinationen begrenzt; (L) *Latent pattern maintenance*: Erhaltung latenter Strukturen durch Generalisierung des Handlungsspielraumes, d. h. Subsumtion der zugelassenen Ereignisse unter einen allgemeinen Bezugsrahmen."
> (Münch 1996, 19 f.; H. i. O.; vgl. Münch 1988, 81 ff.; Luhmann 1988b)

Das AGIL-Schema lässt sich auf allen denkbaren Systemebenen durchdeklinieren, angefangen beim allgemeinen *Handlungssystem* (neben physikalisch-chemischem

System, organischem System und telischem System) über das *Sozialsystem* (neben Verhaltenssystem, Persönlichkeitssystem und Kultursystem) zum *Gemeinschaftssystem* (neben Wirtschaftssystem, politischem System und sozial-kulturellem System), denen auf ihrer jeweiligen Bezugsebene die Integrationsfunktion zugeschrieben wird, und beliebig weiter (Münch 1984, 34 ff., Münch 1992b, 338 ff.; vgl. Parsons 1976a, 1976b). Analytisch sind diesem Prinzip der Rasterung von übergeordneten Funktionssystemen in (jeweils vier) funktionale Teilsysteme und deren weiterer Parzellierung keine Grenzen gesetzt; Interpenetration wird dabei als die wechselseitige Verschachtelung von Systemen darstellbar, die idealerweise zur Herausbildung von Vermittlungssystemen (auf unteren Systemebenen) führt. Die Systematisierung der ‚Fakten' erfolgt also auf Basis eines umfassenden theoretischen ‚Konstrukts':

> „Die konstruktivistische Methode erlaubt uns, eine analytische Ordnung in das Geflecht der Faktoren zu bringen, deren Einfluß die Herausbildung und Entwicklung der modernen Institutionen und das an ihnen orientierte konkrete Handeln unterliegen. Die empirische Anwendung dieses konstruktiven Modells ermöglicht es, die Art der Wirkung bestimmter Faktoren auf das Handeln und die institutionellen Ordnungen präziser zu formulieren." (Münch 1984, 24)

Dem ‚analytisch-empirisch' ausgerichteten Untersuchungsansatz korrespondiert ein ‚normativ-kritisches' Erkenntnisinteresse, das die funktionale Verflochtenheit der Moderne zum Ideal einer rational(isiert)en Ausgestaltung der sozialen Ordnung erhebt. So bildet die Interpenetration unterschiedlicher Funktionsprinzipien und darin verkörperter ‚Wertideen' den Kern einer ‚voluntaristischen' Ordnung, die gegenüber zufälliger Ordnung, Zwangsordnung, konformistischer Ordnung und idealer Ordnung ausgewogener und erstrebenswerter erscheint:

> „In diesem Kontext wird das Konzept der Interpenetration als normative Idee verstanden. [...] Die Subsysteme sind im Idealfall Träger der Interpenetration eines institutionell geordneten Systems nach außen und stehen intern im Verhältnis der Interpenetration zueinander, und zwar um so mehr, je mehr zwischen ihnen wiederum Subsysteme vermitteln." (Münch 1984, 25)

‚Interpenetration' bezeichnet also nicht nur ein theoretisches Konzept, sondern gewissermaßen auch ein praktisches ‚Rezept' der Modernisierung. Im Folgenden stehen jedoch eher die sach- als die wertbezogenen Deutungsmöglichkeiten des Strukturfunktionalismus im Vordergrund.

Eine terminologische Schwierigkeit besteht nun darin, den aus der funktionalen Differenzierung der Handlungssphären gewonnenen analytischen Integrationsbegriff zu unterscheiden von dem auf Basis der Interpenetration der verschiedenen Handlungssphären entwickelten empirischen Integrationsbegriff. ‚Integration', begriffen als bloße Funktion neben (und in Abgrenzung zu) Anpassungs-, Zielerreichungs- und Strukturerhaltungsfunktion, ist also nicht zu verwechseln mit ‚Integration', begriffen als *Verknüpfung* von Anpassungs-, Zielerreichungs-, Integrations- (!) und Strukturerhaltungsfunktion in der Praxis. Für die im vorliegenden Kontext interessierende ‚Integration durch Recht' sind aber paradoxerweise beide Begriffsbestimmungen von Belang: So repräsentiert das Recht – und mehr noch die Rechts*gemeinschaft* – geradezu mustergültig die *Integrationsfunktion* in der modernen Gesellschaft bzw. gesellschaftlichen Gemeinschaft, lässt sich aber gleichzeitig auch als

Interpenetrationsprodukt von wirtschaftlicher, politischer, gemeinschaftlicher und kultureller Handlungslogik fassen. Diese eigentümliche Ambivalenz des Integrationsbegriffs lässt sich freilich weniger auf mangelnde Genauigkeit bei der Definitionsarbeit zurückführen als auf das Beharren des strukturfunktionalistischen Ansatzes auf einem normativen (durch Institutionalisierung und Internalisierung von Werten und Normen geleisteten) Konzept sozialer Integration, an dessen Erklärungskraft auch und gerade unter Bedingungen der Globalisierung und Europäisierung festgehalten wird (vgl. Münch 1998 u. 2001). In Abgrenzung (oder Ergänzung) zu einem abstrakten oder ‚naturalistischen' Verständnis einer durch Leistungsaustausch funktional differenzierter (Teil-)Systeme vollzogenen *Systemintegration* wird auf die gewissermaßen uno actu, im konkreten Einzelhandeln zu bewerkstelligende *soziale Integration* abgehoben, die eine (mehr oder minder ausgeprägte) normative Durchdringung auch der primär nicht-gemeinschaftlichen bzw. nur sekundär vergemeinschafteten Handlungssphären impliziert. Dieses handlungstheoretische Verständnis einer Integration durch Interpenetration (auf der Basis von Integration durch ‚Schließung') bleibt zugleich unterschieden von einer – idealerweise – durch diskursive Aufklärung von Geltungsgründen unterlegten (‚generalisierungsfähigen') Sozialintegration (Münch 1992b, 312 ff.; Münch 1998, 47 ff.; Münch 1988, 107 f.). Den integrativen Kern einer solchermaßen konzipierten Sozialintegration, „die jenseits der funktionalen Differenzierung alle Teilsysteme durchdringt und zusammenhält" (Münch 1998, 51), bildet als ‚spezifische Funktionsleistung' des Gemeinschaftssystems die *solidarische Integration*. Diese prägt nicht nur die traditionale Gemeinschaft in einer ‚undifferenzierten' bzw. nur segmentär differenzierten Gesellschaft, sondern – in veränderter Form – auch die moderne gesellschaftliche Gemeinschaft:

> „Die moderne Gesellschaft ist nicht durch die vollständige Auflösung dieser gesellschaftlichen Gemeinschaft im Zuge der Ausdifferenzierung von Funktionssystemen gekennzeichnet, sondern durch die gleichzeitige Entwicklung einer freien Bürgergemeinschaft (*citizenship*) als solidarischen Kerns einer äußerst differenzierten und pluralistischen Gesellschaft." (Münch 1998, 60; H. i. O.)

Diese Bürgergemeinschaft (oder auch ‚Zivilgesellschaft') aber ist maßgeblich als Rechtsgemeinschaft ausgestaltet.

Bevor auf die strukturfunktionalistische Konzeption der Rechtsgemeinschaft weiter einzugehen ist, gilt es jedoch zunächst ein zweites terminologisches Problem zu lösen, das in einer weiteren Verwendungsmöglichkeit des Integrationsbegriffs aufscheint: So ist im Rahmen des Vier-Funktionen-Schemas (hier: auf Ebene des Sozialsystems) analog zu ‚solidarischer' Integration auch von ökonomischer, politischer und kultureller Integration die Rede (Münch 1998, 27 ff.). In Bezug auf die unterschiedlichen (system- bzw. funktionsspezifischen) Handlungslogiken erscheint jedoch für den vorliegenden Argumentationszusammenhang die Verwendung des Steuerungsbegriffs im obigen Sinne von ‚control' präziser bzw. weniger missverständlich zu sein, ohne dass die enge Sinnverwandtheit der beiden Konzepte ‚Integration' und ‚Steuerung' (von der eine soziologische Klärung des Governance-Begriffs ja gerade profitiert) damit in Abrede gestellt werden soll. Freilich geht die mit einer solchen ‚analytischen' Verwendung des Steuerungsbegriffs gewonnene begriffliche Klarheit wieder ein Stück weit verloren, wenn das ‚empirische' Ineinanderwirken der unterschiedlichen Handlungslogiken beschrieben werden soll, was sich am Beispiel der politischen Steuerung erläutern lässt: *Analytisch* betrachtet (bzw. in der Sichtweise der Theorie autopoietischer Systeme) sind in einer modernen, funktional differenzierten Gesellschaft unter ‚politischer Steuerung' die über Macht als dem (politikspezifischen) symbolisch generalisierten Kommunikationsmedium, auch: Steuerungsmedium, geleiteten Prozesse wechselseitiger Handlungskoordination zu verstehen. *Empirisch* betrachtet (bzw. in der Sichtweise des Strukturfunktionalismus) greifen politische, wirtschaftliche, kulturelle und solidarische Integration bzw. Steuerung jedoch ineinander. Da die tatsächliche, im wechselseitigen Austausch mit anderen Gesellschaftsbereichen erzielte Steuerungsleistung der Politik unter steuerungstheoretischen und -praktischen Aspekten nun häufig mehr interessiert als ihre reine Funktionslogik, lässt sich der Begriff politischer Steuerung schwerlich auf einen (artifiziellen) analytischen Gebrauch beschränken. Tatsächlich wird in der hier zugrunde gelegten Reformulierung des strukturfunktionalistischen Ansatzes dann auch „[e]in Verständnis der politischen Steuerung der Gesellschaft als ein Vorgang in der Interpenetrationszone von Politik, Wirtschaft, Kultur und Gemeinschaftsleben" (Münch 1996, 46) zugrunde gelegt, in dem politische und nicht-politische Bestimmungsgründe des Handelns ineinander wirken. Eine *politische* Steuerung der *Gesellschaft* erfolgt demnach nur insoweit, als die Politik die (Steuerungs-)Leistungen anderer gesellschaftlicher Teilsysteme im Sinne ihrer Zielerreichungsfunktion zu kollektiv bindenden Entscheidungen zu transformieren vermag (Münch 1996, 116).

Vor diesem Hintergrund wird unmittelbar einsichtig, dass der Steuerungsbegriff in einem strukturfunktionalistischem Argumentationszusammenhang ebenso wenig der Spezifizierungsfunktion des politischen Systems im Sozialsystem (bzw. analoger Subsysteme auf anderen Systemebenen) vorbehalten werden kann, wie der Integrationsbegriff für die Schließungsfunktion der gesellschaftlichen Gemeinschaft (bzw. analoger Subsysteme) reserviert bleibt. Zur Verdeutlichung ließe sich jedoch in beiden Fällen eine Unterscheidung von (gemeinschaftlicher) Integration und (politischer) Steuerung im engeren analytischen bzw. systembezogenen Sinne und (gesellschaftlicher) Integration und Steuerung im weiteren empirischen bzw. handlungsbezogenen Sinne treffen: Im letzteren Fall wird immer ein – nicht notwendig gleichwertiger – Leistungsaustausch der unterschiedlichen Teilsysteme zugrunde gelegt, der sich mit einer – nicht notwendig stabilen – Kombination von wirtschaftlicher Öffnung und politischer Spezifizierung, gemeinschaftlicher Schließung und kultureller Generalisierung verbindet. Auch die Theorie autopoietischer Systeme (nach Luhmann) beschränkt sich mit ihrem Steuerungskonzept, wie gesehen, natürlich nicht auf die ‚Politik der Gesellschaft', sondern findet kybernetische Zusammenhänge auf allen Systemebenen wieder. Gleichwohl lässt sich in diesem Falle eine Engführung des Steuerungskonzepts auf „die Spezifikation des Handelns durch Selektion einer Handlungsalternative angesichts einer Vielzahl von Alternativen" (Münch 1996, 27), also die Zielerreichungsfunktion beobachten, die das Moment der funktionalen Differenzierung von Systemen gegenüber dem Moment ihrer Integration bzw. Interpenetration (über-)betont. Demgegenüber wird das systemspezifische ‚Kontroll'-Problem (gegenüber den ‚Irritationen' einer Außenwelt) im strukturfunktionalistischen Ansatz (nach Parsons) geringer veranschlagt und der Steuerungsbegriff für die Verknüpfung unterschiedlicher Handlungsrationalitäten geöffnet. Im Sinne des hier entsprechend höher gewichteten Konzepts sozialer Integration, das unter Bedingung einer grenzüberschreitenden wirtschaftlichen, politischen und/oder kulturellen Dynamik auch die Herausbildung solidarischer Zusammenhänge „diesseits und jenseits des Nationalstaats" (Münch 2001) berücksichtigt, lässt sich dann von einer normativen ‚Steuerung' von Globalisierung und Europäisierung sprechen – als wie immer defizitär diese dann auch beurteilt werden mag. Damit ist letztlich die Frage angesprochen, wie sich eine gesellschaftliche Gemeinschaft unter Bedingung ‚offener Räume' (Münch 1998) noch zu ‚schließen', d. h. integrieren (i. e. S.) vermag. In aller Kürze lautet die Antwort: als Rechtsgemeinschaft.

3.3.1 Integration durch Recht in der gesellschaftlichen Gemeinschaft

Mit dieser (Kurz-)Antwort ist freilich wenig gewonnen, solange unklar ist, welcher Stellenwert dem – in der Soziologie oftmals ‚stiefmütterlich' behandelten (Parsons 1977; vgl. Parsons 1962) – Recht, genauer: der ‚Integration' bzw. der ‚Steuerung' durch Recht, in der strukturfunktionalistischen Theoriebildung zukommt (vgl. Gephart 1993, 242 ff.). Dieser lässt sich den vorangegangenen Ausführungen freilich nicht ohne Weiteres entnehmen: Folgt man der (anhand des AGIL-Schemas vorgenommenen) Differenzierung von Wirtschaftssystem, politischem System, Gemeinschaftssystem und sozial-kulturellem System erscheint das ‚Rechtssystem' (vgl. Parsons 1969d, 47 ff.) zunächst wie das fünfte Rad am Wagen – rangiert es doch anders als in der (zuvor behandelten) Theorie autopoietischer Systeme offenbar nicht als funktional verselbstständigtes Teilsystem der Gesellschaft *neben* gleichrangigen anderen (in diesem Fall den vier soeben benannten) Funktionssystemen. Allerdings greift der (Umkehr-)Schluss, dass sich das Recht im strukturfunktionalistischen Ansatz gar nicht als gesellschaftliches Funktionssystem beschreiben lässt, zu kurz. Tatsächlich wird das Recht auch hier analog zu Wirtschaft und Politik (und überdies Kultur und Gemeinschaft) als auf eine besondere Funktion spezifiziertes, analytisch abgrenzbares ‚System' entworfen, das nach einer eigenen ‚Logik' operiert (vgl. Münch 1996, 20). Als symbolisch generalisiertes Medium der Kommunikation oder kurz: Steuerungsmedium des Rechtssystems funktioniert das ‚Recht' demnach ebenso wie das ‚Geld' des Wirtschaftssystems und die ‚politische Macht' des politischen Systems: Es ermöglicht eine „Handlungskoordination unabhängig von Raum, Zeit und Personen" (Münch 1992b, 342), da es auf die Wirklichkeit, d. h. konkrete Handlungskontexte, nur verweist, und insofern auch über sie hinausweist (Münch 1984, 36 f.; Münch 1992b, 340 ff.; Münch 1996, 20 f. u. 75 ff.). Für das Wirtschaftssystem und das politische System stellt sich dies folgendermaßen dar:

„Geld regelt wirtschaftliche Transaktionen. Mit Geld kann ich jeden beliebigen anderen an jedem beliebigen Ort zu jeder beliebigen Zeit zum Eintreten in wirtschaftliche Transaktionen zum gegenseitigen Vorteil motivieren. Politische Macht gestaltet Herrschaftsakte. Mit politischer Macht kann ich jeden beliebigen anderen an jedem beliebigen Ort und zu jeder beliebigen Zeit zur Hinnahme bindender Entscheidungen auch gegen dessen Widerstand veranlassen." (Münch 1998, 146)

Wie der Gebrauch von Geld oder politischer Macht erlaubt auch der Gebrauch des Rechts – bzw. die Inanspruchnahme von Rechten – eine der rauen Wirklichkeit enthobene (kulturell sublimierte, normativ institutionalisierte) Handlungskoordination. Insbesondere schafft das Recht *Erwartungssicherheit*: Es bietet „die Sicherheit [...] im sozialen Verkehr mit beliebigen anderen in bestimmten Situationen bestimmtes Handeln und bestimmte Reaktionen auf eigenes Handeln erwarten zu können" (Münch 1984, 390). Wer im Recht ist, kann damit rechnen, dass die anderen sein Handeln dulden, mehr noch: dulden müssen – was nötigenfalls auf dem Rechtsweg sichergestellt werden kann:

„Das Tolerieren meiner Handlungen und das Handeln der anderen sind die wirklichen Dinge, die durch das entsprechende Recht als Kommunikationsmedium symbolisiert werden. Im Zweifelsfall werden Gerichtsurteile als Medium dazwischengeschaltet. Das Recht, das ich einsetze, symbolisiert dann die Vielzahl von Gerichtsurteilen, die ich mit diesem Recht erwirken kann. Diese verweisen wiederum auf die Handlungen, die mit ihrer Hilfe durchgesetzt werden können." (Münch 1995b, 190)

In dieser ‚Gerichtsbarkeit' bzw. ‚Gerichtsgewalt' des Rechts kommt zugleich der politische Gehalt, der ‚Machtaspekt' des Rechts zum Ausdruck. Das Recht lässt sich aber auch mit Bezug auf seine Legitimität, unter einem eher ‚gemeinschaftlichen' Gesichtspunkt, beschreiben:

„Die Art und Weise, in der ich durch den Gebrauch des Rechts andere zu bestimmtem Tun oder Unterlassen bewegen kann, unterscheidet sich von der Art und Weise, in der ich dies durch andere Medien der Kommunikation bewirken kann [...]: [...] Durch den Gebrauch des Rechts veranlasse ich andere zu einer Handlung, weil ich dafür die Unterstützung durch beliebige Dritte als Mitglieder der Rechtsgemeinschaft oder durch Rechtsinstanzen erhalte, welche die Rechtsgemeinschaft repräsentieren." (Münch 1995b, 190 f.)

Gemäß der in dieser Arbeit vorgenommenen Differenzierung zwischen ‚Rechtsstaat' und ‚Rechtsgemeinschaft' lässt sich der Begriff des Rechtsstaats also auch in diesem Falle eher in einen *politischen* Systemkontext (etwa der ‚Macht des Rechts' oder auch des ‚Rechts der Macht') stellen, während der Begriff der ‚Rechtsgemeinschaft' (in seinen unterschiedlichen innerhalb dieses Ansatzes gebräuchlichen Varianten) ausdrücklich auf den *gemeinschaftlichen* (solidarischen) Geltungsbedingungen des Rechts aufbaut.

3.3.1.1 Gesellschaftliche Gemeinschaft als Rechtsgemeinschaft

Auch im Strukturfunktionalismus wird somit von einem Prozess der funktionalen Differenzierung ausgegangen, in dem sich neben dem Wirtschaftssystem und dem politischen System auch ein Rechtssystem herausgebildet bzw. neben der wirtschaftlichen ‚Marktlogik' und der politischen ‚Machtlogik' auch eine eigenständige ‚Rechtslogik' etabliert hat (Münch 1998, 52 f.; Münch 2001, 217 ff.). Nur wird das Recht anders als im zuvor behandelten systemtheoretischen Ansatz hier nicht als autopoietisches Funktionssystem verstanden, das aus nichts als reinen (selbstbezüglichen) Rechtsoperationen bestünde – wie die soeben dargestellte einerseits ‚politische', andererseits ‚gemeinschaftliche' Nuancierung der Rechtsfunktion bereits vermuten ließ. Tatsächlich wird das Recht vor dem Hintergrund eines ‚handlungstheoretischen' Erklärungsanspruchs nicht *analytisch*, sondern *empirisch* definiert:

> „Während analytische Differenzierung [...] als selbstreferentiell begriffen werden kann, ist empirische Differenzierung nicht im Sinne von Autopoiesis zu verstehen, weil die Autonomie der gesellschaftlichen Subsysteme in der realen Welt permanent durch eine Vielfalt von Handlungselementen produziert und reproduziert wird, die sich zugleich innerhalb und außerhalb eines analytisch definierten Subsystems befinden." (Münch 1996, 34; vgl. Münch 1992, 1465 ff.)

Demnach lässt sich das Rechtssystem im Strukturfunktionalismus gerade *nicht* auf (s)eine besondere Funktionslogik reduzieren, die es dann buchstäblich ‚blind' für alles andere macht – ebenso wenig wie das Wirtschaftssystem oder das politische System durch (autopoietische) Selbststeuerung unter Ausschluss jeglicher (heteropoietischer) Fremdsteuerung charakterisiert werden kann. Mit anderen Worten: Was als Recht (oder Unrecht) gilt, hat z. B. auch mit politischer Durchsetzbarkeit und gemeinschaftlicher Unterstützung zu tun. Als empirisches, im konkreten Handeln realisiertes ‚System' ist das Rechtssystem von den analytischen, durch gedankliche Abstraktion gewonnenen Systemen der Wirtschaft und der Politik und auch der Gemeinschaft und der Kultur (als den entlang des AGIL-Schemas konzipierten Teilsystemen der Gesellschaft) durchdrungen: „Damit ist die Definition, was rechtlich richtig oder falsch ist, empirisch ein rechtlicher, kultureller, gemeinschaftlicher, ökonomischer und politischer Akt zugleich." (Münch 1996, 40). Ebenso wie sich politische Steuerung (oder ‚governance' i. e. S.) als ‚schöpferischer Prozess' der Verknüpfung von Machtlogik und Marktlogik, der zugleich gemeinschaftlich und sozial-kulturell eingebettet ist, als ‚Verflechtung von Politik und Nichtpolitik' begreifen und somit irgendwo *zwischen* Autopoiesis und Heteropoiesis verorten lässt (Münch 1996, 45, 73 ff. u. 116 f.), lässt sich somit auch die rechtliche Steuerung (oder ‚legal governance') als produktive Vermittlung zwischen Rechtslogik und Machtlogik *und* Marktlogik (im Kontext einer bestimmten Gemeinschaft und in einem bestimmten kulturellen Rahmen) konzipieren – und das Recht somit kurzerhand als *Interpenetrationsprodukt* begreifen. Im Sinne des empirischen bzw. handlungsbezogenen Steuerungsbegriffes sind politische und rechtliche wie auch wirtschaftliche (und gemeinschaftliche und sozial-kulturelle) Steuerung demnach miteinander verwoben. Legt man nun den Akzent auf die im Strukturfunktionalismus besonders gewürdigten (gesellschaftlichen) Systeme der Gemeinschaft und der Kultur, so lässt sich das Recht – über Geld und politische Macht hinaus – *einerseits* auch mit dem für die Integrationsfunktion spezifizierten Medium der (affektiven oder normativen) ‚Bindung' bzw. ‚Verpflichtung', das alternativ auch als Medium des ‚Einflusses' (Münch 1984, 1995b, 1996, 1998) bzw. der ‚Reputation' (Münch 1992b, 1998) bezeichnet wird, in Verbindung bringen; *andererseits* ist es auch an das für die Strukturerhaltungsfunktion spezifizierte Medium der ‚Sprache' (Münch 1984, 1992, 1995b), alternativ der ‚Wertbindung' bzw. der ‚Wahrheit' (Münch 1996, 1998) geknüpft. Beide Bezüge lassen sich wiederum sowohl *analytisch* differenzierend und vergleichend als auch *empirisch* synthetisierend und integrierend herstellen. Während sich die wirtschaftlichen, politischen und rechtlichen Steuerungsmedien mit ‚Geld', ‚Macht' und ‚Recht' dabei noch relativ leicht auf (je) einen Begriff bringen lassen, scheint für die gemeinschaftlichen und sozial-kulturellen Steuerungsmedien solch ein eindeutiger (und geläufiger) Begriff zu fehlen; in beiden Fällen wird daher anglisierend auch von ‚commitment' – gegenüber den Normen einer Gemeinschaft einerseits, gegenüber den Werten einer Kultur andererseits – gesprochen (Münch 1984; vgl. Parsons 1969a, 1969b).

Das sozial-kulturelle Steuerungsmedium, hier spezifiziert als ‚Wertbindungen', lässt sich nun folgendermaßen näher bestimmen:

> „Wertbindungen strukturieren Prozesse der gegenseitigen Verständigung. Mittels intersubjektiv geteilter Wertbindungen kann ich jeden beliebigen anderen an jedem beliebigem Ort zu jeder beliebigen Zeit dazu bewegen, seine subjektive Weltsicht zu überschreiten und zu einem gemeinsam getragenen Verständnis der Situation zu gelangen." (Münch 1998, 146)

In der Betonung des Aspekts der kulturellen Steuerung bzw. kommunikativen Rationalisierung für die Integration moderner Gesellschaften, steht der Strukturfunktionalismus der (habermas'schen) Diskurstheorie dabei näher als der (luhmannschen) Systemtheorie (Münch 1992b, 315 ff.). Auf die damit implizierte sozial-kulturelle Konditionierung *des Rechts* wird im Zusammenhang mit dem Begriff der ‚Gerechtigkeit' (und dessen unterschiedlichen Bedeutungen) noch näher einzugehen sein. Das Alleinstellungsmerkmal des Strukturfunktionalismus, der musterhaft das ‚normative Paradigma' in der Soziologie verkörpert, liegt in diesem Zusammenhang aber in seiner Konzeption der ‚sozialen Integration' als im Kern solidarischer Integration, und damit insbesondere im Entwurf der *gesellschaftlichen Gemeinschaft*. Das Gemeinschaftssystem stellt gewissermaßen den Dreh- und Angelpunkt der Theoriebildung in diesem Ansatz dar und erweist sich daher für die Entwicklung eines soziologischen Verständnisses der (europäischen) Rechtsgemeinschaft als besonders vielversprechend. Auch die systemspezifischen Steuerungsmedien haben ihre Basis in der (modernen) gesellschaftlichen Gemeinschaft:

> „Generalisierte Medien der Kommunikation sind [...] Träger spezifischer Produktionsleistungen in einem umfassenden gesellschaftlichen Produktionsprozeß, dessen Grundlage in der Kooperation solidarisch verbundener Bürger besteht und der als Prozeß intersubjektiven kreativen Handelns zu begreifen ist. In diesem Sinne ist die Medientheorie nicht Teil einer Systemtheorie, sondern Teil einer umfassend konzipierten Handlungstheorie." (Münch 1998, 146)

Die Steuerung über die Medien Geld, Macht, Recht, Reputation und Wahrheit beruht also selbst auf der ‚gegenseitigen Verbundenheit', die zwischen den Mitgliedern einer (wirtschaftlichen, politischen, rechtlichen, solidarischen, kulturellen) Gemeinschaft besteht, genauer: die „durch das Commitment zu einer Gemeinschaft und ihren Normen (Einfluß), geregelt in einer Gemeinschaftsordnung, gesteuert wird." (Münch 1984, 37; vgl. Münch 1992b, 341). Solchermaßen verankert in einer durch sozialen Konsens getragenen Gemeinschaftsordnung, sind auch die symbolisch generalisierten Kommunikationsmedien im Kern normativ bestimmt und insofern ‚integrativ' angelegt, auch wenn sie für *konkrete* (partikulare) Gemeinschaften im Sinne eines Strukturwandels der Solidarität durchaus ‚desintegrative' Konsequenzen haben mögen. In der ‚spezifischen normativen Ordnung' eines jeden Mediums, „nach der es erworben, gebraucht und veräußert werden kann" (Münch 1992b, 343), ist also immer auch ein Moment der ihm (normativ) zugrunde liegenden und sich (rational) mit ihm weiterentwickelnden gesellschaftlichen Gemeinschaft enthalten.

Umgekehrt lässt sich dies auch so darstellen, dass der modernen gesellschaftlichen Gemeinschaft – vermittelt über die symbolisch generalisierten Steuerungsmedien – eine Tendenz zur Universalisierung ihrer selbst bzw. zur Rationalisierung der normativen Ordnung innewohnt. In historischer Betrachtung kann die Herausbildung der modernen gesellschaftlichen Gemeinschaft entsprechend als Überwindung der traditionalen Gemeinschaftsgrenzen (in zeitlicher, räumlicher und sozialer Hinsicht) *durch* Versinnbildlichung und Verallgemeinerung von wirtschaftlichem Austausch, politischer Herrschaft, rechtlicher Ordnung, solidarischem Zusammenhalt und kultureller Identifikation beschrieben werden. Modernisierungstheoretisch lässt sich dieser Entwicklungsprozess als das Ineinandergreifen von ‚Differenzierung' und ‚Rationalisierung' beschreiben, wobei *Differenzierung* im strukturfunktionalistischen Ansatz einen Prozess bezeichnet, „in dem das Handeln zunehmend über die Grenzen der Regulierung innerhalb einer geschlossenen Gemeinschaft hinausschreitet" (Münch 1992b, 317). Diese ‚Öffnung' traditionaler Gemeinschaften erfolgt durch Verselbstständigung von und Interpenetration mit Sphären des wirtschaftlichen Austauschs, des politischen Machthandelns und des rationalen Diskurses, die sich – insbesondere – in der Interaktion mit Außenstehenden (als außerhalb der Gemeinschaftsordnung stehenden ‚Fremden') entwickelt haben. Eine normative Grundlage erhalten sie erst, wenn (und nur insoweit wie) ihnen die gesellschaftliche Gemeinschaft nachwächst, sich also um sie herum erneut zu ‚schließen' vermag. Unter Berücksichtigung der Rechtsetzungs- als Zielerreichungsfunktion (im Sinne der Ausübung politischer Macht) lässt sich dies auch folgendermaßen darstellen:

> „Die Herausbildung einer die Gesellschaft umfassenden Gemeinschaft stellt sich erstens als ein Problem der Öffnung und Pluralisierung im Zuge der Markterweiterung dar, zweitens als ein Problem der Überwindung des Partikularismus durch die Entfaltung eines gemeinschaftlichen Universalismus und drittens als ein Problem der rechtlichen Spezifikation durch die Entwicklung eines gemeinsamen Rechts." (Münch 1984, 261)

Unter *Rationalisierung* ist demgegenüber zunächst die sozial-kulturelle Dimension des Differenzierungsprozesses zu verstehen – „das Entstehen des rationalen Diskurses als eine Form der Interaktion, die sich von den gemeinschaftlichen Bindungen emanzipiert hat" (Münch 1992b, 318). Im Weiteren ist damit aber auch die „Durchdringung der differenzierten Sphären des Handelns durch die rationalisierte Kultur" (Münch 1992b, 335) gemeint, die bereits im Gebrauch symbolisch generalisierter Kommunikationsmedien angelegt ist. Im Kontext einer entlang des AGIL-Schemas entworfenen strukturfunktionalistischen Theorie sozialen Wandels vollzieht sich die

,Öffnung' einer Gesellschaft (im Sinne einer höheren Anpassungsfähigkeit) somit über die funktionale Differenzierung (im Sinne einer effektiveren Zielverwirklichung) einerseits und die Rationalisierung (im Sinne einer verallgemeinerten Werteordnung) andererseits – und gelangt idealerweise durch ‚Schließung' (im Sinne einer Steigerung des Inklusionsvermögens) auf einer breiteren und heterogeneren gemeinschaftlichen Basis zum Abschluss (vgl. Münch 1996, 20; Münch 2004, 153 ff.; vgl. Parsons 1972, 40 ff.; Parsons 1976a, 144 ff.).

Die moderne gesellschaftliche Gemeinschaft – verstanden als ‚Bürgergemeinschaft' (Münch 1996, 1998) bzw. ‚Zivilgesellschaft' (Münch 2001, 2004) – zeichnet sich also durch eine Form der sozialen (bzw. solidarischen) Integration aus, die ‚offene Grenzen' und ein hohes Maß an Differenzierung und Rationalisierung zulässt und sogar befördert. Die normative Vergemeinschaftung gestaltet sich unter diesen Umständen nicht als ‚Rückkehr zum (traditionalen) Gemeinschaftsleben', sondern als „Interpenetration der differenzierten Sphären, die eine differenzierte, aber dennoch integrierte, komplexe und kontingente Ordnung hervorbringt" (Münch 1992b, 329). Diese Ordnung ist zwar normativ (und faktisch) fundiert, beruht aber nicht allein auf Konformität und Zwang, sondern auch auf Kalkül und Einsicht und trägt insofern *voluntaristische* Züge (Münch 1992b, 333). Dabei zeichnet sich eine voluntaristische Ordnung definitionsgemäß durch ein ‚integriertes Gefüge von Regelebenen' aus, genauer: eine charakteristische Kombination von diskursiv verallgemeinerten Normen und Werten, gemeinschaftlich getragenen Verfahrensregeln, machtpolitisch spezifizierten Entscheidungsregeln und informations- und interessenoffenen Entscheidungsverfahren (wobei die Aufzählung in Umkehrung des AGIL-Schemas erfolgt; Münch 1984, 617 f.). Auf die Rolle der gesellschaftlichen Gemeinschaft in diesem modernen Ordnungsgefüge richtet sich der Fokus des Strukturfunktionalismus nun nicht zuletzt deswegen, weil „ihre Entwicklung die prekärste geblieben ist" (Münch 1984, 261): Die Selbstverständlichkeit einer normativen Grundordnung, das Selbstverständnis einer Solidargemeinschaft lässt sich allem Anschein nach nicht beliebig auf größere Maßstäbe übertragen; grenzüberschreitende Interaktionen, ob wirtschaftlich, politisch oder kulturell induziert, ob getragen durch Geld, Macht oder Sprache, bedürfen offenbar der gemeinschaftlichen Fundierung, wenn aus ‚Fremden' im Sinne einer sozial gehaltvollen (und erfolgreichen) Handlungskoordination letztlich ‚Partner' werden sollen. Mit anderen Worten: „Die Bindung an Normen ist mit der Entfaltung des sozialen Verkehrs in zunehmendem Maße auf die Existenz einer gesellschaftlichen Gemeinschaft angewiesen." (Münch 1984, 283). Die moderne gesellschaftliche Gemeinschaft selbst ist mit der Entfaltung und Steigerung des sozialen Verkehrs aber immer stärker auf die (wechselseitige) Bindung durch *Rechts*normen verwiesen, nimmt also zunehmend den Charakter einer Rechtsgemeinschaft an.

3.3.1.2 Recht als Interpenetrationsprodukt und Integrationsmedium

Der (modernisierungs-)theoretische Gehalt der ‚sozialen Integration durch Recht' lässt sich im Strukturfunktionalismus folgendermaßen in eine (konditional wie temporal gemeinte) Wenn-dann-Aussage fassen: ‚Wenn soziale Integration immer weniger durch den gewachsenen Konsens stabiler Lebenswelten gesichert wird, dann muss positiv gesatztes Recht als Ersatz für lebensweltlich verankerte Normen einspringen.' (vgl. Münch 1998, 129). Damit wird auf die Dynamik gesellschaftlicher Modernisierung (einschließlich ‚Differenzierung' und ‚Rationalisierung') abgestellt, die zur ‚Auflösung gewachsener Lebenswelten' führt. Die These von einer (zunehmenden) ‚Verrechtlichung der Gemeinschaft' lässt sich aber auch umkehren: Wenn positiv gesatztes Recht als Ersatz für lebensweltlich verankerte Normen einspringt, kann soziale Integration immer weniger durch den gewachsenen Konsens stabiler Lebenswelten gesichert werden. Hiermit wird zum Ausdruck gebracht, dass der Prozess der Verrechtlichung selbst zur ‚Auflösung gewachsener Lebenswelten' beiträgt, also den Bedarf an einer ‚sozialen Integration durch Recht' im Wege der Rückkopplung sogar noch befördert (Münch 1998, 129). Eine rechtlich spezifizierte moderne gesellschaftliche Gemeinschaft wird sich unter diesen Bedingungen deutlich von den durch einen gemeinsamen, ‚lebensweltlichen' Normenbestand zusammengehaltenen Solidargemeinschaften älteren Typs bzw. engeren Zuschnitts unterscheiden. Zwar geht es in beiden Fällen um die gemeinschaftliche Verbundenheit der Mitglieder einer Gesellschaft und ihre wechselseitige Zusicherung von Unterstützung, jedoch wird die „Funktion der Integration und der Schließung des Handlungsspielraums durch die Verknüpfung von niedrigster Symbolkomplexität und niedrigster Handlungskontingenz" (Münch 1984, 37) unterschiedlich konkretisiert, je nachdem, ob Unterstützungsansprüche lediglich *informell normiert* werden oder aber *rechtlich formalisiert* sind. Allgemein wird die (ausdifferenzierte) gesellschaftliche Gemeinschaft in der Systematik funktionsbezogener Kommunikationsmedien über ‚Einfluss' gesteuert, welcher als „generalisiertes Medium der gegenseitigen Motivierung zu solidarischem Handeln" (Münch 1984, 261) definiert wird bzw. als „generalisiertes Assoziierungsmittel, mit dessen Hilfe ich eine kooperationsfähige Person in dessen Geltungsbereich zur Zusammenarbeit und Unterstützung bewegen kann." (Münch 1995b, 160; vgl. Parsons 1969a). Entscheidend ist nun, inwieweit das Medium des Einflusses tatsächlich eine Gruppen übergreifende Vergemeinschaftung ermöglicht, also von partikularen Gruppenzugehörigkeiten und lebensweltlichen Normbeständen abstrahieren kann. Dieses gelingt nun offenbar in besonderem Maße durch die Institutionalisierung von Bürgerrechten (bzw. Grundrechten), also die Ausformung der gesellschaftlichen Gemeinschaft zur Bürger(rechts)gemeinschaft: „Der symbolische, generalisierte und mediale Charakter der Grundrechte macht ihre Integrationsleistung unabhängig von gelebter Solidarität. Sie reichen weit über die Grenzen partikularer Gemeinschaften hinaus und stiften Integration unabhängig von Ort, Zeit und Person." (Münch 1998, 152; vgl. ebd., 143 ff.; Münch 1984, 296 ff.).

Für den Status der Rechtsgemeinschaft im Strukturfunktionalismus (vgl. Gephart 1993, 242 ff.) ist damit zweierlei besagt: zum einen, dass sich das Recht als Spezifikation des Mediums des *Einflusses* und die Rechtsgemeinschaft als Spezifikation des Systems der gesellschaftlichen *Gemeinschaft* im Sinne der Integrationsfunktion des AGIL-Schemas begreifen lassen (Münch 1998, 144 f.; Parsons 1977, 32 f.), zum anderen aber auch (und in diesem Zusammenhang eher implizit), dass sich Rechtsmedium und Rechtssystem als *Spezifikationen* der Integrationsleistung des Gemeinschaftssystems im Sinne der Zielerreichungsfunktion des *politischen Systems* begreifen lassen (Münch 1984, 310; Münch 1988, 95). Mit Letzterem wird zum Ausdruck gebracht, dass das (positivierte) Recht der gesellschaftlichen Gemeinschaft mit dem (legitimierten) Recht des politischen Systems identisch ist und insofern auch als (symbolisch generalisiertes Mittel der) Verknüpfung von ‚Macht' und ‚Einfluss' verstanden werden kann. Einerseits beruht die Handlungswirksamkeit von Rechten also auf der *rechtsgemeinschaftlichen* Solidarität:

> „In der Wahrnehmung subjektiver Rechte nutze ich meinen Einfluß auf andere, die meine Rechte respektieren, meine Handlungen tolerieren, mit mir kooperieren und mich unterstützen. Diesen Einfluß habe ich aufgrund meines Bürgerstatus und meiner Mitgliedschaft in der Bürgergemeinschaft." (Münch 1998, 144 f.)

Auf der anderen Seite ist die wechselseitige Unterstützung der Rechtsgenossen durch die Ausübung politischer Macht in der Rechtsetzung und Rechtsdurchsetzung konditioniert, also in einen *rechtsstaatlichen* Kontext eingebettet (der freilich selber gemeinschaftlich zurückgebunden ist):

> „Die durch subjektive Rechte garantierte Privatautonomie wird in der Sphäre der politischen Autonomie der gesetzgebenden Bürgergemeinschaft erst konstituiert und in einem Rahmen des objektiven Rechts aufeinander abgestimmt und so wechselseitig verträglich gemacht." (Münch 1998, 143)

Erst aus diesem Zusammenhang heraus wird die eigentümliche *Ambivalenz* bzw. Mehrwertigkeit der Rechtsfunktion im strukturfunktionalistischen Erklärungsansatz verständlich: dass das Rechtsmedium *einerseits* von Einfluss und Macht (und Wahrheit und Geld) unterschieden und mit einer eigenen (Rechts-)Logik ausgestattet werden kann, dass es *andererseits* – je nach Akzentsetzung – auch an die Stelle von Einfluss oder Macht (unter Umständen auch der Wahrheit) treten kann, dass es *drittens* schließlich als eigentliches ‚Integrationsmedium' (im Sinne eines Interpenetrationsprodukts der verschiedenen Steuerungsmedien) gelten kann. Im letzteren Sinne könnte die soziale Integration durch Recht auch als Interpenetration (der unterschiedlichen Handlungslogiken) *im* Recht gedeutet werden. Hierbei wäre konzeptionell (und empirisch) auf die ‚Multidimensionalität' (Münch 1995b, 184) des modernen Rechts abzustellen, mit der es prototypisch die ‚voluntaristische Ordnung' verkörpert:

> „Das moderne Recht ist in seiner historischen Entwicklung ohne das Zusammenwirken kultureller, gemeinschaftlicher, ökonomischer und politischer Kräfte nicht erklärbar. Zumindest ansatzweise zeichnet sich das moderne Recht durch die vergleichsweise ausgeprägteste Interpenetration dieser Faktoren aus, wie unzureichend und unterschiedlich diese Entwicklung im einzelnen auch verlaufen sein mag." (Münch 1984, 446)

Die wechselseitige Durchdringung rechtlicher und nicht-rechtlicher Handlungssphären lässt sich entlang des AGIL-Schemas nun als Differenzierung der Bürgerrechte in Freiheitsrechte, politische Rechte, soziale Rechte und kulturelle Rechte veranschaulichen, die „auf der inneren Solidarisierung der gesellschaftlichen Gemeinschaft und der externen Ausdehnung der Bürgerrechte auf die nicht-gemeinschaftlichen Handlungssphären [fußt]" (Münch 1984, 296): Erstere beruht auf der Institutionalisierung von sozialen Rechten (als Teilhaberechten an der gemeinschaftlichen Solidarität), Letztere impliziert rechtliche (Chancen-)Gleichheit in Bezug auf die Teilnahme an wirtschaftlichem Austausch, politischer Machtausübung und kulturellem Diskurs, was zugleich bedeutet, dass „das Gemeinschaftshandeln von den nicht-gemeinschaftlichen Sphären durchdrungen und dadurch ökonomisch pluralisiert, politisch-rechtlich formalisiert und sozial-kulturell universalisiert [wird]" (Münch 1984, 299 f.). In Übereinstimmung damit lässt sich die Rechtsgemeinschaft in Subsysteme der rechtssolidarischen Gemeinschaft als integrativem Kern des rechtlich spezifizierten Gemeinschaftssystems sowie der rechtsökonomischen Interessengemeinschaft, der rechtspolitischen Entscheidungsgemeinschaft und der rechtskulturellen Diskursgemeinschaft differenzieren, welche durch Interpenetration der Rechtsgemeinschaft mit den nicht-rechtlichen Teilsystemen der Gemeinschaft bzw. den nicht-gemeinschaftlichen Teilsystemen der Gesellschaft entstehen (Münch 1984, 422 f. u. 428). Als Rechtsgemeinschaft verfasst sind der modernen gesellschaftlichen Gemeinschaft demzufolge wesentliche Merkmale einer ‚voluntaristischen Ordnung' eigen:

> „Sie ist frei gewählt und läßt eine Pluralität von spezifischeren Vereinigungen zu, und sie basiert auf Freiheits- und Gleichheitsrechten. Sie impliziert die formale Rechtlichkeit der sozialen Beziehungen und gründet auf politischen Rechten. Sie hat einen universalistischen Charakter und baut auf kulturellen Rechten auf. Die Solidarität der Bürger […] wird durch diese Aspekte geformt." (Münch 1992b, 328; vgl. ebd., 367)

3.3.1.3 Öffnung und Schließung der gesellschaftlichen Gemeinschaft

Historisch betrachtet handelt es sich bei der letztgenannten ‚Formung' der rechtsgemeinschaftlichen Solidarität um eine Umformung: einen Strukturwandel der Solidarität im Kontext von ‚Öffnung' und ‚Schließung', ‚Differenzierung' und ‚Rationalisierung'. Dabei lässt sich die Herausbildung einer modernen Rechtsgemeinschaft im Rahmen der strukturfunktionalistischen (Modernisierungs-)Theorie nach derselben Logik beschreiben wie ihre Weiterentwicklung und Transformation innerhalb der Moderne (entsprechend der Transformation des Rechtsstaats im Übergang von der ‚ersten' zur ‚zweiten' bzw. von der ‚zweiten' zur ‚dritten' Moderne; vgl. Münch 1998, 9 ff.): Angesprochen sind damit die ‚funktionalen Imperative' des Strukturwandels (im Sinne von Anpassungs-, Zielerreichungs-, Integrations- und Strukturerhaltungsfunktion), die sich – so die Hypothese – *in Richtung* einer Erweiterung des Handlungsspielraums, einer strukturellen Differenzierung, einer individualisierten Integration und einer Wertegeneralisierung auswirken (Münch 2001, 244 u. 251 ff.):

Zunächst macht die Überschreitung gemeinschaftlicher Handlungskontexte durch Ausweitung der Sphären wirtschaftlichen Austauschs, politischer Machtausübung und kultureller Verständigung die Ersetzung traditionaler Gemeinschaftsnormen durch moderne Rechtsnormen erforderlich – und trägt mit all dem zur ‚Auflösung gewachsener Lebenswelten' bei. Paradigmatisch verbindet sich dabei ein Prozess der (wirtschaftlichen) Öffnung, der mit der Überschreitung des herkömmlichen Rechtsrahmens den Strukturwandel einleitet, mit einem Prozess der (politischen) Differenzierung, im Zuge dessen das Recht als Gestaltungsinstrument spezifiziert wird, und einem Prozess der (kulturellen) Rationalisierung, im Zuge dessen das Recht auf ein Ideal der Gerechtigkeit hingeführt wird. Die Komponente der (sozialen) Schließung oder der ‚Integration durch Recht' kommt in diesem Entwicklungszusammenhang der ‚voluntaristischen' Rechtsgemeinschaft zu, die eine zunehmend individualisierte Inklusion unter Bedingungen der „Freiheit, formale[n] Rechtlichkeit und Universalität" (Münch 1992b, 328) verspricht. Die mit den Begriffen der Öffnung und Schließung, Differenzierung und Rationalisierung umrissene Modernisierungsdynamik erschöpft sich dabei nicht in der Herausbildung einer *bestimmten* Rechtsgemeinschaft, sondern weist zugleich aus dieser heraus – über diese hinaus, im Sinne ebenjener funktionalen Imperative des Strukturwandels. Etwas konkreter gefasst besteht die Verrechtlichungsdynamik (als Teil der Modernisierungsdynamik) in einer Kombination der Öffnung (oder ‚Ökonomisierung') des Rechts im Sinne seiner wachsenden Inanspruchnahme für private Interessen, einer Differenzierung (oder ‚Politisierung') des Rechts im Sinne seiner zunehmenden Instrumentalisierung für die Gesellschaftsgestaltung, einer Schließung (oder ‚Sozialisierung') des Rechts im Sinne seiner zunehmenden Inklusivität und Gleichheitsorientierung und einer Rationalisierung (oder ‚Kulturalisierung') des Rechts im Sinne seiner zunehmenden Reflexivität in Bezug auf kulturelle Werte und Hintergründe (vgl. Münch 1995b, 187 f. u. 197).

Mit dieser Grundkonzeption einer durch die Erweiterung von Handlungs(spiel)räumen vorangetriebenen Dynamik von Öffnung und Schließung lassen sich auch die Prozesse der *Europäisierung* und *Globalisierung* für eine strukturfunktionalistische Deutung erschließen. Mit anderen Worten handelt es sich hierbei um „eine neue Entwicklungsstufe der Moderne, auf der sich die Dialektik des Fortschritts, wie sie schon von den Klassikern erfaßt worden ist, in neuer und noch weiter verschärfter Form beobachten läßt" (Münch 1995a, 319). Unter Europäisierung und Globalisierung ist zunächst die ‚Ausdifferenzierung transnationaler Handlungsräume' bzw. die Transnationalisierung (zuvor national segmentierter) ausdifferenzierter, d. h. funktional spezifizierter Handlungsräume zu verstehen (Münch 2002a, 39 ff.; Münch 2003b, 117 ff.). In soziologischer Perspektive ist damit die Transnationalisierung von Gesellschaft(en) angesprochen: Begreift man unter einer ‚Gesellschaft' (mit Parsons) ein soziales System, das sich durch ein „Höchstmaß an Selbstgenügsamkeit […] im Verhältnis zu seiner Umwelt, einschließlich anderer sozialer Systeme" (Parsons 1972, 16) auszeichnet, insbesondere aber ein *sozial integriertes* (Sozial-)System, „das sich durch besondere Solidaritätsbeziehungen der gesellschaftlichen Gemeinschaft von anderen gesellschaftlichen Gemeinschaften abgrenzt und darüber hinaus eine wirtschaftliche, politische und kulturelle Einheit darstellt" (Münch 1996, 19), liegt die Hervorhebung *nationaler* (bzw. nationalstaatlich organisierter) Gesellschaften in der Theoriebildung nahe (Münch 1998, 16 f.). Als Gesellschaftstheorie ist der Strukturfunktionalismus jedoch nicht auf entsprechende nationale bzw. staatliche Untersuchungseinheiten festgelegt: Ihm ist kein methodologischer Nationalismus (oder Etatismus) in dem Sinne inhärent, dass sich mit seinen begrifflichen Mitteln nicht auch *transnationale* Gesellschaften identifizieren ließen. Auch schließt der gesellschaftliche Autarkie-Begriff nicht die internationale Verflechtung von Gesellschaften aus, sondern ist mit kontrollierten Austauschbeziehungen auf wirtschaftlichem, politischem und kulturellem Gebiet durchaus vereinbar. Internationaler Austausch allein macht aber noch keine transnationale Gesellschaft aus; dazu müsste – so ließe sich im vorliegenden Zusammenhang argumentieren – die Internationalisierung wirtschaftlicher, politischer und kultureller Beziehungen durch eine gleichlaufende Transnationalisierung von Solidaritätsbeziehungen ergänzt, mehr noch: unterfüttert werden. Die Prozesse der Europäisierung und Globalisierung (als Facetten der Transnationalisierung) stehen demnach für einen Entwicklungsprozess, im Laufe dessen „[d]ie nationalen Gesellschaften […] tendenziell von supranationalen Einheiten und sogar von der globalen Einheit einer Weltgesellschaft überlagert [werden]" (Münch 1996, 19) und ein Strukturwandel der Solidarität eingeleitet wird. Auch ein ‚internationales Sozialsystem', gekennzeichnet durch eine einheitliche normative Grundordnung (Parsons 1969c, 297 ff.), und mehr noch: eine ‚transnationale Gesellschaft', gekennzeichnet durch grenzüberschreitende Formen der Solidarität, beruht demnach – per definitionem – im Wesentlichen auf *sozialer Integration*.

Dass sich die Soziologie weniger mit dem Staat als der Gesellschaft befasst, schließt jedoch eine Analyse des Staates als Teil der (modernen) Gesellschaft und des ‚Wandels der Staatlichkeit' als Moment sozialen Wandels (innerhalb der Moderne) nicht aus, sondern ein: eben weil moderne Gesellschaften *auch* staatlich konstituiert sind. Soweit „die modernen Nationalstaaten zu Zentren der Organisation des sozialen Lebens und der sozialen Integration geworden sind" (Münch 1998, 17), also normative Ordnung und solidarischer Zusammenhalt (rechts-)staatlich spezifiziert werden, ist mit der Frage nach der Europäisierung und Globalisierung moderner Gesellschaften also auch die Frage nach der ‚nachlassenden Integrationskraft des Nationalstaats' verknüpft:

> „Die soziale Integration der Nationalstaaten erodiert, die zwischenstaatliche, supranationale und weltgesellschaftliche Integration wächst nicht im gleichen nach. Wir wissen nicht einmal, ob ein solches Nachwachsen der sozialen Integration im Gefolge der globalen Systementwicklung überhaupt realisierbar ist." (Münch 1998, 17; vgl. ebd., 9 ff.; Münch 2001)

Dieser Problementwurf einer fortschreitenden ‚Öffnung' (Desintegration) der nationalen gesellschaftlichen Gemeinschaften ohne nachfolgende ‚Schließung' (Integration) einer europäisierten bzw. globalisierten gesellschaftlichen Gemeinschaft, also eines mit dem Strukturwandel einhergehenden *Integrationsdefizits*, erhält nun mit dem in dieser Arbeit entwickelten Konzept der Rechtsgemeinschaft als transnationalisierter Form der Rechtsstaatlichkeit eine neue Argumentationsbasis, die zugleich die relative Staatsfixierung (in der Anwendung) des Rechts- und Gesellschaftsbegriffs durch eine stärkere Akzentuierung der gerade im Strukturfunktionalismus herausgestellten Gemeinschaftskomponente zu überwinden verspricht. Die Zuführung des Problems bzw. Defizits transnationaler Integration auf die Bedingungen der Möglichkeit einer europäischen (oder noch weiter gefassten) Rechtsgemeinschaft liegt in der Konsequenz der strukturfunktionalistischen Konzeption einer rechtlich verfassten Bürgergemeinschaft als Kompensation für den Verlust gewachsener Lebenswelten im Zuge der Modernisierung. Dabei handelt es sich im Übergang von der nationalen zur transnationalen Rechtsgemeinschaft (ebenso wie im Übergang von der traditionalen zur modernen gesellschaftlichen Gemeinschaft) um einen Prozess der ‚Öffnung', ‚Spezifizierung' und ‚Generalisierung' im Sinne einer marktmäßigen Pluralisierung, machtgestützten Formalisierung und diskursförmigen Rationalisierung der Gemeinschafts- als Rechtsnormen, die auch in vergleichsweise artifiziellen Gemeinschaften noch für ‚Schließung' zu sorgen vermögen – sofern sie hinreichend oft in „reale solidarische Akte" (Münch 1998, 163) umgesetzt werden, die (Rechts-)Gemeinschaft also nicht als bloße Illusion entlarven. Hierbei handelt es sich aber – wie bereits terminologisch erkenntlich ist – weniger um eine Frage der (politischen) *Macht* als um eine Frage des (rechtlichen) *Einflusses*. Die ‚Integration durch Recht' obliegt demnach nicht – oder nicht nur – dem Staat bzw. dem politischen System, sondern auch – und vor allem – dem Gemeinschaftssystem.

Auch der Strukturfunktionalismus bietet somit eine heuristisch fruchtbare Möglichkeit, die Begriffe des Rechtsstaats und der Rechtsgemeinschaft analytisch auseinanderzuziehen (vgl. Parsons 1964, 352 f.) und eben dadurch empirisches Differenzierungsvermögen für die Untersuchung von Verrechtlichungsprozessen oberhalb der nationalstaatlichen Ebene zu gewinnen. Geht man von bisher zwei bedeutenden Entwicklungsstufen des modernen Rechtsstaates aus, dem (auf den Schutz individueller Interessen ausgerichteten) liberalen Rechtsstaat der so genannten ‚Ersten Moderne' und dem (stärker wirtschafts- und sozialpolitisch engagierten) demokratischen Rechtsstaat der so genannten ‚Zweiten Moderne' (Münch 1998, 9 ff. u. 63 f.), so ließe sich die nächste Entwicklungsstufe – „[d]ie angemessene Form des Nationalstaats für die Dritte Moderne der globalen Interdependenzen" (Münch 1998, 64) – nicht nur in diesem selbst, sondern auch in einer ‚national' und ‚staatlich' weniger abgeschlossenen und hierarchischen Form der Rechtsstaatlichkeit finden, nämlich ebenjener der Modernisierungsdynamik folgenden transnationalisierten Rechtsgemeinschaft. Im Vergleich zum klassischen (obrigkeitlichen) *Rechtsstaat*, in dem das Recht als Spielart der Macht, die ‚rule of law' als Form der Herrschaft begriffen werden kann, lässt sich die *Rechtsgemeinschaft* in einer strukturfunktionalistischen Ausdeutung dabei eher durch ihre genossenschaftlichen Merkmale beschreiben, die das Recht als Variante der im (Steuerungs-)Medium des ‚Einflusses' kondensierten wechselseitigen Verpflichtungen erscheinen lassen. Idealtypisch lässt sich somit auch in diesem Kapitel zwischen einer rechtsstaatlichen Top-down- (oder Government-)Perspektive bzw. einem *vertikalen* Modus der (rechtsstaatlichen) Handlungskoordination und einer Bottom-up- (oder Governance-)Perspektive bzw. einem *horizontalen* (rechtsgemeinschaftlichen) Modus der Handlungskoordination unterscheiden. Auch in dieser gesellschaftstheoretischen Rekonstruktion des Wandels der Rechtsstaatlichkeit entspricht der Übergang ‚from government to governance' zumindest der Tendenz nach einer Horizontalisierung der rechtlichen Steuerung.

Die Besonderheit des strukturfunktionalistischen Erklärungsansatzes liegt nun darin, dass sich diese Horizontalisierung des Rechts nicht nur als ‚Vergemeinschaftung' des Rechts verstehen lässt, womit im einfachsten Fall die Schließung eines *ceteris paribus* gegebenen Handlungsspielraums bezeichnet wäre, sondern auch im Sinne einer Öffnung (gegenüber individuellen Interessen) und Generalisierung (bezüglich der Geltungsgrundlagen) der Rechtsstaatlichkeit gedeutet werden kann. Letztlich betrifft der *Wandel der Rechtsstaatlichkeit* damit alle Funktionsfelder des Sozialsystems und verändert das Verhältnis des (hier als Staat gefassten) politischen Systems zum System der gesellschaftlichen Gemeinschaft ebenso wie zum Wirtschaftssystem und zum sozial-kulturellen System, in dem die dem (positivierten) Recht vorausgesetzte Machtlogik durch Prinzipien des freien Austauschs, der gleichen Teilhabe oder der allgemeinen Gültigkeit relativiert und abgeschwächt wird. Mit einer solchen Konzeption würde nicht nur der ‚Multidimensionalität' des modernen Rechts als solchem Rechnung getragen (in statischer Perspektive), sondern auch der ‚Multidimensionalität' rechtlichen Wandels in der unabgeschlossenen, mit widersprüchlicher Logik voranschreitenden Moderne (in dynamischer Perspektive). Auf dieser modernisierungstheoretischen Argumentationsbasis lässt sich die Schließung einer Rechtsgemeinschaft *jenseits* des Rechtsstaates als (individualisierte) Integration *unter Bedingung* einer Erweiterung des Handlungsspielraums, einer strukturellen Differenzierung und einer Wertegeneralisierung jeweils über die nationalstaatlichen Grenzen – und die von ihnen umschriebene wirtschaftliche, politische und kulturelle ‚Einheit' – hinaus entwerfen. Es ist diese Konzeption der ‚Öffnung' und ‚Schließung' der Rechtsgemeinschaft, genauer: ihrer (endgültigen?) Öffnung auf nationaler Ebene und ihrer (vorläufigen?) Schließung auf europäischer Ebene, die in diesem Teilkapitel im Vordergrund steht; es geht an dieser Stelle also mehr um die rechtsgemeinschaftliche als die rechtsstaatliche Perspektive des Wandels, wenn auch die politische und staatsrechtliche Qualität der Bürger(rechts)gemeinschaft unbestritten bleibt. Auf eine strukturfunktionalistische Deutung des Rechtsstaats als eines (in sich ein-)geschlossenen Richterstaates und dessen Wandel unter dem Primat der Öffnung wird im Folgenden (Kap. 3.3.2) noch zurückzukommen sein. Der dort geschilderte Übergang von einem ‚gouvernement des juges' zu flexibleren Formen der ‚judicial governance', mit der die Governance-Wende am Richterrecht nachvollzogen werden soll, entbehrt freilich seinerseits nicht der gemeinschaftlichen Bezüge, zumal sich die Richterschaft (samt rechtsgelehrter Entourage) auch als Rechtsgemeinschaft i. e. S. verstehen lässt.

3.3.1.4 Transnationalisierung von Wirtschaft, Politik und Kultur

Begreift man die (systemübergreifende) Integrationsleistung des Rechts *als Interpenetrationsprodukt* von (je teilsystemischer) wirtschaftlicher, politischer, solidarischer und kultureller Integration, lässt sich der Übergang von einer (relativ geschlossenen) nationalen zu einer (relativ offenen) transnationalen Rechtsgemeinschaft als logische Konsequenz der ‚Erweiterung von Handlungsräumen' verstehen, die durch den Einsatz symbolisch generalisierter Kommunikationsmedien ermöglicht wurde: Während Geld, politische Macht, Einfluss und Wertbindungen zunächst nur die Unmittelbarkeit (und Kleinräumigkeit) von „konkreten Anreizen, Gewalt, solidarischer Zusammengehörigkeit und gemeinsamer Lebenswelt" (Münch 1996, 75) zu überwinden verhalfen (was als Voraussetzung für die Entstehung einer modernen gesellschaftlichen Gemeinschaft betrachtet werden kann), verlieren mit der zunehmenden Europäisierung und Globalisierung dieser Steuerungsmedien nun auch die nationalen Begrenzungen der Gesellschaft(en) an Relevanz. Der Übergang zur ‚Dritten Moderne' lässt sich aus Perspektive der gesellschaftlichen (rechtssolidarischen) Gemeinschaft entsprechend in dreierlei Dimensionen oder Bewegungsrichtungen fassen, nämlich in wirtschaftlicher, politischer und kultureller Hinsicht. Mit anderen Worten: Durch die transnationale Erweiterung (und Vertiefung) des wirtschaftlichen Austauschs, des politischen Machthandelns und des rationalen Diskurses gewinnt auch die rechtliche Solidarität zunehmend europäische bzw. globale (Be-)Züge. Dabei stellt sich im Strukturfunktionalismus stärker als in anderen, weltgesellschaftlichen Ansätzen die Frage nach der Qualität einer Nationen übergreifenden Gemeinschaft wie der Europäischen Gemeinschaft oder der Weltgemeinschaft (Münch 2003b, 118 f.). Zur Veranschaulichung der nicht-rechtlichen, nicht-solidarischen (vielmehr wirtschaftlichen, politischen und kulturellen) ‚Konstituenzien' einer transnationalen, insbesondere europäischen Rechtsgemeinschaft, ist im Folgenden noch etwas genauer auf die entsprechenden Expansionstendenzen von Geld, Macht und Wahrheit (Wertbindungen) und ihre Implikationen für das ‚Nachwachsen' von rechtlicher Solidarität (Einfluss) einzugehen.

Im Rahmen des (auf das soziale System angewendeten) AGIL-Schemas übernimmt das *Wirtschaftssystem* analytisch betrachtet

„die Funktion der Anpassung und der Öffnung des Handlungsspielraums durch die Mobilisierung von Ressourcen und die Allokation von Ressourcen und Präferenzen nach dem Prinzip des größtmöglichen Gesamtnutzens bei hoher Symbolkomplexität und hoher Handlungskontingenz" (Münch 1992b, 340; vgl. Münch 1984, 36 f. u. 531).

Die Handlungskoordination erfolgt durch wirtschaftlichen Austausch, vorzugsweise auf Märkten, die vermittels des Geldes sozialräumlich entgrenzt werden und damit prinzipiell auf globale Expansion angelegt sind. Empirisch betrachtet wird das Wirtschaftssystem jedoch durch Interpenetration des ökonomischen Tauschhandelns mit dem politischen Machthandeln und dem kulturellen Verständigungshandeln sowie mit dem gemeinschaftlichen Solidarhandeln konstituiert. Erst aus dieser Verflechtung ökonomischer und nicht-ökonomischer Handlungsaspekte lässt sich auch der ‚moderne rationale Kapitalismus' begreifen:

„Der moderne rationale Kapitalismus ist ein konkretes System des ökonomischen Handelns, in dem das Subsystem der reinen Nutzenorientierung im ökonomischen Austausch durch Interpenetration mit den nicht-ökonomischen Systemen des sozial-kulturellen Diskurses, der Vergemeinschaftung und der kollektiven Zielsetzung verkettet ist. Der ökonomische Austausch gestaltet nicht allein, sondern zusammen mit den vermittelnden Subsystemen der diskursiven Begründung von ökonomischer Rationalität, der normativen Kontrolle durch die Marktgemeinschaft und der Organisation von Kapitalallokation und Investition das konkrete System des ökonomischen Handelns." (Münch 1984, 15; vgl. Münch 1992b, 321 ff.)

Im vorliegenden Zusammenhang interessiert nun vor allem die wechselseitige Durchdringung von Ökonomie und Solidarität in der *Marktgemeinschaft*, die „[i]n der Interpenetrationszone des ökonomischen Handelns mit der gesellschaftlichen Gemeinschaft und dem Rechtssystem entsteht" (Münch 1984, 613) und als ‚Trägerin der ökonomischen Ordnung' der „normativen Regulierung und der Sicherung der Regelhaftigkeit des ökonomischen Handelns" (Münch 1984, 613) dient, also im Wirtschaftssystem die Integrations- bzw. Schließungsfunktion übernimmt. Durch Herausbildung einer die Grenzen gewachsener Kollektive überschreitenden Marktgemeinschaft wird das wirtschaftliche Tauschhandeln auch unter ‚Fremden' nicht nur (kognitiv) erwartbar gemacht, sondern auch (normativ) reguliert. „Die Markttauschpartner übertragen hier das Gefühl der Solidarität der ursprünglichen Sippengemeinschaft auf ihre über diese Grenzen hinausgehenden Beziehungen untereinander." (Münch 1984, 14). Der Integrations- bzw. Ordnungsleistung der Marktgemeinschaft korrespondiert dabei eine Versachlichung und gewissermaßen ‚Vermarktlichung' der Solidarbeziehungen, und zwar insofern, als „die Orientierung am Markttausch die Solidarität der Marktgemeinschaft auf die gegenseitige Verbundenheit in der Erhaltung der Tauschregeln [begrenzt]" (Münch 1984, 14). Die kapitalistische Wirtschaftsordnung bleibt also im Wesentlichen eine marktgesteuerte und geldvermittelte, eigentums- und vertragsbasierte Ordnung, in der die wechselseitigen Verpflichtungen kaum über den eigentlichen Tauschakt, die eigentliche Tauschbeziehung hinausgehen. In diesem Sinne kommt der Marktgemeinschaft (als Interpenetrationszone zwischen Gemeinschaftssystem und Wirtschaftssystem) gegenüber der traditionellen Solidargemeinschaft auch eine Anpassungs- bzw. Öffnungsfunktion zu.

Die ‚Ausdifferenzierung' und ‚Institutionalisierung' eines transnationalen Raums wirtschaftlichen Austauschs (Münch 2002a, 39 ff.) lässt sich vor diesem Hintergrund mit der Dialektik von (wirtschaftlicher) Öffnung und (gemeinschaftlicher) Schließung beschreiben, wobei gedanklich von einer *volkswirtschaftlich begrenzten* gesellschaftlichen (Rechts-)Gemeinschaft ausgegangen werden kann, die sich in Richtung einer *weltwirtschaftlich geöffneten* gesellschaftlichen (Rechts-)Gemeinschaft entwickelt – und auf ihrem Weg bei einer europäischen (Rechts-)Gemeinschaft Halt macht. Dabei vollzieht sich mit der „eigendynamische[n] globale[n] Expansion des Wirtschaftsraumes über alle Gemeinschaftsgrenzen hinaus" (Münch 2002a, 42) auch ein Strukturwandel der rechtsgemeinschaftlichen bzw. gemeinschaftsrechtlichen Solidarität. Mit anderen Worten: Die Marktgemeinschaft wächst unter dem Aspekt der Öffnung den entgrenzten (globalisierten) Märkten nach und nimmt unter dem Aspekt der Schließung auf transnationaler (europäischer) Ebene eine neue (Rechts-)Gestalt an: der – mehr durch wirtschaftliche Rechte denn durch politische, soziale oder kulturelle Rechte gekennzeichneten Europäischen (Rechts-) Gemeinschaft. Tatsächlich steht das (auf die Sicherung der wirtschaftlichen Grundfreiheiten und des Wettbewerbs ausgerichtete) europäische Wirtschaftsrecht (vgl. Münch 2002a, 52) in besonderer Weise für die gewandelten Solidaritätsstrukturen einer transnationalen Marktgemeinschaft:

> „Weil alle anderen Rechtsgebiete viel weniger entwickelt sind, prägt dieser der Marktlogik verpflichtete Charakter das europäische Recht insgesamt. Es ist deshalb naheliegend, daß seine Logik auch auf die anderen Rechtsgebiete durchschlägt, zumal es keinen EU-Staat gibt, der genug politische Macht besitzt, um eine andere Rechtslogik ins Spiel zu bringen." (Münch 2001, 217)

Unmittelbarer als in den europäischen National-, nunmehr Mitgliedstaaten übersetzt sich also die (adaptive) Logik des Marktes in die (integrative) Logik des Rechts bzw. der Solidarität.

Analog zum Verhältnis von Wirtschaftssystem und Gemeinschaftssystem lässt sich auch das Verhältnis von *politischem System* und Gemeinschaftssystem im Übergang zur ‚Dritten Moderne der globalen Interdependenzen' durch einen strukturellen Wandel (in der Interpenetrationszone beider Systeme) kennzeichnen, der in diesem Falle dem Wandel der Rechtsstaatlichkeit entspricht. Innerhalb des strukturfunktionalistischen Analyse-Schemas erfüllt das politische System „die Funktion der Zielverwirklichung und der Spezifikation des Handlungsspielraumes durch die Selektion und Durchführung kollektiv verbindlicher Entscheidungen bei hoher Symbolkomplexität und niedriger Handlungskontingenz" (Münch 1992b, 340; vgl. Münch 1984, 37 u. 303). Dabei erfolgt die Handlungskoordination durch herrschaftliches oder hoheitliches Handeln, insbesondere durch Ausübung der Staatsgewalt, symbolisiert und generalisiert im Medium politischer Macht. Konzipiert als ‚Staatsmacht' scheint diese jedoch – stärker jedenfalls als ‚Geld' in Form konvertibler Währungen – an die nationalen Staatsgrenzen gebunden und damit eher internationalisierungsfähig (im Sinne nationalstaatlicher Außenpolitik) denn transnationalisierungsfähig (im Sinne einer ‚weltstaatlichen' Innenpolitik) zu sein. Empirisch besteht das politische System – wie bereits am Begriff politischer Steuerung ausgeführt wurde – in der „Interpenetration des politischen Aspektes mit den ökonomischen, sozial-kulturellen und gemeinschaftlichen Aspekten des Handelns" (Münch 1984, 305). An dieser Stelle interessiert nun vor allem die Verflechtung von Herrschaft und Solidarität als Kern der ‚rational-legalen Herrschaft' und damit auch des modernen Rechtsstaats (Münch 1984, 325 u. Münch 1992b, 324 f.). Wiederum lässt sich in der Interpenetrationszone von Politik und Gemeinschaft ein doppelter Systembezug herstellen: Was in Referenz auf das politische Systems als Herrschaft des Rechts (rule of law) bezeichnet werden kann, stellt sich bezogen auf das System der gesellschaftlichen Gemeinschaft als „Durchdringung naturwüchsiger Solidaritätsbeziehungen durch positives Recht" (Münch 1992b, 325) dar; das Medium des Rechts wird im einen Falle also eher mit dem Medium der Macht, im anderen Falle mit dem Medium des Einflusses in Verbindung gebracht. Im Unterschied zum Begriff des *Rechtsstaats* besitzt der Begriff der *Rechtsgemeinschaft* dabei den Vorzug, die wechselseitige Verflechtung von politischem (nicht nur: staatlichem) System und Gemeinschaftssystem *im Recht* von den Konnotationen eines eng an die Staatsgewalt geknüpften Rechtsbegriffs freizustellen.

Erst dies erlaubt, die Ausdifferenzierung und Institutionalisierung eines gewissermaßen ‚entstaatlichten', nicht nur internationalen, sondern transnationalen Raums politischen Machthandelns vor- bzw. nachzuzeichnen. Während dessen ‚Spezifikation' per definitionem durch die inter- bzw. supranationale Politik oder genauer: die Rechtsetzung geleistet wird, vollzieht sich seine ‚Integration' ausdrücklich durch die gemeinschaftliche, transnationale Anerkennung des Rechts bzw. der Rechtsprechung. Bei der Übersetzung der Machtlogik in die Rechtslogik gewinnt „die Akzeptanz und Befolgung von Entscheidungen" (Münch 1984, 303) als ‚Koordinationsstandard' des politischen Systems dabei einen anderen, weniger durch das staatliche Gewaltmonopol diktierten als der gemeinschaftlichen Solidarität verpflichteten Sinn. Die Solidaritätsstrukturen aber unterliegen – wie bereits im Zusammenhang mit der wirtschaftlichen Öffnung gesehen – im Zuge von Europäisierung und Globalisierung einem qualitativen Wandel, der eben dadurch befördert wird, dass „der Nationalstaat infolge der transnationalen Ausdifferenzierung der verschiedenen Räume immer mehr an Regulierungskraft verliert" (Münch 2003b, 127). Die verringerte Entscheidungs- und Durchsetzungsmacht einer an den segmentären Grenzen des Nationalstaats orientierten Politik und Rechtsetzung impliziert auch die Schwächung der auf äußerer Konfliktaustragung und innerer Homogenisierung beruhenden nationalen Kollektivsolidarität (Münch 2003b, 118). Zugleich erscheint die Ausbildung einer starken Kollektivsolidarität auf übernationaler Ebene eher unwahrscheinlich, weil und solange „an die Stelle von abgeschlossenen Kollektiven eher Netzwerke ohne feste Grenzen treten" (Münch 2003b, 119), also Marktgemeinschaften, in denen die Öffnungsfunktion des Marktes gegenüber der Schließungsfunktion der Gemeinschaft das Übergewicht behält. Die Lösung dieses – globalisierungsbedingten – politischen Steuerungsproblems wird offenbar in einer Rekombination von Politik und Rechtsetzung (Spezifizierung) und Rechtsprechung und Solidarität (Schließung) in einer zunehmend post-, supra- oder transnational strukturierten Rechtsgemeinschaft gesucht.

> „Was es zu untersuchen gilt, ist also der Prozeß der Dekonstruktion nationalstaatlich zentrierter Institutionen und der gleichzeitige Prozeß der Rekonstruktion durch die horizontale und vertikale strukturelle Differenzierung von Institutionen." (Münch 2001, 247)

Im Zuge einer solchen strukturellen Differenzierung der Staatlichkeit entstehen ebenjene Multilevel- und Network-Governance-Arrangements, die den Regulierungs- und Flexibilitätserfordernissen einer Marktgemeinschaft, die sich nicht mehr als ‚Volkswirtschaft' beschreiben lässt, besser gerecht zu werden versprechen als das einzelstaatliche Durchregieren. Wirtschaftliche Europäisierung (‚Vollendung des Binnenmarktes') und Globalisierung (‚Liberalisierung des Welthandels') wirken dabei gleichermaßen in Richtung einer politischen „Vernetzung bei gleichzeitiger Ebenendifferenzierung" (Münch 2001, 210). Die Integration einer solchen, der wechselseitigen Durchdringung von Wirtschaft und Politik geschuldeten ‚Mehrebenennetzwerkgesellschaft' (Münch 2001, 221 u. 229) kann jedoch kaum auf eine vorgängige Kollektivsolidarität bauen, sondern bedarf der (gemeinschaftsstiftenden) Konstitutions- und Vermittlungsleistung des Rechts.

Grundlage dafür bildet das Modell der individualisierten und universalisierten *Integration* in einer Bürger(rechts)gemeinschaft, das bereits im Nationalstaat Anwendung fand, jedoch auf übernationaler Ebene – den pluralistischen Lebens- und Rechtsverhältnissen gemäß – nochmals abstrahiert wird. Dabei lässt sich am Beispiel der Europäischen (Wirtschafts- bzw. Rechts-)Gemeinschaft sowohl für einen Strukturwandel der Solidarität im Allgemeinen (in Richtung der „Solidarität von Netzwerken"; Münch 2001, 228) wie des Rechts im Besonderen (in Richtung der „Ordnung größerer Freiheitsräume"; Münch 2002a, 45) argumentieren:

> „In einer solchen [Mehrebenennetzwerk-]Gesellschaft kann das individuell selbst zu verantwortende Handeln nicht mehr durch direkte politische Steuerung und substantielles Recht koordiniert werden, sondern nur durch Rahmengesetzgebung und prozedurales Recht, die situativ variabel auszugestalten sind." (Münch 2001, 221)

Wenn das Recht solchermaßen an (politischer) Spezifität verliert und an (marktlicher) Flexibilität gewinnt, fällt die Aufgabe rechtlicher Integration *und* Steuerung zunehmend auf die Gerichte zurück: Zwischen Staat und Markt „gewinnt die Handlungskoordination durch die Streitschlichtung der Gerichte [daher] erheblich an Bedeutung" (Münch 2001, 221). In diesem Sinne impliziert die Überformung des nationalen Rechtsstaats durch die transnationalen Rechtsgemeinschaft also eine stärkere Rolle der (nationalen und) supranationalen Gerichte; mit dem Übergang ‚from government to (multilevel and network) governance' wächst auch der Bedarf an ‚judicial governance'. Damit ist auch jenseits des (wirtschaftlich, politisch und rechtlich) relativ ‚geschlossenen' und ‚souveränen' Einzelstaats von einem Ineinandergreifen der (adaptiven) Marktlogik, der (integrativen) Rechtslogik und der (spezifikativen) Logik der Politik auszugehen. Prämisse ist die – primär wirtschaftlich induzierte – transnationale Erweiterung der Handlungsräume und damit eine Steigerung marktmäßiger bzw. freiheitlicher Prinzipien der Handlungskoordination:

> „Der Marktlogik korrespondiert eine Rechtslogik, die den einzelnen Rechtssubjekten die chancengleiche souveräne Wahrnehmung ihrer Freiheitsrechte garantiert. [...] Die dazu passende politische Logik ist eine regulative Politik, die das Funktionieren von Markt und Wettbewerb und die chancengleiche Teilnahme eines jeden an diesem Wettbewerb sichert." (Münch 2001, 218)

All diese Logiken stehen freilich nicht zufällig im Einklang, sondern bringen ein gewandeltes kulturelles Vorverständnis von Gerechtigkeit zum Ausdruck, das dem Übergang zur ‚postnationalen Konstellation' (Habermas 1998) – jenseits von bloßen Sachzwängen – die nötige Legitimität verleiht. Genauer handelt es sich um eine „Umstellung der Gerechtigkeit von Teilhabe am Ganzen gemäß Mitgliedschaft in einem Kollektiv auf Teilhabe gemäß individueller Leistung unter Bedingungen von Chancengleichheit und Fairneß" (Münch 2002a, 40; vgl. Münch 2001, 219 u. 224 ff.). Damit ist das Verhältnis von Recht und Gerechtigkeit bzw. von Solidarität und Diskurs (Münch 1992b, 326 f. u. 331) angesprochen, das einen eigenen Erklärungsbeitrag zur Formation einer transnationalen Rechtsgemeinschaft leisten kann. Innerhalb der Gesellschaft kommt dem *sozial-kulturellen System* gemäß dem Vier-Funktionen-Schema „die Funktion der Bewahrung latenter Strukturen und der Generalisierung des Handlungsspielraums bei niedriger Symbolkomplexität und hoher

Handlungskontingenz durch die soziale Konstruktion von Sinnmustern" (Münch 1992b, 341; vgl. Münch 1984, 37) zu. Die Handlungskoordination erfolgt durch verständigungsorientiertes Handeln, gesteuert durch Sprache, wobei Argumente und Wahrheiten idealerweise auch über (kultur-)sprachliche Grenzen hinweg kommuniziert und solchermaßen globalisiert werden können. Tatsächlich lässt sich im Folgenden von der Ausdifferenzierung (und Institutionalisierung) eines transnationalen Raums diskursiver Verständigung ausgehen, in dem die Konzepte des moralischen Universalismus und des ethischen Individualismus leitend geworden sind (Münch 2002a, 40 u. 52 ff.; Münch 2003b, 119 f.). Der Strukturwandel der Solidarität unter Bedingungen der wirtschaftlichen und politischen Europäisierung bzw. Globalisierung vollzieht sich also nicht in einem kulturellem Vakuum, sondern entwickelt sich zumindest im Grundsatz gleichlaufend mit der Herausbildung einer individualistisch-universalistischen ,Weltkultur', auch wenn die (nachhaltigen) kulturellen Differenzen zwischen den nationalen bzw. regionalen Gesellschaften einer (prospektiven) globalen Einheit zu widersprechen scheinen.

In einem solchen Prozess der ,Wertegeneralisierung' unterliegt das Recht bzw. die Rechtsgemeinschaft einer Rationalisierung im Sinne einer argumentativen „Annäherung an die objektive Gültigkeit (Wahrheit) von Sinnkonstruktionen, Normen, Expressionen und Kognitionen" (Münch 1992b, 329). In diesem Falle bedeutet das, „daß sich abstraktere Maßstäbe der Gerechtigkeit entwickeln [...] müssen, die eine größere Vielfalt von subjektiven Rechten unter einen Hut bringen" (Münch 2001, 253). Gleichzeitig wird der Gerechtigkeitsdiskurs bzw. die Rechtskultur aber auch auf die Rechtfertigung der neuen Solidarstrukturen im Netzwerk von Markt, Staat und Gemeinschaft eingestellt, wie das Theorem der wechselseitigen Durchdringung (hier: kultureller und nicht-kultureller) gesellschaftlicher Sphären nahelegt (vgl. Münch 1984, 19 f.; Münch 1992b, 330 u. 368). Das „Resultat der Interpenetration von rationalem Diskurs und Gemeinschaftshandeln" (Münch 1992b, 327) bestünde demnach in einer Vermittlung von gemeinschaftlichem Partikularismus und kulturellem Universalismus bzw. zwischen der Integrationskapazität einer relativ konkreten Rechtsgemeinschaft und dem Generalisierungsvermögen einer relativ abstrakten Rechtskultur. In diesem Zusammenhang lässt sich der Prozess der europäischen Integration nicht nur in ökonomischer Hinsicht als ,Teil eines weltweiten (Liberalisierungs-)Projektes', also der Erweiterung von Märkten, verstehen (Münch 2001, 210), sondern auch in kultureller Hinsicht als „Schritt in die Richtung von offener Vergesellschaftung und Gerechtigkeit als Fairneß" (Münch 2001, 227) – wobei dieser ,Schritt' zwar unter den Gemeinschaftsbürgern im Verhältnis zum Status quo ante ,gerechtere' Verhältnisse zu schaffen vermag, „jedoch noch genau dort haltmacht, wo sich die ,Festung Europa' nach außen abgrenzt" (Münch 2001, 227). Da den moralisch-ethischen Diskursen gleichwohl selbst eine Tendenz zur Universalisierung von Rechten innewohnt, verweist die Außengrenze der europäischen Rechtsgemeinschaft offenbar nicht auf die mangelnde *Begründbarkeit* eines weiter reichenden (transeuropäischen) Rechts, sondern eher auf dessen mangelnde *Umsetzbarkeit* in ,reale solidarische Akte' (Münch 1998, 163):

> „Es ist völlig abwegig, von moralischen Diskursen einen Beitrag zur Integration der Gesellschaft zu erwarten, weil ihre Logik auf die Expansion und die Ausschöpfung von Rechten hinausläuft, die den Kampf um Anerkennung verschärfen, der wiederum nicht mit den Mitteln des Diskurses zu bewältigen ist, sondern Entscheidungen nach den Prinzipien vorrangiger Solidaritäten (die Eigengruppe vor der Fremdgruppe), politischer Entscheidungsverfahren (Mehrheit vor Minderheit) und ökonomischer Nutzenberechnung (Mittelverteilung nach Erzielung des größtmöglichen Gesamtnutzens) erzwingt." (Münch 1998, 99 f.)

Wesentlich ist hier, dass das Recht in seiner Eigenschaft als Integrations- und Steuerungsmedium sowohl durch die Transnationalisierung des *wirtschaftlichen Austauschs* als auch durch die Transnationalisierung der *diskursiven Verständigung* unter (Kontingenz-)Druck gerät, also an Eindeutigkeit verliert. Tatsächlich „arbeiten sich die Globalisierung ethischer Diskurse und die Globalisierung der Wirtschaft gegenseitig in die Hände" (Münch 2002a, 42) – etwa bei der Beförderung wirtschaftlicher Grundfreiheiten und der Beseitigung von Diskriminierung. Konsequentermaßen würde die ‚dynamische Interpenetration von Ethik und Wirtschaft' sogar implizieren, dass „sich ein Wirtschaftsraum über die Grenzen von (nationalen) Gemeinschaften hinaus nur ausdifferenzieren [kann], wenn das Recht und die Ideen der Gerechtigkeit als Legitimationsgrundlage strukturadäquat mitwachsen" (Münch 2002a, 39, vgl. ebd., 42 f.). Demgegenüber könnte durch die Transnationalisierung des *politischen Machthandelns*, einschließlich der Rechtsetzung, grundsätzlich eine Respezifizierung des Rechts erreicht werden. ‚Rechtssicherheit' lässt sich auf diesem – politischem – Wege gleichwohl nicht zurückgewinnen, zumal unter den Bedingungen von Mehrebenen- und Netzwerk-Governance zunehmend auch die ‚rechtsstaatlichen' Grenzen (im Begriffsgebrauch dieser Arbeit) überschritten werden. Der eigentliche Engpass für eine Transnationalisierung der *rechtlichen Vergemeinschaftung*, also die rechtliche Integration (im Sinne von rechtlicher ‚Geordnetheit' und ‚Voraussagbarkeit'; vgl. Münch 1984, 29) auf europäischer oder sogar globaler Ebene scheint jedoch weniger in den vorstehend benannten wirtschaftlichen, politischen oder kulturellen Voraussetzungen bzw. ‚Bestandteilen' einer transnationalen Rechtsgemeinschaft zu liegen als mit den Prinzipien der Vergemeinschaftung selbst zusammenzuhängen, welche die Erzeugung von Solidarität unter ‚Fremden' – hier: anonymen Rechtsgenossen – zunächst einmal unwahrscheinlich machen. Abschließend ist daher noch einmal auf die gemeinschaftliche Grundlage des Rechts selbst einzugehen.

3.3.1.5 Transnationalisierung der Rechts- und Solidaritätslogik

Innerhalb des sozialen Systems erfüllt das System der gesellschaftlichen Gemeinschaft analytisch betrachtet

> „die Funktion der Integration und der Schließung des Handlungsspielraums bei niedriger Symbolkomplexität und niedrigerer Handlungskontingenz durch die Sicherung von Solidarität, Zusammenhalt, Kooperation und gegenseitiger Unterstützung" (Münch 1992b, 341; vgl. Münch 1984, 37 u. 380 ff.).

Die Handlungskoordination erfolgt durch die Reziprozität und Normativität des Handelns in ‚gegenseitiger Verbundenheit', ob in traditionellen Kollektiven oder modernen Vereinigungen, ob durch informelle Einflussnahme oder Ausübung von Rechten. Die besondere Ordnungsleistung der gesellschaftlichen Gemeinschaft besteht darin, dass „eine gemeinsame Norm genau ein Handeln als verbindlich [definiert]" (Münch 1992b, 341). Ähnlich gibt es auch in der Rechtsgemeinschaft „[i]m Idealfall [...] zu jedem rechtlich erfaßten Tatbestand genau eine [(Rechts-)]Norm, die darauf Anwendung findet" (Münch 1984, 390). Diese Umschreibungen legen eine Differenzierung nach dem Verrechtlichungsgrad der gesellschaftlichen Gemeinschaft nahe, etwa zwischen der ‚undifferenzierten' Solidargemeinschaft und der ‚ausdifferenzierten' Rechtsgemeinschaft. Man könnte dann die Rechtsgemeinschaft als Subsystem der Solidargemeinschaft (in der Interpenetrationszone zum politischen System) entwerfen, etwa neben der Wertegemeinschaft (in der Interpenetrationszone zum sozial-kulturellen System) und der Marktgemeinschaft (in der Interpenetrationszone zum Wirtschaftssystem). Das Recht würde in diesem Fall weniger als Rechts*entscheidung* von der Politik her gedacht und als normierte Form der Macht entworfen (vgl. Münch 1984, 380 ff. u. 436 ff.) denn als Rechts*norm* von der Gemeinschaft her gedacht und als positivierte Form des Einflusses entworfen. In dieser (letzteren) Perspektive ginge es vornehmlich um „die Sicherheit, die das Recht bietet, im sozialen Verkehr mit beliebigen anderen in bestimmten Situationen bestimmtes Handeln und bestimmte Reaktionen auf eigenes Handeln erwarten zu können" (Münch 1984, 390). Diese rechtlich spezifizierte *Erwartungssicherheit* (kurz: ‚Rechtssicherheit') unterscheidet sich jedoch „von der in der Steuerungshierarchie übergeordneten Vergemeinschaftung, die konkretes Handeln nur noch in engen sozialen Kreisen steuern kann" (Münch 1984, 390). Mit anderen Worten: Im Vergleich zur ‚reinen Vergemeinschaftung' erweist sich die ‚Integration durch Recht' als ein Stück weit kontingenter und komplexer und somit (im Sinne der Anpassungsfunktion) als offener und marktgängiger. Informell tradierte und rechtlich formalisierte Solidargemeinschaft stehen insofern in einem Spannungsverhältnis, in dem erstere auf letztere begrenzend (Aspekt der Schließung) und letztere auf erstere dynamisierend wirkt (Aspekt der Öffnung) (vgl. Münch 1984, 405). Tatsächlich trägt die ‚Verrechtlichung' (als Teilmoment der Modernisierung) nicht unerheblich zur Auflösung traditioneller Solidarbeziehungen bei.

Diesem innergemeinschaftlichen Dynamisierungseffekt des Rechts stehen jedoch Steuerungswirkungen auf andere gesellschaftliche Teilsysteme gegenüber; zugleich wird die Rechtsgemeinschaft selbst durch ihre Verflechtungsbeziehungen zu Kultur, Wirtschaft und Politik unter Öffnungsdruck gesetzt: Die Dialektik von Öffnung und Schließung betrifft also das System der – zunehmend verrechtlichten – gesellschaftlichen Gemeinschaft nicht nur im Innenverhältnis, sondern auch im Außenverhältnis. Insoweit der in diesem Kapitel vorgestellte (und inhaltlich zugespitzte) ‚integrierte' Untersuchungsansatz für sich reklamiert, entlang der – beliebig potenzierbaren – vier Handlungsfelder sowohl die Stabilität von Institutionen als auch deren Wandel erklären zu können (Münch 1984, 50 f.), bietet er sich für beiderlei Aspekte – Öffnung *und* Schließung des Rechts (und in diesem doppelten Sinne: die Re-Integration durch Recht) – als Analyseinstrument an. Wiederum muss die Betrachtung des Rechts nicht auf ‚machtpolitische' Aspekte der Rechts*entscheidung*, in diesem Fall der *Öffnung* des Rechts durch Ökonomisierung (im Wege der Politisierung) der Rechtsprechung bzw. der *Schließung* des Rechts durch Erhöhung der Rechtssicherheit einer entökonomisierten (weil entpolitisierten) Rechtsprechung enggeführt werden (Münch 2001, 250). Auf *diesen* Zusammenhang, der die politökonomischen Voraussetzungen einer ‚judicial governance' zu klären hilft, ist erst im folgenden Teilkapitel (Kap. 3.3.2) weiter einzugehen. Einstweilen kommt in Auseinandersetzung mit dem strukturfunktionalistischen Konzept der Rechtsgemeinschaft jedoch dem Verpflichtungscharakter der Rechts*norm* als Einflussmittel in sozialen Beziehungen das größere Gewicht zu. Hier lässt sich die *Öffnung* des Rechts eher als (über die traditionellen Gemeinschafts- oder auch Rechtsgrenzen hinaus) erweiterte – und zugleich weniger tief greifende – Solidarität zwischen ‚reinen' Rechtssubjekten beschreiben, denen ansonsten erst einmal wenig gemein ist. Es geht dabei also um die ‚artifizielle' Vergrößerung einer (mehr oder minder ‚eingelebten') Rechtsgemeinschaft. Unter einer *Schließung* des Rechts lässt sich entsprechend die tatsächliche Vergemeinschaftung des hinzugefügten Rechts durch dessen Umsetzung in ‚reale solidarische Akte' verstehen. Auch diesen Formulierungen haftet ein gewisser ‚Bias' der politischen Rechtsgestaltung und des gemeinschaftlichen Nachvollzugs in Rechtsetzung und Rechtsprechung an; die Dynamisierung der Rechtsgemeinschaft geht jedoch nicht nur vom politischen System aus, sondern gleichermaßen (und mehr noch) vom Wirtschaftssystem und vom sozial-kulturellen System. Die Erweiterung der Rechtsgemeinschaft folgt dann nicht – oder nicht allein – einem ‚imperialen' politischen Entschluss, sondern den steigenden Rechtsansprüchen einer (ihrerseits auf Expansion angelegten) Wirtschafts- und Wertegemeinschaft.

Für die Öffnung und Schließung des Rechts unter Bedingungen der Europäisierung und der Globalisierung gilt dabei im Grundsatz das Gleiche wie für die ‚Verrechtlichung' (innerhalb) national begrenzter gesellschaftlicher Gemeinschaften. Unter dem Gesichtspunkt ihrer äußeren Verflechtung entfernt sich die gesellschaftliche (Solidar-)Gemeinschaft dabei von ihrem traditionalistischen Vorbild.

> „Die moderne gesellschaftliche Gemeinschaft ist kein geschlossener partikularistischer Verband. Die Solidarität der Gemeinschaft wird nämlich durch ethischen Universalismus kulturell generalisiert, durch Pluralismus für Interessen geöffnet und durch ein formales Rechtssystem in bezug auf praktische Regulierungen des Handelns spezifiziert. Auch [...] ist keine Logik der Solidarisierung am Werk, die nur noch Solidarität im engsten Kreise zuläßt, sondern gerade umgekehrt die Verbindung des Gemeinschaftshandelns mit anderen Sphären, unter Herausbildung einer neuen Form von Gemeinschaft, die Solidarität, Universalismus, Pluralismus und formale Rechtlichkeit umfaßt." (Münch 1984, 19)

Als Rechtslogik entwickelt sich die Solidaritätslogik dabei zu einer Vereinigungslogik, die immer weniger auf dem ‚gewachsenen Konsens stabiler Lebenswelten' beruht (vgl. Münch 1998, 129), sondern (in einer Parsonianischen Ausdeutung Durkheims; Münch 1998, 56 ff.; vgl. Münch 1988, 44 ff. u. 281 ff.) durch die gesellschaftliche Arbeitsteilung ökonomisch rationalisiert, politisch forciert und kulturell legitimiert wird:

„Berufsorganisationen, Verbände, Kirchen, Vereine und freie Vereinigungen aller Art [spielen] eine fundamentale Rolle im Aufbau von Solidaritätsnetzwerken in der modernen Gesellschaft […]. […] Sie bilden den assoziativen Unterbau einer freien Bürgergesellschaft auf der Basis von gleichen Rechten für alle, unabhängig von ihrer Herkunft." (Münch 1998, 59)

Damit wird deutlich, worin sich die moderne Rechtsgemeinschaft von der klassischen Solidargemeinschaft unterscheidet (nämlich im Grad ihrer Interpenetration mit den anderen gesellschaftlichen Teilsystemen) und worin ihr besonderes Wachstumspotenzial liegt (nämlich in den Macht-, Geld-, und Begründungsleistungen sowie den Rechtsansprüchen von Politik, Wirtschaft und Kultur). Der Argumentation zufolge kann die ‚Integration durch Recht' unter diesen Bedingungen nur mehr durch ein dichtes Netzwerk freiwilliger Vereinigungen geleistet werden, das solchermaßen die solidarische Basis einer voluntaristischen Ordnung darstellt. Die Rechtswirklichkeit der modernen gesellschaftlichen (Rechts-)Gemeinschaft besteht also im Wesentlichen darin, dass die ihr zugeführten

„kulturellen, politischen und ökonomischen Leistungen […] durch die unablässige Erneuerung des Vereinigungslebens der Gesellschaft in konkrete Akte der Kooperation, der gegenseitigen Unterstützung, der gegenseitigen Anerkennung von Rechten und der Übernahme von Solidaritätspflichten umgesetzt werden" (Münch 1998, 65).

In der Konsequenz bedeutet dies für die Ausdifferenzierung und Institutionalisierung eines transnationalen Raums rechtlicher Vergemeinschaftung, dass die einzelnen Rechtssubjekte nicht nur über politisches Machthandeln, wirtschaftliches Austauschhandeln und kulturelles Verständigungshandeln, sondern auch über solidarisches Vereinigungshandeln, nicht nur *systemisch*, sondern auch *sozial* in das größere Ganze (etwa die ‚Europäische Gemeinschaft' oder die ‚Weltgemeinschaft') *integriert* werden. Zugleich ist Solidarität unter ‚Fremden', die nur über politische Macht, Geld oder Wahrheit miteinander in Kontakt treten, zunächst einmal nicht selbstverständlich, sondern knapp: Denn stärker als jene Kommunikationsmedien ist das Medium des Einflusses bzw. der Reputation (sinnbildlich: guter Ruf, Ansehen) zumindest in der Genese an die Modalitäten der ‚Face-to-Face-Kommunikation' bzw. der ‚Mund-zu-Mund-Propaganda' geknüpft; d. h. es bedarf eines gewissen Vereinslebens, eines Einlebens der Vereinigungen, um (integrativ) wirksam zu werden. Wenn das übernationale Recht also nicht ein – relativ komplexes und kontingentes – Kunstprodukt der Interpenetration von Politik, Wirtschaft und Kultur bleiben, sondern zur (rechtlichen) *Erwartungssicherheit* weiterverarbeitet und damit zur *Selbstverständlichkeit* im Interaktionsgeschehen werden soll, dann muss es gleichzeitig dazu geeignet sein, transnationale Vereinigungen zu fördern, also vielfältige (Solidaritäts-)Bezüge zwischen den Menschen unterschiedlicher nationaler Kollektive schaffen. Die (transnationalen) Vereinigungen stellen in diesem Fall jene ‚neuen Vergemeinschaftungen' dar, ohne deren ‚steuernde Leistung' das (transnationale) Recht ein leeres Symbol bliebe (Münch 1984, 411). Da dabei auf einer *netzförmigen Solidaritätslogik* aufzubauen ist, die sich von der traditionellen gemeinschaftlichen Solidaritätslogik unterscheidet, der Rechtsgemeinschaftsbegriff aber (wenn er nicht im Parsonianischen Sinne aufgeschlüsselt wird) in dieser Hinsicht nicht eindeutig erscheint, ließe sich zur Veranschaulichung auch der Begriff einer *transnationalen Rechtsvereinigung* (im Sinne einer rechtlichen Metavereinigung) verwenden.

Stärker noch als die *nationale* rechtliche Vergemeinschaftung impliziert die *transnationale* rechtliche Vergemeinschaftung einen *Wandel der Solidaritätslogik* von der wechselseitigen Bindung in relativ homogenen und geschlossenen Einheiten zur wechselseitigen Bindung in relativ heterogenen und offenen Einheiten. Dieser Wandel wird – wie gesehen – durch das Recht selbst befördert (und zwar um so mehr, je individualistischer und universalistischer es angelegt ist), ist aber vor allem auf die ‚Komplexitäts- und Kontingenzschübe' der weniger geordneten Umwelt(-systeme) des Gemeinschafts- und des Rechtssystems zurückzuführen, also von Politik, Wirtschaft und Kultur. Während Interpenetration als „Form der geregelten wechselseitigen Beeinflussung unter Erhaltung der Spannung zwischen Systemen" (Münch 1984, 23) – ob analytisch oder normativ – den Idealzustand der modernen Gesellschaft beschreibt, die vormoderne Gesellschaft hingegen als Zustand der Überintegration der Gesellschaft durch ‚Dominanz' der Gemeinschaft charakterisiert werden kann, scheint der *gegenwärtige* Entwicklungstrend (in Fortsetzung der Bewegungsrichtung von der traditionalen zur modernen Gesellschaft) zunächst auf eine „Anpassung steuernder an dynamisierende Systeme" (Münch 1984, 23) hinauszulaufen. Dabei wären gegenüber dem System der gesellschaftlichen (Rechts-)Gemeinschaft nicht nur das Wirtschaftssystem, sondern auch das sozial-kulturelle und das politische System (in puncto Komplexität und Kontingenz) als weniger geordnet aufzufassen. Hebt man das Wirtschaftssystem als eigentlich ‚adaptives Subsystem' in dieser Reihe hervor, so ist von einer Überformung der Solidarität und des Rechts (wie auch der Kultur und der Politik) durch die Wirtschaft auszugehen, also „z. B. die Anpassung von Normen [einschließlich Rechtsnormen; S. F.], Werten und Zielen an Interessen/Mittel" (Münch 1984, 38). Andererseits scheint die Grenze der Überforderung oder gar der Ersetzung der Solidaritäts- bzw. der Rechtslogik durch die Logik der politischen Macht, des Geldes oder der Wahrheit weit gesteckt, das Prinzip des Leistungsaustauschs der jeweiligen Teilsysteme kaum gefährdet zu sein. So lässt sich die These einer zunehmenden ‚Anpassung steuernder an dynamisierende Systeme' durchaus auch innerhalb des Interpenetrationstheorems formulieren (vgl. Münch 1984, 410 f. u. Münch 1992b, 356 f.). Dies gilt umso mehr, wenn der Integrationsmodus selbst elastischer wird (etwa in Gestalt der Netzwerksolidarität). Wie auch immer dies im Einzelnen konzeptualisiert wird – insgesamt bleibt, dass das Recht der Gemeinschaft im Zuge der Europäisierung und Globalisierung *aller* gesellschaftlichen Teilsysteme situativ variabler wird.

3.3.2 Dynamisierung der Steuerung durch Recht und Gerichte

Unter dem Aspekt der ‚judicial governance' ist gleichermaßen auf die politische Macht (im Sinne der Zielerreichungsfunktion) wie den ‚Einfluss' (im Sinne der Integrationsfunktion) der Gerichte in Rechtsstaat und Rechtsgemeinschaft einzugehen. Tatsächlich lässt sich die moderne Rechtsprechung im Wesentlichen als Interpenetrationsprodukt von politischem System (Rechts*entscheidung* als Modus der *Steuerung* durch Recht) und gemeinschaftlichem System (Rechts*norm* als Modus der *Integration* durch Recht) begreifen. Dies kommt dem ‚klassischen', auf die Differenz von Recht und Macht fokussierten Rechtsverständnis nahe. Zusätzlich sind – innerhalb des strukturfunktionalistischen Quadrupels – wiederum ökonomische und kulturelle Bezüge der Rechtsprechung (im Sinne der Anpassungs- und der Strukturerhaltungsfunktion) zu berücksichtigen, deren ‚dynamisierende' (Kontingenz steigernde) Wirkung letztlich den Wandel der Rechtsstaatlichkeit in Richtung größerer sozialräumlicher Einheiten und größerer Offenheit dieser Einheiten auslöst und damit auch Veränderungen der Rechtsprechung bedingt. Während sich der (polit-)ökonomische Gehalt dieses rechtlichen Strukturwandels – wie bereits vertraut – im Sinne der Governance-Wende interpretieren lässt, wird mit der sozial-kulturellen Dimension, die in politikwissenschaftlichen und auch rechtswissenschaftlichen Diagnosen zumeist unterbelichtet bleibt, überdies auf einen Wandel des dem Recht zugrunde liegenden Gerechtigkeitskonzepts aufmerksam gemacht. Für eine als Wirtschafts- *und* Wertegemeinschaft politisch verfasste Rechtsgemeinschaft, in der sich ein von der (klassischen) ‚rechtsstaatlichen' Rechtsprechung unterschiedener Modus von ‚judicial governance' herauskristallisiert, erweist sich dieser kulturalistisch-rationalistische Ausgangs- und Endpunkt der strukturfunktionalistischen Analyse als durchaus gewinnbringend. Im Fokus steht dabei die Ausdifferenzierung und Institutionalisierung eines transnationalen Raums juristischer Streitschlichtung *im Kontext* der Herausbildung eines transnationalen Raums rechtlicher Vergemeinschaftung. Jener Raum ist gekennzeichnet durch eine Spezifikation der rechtlichen Integration (als Spezifikation der solidarischen Integration) zur ‚Integration durch Streitschlichtung' (Münch 2002a, 49 u. 54), baut also auf der Justiziabilität von (Rechts-)Normen im Sinne der gerichtlichen Unterscheidbarkeit bzw. Entscheidbarkeit von Recht und Unrecht *und* der damit verbundenen Integrationsleistung der Gerichte, d. h. der laufenden Kleinarbeitung gesellschaftlicher Konflikte im Wege der Rechtsprechung auf.

3.3.2.1 Rechtsprechung in der gesellschaftlichen Rechtsgemeinschaft

Als Vermittlungssystem in der Interpenetrationszone von politischem System und gesellschaftlichem Gemeinschaftssystem lässt sich das Rechtssystem, unter einem ‚Bias' der Rechts*entscheidung*, folgendermaßen differenzieren:

> „Die richterliche Entscheidungskompetenz (G) verklammert das Rechtssystem mit der Bürokratie. Der Austausch zwischen dem juristischen Experten und den Interessenten an Rechtsentscheidungen (A) öffnet das Rechtssystem für situativ variierende Interessen und Informationen. Die Rechtskultur (L) knüpft die Verbindung von rechtlichen Entscheidungsverfahren zum sozial-kulturellen Diskurs. Die Bildung einer Gemeinschaft von Rechtsgenossen (I) verbindet die Rechtsentscheidung mit dem gesellschaftlichen Gemeinschaftssystem." (Münch 1984, 310; vgl. ebd., 400 f.)

Auch wenn man das Richterrecht stärker auf seinen *normativen* Gehalt zurückführt, also eher ‚gemeinschaftlich' denn ‚politisch' interpretiert, lassen sich diese vier funktionalen Bezüge ausweisen; in diesem Fall würden die Gerichte weniger als Institution des (Rechts-)Staates denn als Institution der (Rechts-)Gemeinschaft gekennzeichnet – was es zumindest etwas leichter macht, das Recht als Form des *Einflusses* zu begreifen. Dabei wäre es keineswegs selbstverständlich, die Rechtsprechung lediglich als *politische* Einflussnahme (im Sinne der Mobilisierung politischer Unterstützung) zu fassen und solchermaßen als Komplement der politischen Machtausübung vorzusehen. Vielmehr lässt sich die richterliche Rechtsdeutung – die eindeutige Interpretation rechtlicher Normen im Rahmen von Gerichtsverfahren – durchaus auch als ‚Prototyp' der Aktualisierung *normativer* Bindungen verstehen und somit dem integrativen Kern des Gemeinschaftssystems zuordnen (Parsons 1969a, 420 u. 424).

Unbeschadet dieser (grund-)begrifflichen Nuancierungen – und unbeschadet der Eigenlogik des Rechts – handelt es sich bei der Rechtsprechung (ebenso wie bei der Rechtsetzung) um ein Interpenetrationsprodukt im Spannungsfeld von Machtlogik (Politik) und Solidaritätslogik (Gemeinschaft), aber auch von Marktlogik (Wirtschaft) und ‚Argumentationslogik' (Kultur). Was letztere – die Rechtskultur als Verbindung von rechtlichem Entscheidungsverfahren und sozial-kulturellem Diskurs – betrifft, so werden Rechtsentscheidungen über die Logik der rechtlichen Argumentation auf die (geschriebene oder ungeschriebene) Verfassung zurückgeführt; umgekehrt wird das einer Gesellschaft zugrunde liegende Gerechtigkeitsverständnis durch Rechtsverfahren schrittweise ‚positiviert'. Das Richterrecht wird auf diese Weise aber nicht nur legitimiert (und im Sinne der Strukturerhaltungsfunktion stabilisiert), sondern vor dem immer etwas un(ter)bestimmten gesellschaftlichen Wertehorizont auch unter Kontingenzdruck gesetzt. Im Verhältnis zum integrativen Pol der Rechtsgemeinschaft und der Rechtsprechung kommt der Rechts- bzw. Verfassungskultur insofern eine dynamisierende Wirkung zu:

> „Die Grundprinzipien einer Verfassung stellen ein symbolisches Potential dar, das der argumentativen Ausschöpfung des Interpretationsspielraums durch die generalisierende Tendenz der kulturellen Diskussion offensteht. [...] Verfassungen haben insofern nicht vorwiegend einen steuernden Effekt, sondern je nach der Spannweite der gemeinsamen Selbstverständlichkeiten einen dynamisierenden Effekt für die politische [und rechtliche; S. F.] Entwicklung." (Münch 1984, 334; vgl. ebd., 429)

Eine steuernde Wirkung entfalten die Rechts- bzw. Verfassungsprinzipien nur dann, wenn sie „zu festen Bestandteilen der selbstverständlichen kulturellen Überzeugungen einer gesellschaftlichen Gemeinschaft werden" (Münch 1984, 356), also gewissermaßen „den Kern des Selbstbildes einer Vergemeinschaftung bilden" (Münch 1984, 356): In diesem Fall wirken sie sich eher als Abgrenzungskriterien einer bestimmten (Rechts- bzw. Verfassungs-)Gemeinschaft im Sinne der Integrationsfunktion aus denn als Einfallstore einer weltgesellschaftlichen Rechtskultur im Sinne der Generalisierungsfunktion.

Auch die mit der Marktlogik verbundene Anpassung des Rechts an wechselnde situative Erfordernisse, insbesondere die Annäherung der Rechtslogik an die Gesetzmäßigkeiten „der freien Interessenartikulation und ökonomischen Nutzenkalkulation" (Münch 1984, 308), steht für eine Dynamisierung von Rechtsgemeinschaft und Rechtsprechung (vgl. Münch 1984, 360 ff. u. 433 ff.). Angesprochen sind damit weniger Selbstverständnis oder Selbstverständlichkeiten einer Markt*gemeinschaft* als die rechtlichen Bedürfnisse der einzelnen, vornehmlich aufs eigene Wohl bedachten Marktteilnehmer (gleichwohl die Marktordnung natürlich in ihrem *gemeinsamen* Interesse liegt). Der Modus der rechtlichen Handlungskoordinierung besteht hier in einem ‚Experten-Klienten-Austausch' zwischen Rechts- bzw. Verfassungsexperten auf der einen Seite und Rechts- bzw. Verfassungsinteressenten auf der anderen Seite:

> „Innerhalb des Rechtssystems erfüllt der Experten-Klienten-Austausch durch die Öffnung für die Rechtsinteressenten die Funktion der Steigerung der symbolischen Komplexität und der Kontingenz des Handelns im Hinblick auf die Interessen und Erwartungen, die rechtliche Behandlung erfahren können, und im Hinblick auf die Flexibilität der Rechtsfindung." (Münch 1984, 435)

In der Interpenetrationszone von Gemeinschaftssystem und Wirtschaftssystem, von Rechtsgemeinschaft und Marktgemeinschaft treten sich die Rechtsgenossen also als Marktteilnehmer mit (oftmals) gegensätzlichen Rechtsinteressen und insofern als Streitparteien gegenüber. Dabei fällt unter den unterschiedlichen, mit der Auslegung von Recht und Verfassung betrauten juristischen Experten vor allem den Richtern eine Integrationsfunktion zu:

> „Der Richter ist als Streitschlichter am stärksten an die Selbstverständlichkeiten der Verfassungsgemeinschaft gebunden, aber auch an das Interesse der Streitparteien an einem fairen Kompromiß. Verfassungsdeutungen von Richtern werden demgemäß idealtypisch vorwiegend durch konservative Orientierungen am bislang Geltenden, aber auch durch Kompromißbereitschaft geprägt sein, und dies vor allem solange die Verfassungsdiskussion nicht durch die dynamisierenden Kräfte anderer Interpreten in andere Richtungen gelenkt wird." (Münch 1984, 363; H. i. O.)

Diese Ceteris-paribus-Klausel richterlicher Steuerung im Sinne einer Schließung des rechtlichen Handlungsspielraums gilt nicht nur für die richterliche Auslegung der Verfassungsrechts, sondern auch des übrigen Rechts.

Aus diesem Zusammenspiel von Argumentationslogik, Marktlogik und Rechtslogik lässt sich folgern, dass die Richter nicht als die eigentlichen Triebkräfte des rechtlichen Strukturwandels zu verstehen sind – jedenfalls wenn und solange nur die Seite der ‚Öffnung' des Rechts betrachtet wird. Zumindest im Grundsatz ist die Rechtsprechung immer auf die Gewährleistung von Erwartungssicherheit und Rechtssicherheit in einer ‚Gemeinschaft von Rechtsgenossen' gerichtet, wobei es vornehmlich um die Wahrung des Rechts in einer eingelebten Sozialordnung geht. In dynamischer Betrachtung lässt sich unter diesem Aspekt der ‚Schließung des Rechts' aber auch die Vorwärtsverteidigung eines neuen Rechts in einer sich wandelnden Sozialordnung subsumieren. Im Sinne der ‚Dialektik der Öffnung und Schließung' (Münch 2001, 244) wäre demzufolge sogar davon auszugehen, dass die (Steigerung der) Integrationskraft des Richterrechts eine Conditio sine qua non des rechtlichen Strukturwandels darstellt: Wie

„die Erweiterung von wirtschaftlichen Transaktionen mittels Geld, von kollektiv bindenden Entscheidungen mittels politischer Macht und von wechselseitiger Verständigung mittels Wertbindungen auf die Mobilisierung von Einfluß angewiesen [ist]" (Münch 1998, 146),

so ist auch der mit der Erweiterung von wirtschaftlichen, politischen und kulturellen Handlungsräumen einhergehende rechtliche Strukturwandel auf eine Aktualisierung der Rechtsprechung (im Sinne der Mobilisierung von rechtlichem Einfluss) angewiesen. Im Hinblick auf die Modalitäten der ‚Integration durch Recht' besteht dabei insofern ein Unterschied zwischen der Steuerung durch die Rechtsgemeinschaft und der Steuerung durch die Rechtsprechung (Gerichtsentscheidung), als erstere auf ‚außerrechtlichen Selbstverständlichkeiten', also der Einbettung des Rechts in die – mehr oder minder solidarische – Lebenswelt beruht, während letztere auf einem innerrechtlichen Selbstverständnis, nämlich jenem der ‚autonomen juristischen Profession' aufbaut, die „in einer treuhänderischen Funktion für die *Spezifikation* der Grundstruktur des Rechts im Einzelfall" (Münch 1984, 421; H. i. O.) tätig wird. In diesem Fall wird der Rechtsgemeinschaft mit der „Reduktion der Komplexität der Erwartungen an das Recht und der Kontingenz des mit der Grundstruktur des Rechts zu vereinbarenden Handelns" (Münch 1984, 422) innerhalb des Rechtssystems die Integrationsfunktion zugeschrieben; der juristischen Profession wird mit ihrer „*Selektion* einer Welt des rechtlich Relevanten (reduzierte Handlungskontingenz) aus der hohen symbolischen Kom[p]lexität der gegebenen kulturellen Wertideen und Realitätssichten" (Münch 1984, 413; H. i. O.) demgegenüber die Zielerreichungsfunktion zugeordnet. Die Differenz von Rechtsgemeinschaft i. w. S. und Richter(gemein)schaft i. e. S. wird in dieser Analyse folglich auf die Differenz von Rechtsentscheidung und Rechtsnorm an der Nahtstelle von (rechts-)politischem System und (rechts-)gemeinschaftlichen System zurückgeführt.

Eine andere Nuancierung ergibt sich, wenn man die Richter(gemein)schaft selbst als (Nukleus der) Rechtsgemeinschaft definiert und insofern weniger auf ihre rechtsstaatliche Stellung und die damit verbundene Entscheidungsmacht als auf ihre rechtsgemeinschaftliche Stellung und die damit verknüpfte gesellschaftliche Reputation abstellt. Dabei wird gewissermaßen von einem Verständnis des Rechts als Interpenetrationsprodukt von lebensweltlichen Normen, die von der gesellschaftlichen Gemeinschaft tradiert werden, und politischen Entscheidungen, die von politischen Machthabern bzw. Mehrheiten getragen werden, ausgegangen. Mit anderen Worten: Das Recht verbindet die selbstverständliche Gültigkeit lebensweltlicher Normen mit der selektiven Geltungskraft politischer Entscheidungen – zumindest annäherungsweise (Münch 1984, 436). Während das Recht unter seinem politischen Aspekt, d. h. als Rechts*entscheidung* betrachtet, „letztlich eine Selektion unter Alternativen darstellt und deshalb keine selbstverständliche Geltung besitzt" (Münch 1984, 436), also nötigenfalls auch gegen Widerstand durchgesetzt werden muss, kommt ihm unter seinem lebensweltlichen Aspekt, d. h. als Rechts*norm* betrachtet, auch ohne Gewaltanwendung eine kollektive Verbindlichkeit zu. Voraussetzung dafür ist, dass die ‚Konstitution einer umfassenden Rechtsgemeinschaft' gelingt – was jedoch „nur in einer langen Tradition und im Zuge der Inklusion aller gesellschaftlichen Gruppen in den Prozeß der Rechtsbildung möglich" (Münch 1984, 440 f.) erscheint. Erst in einem solchen Prozess der *Vergemeinschaftung des Rechts* gewinnen die rechtlichen Entscheidungsinstanzen (jenseits ihrer politischen Macht) auch an ‚Einfluss', also an Unterstützung durch beliebige Mitglieder der Rechtsgemeinschaft. Dabei reduziert sich mit zunehmender Reputation der Rechtsinstanzen zugleich der Bedarf an Zwangsmitteln zur Aufrechterhaltung der Rechtsordnung. Inwieweit es der Richtergemeinschaft nun gelingt, über das Medium des Einflusses eine umfassende Rechtgemeinschaft zu konstituieren, lässt sich an der Akzeptanz des Richterrechts um des Rechts oder der Konformität willen und nicht der Macht oder des Zwangs willen bemessen. In einer (in sich unabgeschlossenen) modernen Gesellschaft genügt es dazu jedoch nicht, an eine ‚lange (Rechts-)Tradition' anzuknüpfen, also allein auf Beständigkeit gemeinschaftlicher (Rechts-)Normen zu setzen: Unter der Bedingung fortgesetzter Modernisierung im Sinne der weiter oben beschriebenen Dynamik von Öffnung und Schließung, Differenzierung und Rationalisierung verlieren Recht und Rechtsprechung rasch an lebensweltlicher Plausibilität, wenn sie sich nicht auch auf Veränderungen der (Rechts-)Wirklichkeit einstellen, wenn es den ‚entscheidenden' und ‚normierenden' Instanzen also nicht gelingt, den vornehmlich durch polit-ökonomische und sozial-kulturelle Kräfte vorangetriebenen Strukturwandel vermittels des Rechts (durch Erweiterung der Rechtsgemeinschaft) zu ‚zivilisieren' bzw. zu ‚institutionalisieren'. Wie an dieser Stelle argumentiert werden soll, vollzieht sich solcherlei Verrechtlichung und Vergemeinschaftung im Wesentlichen nicht ‚von oben' (oder ‚von außen') durch Entscheidungs- oder Sanktionsmacht, sondern ‚von innen' (oder ‚von unten') im Medium des Rechts bzw. des Einflusses selbst: Es ist die Geschlossenheit der Richterschaft und nicht ihre Übermacht (auch nicht kraft der staatlichen Vollzugsgewalt), die die ‚Gemeinschaft von Rechtsgenossen' zu integrieren verhilft. Indem die Richterschaft solange pars pro toto – als Teil der Gemeinschaft für die Gemeinschaft – Recht spricht, bis dieses auch unausgesprochen gilt, also als Gemeinschaftsnorm (weithin) verinnerlicht wird, erweist sie sich als *Integrationskern* der Rechtsgemeinschaft – und in diesem Sinne als Rechtsgemeinschaft in der Rechtsgemeinschaft. Anders ausgedrückt: Aus der Richtergemeinschaft erwächst vermittels des Richterrechts, das die Solidaritätsstrukturen einer veränderten Rechtswirklichkeit vorwegnimmt, eine umfassende Rechtsgemeinschaft.

Diese etwas abstrakten Überlegungen gewinnen an empirischem Gehalt, wenn man die Entstehung des Rechtsstaats bzw. die Entwicklung der Rechtsstaatlichkeit in der modernen Gesellschaft betrachtet – und erwägt, unter welchen (historischen) Umständen auch im Sinne der hier vorangestellten begrifflichen Differenzierungen von einem ‚Richterstaat' gesprochen werden kann. Tatsächlich scheint die Vorherrschaft der Richter – und anderer juristischer Professionen – als unmittelbarster Ausdruck der ‚Herrschaft des Rechts' nur ein Durchgangsstadium der rechtsstaatlichen Entwicklung zu bezeichnen, in der das Recht

„insoweit Züge eines in sich geschlossenen, sich selbst reproduzierenden Systems angenommen [hat], als es Merkmale der ursprünglichen Geschlossenheit von Recht als Teil der Lebenswelt bewahrt hat, nämlich mittels der repräsentativen Handhabung durch einen homogenen, gesellschaftlich unangefochten herrschenden Juristenstand als Rückgrat eines Staates, der sich wiederum weitgehend auf die Vorherrschaft einer obrigkeitsstaatlichen Mentalität stützen konnte" (Münch 1995b, 182).

Demnach wäre die Frühphase der rechtsstaatlichen bzw. rechtsgemeinschaftlichen Entwicklung gleichermaßen durch die Monopolisierung der richterlichen Macht im ‚Staat' und die Monopolisierung des richterlichen Einflusses in der ‚Gemeinschaft' gekennzeichnet. Damit Rechtsstaat und Rechtsgemeinschaft über dieses (richterstaatliche, richtergemeinschaftliche) Anfangsstadium hinauswachsen konnten, bedurfte es aber einer normativen Vergemeinschaftung der Macht wie des Rechts, die mit dem Begriff der Konstitutionalisierung (im Sinne der Entwicklung eines ‚bürgerlichen Konstitutionalismus'; Münch 1984, 290) erfasst werden kann, also der „Genese einer gesellschaftlichen Vergemeinschaftung, welche die unterschiedlichen sozialen Gruppierungen miteinander verbindet" (Münch 1984, 294) und im Zuge der Erweiterung der kulturellen, wirtschaftlichen, politischen Handlungs(spiel)räume immer wieder erneuert werden muss.

3.3.2.2 Dimensionen des Wandels der Rechtsprechung

Dabei vollzieht sich die Vergemeinschaftung bzw. Konstitutionalisierung des Rechtsstaats in einem Spannungsfeld, dessen Eckpunkte – analytisch betrachtet – durch das AGIL-Schema bestimmt werden und über zwei sich kreuzende Achsen miteinander verbunden sind. Zur Veranschaulichung lassen sich – historisch besehen – drei unterschiedliche Ausprägungen des Konstitutionalisierungsprozesses unterscheiden: die englische, die kontinentaleuropäische und die amerikanische Variante. Das englische Konstitutionalisierungsmuster wird durch das Spannungsverhältnis von Integration und Anpassung dominiert: „Das Verfassungsleben variiert auf der Achse der lebensweltlichen Schließung (I) und Interessenöffnung (A) bei einer geringen Ausprägung von rationaler Reflexion und Abstraktion (L) und konkreter Entscheidungsspezifikation (G)." (Münch 1984, 373; vgl. ebd., 442 f.). Im kontinentaleuropäischen Muster erweist sich demgegenüber das Spannungsverhältnis von Generalisierung und Spezifikation als bestimmend, also „die Achse von juristisch-kultureller Abstraktion (L) und juristisch-politischer Spezifikation (G)" (Münch 1984, 377; vgl. ebd., 443 ff.). In der US-amerikanischen Verfassungswirklichkeit schließlich scheinen die vier Funktionen – Offenheit für unterschiedliche Interessen und Einbindung in die Gemeinschaft, Verallgemeinerung der kulturellen Werte und kollektiv verbindliche Entscheidung – stärker miteinander integriert zu sein:

> „Von dem englischen und dem kontinentaleuropäischen Muster hebt sich die amerikanische Verfassungsentscheidung durch eine ausgeprägte Kombination der beiden Achsen der Generalisierung und Spezifikation sowie der Schließung und Öffnung ab, allerdings mit einer stärkeren Betonung der Schließungs-Öffnungsachse." (Münch 1984, 378; vgl. ebd., 445)

Zu vermuten stünde nun, dass sich in der gesamteuropäischen Verfassungswirklichkeit ein ähnliches Muster entwickelt, das die verschiedenen Verfassungstraditionen (common law und civil law) integriert. Wegen des Übergewichts der kontinentaleuropäischen Verfassungstradition im europäischen (Rechts-)Raum wäre zu erwarten, dass die Ausbildung dieses Verfassungsmusters (im Vergleich zum US-amerikanischen) mit einer stärkeren Akzentuierung der ‚Generalisierungs-Spezifikationsachse' einhergeht. Andererseits bietet sich für das Verständnis des (rechtlichen) Strukturwandels die Dialektik von (wirtschaftlicher) ‚Öffnung' und (gemeinschaftlicher) ‚Schließung' an, handelt es sich bei der europäischen Rechtsgemeinschaft – zumindest bisher – doch im Wesentlichen um die Institutionalisierung einer Marktgemeinschaft, deren Außengrenzen unter Bedingung der ökonomischen Globalisierung zunehmend ‚kontingent' erscheinen.

Statt einer dieser beiden ‚diagonalen' Achsen analytisch den Vorzug zu geben, lässt sich die Entwicklung des europäischen Rechts aber auch in eine *vertikale* und eine *horizontale* Dimension zerlegen. Auf diese Weise könnte an das Grundmodell dieser Arbeit angeschlossen werden, das mit dem Untersuchungsraster des Strukturfunktionalismus allerdings nicht völlig identisch ist. Eine Möglichkeit bestünde darin, in der vertikalen Dimension das Verhältnis von (Rechts-)Staat und (Rechts-)Gemeinschaft, von politischer Macht und solidarischer Bindung zu erfassen und damit – gemäß dem strukturfunktionalistischen Analyseschema – die Symbolkomplexität des Rechts abzubilden. Dabei ließe sich argumentieren, dass dem Spezifikationsschub der Europäisierung des Rechts ein Schub der Vergemeinschaftung desselben folgt. Die europäische ‚Integration durch Recht' würde entsprechend eine Verlagerung von der Rechtsetzung zur Rechtsprechung und vom Rechtsstaat zur Rechtsgemeinschaft implizieren. Ebendiese ‚Verrechtlichung' aber wird, so wäre weiterhin zu argumentieren, durch eine Horizontalisierung des Rechts bzw. der Rechtlichkeit unterstützt und ermöglicht, welche wiederum aus dem Wechselspiel von Märkten und Diskursen (und den Rückwirkungen dieses Wechselspiels auf Staat und Gemeinschaft) resultiert. Demnach impliziert die wirtschaftliche und kulturelle Erweiterung und Relativierung sozialräumlicher Grenzen (‚Globalisierung') eine Kontingenzsteigerung des Rechts, welche sich in der horizontalen Dimension des bekannten Analyseschemas abbilden lässt. Diese Steigerung der rechtlichen Handlungskontingenz aber untergräbt tendenziell die ‚Herrschaft' des Rechts (zumindest in einem klassischen, vertikalen, machtpolitischen Sinne) und auch dessen lebensweltliche Bindungskraft. Rechtlicher Einfluss scheint unter diesen Bedingungen nur mehr dann gesichert, wenn sich Rechtslogik und Solidaritätslogik selbst auf einen ‚offeneren' und ‚abstrakteren' Modus der Integration einstellen – so paradox dies erst einmal klingen mag.

Integration durch Recht(sprechung) lässt sich unter Bedingung der Horizontalisierung und Globalisierung des Rechts aber nicht mehr rein ‚esoterisch', als aus einem Korpsgeist der Juristen resultierend, erklären. Die Geschlossenheit, die das moderne Recht dadurch erlangt, dass „es Reste lebensweltlicher Starrheit in Form des obrigkeitlichen, von einem homogenen Juristenstand getragenen Rechtsstaates bewahrt hat" (Münch 1995b, 183), jene enge Verquickung von richterlicher Macht und richterlichem Einfluss, wird durch gesellschaftliche Kräfte der wirtschaftlichen Öffnung und kulturellen Generalisierung aufgebrochen und durch die zunehmende Vergemeinschaftung von Recht und Macht relativiert. An die Stelle des monolithischen ‚gouvernement des juges', das den autoritären Rechtsstaat verkörpert (vgl. Münch

1995b, 1992), tritt ‚judicial governance': die Steuerung durch Rechtsverfahren, in denen die Richter zwar Form gebend, aber inhaltlich nicht bestimmend sind und der Gehalt des Rechts gewissermaßen ‚ausgehandelt' wird. Das Recht wird also nicht mehr von staatstragenden Richtern bzw. Juristen auf der Basis von Macht und Einfluss gleichsam oktroyiert, sondern „entwickelt sich […] als ein multidimensional bestimmtes Produkt von Verfahren der Rechtssetzung und Rechtsprechung, die nicht mehr abgeben als den Kampfplatz konfligierender sozialer Kräfte" (Münch 1995b, 184). Der abnehmenden Bestimmtheit des Rechts durch die Selbstverständlichkeiten geschlossener Gemeinschaften – einschließlich der Lebenswelt der Juristenzunft – entspricht seine zunehmende Bestimmtheit durch Anforderungen (aber auch Vorleistungen) von außen, aus den Sphären der Kultur, der Wirtschaft und der Politik: „Es hängt folglich von kulturellen Systemen, ökonomischen Berechnungen und politischen Machtverhältnissen ab, was in der Realität als rechtlich richtig oder falsch definiert wird." (Münch 1996, 40). Aus dieser konstitutiven Fremdbestimmtheit des Rechts – die dem Interpenetrationstheorem zufolge geradezu als Ausweis seiner Modernität gelten kann – lässt sich ein strukturfunktionalistischer Begriff von rechtlicher *Autonomie* gewinnen, der an dieser Stelle in bewusster Abgrenzung zur Theorie autopoietischer Systeme formuliert wird:

> „Die Autonomie des Rechtssystems in modernen Gesellschaften ist nicht einem wundersamen Zusammentreffen von Autopoiesis und struktureller Kopplung in einem evolutionären Proze0 geschuldet, sondern ist ein sehr zerbrechliches Ergebnis von andauernden und niemals endenden kulturellen, gemeinschaftlichen, rechtlichen, ökonomischen und politischen Kämpfen um die Definition des rechtlichen Codes und Programms." (Münch 1996, 40)

Wie nun in diesem Kapitel argumentiert wird, wird mit dem Übergang zur Dritten Moderne das Recht empirisch deutlicher denn zuvor als Interpenetrationsprodukt erkenntlich, insbesondere was seine (welt-)wirtschaftlichen und (welt-)kulturellen Bezüge betrifft. Demzufolge ist ein ‚neuer Schub' bzw. ‚qualitativer Sprung' in der Entwicklung des Rechtsmediums zu beobachten (Münch 1995b, 186), im Zuge dessen seine Integrationsfunktion auf die Erfordernisse transnationaler Rechtsgemeinschaften umgestellt wird.

3.3.2.3 Integration durch Recht in der Europäischen Gemeinschaft

Auch mit Hilfe der strukturfunktionalistischen Untersuchungskategorien lässt sich das Problem der rechtsgemeinschaftlichen Integration und richterlichen Steuerung oberhalb des Nationalstaats also begrifflich und hypothetisch in eindringlicher Weise beschreiben, insbesondere was die normative Rückbindung und die politökonomische wie sozial-kulturelle Durchdringung des (Gemeinschafts-)Rechts betrifft. Am Beispiel der europäischen Rechtsgemeinschaft und des Europäischen Gerichtshofs lassen sich abschließend noch einige genauere Überlegungen anstellen: Grundsätzlich wird die ‚Europäisierung' wie auch die weitergehende ‚Globalisierung' rechtlicher und außerrechtlicher Handlungsräume dabei als Fortsetzung der Modernisierung mit anderen Mitteln betrachtet. (Genauer ändern sich im Übergang zur

Dritten Moderne eigentlich weniger die Mittel selbst – gemeint sind die symbolisch generalisierten Kommunikationsmedien – als ihre Einsatzmöglichkeiten auch jenseits nationaler Grenzen.) Gemäß der bekannten Entwicklungslogik von Erweiterung der Handlungsräume, struktureller Differenzierung, individualisierter Integration und Wertegeneralisierung vollzieht sich der europäische Modernisierungsprozess insbesondere durch das Wachstum des grenzüberschreitenden Handels, die funktionale Ausdifferenzierung des europäischen Rechts, die Inklusion durch Marktfreiheiten und Nichtdiskriminierung sowie den Übergang von nationalen zu transnationalen Gerechtigkeitsprinzipien (Münch 2003a, 10 u. 15). Dabei bleibt auch der Europäisierungsprozess in einer ,Dialektik von Öffnung und Schließung' gefangen, die Politik und Wirtschaft, Kultur und Gemeinschaft sowie das Recht vor das Dilemma stellt, *entweder* die Anpassungsfähigkeit (Flexibilität) *oder* die Integrationsfähigkeit (Stabilität), aber nicht beides zugleich optimieren zu können (Münch 2001, 249 f).

Als Öffnung des Rechts bzw. des Rechtsverfahrens wird in diesem Zusammenhang insbesondere „die tendenzielle Aufhebung der Trennung von Rechtssetzung durch Parlamente und Rechtsprechung durch Gerichte" (Münch 2001, 250), also die Politisierung des Rechts (bzw. die Verrechtlichung der Politik) verstanden. Mit der Schließung des Rechts bzw. des Rechtsverfahrens wäre dann umgekehrt die „strikte Trennung von Rechtssetzung und Rechtsprechung" (Münch 2001, 250) gemeint, wodurch die Hierarchie von Normbegründung und Normanwendung (wieder-) hergestellt und eine maximale Berechenbarkeit und Rechtssicherheit geschaffen würde. Auf europäischer Ebene wird dieses Modernisierungsdilemma von rechtlicher Öffnung und Schließung nun üblicherweise auf das ,politische' Machtverhältnis zwischen europäischem Gesetzgeber und Europäischem Gerichtshof (als Ersatzgesetzgeber in Phasen politischer Stagnation) bezogen. Andererseits geht die solchermaßen definierte Öffnung des Rechts aber mit einer hohen Geschlossenheit (wie auch Entschlossenheit) der europäischen Richterschaft einher – jenem als ,gouvernement des juges' verfemten Schulterschluss in der Konsolidierungsphase der Europäischen Verträge. Erst im weiteren Verlauf entwickelt sich auch auf supranationaler Ebene zumindest näherungsweise eine Normalität der ,rechtsstaatlichen' Gewaltenteilung (und demokratischen Teilhabe), die auf dem Erstarken des Gemeinschaftsgesetzgebers und der Mobilisierung der Gemeinschaftsbürger aufbaut und im obigen Sinne als Schließung des Rechts interpretiert werden kann. Gleichzeitig zeichnet sich eine größere Aufgeschlossenheit bzw. Verhandlungsbereitschaft der Richter ab, die in dieser Arbeit mit dem Begriff der ,judicial governance' belegt wird. Demzufolge lässt sich unter der Öffnung des Rechts im europäischen Kontext die Politisierung der Rechtsprechung (Interpenetration von Recht und Politik) oder auch eine weiter gefasste Vergesellschaftung der Rechtsprechung (Interpenetration auch mit Wirtschaft und Kultur) verstehen. Unter der Schließung des Rechts wäre bei fortschreitender ,Integration durch Recht' demgegenüber die Vergemeinschaftung des Richterrechts jenseits des nationalen Rechtsstaats, aber auch jenseits der juristischen Fachwelt zu verstehen – und damit die Genese einer umfassenden Rechtsgemeinschaft.

Ersetzt man den Begriff der Öffnung des Rechts durch den oben eingeführten Begriff der Horizontalisierung des Rechts (im Sinne einer Steigerung der Handlungskontingenz durch ökonomische Öffnung und kulturelle Generalisierung), so lässt sich noch etwas genauer auf den Zusammenhang – bzw. die Interpenetration – von ‚Märkten' und ‚Diskursen' im europäischen Recht eingehen. Grundsätzlich zieht unter dem ‚wirtschaftlichen' Aspekt eines allen Rechtsinteressenten offen stehenden Verfahrens und unter dem ‚kulturellen' Aspekt einer in allen Punkten rechtfertigungsbedürftigen Entscheidung (Münch 1984, 441 f.) ein Element der Unbestimmtheit in die Rechtsfindung ein, das eine substanzielle Integration durch Recht (im Sinne eines gemeinsamen lebensweltlichen Normbestands) unwahrscheinlich macht. Tatsächlich scheint sich unter Umständen der wirtschaftlichen Öffnung und kulturellen Generalisierung eher eine ‚formale Integration durch Recht' abzuzeichnen (Münch 2001, 265); Recht und Rechtsprechung gewinnen dann zunehmend Verfahrens- und solchermaßen auch Verhandlungscharakter. Aufgrund ihrer ‚Inklusivität' können die rechtlichen Entscheidungsverfahren gerade „in einem [...] Raum ohne Tradition und Volk" (Münch 2003b, 125) dabei sogar ein gewisses Integrations- und Identifikationspotenzial entfalten: Die transnationale Rechtsgemeinschaft besteht dann idealerweise im gleichen Zugang aller Rechtsgenossen zu einem supranationalen Gericht und entwickelt eo ipso eine ‚traditionale Legitimität' (Münch 2003b, 125 f.). Deutlicher noch wird die Verknüpfung von Marktlogik und Argumentationslogik *in der Rechtslogik* im liberalen ‚Bias' der europäischen Wirtschafts- und Wertegemeinschaft: Denn als Ausformung der Solidaritätslogik erscheint das Recht nicht per se festgelegt auf „an order between free individuals who do not share any tradition of proven values and norms" (Münch 2006, 64; vgl. ebd., 61); auch stellt der ‚Marktbürger' nicht notwendig das Vorbild des ‚Rechtsbürgers' dar (vgl. Münch 2003, 51; Münch 2006, 55 f. u. 66). In *diesem* Sinne wäre es zu kurz gegriffen, die Herausbildung einer liberalen europäischen (Rechts-)Ordnung in erster Linie auf die ‚innere Logik des Rechts' zurückzuführen, dessen stärkere Ausdifferenzierung auf europäischer Ebene ein freieres Schalten und Walten (der Richter) erlaubt. Zwar lässt sich die Europäische (Rechts-)Gemeinschaft durchaus als ‚primär juristische Konstruktion' interpretieren (Münch 2003, 13), jedoch nur unter Voraussetzung der für einen solchen rechtlichen Struktur- bzw. Kulturwandel *konstitutiven* gesellschaftlichen Kräfte – der sozial-kulturellen ebenso wie der politökonomischen.

Vollzieht man die Entwicklung der europäischen Rechtsgemeinschaft anhand der beiden (weiter oben eingeführten) Achsen der Rechts- bzw. Verfassungswirklichkeit nach – der ‚Generalisierungs-Spezifizierungsachse' und der ‚Schließungs-Öffnungsachse', so lässt sich sogar genauer differenzieren, welches Interpenetrationsverhältnis sich in welcher Phase (der Horizontalisierung des Rechts) als besonders relevant erwiesen hat: In der (bis in die 1970er-Jahre hineinreichenden) *Gründungsphase* der Europäischen (Wirtschafts-)Gemeinschaft, in der der Europäische Gerichtshof maßgeblich die Konstitutionalisierung der Verträge vorangetrieben hat, scheint ein besonderes Gewicht auf der Verknüpfung von juristischem Rationalismus (als kultureller Komponente) und richterlicher Entscheidungsmacht (als politischer Komponente) zu liegen; das europäische Recht vollführt also gleichermaßen einen Abstraktions- und Spezifikationsschub. In der (mit der Implementation des Binnenmarktprojektes verknüpften) *Erneuerungsphase* scheint demgegenüber die Verknüpfung von rechtlicher Mobilisierung der Gemeinschaftsbürger (als gemeinschaftlicher Komponente) und durchgreifender Liberalisierung der Märkte (als wirtschaftlicher Komponente) den Schwerpunkt des richterlichen Engagements zu bilden. In dieser (interpenetrationslogischen) Betrachtung unterscheidet sich das Recht der Gründungsphase der Gemeinschaft in seiner Ausprägung wie in seinen strukturellen bzw. kulturellen Voraussetzungen vom Recht der Erneuerungsphase der Gemeinschaft. In dieser Weise wäre auch die folgende Aussage zu interpretieren:

> „Complementing the formal establishment of direct effect and supremacy of European law [according to the logic of legal rationalism; S. F.] the principles of free movement and non-discrimination play the role of shaping the European legal order in a *substantial* way. They do not follow directly from procedure, but have to be established by themselves." (Münch 2006, 25; H. i. O.)

In der horizontalen Dimension der Kontingenz(steigerung) des europäisierten Rechts folgt dem Rationalisierungssog des ‚gouvernement des juges' (bzw. der ‚dominanten europäischen Rechtsgemeinschaft'; Münch 2006, 35 ff.) somit der Öffnungsdruck der ‚dominanten Marktgemeinschaft', in der auch die rechtsgemeinschaftliche Solidarität geprägt wird.

3.4 Rechtsgemeinschaft und Rechtsprechung in der Regulationstheorie

Im Einführungskapitel dieser Arbeit wurde das Governance-Konzept bereits durch den Begriff der Regulierung ‚politökonomisch' angereichert; insbesondere wurde der Übergang ‚from government to governance' mit der Herausbildung einer regulativen (Wettbewerbs-)Staatlichkeit in Verbindung gebracht (vgl. Kap. 1, insbesondere 1.3 u. 1.4.2). In der Darstellung wurden dabei neben Quellen des politikwissenschaftlichen ‚Mainstreams' auch Belege aus dem Bereich der ‚Regulationstheorie' herangezogen, einem in (heterodoxer) marxistischer Tradition stehenden, (gesellschafts-)kritisch ansetzenden Theoriekomplex. Der Wandel der Staatlichkeit wurde in diesem Zusammenhang letztlich ökonomisch begründet, genauer: auf eine Umstellung der ‚kapitalistischen Reproduktionsbedingungen' von relativ geschlossenen Volkswirtschaften auf globalisierte Märkte (und die damit verbundenen Machtverschiebungen) zurückgeführt. Dem liegt die Annahme zugrunde, dass eine Veränderung des *Akkumulationsregimes*, also der Wirtschafts- und Kapitalbeziehungen selbst, sich auch in einem Wandel der (darauf eingestellten) *Regulationsweise*, einschließlich der staatlichen Regulierung, ausdrückt. Im vorliegenden Kapitel sollen diese Argumente nun wieder aufgegriffen, gesellschaftstheoretisch gerahmt und rechtssoziologisch zugespitzt werden. Ziel ist es, zu einem regulationstheoretischen – oder zumindest regulationstheoretisch inspirierten – Verständnis von Recht und Rechtsprechung in einem übernationalen, postfordistisch geprägten Kontext kapitalistischer Wertschöpfung zu gelangen, welches die bisherigen Ausführungen sinnvoll ergänzt und abrundet: Durch den ökonomischen Ausgangs- bzw. Schwerpunkt dieses Kapitels wird die soziologische Betrachtung des Rechts stärker als in der vorherigen (systemtheoretisch, diskurstheoretisch und strukturfunktionalistisch geführten) Diskussion von einem *wirtschafts*soziologischen Blickwinkel (in kritischer, materialistischer Voreinstellung) aus vorgenommen. Auch in der Gesamtanlage dieser Arbeit soll dadurch eine stärkere ökonomische – man könnte auch sagen: institutionenökonomische (vgl. Boyer 2003b) – Unterfütterung der zuvor entwickelten Thesen und Überlegungen geleistet werden. Im interdisziplinären Komplex von Politikwissenschaft und Rechtswissenschaft (deren Querbezüge vor allem in Kap. 2 gewürdigt wurden) sowie von Soziologie und Ökonomik (deren Querbezüge bisher mehr unterstellt denn ausgearbeitet wurden) kommt dem Regulationsansatz somit die Funktion einer (politik- und rechts-)ökonomischen Vertiefung soziologischer Einsichten zu. Das vorliegende Kapitel befindet sich damit gewissermaßen im Kreuzungspunkt der genannten Disziplinen – oder auch von kritisch-materialistischer politischer Ökonomie (und ‚Rechtsökonomik') auf der einen Seite und idealistisch-konstruktivistischer (politischer Soziologie und) Rechtssoziologie auf der anderen Seite.

Der Regulationsansatz wird im Folgenden gleichwohl nicht nur in seinem Kern (bzw. seinen Kernaussagen) rekonstruiert, sondern auch an seinen Rändern redefiniert, d. h. er wird genau dort um (gesellschafts-, insbesondere konflikt-)theoretisch kommensurable Konzepte (rechts- und wirtschafts-)soziologisch erweitert, wo seine Erklärungskraft – gemessen am Erkenntnisinteresse dieser Arbeit – auf Grenzen stößt. Eine solche Ergänzungsmöglichkeit wird insbesondere in der feld- und habitustheoretischen Soziologie gesehen, die ebenfalls an marxistische Kategorien anknüpft, diese ihrerseits umdeutet und erweitert und der *strukturalistischen* Argumentation eine *konstruktivistische* Wendung gibt. Die soziologische *Makrokontextualisierung* der Governance-Analyse wird in dieser Weise durch eine soziologische Mikrofundierung – oder besser (weil des methodologischen Individualismus unverdächtig): eine *Mikroübersetzung* (‚microtranslation'; vgl. Jepperson 1991, 158) – der identifizierten (politökonomischen) Strukturen, einschließlich ihres Wandels, ergänzt und komplettiert. Eine Schlüsselrolle kommt dabei dem *Regulationskonzept* selbst zu, das im Französischen (‚régulation') deutlicher als im Englischen (‚regulation') auf makrosoziologische Zusammenhänge und Hintergründe der Regulierung verweist, die auch als ‚Regularisierung' und ‚Normalisierung' (hier: der Produktion und Konsumtion) gefasst werden können (Jessop/Sum 2006, 4, inkl. Fn. 1; vgl. Boyer 1990, 20 f.; Boyer 2002a, 1). Mit anderen Worten, es geht um die Regelmäßigkeiten (*frz.* ‚régularités', *engl.* ‚regularities') wirtschaftlichen Handelns, kurzum: die soziale und politische Ordnung der Wirtschaft. Als Mechanismen der wirtschaftlichen Regul(aris)ierung kommen dabei nicht nur Staat und Recht (in einem positivistischen Sinne) in Betracht, sondern „various forms of ‚governance' and ‚governmentalization'" (Jessop/Sum 2006, 5). Insbesondere soll dargelegt werden, „how these mechanisms interact to normalize the capital relation and guide (govern) the conflictual and crisis-mediated course of accumulation" (Jessop/Sum 2006, 15). Während das Erkenntnisinteresse regulationstheoretischer (Governance-)Analysen also letztlich *materialistisch* bestimmt ist, werden zur Erklärung selbst offenbar zunehmend *kulturalistische* Elemente herangezogen. Das Konzept der ‚Gouvernementalisierung' etwa führt (in foucaultscher Lesart) zu der These, dass sich der Wandel von ‚government' zu ‚governance' bzw. der damit verbundenen Akkumulationsregime und Regulationsweisen auf subjektiver bzw. intersubjektiver Ebene in einer Veränderung der ‚Gouvernementalitäten' nachzeichnen lässt (vgl. Foucault 2000; Burchell u. a. 1991; Bröckling u. a. 2000; Opitz 2004). Die (kritische) politische Ökonomie entwickelt sich solchermaßen „*Beyond the Regulation Approach*" – „*Towards a Cultural Political Economy*" (so der Titel von Jessop/Sum 2006 sowie der Titel des für 2007 angekündigten Folgebands; Jessop/Sum 2006, 3; H. i. O.).

Eine theorieimmanente Herausforderung besteht dabei offenbar darin, die strukturellen Grundlagen der Ökonomie weder in ahistorischer Weise zu verabsolutieren noch sie ins kulturell Beliebige zu relativieren, sondern (im Sinne des kritischen Realismus; Jessop/Sum 2006, 16 u. 299 ff.) das ‚reale' Bestimmungsverhältnis von politökonomischen *Fakten* und wirtschaftssoziologischen *Konstrukten* herauszuarbeiten. Die ‚harte' politische Ökonomie beschäftigt sich demnach hauptsächlich mit den „specifically economic aspects of such structural forms as the commodity, the wage relation, money, credit, taxation, the price mechanism, changing forms of competition, and so on" (Jessop/Sum 2006, 244). Demgegenüber erscheint die ‚weiche' Wirtschaftssoziologie weniger ökonomisch-materiell als soziologisch-kulturell ausgerichtet: „Soft economic sociology analyses economic categories, institutions and activities from their sociological and/or cultural aspects but does so at the price of eliminating their specificity as economic phenomena." (Jessop/Sum 2006, 320). Akzeptiert man diese Abgrenzung (oder Arbeitsteilung) von politischer Ökonomie und Wirtschaftssoziologie, so sind die folgenden Erörterungen eher jenseits des ‚harten Kerns' der (klassischen) Regulationstheorie, nämlich in ihrer (kultur-)soziologischen Rand- und Erweiterungszone zu verorten. Zur Hervorhebung der Kontinuität der Theoriebildung, was den *materiellen* oder ökonomischen Gehalt der (in die kapitalistische Wirtschaftsweise selbst eingelassenen) Konflikte betrifft, und zwar auch der *symbolischen*, etwa rechtlichen, wird das Etikett der Regulationstheorie jedoch für das gesamte Kapitel beibehalten. Es wird somit von einem integrierten Ansatz ausgegangen, der das (Untersuchungs-)Anliegen der politischen Ökonomie in die Wirtschaftssoziologie hineinverlängert – ganz im Sinne des regulationistischen Grundprogramms:

> „[T]he RA [Regulation Approach] focuses on the changing combinations of economic and *extra-economic* institutions and practices that help to secure, if only temporarily and always in specific economic spaces, a certain stability and predictability in accumulation – despite the fundamental contradictions and conflicts generated by the very dynamic of capitalism." (Jessop/Sum 2006, 4; H. i. O.).

Zu den außerökonomischen oder ‚sozialen' Faktoren, die jenseits des freien Spiels der (Markt-)Kräfte die kapitalistische Reproduktion und Akkumulation unterstützen, werden beispielsweise „institutions, collective identities, shared visions, common values, norms, conventions, networks, procedures and modes of calculation" (Jessop/Sum 2006, 4) gezählt. In diese Reihe gehören (sinnverwandt mit den oben genannten ‚Gouverne-Mentalitäten') auch die ‚Steuerungs-Konzepte' der am Wirtschaftsgeschehen direkt oder indirekt beteiligten gesellschaftlichen Akteure. Diesen *Steuerungskonzepten* oder ‚concept(ion)s of control' kommt im Rahmen dieses Kapitels sowohl theoretisch als auch empirisch eine große Bedeutung zu: Denn einerseits leisten sie (wie der Habitus-Begriff bei Bourdieu) die Verknüpfung zwischen strukturalistischer und konstruktivistischer politischer Ökonomie bzw. Wirtschaftssoziologie, ermöglichen es also, die Regelmäßigkeiten, Widersprüche und Veränderungen der kapitalistischen Reproduktion (structure) auch in Kategorien des Handelns und der Praxis (agency) zu erschließen. Andererseits eröffnen sie – interpretiert als in der (Regulations-)Praxis vorfindliche Governance-Auffassungen – auch eine Übersetzungsmöglichkeit der unterstellten Governance-Wende von der Makro- auf die Mikroebene (im Sinne der ‚microtranslation'): Demnach müsste sich der Übergang vom fordistischen Akkumulationsregime mit komplementärem nationalen Wohlfahrtsstaat zum postfordistischen Akkumulationsregime mit komplementärem postnationalen Wettbewerbsstaat auch in einem Wandel der Steuerungskonzepte ‚im Feld' widerspiegeln. Der Feldbegriff wird in diesem Fall nicht zufällig (oder nur im Sinne der ‚Feldforschung'), sondern im Anschluss an die (bourdieusche) Habitus- und Feldtheorie verwendet. Tatsächlich wird auf der wirtschaftssoziologischen Seite (hier: in den Arbeiten Fligsteins), der Begriff der ‚conce*pt*ions of control' weniger in einem regulationstheoretischen als in einem feldtheoretischen Kontext verwendet. Die (fligsteinschen) Steuerungskonzeptionen ersetzen bzw. spezifizieren dabei offenbar die *habitūs* der ‚klassischen' (bourdieuschen) feldtheoretischen Soziologie (Fligstein 2001a, 18, 29, 35 u. 70 ff.). Die begriffliche Inspiration könnte aber auch den praktisch wortgleichen und inhaltlich verwandten ‚concepts of control' der so genannten Amsterdamer Schule in der Regulationstheorie entstammen (Jessop/Sum 2006, 19, 21, 25 f., 93, 100 f. u. 104 f.; vgl. Overbeek 2004b), was weiter unten noch zu verdeutlichen ist. Mit den Steuerungskonzepten wäre somit nicht nur eine (weitere) soziologisch gehaltvolle governance-theoretische Vokabel gewonnen, sondern auch der ‚missing link' zwischen der regulationstheoretischen Ökonomik und der feldtheoretischen Soziologie (im Sinne eines integrierten politökonomischen und wirtschaftssoziologischen Ansatzes) hergestellt. Doch auch ohne diese unmittelbare begriffliche Verknüpfung lässt sich die nachfolgende Vernetzung der beiden Ansätze aus ihrer gemeinsamen (konflikttheoretischen, kapitalismuskritischen) Tradition heraus begründen. Der Nachweis der Fruchtbarkeit eines solchen Unterfangens soll im Folgenden (exemplarisch) geführt werden.

3.4.1 Politökonomische Grundlagen der Rechtsgemeinschaft

Eine besondere Herausforderung besteht dabei in der Einordnung des Rechts in diesen Theoriezusammenhang – also in der Formulierung einer ‚politischen Ökonomie' der Integration durch Recht, der Rechtsgemeinschaft und der Rechtsprechung. Grundsätzlich stehen Theorien der historisch-materialistischen Tradition in dem Ruf, symbolische (etwa politische, rechtliche, kulturelle, religiöse) Ordnungen als Phänomene des ‚Überbaus' ohne eigenen Erklärungswert abzutun; das Recht erscheint dann durch die Wirtschaft determiniert und die moderne Justitia als Opfer (und Agens) kapitalistischer Verhältnisse. Gerade aufseiten der Kritiker oder Gegner marxistischer oder post-marxistischer Wirtschafts- und Gesellschaftsentwürfe wird – oftmals als Folge einer kruden Rezeption – eine solche Sicht der Allgewalt der materiellen Basis kolportiert. Der Vielfalt regulationstheoretischer Ansätze (sieben Schulen und drei Generationen werden mittlerweile gezählt, ohne implizite ‚Wahlverwandte' in Politikwissenschaft und Soziologie; Jessop/Sum 2006, 20 f. u. 218 f.; vgl. Boyer/Saillard 2002, 45 ff.), die „the old Marxist problem of the relations between base and superstructure" (Jessop/Sum 2006, 353) in wechselseitige Konstitutionsverhältnisse von Wirtschaft, Staat und Gesellschaft übersetzen, kann dies kaum gerecht werden (vgl. van Apeldoorn 2002, 18). Bereits die Begründer der Pariser Schule, welche lange Zeit im Mittelpunkt der Regulationstheorie steht, „were equally concerned with what one might term the *economic* (market-mediated) mode of *economic* regulation and ‚the *social* (or extra-economic) modes of *economic* regulation'" (Jessop/Sum 2006, 216 f.; H. i. O.). Es besteht also von Beginn an die Möglichkeit, das Recht – sei es als Teil des Staates, sei es als Teil der Gesellschaft – als auf die Regul(aris)ierung der Wirtschaft bezogene, gleichwohl ‚relativ autonome' Größe zu entwickeln. Das Recht lässt sich dann nicht mehr nur als Verbrämung der Macht des Kapitals konzipieren, sondern kann grundsätzlich auch als deren Korrektiv entworfen werden. Nichtsdestoweniger sind regulationstheoretisch fundierte, ‚materialistische' Analysen *des Rechts* – zumal des supra- oder transnationalen Rechts – offenbar rar oder zumindest schwer zu finden (vgl. Buckel 2003, 50 f. u. 62 f.). Auch dies spricht für eine Einbeziehung wirtschafts- und rechtssoziologischer (vgl. Swedberg 2003; vgl. Edelman/Stryker 2005), insbesondere feldtheoretischer, Arbeiten mit ähnlichem Vokabular und verwandtem Erkenntnisinteresse in die Erörterung des politökonomischen Zugangs zum Recht. Zunächst wird jedoch der konventionellere, in der ‚Westdeutschen' und der Amsterdamer Schule gebahnte Weg (Jessop/Sum 2006, 21, 25 f. u. 100 f.) über eine staatstheoretische (und insofern auch rechtstheoretische) Ergänzung und Erweiterung der Regulationstheorie beschritten, der zugleich eine theorieimmanente Rekonstruktion der Governance-Wende erlaubt.

3.4.1.1 Komplementarität von Akkumulation und Regulation

Die Regulationstheorie lässt sich (im markanten Unterschied zum Gleichgewichtsansatz der klassischen und neoklassischen Ökonomik) als ‚Krisenwissenschaft' verstehen, die sich mit der Natur und (kapitalistischen) Bedingtheit wirtschaftlicher Krisen befasst und entsprechend gerade in wirtschaftlichen Krisenzeiten – wenn der Wachstumstrend auf längere Sicht gebrochen scheint – Konjunktur hat (vgl. Boyer 1990, 1 ff.; Boyer/Saillard 2002, 53). Historisch steht die Entwicklung und Verbreitung dieses ‚heterodoxen' wirtschaftstheoretischen (und -politischen) Ansatzes in engem Zusammenhang mit der so genannten ‚Krise des atlantischen Fordismus', die den Begriff der ‚Stagflation' (für wirtschaftlichen Stillstand oder Rückgang bei steigenden Preisen und wachsender Arbeitslosigkeit) prägte. Ausgehend von diesem Phänomen und primären Untersuchungsgegenstand der frühen Regulationisten lässt sich genauer zwischen der Krise *im* und der Krise *des* Fordismus unterscheiden:

> „The typical manifestation of the crisis *in* Fordism was an increasing tendency towards stagflation [...]. But this crisis tendency was usually overcome through a mix of crisis-induced economic restructuring and incremental institutional changes. The crisis *of* Fordism was manifested in the breakdown of these crisis-management mechanisms." (Jessop/Sum 2006, 335; H. i. O.; vgl. ebd. 243)

Etwas zugespitzt könnte man sagen, dass nicht die Krise (oder Krisentendenzen) des fordistischen Akkumulationsregimes selbst, sondern ein Versagen der darauf eingestellten Regulationsweise, also besagter ‚Mechanismen der Krisenbewältigung', das Ende der ‚Goldenen (Nachkriegs-)Jahre' eingeläutet hat. Tatsächlich wird im Regulationsansatz eine immanente Krisenhaftigkeit aller kapitalistischen Produktions- und Wachstumsmodelle unterstellt: „The constitutive incompleteness of the capital relation in the real world [is] such that a pure (capitalist) economy is impossible and its reproduction depends, in an unstable and contradictory way, on changing extra-economic conditions." (Jessop/Sum 2006, 310). Eine stabile wirtschaftliche Entwicklung lässt sich demnach nur über einen Ausgleich „between ‚reproduction' (as secured through the market mechanism) and régulation-regularization (as secured through non market-mechanisms)" (Jessop/Sum 2006, 6) erreichen; wegen der steten Expansionsneigung des Kapitals bleibt das einmal erlangte Gleichgewicht aber immer prekär. Die Krise des Fordismus – des fordistischen Akkumulationsregimes und der fordismustypischen Regulationsweise – gilt in dieser Weise nur als symptomatisch für die inhärenten Widersprüche einer kapitalistischen Wirtschaftsordnung.

Die Aufmerksamkeit der Regulationstheoretiker richtet sich daher nicht nur (retrospektiv) auf den *Fordismus* und seine Krisen, sondern (prospektiv oder zeitdiagnostisch) auch auf das, was danach kommt und – in Ermangelung eines passenderen, eindeutigeren Begriffs – gemeinhin als *Postfordismus* bezeichnet wird (vgl. Brand/Raza 2003). Die Verschiedenheit fordistisch organisierter Volkswirtschaften eingestanden und eine ähnliche Vielfalt postfordistischer Wirtschaftsregime vorausgesetzt, können beide Etiketten daher im Grunde nur eine ‚heuristische' Funktion erfüllen: nämlich die Suche nach zeitlich und räumlich konkretisierten Formationen des Kapitalismus anzuleiten und auf diese Weise ein besseres Verständnis für dessen gesellschaftliche Einbettung zu gewinnen (Jessop/Sum 2006, 86 f.). Die Auseinandersetzung mit fordistischen und postfordistischen Wirtschaftsformen erfolgt also letztlich zum Zwecke der Verdeutlichung der „various structural contradictions and strategic dilemmas inherent in the capital relation and their forms of appearance in different accumulation regimes, modes of regulation and conjunctures" (Jessop/Sum 2006, 311). Erst auf dieser Grundlage lassen sich, so die – materialistische – Grundannahme, auch die unterschiedlichen und konfligierenden Projekte und Diskurse der gesellschaftlichen Regul(aris)ierung und Norm(alis)ierung jener Widersprüche und Dilemmata begreifen (vgl. Jessop/Sum 2006, 311). Dieser Herangehensweise entspricht die dem kritischen Realismus eigentümliche (von Deduktion und Induktion unterschiedene) Methode der ‚Retroduktion', die die verborgenen Gesetzmäßigkeiten und sozialen Implikationen des Kapitals bzw. der Kapitalrelation ans Licht bringen soll:

> „[R]etroduction asks what the world must be like for certain stylized facts and/or specific observations to be possible. Thus it aims to identify underlying properties, tendencies or causal mechanisms inherent in specific structures and to establish the specific conditions under which these properties, tendencies or causal mechanisms may be actualized." (Jessop/Sum 2006, 16)

In diesem methodologischen Rahmen sind auch die klassischen regulationstheoretischen Konzepte wie ‚Reproduktion' und ‚Regulation', ‚Akkumulationsregime' und ‚Regulationsweise' zu verorten; sie erfüllen den doppelten Zweck „to explain in relatively abstract-simple terms the general mechanism (that is, market forces) to secure capital's expanded reproduction" und „to respecify this general mechanism in more concrete-complex terms to explain the historically specific dynamics of different periods and/or variants of capitalism, including the distinctive forms of appearance of their crisis tendencies" (Jessop/Sum 2006, 303). Damit leisten sie eine ‚retroduktive' Verknüpfung zwischen den *empirisch* beobachtbaren besonderen Ausdrucksformen der kapitalistischen Ökonomie und ihren *theoretisch* postulierten allgemeinen Prinzipien.

Das Distinktionsmerkmal der Regulationstheorie liegt also nicht so sehr in der Beschreibung fordistischer oder postfordistischer Wirtschafts- und Gesellschaftsformen (diese wird auch im weiteren Rahmen der ‚Varieties of Capitalism'-Literatur geleistet; vgl. Hollingsworth u. a. 1994b; Hollingsworth/Boyer 1997a; Kitschelt u. a. 1999; Hall/Soskice 2001a), sondern in deren methodischer Rückführung auf die Grundkonflikte aller Kapitalrelationen in der Sichtweise einer kritisch-materialistischen Ökonomik. Der Untersuchungsfokus kann dabei *mikro*ökonomisch auf den eigentlichen Produktions- und Arbeitsprozess oder *makro*ökonomisch auf das umfassende Akkumulationsregime gerichtet sein, er kann *polit*ökonomisch auf die (betriebs- und volkswirtschaftlich vorausgesetzte) Regulationsweise, etwa unterschiedliche institutionelle Arrangements und Formen der Staatlichkeit, und *sozio*ökonomisch auf die gesellschaftlichen (und kulturellen) Konstitutionsbedingungen einer kapitalistischen Wirtschaftsordnung abstellen (vgl. Jessop 2006, 58 ff.). Auf der (Analyse-)Ebene des *Akkumulationsregimes* lassen sich Fordismus und Postfordismus etwa an der Verknüpfung von Massenproduktion und Massenkonsum, Produktivitätszuwächsen und Lohnsteigerungen innerhalb relativ geschlossener Volkswirtschaften auf der einen Seite und der Flexibilisierung der Produktion und Differenzierung der Nachfrage, Internationalisierung des Wettbewerbs und Polarisierung der Beschäftigten auf der anderen Seite unterscheiden (Jessop 2006, 59 f. u. 78). Unter dem Begriff der *Regulationsweise* wird das „ensemble of norms, institutions, organizational forms, social networks and patterns of conduct" (Jessop/Sum 2006, 60; vgl. Brand 2003, 305) betrachtet, das ein Akkumulationsregime – das fordistische oder das postfordistische – unterhält und ‚steuert'; dabei geht es zunächst um die institutionelle Ausgestaltung der Wirtschaftsordnung auf einer (institutionenökonomischen) Mesoebene und noch nicht um den damit verbundenen allgemeineren

‚Vergesellschaftungsmodus' in einer stärker soziologischen (und zwar ebenso mikro- wie makrosoziologischen) Perspektive (Jessop/Sum 2006, 60 f., 63 ff., 82 u. 378). Unter dem Aspekt der Regulationsweise, die gewiss zum *polit*ökonomischen Kern des Regulationsansatzes gehört, wird daher im Folgenden vor allem der *Wandel der Staatlichkeit* im Übergang vom Fordismus zum Postfordismus betrachtet. Demgegenüber wird die unter dem *sozio*ökonomischen Aspekt der Vergesellschaftung interessierende weitere gesellschaftliche Einbettung dieses Strukturwandels bereits in der wirtschaftssoziologischen Rand- oder Außenzone des Regulationsansatzes verortet und entsprechend über ein etwas abgewandeltes Untersuchungsdesign erschlossen.

3.4.1.2 Staatlichkeit in der Regulationstheorie

‚Staat' oder ‚Staatlichkeit' gehören unter dem Aspekt der Regulationsweise also zum analytischen Kernbestand der Regulationstheorie; gleichwohl unterscheidet sich die konzeptionelle Ausarbeitung des ‚als Staatsfunktion aus dem Akkumulationsprozess ausgelagerten regulatorischen Elementes' (Demirović 2003, 49) in den unterschiedlichen Strömungen dieses Ansatzes. Im vorliegenden Zusammenhang interessieren dabei vor allem Arbeiten, die – angeordnet in einer simplen zweidimensionalen Matrix – eher einem ‚internationalen' als einem ‚nationalen' Fokus und eher einem (Staatlichkeits- und) ‚Vergesellschaftungsfokus' als einem ‚ökonomischen' Fokus zuzurechnen sind: Hierunter fallen insbesondere die nach ihrem Protagonisten (bzw. dem ‚Proto-Regulationisten' Gramsci; Jessop/Sum 2006, 348 ff.) benannten *neo-gramscianischen Perspektiven* der (heterodoxen, kritischen) Internationalen Politischen Ökonomie, die bisweilen auch als ‚Italienische Schule' bezeichnet werden. Einen solchen neo-gramscianischen Argumentationsschwerpunkt setzt wiederum insbesondere die *Amsterdamer Schule*, die weiter oben bereits als Nahtstelle zu den eigentlich (wirtschafts-)soziologischen Ansätzen definiert wurde (Bieler/Morton 2003, 338 f. u. 352 ff.; Jessop/Sum 2006, 18 ff. u. 90 ff.) und ihre doppelte Anschlussfähigkeit durch eine ‚(kritisch-)konstruktivistische' Übersetzung und Ergänzung regulationstheoretischer Makroanalysen erweist (van Apeldoorn 2002, 13 ff.). Das ‚wechselseitige Konstitutionsverhältnis von Ökonomie und Politik' (Röttger 2003, 19) wird im Rahmen dieser staatstheoretisch ausgearbeiteten Regulationstheorie in die Begriffe der ‚integralen Ökonomie' und des ‚integralen Staates' gebracht, die auf „the reciprocal presence of the state and the economy within one another" (Delorme 2002, 117) verweisen sollen. Die *integrale Ökonomie* ist demnach als erweiterte, staatlich regulierte (und gesellschaftlich eingebettete) Sphäre kapitalistischer Reproduktion zu verstehen und der *integrale Staat* als erweiterte, der Ökonomie verpflichtete (und gesellschaftlich akzeptierte) Sphäre politischer Regulation und Steuerung (Bieling 2002, 16; Jessop/Sum 2006, 350 ff. u. 366 ff.). Vervollständigt wird die ‚integrale' Rekonstruktion des „conceptual triplet of economics, state and civil society" (Jessop/Sum 2006, 349) durch den Begriff der *integralen Zivilgesellschaft* für ein „erweitertes, durch die kapitalistische Ökonomie und den Staat strukturiertes und diskursiv vermachtetes Terrain der gesellschaftlichen Konsensgenerierung" (Bieling 2002, 17). Die moderne Staatlichkeit ist also wesensgemäß auf die entwickelte (Privat-)Wirtschaft und (Zivil-)Gesellschaft bezogen; Wirtschaft, Staat und Gesellschaft werden als historisches Gesamt betrachtet, ihre Ausprägungen und Wechselwirkungen auf eine „allgemeine Entwicklungskonfiguration" (Bieling 2002, 14) zurückgeführt. In der kritisch-materialistischen Sichtweise der politischen Ökonomie liegt der innere Zusammenhang „zwischen der Organisation der Daseinsvorsorge (Produktion und Ressourcenallokation), den staatlichen Aufgabenbereichen (Institutionen, Recht, Steuern etc.) und den Arenen einer politischen Öffentlichkeit" (Bieling 2002, 13) dabei wesentlich in den (jeweiligen) Kapitalverhältnissen begründet.

Mit der ‚integralen' Betrachtung des Staates wird in der neo-gramscianischen Regulationstheorie praktisch die Spannbreite aktueller Governance-Analysen vorweggenommen: „Because state power is realized through its projection into the wider society and its coordination with other forms of power, one must look beyond formal government institutions to a wide range of governance mechanisms and practices." (Jessop/Sum 2006, 366 f.). Entsprechend umfassend ist die Analyse des ‚kapitalistischen Staates' und des Wandels der Staatlichkeit (im Übergang vom Fordismus zum Postfordismus) angelegt (Jessop/Sum 2006, 106 ff.). Zwar wird der Staat in der ‚erweiterten' Regulationstheorie nicht nur als bloßes Anhängsel einer von den Bewegungsgesetzen des Kapitals bestimmten Ökonomie betrachtet, jedoch wird ihm gleichwohl eine historisch bestimmte, d. h. auf die aktuellen Kapitalverhältnisse bezogene ‚strukturelle und strategische Selektivität' zugeschrieben:

> „Regulationists have studied this selectivity in terms of the state's contribution to securing hegemonic projects, comprehensive concepts of control, capital-citizen accords, institutionalized compromises, the regulation of the laws of profit or specific institutional forms (especially the capital-labour nexus and monetary constraint)." (Jessop/Sum 2006, 97 f.)

Die Selektivität einer bestimmten Form des Staates bzw. der Staatlichkeit drückt sich im jeweiligen institutionellen Gleichgewicht aus (das gemeinhin durch das Übergewicht bestimmter Institutionen gekennzeichnet ist) bzw. im jeweils gefundenen institutionellen Kompromiss (in dem die wechselseitigen Zugeständnisse nicht unbedingt gleichmäßig ausfallen). Es geht also im weiteren (materiellen) Sinne um die staatliche Machtkonzentration und -verteilung, im engeren (formellen) Sinne auch um die innerstaatliche Gewaltenteilung, die sich in einer „specific configuration of state branches, apparatuses and institutions, their specific powers and prerogatives of action, their specific relative autonomies and institutional unities, and their specific patterns of domination and subordination" (Jessop/Sum 2006, 98) niederschlägt. Es fällt nicht schwer, auch die Selektivität des Rechts und der Gerichte in diesem Kontext zu verorten, wobei in einer ‚integralen' Perspektive der Rechtsstaatlichkeit ausdrücklich auch Aspekte der ‚heterarchischen' rechtlichen und richterlichen Steuerung (im Sinne von legal bzw. judicial governance) einzubeziehen wären, die sich in der klassischen, enger und formeller gefassten Staatstheorie kaum abbilden lassen.

Zunächst ist jedoch auf die bereits im Einführungskapitel dieser Arbeit dargelegte Unterscheidung zwischen einem fordistischen und einem postfordistischen Typus des Staates bzw. der Staatlichkeit und deren regulationstheoretische Rückbindung zurückzukommen:

> „[W]hereas Fordism was characterized by a Keynesian welfare national state (KWNS), post-Fordism involves a Schumpeterian workfare postnational regime (or SWPR). [...] The first term in these concepts refers to the distinctive form of state economic intervention characteristic of a given mode of social regulation, the second refers to the distinctive form of social intervention favoured by the state, the third to the primary scale, if any, on which these functions are determined, and the forth to the principal mode of compensating for market failure." (Jessop/Sum 2006, 106 f.)

In dieser Begriffsfassung wird also eine umfassende Veränderung der Staatlichkeit im Übergang vom Fordismus zum Postfordismus behauptet, nämlich einerseits, was die institutionelle Struktur der staatlichen Aufgabenerfüllung anbelangt (im Sinne der vertikalen und horizontalen Differenzierung der Staatlichkeit), und andererseits, was die substanziellen Prinzipien wirtschaftlicher und sozialer Regulierung betrifft (im Sinne der strukturellen und strategischen Selektivität des Staates bzw. Regimes) (vgl. Jessop/Sum 2006, 106 ff.; Jessop 2001a, 161 ff.; Jessop 2001b, 87 ff.; Hirsch 2001a, 117 ff.; Hirsch 2001b, 188 ff.; Hirsch 2003, 16 ff.). Dieser Wandel wird in Zusammenhang mit dem Versagen der ‚Krisenbewältigungsmechanismen' der etablierten nationalstaatlichen, volkswirtschaftlichen Regulationsweise gesehen, das sich aus der zunehmenden ‚Globalisierung' der Kapitalkreisläufe „through the internationalization of trade, investment and finance" (Jessop/Sum 2006, 335) ergibt. Dies lässt sich insbesondere am Bedeutungswandel von Lohn(form) und Geld(form) – einschließlich ihrer inneren Krisentendenzen und äußeren Kontrollmöglichkeiten – nachzeichnen:

> „[T]he wage (both individual and social) came increasingly to be seen as an international cost of production rather than as a source of domestic demand; and money has increasingly come to circulate as an international currency, thereby weakening Keynesian economic demand management on a national level." (Jessop/Sum 2006, 335)

Anstelle der (nachfrageorientierten) geld- und lohnpolitischen Regulationsweise des keynesianischen nationalen Wohlfahrtsstaats tritt also die Regulationsweise des schumpeterianischen postnationalen ‚Workfare'-Regimes, dessen (polit- und sozio-) ökonomisches Ziel in der (angebotsorientierten) Steigerung der inter- und transnationalen Innovations- und Wettbewerbsfähigkeit besteht – und zwar „not just of individual firms or national champions but also of the overall productive system and its sociopolitical supports" (Jessop/Sum 2006, 81).

Dieser letztlich durch die inhärente (sozialräumliche) Expansionstendenz des Kapitals beförderte Umbau der Staatlichkeit lässt sich in drei mit einer „partiellen Redefinition spezieller [technisch-ökonomischer, politischer und ideologischer] Staatsfunktionen" (Jessop 1995a, 37) verbundene strukturelle Entwicklungstrends fassen: (a) die *Entnationalisierung* des Staates durch Verlagerung staatlicher Funktionen auf höhere (intergouvernementale, supranationale) und tiefere (subnationale) Ebenen; (b) die *Entstaatlichung* politischer Regime durch funktionale Reorganisation des staatlichen Aufgabenbereichs und ‚partnerschaftliche' Einbindung nicht-gouvernementaler Akteure; schließlich (c) die *Internationalisierung* des Nationalstaates durch Entdifferenzierung innenpolitischer und außenpolitischer Entscheidungskontexte mit der Umorientierung von der volkswirtschaftlichen Binnenregulierung zum internationalen Standortwettbewerb (Jessop 1995a, 12 ff. u. 19 ff.). In dieser Dreiteilung sind die beiden Grunddimensionen der Staatlichkeit im Wandel, die dem (Multilevel- und Network-)Governance-Modell dieser Arbeit zugrunde liegen, enthalten, nämlich Entnationalisierung (und Internationalisierung) in der *vertikalen* Dimension und Entstaatlichung (und Internationalisierung) in der *horizontalen* Dimension. Der Übergang ‚from government to governance' wird damit institutionell in der allmählichen Umwandlung der Nationalstaaten in postnationale Regime gesehen, die sich durch zweierlei auszeichnen: „an increasing range of important policy functions [...] now exercised above, below or transversally to the national state" und „the increasing importance of partnerships, networks and self-organization in the shadow of hierarchy in addressing problems of market failure" (Jessop/Sum 2006, 109 f.). Inhaltlich ist damit eine wirtschafts- und sozialpolitische Umorientierung, genauer: die Umstellung auf (markt- und wettbewerbskonforme) wirtschaftliche und soziale Regulierung verbunden, die sich den globalisierten Reproduktionszyklen des Kapitals anmisst. In sozioökonomischer Hinsicht zeichnet sich die dem Postfordismus ‚strukturell kongruente' und ‚funktional adäquate' Regulationsweise des schumpeterianischen postnationalen ‚Workfare'-Regimes gegenüber dem vorherigen, national eingehegten Reproduktions-Regulations-Komplex (aus geschlossener Volkswirtschaft und nationalem Wohlfahrtsstaat) insbesondere dadurch aus, dass „domestic full employment is deprioritized in favour of international competitiveness and redistributive welfare rights take second place to a productivist reordering of social policy" (Jessop/Sum 2006, 110).

Es schließt sich die Frage an, welcher Stellenwert dem Recht bei dieser institutionellen und substanziellen Neuordnung der Staatlichkeit zukommt oder, anders ausgedrückt, in welcher Weise sich der Wandel von fordistischen zu postfordistischen Kapitalverhältnissen (auch) *im Recht* ‚artikuliert'. Der Begriff der ‚Artikulation' wird dabei im gegenläufigen Sinne zum Begriff der ‚Retroduktion' verwendet: Während durch die Methode der Retroduktion als kritisch-realistisches Entdeckungsprinzip das (empirisch) ‚Konkrete' und ‚Komplexe' (theoretisch) abstrahiert und vereinfacht wird, wird durch die Methode der Artikulation als kritisch-realistisches Prinzip der Theoriekonstruktion das zunächst ‚Abstrakte' und ‚Simple' in Annäherung an die empirische Wirklichkeit konkretisiert und kompliziert. Genauer geht es um „the contingent actualization of natural necessities" (Jessop/Sum 2006, 17; vgl. ebd., 303 f.), in diesem Fall also die ‚kontingente' Artikulation der Regulations-‚Notwendigkeiten' der (einfachen und abstrakten) Kapitalrelation in (konkreten und komplexen) Rechtsverhältnissen. Der Begriff des Rechts bedarf unter diesen Umständen keiner kategorial oder logisch eindeutigen Definition, sondern kann in der Anwendung, d. h. in Auseinandersetzung mit unterschiedlichen ‚rechtlichen' Entwicklungsstufen und Erscheinungsformen, immer wieder neu gefasst bzw. immer weiter ausgearbeitet werden (vgl. Jessop/Sum 2006, 17). In Ermangelung einer solchen, dezidiert ‚postfordistischen' Neufassung oder Ausarbeitung des Rechtsbegriffs in der (dieser Arbeit zugrunde liegenden) Literatur, sollen hier nur einige grundsätzliche Überlegungen zur Position des Rechts innerhalb der politischen Ökonomie (verstanden als Beziehungsgeflecht zwischen Staat und Wirtschaft) angestellt werden. Dazu wird der Begriff des integralen (oder ‚integrierten') Staates bezüglich der unterschiedlichen ‚Plätze' und ‚Rollen', die dieser gegenüber der Ökonomie einnehmen kann, entfaltet. Mit ‚Plätzen' sind hier die unterschiedlichen Ebenen der Staatlichkeit „in a descending hierarchy from the highest level of society as a whole to the most immediate level of its actors" (Delorme 2002, 118) bezeichnet, also etwa die Makroebene des Prinzips staatlicher Vergesellschaftung, die Mesoebene institutioneller Formen und Spielregeln und die Mikroebene staatlicher Aktion und Interaktion. Als ‚Rollen' des Staates werden drei unterschiedliche Logiken staatlichen Handelns angeführt, nämlich Koordination, Legitimation und Zwang. „The mode of relation between the state and the economy can [then] be defined as the intersection of the place and the role of the state [...]." (Delorme 2002, 120; vgl. ebd., 118 ff.). Analytisch betrachtet kann sich der Staat im Verhältnis zur Wirtschaft also in ganz unterschiedlicher Weise positionieren; und als Teil des Staates betrachtet gilt dies auch für das Recht. Ausgehend von einer solchen Untersuchungsmatrix der verschiedenen Ebenen (‚Plätze') und Logiken (‚Rollen') staatlicher ‚Artikulation' lässt sich somit auch ein (staatstheoretischer) Rechtsbegriff gewinnen, der offen ist für Verschiebungen in der Art rechtlicher Vergesellschaftung, den institutionellen Formen des Rechts und den Dynamiken rechtlicher Interaktion, mithin auch für Veränderungen der ‚Rechtsstaatlichkeit' im Dreieck von Koordination, Legitimation und Zwang. Mit einer solchen Heuristik lässt sich letztlich auch ermessen, was im politökonomischen Diskussionszusammenhang unter einer ‚Integration durch Recht' zu verstehen wäre – oder, konzeptionell passender, unter einem *integralen Recht*, analog zur integralen Ökonomie und zum integralen Staat. Um die hier umrissene Argumentation auf den ebenso ‚konkreten' wie ‚komplexen' Gegenstand der Europäischen (Rechts-)Gemeinschaft zuzuführen, wird im Weiteren auf die Ausarbeitung der Regulationstheorie in der so genannten kritischen Integrationstheorie eingegangen. Am Ende wird dabei die Frage stehen, inwieweit die europäische Rechtsgemeinschaft als den Bedingungen einer (postfordistischen) Globalisierung besonders angemessene, ‚integrale' Form der Staatlichkeit bzw. der Rechtlichkeit zu deuten ist.

3.4.1.3 Europäische Integration in der Regulationstheorie

Die kritische politökonomische Integrationstheorie, die einige in der Tradition des Historischen Materialismus stehende Ansätze (Regulationstheorie, Staatstheorie und neo-gramscianische Internationale Politische Ökonomie) zusammenschließt (vgl. Bieling/Steinhilber 2000b, 13; Brand 2003, 306 u. 309 ff.), ist um ein besseres Verständnis der Entstehung, Funktion und Transformation internationaler Institutionen – insbesondere der europäischen – im Kontext der Globalisierung bemüht (Bieling/ Deppe 1996, 487 f.). Dazu soll nicht nur die institutionelle ‚Form', sondern auch der sozio-ökonomische ‚Inhalt', der besondere ‚gesellschaftliche Zweck' der entstehenden europäischen Ordnung erkundet werden (van Apeldoorn 2001, 71; van Appeldoorn 2002, 12 f.). Die Vertreter des kritischen Ansatzes grenzen sich damit sowohl von den älteren (neo-)funktionalistischen und intergouvernementalistischen Ansätzen ab, die ihnen bereits als ‚institutionalistische' Ansätze gelten, weil sie sich primär auf die Erklärung der institutionellen Ausgestaltung und Entwicklung der EU richten, als auch von den jüngeren, eigentlich institutionalistischen Erklärungsansätzen (einschließlich des intergouvernementalen Institutionalismus und des supranationalen Institutionalismus; vgl. Holman 2001, 164), die das europäische Mehrebenensystem gewissermaßen als institutionelle Realität voraussetzen und sich auf deren politische Implikationen konzentrieren. Diesen wie jenen Ansätzen wird eine Unterbelichtung der (materiellen) ökonomischen und sozialen Strukturen als Triebkräfte jeglicher institutionellen Entwicklung, mithin auch der ‚Institutionalisierung' Europas, zum Vorwurf gemacht. Zugleich erscheint den Vertretern der kritischen Integrationstheorie die Kontroverse zwischen Neofunktionalisten und Intergouvernementalisten (samt ihren institutionalistischen Erben) auch deswegen obsolet, weil sich diese problemlos in einem erweiterten Begriff der Staatlichkeit ‚aufheben' ließe, als deren spezifisch europäische Form dann etwa das Zusammenwirken supranationaler, intergouvernementaler und nationaler (Staats-)Funktionen gälte (vgl. Ziltener 1999, 22 ff.; Bieling/Steinhilber 2000b, 7 ff.).

In der kritischen Integrationstheorie soll der Prozess der europäischen Integration somit ausdrücklich auf den Wandel gesellschaftlicher Machtstrukturen (und der zugrunde liegenden Kapitalverhältnisse) bezogen werden; dabei wird transnationalen Akteurskonstellationen und Konfliktlagen – im Sinne eines ‚neo-gramscianischen Transnationalismus' (van Apeldoorn 2002, 17 ff.) – besondere Aufmerksamkeit gewidmet (Bieling/Steinhilber 2000b, 9 ff.; Bieler 2002, 577). Es wird zugrunde gelegt, dass das europäische Mehrebenensystem „in ein Kraftfeld ökonomischer, politischer, sozialer, ideologischer Interessen und Konflikte eingebettet ist" (Ziltener 2000a, 78), das die sozialräumlichen Grenzen Europas überschreitet und in letzter Konsequenz als ‚globalisiert' zu betrachten ist: „The neo-Gramscian transnationalist approach [...] conceptualises the EU as a site of struggle for transnational social forces." (van Apeldoorn 2002, 45). Mit den Kategorien des internationalen Staatensystems oder des europäischen Mehrebenensystems, an denen sich die herkömmlichen Integrationstheorien orientieren (mit Ausnahme vielleicht eines *trans*europäischen Funktionalismus), lässt sich dieser globale – oder globalisierungsbedingte – Strukturwandel jedoch kaum erfassen (Bieler/Morton 2001b, 13 ff.; van Apeldoorn 2001, 71). Entsprechend analysiert die kritische Integrationstheorie „den Prozeß und die Transformation der internationalen und europäischen Regulation immer mit Bezug auf ihre ökonomischen Grundlagen und ihren sozialen Gehalt, d.h. die tragenden Akteure sowie deren Interessen und Machtpotentiale" (Bieling/Deppe 1996, 501), wobei „die sozialen Kräfte die die europäische Ordnung stützen, nicht nur in der EU und in ihren Mitgliedstaaten, sondern im Rahmen einer globalen politischen Ökonomie zu verorten sind" (van Apeldoorn 2000, 191; vgl. Overbeek 2000, 166). Nicht so sehr die nationalen Mitgliedstaaten oder die supranationalen Institutionen stehen bei dieser Betrachtung des Integrationsprozesses (und dessen besonderer Dynamik) im Mittelpunkt, sondern die *transnationalen Akteure*, „whose identities, interests and strategies take shape within a changing global structural context, and who struggle over the direction and content of the European integration process" (van Apeldoorn 2001, 70). Die Ausrichtung des Untersuchungsfokus auf transnationale Akteursgruppen wird mit dem Wandel der kapitalistischen Produktionsstrukturen begründet:

> „[T]he growing presence and significance of transnational actors is seen as inextricably bound up with the transnationalisation of global capitalism, and hence is interpreted as a transnationalisation of *social forces* engendered by (the transnationalisation of) the production process." (van Apeldoorn 2002, 2; H. i. O.),

Dabei übernimmt die kritische Integrationstheorie nicht nur das konflikttheoretische Erklärungsschema, sondern auch das normative Erkenntnisinteresse des Regulationsansatzes (wie der marxistischen und post-marxistischen Theorietradition insgesamt). Im Kontext der europäischen Integration ist der normative Impuls auf die Politisierung jener Konflikte gerichtet, „die sich sowohl im europäischen Mehrebenensystem, als auch im Prozeß der Konstituierung von Elementen einer neuen Kohärenz zwischen Akkumulationsregime und Regulationsweise auf EU-Ebene [...] artikulieren" (Deppe 2000, 345). Befürchtet wird etwa

> „a novel form of bourgeois domination at the European level, which supports and strengthens a genuine transnational European class society in which an increasingly cohesive, transnational class of capital owners – embedded in a transnational structure of political elites, bureaucracies and think tanks – is faced with little opposition as a result of the (sub-)national and sectoral dispersion of subordinated social groupings" (Holman 2001, 173).

Im (gesellschafts-)kritischen Erkenntnisinteresse dieses integrationstheoretischen Ansatzes verbinden sich solchermaßen die Offenlegung struktureller Machtbeziehungen einschließlich ihres Wandels (z. B. des materiellen Gehalts von ‚Globalisierung' und ‚Europäisierung') und die Aufklärung der ideologischen Funktionen von Theorien (z. B. des ‚Neofunktionalismus' und des ‚Intergouvernementalismus' in der integrationspolitischen Diskussion um die ‚Finalität' Europas) mit politischen Stellungnahmen und Interventionen (z. B. im Sinne einer Parteinahme für die ‚Linke' und die ‚Sozialdemokratisierung' des Einigungsprojekts) (Bieler/Morton 2001b, 23; vgl. Röttger 2003, 21 f. u. 35 ff.).

Wichtiger als eine solche politische Verwertung der kritischen Integrationstheorie (die eine sachliche Rezeption des Ansatzes im ‚Mainstream' der Europaforschung oftmals verhindert) erscheint im vorliegenden Zusammenhang jedoch das Argument der Regulations- und Integrationstheorie, dass sich die neuen Artikulationsformen des postfordistischen Komplexes der ‚Reproduktion-Regulation' nicht mehr in Begriffen des Fordismus fassen bzw. an dessen Standards messen lassen. Wenn also beispielsweise unter Bedingung der ökonomischen Globalisierung von einem ‚nationalstaatlichen Regulierungsdefizit' oder einem ‚europäischen Reregulierungsdefizit' gesprochen wird, so wird der – vielleicht entscheidende – Umstand, dass sich die materiellen Grundlagen der Regulation verändert haben (könnten), in der Problembeschreibung übersehen – denn in dem Fall hätte man es weniger mit einer quantitativen als mit einer qualitativen Veränderung der staatlichen Regulierung zu tun (vgl. Brand 2003, 308). Auch wäre die Europäisierung (als Moment der Internationalisierung) der Staatlichkeit nicht einfach als Konsequenz des vor einem halben Jahrhundert auf den Weg gebrachten Integrationprozesses zu deuten, zumal die Gründungsväter der Europäischen Gemeinschaft(en) das Projekt einer europäischen Einigung zu einer Zeit in Gang setzten, zu der das fordistische Wachstumsmodell im atlantischen Raum dominierte (van der Pijl 1984, 18 f.) und sein Zusammenbruch noch kaum vorherzusehen, geschweige denn vorwegzunehmen war. Die entscheidende Weichenstellung für die Herausbildung einer europäischen Staatlichkeit ist aus Sicht der Regulationstheorie erst im Zusammenhang mit dem endgültigen ‚Scheitern' des Fordismus, der wirtschaftspolitischen Umorientierung der Mitgliedstaaten und der ‚Neuauflage' des Integrationsprojekts erfolgt. Demnach weist der Prozess der europäischen Integration mit der Umstellung auf eine *wettbewerbsstaatliche Regulationsweise* (parallel zur Durchsetzung eines postfordistischen Akkumulationsregimes und einer globalisierten ‚kapitalistischen Vergesellschaftungsdynamik') einen eklatanten ‚Bruch' auf. Auf ebendieser Grundthese – oder Grundfrage – der kritischen Integrationstheorie soll im Weiteren aufgebaut werden: „How do structural changes in the global political economy impact upon the European political economy, and how do these latter changes affect the dynamics of European integration?" (van Apeldoorn 2002, 2).

Die Globalisierung und „the transnational restructuring of social forces" (Bieler/Morton 2001b, 4) als Hintergrund des integrationspolitischen Wandels in Europa wird materiell vor allem an der globalen Integration von Finanzmärkten und am Wachstum grenzüberschreitender Produktionsnetzwerke festgemacht, ideell im Wandel vom Keynesianismus zum Neoliberalismus. Alle drei Komponenten dieses weltweiten Entwicklungstrends schlagen (seit den 1980er-Jahren) auch auf die europäische Ebene durch: Deregulierung der nationalen Finanzmärkte, zunehmende Präsenz multinationaler Unternehmen, wirtschafts- und integrationspolitische Umorientierung (Bieler/Morton 2001b, 4 f.). Angesichts dieses globalen Transformationsprozesses wird das Zusammenspiel von Ökonomie und Politik in der gegenwärtigen europäischen ‚Konfiguration' von der kritischen Integrationstheorie nicht nur auf die (Eigen-)Logik des europäischen Mehrebenensystems (inklusive der nationalstaatlichen Ebene) zurückgeführt, sondern auf die (Gesamt-)Logik des kapitalistischen Weltsystems, wobei ein transnationales Hegemoniekonzept die Verknüpfung der Systemebenen leistet (vgl. Ziltener 2000b, 158 ff.; Bieling/Steinhilber 2000b, 14; Böröcz/Sarkar 2005, 157 ff.). Hegemonie steht hier für die ebenso auf Zwang wie auf Konsens beruhende

> „Fähigkeit sozialer Kräfte, ihre Interessen im Sinne von Akkumulations- und Regulationsstrategien durch politische Projekte – d. h. die allgemeine Akzeptanz und Universalisierung von Normen, Regeln und Institutionen – zur Geltung zu bringen" (Bieling/Deppe 1996, 498)

und einen „transnationalen Entwicklungspfad" (Bieling/Steinhilber 2000b, 14) zu etablieren. Das Projekt europäischer Integration kann demnach als Teil eines umfassenderen *Hegemonialprojektes* begriffen werden, das zur Herausbildung einer (zusätzlichen) europäischen Ebene der Staatlichkeit führt, welche die (veränderten) gesellschaftlichen Kräfteverhältnisse „im Binnen- sowie im Aussenraum des von ihr umfassten Gebietes" (Ziltener 1999, 78; vgl. ebd., 14 ff u. 36 ff.; Ziltener 2000a, 76 f.) widerspiegelt. Diese Argumentation impliziert wiederum keine (deterministische) Reduktion – sondern allenfalls eine (kontingente) Retroduktion – des Politischen auf das Ökonomische. Insoweit ist auch die (jüngere) kritische Integrationstheorie bemüht, „die relative Selbständigkeit der Institutionen des politischen Systems in ihrem Verhältnis zu den ökonomischen und sozialen, grenzüberschreitenden Integrationsprozessen zu reflektieren" (Deppe 2000, 338). In der Europäischen Union, die als „*Teil* einer mehrere Ebenen und viele Instanzen umfassenden europäischen Staatlichkeit" (Ziltener 2000a, 81; H. i. O.) eine spezifische Funktion übernimmt, kristallisieren sich die transnationalen (ökonomischen, politischen, sozialen) Hegemonialstrukturen nun in der besonderen Form der *Rechtsgemeinschaft* heraus (vgl. Bieling/Steinhilber 2000c, 103; Demirović 2000, 66), wobei sich die europäische Ebene gegenüber der nationalen Ebene insgesamt durch eine höhere Gewichtung und größere Eindeutigkeit von (marktkonformen) regulativen Staatsfunktionen und eine spezifisch wettbewerbsorientierte ‚strategische Selektivität' auszeichnet (vgl. Jessop 1995a, 43; Ziltener 1999, 208).

Die kritische Integrationstheorie geht also von einer grundsätzlichen Transformation der Integrationsweise, einem ‚Strukturbruch europäischer Staatlichkeit' (Ziltener 2000a, 87) im Übergang von der ‚keynesianischen Konfiguration' zur ‚neoliberalen Konfiguration' (Bieling/Steinhilber 2000c, 105) aus: Während die supranationale Ebene in den 1950er- und 1960er-Jahren den *keynesianisch-korporatistischen Nationalstaat* stärkte, selbst aber nur partielle Staatsfunktionen ausbildete; gewinnt sie erst in den 1980er- und 1990er-Jahren einen eigentlich staatlichen Charakter und forciert im Wege direkter und indirekter Steuerung die Herausbildung eines *europäisierten Wettbewerbsstaats* (Ziltener 2000a, 91 u. 95 f.). Präziser folgt auf die „hohe Zeit der *Monnet'schen Integrationsweise* [...] von der Gründungsphase der EG bis ungefähr zum Jahr 1973" (Ziltener 2000a, 85; Ziltener 1999, 200; H. i. O.), einschließlich der Blockadejahre in den 1960ern, eine (Zwischen-)Phase der Erosion und des Umbaus; die „Geburtsphase der *wettbewerbsstaatlichen Integrationsweise* fällt [schließlich] zwischen die Jahre 1978 und 1986" (Ziltener 2000a, 85; Ziltener 1999, 200; H. i. O.), also ins Vorfeld der Einheitlichen Europäischen Akte. Der ‚Strukturbruch' wird demzufolge direkt mit der Transformation des fordistischen Akkumulationsregimes und der nationalstaatlichen Regulationsweise in Verbindung gebracht. Die entscheidende Krise des Integrationsprozesses wird nicht – wie in anderen Erklärungsansätzen – in der zeitweiligen Blockadehaltung europäischer Staatsmänner gesehen, sondern in den Aporien des Wohlfahrtsmodells der Nachkriegszeit; kurzum: nicht die politische, sondern die wirtschaftliche Stagnation erscheint hierfür ausschlaggebend (vgl. Ziltener 2000a, 87 f.; Tömmel 1995, 51 f.). Demnach bedurfte es eines Wandels der Integrationslogik, um den ab Mitte der 1970er-Jahre krisenhaft beschleunigten weltwirtschaftlichen Strukturwandel im europäischen Mehrebenensystem nachzuvollziehen und einen neuen, internationalisierten Typus der Staatlichkeit durchzusetzen. Betont wird, „daß die EU eine aktive und gestaltende Rolle spielt bei der Herausbildung postfordistischer Produktionsmodelle wie post-keynesianischer Formen der staatlichen Regulierung ökonomischer und sozialer Entwicklungsprozesse" (Tömmel 1995, 50), also eine eigene strategische Selektivität entwickelt.

Tatsächlich lässt sich der in den 1980er-Jahren einsetzende Integrationsschub mit den neuen, schumpeterianischen Funktionen des europäischen Mehrebenensystems wohl besser erklären als mit einer krisenbedingten Wiederbelebung des alten, einstmals Keynes verpflichteten Einigungsprogramms (vgl. Tömmel 1995, 50 ff.; Ziltener 1999, 50 ff.). Die europäischen Institutionen lassen sich nicht mehr (oder immer weniger) als Komplement der nationalen Wohlfahrtsstaatlichkeit begreifen, sondern befördern selber die Durchsetzung einer wettbewerbsstaatlichen Regulations- bzw. Integrationsweise (Bieling/Deppe 1996, 482). Dies wird – nach außen wie nach innen – (spätestens) mit der Forcierung und ‚neoliberalen' Wendung des *Binnenmarktprojektes* manifest (vgl. Bieling 2002, 22 ff. u. 32 ff; vgl. Ziltener 2000a, 88 f.; Ziltener 1999, 139 ff.; van Apeldoorn 2000, 200 ff.; Bieling/Steinhilber 2000c, 112 ff.). Bei der Binnenmarktinitiative handelt es sich in den Begriffen der kritischen Integrationstheorie um ein konkretes ‚hegemoniales Projekt', was bedeutet, dass die strukturell dominanten transnationalen Akteure ihr (partikulares) Interesse an einer Veränderung der Regulationsweise nicht einfach zwangsweise durchsetzen, sondern durch Einbindungs- und Kompromissstrategien einen (allgemeinen) gesellschaftlichen Konsens herbeiführen, der ihrem Vorhaben eine breitere Legitimationsgrundlage verschafft und Widerstände neutralisiert (vgl. Ziltener 2000a, 76 f.; Bieling/Steinhilber 2000c, 106). Auch die in den 1990er-Jahren beschlossene (und schrittweise implementierte) Europäische Wirtschafts- und Währungsunion lässt sich in diesem Sinne als Hegemonialprojekt begreifen: Zwar vermochte sich in den Verhandlungen von Maastricht das ‚neoliberale Projekt' offenbar weitgehend durchzusetzen, jedoch wurde es auch mit einigen ‚neomerkantilistischen' und ‚sozialdemokratischen' Elementen, die den Konkurrenzprojekten entstammen, angereichert. Im Ergebnis steht ein ‚eingebetteter *Neo*liberalismus' (van Apeldoorn 2001, 82 f.; van Apeldoorn 2002, 158 ff.), der sich vom Nachkriegsmodell des ‚eingebetteten Liberalismus' abhebt. Anbetrachts der prononciert (neo-)liberalen Grundausrichtung des neuen Modells werden herkömmliche Merkmale der ‚Einbettung' zunehmend als sozial(politisch)e Zugeständnisse begriffen – und schrittweise reduziert:

> „In embedded neo-liberalism, the neo-liberal project stops short of fully disembedding the market economy from its post-war social and political institutions. The emphasis is still on the freedom of capital and the freedom of markets, and therefore on the need to fundamentally restructure the post-war ‚European model'. [...] But it is recognised that this restructuring will have to be a gradual process, in which some degree of social consensus is maintained." (van Apeldoorn 2002, 160)

Aus regulationstheoretischer Sicht qualifiziert der ‚eingebettete Neoliberalismus', der ein neues (umfassendes) Steuerungskonzept zum Ausdruck bringt (van Apeldoorn 2002, 115 u. 158), die heutige EG/EU solchermaßen bereits als *Exempel* postfordistischer, postnationaler (Wettbewerbs-)Staatlichkeit – nicht nur trotz, sondern gerade wegen der Verknüpfung unterschiedlicher Strategieelemente:

„In the European Union, [...] we find (1) a single market strategy premised on a neo-liberal approach to competitiveness [...]; (2) a neo-statist strategy to coordinate transversal, multi-scalar networks with variable geometries across different levels of government in different states [...]; and (3) a neo-corporatist strategy oriented to a Social Charter and, latterly, the consolidation of the European Social Model [...]." (Jessop/Sum 2006, 113 f.)

3.4.1.4 Europäische Rechtsgemeinschaft als Fixpunkt

Die Gewichtung dieser unterschiedlichen Strategieelemente im europäischen Rahmen ist aus regulationstheoretischer Sicht zwar als kontingent, jedoch nicht als beliebig einzuschätzen. Der ‚eingebettete Neoliberalismus' lässt sich somit als der Globalisierung bzw. dem Postfordismus angemessene (Ausdrucks-)Form der internationalisierten Staatlichkeit beschreiben – und erscheint in dieser Hinsicht sogar der virtuellen Reinform des Neoliberalismus (oder ‚Marktradikalismus') überlegen. Zu diesem Schluss gelangt man, wenn man das regulationstheoretische Argument vom (widersprüchlichen) Zusammenspiel ökonomischer und außerökonomischer bzw. ‚sozialer' Faktoren (sozial-)räumlich und zeitlich spezifiziert: Vereinfacht gesagt (und in Absehung von verbliebenen nationalstaatlichen und volkswirtschaftlichen Funktionen) wird die *globalisierte* Reproduktion des Kapitals von einer *europäisierten* Regulation seiner Reproduktionsbedingungen begleitet. Die soziale Einbettung der globalisierten Kapitalverhältnisse erfolgt also wesentlich über ‚raumzeitliche Fixierungen' (‚spatiotemporal fixes'; Jessop/Sum 2006, 313 ff.) oberhalb des Nationalstaats. Aus der Grundeinsicht der (kritischen) politischen Ökonomie, dass die kapitalistische Akkumulation (auch) auf außerökonomische Faktoren angewiesen ist, die sie selber nicht erzeugen kann, folgt in diesem Sinne die These, dass eine ökonomische Globalisierung ohne soziale (zeiträumliche) Einbettungen nicht tragfähig ist. Die räumliche Entgrenzung und zeitliche Verdichtung (Jessop/Sum 2006, 274 ff.) der Kapitalbewegungen steht demnach im Widerspruch zu einer Verortung und Verankerung der Kapitalverhältnisse (bzw. der ihnen zugrunde liegenden Sozialbeziehungen) in Raum und Zeit. Aufgrund seines materialistischen Bias scheint gerade der Regulationsansatz zur Analyse dieses – gegenüber der ‚klassischen' (nationalstaatlich und volkswirtschaftlich gebundenen) politischen Ökonomie noch einmal verschärften – Dilemmas geeignet (nicht umsonst lautet der Untertitel von Jessop/Sum 2006 ‚putting capitalist economies in their *place*'). Angesichts der aktuellen Entwicklungen wird etwa folgende Problembeschreibung gewählt:

„The neoliberal form of globalization that is currently dominant [...] finds it particularly difficult to manage this balance between the abstract-formal moments of global accumulation and its concrete-material moments. It is this inability to reconcile these moments on a global scale that generates the continued search for a ‚spatiotemporal fix' and institutionalized compromise on less inclusive scales which can provide the basis for a favourable insertion into the changing global economic hierarchy and for social cohesion within the relevant economic political and social space." (Jessop/Sum 2006, 294)

Dass die EG/EU sich also gewissermaßen selbst als ‚Festung' (im Sinne einer zeitlichen, räumlichen und sozialen Fixierung) im weltweiten wirtschaftlichen Wettbewerb definiert und – neben einem markanten Neoliberalismus – auch neo-etatistische und neo-korporatistische Züge entwickelt hat, verrät (exemplarisch) einiges über die Regulationsnotwendigkeiten im postfordistischen Zeitalter, mithin auch über die ‚Grundfesten' der Staatlichkeit unter Bedingung der Globalisierung. Tatsächlich scheint das Konzept der ‚raumzeitlichen Fixierung' als Oberbegriff für die verschiedenen Formen der Staatlichkeit die Wiederauffindung des Gleichen im Ungleichen, genauer: staatlich-regulatorischer Elemente in den unterschiedlichen Epochen kapitalistischer Vergesellschaftung, zu erleichtern:

> „The concept of spatiotemporal fix is particularly useful because it identifies the social contexts within which the specific mechanisms, tendencies and countertendencies of capitalism (or better, its specific instantiations in particular industrial paradigms, accumulation regimes and modes of regulation) are tendentially reproduced and regularized." (Jessop/Sum 2006, 320)

Durch (sozial-)räumliche und zeitliche Fixierungen, d. h. durch Grenzziehungen, die bestimmte Faktoren einschließen und andere ausschließen, bestimmte Kosten internalisieren und andere externalisieren, wird eine ‚relative strukturelle Kohärenz' von Akkumulationsregime und Regulationsweise erreicht (Jessop/Sum 2006, 317). Eben weil der sozialräumlich eingegrenzte Reproduktions-Regulations-Zusammenhang aufgrund der Expansionsneigung des Kapitals eine offene Flanke aufweist (jedenfalls solange die postfordistische Weltwirtschaft nicht von einem postnationalen Weltstaat eingehegt wird), bedarf seine Integration auch legitimatorischer bzw. ideologischer Kräfte. Diesen Zweck erfüllt etwa die Konstruktion eines *Allgemeininteresses* – nicht zuletzt im Recht. Die Normativität des Allgemeininteresses verhüllt gewissermaßen das Faktum seiner (willkürlich oder unwillkürlich) partikularen Definition:

> „[A] conception of the general interest privileges some identities, interests and spatiotemporal horizons and marginalizes or sanctions others. It also refers to what is needed to secure an institutionalized class compromise and to address wider problems of social cohesion." (Jessop/Sum 2006, 317)

Von hier aus lässt sich ein Verständnis für die europäische Rechtsgemeinschaft als Ausformung der europäischen Staatlichkeit *und* Auflegung eines übergreifenden Hegemonialprojektes gewinnen (wobei der Gemeinschaftsbegriff hier keine neokommunitaristischen Konnotationen enthält; vgl. Jessop/Sum 2006, 113).

Ein solcher Entwurf der europäischen Rechtsgemeinschaft, der die ‚integralen' Bezüge von Wirtschaft, Staat und Gesellschaft ins Recht überträgt (und insofern auch einen Begriff der politökonomischen *Integration durch Recht* prägt), lässt sich nun in das Vokabular der (neo-gramscianisch ausgerichteten) Amsterdamer Schule der Regulationstheorie übertragen, die den soziokulturellen Gehalt ‚internationaler Staatlichkeit' und ‚transnationaler Vergesellschaftung' über hegemoniale Macht- oder Steuerungskonzepte (‚concepts of control') erschließt (Jessop/Sum 2006, 21, 25 f., 93 f., 100 f. u. 104 f.; vgl. Overbeek 2004b).

> „A concept of control represents a bid for hegemony: a project for the conduct of public affairs and social control that aspires to be a legitimate approximation of the general interest in the eyes of the ruling class and, at the same time, the majority of the population, for at least a specific period. It evolves through a series of compromises in which the fractional, ‚special' interests are arbitrated and synthesized." (van der Pijl 1984, 5)

Der Begriff der *Steuerungskonzepte* wird in zwei Varianten ausgearbeitet, der abstrakten ‚protoconcepts of control', die unmittelbar an die marxschen Kategorien des Geldkapitals und des Produktivkapitals anknüpfen, und der konkreten ‚comprehensive concepts of control', die als historisch kontingente Artikulationen dieser Grundkategorien firmieren. Die ‚Protokonzepte' stellen gewissermaßen die Idealtypen (oder Reinformen) kapitalistischer Steuerung dar:

> „One corresponds to the liberal concept of money capital, which has an intrinsic preference for maximum mobility of money as capital and its orientation to exchange value; the other is the productivist concept of productive capital, which must be concerned with the material nature of production and use values." (Jessop/Sum 2006, 25)

Dagegen lassen sich die ‚umfassenden' oder ‚übergreifenden' (d. h. inklusiv angelegten) Steuerungskonzepte als dialektische Weiterentwicklungen dieser Protokonzepte verstehen: „Comprehensive concepts of control develop in the course of capital accumulation and class struggle as they evolve over the decades. They can be defined from certain idealtypes related to the functional perspective of specific capital fractions." (van der Pijl 1984, 6). In ihnen sind die – nicht nur ökonomisch, sondern auch politisch und kulturell dimensionierten – Hegemonialprojekte bestimmter gesellschaftlicher Formationen kondensiert:

> „Besides representing particular functions in the circuit of capital, concepts of control therefore are also reflections in social consciousness of the circumstances in which these functions passed through a mutation in terms of these contingent, extra-economic patterns." (van der Pijl 1984, 6; vgl. van Apeldoorn 1998, 16; Overbeek 1999, 58)

Der Begriff der ‚comprehensive conceptions of control' wurde bereits Ende der 1970er-Jahre in der niederländischen Strömung der Regulationstheorie geprägt (vgl. van der Pijl 1984, 5). In der Bestimmung als ‚umfassende Rahmen des Denkens und Handelns', die die Wirklichkeit strukturieren, indem sie andere Möglichkeiten der (Selbst-)Wahrnehmung und (Selbst-)Realisation ausschließen (vgl. Holman 2001, 168) kommt er dem nahe, was in der allgemeinen Soziologie (Bourdieu) unter Habitus und in der Wirtschaftssoziologie (Fligstein) unter ‚concep*tion*s of control' verstanden wird. Tatsächlich lässt sich die – für die feldtheoretische Soziologie typische – ‚strukturalistisch-konstruktivistische' Verknüpfung von Position und Positionierung, Standort und Standpunkt unmittelbar in eine neo-gramscianische Argumentation übertragen:

> „Although concepts of control operate at the level of ideas, they are not freely constructed by social actors but are rooted in the structural conditions of capitalism. This is never an unmediated process in which material conditions are simply reflected ideologically. What is proposed here, however, is that there is an ‚internal relation' between the structural position and the politico-ideological outlook of any concrete group of capitalists, and that these different outlooks then tend to converge, at a more abstract level, around contending fractional viewpoints." (van Apeldoorn 2002, 30)

Vor diesem begrifflichen Hintergrund – und im Zusammenhang mit den Internationalisierungsprozessen des letzten Jahrhunderts – lässt sich auch der *Fordismus* als hegemoniales Konzept der Steuerung und Regularisierung wirtschaftlicher und gesellschaftlicher Verhältnisse im atlantischen Raum interpretieren (van der Pijl 1984, 14): Während der Kategorie des (grenzenlos mobilen) Geldkapitals im 20. Jahrhundert vor allem wirtschaftsliberale, internationalistische und kosmopolitische Steuerungskonzepte entsprachen, verbanden sich mit der Kategorie des (raumgebundenen) Produktivkapitals eher protektionistische, industriepolitische und staatsmonopolistische Steuerungskonzepte (van der Pijl 1984, 7 ff. u. 11 ff.). Aus der Auseinandersetzung beider (Kapital-)Fraktionen entwickelte sich schließlich eine ‚korporatistisch-liberalistische' Kompromissstrategie, die Merkmale beider Machtkonzepte in sich vereint und zu deren Kernelementen der Fordismus amerikanischer Prägung zählt:

> „Eventually, a synthetic concept, *corporate liberalism*, would crystallize in the United States in the context of American control of the Atlantic circuit of money capital and the generalization of Fordism as a productivist class compromise. This corporate-liberal synthesis between internationalism, a flexible format of labour relations, and state intervention was eventually extrapolated to Western Europe where it served as the vantage-point from which successive concepts of Atlantic unity were developed, and to which the entire Atlantic ruling class would in due course adhere." (van der Pijl 1984, 7; H. i. O.; vgl. Overbeek 2004a, 5 ff.)

Tatsächlich vermochte sich auf der europäischen Seite dieses transatlantischen Zusammenhangs im Zuge der Gründung der Europäischen Gemeinschaften letztlich eine ‚korporatistisch-liberalistische' Konzeption gegenüber einer liberalistisch-intergouvernementalistischen und einer etatistisch-föderalistischen Konzeption des *Integrationsprojekts* durchzusetzen (van der Pijl 1984, 18 f.). Zeitgleich mit diesen Entwicklungen gewann im vergangenen Jahrhundert eine dritte Kategorie des Kapitals – das Finanzkapital – an Gewicht und Eigenständigkeit gegenüber ‚reinem' Geld- bzw. Bankkapital auf der einen Seite und ‚reinem' Produktiv- bzw. Industriekapital auf der anderen Seite (van der Pijl 1984, 5 u. 21).

Während sich das Untersuchungsinteresse der kritischen Internationalen Politischen Ökonomie zunächst – d. h. vornehmlich in den 1980er-Jahren – auf die Gestaltung der internationalen (Nachkriegs-)Ordnung durch eine transnationale ‚Bourgeoisie' (im Verein mit gleich gesinnten Vertretern einflussreicher Nationalstaaten) richtete (Jessop/Sum 2006, 94; vgl. van der Pijl 1984), stehen mit dem Übergang vom Fordismus zum *Postfordismus* und dem damit verbundenen Globalisierungsschub die ideellen bzw. ideologischen Grundlagen dieser ‚transatlantischen' Ordnung erneut in Frage (Bieler/Morton 2003, 349 ff.; vgl. Jessop/Sum 2006, 271 ff.). Zu untersuchen gilt es also, welche hegemonialen Steuerungskonzepte die globalisierten Kapitalbeziehungen auf längere Sicht zu bestimmen vermögen und welche (räumlichen, zeitlichen und sozialen) Ein- und Ausgrenzungen damit jeweils verbunden sind. Im vorliegenden Zusammenhang interessieren dabei insbesondere diejenigen Merkmale sozialer Einbettung bzw. raumzeitlicher Fixierung, die die *europäische Rechtsgemeinschaft* unter Bedingung eines weithin als ‚neoliberal' (also geld- und finanzkapital-orientiert) qualifizierten Komplexes von globalisierter Ökonomie und ‚global governance' (vgl. Overbeek 2004a) als distinkte Form der internationalisierten bzw. postnationalen Staatlichkeit mit einem eigentümlichen, richterrechtlich gestützten Steuerungskonzept erscheinen lassen. Unter diesem Aspekt ginge es darum, die spezifische rechtliche Eingrenzung Europas im globalen Wirtschafts- und Politikzusammenhang auszuweisen und regulationstheoretisch auszudeuten. Der Fokus der aktuellen Arbeiten der kritischen Integrationstheorie besteht jedoch (nach wie vor) offenbar eher darin, die Errungenschaften des ‚klassischen' europäischen Sozialmodells – das mehr korporatistisch denn liberalistisch, mehr national denn europäisch, mehr wohlfahrts- denn wettbewerbsorientiert ist – gegen die Realitäten der postfordistischen Weltwirtschaft zu verteidigen. Die (möglichen) Besonderheiten einer ‚rechtsgemeinschaftlichen' europäischen Eingrenzung und Schließung, samt der damit verbundenen Steuerungskonzepte eines *eingebetteten* Neoliberalismus, geraten so weniger in den Blick. Soweit der (für diese Arbeit gesichteten) Literatur zu entnehmen ist, wird die postfordistische europäische Steuerungskonzeption auch nicht ausdrücklich von der Steuerungskonzeption der ‚neoliberalen ökonomischen Globalisierung' abgesetzt. Es scheint jedoch sinnvoll, in der nachstehenden Konzeption des Wechselspiels von internationalisierten und nationalen Steuerungskonzepten nicht nur die nationale, sondern auch die europäische Ebene der Staatlichkeit zu berücksichtigen. Die Europäische (Rechts-)Gemeinschaft stellt insoweit auch eine Arena dar, in der ‚globale' wie nationale Machtkonzepte artikuliert, verknüpft und europäisiert werden (vgl. Holman 1998, 26 f.).

3.4.2 Wandel der Steuerungskonzepte in der Rechtsprechung

Im Sinne der Forschungsagenda einer ‚cultural political economy', „which is pre-disciplinary in its inspiration and post-disciplinary in its orientation" (Jessop/Sum 2006, 377), soll im Folgenden die Grenze zur habitus- und feldtheoretischen (Wirtschafts- und Rechts-)Soziologie überschritten werden. Auf diesem Wege soll die bisher eher *ökonomistisch* und *strukturalistisch* geführte Argumentation um *kulturalistische* und *konstruktivistische* Elemente bereichert werden. In gleicher Richtung – von ‚structure' zu ‚agency', wenn auch ohne ‚cultural turn' – führt im Grunde auch die Übersetzung einer regulationstheoretischen Untersuchungsperspektive (die sich am ehesten der Evolutions- und Institutionenökonomik zuordnen lässt) in eine governance-theoretische Mesoperspektive (die vornehmlich auf die Institutionen vergleichende Politikwissenschaft rekurriert). Bevor diese beiden Betrachtungsweisen mit Hilfe des Begriffs der Steuerungskonzepte nun soziologisch kurzgeschlossen und auf eine rechtliche Deutung (‚judicial governance') zugeführt werden, soll an dieser Stelle noch einmal auf die – bereits zu Beginn der Arbeit (Kap. 1.3) ausgewiesene und auch diesem Kapitel zugrunde gelegte – Möglichkeit der Gleichsetzung von *Regulation* und *Governance* eingegangen werden. Diese Gleich- bzw. Übersetzungsmöglichkeit ist freilich bereits soziologisch motiviert: durch das hinter beiden Konzepten aufscheinende Problem sozialer Ordnung, das in dieser Arbeit in die Perspektive der ‚Integration durch Recht' gerückt wird. Bliebe es bei einer solchen Zusammenführung per Abstraktion dieser beiden Konzepte, wäre der Brückenschlag zwischen Regulations- und Governance-Ansatz für Nichtsoziologen wohl nur wenig interessant. In (kritisch-)realistischer Sichtweise gibt es Regulation oder Governance in dieser Allgemeinheit nicht einmal:

> „[J]ust as there is neither regulation in general nor general regulation, governance in general does not exist, nor does general governance. [...] In reality, there are only definite objects of regulation that are shaped in and through definite modes of regulation; and definite objects of governance that are shaped in and through definite modes of governance." (Jessop/Sum 2006, 254)

Tatsächlich kommen Regulations- und Governance-Theoretiker weniger aus einem ‚abstrakten' gesellschaftstheoretischen Interesse zusammen, sondern treffen sich eher – nolens volens – in ihrem ganz ‚konkreten' (politökonomischen oder politologischen) Untersuchungsinteresse (Jessop/Sum 2006, 247). Dieses hat sich aber nicht – im Sinne der Grundlagenforschung – gleichsam losgelöst von Empirie und Praxis entwickelt, sondern geht offenbar auf ein reges Wechselspiel von „academic discourse, political practice and changing realities" (Jessop/Sum 2006, 252) zurück. Es ist also anzunehmen, dass Regulations- und Governance-Ansatz in letzter Zeit nicht nur aus innerwissenschaftlichen Gründen Konjunktur haben, sondern weil ein realer (bzw. als real empfundener) Problemdruck entstanden ist, der die Nachfrage nach theoretischen Deutungs- und politischen Handlungsmöglichkeiten in die Höhe treibt. Die Aufmerksamkeit richtet sich hierbei wiederum auf die in dieser Arbeit prominenten weltwirtschaftlichen und wirtschaftspolitischen Krisenerfahrungen der 1970er-Jahre, denen sowohl für den Übergang von Fordismus zu Postfordismus als auch für den (damit zusammenhängenden) Übergang von ‚government' zu ‚governance' eine ausschlaggebende Bedeutung zugeschrieben wird (Jessop/Sum 2006, 251; vgl. Jessop 1995b, 308 ff.). Auf diese ‚materiellen' Herausforderungen reagieren Regulations- und Governance-Theoretiker mit ähnlichen konzeptuellen Ideen und Neuerungen:

> „In short, whether prompted by a growing sense of problems in mainstream social science disciplines and/or of the return of market and state failure, there were striking parallels between the initial critiques and solutions offered by the RA [Regulation Approach] and theories of governance." (Jessop/Sum 2006, 252)

In gewisser Weise wird in beiden Ansätzen – wie schon in den namensgebenden kybernetischen Konzepten deutlich wird – auf die (Selbst-)Steuerung komplexer gesellschaftlicher Systeme abgestellt und dabei insbesondere die Wechselbeziehung (und Eigenständigkeit) von Wirtschaft und Politik neu entworfen (vgl. Jessop 1995b, 314 f.).

Gleichwohl bestehen zwischen beiden Ansätzen auch wesentliche Unterschiede, die mit ihrer jeweiligen Verortung im Rahmen der inter- und intradisziplinären Arbeitsteilung zu tun haben: Augenfällig ist insbesondere die *ökonomische* Schwerpunktsetzung der Regulationstheoretiker (zumindest im ‚harten Kern' der politischen Ökonomie), selbst wenn außerökonomische Faktoren der sozialen Einbettung als konstitutiv für einen ‚Reproduktions-Regulations-Komplex' erachtet werden. Im

Unterschied dazu konzentrieren sich die Governance-Theoretiker auf die eigentlich *politischen* Aspekte der ‚politischen Ökonomie':

„[T]he field of governance studies is generally concerned with the resolution of (para-)political problems (that is, problems of collective goal attainment or the realization of collective purposes) in and through specific configurations of governmental (hierarchical) and extra-governmental (non-hierarchical) institutions, organizations and practices." (Jessop/Sum 2006, 255)

Dieser Differenzierung nach der (makro-)ökonomischen und der (meso-)politischen Seite des Untersuchungsgegenstands entspricht der unterschiedliche Fokus auf (Reproduktions-)*Strukturen* auf der einen Seite und (Handlungs-)*Strategien* auf der anderen Seite: Während die Governance-Analytiker ausdrücklich „with the coordination problems of specific subjects, agents or social forces, especially in relation to interorganizational coordination and negotiation" (Jessop/Sum 2006, 256), befasst sind, einschließlich dem politischen Institutionendesign, beschäftigen sich die Regulationisten eher von einer übergeordneten Warte aus mit „the structural context for social forces' actions without actually explaining these actions" (Jessop/Sum 2006, 256; vgl. Jessop 1995b, 317 ff.). Hinter all dem steht ein unterschiedliches Erkenntnisinteresse, das sich in der kritischen politischen Ökonomie nicht auf die Vielfalt – und den Vergleich – der Governance-Formen als solche richtet, sondern auf ihre Rolle bei der Regulierung und Regularisierung der (konflikthaften) Kapitalbeziehungen. Demgegenüber stellen sich der Politikwissenschaft Fragen der politischen Steuerung nicht nur in Bezug auf die Ökonomie, sondern richten sich allgemeiner auf die Modalitäten gesellschaftlicher Teilhabe bzw. Teilnahme am Gemeinwesen. Insoweit liegt eine *Komplementarität* und damit Kombinierbarkeit der beiden Perspektiven nahe. Dem (möglichen) Einwand tiefer gehender ontologischer und epistemologischer Differenzen zwischen Regulations- und Governance-Theorien soll im vorliegenden Kapitel durch eine (möglichst) schlüssige, soziologische Rekonstruktion – die gewiss zum Teil eine Neuinterpretation oder Umdeutung ist – des unterstellten Zusammenhangs begegnet werden.

3.4.2.1 Komplementarität von Regulations- und Feldtheorie

Die handlungstheoretische (besser: praxeologische) Zuspitzung des Regulationsansatzes erfolgt in diesem Kapitel also nicht unmittelbar über (politikwissenschaftlich unterlegte ‚mikrofundierte') Governance-Theorien, sondern – im Sinne der ‚Mikroübersetzung' – über die strukturalistisch-konstruktivistische Tradition der Soziologie, namentlich die (bourdieusche) Habitus- und Feldtheorie. Es wird behauptet, dass die Übersetzungsleistung von der Regulationstheorie in die Feldtheorie, von der Makroebene auf die Mikroebene und von der einen Theoriesprache in die andere, relativ gering ausfällt – geringer jedenfalls, als es für den Transfer des politökonomischen Vokabulars ersterer in Theorien des politikwissenschaftlichen Mainstreams oder andere soziologische Theorien bedurft hätte. Dies liegt nicht nur am gemeinsamen marxistischen Erbe, das in beiden Ansätzen ja auch weniger als Schatz gehütet denn als ‚Startkapital' für eigene theoretische Unternehmungen verwendet wird (die als ‚marxistisch' zu titulieren letztlich irreführend wäre), sondern vielmehr an der ‚integralen' gesellschaftlichen Orientierung der Regulationstheorie und der ‚integralen' wirtschaftlichen Orientierung der Feldtheorie. Nicht zufällig rangiert als Schlüsselbegriff in beiden Ansätzen (und hier *wird* an Marx angeknüpft) das *Kapital*. Erstere – die kritische (und zunehmend ‚kulturelle') politische Ökonomie – „treats capital as a social relation and analyses it as a complex system of relations among relations; and, in this context, it regards these relations as produced in and through meaningful social action" (Jessop/Sum 2006, 319). Letztere – die habitus- und feldtheoretische (Wirtschafts-)Soziologie – breitet einen ganzen Fächer von ökonomischen und kulturellen, sozialen und symbolischen Kapitalverhältnissen aus, die unterlegt von Machtbeziehungen letztlich alle irgendwie zusammenhängen. Beide trifft (und verfehlt zugleich) der von Kritikern an dieser Grundkategorie und verwandten Konzepten (Interesse, Investition, Profit, Markt) vorgebrachte ‚Ökonomismus'-Vorwurf, der sich im Grunde genommen gegen den Materialismus, insbesondere aber den (vermeintlichen) Determinismus dieser Ansätze richtet. Beide kontern mit einem sehr viel breiteren als dem gewöhnlichen Verständnis von Ökonomie: ordnen die Gesellschaft der Wirtschaft (als Teilsystem) nicht etwa unter, sondern erforschen die ‚Ökonomie der Gesellschaft' als alles durchdringendes Prinzip. Ebendies ist mit sozialer Einbettung der Wirtschaft gemeint, praxeologisch gefasst:

> „[T]he immersion of economy in the social dimension is such that […] the true object of a real economics of practices is nothing other, in the last analysis, than the economy of the conditions of production and reproduction of the agents and institutions of economic, cultural and social production and reproduction or, in other words, the very object of sociology in its most complete and general definition." (Bourdieu 2005, 13)

Der Zugriff auf die Habitus- und Feldtheorie erfolgt von regulationstheoretischer Seite vor allem über die Pariser Schule (und deren Mitbegründer Aglietta und Boyer), was nicht nur intellektuell, sondern auch geografisch nahe liegt (vgl. Jessop/Sum 2006, 100 f., 221 f., 237 u. 239): „Although *régulation* theory makes few explicit references to them, the concepts of *habitus* and field are well suited to its project." (Boyer 2002c, 17; H. i. O.; vgl. Boyer 2003a u. 2004). Dabei spielt die Komplementarität beider Theorien eine zentrale Rolle, sowohl was den fachlichen, politökonomischen bzw. (wirtschafts-)soziologischen Ausgangspunkt als auch die strukturalistische bzw. konstruktivistische Herangehensweise sowie die Möglichkeit der Makro-Mikro-‚Verlinkung' betrifft. Verwandtschaftsbeziehungen zwischen Regulations- und Feldtheorie (‚relations de cousinage'; Boyer 2004, 1) bestehen aber auch in Bezug auf ihre Bestimmtheit als (gesellschaftskritische) ‚Krisenwissenschaften', und zwar in theoretischer, akademischer Hinsicht wie in politischer, praktischer Hinsicht: Die Klassifizierung der *Regulationstheorie* als Konflikt- und Krisentheorie wurde weiter oben bereits in doppelter Hinsicht begründet: auf allgemeiner Ebene mit den inhärenten Widersprüchen und externen Effekten der (in sich unvollständigen) Kapitalrelation, die eine Regulation und soziale Einbettung überhaupt erst erforderlich machen, und in konkreterer Weise mit ihren Beiträgen zur Klärung des regulatorischen Versagens in wirtschaftlichen Krisenzeiten, insbesondere in der Übergangskrise von Fordismus zu Postfordismus. Zugleich wird in diesem Ansatz von einer hierarchischen, von inneren Spannungen gezeichneten Sozialordnung (Klassengesellschaft) ausgegangen, in der eine Verschärfung der Verteilungsproblematik schnell zur krisenhaften Eskalation der alltäglichen Kämpfe führen kann.

Von der *Habitus- und Feldtheorie* wird nicht nur dieses Gesellschaftsbild geteilt, sondern auch das Untersuchungsinteresse an strukturellem Wandel und Krisen – und zwar wider den Ruf, über die Passung von (strukturierendem und strukturiertem) Feld und (strukturiertem und strukturierendem) Habitus den ‚Beharrungskräften', also der Reproduktion des Status quo, konzeptionell den Vorrang einzuräumen. Das Paradox, dass mit einem solchen ‚statischen' Ansatz vielfach gerade die ‚Dynamik' von Feldern untersucht wird – „[l]'analyse du changement et des crises [...] [est] un trait permanent de l'œuvre de Pierre Bourdieu" (Boyer 2004, 12; vgl. Boyer 2003a, 72 f.) –, wird schließlich damit begründet, dass sich gerade in Umbruchsituationen die (ansonsten latenten) Reproduktionsmechanismen manifestieren (vgl. Dezalay 1992, 25 ff.). Zugleich stellen (Reproduktions-)Krisen keine Ausnahmeerscheinungen dar, die einer theoretischen Sondererklärung bedürfen, sondern lediglich die Fortsetzung und Verschärfung der im Alltag in verschiedenster Weise sublimierten und normalisierten Kämpfe. Dass die Einsichten einer solchen feld- oder regulationstheoretischen Krisenwissenschaft auch als Grundlage und Legitimation für kritische Interventionen in die Politik dien(t)en (z. B. Bourdieu 1997), ist an dieser Stelle nur insoweit interessant, als dadurch eine (weitere) Parallele in der Zeitdiagnose beider Ansätze deutlich wird: So wird die gegenwärtig andauernde (postfordistische oder neoliberale) ‚Globalisierungskrise' offenbar von beiden Seiten nicht nur als Bedrohung bestimmter, etwa nationalstaatlicher oder volkswirtschaftlicher Besitzstände erlebt, sondern überhaupt als Herausforderung der Prinzipien partikularer gesellschaftlicher (genauer: sozialräumlicher) Einbettung gewertet. Das Interesse an den politökonomischen Hintergründen und Bewältigungsmöglichkeiten *dieser* Krise bestätigt und stärkt wiederum hier wie dort die Relevanz politischer und ökonomischer Untersuchungsgegenstände (samt ihren symbolischen Implikationen) auf der Forschungsagenda (vgl. Boyer 2004, 12 u. 22 ff.).

Eine feldtheoretische Rekonstruktion der „political economy of legal change" (Trubek u. a. 1994, 497) in der Ära des Postfordismus muss *einerseits* (in statischer Perspektive) das Recht in den Kontext von Politik und Ökonomie, Staaten und Märkten rücken, also rechtliche Felder, politische Felder und ökonomische Felder aufeinander beziehen und gegeneinander abgrenzen, *andererseits* (in dynamischer Perspektive) die zunehmende Durchdringung von nationalen und internationalen Feldern bis hin zur ‚Globalisierung' von Feldern entwerfen und nachvollziehen. Die empirische Bestimmung ‚des' rechtlichen Feldes ist dabei alles andere als eine Selbstverständlichkeit: nicht nur, weil in der bourdieuschen Soziologie mit solchen vorwissenschaftlichen Selbstverständlichkeiten und ‚obstacles épistémologiques' ja gerade ‚gebrochen' werden soll (Bourdieu u. a. 1991), sondern auch, weil die Grenzen des Feldes kontingent und im Feld selbst umkämpft sind. Was für das ‚rechtliche' und das ‚juristische' Feld gilt, gilt auch für das ‚bürokratische' ebenso wie für das ‚politische' Feld und das ‚unternehmerische' ebenso wie das ‚wirtschaftliche' Feld, die zudem allesamt als nationale oder inter-/supra-/transnationale Felder entworfen werden können. Allein die Fülle und Uneindeutigkeit dieser – in der einschlägigen Literatur verwendeten und für den vorliegenden Zusammenhang relevanten – Feldbezeichnungen zeugt von der Auffassung der ‚Feld'-Forscher, dass die Abgrenzung des jeweiligen Untersuchungs-‚Feldes' keine rein theoretische Angelegenheit, sondern eine empirisch zu lösende Frage sei. Ähnlich schwierig gestaltet sich die Bestimmung dessen, was ‚juristisches' oder ‚rechtliches' Kapital sei: ob wenn nicht ‚ökonomisches', dann ‚kulturelles' und wenn nicht ‚staatliches', so doch ‚symbolisches' Kapital etc. Im Folgenden soll im Sinne der Heuristik vom ‚Wandel der Rechts-Staatlichkeit' mit einer eher historischen, nationalstaatlichen Perspektive auf das juristische Feld i. e. S. begonnen werden (wobei auf die rechtssoziologischen Einlassungen Bourdieus referiert wird) und erst im Anschluss der Blick auf die aktuellen Phänomene der ‚Entnationalisierung', ‚Entstaatlichung' und ‚Internationalisierung' des Rechts(staats) (vgl. Jessop 1995a) und – damit zusammenhängend – die ‚Ökonomisierung' des Rechts bzw. der ‚rechtlichen Produktionsweise' gerichtet werden (wobei maßgeblich auf die Bourdieu nahen Arbeiten Dezalays eingegangen wird).

3.4.2.2 Rechtsfeld im Verhältnis zum (National-)Staat

Die Anwendung der Habitus- und Feldtheorie auf die Logik des Rechts erfolgt also zunächst unter der Prämisse eines engen Zusammenhangs zwischen Recht (als staatlichem Recht) und Staat (als nationalem Rechtsstaat). Die Genese des juristischen Feldes wird in dieser Weise als Teil der Entstehungsgeschichte des modernen Staates und des ‚bürokratischen Feldes' begriffen (vgl. Bourdieu 1994; Ocqueteau/Soubiran-Paillet 1996, 18 f.; Madsen/Dezalay 2002, 194 ff.), wobei der Begriff des Staates bzw. der Staatlichkeit für die legitime Ausübung des Monopols physischer *und* symbolischer Gewalt über ein bestimmtes Gebiet und eine bestimmte Bevölkerung reserviert wird (Bourdieu 1994, 3). Die symbolische Dimension der Staatsgewalt wird dabei folgendermaßen präzisiert:

> „If the state is able to exert symbolic violence, it is because it incarnates itself simultaneously in objectivity, in the form of specific organizational structures and mechanisms, and in subjectivity in the form of mental structures and categories of perception and thought." (Bourdieu 1994, 3 f.)

Historisch besehen beruht die Staatsgewalt auf einer einzigartigen Konzentration physischen, ökonomischen, kulturellen und symbolischen Kapitals, aus der sich die staatliche Zwangsgewalt, die staatliche Steuerhoheit, die staatliche Definitionsmacht und auch das staatliche Rechtsmonopol ableiten – Letzteres als Ergebnis der Konzentration juristischen Kapitals, das eine ‚objektivierte' und ‚kodierte' Form des symbolischen Kapitals darstellt (Bourdieu 1994, 4 ff. u. 9 f.). Das juristische Feld bzw. juristische Kapital wird jedoch nicht mit dem ‚bürokratischen' Feld bzw. ‚staatlichen' Kapital gleichgesetzt: „The process of *concentration* of juridical capital was paralleled by a process of *differentiation* which led to the constitution of an autonomous juridical field." (Bourdieu 1994, 10; H. i. O.).

Der Staat, mitsamt dem ausdifferenzierten, (relativ) autonomen Recht, spielt in der Gesamtanlage der Feldtheorie (als Gesellschaftstheorie) eine bedeutende Rolle: Im umfassenden sozialen Raum, der nicht nur horizontal in verschiedene, einander teils überlappende (Praxis-)Felder differenziert ist, sondern nach Art und Menge des von den einzelnen Akteuren und Gruppen akkumulierten Kapitals auch eine durchgängige vertikale Ordnungsstruktur besitzt, lässt sich der Staat dem (positiven) Pol (des Feldes) der Macht zuordnen. Tatsächlich wird der Staat im weiter gefassten Sinne in der feldtheoretischen Soziologie auch als Feld der Macht repräsentiert, das eben durch jene materiellen und kulturellen Prinzipien der Über- und Unterordnung strukturiert und bestimmt wird, die (auch) staatlich sanktioniert und legitimiert werden (vgl. Madsen/Dezalay 2002, 194 f.). Der staatlichen Machtausübung ist in den modernen Gesellschaften die Politik vorgeschaltet, ein politisches Feld, in dem politisches Kapital (als Form des symbolischen Kapitals) angehäuft und „um die legitime Durchsetzung der Sicht- und Teilungsprinzipien der sozialen Welt" (Bourdieu 2001, 54 f.), also von Recht und Ordnung gerungen wird. Voraussetzung dafür ist wiederum die Erlangung der ‚Regierungsmacht' bzw. der „Macht über den Staat" (Bourdieu 2001, 51; vgl. ebd., 84). Das feldtheoretische Äquivalent der politökonomischen Regulationsweise ist also in einer Kombination von politischem Feld, bürokratischem Feld und juristischem Feld zu sehen und eng mit dem Begriff des Staates verbunden. In all diesen Feldern, die zwar im gesellschaftlichen Feld der Macht situiert, aber nicht „auf eine Art Epiphänomen ökonomischer und sozialer Kräfte zu reduzieren" (Bourdieu 2001, 84) sind, geht es letztlich um die Verfügbarkeit der Mittel, die Ausübung und die Rechtfertigung symbolischer Gewalt, d. h. um die „ability to impose and inculcate in a universal manner, within a given territorial expanse, a *nomos* (from *nemo*: to share, divide, constitute separate parts), a shared principle of vision and division, identical or similar cognitive and evaluative structures" (Bourdieu 1994, 13; H. i. O.) – was etwa der (foucaultschen) ‚Gouverne-Mentalisierung' entspricht (Foucault 2000).

Dieser ‚nomos' (Gesetz, Ordnung, Rechtsvorschrift) steht somit auch im Mittelpunkt des juristischen Feldes; welches die symbolische Gewalt des (Rechts-)Staats verkörpert; genauer: „l'autorité juridique, [c'est la] forme par excellence de la violence symbolique légitime dont le monopole appartient à l'État et qui peut s'assortir de l'exercice de la force physique" (Bourdieu 1986, 3). In dieser ‚staatsverbundenen' Weise wird das Recht auch in der eigentlichen Soziologie des juristischen Feldes ausgearbeitet, die im Folgenden in einigen für den vorliegenden Argumentationszusammenhang relevanten Grundzügen dargestellt wird (wobei vor allem auf einen Aufsatz Bezug genommen wird, in dem die ‚Elemente' einer solchen Feldtheorie des Rechts erstmals zusammengetragen werden; Bourdieu 1986). Im Sinne der Mikroübersetzung bzw. der Verknüpfung von ‚structure' und ‚agency' stehen dabei die (staatsnahen) Juristen mit ihrer juristischen Haltung und Sprache im Mittelpunkt:

„Évoquant ce qui lie les juristes (il faut entendre à la fois les ‚codificateurs' – bureaucrates d'État – et les ‚juges', bien que les choses ne soient pas toujours dites clairement), Bourdieu se focalise principalement sur deux objets: l'hexis corporelle des juges et le code linguistique des juristes." (Ocqueteau/Soubiran-Paillet 1996, 19)

Aber nicht nur, was das ‚Korps' der Juristen zusammenhält, sondern auch, was Richter und Funktionäre, Theoretiker und Praktiker voneinander trennt und gegeneinander stellt, wird in der feldtheoretischen Rechtssoziologie begrifflich und empirisch ausgearbeitet. Zwar liegt bisher keine systematische und umfassende Aufbereitung des rechtlichen Untersuchungsgegenstandes vor, jedoch stehen die bisherigen Überlegungen und Anwendungen in einem reichhaltigen (habitus- und feld-) theoretischen Kontext, aus dem heraus sie vervollständigt und weiterentwickelt werden können (vgl. Salento 2002, 38 ff.; Madsen/Dezalay 2002, 190 ff.). Dabei wird mit dem Fokus auf Machtbeziehungen und -verschleierungen die konflikttheoretische Tradition der Soziologie fortgeführt und über das Konzept symbolischer Gewalt in den Bereich kultureller Produktion, insbesondere des Rechts, hineinverlängert.

Die feldtheoretische Annäherung an das Recht ist in einem *ersten* Schritt makrosoziologisch motiviert, d. h. der Zugang zum Recht erfolgt zunächst einmal ‚von oben' und ‚von außen': Dies gilt, insoweit das Recht aus der gesellschaftstheoretischen Vogelperspektive betrachtet und die juristische Binnenperspektive von einem externen Beobachterstandpunkt aus rekonstruiert wird (Aspekt der ‚structure'). Ein solcher rechtssoziologischer Ansatz unterscheidet sich grundlegend von Rechtstheorien, die dem juristischen Fach selbst entstammen – und die sich gewöhnlich sehr viel enger an ihren Gegenstand halten: nämlich die (mehr oder minder auslegungsbedürftigen) Rechtstexte. Der mikrosoziologische oder konstruktivistische Gehalt des Rechts wird dann in einem *zweiten* Schritt über das Konzept des (sozialisatorisch erworbenen) Habitus erschlossen, der als aktives, Welt (und Recht) erzeugendes Prinzip verstanden wird. Über das Habituskonzept wird eine (Mikro-)Übersetzung der objektiven Logik des Feldes in die subjektive Logik der gewissermaßen ‚in der Sprache des Rechts' wahrnehmenden und handelnden Akteure geleistet. Auf diese Weise soll soziologisch nachgebildet werden, wie die Rechtspraxis ‚von innen' bzw. ‚von unten' her gesehen wird, und somit auch die juristische Binnenperspektive zu ihrem Recht gelangen (Aspekt der ‚agency'). Die Soziologie des juristischen Feldes unterscheidet sich also einerseits von einer ‚internalistischen' Theorie des Rechts, die das Recht als eigenständige Form verselbstständigt sieht (‚formalisme'), andererseits aber auch von einer ‚externalistischen' Theorie des Rechts, die das Recht lediglich als Herrschaftsinstrument betrachtet (‚instrumentalisme'): Im einen Fall wird von der (absoluten) *Autonomie* des Rechtes – und des juristischen Diskurses – gegenüber der Gesellschaft ausgegangen, im anderen von seiner (absoluten) *Heteronomie* (Bourdieu 1986, 3; vgl. Bourdieu 1991, 95). Der *ersten* Position, welcher neben rechtspositivistischen Theorien (in der Tradition Kelsens) auch die systemtheoretische Rechtssoziologie (in der luhmannschen Variante) zugeordnet wird, wird eine Vernachlässigung der für die Entwicklung der symbolischen Ordnung konstitutiven sozialen Ordnung bzw. der Machtverhältnisse zwischen Akteuren und Institutionen angelastet (Bourdieu 1986, 4). Der *zweiten* Position, für die hier vor allem der rigorose Strukturalismus in der marxistisch inspirierten Soziologie steht, wird vorgeworfen, den Zusammenhang von Recht und Gesellschaft materialistisch zu verkürzen und die spezifischen Strukturen symbolischer Systeme zu verkennen: „[L]es marxistes dits structuralistes ont paradoxalement ignoré la *structure* des systèmes symboliques, et, dans le cas particulier, la *forme* spécifique du discours juridique." (Bourdieu 1986, 3; H. i. O.).

Die Theorie des juristischen Feldes – also jenes Feldes, in dem Recht erzeugt und Recht gesprochen wird – zeigt sich somit genau um Vermittlung zwischen diesen beiden Polen bemüht. Kennzeichnend für diesen Ansatz ist daher die Verbindung *strukturalistischer* (objektivistischer) und *konstruktivistischer* (subjektivistischer) Theorieelemente, also eine konzeptionelle Überbrückung des Gegensatzes von Struktur und Handlung, makrosoziologischer Außenperspektive und mikrosoziologischer Binnenperspektive, die unter anderem mittels des Kapitalbegriffs, des Feld- und des Habituskonzeptes geleistet wird (vgl. Salento 2002, 47 ff.; Madsen/Dezalay 2002, 192 ff.). In Abgrenzung von der internalistischen und der externalistischen Position in der Rechtstheorie und Rechtssoziologie werden gerade jene (historischen) Bedingungen analysiert, unter denen das Recht – das juristische Feld – eine *relative* Unabhängigkeit von den (zugrunde liegenden) gesellschaftlichen Verhältnissen – dem (umfassenden) Feld der Macht – erlangt, welche jedoch von den Akteuren des Rechts in Wahrnehmung der Selbstbezüglichkeit symbolischer Produktion *verabsolutiert* wird (Bourdieu 1986, 3 f.). Diese in Abhängigkeiten eingebettete Unabhängigkeit (‚l'indépendance dans et par la dépendance') zeigt sich etwa darin, dass die juristische Profession normativ von der Universalität und Eindeutigkeit des Rechts ausgeht, damit aber die faktische Eingebundenheit und Kontingenz des Rechts bzw. der dem ‚nomos' eingeschriebenen Ordnungsperspektiven und -prinzipien (‚principes de vision et de division') negiert (Bourdieu 1986, 9). Der rechtliche und richterliche Universalitätsanspruch wäre demnach nicht etwa in einer transzendentalen Grundnorm, sondern allein in der geschichtlichen Entwicklung der Gesellschaft und des rechtlichen Feldes begründet, einschließlich der „cohésion sociale du corps des interprètes" (Bourdieu 1986, 5; vgl. Bourdieu 1991, 95). Mit anderen Worten, „le juriste donne comme fondé *a priori*, déductivement, quelque chose qui est fondé *a posteriori*, empiriquement" (Bourdieu 1991, 96; H. i. O.): Ebendies wird mit dem Begriff der Heuchelei oder Scheinheiligkeit (‚hypocrisie') eingefangen, einer für die Funktion des rechtlichen Feldes konstitutiven Vorspiegelung (‚illusio') der Rechtschaffenheit, die – von den Juristen selbst gepflegt und befördert – die Rechtsgemeinschaft letztlich zur Glaubensgemeinschaft (‚croyance') macht. So illusorisch dieser gemeinsame Rechtsglaube sein mag, so real sind seine Folgen:

> „Le droit n'est pas ce qu'il dit être, ce qu'il croit être, c'est-à-dire quelque chose de pur, de parfaitement autonome, etc. Mais le fait qu'il se croie tel, et qu'il arrive à le faire croire, contribue à produire des effets sociaux tout à fait réels, et d'abord sur ceux qui exercent le droit." (Bourdieu 1991, 99)

Das juristische Feld wird als Ort der Auseinandersetzung um das Monopol der Recht-Sprechung, also das Recht, recht/Recht zu sprechen, entworfen, womit letztlich das Recht bezeichnet ist, die gesellschaftliche bzw. staatliche Ordnung (im

Sinne des ‚nomos') in symbolischer Weise zu normieren, zu legitimieren und zu implementieren. Bei diesem Recht handelt es sich in den Begriffen der Feldtheorie um eine spezifische Form der Ausübung symbolischer Gewalt (für die der Staat das Monopol innehat), deren Anwendung oder Aneignung durch den Juristenstand formell wie informell reguliert wird und die nur deswegen anerkannt (‚reconnue') wird, weil sie als solche verkannt (‚méconnue') wird. Recht zu sprechen heißt demzufolge, ausgehend von den sozialen Strukturen, die das Recht ermöglichen und begrenzen, die Struktur des Sozialen zu gestalten und diese Sozialordnung zugleich als selbstverständlich erscheinen zu lassen (Bourdieu 1986, 3 f. u. 12 f.; Bourdieu 1991, 96). Dabei wird die spezifische Funktionslogik des juristischen Feldes einerseits durch die (objektiven) Machtverhältnisse und Konkurrenzkämpfe zwischen den rechtlichen Akteuren und Institutionen und andererseits durch die (normativen) Argumentationserfordernisse innerhalb des juristischen Diskurses bestimmt:

> „Les pratiques et les discours juridiques sont en effet le produit du fonctionnement d'un champ dont la logique spécifique est doublement déterminée: d'une part, par les rapports de force spécifiques qui lui confèrent sa structure et qui orientent les luttes de concurrence ou, plus précisément, les conflits de compétence dont il est le lieu et, d'autre part, par la logique interne des œuvres juridiques qui délimitent à chaque moment l'espace des possibles et, par là, l'univers des solutions proprement juridiques." (Bourdieu 1986, 3 f.)

Strukturelle und kulturelle Komponenten (der Produktion) des Rechts werden über das Habituskonzept miteinander verknüpft, dem in der bourdieuschen Rechtssoziologie zunächst eine etwas paradoxe Funktion zukommt, da die (förmliche, positivierte) Steuerung durch Recht in einem gewissen Widerspruch zur (informellen, inkorporierten) Steuerung über den Habitus steht (vgl. Ocqueteau/Soubiran-Paillet 1996, 17 f.). Auch das Recht selbst wird jedoch in der Rechtspraxis ‚habitualisiert'; und zuallererst prägt es den Habitus, die Wahrnehmungs- und Beurteilungsschemata, der professionellen Adepten des Rechts, auf die die Theorie des juristischen Feldes dann auch ihr besonderes Augenmerk richtet.

Einerseits sind die Juristen, Rechtstheoretiker wie Rechtspraktiker, aufgrund ihres ähnlichen sozialen Hintergrunds und ihrer vergleichbaren individuellen Biografien auch in ihrem Habitus vereint:

> „[F]açonnées, sur la base d'expériences familiales semblables, au travers des études de droit et de la pratique des professions juridiques, les dispositions communes fonctionnent comme des catégories de perception et d'appréciation qui structurent la perception et l'appréciation des conflits ordinaires et qui orientent le travail destiné à les transformer en confrontations juridiques [...]" (Bourdieu 1986, 11).

Insoweit lässt sich von einer Einheitlichkeit oder Gleichartigkeit der juristischen Haltungen und Einstellungen sprechen, in denen gleichsam die (soziale) Geschichte des rechtlichen Feldes geronnen und die gemeinsame ‚Illusion' der Rechtlichkeit und – juristisch verfertigten – Gerechtigkeit begründet ist. Anderseits ist das Recht (nicht nur) in seiner Nähe zum Pol der Macht ein auch innerhalb der Juristenschaft umkämpftes Symbol, das für ganz unterschiedliche (rechtliche) Ordnungsideale steht. Zunächst besteht ein (habitueller) Unterschied zwischen den unterschiedlichen juristischen Professionen: Auf der einen Seite stehen die (in der staatsbetonten,

‚staatsrechtlichen', kontinentaleuropäischen Tradition besonders herausgehobenen) *Rechtstheoretiker*:

„[L]es juristes et autres théoriciens du droit tendent à tirer le droit dans le sens de la théorie pure, c'est-à-dire ordonnée [sic] en système autonome et autosuffisant, et purifié, par une réflexion fondée sur des considérations de cohérence et de justice, de toutes les incertitudes ou les lacunes liées à sa genèse pratique [...]." (Bourdieu 1986, 7)

Auf der anderen Seite stehen die (in der gemeinschaftsbetonten, ‚privatrechtlichen', angelsächsischen Tradition besonderes gewürdigten) *Rechtspraktiker*:

„[L]es juges ordinaires, et autres praticiens, plus attentifs aux applications qui peuvent en être faites [du droit; S. F.] dans des situations concrètes, l'orientent vers une sorte de casuistique des situations concrètes et opposent aux traités théoriques du droit pur des instruments de travail adaptés aux exigences et à l'*urgence* de la pratique, répertoires de jurisprudence, formulaires d'actes, dictionnaires du droit (et demain banques de données) [...]." (Bourdieu 1986, 7; H. i. O.)

Diese Art der ‚juristischen Arbeitsteilung' bzw. der „*division du travail de domination symbolique*" (Bourdieu 1986, 6; H. i. O.; vgl. ebd., 4), das Streben nach theoretischer Geschlossenheit auf der einen Seite und das Bemühen um praktische Anwendbarkeit auf der anderen Seite, zeugt jedoch immer noch mehr von der Komplementarität denn der Konkurrenz der – auf die eine oder andere Weise – zum Recht Berufenen.

Eine etwas andere, stärker gesellschaftstheoretische (und –kritische) Note bekommt diese Differenzierung, wenn man die unterschiedlichen Rechtsvorlieben und Interpretationsgewohnheiten von Rechtsgelehrten und ‚Rechtshändlern' (Dezalay 1992) auf die Gestaltung – die Bewahrung oder Veränderung, Öffnung oder Schließung – der Rechts- und Sozialordnung, genauer: der Rechts- *als* Sozialordnung bezieht. So liegt es beispielsweise nahe, hinsichtlich des eher auf die begrifflichen Grundlagen bezogenen oder des eher auf die praktische Anwendung bezogenen Umgangs mit den Rechtstexten (die gewissermaßen ein Symbol der überkommenen staatlichen Ordnung darstellen) zwischen *konservativen* und *progressiven* Kräften zu unterscheiden, die – im Wege der strukturellen Homologie – jeweils inner- wie außerhalb des Rechts(felds) zu verorten sind. Von den Wahrern der alten Ordnung wird demnach eher eine orthodoxe, theoriegeleitete, herkömmliche Auslegungsweise bevorzugt, während die Repräsentanten einer neuen Ordnung häufiger eine unorthodoxe, praxisbezogene, innovative Lesart des Rechts wählen. Erstere dienen in diesem (an der kontinentaleuropäischen Rechtstradition entwickelten) Falle eher dem Erhalt des engen Bezugs von Staat und Recht und der damit verbundenen (Status-)Hierarchien; Letztere wirken auf eine Anpassung des Rechts an strukturelle Veränderungen hin, etwa im Verhältnis von Staat und (Privat-)Wirtschaft, aber auch gegenüber der (Zivil-)Gesellschaft. Jene, die (vergangenheitsorientiert) von der Legitimität der alten Ordnung und des alten Rechts zehren, forcieren somit tendenziell die innere *Schließung* des juristischen Diskurses, diese, die (zukunftsorientiert) die Legitimität einer neuen Ordnung und eines neuen Rechts beschwören, befördern eher dessen *Öffnung* nach außen. Je stärker das Recht somit gegenüber der Wirklichkeit abgeschottet wird, je mehr es sich in seiner Begriffswelt verschließt, je ‚autonomer' es sich in dieser Weise gibt, desto einseitiger ist demnach auch die rechtliche Argumentation, desto weniger repräsentativ ist das Recht für die Gesellschaft als Ganze, desto abhängiger ist es im Grunde vom Status quo:

> „Paradoxalement, en ce cas, l'autonomisation passe non par un renforcement de la fermeture sur soi d'un corps exclusivement dévoué à la lecture interne des textes sacrés, mais par une intensification de la confrontation des textes et des procédures avec les réalités sociales qu'elles sont censées exprimer et régler." (Bourdieu 1986, 18)

Da umgekehrt das Recht *als solches* auch durch eine übertriebene Anpassung an die Kräfte des Wandels bedroht ist, die mit dem Verlust der Eigenlogik, Berechenbarkeit und Glaubwürdigkeit des Rechts bezahlt werden kann, erscheint freilich auch dieses ‚heteronome' Autonomiekriterium ambivalent. Es bleibt, dass man sich an beiden Polen des juristischen Feldes, dem ‚orthodoxen' wie dem ‚subversiven' (oder ‚häretischen'), einstweilen des Rechts bedient – und damit immer wieder aufs Neue die für dieses (Spiel- oder Kampf-)Feld geltenden Regeln symbolischer Machtentfaltung bestätigt (vgl. Bourdieu 1986, 18 f.; Bourdieu 1991, 97 f.).

Die an dieser Stelle (unter dem Aspekt der ‚judicial governance') besonders interessierende *Richterschaft* ist in der ‚juristischen Arbeitsteilung' den Rechtspraktikern zuzuordnen, welche laufend Verknüpfungen zwischen der (in sich geschlossenen und insofern ‚heilen') Begriffswelt der Juristen und den (rechtsförmigen oder zumindest rechtlich formulierbaren) Problemen der Lebenswelt schaffen. Innerhalb des Rechtssystems bzw. des rechtlichen Begriffssystems übernehmen sie eine Anpassungs-, Erneuerungs- oder sogar Erfindungsfunktion („la fonction d'adaptation au réel" bzw. „une véritable fonction d'*invention*"; Bourdieu 1986, 7 f.; H. i. O.), schaffen rechtliche Lösungen auch für solche Probleme der (Rechts-)Praxis, die der Gesetzgeber nicht vorherzusehen oder zu verhindern vermochte. Im Wege der Rechts(er)findung „ils introduisent les changements et les innovations indispensables à la survie du système que les théoriciens devront intégrer au système" (Bourdieu 1986, 7). Zugleich handelt es sich bei dem Amt des Richters nach Art und Umfang des zu seiner Ausübung erforderlichen Kapitals (hier in der Form des juristischen Kapitals) nicht nur innerhalb des rechtlichen Feldes, sondern auch im weiter gefassten Feld der Macht um eine übergeordnete Position, mit der eine besondere ‚Autonomie' und ‚Autorität' verbunden ist (Bourdieu 1986, 8). Dem Richter kommt also neben der (vornehmlich innerrechtlichen) Innovatorenrolle zugleich eine (im Sinne der Ausübung symbolischer Gewalt auch außerrechtlich wirksame) Herrschaftsrolle zu, und zwar insoweit der zum ‚Unparteiischen' in Rechtsstreitigkeiten Berufene selbst nicht nur die Partei des Rechts, sondern auch des Staates ergreift und die unterschiedlichen im Prozess vertretenen Sichtweisen im ‚nomos', als der staatlich sanktionierten und legitimierten Sicht der Dinge, ‚transzendiert': „Dans cette lutte, le pouvoir judiciaire [...] manifeste ce point de vue transcendant aux perspectives particulières qu'est la vision souveraine de l'État, détenteur du monopole de la violence symbolique légitime." (Bourdieu 1986, 12; H. i. O.).

3.4.2.3 Rechtsfeld im Verhältnis zur globalisierten Wirtschaft

Eine ‚kulturelle politische Ökonomie' des juristischen Habitus und des juristischen Feldes kann sich jedoch nicht auf eine solche Betrachtung des (genetisch bedingt sehr engen) Verhältnisses von Recht und Staat beschränken, sondern bedarf auch einer Analyse des Verhältnisses von Recht und Wirtschaft sowie einer Erweiterung des Staatsbegriffs. Erst dann scheint es möglich, den in dieser Arbeit eruierten Wandel der Rechtsstaatlichkeit im Kontext der Globalisierung mit feldtheoretischen Begrifflichkeiten zu rekonstruieren. Dabei hilft eine stärkere Einbeziehung des Feldes der Macht, das sich im hierarchisch (nach dem Prinzip ‚herrschen/beherrscht') strukturierten sozialen Raum in der Nähe des positiven Pols der Macht bewegt und wirtschaftliche und kulturelle, politische und rechtliche Felder insoweit umfasst, als von ihnen Machteffekte auf den ‚Rest' der Gesellschaft ausgehen (vgl. Bourdieu 1993a, 38). Die Kohärenz dieses verschiedene (auch symbolische) Formen der Machtausübung umspannenden Feldes wird – so ließe sich ein Kernargument dieses Ansatzes zuspitzen – über *strukturelle Homologien* gewährleistet: jene durch ebenbürtige Positionen in unterschiedlichen Bezugsfeldern (strukturell) nahe gelegten Gemeinsamkeiten und Wechselwirkungen, etwa das in allen dominanten Stellungen gleichermaßen wahrscheinliche Interesse an der Verteidigung und Rechtfertigung des Status quo. In diesem Sinne bilden das politische, das bürokratische und das juristische Feld nicht nur einen – staatlichen – Machtkomplex, sondern verknüpfen sich auch mit Feldern ökonomischer und kultureller Machterzeugung und -ausübung. Die politische Ökonomie des Rechts ist also jenseits direkter Einflussnahmen von politischer oder ökonomischer Seite auf das Recht (deren Relevanz außer Frage steht) vor allem durch die soziale Nähe der ‚Machthaber' in den exponierten Positionen ihres jeweiligen Feldes bestimmt:

> „Il est certain que la pratique des agents chargés de produire le droit ou de l'appliquer doit beaucoup aux affinités qui unissent les détenteurs de la forme par excellence du pouvoir symbolique aux détenteurs du pouvoir temporel, politique ou économique […]. La proximité des intérêts, et surtout l'affinité des habitus, liée à des formations familiales et scolaires semblables, favorisent la parenté des visions du monde […]." (Bourdieu 1986, 14 f.)

Während unterschiedliche Stellungen (‚positions') in einem Feld mit unterschiedlichen Stellungnahmen (‚prises de positions') oder Einstellungen (‚dispositions') verbunden sind, sind gleichartige Stellungen in unterschiedlichen Feldern typischerweise mit ähnlichen Stellungnahmen und Einstellungen, einschließlich der Gesellschafts- oder Weltbilder der jeweiligen Positionsinhaber verknüpft. Der theoretische Weg, auf dem die empirische Ähnlichkeit bzw. Einheitlichkeit bestimmter Steuerungskonzepte und -rezepte über verschiedene Felder hinweg im Folgenden begründet werden soll, führt demnach über „*l'ensemble des relations objectives* entre le champ juridique, lieu de relations complexes et obéissant à une logique relativement autonome, et le champ du pouvoir et, à travers lui, le champ social dans son ensemble" (Bourdieu 1986, 14; H. i. O.). Es geht also nicht darum, die relative Autonomie des juristischen Feldes in Frage zu stellen – etwa durch ‚internalistische' oder ‚externalistische' Argumente –, sondern darum, die juristischen Konstruktionen der Welt an soziale Strukturen zurückzubinden (also ‚Sichtweisen' auf ‚Standorte' zu beziehen) und in dieser Weise sozialräumlich einzubetten.

Der soziale (Bezugs-)Raum ist in der Anlage dieser Arbeit freilich nicht mehr als nationalstaatlich begrenzt zu denken, sondern – was bestimmte politische, wirtschaftliche und rechtliche Bezüge betrifft – als ‚europäisiert' oder gar ‚globalisiert' zu verstehen. Feldtheoretisch bedeutet das, die inter- oder transnationalen Querbezüge nationaler Macht-, Politik-, Wirtschafts- und Rechtsfelder zu berücksichtigen oder gleich übernationale Felder zu entwerfen. Dieses erscheint insofern möglich, als der Feldbegriff über die Reichweite von Feldeffekten (im Sinne von Interaktionseffekten) definiert ist und sozialräumlich entsprechend vom lokalen bis zum globalen Feld alles fassen kann, was die sozialen Beziehungen hergeben (vgl. Bourdieu 1993b, 107 ff.; Madsen/Dezalay 2002, 193), wenn auch wegen der Definitionsleistung des (National-)Staats und der größeren Dichte von Interaktionen vielfach von nationalen (Macht-)Feldern auszugehen ist. Die unterschiedlichen (globalen, europäischen, nationalen und lokalen; Macht-, Politik-, Wirtschafts- und Rechts-)Felder können dann über ‚mehrdeutige' Interaktionen und Interaktionseffekte füreinander geöffnet werden, etwa wenn bestimmte Akteure in mehreren Feldern auftreten oder Interaktionseffekte eines Feldes auf ein anderes ausstrahlen. Wendet man sich nun etwas genauer dem Rechtsfeld zu, so kann zunächst – in einer genetischen (entstehungsgeschichtlichen) Perspektive – seine Position im nationalstaatlichen Rahmen bestimmt werden. Dabei treten die Besonderheiten nationalstaatlicher Rechtstraditionen bzw. der nationalen Rechtsstaatlichkeit zutage, die Ausdruck der auf dieser Ebene entwickelten Machtkonzentration und Gewaltenteilung sind:

„En fait, la force relative des différentes espèces de capital juridique dans les différentes traditions doit sans doute être mise en relation avec la position globale du champ juridique dans le champ du pouvoir, qui, à travers le poids relatif imparti au ‚régne de la loi' (*the rule of law*) ou à la réglementation bureaucratique, assigne ses limites structurales à l'efficacité de l'action proprement juridique." (Bourdieu 1986, 6; H. i. O.)

Bedeutung und Ansehen von Rechtsetzung und Rechtsprechung, Rechtstheoretikern und Rechtspraktikern, Staatsrechtlern und Privatrechtlern sind also in einem ersten Schritt über solche nationalstaatlichen Machtkonstellationen bestimmt. In einem zweiten Schritt wird die Entwicklung des Rechts – und der Macht des Rechts – aber auch von zwischen- und überstaatlichen, inter- und transnationalen Machtkonstellationen beeinflusst, und zwar (wie in dieser Arbeit argumentiert wird) offenbar in zunehmender Weise. In dieser zeitdiagnostischen (und prognostischen) Perspektive lässt sich nun nicht nur von einer Europäisierung und Internationalisierung der nationalen Rechtsfelder, sondern auch der Entstehung eines europäischen oder sogar globalen Rechtsfeldes ausgehen. Auch eine solche Entwicklung des Rechts kann als Feldeffekt, als Effekt von (inter- oder transnationalen) Auseinandersetzungen und Kämpfen um die rechte Ordnung (‚nomos') dargestellt werden:

„[P]aradoxically, it is these struggles between lawyers of different countries striving to impose legal forms or, better, modes of production of law, which have contributed towards unifying the world legal field and the world market of expertise in law (or, following a comparable logic, in economics)." (Bourdieu 1995, xii)

Die strukturellen Homologien, die traditionell (und ceteris paribus) in einem nationalen Machtgefüge bestehen, werden also durch zunehmende Interaktionen und Interdependenzen im transnationalen sozialen Raum dynamisiert, wodurch die unterschiedlichen Felder gewissermaßen aus ihrem Gleichgewicht gebracht werden. Die ‚Reproduktionskrise' einzelner Felder oder der hergebrachten (einzelstaatlichen) Sozialordnung ist in diesem Falle nicht hausgemacht, sondern (europäisierungs- oder) globalisierungsbedingt. Während das – nationale – Rechtsfeld „au moins en période d'équilibre, tend à fonctionner comme un appareil dans la mesure où la cohésion des habitus spontanément orchestrés des interprètes est redoublée par la discipline d'un corps hiérarchisé" (Bourdieu 1986, 4 f.), gerät es durch eine übergeordnete Veränderung der Koordinaten der Macht wie des Rechts in eine Schieflage, in der auch das, was bisher selbstverständlich schien, fraglich wird. Es steht auf einmal mehr auf dem Spiel (‚enjeu'), als in den ritualisierten Auseinandersetzungen von ‚rechts' und ‚links', ‚oben' und ‚unten' kleingearbeitet werden kann: nämlich die Logik des Feldes, die Struktur des ‚nomos' selbst. Solange Recht und Macht im Einklang stehen, wird ebendieser Zusammenhang kaum sichtbar, weil das Recht auch mit sich selbst im Einklang steht und sich (in Köpfen und Texten) nach seiner eigenen Logik reproduziert:

> „[L]es choix que le corps doit opérer, à chaque moment, entre des intérêts, des valeurs et des visions du monde différents ou antagonistes ont peu de chances de défavoriser les dominants, tant l'ethos des agents juridiques […] et la logique immanente des textes juridiques […] sont en accord avec les intérêts, les valeurs et la vision du monde des dominants." (Bourdieu 1986, 14 f.)

Die soziologische Feldtheorie erweist sich nun wie auch die Regulationstheorie genau darin als Krisenwissenschaft, dass sie Veränderungen und Umbrüche (institutioneller oder ideeller Art), die sich innerhalb eines Feldes manifestieren, nutzt, um auch denjenigen ‚Einmütigkeiten' und ‚Komplizenschaften', Hierarchisierungen und Rationalisierungen auf die Spur zu kommen, die ansonsten latent bleiben:

> „[O]n ne mesure sans doute jamais mieux l'ampleur et les effets de cette unanimité dans la complicité tacite que lorsque, á la faveur d'une crise économique et sociale du corps, liée à une redéfinition du mode de reproduction des positions dominantes, elle vient à se rompre." (Bourdieu 1986, 15)

Anlass, eine solche kriseninduzierte Neubestimmung der (rechtsfeldspezifischen) ‚Reproduktionsweise' zu unternehmen, besteht nun mit der zunehmenden Europäisierung und Globalisierung der Wirtschaft und des Rechts (insbesondere des Wirtschaftsrechts), in deren Verlauf international tätige, wirtschaftsnahe ‚marchands de droit', die sich auf rechtliche Arbitrage spezialisiert haben, gegenüber den am Status quo (ante) des nationalen Rechtsstaats orientierten ‚gardiens du temple' an Bedeutung gewinnen (Dezalay 1992, 17). Über das Theorem *struktureller Homologie* erschließen sich ausgehend von diesen Zentralfiguren (die weiter unten als ‚challengers' und ‚incumbents' tituliert werden) die impliziten Bündnisse pro und kontra eine solche Relativierung der überkommenen Macht- und Rechtsverhältnisse. Grundannahme dabei ist, dass der Verweisungszusammenhang zwischen Macht und Recht (sowie Politik und Wirtschaft) sich über die zwischen den Inhabern gleichwertiger Positionen bestehenden (habituellen) Affinitäten in feldübergreifenden Bündnissen zwischen den Dominanten (‚incumbents') auf der einen Seite und zwischen den Dominierten (‚challengers') auf der anderen Seite ausdrückt. In dieser eher statischen Betrachtungsweise wird noch vornehmlich auf die Reproduktion gesellschaftlicher Hierarchien abgestellt. In einer etwas dynamischeren Betrachtungsweise lässt sich die soziale Einbettung des juristischen Feldes aber auch in Begriffe des Angebots und der Nachfrage bringen; im Zentrum stehen dann

> „les effets de l'ajustement de l'offre juridique à la demande juridique qui doit être imputé moins à des transactions conscientes qu'à des méchanismes structuraux tels que l'homologie entre les différentes catégories de producteurs ou de vendeurs de services juridiques et les différentes catégories de clients" (Bourdieu 1986, 18).

Gleichgewicht und Reproduktion des juristischen Feldes werden dann etwa durch ein rasches Wachstum der Nachfrage nach internationaler rechtlicher Expertise durch transnational tätige Unternehmen gestört, was bedeutet, dass die ‚Ordnung' des Feldes, Grenzen und Hierarchien neu ausgehandelt werden müssen. Das Recht muss den Realitäten des Strukturwandels angepasst werden, ohne dass der auf der *Eigenlogik* des Feldes beruhende *Rechtsglaube* dabei Schaden nehmen muss. In dieser Hinsicht wird auch in der Feldtheorie von einer Reproduktion als Selbstproduktion (Autopoiesis) des Rechts aus dem Recht ausgegangen, die vom gesellschaftlichen Strukturwandel nur indirekt betroffen ist: „[L]e droit se produit et s'exerce dans un espace relativement autonome ou les effets des contraintes économiques et sociales ne s'exercent que de manière médiatisée" (Bourdieu 1991, 97).

Gleichwohl interessieren in einem gesellschaftstheoretischen Zusammenhang gerade jene *Relativierungen* der Autonomie des Rechts, die aus den (über strukturelle Homologien geleiteten) Wechselwirkungen des rechtlichen Feldes mit anderen Feldern, und zwar nicht nur dem bürokratischen oder politischen, sondern auch dem wirtschaftlichen Feld resultieren. Wurde bisher vor allem die Autonomie des Rechts im Verhältnis zum (Rechts-)*Staat*, zum bürokratischen und politischen Feld relativiert, steht im Folgenden das Verhältnis zur *Wirtschaft* im Vordergrund, die – so die Prämisse dieser Untersuchung – zunehmend als ‚europäisiert' und ‚globalisiert' gedacht werden muss. Feldtheoretisch lässt sich dies so übersetzen, dass die volkswirtschaftlichen Felder zunehmend in ein weltwirtschaftliches Feld integriert sind und von dessen Logik und Reproduktionsprinzipien überformt werden. Ein Maß für die Unabhängigkeit des juristischen Feldes lässt sich hierbei dadurch gewinnen, dass man es als Feld kultureller Produktion im *Gegensatz* zum Feld wirtschaftlicher Produktion, d. h. als ‚verkehrte Welt der Ökonomie' (Bourdieu 1993a, 29) entwirft. Nach dem Prinzip des ‚L'art pour l'art' erscheint dabei gerade jene (rechts-)kulturelle Produktion besonders hochwertig, die frei von wirtschaftlichen Gesichtspunkten (etwa der Vermarktung) ihren Zweck in sich selbst findet. Die Autonomie des Rechts bzw. der Erzeugungsprinzipien des juristischen Feldes bemisst sich demnach in seinem Abstand zur Ökonomie:

> „L'autonomie du champ juridique, comme l'autonomie du champ littéraire ou l'autonomie du champ religieux, s'affirme fondamentalement par rapport à l'économie. Être autonome, c'est être à distance de l'économie, c'est être désintéressé, c'est être pur […]." (Bourdieu 1991, 97)

Nun wurde aber weiter oben bereits argumentiert, dass gerade ein solcher rechtlicher Purismus und Rechtspositivismus dem Erhalt des Status quo dienlich sein kann, woraus folgt, dass das juristische Feld in seinem Verhältnis zum (Rechts-)Staat, der das Monopol symbolischer Gewalt innehat, als weniger autonom einzuschätzen ist als andere Felder kultureller Produktion: „Le champ juridique, du fait du rôle déterminant qu'il joue dans la reproduction sociale, dispose d'une autonomie moins grande que des champs qui, comme le champ artistique ou littéraire ou même le champ scientifique, contribuent aussi au maintien de l'ordre symbolique et, par là au maintien de l'ordre social." (Bourdieu 1986, 18). Von hier aus bestehen nun zwei Möglichkeiten, die Autonomie des juristischen Feldes gegenüber der Ökonomie theorieimmanent zu ,relativieren'. Der längere, gewissermaßen reguläre Weg führt über den Staat: Indem die Wirtschaft auf die Politik und die Politik auf das Rechtsetzung Einfluss nimmt, bewirken Lobbying und Rechtsetzung ceteris paribus eine Anpassung des Rechts an die Wirtschaft. Der kürzere, soziologisch interessantere Weg führt über strukturelle Homologien zwischen Recht und Wirtschaft (und im weiteren sozialen Raum): Wirtschaftliche und rechtliche Hierarchien und Ordnungsprinzipien stabilisieren sich demnach gegenseitig; Umbrüche im einen Feld werden auch im anderen spürbar. Auf diese Weise erhält man eine feldtheoretische Fassung der Transformation einer wirtschaftlichen ,Reproduktionskrise' in eine rechtliche ,Regulationskrise' (die im juristischen Feld selbst freilich ihrerseits als Reproduktionskrise erfahren wird).

Die ,politische Ökonomie' des Rechts besteht demnach nicht nur in einer Verflechtung von rechtlich legitimierter Staatsmacht und staatlich sanktioniertem Recht (politischer Aspekt), sondern auch von rechtlich legitimierter Wirtschaftsmacht und – wenn man so will – wirtschaftlich erfolgreichem Recht (ökonomischer Aspekt). Die *relative* Unabhängigkeit des Rechts von der Wirtschaft lässt sich folglich in Begriffen der Interdependenz und Interpenetration von rechtlichem und wirtschaftlichem Feld fassen – und somit in die Frage, „comment le droit pénètre l'économie et comment, pour pénétrer l'economie, il doit absorber de l'économie" (Bourdieu 1991, 98). Dieser Zusammenhang lässt sich nun vornehmlich anhand von jüngeren Beiträgen zur feldtheoretischen Soziologie des Rechts (und der Wirtschaft) ausarbeiten, die zwar vielfach noch im nationalstaatlichen Bezugsrahmen argumentieren, aber dabei zunehmend von der zwischenstaatlichen Interaktion und Internationalisierung rechtlicher Felder bzw. der Herausbildung eines europäischen bzw. eines globalen Rechtsfelds ausgehen (Trubek u. a. 1994, 410 ff.). Es steht zu erwarten, dass im Zuge dieser Entwicklungen die unmittelbar mit dem nationalstaatlichen Monopol symbolischer Gewaltausübung verbundenen Rechtsfunktionen und -professionen unter verstärkten Konkurrenzdruck durch Anbieter und Experten übernationalen und außerstaatlichen Rechts geraten, was gerade aus kontinentaleuropäischer Sicht einen Umbruch darstellt, da die staatstragenden Rechtsberufe und die reine Lehre hier traditionell als besonders hochrangig bzw. hochwertig gelten. Geht man etwa davon aus, dass die hier interessierenden Prozesse der Europäisierung und der Globalisierung (soweit sie der Logik des Postfordismus folgen) unter einem ,neoliberalem' Vorzeichen stehen, sich gewissermaßen ,ohne Staat' – gleichwohl nicht jenseits der

Politik – vollziehen (Bourdieu 2005, 231; vgl. ebd., 224 ff.), so wird im juristischen Feld annahmegemäß eine Stärkung derjenigen Professionen zu beobachten sein, deren Klientel an einer Umgehung oder Relativierung des mit ihrer transnationalen Geschäftstätigkeit konfligierenden nationalstaatlichen Rechts interessiert ist. Durch eine solche Gewichtsverlagerung (etwa vom ‚droit public', ‚droit du travail', ‚droit social' zum ‚droit privé', ‚droit civil', ‚droit des affaires') wird das juristische Feld einerseits *unabhängiger* vom Staat, d. h. reservierter gegenüber staatspolitischen Argumenten, andererseits aber auch *abhängiger* von der Wirtschaft, d. h. durchlässiger für wirtschaftspolitische Argumente (vgl. Bourdieu 1986, 18 f.; Bourdieu 1991, 97 f.).

3.4.2.4 Internationalisierung und Europäisierung des Rechtsfeldes

In den vorliegenden feldtheoretischen Arbeiten zur Soziologie des *internationalen* rechtlichen Feldes werden die Juristen folgerichtig nicht nur in ihrer (staatsbezogenen) Rolle als „agents of state expertise" (Madsen/Dezalay 2002, 199), sondern auch in ihrer (wirtschaftsbezogenen) Rolle als „experts of business (and other forms of supportive knowledge)" (Madsen/Dezalay 2002, 199) wahrgenommen; aufgrund dieser doppelten Expertise wird ihnen im Prozess der Globalisierung eine zentrale Bedeutung beigemessen. Das Untersuchungsinteresse richtet sich dabei insbesondere auf jene als ‚marchands de droit' (Dezalay 1992) wirkenden Wirtschaftsjuristen, die der ‚globalen ökonomischen Restrukturierung' (Trubek u. a. 408 ff.; Madsen/Dezalay 2002, 199) in der – symbolischen – Form eines „nouvel ordre juridique" (Dezalay 1992, 20 ff. u. 278) Sinn und Legitimation verleihen. Diese wirtschaftsnahen Rechtsberater werden als Vermittler zwischen der ‚Welt' des Rechts und der ‚Welt' der Wirtschaft entworfen:

> „Parce qu'il va de leur intérêt propre comme de celui de leurs clients, ils travaillent au rapprochement et à l'imbrication toujours plus étroite de ces deux univers: auprès de leur pairs, ils plaident pour la prise en compte par le droit des intérêts juridiques des entreprises; et, simultanément, ils s'emploient à convaincre les entrepreneurs des possibilités tactiques de l'outil juridique." (Dezalay 1992, 18)

Jenseits struktureller Homologien sorgen in diesem Falle also die ‚Rechtshändler' – als Grenzgänger zwischen Recht und Wirtschaft – auch in unmittelbarer Weise für die Verknüpfung der beiden ‚Welten' (oder Felder). Im Zuge der wettbewerbsmäßigen Restrukturierung der Wirtschaftswelt bzw. der Weltwirtschaft profilieren sie sich als Wegbereiter eines (ebenfalls wettbewerblich differenzierten) Weltrechts. Diese im Entstehen begriffene ‚neue juristische (Welt-)Ordnung' beruht auf einer zugunsten wirtschaftlicher Gesetzmäßigkeiten (oder auch nur zugunsten der Ansprüche trans- bzw. multinationaler Unternehmen) veränderten Logik des rechtlichen Feldes – jedenfalls soweit man als dessen Prototyp das ‚staatserhaltende' nationale Rechtsfeld ansieht. Ein solcher in der Rechtspraxis entwickelter ‚Ökonomismus' vermag aber über die (Regeln der) Produktion und Reproduktion des Rechts letztlich auch das Recht selbst zu verändern: „L'économisme du nouvel ordre juridique [...] résulte de l'incorporation de la logique marchande jusque dans le mécanismes de production du droit pur." (Dezalay 1992, 22). Erneut zeigt sich, dass ein eher empirischer denn normativer, eher soziologischer denn juristischer Rechtsbegriff, wie ihn die Feldtheorie vorhält ('Recht ist, was im juristischen Feld erzeugt wird'; vgl. Dezalay 1992, 15), gerade auch zur Erfassung des Wandels des Rechts jenseits des Staates – und insofern auch des Wandels der 'Rechtsstaatlichkeit' geeignet ist.

Schematisch betrachtet dürfte die besondere Qualität der *europäischen Rechtsgemeinschaft* und der europäischen Rechtssprechung demnach in einer Wechselwirkung zwischen dem eher von einer 'ökonomischen' Rechtslogik dominierten internationalen Rechtsfeld und den eher von einer 'staatlichen' Rechtslogik dominierten nationalstaatlichen Rechtsfeldern bestehen. Hierbei sind freilich einige Qualifizierungen anzubringen: Zunächst stellt sich die Frage, ob mit der 'Internationalisierung' oder 'Globalisierung' des Rechts nicht eigentlich eine *Amerikanisierung* gemeint ist, eine Verallgemeinerung des angloamerikanischen Rechtsmodells. Daraus ergibt sich beinahe zwangsläufig die Frage, ob das nationalstaatliche Gegenmodell zu einem solchen 'internationalisierten' und 'amerikanisierten' Recht nicht eigentlich in einer *Europäisierung* besteht, einer Verallgemeinerung des kontinentaleuropäischen Rechtsmodells. Damit wären zugleich die wichtigsten Kontrahenten in diesem internationalen 'Rechtsstreit' benannt: amerikanische und europäische, wirtschaftsverbundene und staatsverhaftete, dominante und dominierte Rechtsvertreter. Die dritte (und regulationstheoretisch gehaltvollste) Frage schließt an diese Überlegungen an, verleiht dem Ganzen aber eine neue Wendung: Hier geht es darum, den 'globalisierten' Konflikt von (anglo-)amerikanischen und (kontinental-)europäischen Rechtsüberzeugungen unter dem Aspekt des Wandels der politischen Ökonomie von einem fordistisch-keynesianischen, volkswirtschaftlichen und wohlfahrtsstaatlichen Modell zu einem postfordistisch-schumpeterianischen, weltwirtschaftlichen und wettbewerbsstaatlichen Modell zu deuten und in ebendiesem die Begründung dafür zu suchen, warum sich allem Anschein nach die eine (amerikanische) Rechtstradition unter diesen Bedingungen besser zu bewähren vermag als die andere (europäische) Rechtstradition (vgl. Kagan 2005; Heydebrand 2005).

Ansätze zu einer solchen Argumentation sind in den feldtheoretischen Fallstudien zur europäischen (supranationalen) Rechtsentwicklung enthalten, zumindest wenn man deren – mehr (Trubek u. a. 1994) oder minder (Schepel/Wesseling 1997) ausgearbeitete – regulationstheoretische Basis ernst nimmt. Diese scheint bereits durch, wenn der Globalisierungsprozess als Prozess der 'ökonomischen Restrukturierung' begriffen wird und in einer Aufzählung der wichtigsten Teilaspekte zuallererst der Wandel der Produktionsstrukturen ('changing production patterns') genannt wird:

„New systems of flexible specialization and the 'global factory' have made it easier to site production and other economic activities in many parts of the world, facilitating the dislocation of economic activity from one country to another and contributing to the emergence of a new international division of labor." (Trubek u. a. 1994, 409)

Hierin lässt sich unschwer eine Beschreibung des postfordistischen Akkumulationsregimes erkennen. Auch die hegemonialen Steuerungskonzepte finden in dieser Revue des Globalisierungsprozesses ihren Platz (‚hegemony of neo-liberal concepts of economic relations'; Trubek u. a. 1994, 409). Des Weiteren enthält der feldtheoretische Begriffsapparat selbst – gerade auch in Anwendung auf das Rechtsfeld – einige für die kritische politische Ökonomie (zumal in deren Weiterentwicklung zur ‚cultural political economy'; Jessop/Sum 2006, 3 u. 377) unmittelbar anschlussfähige Schlüsselbegriffe. Dies wird besonders im Begriff der *rechtlichen Produktionsweise* (‚mode of production of law') deutlich, der zweifelsohne regulationstheoretisch inspiriert ist: „By this, we mean the political economy of regulation, protection and legitimation in a given national space at a particular moment in time." (Trubek u. a. 1994, 419). In einer feldtheoretischen Zuspitzung werden in diesen Begriff unter anderem eingeschlossen:

> „the allocation of roles among the various positions in the legal field (practitioners, law appliers, academics, etc.); the way the field produces the *habitus*, including variations in education and the importance of social capital [...] in recruitment into the field; the modalities for the articulation of authoritative doctrine, and the ways these are related to relationships between players and positions; [and] the role lawyers linked to global actors and transnational regimes play in a given field" (Trubek u. a. 1994; H. i. O., 419).

In der Konsequenz dieser Begriffswahl liegt die Einordnung der rechtlichen Produktionsweise in den politökonomischen Komplex der Reproduktion-Regulation; und tatsächlich wird in dem hier referierten Text eine solche Parallele gezogen: Ausdrücklich analog zur Bildung und Verwendung des Begriffs Fordismus (für das in der Nachkriegszeit dominierende Akkumulationsregime) in der Regulationstheorie wird in dieser feldtheoretischen Analyse der Begriff des *Cravathismus* verwendet, der die *amerikanische* Produktionsweise des Rechts bezeichnen soll: „[I]t is a system at whose core is the large, nationally oriented, multi-purpose, commercially-oriented law firm of the type pioneered by Paul Cravath in the late 19th century." (Trubek u. a. 1994, 423). Im Sinne der drei eingangs gestellten Fragen mutet es allerdings etwas anachronistisch an, wenn – wie nachfolgend skizziert – argumentiert wird, dass sich auf internationaler Ebene im Zuge der ‚neoliberalen' Wende eine ‚cravathistische' Logik der Rechtserzeugung durchsetzt, denn damit wird der (in dieser Arbeit interessierende) Unterschied zwischen einer fordistischen und einer postfordistischen Rechtlichkeit bzw. Rechtsstaatlichkeit auf den Unterschied zwischen (‚alter') europäischer und (‚moderner') amerikanischer Rechts(erzeugungs)logik reduziert. Solchermaßen bleiben aber die eigentlichen (rechtsökonomischen) Gründe für den – zumindest im europäischen Rechtsraum beobachteten – (rechtspolitischen) Führungswechsel in den letzten drei Dekaden – unterbelichtet.

Mit diesen Vorklärungen und Vorbehalten lässt sich die Internationalisierung des europäischen Rechtsfelds *einschließlich* der Europäisierung der nationalen Rechtsfelder als Zurückdrängung des ‚alten' (kontinental-)europäischen nationalstaatlichen Rechtsmodells und Durchsetzung der ‚modern(er)en' (anglo-)amerikanischen und gewissermaßen ‚globalisierungsfreundlicheren' Logik des Rechts beschreiben:

> „The intrusion of the ‚American mode of production of law' into legal fields in Europe and elsewhere is both the result, and the cause, of the growth of transnational legal arenas and the related internationalization of legal fields. The European story is, in no small part, the account

of the clash between an old legal tradition or mode of production of law, and new forms heavily influenced by transatlantic forces and models." (Trubek u. a. 1994, 420)

Im klassischen, europäischen Modell der Rechtserzeugung gilt demnach eine strikte Hierarchie, an deren Spitze „leading academics and high court judges" (Trubek u. a. 1994, 421) stehen, die sich als Hüter der reinen Lehre verstehen, während diejenigen, die ihr Geschäft mit dem Recht betreiben, deutlich niedriger eingestuft werden. Im ‚moderneren', amerikanischen Rechtsmodell haftet dieser Form der Rechtspraxis offenbar ein weniger dubioser Ruf an; vielmehr scheinen die ‚(Groß-)Unternehmer des Rechts', personifiziert in Staranwälten, auch innerhalb des juristischen Feldes hoch angesehen zu sein; *„the large law firm is both the emblem and the engine of the entire American legal field"* (Trubek u. a. 1994, 423; H. i. O.). Dieser an Privatinteressen orientierten Rechtspraxis steht eine ausgeprägte Kultur des ‚public interest law' gegenüber; in beidem erweist sich der amerikanische Modus der Rechtserzeugung als weniger staatsaffin und akademisch als der europäische Rechtsmodus. Im Zuge des Prozesses der Globalisierung und ‚ökonomischen Restrukturierung', genauer: im Übergang vom nationalstaatlich und volkswirtschaftlich fixierten Fordismus zum sozialräumlich ‚flexibleren' Postfordismus geraten diese verschiedenen Rechtslogiken nun zunehmend in Konflikt, ob auf nationaler Ebene (durch Eindringen fremder Elemente in das heimische Rechtsfeld) oder auf internationaler Ebene (durch Integration unterschiedlicher Rechtsfelder).

Im Einzelnen stellt sich dies (im vorliegenden Beispiel) nun folgendermaßen dar: Auf europäischer Ebene wird mit der Begründung, und mehr noch der ‚Vollendung' des Binnenmarktes ein europäischer Markt für Rechtsdienstleistungen geschaffen, an dem die europaweit tätigen Unternehmen (zu denen auch die am Binnenmarkt beteiligten ‚global players' zu zählen sind) umfassende rechtliche – gemeinschaftsrechtliche und rechtsvergleichende – Expertise nachfragen, um in den Genuss der mit der Ausübung der wirtschaftlichen Grundfreiheiten verbundenen Möglichkeiten rechtlicher Arbitrage zu gelangen. Auf diese Nachfrage vermochten die (mit unterschiedlichen Jurisdiktionen vertrauten) großen ‚law firms' amerikanischen Typs aber sehr viel schneller und adäquater zu reagieren als die relativ kleinen und spezialisierten Kanzleien europäischen Typs. Der entstehende ‚Euro-law market' wird also zunächst durch die überlegene Konkurrenz aus Übersee geprägt. In der Folge bemühen sich aber zunehmend auch europäische Anbieter, Elemente dieses Erfolgsmodells zu adaptieren und im europarechtlichen ‚big business' mitzumischen (Trubek u. a. 1994, 426 ff.). Der Effekt des Ganzen liegt – paradoxerweise – in einer *Amerikanisierung* der europäischen Rechtslogik durch *Europäisierung* der nationalen Rechtslogiken, also in einer massiven Umstrukturierung (im Zuge der ‚Öffnung') des juristischen Feldes:

> „The transnational challenge is affecting the relationship between the old academic and judicial elites [...] and practitioners, as the status of the former recedes and that of the latter grows. Changes are occuring in the regulation of the legal profession, the organization of the academy and its relation to practice, and the role of the judiciary." (Trubek u. a. 1994, 428).

Der (scheinbare) Widerspruch zwischen Amerikanisierung und Europäisierung lässt sich regulationstheoretisch auflösen, indem man auch den Prozess der Europäisierung (unter Bedingung der Globalisierung) als Prozess der (polit-)ökonomischen *Restrukturierung* deutet. Demnach verliert das konservative, staatstreue und lehrbezogene kontinentaleuropäische Modell der europäischen ‚Integration durch Recht' mit dem Übergang zum Postfordismus nachhaltig an Durchsetzungs- und Überzeugungskraft. Durch Aufnahme und Stärkung praktischer Elemente des Rechtsvergleichs und Rechtswettbewerbs entwickelt sich demgegenüber eine Rechtslogik, die dem – in den 1980er-Jahren aufgekommenen – ‚Neuen Ansatz' der Harmonisierung entspricht, in dem das Ideal der Vereinheitlichung des Rechts durch das Prinzip gegenseitiger Anerkennung (unter Bedingung der Einigung auf Mindeststandards) ersetzt wird. Die Logik der europäischen Integration durch Recht passt sich auf diese Weise nicht nur den politischen Realitäten (und begrenzten Kompromissmöglichkeiten) an, sondern kommt auch den Bedürfnissen der Binnenmarktteilnehmer entgegen, für die das ‚Recht' auf diese Weise vielfach ‚billiger' zu haben (und schon deshalb ‚recht und billig') ist.

Die Frage, ob sich – wie anzunehmen wäre – auch die amerikanische Rechtslogik durch die ‚Globalisierung' verändert hat, inwiefern sich also der ‚Cravathismus' im Übergang vom Fordismus zum Postfordismus gewandelt hat, kann an dieser Stelle nicht geklärt werden, wenngleich anzunehmen ist, dass die Internationalisierung der Rechtsnachfrage auch in diesem Fall (jedoch in einem geringeren Ausmaß) zu Umstrukturierungen des juristischen Feldes geführt hat. Im vorliegenden Kapitel interessiert jedoch vor allem, welcher Begriff von ‚judicial governance' aus *dieser* feldtheoretischen Konstruktion oder Zuspitzung der europäischen Rechtsgemeinschaft als ‚Euro-law market' zu gewinnen ist. Im Sinne des Governance-Grundmodells dieser Arbeit scheint – in Weiterführung der bisherigen Argumentation – auch dessen Differenzierung in eine vertikale und eine horizontale Dimension interessant (Trubek u. a. 1994, 428 ff.): Die *vertikale* Dimension steht in diesem Fall nicht nur für die Suprematie des Gemeinschaftsrechts gegenüber mitgliedstaatlichem Recht oder den Stellenwert eines ‚zentralisierten' Rechtsmodells (Maduro 1998), sondern – darüber vermittelt – auch für das Gewicht der alteuropäischen Hierarchisierungsprinzipien im europäischen Rechtsfeld. Entsprechend verbindet sich die *horizontale* Dimension nicht nur mit der Pluralisierung des europäischen Rechts unter dem Prinzip der gegenseitigen Anerkennung in den Grenzen des politisch Gebotenen (sei es durch Mindeststandards oder zwingende Erfordernisse) und wirtschaftlich Möglichen (sei es im ‚Käufermarkt' oder ‚Verkäufermarkt') oder dem Stellenwert eines ‚kompetitiven' (alternativ: eines ‚dezentralisierten') Rechtsmodells (Maduro 1998), sondern wiederum auch für das Gewicht der ‚amerikanisierten' Hierarchisierungsprinzipien im europäischen Rechtsfeld und speziell der „legal services oriented towards giving business advice on the different and sometimes conflicting laws of the several Member States, as well as on ways to use these rules and Community law for various tactical purposes" (Trubek u. a. 1994, 428). Im Rahmen der Regulations- und Feldtheorie (des Rechts) ist es von hier aus nur mehr ein kleiner Schritt, die vertikale und horizontale Dimension der europäischen Rechtsgemeinschaft und die dadurch (und nach Art und Menge des juristischen Kapitals) differenzierten Positionen auch mit unterschiedlichen (als Habitus inkorporierten) Dispositionen oder

‚Steuerungskonzepten' in Verbindung zu bringen. Nun ginge es sicherlich zu weit, die unter dem Aspekt von ‚judicial governance' besonders interessierenden Gemeinschaftsrichter als Teil des ‚Kommerzes' zu verstehen, der mit dem Recht an der (Feld-)Grenze zur Wirtschaft betrieben wird, jedoch erscheint es eingedenk der proaktiven Rolle des Europäischen Gerichtshofs für die Umwandlung von einer zentralisiert-unitaristischen zu einer kompetitiv-pluralistischen und von einer nationalstaatlichen zu einer wirtschaftsgemeinschaftlichen Rechtslogik im Prozess der europäischen Integration auch alles andere als selbstverständlich, in ihm allein ein europäisches Pendant der ‚noblesse de robe' (Trubek u. a. 1994, 428) zu sehen, die als Hüterin des nationalen Rechtsstaats (und seiner – nicht nur symbolischen – Obergewalt) identifiziert wurde.

Um die eigentümliche Position des EuGH im europäischen Rechtsfeld bzw. der europäischen Rechts(glaubens)gemeinschaft i. e. S. (bestehend aus „law professors, judges and their clerks, officials of the Commission and other European institutions, officials of national governments and other national authorities, and private practitioners"; Schepel/Wesseling 1997, 171) weiter aufzuklären, wird im Folgenden zu einer etwas anders gelagerten, jedoch gleichermaßen feldtheoretisch (und in subtiler Weise auch regulationstheoretisch) fundierten Studie übergeleitet (Fligstein/Stone Sweet 2002), die insofern mehr wirtschafts- als rechtssoziologisch eingerahmt ist, als Ausgangspunkt das wirtschaftliche und nicht das juristische Feld bildet (Fligstein 1990 u. 2001b). Über das Theorem struktureller Homologie, das die Vergleichbarkeit und Verwandtschaft dominanter und dominierter Positionen und Dispositionen in unterschiedlichen Feldern behauptet, sind die Ordnungsprinzipien des wirtschaftlichen Feldes mit jenen des juristischen Feldes verknüpft; d. h. eine Ordnungskrise oder ein Strukturwandel in der Ökonomie kann im Wege der Resonanz auch Krise und Wandel im Recht induzieren. Dieser – sehr indirekte und keineswegs zwangsläufige – Übertragungsmechanismus arbeitet grundsätzlich in beide Richtungen; vorliegend interessiert aber vor allem die Möglichkeit einer durch Veränderungen in der wirtschaftlichen Reproduktion (d. h. durch die postfordistische Globalisierung) bedingten Veränderung des Rechts bzw. der Rechtsauffassungen, und zwar auch ohne Umweg über die Politik. Dabei ist an die (bourdieuschen) Grundbegriffe der Orthodoxie und der Häresie anzuknüpfen:

> „Diejenigen, die bei gegebenen Kräfteverhältnissen das spezifische Kapital – Grundlage der Macht oder der für ein Feld charakteristischen spezifischen Autorität – (mehr oder minder vollständig) monopolisieren, neigen eher zu Erhaltungsstrategien – Strategien, die im Feld der Produktion kultureller Güter tendenziell die *Orthodoxie* vertreten –, die weniger Kapitalkräftigen dagegen (die oft auch die Neuen und damit die Jüngeren sind) eher zu Umsturzstrategien – Strategien der *Häresie*." (Bourdieu 1993b, 109; H. i. O.)

In einem (kultur-)soziologischen Ansatz wie der Feldtheorie lässt sich diese Differenzierung von orthodoxen und häretischen Erhaltungs- und Umsturzstrategien auch auf die Ordnungsprinzipien (oder Steuerungskonzepte) wirtschaftlicher Produktion und Reproduktion beziehen, die insofern *auch* als kulturelle oder symbolische (Re-)Produktion zu verstehen sind (vgl. Bourdieu 2005, 202 f.).

3.4.2.5 Feldübergreifende Homologien und Hegemonien

Diese Sichtweise ist im so genannten ‚political-cultural approach' der (feldtheoretischen) Wirtschaftssoziologie besonders ausgearbeitet (Fligstein 2001b, 15), auf den im Folgenden zur Komplettierung der Argumentation dieses Kapitels noch etwas näher einzugehen ist: Zum einen wird über die so genannten ‚conceptions of control' (übersetzt als ‚Steuerungskonzepte' und sinnverwandt mit ‚concepts of control') ein Rückbezug zu governance- und regulationstheoretischen Begrifflichkeiten hergestellt; zum anderen wird mit der Theorie des wirtschaftlichen, und genauer: des unternehmerischen Feldes eine (konstruktivistische) Mikroübersetzung der (strukturalistischen) Regulationstheorie geleistet, die gewissermaßen dem Argument der strukturellen (und habituellen) Homologie zwischen Wirtschafts- und Rechtsfeld vorausgesetzt ist. Darüber hinaus erweist sich die weiter unten referierte Anwendung des politisch-kulturellen Ansatzes auf den Prozess der europäischen Integration (Fligstein/Stone Sweet 2002) nur dann als anschlussfähig für eine regulations- und feldtheoretische Argumentation, wenn die dort nicht weiter ausgeführten begrifflichen Grundlagen bzw. gedanklichen Voraussetzungen klar sind (zumindest was die Autorenschaft Fligsteins betrifft). Schließlich ist im ‚politisch-kulturellen Ansatz' der Wirtschaftssoziologie schon auf der Ebene der attributiven Selbstbeschreibung ein Pendant zur ‚cultural political economy' zu sehen: Dass sich sowohl die (harte, ökonomische) Regulationstheorie als auch die (weiche, wirtschaftssoziologische) Feldtheorie in den in diesem Kapitel diskutierten Varianten als ‚politisch' und ‚kulturell' qualifiziert, lässt Parallelen einerseits in der integrierten Betrachtung von Politik und Wirtschaft (bzw. Staat und Markt) erwarten, andererseits aber auch in der Darstellung des kulturellen bzw. symbolischen Gehalts der solchermaßen ‚politökonomisch' begründeten Ordnungsverhältnisse. Tatsächlich lässt sich der nachfolgend skizzierte feldtheoretische Ansatz in beiden Punkten als Fortführung des regulationstheoretischen Ansatzes verstehen: *Zum einen* wird auch hier der Markt nicht in seinem idealtypischen Naturzustand betrachtet (wie in der – institutionenfreien – Neoklassik), sondern im Hinblick auf die politische Verfasstheit von Marktinstitutionen und „the political processes that underlie market interactions" (Fligstein 2001b, 45 ff., vgl. ebd. 97 f.). In der Erkenntnis leitenden Kurzformel ‚markets as politics' (Fligstein 2001b, 98) ist letztlich das Verhältnis – und die Geschichte des Verhältnisses – von Markt und Staat kondensiert, dessen Ausgestaltung (tripartistisch aufgeschlüsselt) durch „domination by capitalists; workers, or state officials"; Fligstein 2001b, 45; vgl. ebd., 46 f. u. 55) gekennzeichnet sein kann. *Zum anderen* setzt die feldtheoretische Analyse der Märkte einen deutlichen Schwerpunkt auf die symbolische Dimension der Machtbeziehungen im wirtschaftlichen Feld (und über dieses hinaus), nämlich auf die so genannten ‚lokalen Kulturen':

> „These local cultures contain cognitive elements (i.e., they are interpretive frameworks for actors), define social relationships, and help people interpret their own position in a set of social relationships. Interpretive frameworks allow actors to render meaningful the actions of others with whom they have a social relationship on a period-to-period basis." (Fligstein 2001b, 15)

In diesem mikrosoziologisch akzentuierten Kontext steht (als Synonym für den feldspezifischen ‚Deutungsrahmen') auch der Begriff der ‚conceptions of control' (Fligstein 2001b, 18).

Charakteristisch für die feldtheoretische Soziologie der Märkte, die als ‚an economic sociology of twenty-first-century capitalist societies' untertitelt wird (Fligstein 2001b), ist also das kombinierte (strukturalistische und interaktionistische) Interesse an ‚Macht' – Machtstrukturen, Machtzuschreibungen – auf der einen Seite und an ‚Bedeutung' – Bedeutungsstrukturen, Bedeutungszuweisungen – auf der anderen Seite. Dieses Untersuchungsanliegen spiegelt sich auch im Institutionenbegriff dieses wirtschaftssoziologischen Ansatzes wider, der sich vom (überwiegend rationalistischen) Institutionenverständnis (institutionen-)ökonomischer Ansätze abhebt:

> „Institutions are rules and shared meanings […] that define social relationships, help define who occupies what position in those relationships, and guide interaction by giving actors cognitive frames or sets of meanings to interpret the behavior of others." (Fligstein 2001a, 108; vgl. ebd., Fn. 9)

Märkte werden – im Sinne des Feldbegriffs – als institutionelle (Macht-)Ordnungen entworfen, die von Akteuren und Organisationen in der Interaktion (im aktiven Sinne) ‚ausgehandelt' und (im passiven Sinne) ‚aufgeführt', die konstruiert und rekonstruiert werden; sie strukturieren Austauschbeziehungen, Alltagspraktiken, Situationsverständnis und Weltsicht der Akteure (Fligstein 2001a, 106 f.; Fligstein 2001b, 29 u. 32). In (organisations-)soziologischer Sicht dienen Märkte und andere (organisationale) Felder primär der Reduktion von Unsicherheit; unter der Bedingung doppelter (und multipler) Kontingenz sorgen sie für eine basale Handlungs- und Verhaltenssicherheit: „The function of organizational fields is, first and foremost, to promote stability." (Fligstein 1990, 6). Ein wesentliches Stabilisierungsprinzip liegt nun in der Ausübung und Anerkennung von Macht, d. h. der feldübergreifenden wie feldspezifischen Differenzierung in (relativ) mächtige und (relativ) ohnmächtige Personen und Gruppen, genauer: in dominante und dominierte Positionen und Perspektiven.

> „Using the idea of markets as fields requires one to specify what a market is, who the players are, what it means to be an incumbent [i. e. dominant] and a challenger [i. e. dominated; S. F.], and how the social relationships and cultural understandings that come into play create stable fields by solving the main problems of competition and controlling uncertainty." (Fligstein 2001b, 17; vgl. Fligstein 2001a, 108)

Damit lässt sich die Feld- und Marktstruktur (organisationssoziologisch) folgendermaßen beschreiben: „The social structure of a field is a cultural construction whereby dominant and dominated coexist under a set of understandings about what makes one set of organizations dominant." (Fligstein 2001b, 68).

Die Kultur der Macht bzw. die Macht der Kultur kommt in diesem feldtheoretischen Untersuchungsdesign in verschiedener Weise ins Spiel:

> „First, preexisting societal practices, which include laws, definitions of relevant resources and rules, and the ability of actors to draw on organizing technologies […] influence field construction. Second, the rules of each field are unique and are embedded in power relations between groups; they function as ‚local knowledge' […]. Finally, actors have cognitive struc-

tures that utilize cultural frames [...] to analyze the meanings of the actions of others." (Fligstein 2001a, 109)

Man kann diesen dreistelligen Zusammenhang nach externen (objektiven) Bestimmungsgrößen des Feldes, internen (interaktiven) Spielregeln des Feldes und feldspezifischen (intersubjektiven) *habitūs* auflösen. Betrachtet man nun Märkte als soziale Felder, scheint ein wesentlicher Teil der Feld bestimmenden Spielregeln tatsächlich externen Vorgaben zu entsprechen, also intern nicht verhandelbar zu sein: all jene Gesetze, mittels deren der Staat die Marktwirtschaft und einzelne Märkte reguliert (oder überhaupt erst konstituiert), zu deren Veränderung also die Politik (Gesetzgebung) eingeschaltet werden müsste.

„In the modern world, the state or other forms of public authority provide property rights (e.g., who ‚owns' the surplus produced by assets), governance structures (e.g., rules governing competition and cooperation between firms), and rules of exchange (e.g., contract law; billing practices; banking and credit rules; insurance, health, and safety standards). States facilitate economic growth by providing, among other things, laws, social stability, and the regulation of class struggle." (Fligstein/Stone Sweet 2002, 1207)

Während also Eigentums- und Verfügungsrechte, Strukturen der Kooperation und des Wettbewerbs sowie produkt(ions)- und austauschbezogene Regeln und Standards in wesentlichen Teilen staatlich (vor-)bestimmt sind, wird die (Eigen-)Logik der Märkte in ihren informellen Anteilen vor allem mit dem Begriff der lokalen Kultur, des lokalen Wissens, kurzum: der (interaktiven, intersubjektiven) ‚conceptions of control' erfasst (vgl. Fligstein 2001b, 32 ff.). Jenseits der staatlichen Vorgaben (und der legalisierten Ausübung symbolischer Gewalt) entwickelt sich mit diesen Kontrollwahrnehmungen oder Machtkonzeptionen eine feldspezifische symbolische Ordnung, die den Akteuren hilft, sich im Beziehungsgefüge des jeweiligen Marktes zu orientieren, die eigene Situation zu beurteilen, die Aktivitäten anderer zu deuten und in ebendiesem Kontext sinnhaft (d. h. für sich und andere verständlich) zu handeln: ob im Interesse des Selbsterhalts oder der Machterweiterung (Fligstein 2001b, 15, 35 u. 70 f.).

Zur Verdeutlichung des in diesem Kapitel (re-)konstruierten Zusammenhangs der regulationstheoretischen ‚concepts of control' und der feldtheoretischen ‚concep*tions* of control' seien zusätzlich zu den bereits weiter oben herausgearbeiteten Gemeinsamkeiten und Entsprechungen noch einmal die jeweiligen Begriffsfassungen dieser (meist unterschwelligen) Steuerungskonzepte nebeneinander gestellt. In der *Amsterdamer Schule der (internationalen) politischen Ökonomie* werden diese qualifiziert als „comprehensive frameworks of thought and action which demarcate the ‚limits of the possible' of a given configuration of capitalist society" (Holman 2001, 168). Was mit der ‚gegebenen Konfiguration' (internationaler) kapitalistischer Vergesellschaftung gemeint ist, geht aus folgender Definition hervor:

„Concepts of control are long-term strategies, formulated in general terms and dealing in an integrated way with such areas as labor relations, socioeconomic policies, and the international socioeconomic and political order. These concepts serve to organize and safeguard specific interests related to specific capital groups or classes." (Holman 1998, 25 f.)

Auch in der *wirtschaftssoziologischen Feldtheorie* ergibt sich das Mögliche und Machbare aus dem kulturellen Deutungsrahmen, den die Mitglieder eines Gemeinwesens teilen, wobei hier jedoch die ‚lokalen Kulturen' bestimmter Märkte im Fokus stehen:

> „Conceptions of control are social-organizational vehicles for particular markets that refer to the cognitive understandings that structure perceptions of how a particular market works, as well as a description of the real social relations of domination that exist in a particular market. A conception of control is simultaneously a worldview that allows actors to interpret the actions of others and a reflection of how the market is structured." (Fligstein 2001b, 35)

Im Kern dieser Vorstellungen geht es um die Kontrolle der Unternehmen (‚corporate control', sinnverwandt mit ‚corporate governance'), wobei empirisch etwa zwischen einer ‚(conception of) direct control', einer ‚manufacturing conception of control', einer ‚sales and marketing conception of control', einer ‚finance conception of control' und einer ‚shareholder value conception of control' unterschieden werden kann (vgl. Fligstein 1990, 33 ff., 75 ff., 115 ff. u. 226 ff.; Fligstein 2001b, 123 ff., 147 ff. u. 170 ff.). „There are a large number of possible conceptions of control because the unique history of markets means that clever enterpreneurs and managers can produce myriad cultural solutions to their collective problems of price competition." (Fligstein 2001b, 71).

Aus *regulationstheoretischer* Perspektive lassen sich die Steuerungskonzepte auf der Ebene einzelner Märkte (oder Unternehmen) nun als Spezifikationen der Steuerungskonzepte auf der (gesamt-)gesellschaftlichen Ebene verstehen, wobei letztere wiederum Ausformungen der (mit den unterschiedlichen Kapitalsorten verbundenen) ‚protoconcepts of control' darstellen. Im Sinne der weiter oben erörterten Logik von ‚Artikulation' und ‚Retroduktion' stehen gesellschaftsweite und marktspezifische Steuerungskonzepte demnach in einem Zusammenhang von Konkretion in der einen bzw. Abstraktion in der anderen Richtung. Aus *feldtheoretischer* Perspektive erlauben Identifikation und Vergleich feldspezifischer Steuerungskonzepte, die – regulationstheoretisch vielfach unterstellte – hegemoniale Einheit der Führungsschichten einer Gesellschaft (‚hegemonialer Block'; vgl. Jessop/Sum 2006, 365 f.) in konkrete Wechselwirkungen zwischen den Feldern aufzulösen und gegebenenfalls auch das ‚Überspringen' von Steuerungskonzepten von einem Feld ins andere zu erklären. Schließlich treffen sich der *makroskopische* Blick der Internationalen Politischen Ökonomie und der *mikroskopische* Blick der an ‚lokalen Kulturen' interessierten Wirtschaftssoziologie in der Steuerungsfunktion des (National-)Staates, der zugleich zwischen internationalen und (sub-)nationalen Handlungskontexten bzw. ihren je spezifischen Steuerungskonzepten vermittelt:

> „[T]he state forms the political framework within which internationally operating concepts of control can be synthesised with particular national political cultures, attitudes, constitutional arrangements and so on, or, conversely, the very medium through which hegemonic concepts of control can transcend national frontiers." (Holman 2001, 169)

Was hier aus Sicht der Internationalen Politischen Ökonomie für die Interaktion von internationaler und nationaler Ebene formuliert wird, gilt entsprechend für die Interaktion von den „national ‚cultures' of control" (Fligstein 2001b, 87) und den lokalen

Kulturen subnationaler (aber auch transnationaler) Felder. Wie immer (markt- oder unternehmens-)spezifisch Steuerungskonzepte auch ausfallen mögen, angesichts (zunehmender) raumzeitlicher Interdependenzen ist (vermehrt) auch von ihrer grenzüberschreitenden Diffusion auszugehen:

> „Although conceptions of control are often unique, it is possible to note that firms liberally borrow conceptions of control from other markets, particularly nearby ones. Thus, markets founded at a similar moment in time are likely to use similar conceptions of control." (Fligstein 2001b, 71 f.)

Somit stellt sich die Frage nach der sozialen Genese veränderter (lokaler) ‚conceptions of control', die zwar immer auf partikulare Märkte bezogen und insofern einzigartig sind, aber doch von anderen Märkten (und anderen ‚Bezugsfeldern') gelernt und übernommen werden können.

In ihrer ‚erweiterten' (politökonomischen) Form berücksichtigt die feldtheoretische Wirtschaftssoziologie nicht nur Märkte, sondern auch Staaten, insbesondere im Hinblick auf ihre Interaktion: „The theory of fields also suggests how it is that governments as a set of fields interact with markets as a set of fields." (Fligstein 2001b, 19). Der wirtschaftliche Wettbewerb wird in dieser Weise ‚politisiert': „Competition among firms often takes the form *of competition for power over state power* [...]." (Bourdieu 2005, 204; H. i. O.). Im Mittelpunkt der wechselseitigen Konstitution von Staaten und Märkten stehen Politikfelder (‚policy domains'), in denen sich – in der Interaktion von Staatsvertretern und Wirtschaftsvertretern („bureaucratic agencies and representatives of firms and workers"; Fligstein 2001b, 39) sowie dem Dritten Sektor – eine Kultur der Regulierung (einschließlich der ‚Deregulierung') von Märkten entwickelt. Dabei wird derselbe Feldbegriff zugrunde gelegt, der auch die Bestimmung wirtschaftlicher Felder anleitet:

> „The construction of a policy domain requires a number of theoretical features, including agreement that the domain is a legitimate focus of policy-oriented actors [...], a set of shared meanings that define that area as a ‚domain' and provide a way to understand who is a ‚player'; who has power, and why; a set of organized governmental actors who consider the domain their ‚turf', and if appropriate, other non-governmental actors who participate in policy construction in the domain." (Fligstein/McNichol 1998, 61)

Gleiches gilt für die (von bürokratischen und politischen Feldern unterschiedenen) rechtlichen oder juristischen Felder, die in ihrer (Wechsel-)Beziehung zur Wirtschaft ebenfalls in die Soziologie der Märkte ‚integriert' werden können, gerade wenn man nicht nur die ‚offiziellen' Rechtsproduzenten als Teil der Feld bestimmenden Rechtspraxis begreift, sondern auch deren jeweilige Klientel, die in anderen Feldern beheimatet ist und den Rechtsweg nicht nur um des Rechts willen, sondern ganz selbstverständlich auch in einem rechtsfremden Eigeninteresse, etwa einem politischen oder wirtschaftlichen Macht- oder Gewinninteresse nutzt. Um die ‚Spielregeln' ökonomischer Märkte zu eigenen Gunsten zu verändern, bieten sich den Unternehmen (und anderen Marktteilnehmern) zusätzlich zum wirtschaftlichen Wettbewerb – und zur wirtschaftlichen Kooperation – somit die Einflussnahme im politischen Feld (‚lobbying') und das Engagement im rechtlichen Feld (‚litigation') an. Politökonomisch ausgedrückt: „[L]egal systems are alternative ways for challenger groups to engage in political action. By using laws against incumbents, challengers can contest the rights and privileges of dominant groups [...]." (Fligstein 2001b, 39; vgl. Fligstein/Stone Sweet 2002, 1211).

Dass Unternehmen in verschiedener (ökonomischer, politischer und rechtlicher) Weise auf die Logik des wirtschaftlichen Feldes einwirken können, reicht aber noch nicht aus, um größere Umbrüche in der politischen Ökonomie, wie den Übergang vom Fordismus zum Postfordismus, zu erklären – zumal den annahmegemäß zwischen Wirtschafts-, Politik- und Rechtsfeldern bestehenden ‚strukturellen Homologien' ja eher eine (die feldinternen und feldübergreifenden Hierarchien) stabilisierende Wirkung nachgesagt wird. Vielmehr ist auch die Soziologie der Märkte in diesem Zusammenhang als ‚Krisenwissenschaft' gefragt: als Wissenschaft, für die Krisen der Reproduktion (und Regulation) zugleich Gegenstand und Erkenntnismittel sind. Dabei lässt sich wiederum unterscheiden zwischen normalen, feldspezifischen Krisen und außerordentlichen, feldübergreifenden Krisen (vgl. ‚crisis in Fordism' und ‚crisis of Fordism'; Jessop/Sum 2006, 335):

> „In ‚normal' times, the crises of a given society are in fact the crises of whoever has privilege at the moment. Those in power use the mechanisms they have developed to maintain that power. [...] Only in a more widespread societal crisis (war, depression) does the possibility for real institutional reform occur. This is because the current power arrangements and the rules that support them are no longer able to reproduce those groups." (Fligstein 2001b, 65)

Innerhalb eines Feldes ist ein ‚kritischer' (krisenhafter) Zustand definitionsgemäß dann erreicht, wenn die Reproduktion des Ordnungs- und Machtgefüges zwischen den beteiligten Akteuren gestört ist: „One can identify a real crisis in an existing field as a situation where the major groups are having difficulty reproducing their privilege as the rules that have governed interaction are no longer working." (Fligstein 2001a, 118). Unter dieser Bedingung verlieren die institutionalisierten Regeln, Praktiken und Deutungen ihre Legitimität; die Orientierungen, Interessen und Identitäten der Akteure werden neu ‚verhandelt' (vgl. Fligstein 2001b, 27). In ökonomischen Feldern betrifft dies die Rollenverteilung zwischen ‚incumbents' (den so genannten ‚first movers' oder ‚market leaders'; Bourdieu 2005, 201) und ‚challengers' (die sich in normalen Zeiten den Marktführern anpassen bzw. unterordnen):

> „Incumbent firms are those that dominate a particular market by creating stable relations with other producers, important suppliers, customers, and the government. [...] Challenger firms fit into the dominant logic of a stable market, either by finding a spot in the market (i.e., a niche) or imitating dominant firms." (Fligstein 2001b, 17)

Ursache für solche Reproduktionskrisen können (z. B. technologisch bedingte) Machtverschiebungen innerhalb des Feldes sein, Ein- und Übergriffe von (marktlichen oder staatlichen) Akteuren aus angrenzenden Feldern oder ‚exogene' Schocks durch Wirtschaftskrisen und Kriegsereignisse (Fligstein 2001b, 41, 83 f. u. 90; Fligstein/Stone Sweet 2002, 1211). Je mehr (raumzeitliche) Interdependenzen zwischen den verschiedenen staatlichen Feldern, den verschiedenen marktlichen Feldern und zwischen staatlichen und marktlichen Feldern bestehen, desto eher strahlen (Reproduktions- bzw. Transformations-)Krisen in einem Feld auch in andere Felder aus (und desto eher wären ‚exogene' Ereignisse zu ‚endogenisieren', also theorieimmanent zu erklären). Genau darin liegen – spiegelbildlich zur ‚microtranslation' der politischen Ökonomie – die ‚macro implications' der Soziologie der Märkte:

> „The sociology of capitalist societies is concerned with different conceptions of control and massive numbers of fields of government connected to these markets. The interesting questions concern not just the internal dynamics of particular markets but the interactions of markets and states more generally." (Fligstein 2001b, 89)

Entsprechend wird auch in diesem Ansatz die Frage nach der Globalisierung oder ‚Amerikanisierung' von Steuerungskonzepten (etwa am Beispiel der Verbreitung der ‚shareholder value conception') aufgeworfen (Fligstein 2001b, 220 f.). Insgesamt liegt jedoch ein deutlicher Akzent auf den (persistenten) nationalstaatlichen bzw. volkswirtschaftlichen ‚Varianten des Kapitalismus', also der trotz eingestandener Konvergenzen verbleibenden Divergenzen.

3.4.2.6 Europäischer Gerichtshof als Agent des Wandels

In den genannten makroanalytischen Kontext der Soziologie der Märkte fällt – in widersprüchlicher Verknüpfung mit der ‚Amerikanisierung' bzw. ‚Globalisierung' – auch die ‚Europäisierung' der politischen Ökonomie(n). Zur feldtheoretischen Beschreibung dieses Zusammenhangs und Einordnung des Europäischen Gerichtshofs ist abschließend auf eine (Anwendungs-)Studie einzugehen (Fligstein/Stone Sweet 2002; vgl. Stone Sweet/Brunell 2002 u. 2004), die zwar der hier vorgestellten Argumentationslogik folgt, jedoch eher einen empirischen Diskussionsbeitrag zur (neofunktionalistischen und institutionalistischen; Fligstein/Stone Sweet 2002, 1209 f.) Integrationsforschung intendiert, als eine eigene Variante der kritischen Integrationstheorie aufzulegen. Nichtsdestoweniger handelt es sich – in einem etwas hintergründigen – Sinne um eine Modellierung der Integrationsdynamik auf der Basis (via personelle Mehrfachzugehörigkeiten oder strukturelle Homologien) ‚integrierter' wirtschaftlicher, politischer und rechtlicher Felder (Fligstein/Stone Sweet 2002, 1239). In dieser Weise ist die *Rechtsgemeinschaft* (unter dem Aspekt der ‚legal governance') als Bestandteil oder Komplement einer modernen supra- und transnationalen politischen Ökonomie zu begreifen:

> „Observing the EC over its first 40 years (the period our data covers) provides a remarkable opportunity to study the simultaneous production of a collective system of political and legal governance and the construction of a pan-Continental market in Western Europe. In essence, we have the opportunity to document the emergence and institutionalization of a modern political economy." (Fligstein/Stone Sweet 2002, 1208; vgl. Fligstein 2005, 197 ff.)

In ebendiesem folgenreichen (Veränderungs-)Prozess erweist sich der Europäische Gerichtshof als eine treibende Kraft.

Drei Variablen(-gruppen) werden herangezogen, um die feldübergreifenden Interaktionseffekte zu messen: „(1) transnational activity like cross-border trade and the activities of supranational interest groups, (2) the litigation of EC law, and (3) the rule-making capacities and activities of EC organizations" (Fligstein/Stone Sweet 2002, 1231), wobei die ökonomischen Akteure nicht nur als Unternehmer im

Binnenmarkt tätig sind, sondern auch (via Vorabentscheidungsverfahren) als Kläger vor dem EuGH und als Lobbyisten vor der Europäischen Kommission auftreten. Der Ausgangspunkt der (spiralförmigen) Entwicklungslogik wird dabei als *Krise* gefasst, in der sich bestimmte Marktakteure aufgrund veränderter Umstände von den geltenden Regeln ungebührlich benachteiligt und in ihrer Reproduktion gefährdet sehen. Dabei konzentriert sich die Darstellung auf die im grenzüberschreitenden Handel engagierten und an der Ausdehnung der Märkte interessierten Unternehmen, die dem Status quo (ante) national segmentierter Märkte als Herausforderer bzw. ‚challengers' gegenüberstehen (ohne dass diese Begrifflichkeiten im vorliegenden Aufsatz verwendet würden) und entsprechend von den staatlichen Akteuren eine Revision der Rechtsordnung verlangen: „Firms involved in cross-national exchange will have the greatest interest in removing national barriers to exchange (negative integration) and in shaping the development of supranational regulation and standard setting (positive integration)." (Fligstein/Stone Sweet 2002, 1222). Sofern sich gemeinschaftliche Gesetzgebung und Rechtsprechung auf die Argumente und den Druck dieser Unternehmen einlassen und das überkommene Regelwerk der neuen Situation anpassen (sich also ihrerseits gegenüber nationalstaatlichen Idiosynkrasien behaupten können), werden die gewandelten Kräfteverhältnisse zwischen den Anhängern abgeschotteter und jenen offener Märkte offiziell sanktioniert und legitimiert. Mit den geänderten Rahmenbedingungen verlagert sich die Geschäftstätigkeit der Unternehmen weiter in den internationalen Raum (vgl. Fligstein 2005), wo aus unzureichender oder übermäßiger Regulierung erneut (Reproduktions)Probleme erwachsen können, für die wiederum auf europäischer Ebene Lösungen gesucht werden usw. (Fligstein/Stone Sweet 2002, 1213, 1216 u. 1235).

Bei dieser Darstellung der Entwicklungslogik fällt auf, dass die den Status quo (ante) verteidigenden Akteure (‚incumbents') in den jeweiligen nationalen und sektoralen Feldern kaum gewürdigt werden, weil sie nicht als Schlüsselgrößen für die Vernetzung und Transformation der Felder gelten: Als solche werden lediglich ihre europäisch orientierten Gegenspieler geführt, namentlich

> „firms engaged in cross-border trade (seeking to expand markets); litigants (seeking to vindicate their rights under EC law), national judges (seeking to effectively resolve disputes to which EC law is material), and the ECJ; and lobbying groups (seeking to exercise influence on EC regulation) and EC officials in Brussels" (Fligstein/Stone Sweet 2002, 1216).

Die feldtheoretische Ausarbeitung der Entwicklungszusammenhänge bleibt also insofern rudimentär, als die Beharrungskräfte in diesem Modell fortschreitender Integration weitgehend ausgeblendet sind. Auch auf andere Interessenorganisationen als die unternehmerischen Lobbys wird nur beiläufig verwiesen; das erreichte Maß an *positiver* Integration wird ohne befriedigende Begründung den zugleich die *negative* Integration vorantreibenden Unternehmen zugeschrieben (Fligstein/Stone Sweet 2002, 1214, Fn. 3, 1222, 1224 u. 1237). Darüber hinaus wird deutlich, dass der integrationspolitische ‚Bias' zugunsten der Herausforderunternehmen und der europäischen Regulierungsebene nicht kontextfrei zu denken ist: Die wiederholten Krisenerfahrungen im sich schrittweise entwickelnden Binnenmarkt gewinnen ihren Sinn offenbar erst in einem globalisierten Umfeld, in dem grenzüberschreitende

Märkte die ‚Norm' sind, also im Kontext von „problems posed by the expansion of transnational society and economic interdependence" (Fligstein/Stone Sweet 2002, 1226). Daraus könnte man folgern, dass die binnenmarktorientierten Unternehmen keinen neuen Zustand der Marktordnung endgültig akzeptieren werden, solange noch De- und Reregulierungsspielräume verbleiben, von denen sie im internationalen Wettbewerb profitieren könnten. Die (globalisierte) ‚conception of control' der aufstrebenden (europäischen) Unternehmen wirkte also unbeschadet aller zwischenzeitlich erreichten Fortschritte prointegrativ, wobei schwer zu beurteilen ist, wann die institutionalisierte Dauerkrise in einen stabilen Endzustand übergehen kann und die europäische Einigung als Prozess abgeschlossen ist.

Um die Rolle des *rechtlichen Feldes* im Verlauf der Integration herauszustreichen, ist zunächst von Interesse, welcher Art die hierfür relevanten Rechtsstreitigkeiten sind. In der vorliegenden Studie wird das Verbindungselement zwischen wachsenden Handelsaktivitäten (innergemeinschaftlichen Exporten) und zunehmender Gerichtstätigkeit (Vorabentscheidungsverfahren) auf europäischer Ebene in der wachsenden Zahl von Konflikten „between EC rules governing the Common Market and national regulatory regimes governing product standards, consumer safety, and environmental protection" (Fligstein/Stone Sweet 2002, 1224) gesehen. Dieses trifft aber insbesondere für die *zweite* Phase des Integrationsprozesses zu, die hier auf Anfang der 1970er- bis Mitte der 1980er-Jahre datiert wird. In diesen Zeitraum fallen die einschneidenden Urteile des EuGH in den Rechtssachen *Dassonville* und *Cassis de Dijon*, die von Rat und Kommission – nicht zuletzt unter dem Eindruck der Globalisierung – schließlich für einen neuen, schlankeren Ansatz der Harmonisierung genutzt werden. Diese Phase der (binnenmarktorientierten) Transformation nationaler Märkte, an die sich mit der Verabschiedung der Einheitlichen Europäischen Akte eine *dritte* Phase des Integrationsprozesses mit nochmaligen Vertragserweiterungen und –vertiefungen anschließt, setzt jedoch bereits voraus, was in der *ersten* Phase des Integrationsprozesses erst im Wege der Rechtsprechung des EuGH errungen wird: den Vorrang und die unmittelbare Anwendbarkeit des Gemeinschaftsrechts gegenüber den nationalen Rechtsordnungen (Fligstein/Stone Sweet 2002, 1207, 1216 u. 1230 f.). Für diese Gründungs- und Konstitutionalisierungsphase der E(W)G, in der den Urteilen des EuGH eine eminente Bedeutung zuwächst, scheint das feldtheoretische Modell in der hier referierten Fassung weniger erklärungskräftig zu sein. Umgekehrt ist es jedoch gerade die politökonomische Spezifität der zweiten, mit der Krise des Fordismus zusammenfallenden Phase der europäischen Integration, die in *anderen*, politik- und rechtswissenschaftlichen Ansätzen zur ‚Integration durch Recht(sprechung)' oftmals zu kurz kommt.

Tatsächlich scheinen die Ausführungen dieses (regulations- und feldtheoretischen) Kapitels zu implizieren, dass sich das europäische Rechtsfeld mit dem EuGH als Schlüsselfigur als Spannungs- und Konfliktfeld unterschiedlicher sozialer Kräfte (in einem politökonomischen Sinne) nur dann angemessen begreifen lässt, wenn die mit dem Übergang zum postfordistischen Produktionsmodell verbundenen, globalisierungsbedingten transnationalen Machtverschiebungen berücksichtigt werden. Das zwischen den Staaten der Europäischen Gemeinschaft entstandene Recht wird – als

Teilausdruck der Staatlichkeit – durch diese Entwicklung schubweise sowohl europäisiert als auch internationalisiert. Generell können sich durch die Transformation der Staatlichkeit auf den einzelnen Ebenen – und über alle Ebenen hinweg – die Beziehungen und Gewichte zwischen Legislative, Exekutive und Judikative; staatlichen und privaten Aufgabenbereichen; verschiedenen Wirtschaftssektoren und unterschiedlichen Politikressorts verschieben (vgl. Jessop 1995a, 19), wobei davon auszugehen ist, dass diejenigen staatlichen Institutionen mehr Gewicht erhalten, die mit den weltwirtschaftlichen Zusammenhängen befasst sind und den Umbau von nationaler (und europäischer) zu (europäischer und) globaler Orientierung bewerkstelligen können (vgl. Bieler/Morton 2001b, 19). Das europäische juristische Feld wäre demnach im allgemeinen globalisierten Machtfeld zu verorten, wobei sich eine Orientierung auf der *zeitlichen* Achse durch den Wechsel von der fordistischen, keynesianischen zur postfordistischen, neoliberalen Konfiguration ergibt und eine Orientierung auf der *räumlichen* Achse über den hegemonialen Zusammenhang von globaler, europäischer und nationaler Ebene gewonnen werden kann. Konkret bedeutet dies, dass das juristische Feld um den EuGH heute stärker in die globalen Auseinandersetzungen einbezogen sein wird als zu Beginn des Integrationsprozesses, so dass über die veränderten Machtressourcen und Argumentationsstrategien eines zunehmend transnational orientierten Akteurspektrums auch die gemeinschaftliche Wirtschaftsverfassung unter erheblichen *Wandlungsdruck* gesetzt wird. Mit der Neurelationierung von externen und internen Funktionsbedingungen der europäischen Rechtsgemeinschaft wird sich aber die Funktion des Rechts selbst verändern – und damit auch der Charakter der Rechtsprechung des EuGH.

Die Aufgabe des EuGH besteht laut Vertrag in der Wahrung (und, so erforderlich, in der Fortbildung) des Rechts der Gemeinschaft. Eine politökonomische Theorie der europäischen Integration wird nun die (transnationalen) wirtschaftlichen Strukturen und gesellschaftlichen Kräfteverhältnisse zugrunde legen, um zum einen die Einrichtung eines solchen (supranationalen) Gerichtes zu erklären, zum anderen, um herauszufinden, „warum diese [regulatorischen] Funktionen wahrgenommen werden konnten und wie sie wahrgenommen wurden" (Ziltener 1999, 79). Mit den Begriffen der kritischen Integrationstheorie lässt sich die Rolle des EuGH als eines regulativen Akteurs im europäischen Mehrebenensystem etwa folgendermaßen näher bestimmen: Seine Autorität stützt sich auf die im Acquis communautaire geronnenen und in der Rechtsgemeinschaft gelebten Zwangs- und Konsenselemente einer hegemonial fundierten europäischen Governance. Aufgrund seiner vorausschauenden und vorantreibenden Rechtsprechung in einigen Paradefällen erscheint er als früher Repräsentant und Promotor der vor allem über die (supranationale) Rechtsgemeinschaft etablierten europäischen Staatlichkeit und im Lichte der mit dem Binnenmarktprojekt (und dem Prinzip gegenseitiger Anerkennung) forcierten wettbewerbsorientierten Integrationslogik als Schiedsrichter bzw. ‚Gebieter' eines deregulierten Binnenmarkts („arbiter of the Internal Market", Bieler/Morton 2001b, 3; vgl. Holman 2001, 172). Diese Vorreiterrolle muss nun nicht auf ein (auch als solches empfundenes) Interessenbündnis der europäischen Richterschaft mit einer transnationalen Wirtschaftselite zurückgeführt werden (vergleichbar der seit Mitte der 1980er-

Jahren zwischen den im European Round Table organisierten großen Unternehmen und der Europäischen Kommission bestehenden ‚Partnerschaft'; van Apeldoorn 2000, 192), sondern kann in der Anlage der Feldtheorie auch allein über die – gleichsam hinter dem Rücken der Akteure wirkenden – strukturellen Homologien erklärt werden. Tatsächlich ist dem EuGH im Kontext der Europäischen Gemeinschaft offenbar die Rolle des ‚Herausforderers' auf die einzelstaatliche Souveränität abstellender Kapital- und Rechtsverhältnisse eingeschrieben – und zwar in einer als rechtsverbindlich anerkannten (intergouvernemental begründeten und supranational implementierten) Art und Weise. Indem er sich die in den Römischen Verträgen angelegte ‚neue europäische Ordnung' zu Eigen macht und gegenüber nationalen Besitzstandswahrern wirksam verteidigt, erweist er sich von Beginn an als progressive Kraft (Krisenerzeuger und Krisenmanager) aufseiten der ‚challengers' einer vorgängigen, nationalstaatlich bestimmten (Wirtschafts- bzw. Rechts-)Ordnung. Dass der EuGH diese (Verhaltens-)Norm im Laufe der Zeit – nach Ansicht vieler Beobachter – gewissermaßen ‚übererfüllt' hat, ergibt sich in der Argumentation dieses Kapitels aus den (in einer Ökonomisierung des Rechts bestehenden) Effekten der postfordistischen Globalisierung. Genau hierin liegt die regulations- und feldtheoretische Relevanz des Judicial-Governance-Konzeptes.

Tatsächlich lässt sich die *relative Autonomie* des rechtlichen Feldes als Nebeneinander und Gegeneinander unterschiedlicher Hierarchisierungsprinzipien begreifen, etwa einer ‚autonomen' (formalen) Rechtslogik, die orthogonal zum Macht- oder Wirtschaftsfeld wirkt, und einer ‚heteronomen' (instrumentalen) Rechtslogik, die parallel zum Macht- oder Wirtschaftsfeld wirkt (vgl. Bourdieu 1993, 38). Die Möglichkeit einer ‚heteronomen' Bestimmung des supranationalen Rechts impliziert dabei ausdrücklich nicht, dass gleichzeitig auch die ‚Autonomie' des Rechts auf dem Spiel stünde (die in der feldtheoretischen Konzeption dem rechtlichen Feld ja *als solchem* eingeschrieben ist). Wenn man den *Integrationsbegriff* nun für die vertikale Verschiebung von Steuerungsbefugnissen von den Mitgliedstaaten zur Gemeinschaft reserviert und die Konstitutionalisierung der Verträge hierin einschließt, so richtet sich die Aufmerksamkeit zunächst auf die EuGH-Rechtsprechung in der ersten Phase des Integrationsprozesses (i. w. S.):

> „From 1958 to 1969, actors were engaged in the process of building its main organizations and figuring out how to make the Treaty of Rome work. The pivotal event during this period was the ECJ's ‚constitutionalization' of the Treaty through the doctrines of supremacy and direct effect." (Fligstein/Stone Sweet 2002, 1216)

Dass der EuGH diesen Konstitutionalisierungsprozess durch seine Rechtsprechung frühzeitig vorangetrieben hat, könnte somit (unabhängig von dem Sachziel und den äußerlichen Zwängen der europäischen Integration) allein mit dem Formalziel und der inneren Notwendigkeit der ‚Verselbstständigung' einer *supra*nationalen Rechtsordnung interpretiert werden. Demgegenüber wäre die darauffolgende Phase des Integrationsprozesses (i. w. S.) durch eine andere Rechtslogik geprägt bzw. überformt:

> „During the second period, 1970-85, the Commission and ECJ worked to dismantle barriers to intra-EC trade and other kinds of transnational exchange (negative integration). At the same

time, the commission and the Council sought to replace the disparate regulatory regimes in place at the national level with harmonized, EC regulatory frameworks (positive integration)." (Fligstein/Stone Sweet 2002, 1216)

Lässt man diese – stark vergröbernde – Sichtweise der EuGH-Rechtsprechung, insbesondere zur Warenverkehrsfreiheit, die in diesem Zeitraum den Hauptgegenstand der Rechtsfortbildung darstellte, gelten, so bietet sich der Rückgriff auf den für die horizontale Dimension des Wandels der Staatlichkeit reservierten *Regulierungsbegriff* an, mit dem in diesem Fall eine ‚Heteronomisierung' im Sinne der Ökonomisierung der Rechtsprechung zum Ausdruck gebracht werden kann. Nach der Argumentation dieses Kapitels ist es vor allem diese (mit dem Übergang vom Fordismus zum Postfordismus zusammenfallende) Phase, in der die Steuerungskonzeptionen der wirtschaftlichen Herausforderer (und neuen Marktführer im erweiterten Binnen- oder Weltmarkt) in der Rechtsprechung des ‚strukturell homologen' Europäischen Gerichtshofs nachweislich Resonanz erzeugten.

3.5 Fazit: Europäische Rechtsgemeinschaft als ‚Legal Governance'-Kontext

In diesem Kapitel ist der Governance-Kontext, in dem der Europäische Gerichtshof agiert, in seiner besonderen Ausgestaltung als (übernationale) Rechtsgemeinschaft thematisiert und ‚soziologisiert' worden. Bevor die (Kern-)Ergebnisse der vier Unterkapitel nun in synoptischer Form zusammengeführt werden, ist noch einmal auf einen Grundbegriff zurückzukommen, der in dieser Arbeit zwar mehrfach verwendet, jedoch wenig expliziert wurde: ‚legal governance'. Ähnlich wie ‚judicial governance' i. w. S. die Steuerung durch Richterrecht als solche bezeichnet und i. e. S. auf eine qualitative Veränderung der Steuerung durch Richterrecht verweist, steht ‚legal governance' i. w. S. für die rechtliche Steuerung überhaupt und i. e. S. für eine neue Qualität – sei es der Form, des Prozesses oder des Inhalts – der rechtlichen Steuerung. Insoweit in letzterem Begriff nicht mehr nur die Gerichte, sondern das Recht selbst zum Erkenntnisgegenstand wird und Strukturmerkmalen damit automatisch eine größere Aufmerksamkeit zuteil wird als Akteurseigenschaften (unbeschadet des immanenten Zusammenhangs beider), bietet sich ‚legal governance' auch als alternative *Kontext*beschreibung für das richterliche *Handeln* jenseits der klassischen Rechtsstaatlichkeit (bzw. ‚rule of law') an – das vorliegende Kapitel könnte also auch mit dem Begriff ‚(European) Legal Governance' überschrieben sein. Gegenüber dem Begriff der (europäischen) Rechtsgemeinschaft weist jener – was die Qualität des rechtlichen bzw. rechtsstaatlichen Wandels betrifft – zweierlei Vorzüge auf: Zum einen ist er allgemeiner als der Gemeinschaftsbegriff (und insinuiert weniger als dieser konkrete, sozialräumliche Fixierungen), zum anderen ist er genauer in Bezug auf das, was – annahmegemäß – die horizontale Dimension einer Integration durch Recht jenseits des Staates ausmacht: ‚legal *network* governance'.

Es besteht also guter Grund, sich vor Abschluss dieses Kapitels noch einmal zu vergegenwärtigen, was denn der Übergang von einer klassischen, nationalstaatlichen ‚rule of law' zu einer postnationalen oder postgouvernementalen ‚legal governance' in *dieser* Dimension *idealtypisch* bedeuten würde und inwieweit die europäische Rechtsgemeinschaft tatsächlich nur eine Misch- oder Zwischenform zwischen ‚old governance' und ‚new governance' (vgl. Peters 2000, 36 ff.; Sbragia 2000, 220 ff.), in diesem Fall also zwischen (alter, vertikaler) ‚rule of law' und (neuer, horizontaler) ‚legal governance' darstellt. Rechtsstaatlichkeit *à la européenne* ließe sich dann noch deutlicher als bisher in der Doppelwertigkeit ihres Steuerungsmodus – ‚Rechtsbindung' auf der einen Seite und ‚Informalität' auf der anderen Seite (Jachtenfuchs/Kohler-Koch 2004, 93) – kennzeichnen, also gewissermaßen als Zwischenstation auf dem Weg vom nationalstaatlich fixierten und formalisierten Recht zum flexibilisierten und deform(alis)ierten Recht globalisierter Netzwerke. Zur Beschreibung dieses (weit zurückreichenden, langfristigen) Trends zu einer ‚Informalisierung des Rechts', der auch und vor allem die jüngsten Dekaden der Globalisierung prägt, findet nun – wie im Folgenden darzustellen ist – ein politökonomisch gehaltvoller Begriff von ‚legal governance' Verwendung, der auf die Netzwerk- und Prozessrationalität des unter diesen Bedingungen (ent-)stehenden Rechts abstellt (Heydebrand 2003a, 2003b, 2005).

Das Konzept der Prozessrationalität (des Rechts) wird dabei in kritischer Auseinandersetzung mit den Kategorien formaler und substanzieller Rationalität (in der weberschen Tradition der Rechtssoziologie) entwickelt, die zur idealtypischen Erfassung des modernen Rechts in Anbetracht des im letzten Jahrhundert – und insbesondere den letzten Jahrzehnten – vollzogenen politökonomischen Wandels nicht mehr zu genügen scheinen (Heydebrand 2003b, 327).

„Process rationality in law can be defined as an interactive, participatory, negotiated, reflexive and informal model of collective deliberation in dispute-processing, legal decision-making, law-making and legal policy-making. […] Process rationality is typically associated with, or embedded in, a social network-like structure-in-process, although it may also occur in the shape of informal or deviant relations within and between legal and governmental institutions." (Heydebrand 2003b, 327 f.; vgl. Heydebrand 2003a, 126 ff.; Heydebrand 2005, 3 f.)

Mit dem Konzept der Prozessrationalität des Rechts wird somit auf die wachsende (auch) rechts*politische*, rechts*ökonomische* Bedeutung von (Verhandlungs-)Netzwerken im Sinne von ‚network governance' reagiert, die als Ausdruck einer gewandelten Rechtsstaatlichkeit zu verstehen sind (und diesseits wie jenseits staatlicher Rechtsinstitutionen operieren können):

„One of the basic symptoms of the structural transformation of economy, law and state is the creation of a new type of rationality or mode of governance based on a logic of informal, negotiated processes within social and sociolegal networks. […] The deconstruction and restructuring of the 19th-century institutional framework of law and jurisprudence can thus be seen as one consequence of the momentous shift of the capitalist political economy toward economic and financial globalization." (Heydebrand 2003b, 326)

In diesem Sinne einer politischen Ökonomie des Rechts wird auf ‚historische und strukturelle Parallelen' der Entwicklung von Politik und Wirtschaft auf der einen Seite und dem Recht auf der anderen Seite abgehoben (Heydebrand 2005, 13 f.).

Dabei stellt sich wiederum die Frage nach der eigentlichen bzw. eigentümlichen Governance-Wende (‚from government to governance') *im Recht* – und somit nach den Besonderheiten der aufkommenden ‚legal governance'. In diesem Zusammenhang wird im hier besprochenen Ansatz ausdrücklich auch auf die Möglichkeit und Fruchtbarkeit einer governance-theoretischen Analyse der Rechtsprechung verwiesen (und somit das Judicial-Governance-Konzept dieser Arbeit vorgedacht):

> „In law, the eclipse of government and sovereignty by the mechanisms of governance occurs at a comparatively practical, concrete level of implementation and enforcement, but I stress that it has its conceptual counterpart at the level of jurisprudence, legal doctrine and case law." (Heydebrand 2003b, 336 [342], Fn. 3)

Gemessen am klassischen Verständnis des Rechtsstaats als einer formal-rationalen Herrschaft des Rechts (rule of law), aber auch des zum Sozialstaat ausgestalteten, stärker um substanzielle Rationalität bemühten Rechtsstaats erscheint ‚legal governance' (oder „governance in legal garb"; Heydebrand 2003b, 329) zunächst als *contradictio in adiecto* – und zwar „insofar as the core meaning of governance implies the deformation of law and, generally, the deconstruction of the constitutional promise of the rule of law" (Heydebrand 2003b, 336). Mit anderen Worten, das, was das Recht als solches auszumachen schien – etwa die Förmlichkeit und Legitimität, Sicherheit und Eindeutigkeit des (staatlich gesetzten und implementierten) Rechts –, gilt unter Bedingungen des Netzwerkregierens bzw. der ‚(legal) governance without government' nicht mehr als selbstverständlich. Der *Gewinn an Flexibilität* (für öffentliche und private Akteure) geht mit einem *Verlust an Berechenbarkeit* einher; das ‚Netzwerk-Recht' zeigt sich insgesamt kontingenter – und gewissermaßen auch korrupter – als das Recht des Rechtsstaats:

> „Thus, while process rationality tends to dissolve the liberal legalism of formal rationality and deconstructs the bureaucratic rigidities of substantive rationality, it is vulnerable to the very qualities that make it attractive as an alternative to formal and substantive modes of government: its tolerance of diversity and indeterminacy, its interactive and negotiated character, and its normative autonomy and self-justification." (Heydebrand 2003b, 329; vgl. ebd., 327 u. 334 f.)

Im Zuge dieses rechtlichen Wandels und des Übergangs zur Prozessrationalität verlieren ‚staatliche' Richter und Gerichte zwar nicht notwendig an gesellschaftlicher Bedeutung, jedoch lassen sie sich auch nicht mehr auf ihre Rolle als „institutional guardians of the rule of law" (Heydebrand 2003b, 336) reduzieren. So wie das ‚Regieren in Netzwerken' im Schatten des Rechts bzw. der Gerichte erfolgt, vollzieht sich die richterliche Argumentation und Urteilsfindung zunehmend im Schatten der außergerichtlichen „[p]olitical and economic power plays" (Heydebrand 2003b, 329), d. h. in Simulation bzw. Antizipation möglicher Verhandlungslösungen (vgl. Heydebrand 2005, 6 f.). Genau aus diesem Grunde stünde zu erwarten, dass ‚legal governance' und ‚judicial governance' – unter dem Eindruck der wirtschaftlichen (und rechtlichen) Globalisierung und des Wandels der Staatlichkeit – stärkere Züge einer ‚ökonomischen Analyse des Rechts' gewinnt als das Regieren im klassischen Rechtsstaat (vgl. Heydebrand 2003, 131; Heydebrand 2003b, 338 ff.), dass das richterliche Regieren also zunehmend im Sinne eines ‚regulatory judicial policy-making' zu interpretieren ist. Während nun die Herausbildung eines ‚prozeduralen Informalismus' im Recht als übergreifender Trend des 20. Jahrhunderts erscheint

(Heydebrand 2005, 3), lässt sich eine Beschleunigung oder zumindest Verstetigung dieser Informalisierung und Flexibilisierung des Rechts und der Rechtsprechung offenbar gerade in jenen Entwicklungen erkennen, die in dieser Arbeit als auslösendes Moment der Governance-Wende identifiziert wurden: der Kombination von (welt-) wirtschaftlicher Krise und (national-)staatlichem Versagen, mit der die ‚goldenen Nachkriegsjahr(zehnt)e' ein abruptes Ende fanden, wodurch nicht zuletzt Reformen des Justizsektors auf die Agenda gelangten (insbesondere in den USA):

> „The protracted economic crisis of the 1970s and the fiscal crisis of the state, including the rising Republican and neo-liberal critique of the regulatory welfare state, generated financial and political pressures to reform and streamline the administration of justice and to make it more efficient. [...] The growth of delegalized, informal judicial procedures was one significant outcome of these efforts, now with the blessing of the judicial elite and the Chief Justice of the Supreme court (see the 1976 Pound conference)." (Heydebrand 2005, 17; vgl. Heydebrand 2003b, 335)

In der Konsequenz dieser Krisenjahre ist auch die Eröffnung einer ‚neuen Runde' der (wirtschaftlichen und finanziellen) Globalisierung zu sehen, die einen weiteren Schub in Richtung einer stärkeren Prozessrationalität des Rechts mit sich brachte – und zwar auf national- bzw. rechtsstaatlicher Ebene wie auf internationaler Ebene „*outside* the national legal institutions, but *inside* the new organs of transnational governance like the WTO, NAFTA [North American Free Trade Agreement], OECD [Organization for Economic Cooperation and Development], and the EU" (Heydebrand 2005, 19; H. i. O.; vgl. ebd., 22). Die Durchsetzung einer solchen, am ehesten vom ökonomisch akzentuierten Common Law (‚economic common law') vertrauten Prozessrationalität auch auf dem europäischen Kontinent, der an sich fest in der Tradition des Civil Law verankert ist, legt es nahe, von einer ‚Amerikanisierung' des (nationalen wie supranationalen) Rechts zu sprechen, wenn der Trend zur Informalisierung des Rechts in einer längerfristigen – nicht nur die letzten 30 Jahre umfassenden, sondern bis ins 19. Jahrhundert zurückreichenden – Perspektive auch gleichermaßen das amerikanische wie das europäische Recht erfasst (vgl. Heydebrand 2003a, 118 f.; Heydebrand 2003b, 325 f. u. 339; Heydebrand 2005, 14 u.18 f.). Entscheidend für die Qualität der europäischen ‚legal governance' (einschließlich des ‚judicial regulatory policy-making') jedoch ist, dass sie einerseits als markantes Beispiel für die Eigentümlichkeit und Relevanz eines von Verhandlungsprozessen ‚überschatteten' (Richter-)Rechts zu werten ist, dass sie andererseits aber möglicherweise auch durch die Eigenart der europäischen Rechtsgemeinschaft als solcher (d. h. durch deren rechtshistorische und sozialräumliche Bindungen) konditioniert ist:

> „European ways of law have been comparatively more resistant to procedural informalism. However, the development of law in the contemporary intra-European transnational context suggests the ascendance of a process of ‚proceduralization' which integrates formal, substantive, and processual elements in a European version of procedural informalism and soft law." (Heydebrand 2005, 22 f.; vgl. ebd., 13, 15 u. 18 f.; Heydebrand 2003b, 337 f. u. 340 ff.)

Demnach wäre die Rechtsprechung des Europäischen Gerichtshofs *auch*, aber *nicht nur* unter dem Aspekt der Auflösung (oder Ablösung) der ‚Herrschaft des Rechts' in (oder durch) das Regieren in ‚sociolegal networks' zu verstehen. Nur in idealtypischer Betrachtung – aber empirisch hinreichend relevant – läuft ‚Judicial Governance in der europäischen Rechtsgemeinschaft' also auf die (in der horizontalen Dimension des Governance-Grundmodells abgetragene) Prozessrationalität des ‚Netzwerk-Rechts' hinaus.

Anliegen der an dieser Stelle ins ‚Ziel' zu führenden gesellschaftstheoretischen *tour de force* war und ist es somit, den Wandel des Rechts – der Recht*sprechung* wie der Recht*sstaatlichkeit* als solcher – in einer doppelten Perspektive zu betrachten: unter der Bedingung (bzw. im Wechselspiel) von Europäisierung *und* Globalisierung, deren (aggregierte) Effekte dann mit Hilfe unterschiedlicher Heuristiken in das zweidimensionale Governance-Grundmodell übertragen werden, das idealtypisch zwischen den (rechtwinklig versetzten) Polen und Dimensionen des Mehrebenenregierens und des Netzwerkregierens differenziert. Insoweit als Staaten und Richter für das Funktionieren (und die Legitimität) der europäischen Rechtsgemeinschaft weiterhin als konstitutiv erachtet werden – und zwar bezogen auf deren mitgliedstaatlichen Unterbau durchaus im klassischen, rechtsstaatlichen Sinne –, lässt sich ‚European (legal) governance' daher zunächst als Form der ‚legal governance *with governments*' begreifen. Entscheidend für die Argumentation dieser Arbeit ist jedoch, dass die europäische Ebene der Rechtsprechung nicht nur durch supranationale Suprematie gekennzeichnet ist, sondern auch eine (theoretisch begründbare und empirisch nachweisbare) *transnationale* Komponente aufweist, die sich besser mit dem eben eingeführten Begriff der ‚legal governance *without government(s)*' beschreiben und soziologisch durch die relative Freisetzung des europäischen Rechts aus nationalstaatlichen Politikzusammenhängen erklären lässt, welches ebendadurch aber auch stärker den Erwartungen und Zumutungen einer ‚globalisierten' Wirtschaft (und Zivilgesellschaft) ausgesetzt ist.

Für die Gegenüberstellung und Zusammenschau der im vorliegenden Kapitel erkundeten und ausgedeuteten soziologischen Großtheorien bieten sich nun unterschiedliche Systematisierungen an, die man – gewissermaßen induktiv – aus den vorangegangenen Ausführungen gewinnen kann, durch die man aber auch – in eher deduktiver Einstellung – eine metatheoretische Begründung für die Auswahl ausgerechnet *dieser* vier gesellschaftstheoretischen Zugänge zur ‚Integration durch Recht' nachreichen kann. In einer Verknüpfung beider Momente soll im Folgenden ein (zugegebenermaßen) recht grobes Raster entworfen werden, anhand dessen Blickwinkel und Einsichten der unterschiedlichen Denkschulen kaleidoskopartig zu *einer* – durch Paradigmen- und Perspektivenvielfalt gekennzeichneten – *Soziologie* der Rechtsprechung jenseits des Staates zusammengefügt werden können. Die (in einer durch Dichotomien geprägten) Denkkultur ‚magische' Zahl Vier legt dabei eine Kreuztabellierung nahe, die es erlaubt, jeweils zwei Theorien in einem Punkte zusammenzufassen und von den anderen beiden zu unterscheiden, so dass – unter Auslassung der Diagonalen – zwei mal zwei Vergleichspaare entstehen.

Eine Möglichkeit für eine solche paradigmatische Vierteilung des soziologischen Theorienkosmos liegt in der Unterscheidung von *Funktionalismus* (mit dem Fokus auf Normen, Funktionen und Systemen), *Materialismus* (mit dem Fokus auf Macht,

Konflikten und Kritik), *Interaktionismus* (mit dem Fokus auf Alltag, Symbolen und Deutungen) und *Rationalismus* (mit dem Fokus auf Zielen, Mitteln und Entscheidungen), wobei Funktionalismus und Materialismus als primär *makrosoziologische* Ansätze und Interaktionismus und Rationalismus als primär *mikrosoziologische* Ansätze verstanden werden können und gleichzeitig Funktionalismus und Interaktionismus aufgrund ihrer eher *idealistischen* bzw. *konstruktivistischen* Grundorientierung von Materialismus und Rationalismus mit ihrer eher *positivistischen* bzw. *realistischen* Grundorientierung abgegrenzt werden können (vgl. Walsh 1998a, 1998b, 1998c; Jepperson 1991, 153 ff.). Dasselbe Vier-Felder-Schema ließe sich auch über Zuordnung der AGIL-Funktionen zu den genannten, in Anzahl und Zuschnitt sicherlich nicht unstrittigen Paradigmen gewinnen (A: Rationalismus, G: Materialismus, I: Funktionalismus, L: Interaktionismus; vgl. Münch 1994, 1 ff.; Münch 2002b, 9 ff.) (Abb. 4).

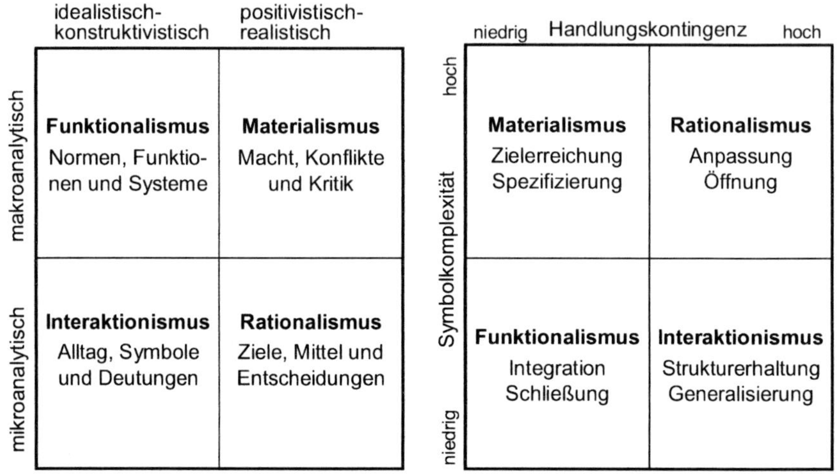

	idealistisch-konstruktivistisch	positivistisch-realistisch		niedrig Handlungskontingenz hoch	
makroanalytisch	**Funktionalismus** Normen, Funktionen und Systeme	**Materialismus** Macht, Konflikte und Kritik	hoch	**Materialismus** Zielerreichung Spezifizierung	**Rationalismus** Anpassung Öffnung
mikroanalytisch	**Interaktionismus** Alltag, Symbole und Deutungen	**Rationalismus** Ziele, Mittel und Entscheidungen	Symbolkomplexität niedrig	**Funktionalismus** Integration Schließung	**Interaktionismus** Strukturerhaltung Generalisierung

Abbildung 4: Soziologische Paradigmen im Vergleich (zwei Vier-Felder-Schemata)

So hilfreich ein solches Schema sein mag, im (Ur-)Wald der soziologischen Theoriebildung eine erste Orientierung zu gewinnen und am Beispiel empirischer Problemstellungen den Perspektivenwechsel einzuüben (wie es sich im Umgang mit Studierenden im Grundstudium erweist), so schwierig erscheint es aber auch, die komplexen Theorieentwicklungen in ihm unterzubringen, die für diese Arbeit untersuchungsleitend waren. Das liegt zum einen daran, dass im Sinne der ‚Makrokontextualisierung von Governance-Analysen' der Fokus auf der Herausarbeitung der ‚Structure'- anstelle der ‚Agency'-Aspekte lag, also gemäß der obigen Makromikro-Differenzierung die interaktionistische und rationalistische Perspektive weniger relevant erscheinen mögen. Während die am rationalen Entscheidungsverhalten der Akteure ansetzende Argumentation in dieser Arbeit tatsächlich eher den politikwissenschaftlichen (einschließlich governance-theoretischen) Erklärungsansätzen der europäischen Integration durch Recht(sprechung) vorbehalten werden konnte, gilt dies jedoch weniger für die interaktionistische (oder sozialkonstruktivistische) Perspektive, die trotz ihres genuin handlungstheoretischen Fokus auch in den hier eher als makrosoziologische Theorien verstandenen bzw. rekonstruierten Ansätzen von Systemtheorie, Diskurstheorie, Strukturfunktionalismus und (Regulations- und) Feldtheorie enthalten ist, wobei an dieser Stelle offen bleiben kann, ob es sich dabei eher um eine Mikrofundierung (bottom-up) oder eine Mikroübersetzung (top-down) handelt. Intuitiv – und gemessen an der Literaturlage – scheint es zumindest aus der diskurs- und der feldtheoretischen Tradition heraus leichter zu sein, über den Europäischen Gerichtshof *als Akteur (im sozialen Kontext)* zu sprechen und die Rechtsprechung im Sinne ‚kommunikativen' oder ‚habitualisierten' Handelns zu deuten, als es die beiden in diesem Kapitel vorgestellten Varianten funktionalistischer Theoriebildung zu erlauben scheinen. Deren gemeinsamem (struktur- bzw. system-)funktionalistischen Erbe steht zudem der geteilte konflikttheoretische und kapitalismuskritische Hintergrund der diskurstheoretischen Tradition (à la Habermas) und der feldtheoretischen Tradition (à la Bourdieu) entgegen. Damit wäre eine erste Gegenüberstellung von Systemtheorie und Strukturfunktionalismus als eher auf *funktionale Zusammenhänge* fokussierten Ansätzen und Diskurstheorie und (Regulations- und) Feldtheorie als eher von *materiellen Gegensätzen* geleiteten Ansätzen gewonnen – wobei der EuGH im ersten Fall lediglich als Exponent (oder Proponent) einer relativ allgemeinen Entwicklungstendenz erscheint, während er im zweiten Fall deutlicher als Agent (und Partei) in einer relativ konkreten Auseinandersetzung wahrgenommen werden kann.

Die zweite Dimension der Unterscheidung ergibt sich aus dem – möglichen – Gehalt einer ‚Integration durch Recht' (dies- wie jenseits des Staates), die in Fortführung der klassischen Differenzierung von systemischer und sozialer Integration (Lockwood 1971) eine Gegenüberstellung von Systemtheorie und (Regulations- und) Feldtheorie auf der einen Seite und Strukturfunktionalismus und Diskurstheorie auf der anderen Seite nahelegt. Die Stichhaltigkeit für diese theoriegeschichtlich weniger begründbare Wahlverwandtschaft ergibt sich im vorliegenden Kapitel bereits aus der unterschiedlichen Verwendbarkeit (und theorieimmanenten Anschlussfähigkeit) des Begriffs der *europäischen Rechtsgemeinschaft*, der sich in Strukturfunktionalismus und Diskurstheorie ohne Weiteres einfügen und ausgestalten lässt, während er in Systemtheorie und (Regulations- und) Feldtheorie eher ein Fremdkörper bleibt, dessen irreführende (sozial-integrative) Konnotationen durch funktionalistische und strukturalistische Umdefinitionen gekappt werden müssen. Was die europäische Rechtsgemeinschaft im Verhältnis zu den System- und Feldlogiken von Politik und Wirtschaft ausmacht, lässt sich dann weniger durch ein Gemeinschaftsgefühl in der Binnenperspektive der Rechtsgenossen bestimmen als durch die Analyse struktureller Kopplungen im ersteren Fall oder struktureller Homologien im letzteren Fall, d. h. aus der Außenperspektive eines Beobachters (zweiter oder dritter Ordnung). Damit zusammenhängend vermitteln die auf die soziale Integration durch Recht abstellenden Theorien zugleich ein größeres Verständnis für die (sozio-)kulturellen Grundlagen relativ abstrakter, (in humanistischer Weise) ‚aufgeklärter' Zugehörigkeiten zu einer solidarischen Rechts- als idealer Wertegemeinschaft, während diese Dimension auf der Gegenseite durch den Verweis auf ‚unmoralisch' waltende Systemrationalitäten und ‚illusorisch' begründete Feldlogiken ihrerseits *soziologisch* aufgeklärt wird. Gemäß dieser Unterscheidung von *sozialer* (normativer oder diskursiver) und *systemischer* (funktionaler oder materieller) Integration durch Recht wäre dann auch die zuvor getroffene Zuordnung der unterschiedlichen Ansätze entlang der ‚Structure-Agency'-Achse nochmals zu überdenken.

	Normen, Funktionen und Systeme	Macht, Konflikte und Kritik
systemische Integration	**Systemtheorie** (nach Luhmann, Teubner, Willke) Zielerreichung Spezifizierung	**Regulations- und Feldtheorie** (nach Bourdieu, Fligstein) Anpassung Öffnung
soziale Integration	**Strukturfunktionalismus** (nach Parsons, Münch) Integration Schließung	**Diskurstheorie** (nach Habermas, Joerges, Neyer) Strukturerhaltung Generalisierung

Abbildung 5: Gesellschaftstheorien im Vergleich (integriertes Vier-Felder-Schema)

Aus der Kreuztabellierung der beiden Unterscheidungsmerkmale ergibt sich somit *einerseits* eine Gegenüberstellung von ‚Normen, Funktionen und Systemen' (Strukturfunktionalismus; Systemtheorie) und ‚Macht, Konflikten und Kritik' (Diskurstheorie; Regulations- und Feldtheorie) und *andererseits* von ‚sozialer Integration durch Recht' (Strukturfunktionalismus; Diskurstheorie) und ‚systemischer Integration durch Recht' (Systemtheorie; Regulations- und Feldtheorie). Als dritte Vergleichsdimension wären die Gemeinsamkeiten von Strukturfunktionalismus und (Regulations- und) Feldtheorie *im Unterschied* zu den Gemeinsamkeiten von Diskurstheorie und Systemtheorie zu eruieren, was weniger ergiebig erscheint, obgleich es natürlich auch hier gewisse Verknüpfungsmöglichkeiten – und insofern Komplementaritäten – zwischen den jeweiligen Theoriefamilien gibt. Als Diagonalbeziehung bleibt diese Dimension der (Un-)Gleichheit im hier entwickelten Vier-Felder-Schema den anderen Vergleichsdimensionen jedoch untergeordnet. In Anlehnung an das AGIL-Schema wird für eine bildliche Übertragung nun die folgende Reihenfolge (entgegen dem Uhrzeigersinn) gewählt: Regulations- und Feldtheorie (Anpassungs- bzw. Öffnungsfunktion), Systemtheorie (Zielerreichungs- bzw. Spezifizierungsfunktion), Strukturfunktionalismus (Integrations- bzw. Schließungsfunktion) und Diskurstheorie (Strukturerhaltungs- bzw. Generalisierungsfunktion) (Abb. 5). In diesem Sinne lassen sich unterscheiden: Materialität, Funktionalität, Normativität und Legitimität des europäischen Rechts (und der europäischen Rechtsgemeinschaft) oder auch materielle Integration, funktionale Integration (bzw. systemische Integration i. e. S.), normative Integration (bzw. soziale Integration i. e. S.) und diskursive Integration durch Recht, deren Gehalt im Rückgriff auf die Einzelkapitel jeweils im Folgenden noch einmal pointiert wird.

Abbildung 6: Europäische Rechtsgemeinschaft in der Systemtheorie

In der Perspektive der *Systemtheorie* (Abb. 6) entwickelt sich die europäische Rechtsgemeinschaft in der Überlappung der Prinzipien regionaler Segmentierung (vertikale Dimension) und funktionaler Differenzierung (horizontale Dimension) der Weltgesellschaft. Ihre Besonderheit liegt in der Herausbildung eines europäischen Rechts, das sich im Verhältnis zur klassischen Rechts- und Wohlfahrtsstaatlichkeit (unter dem Primat der nationalen Politik) durch eine abnehmende Kopplung von der nationalen Politik(-ebene) und eine zunehmende Kopplung an die global(isiert)e Ökonomie auszeichnet. Die europäische ‚Integration durch Recht' vollzieht sich in diesem Zusammenhang als (systemübergreifende) funktionale Integration, wobei die ‚Funktionalität' des europäischen Rechts in einer gesteigerten Kombination von rechtlicher Autopoiesis und Heteronomie liegt, d. h. einer Übertragung der operativen Eigenlogik (oder Systemrationalität) des Rechts auf die supranationale Ebene bei gleichzeitiger Öffnung gegenüber Irritationen und Innovationen aus transnationalen, insbesondere wirtschaftsbezogenen Rechtskontexten (zusätzlich zur politischen Programmierbarkeit durch den europäischen Gesetzesgeber).

In der Perspektive der *Diskurstheorie* (Abb. 7) entwickelt sich die europäische Rechtsgemeinschaft im Zusammenspiel von erfolgsorientierter Koordination durch

Ausübung administrativer Macht (vertikale Dimension) und verständigungsorientierter Koordination durch Generierung kommunikativer Macht (horizontale Dimension), mithin im gewohnten Zwiespalt von ‚Faktizität' und ‚Geltung'. Ihre Besonderheit liegt in der Herausbildung eines europäischen Rechts, das sich im Verhältnis zur klassischen, mit einem Monopol legitimer Zwangsgewalt ausgestatteten Rechtsstaatlichkeit durch begrenzte Zuständigkeiten, geringere Input-Legitimation und indirektere Vollzugswege auszeichnet. Die europäische ‚Integration durch Recht' vollzieht sich in diesem Zusammenhang als (sozial gehaltvolle) diskursive Integration, wobei die ‚Legitimität' des europäischen Rechts vor allem im Abbau der Benachteiligung (Diskriminierung) von Bürgern anderer (EG-)Nationalitäten in mitgliedstaatlichen Rechtsordnungen liegt, d. h. einer Erhöhung der supranationalen Output-Legitimation unter Bedingung zunehmender transnationaler Interdependenzen.

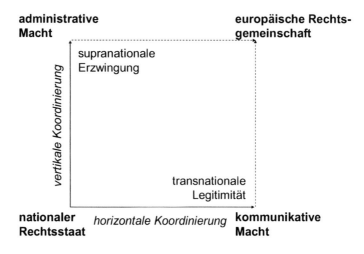

Abbildung 7: Europäische Rechtsgemeinschaft in der Diskurstheorie

In der Perspektive des *Strukturfunktionalismus* (Abb. 8) entwickelt sich die europäische Rechtsgemeinschaft im Kontext der erweiterten Symbolkomplexität (vertikale Dimension) und erhöhten Handlungskontingenz (horizontale Dimension) einer europäisierten Gesellschaft. Deren Besonderheit liegt in der Herausbildung eines europäischen Rechts, das auch unter der Bedingung eines bis an die Grenzen Europas (und darüber hinaus) erweiterten Handlungsraums noch für solidarische Zugehörigkeit und Schließung zu sorgen vermag, das also in kultureller Hinsicht abstrakter, in wirtschaftlicher Hinsicht offener, in politischer Hinsicht selektiver und in gemeinschaftlicher Hinsicht ‚inklusiver' ist als das nationalstaatliche Recht. Die europäische ‚Integration durch Recht' vollzieht sich in diesem Zusammenhang als (sozial gehaltvolle) normative bzw. solidarische Integration, wobei die ‚Normativität' des europäischen Rechts in der Festschreibung von Solidaritätsprinzipien – Rechten und

Pflichten – einer postnationalen, europäischen Bürger(rechts)gemeinschaft liegt, mit der die ‚Auflösung gewachsener Lebenswelten' und traditionaler Solidaritäten eine neue Entwicklungsstufe erreicht.

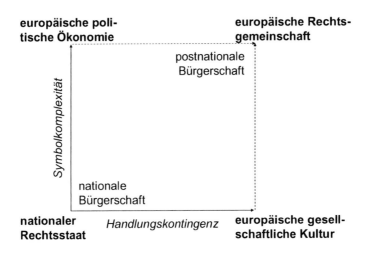

Abbildung 8: Europäische Rechtsgemeinschaft im Strukturfunktionalismus

In der Perspektive der *Regulations- und Feldtheorie* (Abb. 9) entwickelt sich die europäische Rechtsgemeinschaft im Spannungsfeld von einer zunächst keynesianisch, dann zunehmend schumpeterianisch orientierten europäischen Regulationsweise (vertikale Dimension) und einem – dies- wie jenseits des Gemeinsamen Marktes – zunehmend postfordistisch organisierten, d. h. flexibilisierten und globalisierten Akkumulationsregime (horizontale Dimension). Ihre Besonderheit liegt in der Herausbildung eines europäischen Rechts, dem in der Interaktion von nationalen und internationalen Rechtsfeldern, zwischen dem Primat der nationalen Politik und dem Primat der globalisierten Wirtschaft eine Mittlerrolle zukommt. Die europäische ‚Integration durch Recht' vollzieht sich in diesem Zusammenhang als (systemübergreifende) materielle bzw. politökonomische Integration, wobei die ‚Materialität' des europäischen Rechts in der Übertragung der relativen Machtpositionen im politökonomischen Feld (‚incumbents' vs. ‚challengers') in entsprechende Rechtskonzepte (im Sinne von rechtlich spezifizierten ‚conceptions of control') zum Ausdruck kommt – dynamisch betrachtet in einer Stärkung supra- bzw. transnational geprägter Rechtskonzepte und einer Schwächung nationalstaatlich basierter Rechtskonzepte.

In der bildlichen Darstellung wird jeweils nur auf wenige Schlüsselmerkmale der unterschiedlichen gesellschaftstheoretischen Ansätze *in der Anwendung* auf die europäische Rechtsgemeinschaft als Kontext der EuGH-richterlichen Steuerung abgehoben – auf Dimensionen, Pole und Kernkonzepte. Im Zuge der sukzessiven Ausarbeitung hat sich dabei eine Differenzierung von einer stärker *analytischen* Betrachtung der europäischen Rechtsgemeinschaft in der Systemtheorie und in der Diskurstheorie und einer stärker *synthetischen* Betrachtung der europäischen Rechtsgemeinschaft im Strukturfunktionalismus und in der Regulations- und Feldtheorie ergeben.

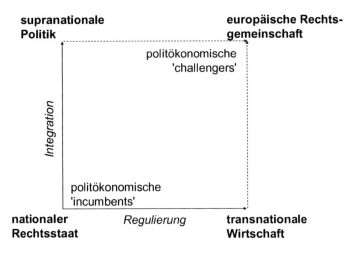

Abbildung 9: Europäische Rechtsgemeinschaft in der Regulations- und Feldtheorie

In der Systemtheorie ist für ein empirisches Konzept der europäischen Rechtsgemeinschaft wenig Raum, allenfalls lässt es sich über die segmentäre (Zweit-)Differenzierung des (welt-)politischen Systems auf europäischer Ebene annähern und sich dann mit seinen Kopplungen an andere, weniger regionalisierte Systeme wie das (welt-)wirtschaftliche System konfrontieren. In der Diskurstheorie wird demgegenüber zwar ein (normatives) Konzept der Rechtsgemeinschaft entworfen, das als ideales Gegenstück zum (legitimationsbedürftigen) Rechtsstaat fungiert, aber in dieser Reinform – ohne komplementäre Vollzugsgewalt – auf europäischer Ebene empirisch kaum vorzufinden ist. System- und Diskurstheorie werden daher an dieser Stelle lediglich zur Bestimmung der idealtypischen Pole des Mehrebenen- und Netzwerkregierens bzw. des Mehrebenen- und Netzwerkrechts herangezogen. Damit erfolgt zugleich eine Verdichtung und Kontrastierung der Informationen in der bisher vernachlässigten ‚dritten' Vergleichsdimension des obigen Vier-Felder-Schemas (europäisiertes Recht – supranationale Erzwingung; globalisiertes Recht – transnationale Legitimität).

Demgegenüber liefern Strukturfunktionalismus und Regulations- und Feldtheorie jeweils eindrückliche Beschreibungen des Regierens in der europäischen Rechtsgemeinschaft (bzw. im europäischen Rechtsfeld) im Unterschied zum Regieren im nationalen Rechtsstaat, deren empirische Referenzen zum einen in der europäischen Bürgergemeinschaft und Unionsbürgerschaft, zum anderen in der Vielzahl der für oder wider das europäische Recht streitenden (trans-, supra- und sub-)nationalen Gruppierungen liegen. Im Strukturfunktionalismus erscheint die Herausbildung der europäischen Rechtsgemeinschaft dabei in der Konsequenz des säkularen Modernisierungsprozesses und des damit verbundenen Wertewandels zu liegen, der bereits den nationalen Rechtsstaat bzw. die nationale Rechtsgemeinschaft hervorgebracht hat. In der Regulations- und Feldtheorie fällt das Augenmerk demgegenüber stärker auf die materiellen Hintergründe und immanenten Konflikte, auf ‚Gewinner' und ‚Verlierer' eines solchen Auf-, Aus- und Umbaus der kapitalistischen Gesellschaftsordnung, einschließlich des – hier als Governance-Wende gefassten – Übergangs vom nationalen Wohlfahrtsstaat zum postnationalen Wettbewerbsregime. An den Polen des nationalen Status quo ante und des europäisierten Status quo (bzw. Status nascendi) des Regierens lassen sich entsprechend die jeweiligen Einsichten dieser unterschiedlichen Theorietraditionen neben- und gegeneinander stellen (nationale Bürgerschaft – politökonomische ‚incumbents'; postnationale Bürgerschaft – politökonomische ‚challengers'), so dass beide Diagonalen des Vergleichsschemas auch im Schaubild ausgefüllt sind (Abb. 10).

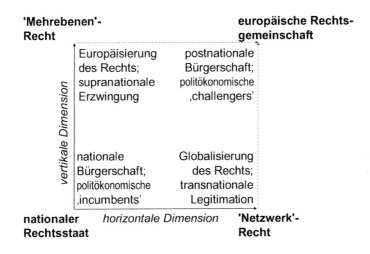

Abbildung 10: Synoptische Betrachtung der europäischen Rechtsgemeinschaft

Gebündelt in einer These lautet die Essenz des gesellschaftstheoretischen (und darüber vermittelt auch rechtssoziologischen) Kapitels dieser Arbeit somit: Integration durch Recht(sprechung) findet unter Bedingung der Europäisierung und Globalisierung im Spannungsfeld von (supranationalem) Mehrebenenrecht und (transnationalem) Netzwerkrecht statt und unterscheidet sich in ihren *funktionalen*, *diskursiven*, *normativen* und *materiellen* Aspekten von der klassischen Integration durch Recht(sprechung) im nationalen Rechtsstaat. In dieser Allgemeinheit eignet sich diese Aussage freilich (noch) nicht zur empirischen Überprüfung; vielmehr wird mit ihr zunächst einmal in knapper Form protokolliert, was zu Beginn der (governance- und gesellschafts-)theoretischen Erkundungen *des Rechts* so noch nicht hätte formuliert werden können. Wenn man einmal vom möglichen Eigenwert der im Rahmen dieses Dissertationsprojektes geleisteten Konzeptions-, Strukturierungs- und Rekonstruktionsarbeit absieht, liegt deren Nutzen daher vor allem in der Klärung einer Untersuchungs*absicht* und in der Entwicklung eines Untersuchungs*rahmens*, deren empirischer Ertrag im Folgenden (im folgenden Kapitel sowie gegebenenfalls in einem Folgeprojekt) noch zu belegen sein wird. So stand zu Beginn dieser Arbeit lediglich die Intention, das Governance-Paradigma für die Untersuchung von Recht und Rechtsprechung auf europäischer Ebene fruchtbar zu machen, wobei sich in diesem rechtlichen (‚rechtswissenschaftlichen') Untersuchungsgegenstand dreierlei Erkenntnisinteressen kreuzten: ein ‚politikwissenschaftliches' an der politischen Wirksamkeit des europäischen Richterrechts (Verhältnis von Recht und Politik), ein ‚politökonomisches' an der wirtschaftlichen Bedingtheit des europäischen Richterrechts (Verhältnis von Recht und Wirtschaft) und ein ‚soziologisches' an der gesellschaftlichen Einbettung des europäischen Richterrechts (Verhältnis von Recht und Gesellschaft). Der Governance-Begriff schien als ‚umbrella term' für all diese Untersuchungsanliegen geeignet. Nachdem in der politik- und rechtswissenschaftlich geprägten Europarechtsforschung, wie zu erwarten war, die soziologische und, wie vielleicht weniger zu erwarten war, auch die politökonomische (i. w. S.) Perspektive auf den Europäischen Gerichtshof bisher eher vernachlässigt geblieben sind (‚EuGH als Governance-Akteur'), lässt sich ein ähnliches, gewissermaßen spiegelbildliches Defizit nun auch für die gesellschaftstheoretische – soziologische und politökonomische – Perspektive auf das Europarecht und die europäische Rechtssprechung konstatieren (‚europäische Rechtsgemeinschaft als Governance-Kontext'). Umso wichtiger erscheint es, eine Verbindung zwischen diesen beiden Forschungswelten zu schaffen und ‚judicial governance' als Normalität des EuGH-richterlichen Regierens, und zwar auch und gerade des ‚regulatory judicial policy-making', über die veränderten gesellschaftlichen Zusammenhänge und insbesondere den Wandel der politökonomischen Kontextbedingungen zu erschließen – also gerade nicht bei der „fascination with the ‚judicial anomaly' of the European Union" (Beach 2001, 5) stehenzubleiben.

In diesem Aufgabenfeld ist es die *Systemtheorie*, die mit dem Autopoiesis-Konzept aller steuerungstheoretischen Naivität (der Steuerungsfähigkeit wie der Steuerbarkeit des Rechts) vorbeugt und mit dem Heteronomie-Begriff zugleich den Blick für ‚strukturelle Kopplungen' und ‚strukturelle Drifts' im Wechselspiel von Politik, Recht und Wirtschaft öffnet. In diesem Sinne wird die Wirtschaftsverfassung im folgenden Kapitel als systemtheoretisches Konstrukt eingeführt und zugleich als empirischer Schauplatz wechselseitiger Irritationen zwischen den genannten Funktionssystemen entworfen. Der *Diskurstheorie*, die in demokratie- und rechtstheoretischen Fragestellungen Position bezieht und – in Gestalt des deliberativen Supranationalismus – auch in der Europa(rechts)forschung eine bedeutende Rolle spielt, kommt demgegenüber in den nachfolgenden Ausführungen die Aufgabe einer Systematisierung und Idealisierung der Rechtsprechung des Europäischen Gerichtshofs in Form von so genannten Wirtschaftsverfassungsmodellen zu, die hier jedoch weniger in ihrer normativen Substanz als in ihrer – sich wandelnden – empirischen Relevanz interessieren. Dem *Strukturfunktionalismus* wird demgegenüber ein sozial gehaltvolles Verständnis der europäischen Rechtsgemeinschaft entlehnt, das die Dialektik von Öffnung und Schließung, d. h. (der Möglichkeit) einer Erweiterung von Handlungsräumen und (der Notwendigkeit) ihrer normativen Durchdringung ins Gedächtnis ruft. Vor diesem Hintergrund lässt sich am Beispiel der Öffnung und Schließung der europäischen Wirtschaftsverfassung in ihrer Binnen- und Außendimension die Frage nach den Grenzen bzw. der ‚Inklusivität' und ‚Exklusivität' der europäischen Rechtsgemeinschaft stellen. Schließlich bleibt es der *Regulations- und Feldtheorie* in diesem Zusammenhang überlassen, die verschiedenen Modelle oder ‚Steuerungskonzepte' der europäischen Wirtschaftsverfassung an Positionen im umfassenden sozialen Raum bzw. in den nationalen, europäischen und global(isiert)en Feldern der Macht und des Rechts zurückzubinden. Im Mittelpunkt des Interesses steht dabei die Rechtsprechung des EuGH, deren Kontinuität und Wandel letztlich als *rechtlicher* Ausdruck politökonomischer Konstellationen zu werten wäre.

4 Die europäische Wirtschaftsverfassung als Untersuchungsgegenstand

Bisher wurden in drei (großen) Schritten die Grundlagen für das im Titel dieser Arbeit avisierte Judicial-Governance-Konzept bereitet: Zunächst wurde das Governance-Paradigma heuristisch entfaltet, soziologisch fundiert, politökonomisch zugespitzt und in die Europaforschung übertragen; im Anschluss wurde – in Auseinandersetzung mit rechts- und politikwissenschaftlichen Erklärungsmodellen einer europäischen ‚Integration durch Recht' – der Europäische Gerichtshof als Governance-Akteur perspektiviert; schließlich wurde im Rahmen einer umfassenden Theoriediskussion, genauer: einer Rekonstruktion bzw. Rekomposition rechtssoziologisch (und politökonomisch) einschlägiger Gesellschaftstheorien, die (europäische) Rechtsgemeinschaft als Governance-Kontext – und Bedingung der Möglichkeit von ‚judicial governance' – erschlossen. Im vorliegenden Kapitel soll nun das in den Ausarbeitungen aufscheinende Erklärungskonzept in Auseinandersetzung mit der (richter-)rechtlichen Entwicklung der europäischen Wirtschaftsverfassung weiterentwickelt werden. Mit anderen Worten, die in dieser Arbeit aufgeworfene Untersuchungsperspektive soll am Beispiel der Rechtsprechung des Europäischen Gerichtshofs sowohl in ihrem theoretischen Gehalt spezifiziert als auch in ihrem empirischen Gehalt erprobt werden. Wissenschaftstheoretisch bleiben die folgenden Ausführungen überwiegend im explorativen Bereich: Im Nachgang zur Grundlegung des Judicial-Governance-Konzeptes sind sie als Überleitung zu dessen weitergehender Operationalisierung zu verstehen; sie dienen zunächst dazu, testbare Hypothesen zu bestimmen (im Sinne eines ‚quod erat explorandum'), und noch nicht dazu, bestimmte Hypothesen zu testen (im Sinne eines ‚quod erat demonstrandum'). Gleichwohl markiert die gegenstandsspezifische Exploration bereits den Übergang zur Demonstration der empirischen Erklärungskraft des Konzepts. In Fortführung des soziologischen Duktus dieser Arbeit beginnen die nachfolgenden Ausführungen mit einer gesellschaftstheoretischen Einordnung des Konzeptes der Wirtschaftsverfassung, die zugleich die Relevanz dieses Untersuchungsgegenstands für die Governance-Problematik verdeutlicht. Anschließend werden die Grundmerkmale und wesentlichen (primärrechtlichen) Entwicklungsstufen der europäischen Wirtschaftsverfassung dargestellt, wobei zunächst die ordoliberale Perspektive leitend ist. Erst im nächsten Abschnitt werden dann verschiedene Konzeptionen der europäischen Wirtschaftsverfassung (in ihrer Binnen- wie in ihrer Außendimension) nebeneinander gestellt, die jeweils – nicht nur in der (Rechts-)Theorie, sondern offenbar auch in der (Rechts-)Praxis – eine orientierende Funktion für den (Rechts-)Diskurs und insbesondere die Gerichte (als Moderatoren dieses Diskurses) besitzen. Damit lässt sich ‚judicial governance' als empirische Frage nach der richterlichen Konzeption der europäischen Wirtschaftsverfassung formulieren – und nach deren Fortbildung bzw. Wandel unter Governance-Gesichtspunkten.

4.1 Gesellschaftstheoretischer Gehalt des Wirtschaftsverfassungsbegriffs

Als (begriffliches) Brückenstück zwischen theoretischer Grundlegung und empirischer Anwendung des Judicial-Governance-Konzepts findet im Folgenden das Konzept der Wirtschaftsverfassung Verwendung. Gesellschaftstheoretisch bzw. governance-analytisch bringt es die (direkte wie indirekte) Kopplung zwischen Recht bzw. rechtlicher Koordination und Wirtschaft bzw. wirtschaftlicher Koordination auf den Punkt: In der Perspektive des Rechts lässt sich die Governance-Wende somit einerseits als Wandel der Rechtsstaatlichkeit (in der Beziehung von Recht und Politik), andererseits als Wandel der Wirtschaftsverfassung (in der Beziehung von Recht und Ökonomie) fassen. Insoweit es im Folgenden um das Recht der Europäischen Union geht, die in ihrem Kern als Rechtsgemeinschaft verfasst ist und *zugleich* eine Wirtschaftsgemeinschaft konstituiert, lassen sich der Wandel der Rechtsstaatlichkeit und der Wandel der Wirtschaftsverfassung an ein und demselben Gegenstand beobachten – an der Entwicklung des Gemeinschaftsrechts, und hier insbesondere *auch* an der Rechtsprechung des Europäischen Gerichtshofs. Letzteres gilt mit der Einschränkung, dass ‚quasi-rechtliche' Vereinbarungen, die keine gesetzes- oder richterrechtliche Grundlage besitzen (aber gleichwohl zur Wirtschaftsverfassung im obigen Sinne zählen können), per definitionem nicht – jedenfalls nicht im rechtsstaatlichen (oder rechtsgemeinschaftlichen) Sinne – justiziabel, d. h. richterlicher Entscheidung unterworfen sind. Die Europäische Gemeinschaft gewinnt ihren eigentümlichen Rechts- und Verfassungscharakter also in der Wechselwirkung von Politik und Wirtschaft *im Recht*. Analytisch betrachtet spiegeln im Gemeinschaftsrecht eine (supranationalisierte) politische Verfassung und eine (transnationalisierte) wirtschaftliche Verfassung ineinander. Dabei ist – im Sinne der strukturellen Kopplung rechtlicher Teilordnungen – von einer wechselseitigen Bedingtheit beider auszugehen; zugleich wird aufgrund der strukturellen Kopplung der politischen und der wirtschaftlichen (Partial-)Verfassung an unterschiedliche Funktionssysteme ihre jeweilige Eigengesetzlichkeit konserviert: Das (politökonomische) Gesamtgebilde der gemeinschaftlichen Verfassung trägt also *heteronome* Züge. Im Folgenden wird der Wirtschaftsverfassungsbegriff rechts- und wirtschaftswissenschaftlich begründet, soziologisch ausgeweitet und ‚internationalisiert' sowie politökonomisch zugespitzt.

4.1.1 Wirtschaftsverfassung als interdisziplinäres Konzept

Im *allgemeinen* Sinne von ‚Koordination' und ‚Steuerung' bezeichnet der Governance-Begriff die Prozessdimension der (spontanen oder planvollen Herstellung von) ‚Ordnung'. Im spezifizierten Sinne von *rechtlicher* Koordination und Steuerung – oder auch der ‚Integration durch Recht' – bezieht sich Governance auf die Prozessdimension der Rechtsordnung, wobei das Recht gleichermaßen als (nichtintendierter, emergenter) Effekt wechselseitiger Abstimmung wie als (intentionales, dezisionäres) Moment gerichteter Interaktion verstanden werden kann. Insoweit nimmt das Konzept der ‚legal governance' die Ambivalenzen des Governance-Begriffs in sich auf und lässt sich wie dieser sowohl funktional, ‚von unten' her begründen und auf die Koordinationsleistungen von Wirtschaft und Gesellschaft beziehen, als auch instrumentell, ‚von oben' her begründen und auf die Steuerungsleistungen von Staat und Politik beziehen. In einer politökonomischen Betrachtung, die das Recht (und ‚legal governance') in den Kontext von Politik *und* Wirtschaft, deren Wechselwirkungen und Vermittlungen rückt, sind nun diese beiden Aspekte rechtlicher Ordnung zusammenzuführen. Wenn im Folgenden von der Wirtschaftsverfassung als rechtlicher Ordnung der Wirtschaft die Rede ist, werden daher stets die funktionale, (ordnungs-)ökonomische Seite *und* die normative, (ordnungs-)politische Seite des Begriffs impliziert. Dies gilt es im Zusammenhang mit der Unterscheidung von politischer und wirtschaftlicher Verfassung noch weiter auszuführen; zunächst soll jedoch der Wirtschaftsverfassungsbegriff selbst aus einer solchen ‚politökonomischen' Perspektive rekonstruiert werden.

Der Begriff der Wirtschaftsverfassung ist im ‚Schnittfeld' bzw. ‚Spannungsfeld' von Rechts- und Wirtschaftswissenschaft angesiedelt (Hatje 2003, 685; Mussler 1998, 16), in dem verschiedenerlei Erkenntnisinteressen ineinander spielen. Es bietet sich daher an, diesen „etwas amorphen Begriff" (Basedow 1992, 5) zunächst nach seiner rechtlichen und seiner ökonomischen Seite hin aufzulösen. Dabei fällt auf, dass rechts- und wirtschaftswissenschaftliche Begriffsvarianten in der Literatur mit scheinbar widersprüchlichen Etikettierungen versehen sind: Das eine Mal wird der juristische Ansatz als (rechtlich-)normativ und der ökonomische Ansatz als positiv(-faktisch) ausgewiesen, das andere Mal wird umgekehrt der juristische Ansatz als positiv(-rechtlich) und der ökonomische Ansatz als (idealtypisch-)normativ bestimmt. Diese begriffliche Verwirrung resultiert daraus, dass sich die Wirtschaftsverfassung *zugleich* als rechtlicher Ist-Zustand der Wirtschaft verstehen und positiv beschreiben *und* als rechtlicher Soll-Zustand der Wirtschaft begreifen und normativ bewerten lässt. Beschreibung und Bewertung können wiederum entweder in einem juristischen oder in einem ökonomischen Bezugsrahmen erfolgen. Geläufig ist die Unterscheidung zwischen einem engeren, formalen, juristischen Begriff der Wirtschafts*verfassung*, der sich auf die verfassungsrechtlichen Gestaltungselemente der Wirtschaftsordnung beschränkt, und einem weiteren, materiellen, ökonomischen Begriff der *Wirtschafts*verfassung, der alle wirtschaftlich bedeutsamen Rechtsnormen umfasst. In einer nochmaligen (soziologischen) Weiterung des Begriffs – im Sinne der Wirtschaftsverfassung als normativer Grundordnung der Wirtschaft – wären schließlich auch nicht-kodifizierte Regelungsformen miteinzubeziehen (vgl. Mussler 1998, 16 ff.; Basedow 1992, 6 ff.; Schwarze 2004, 167). Von der *deskriptiven* Seite der Rechtsanalyse her betrachtet unterscheiden sich der Zugang von Jurisprudenz und Ökonomik (und darüber hinaus der Soziologie) also offenbar nur in der Begriffsextension: Mal beinhaltet ‚die' Wirtschaftsverfassung allein verfassungsrechtliche Normen, mal umfasst sie alle wirtschaftsbezogenen Rechtsnormen, mal schließt sie auch quasi-rechtliche Normbestände ein. Noch aufschlussreicher als diese disziplinären Besonderheiten im Begriffsumfang sind für ein Verständnis der Wirtschaftsverfassungsdebatte jedoch die *normativen* Differenzen zwischen den verschiedenen unter Juristen und Ökonomen kursierenden Konzepten.

Die (enger gefasste) rechtswissenschaftliche und die (weiter gefasste) wirtschaftswissenschaftliche Konzeption lassen sich also nicht durch die methodologische Trennlinie zwischen Sein und Sollen voneinander scheiden. Vielmehr schließt in *beiden* Disziplinen an die positiv-rechtliche oder positiv-faktische Analyse des Wirtschaftsrechts eine normativ gehaltvolle Theoriebildung an. *Zum einen* ist dem formalen Wirtschaftsverfassungsbegriff der Rechtswissenschaft bereits ein juristisches Relevanzkriterium eingebaut, dem materiellen Wirtschaftsverfassungsbegriff der Wirtschaftswissenschaft hingegen ein ökonomisches. Insofern steht einem ‚rechtlichen Positivismus', der die *Wirtschafts*ordnung formal als *Rechts*ordnung begreift und am Maßstab der Justiziabilität bzw. der juristischen Rationalität bemisst, ein ‚ökonomischer Funktionalismus' gegenüber, der die *Rechts*ordnung materiell als *Wirtschafts*ordnung begreift und am Maßstab der Wirtschaftlichkeit bzw. der ökonomischen Rationalität bemisst. Beide Male wird die ‚positive' Analyse der Wirtschaftsverfassung von einem normativen, gleichsam ‚überpositiven' Bezugsrahmen eingefasst, der im ersten Fall dem Recht selbst entstammt, im zweiten Fall jedoch der Wirtschaft. *Zum anderen* spiegelt sich die (analytische) Differenz von Sein und Sollen auch jenseits epistemologischer Prämissen (und der unterschiedlichen Wertbindungen der Disziplinen) innerhalb der juristischen und der ökonomischen Theoriebildung wider: So entwickelt sich der (rechts-)positivistische Wirtschaftsverfassungsbegriff nicht zufällig in der primär normativ verstandenen, gleichwohl rechtstatsächlich orientierten Rechtslehre und der idealtypische bzw. ‚idealistische' Wirtschaftsverfassungsbegriff in der primär positiv verstandenen, gleichwohl normativ orientierten Wirtschaftslehre (vgl. Basedow 1992, 6 ff.; Hatje 2003, 685 f.; Mussler 1998, 20 f. u. 30; Behrens 1994, 75).

Nimmt man also das in der Ökonomik geprägte, materielle (Vor-)Verständnis der Wirtschaftsverfassung zum Ausgangspunkt, so ist erneut zu unterscheiden zwischen einer (positivistisch) *allein* auf den Ist-Zustand gerichteten, deskriptiven Interpretation der Wirtschaftsverfassung und einer (idealtypisch) *auch* am Soll-Zustand orientierten, funktionalen Interpretation der Wirtschaftsverfassung. Erstere liefert eine simple Bestandsaufnahme der ökonomisch bedeutsamen Rechtsregeln (Ist-Zustand) und gleicht darin einer positiv-rechtlichen Analyse der Wirtschaftsordnung, die sich nicht auf verfassungsrechtliche Bestimmungen beschränkt. Letztere speist sich ähnlich wie der Rechtsbegriff der Wirtschaftsverfassung aus einem normativen Leitbild (Soll-Zustand), begründet dieses jedoch nicht innerrechtlich, sondern rechtsökonomisch. Dabei gilt:

> „Der deskriptive und der funktionale Wirtschaftsverfassungsbegriff lassen sich analytisch miteinander verknüpfen: Wirtschaftsverfassung im funktionalen Sinne kann bei der Analyse real beobachteter Wirtschaftsverfassungen (im deskriptiven Sinne) als Referenzmaßstab dienen, um die funktionale Qualität der beobachtbaren Rechtsregeln im Hinblick auf die marktmäßige Koordination zu beurteilen [...]." (Mussler 1998, 20)

Die ökonomisch-funktionale Analyse der Wirtschaftsverfassung besitzt demnach insofern einen normativen Bias, als der Ist-Zustand immer im Hinblick auf den Soll-Zustand einer recht(lich)en Ordnung der Wirtschaft definiert wird: Zwar *können* die Abweichungen einer real bestehenden Wirtschaftsverfassung vom idealtypisch gesetzten Referenzzustand durchaus ‚positiv' bestimmt werden (Postulat der Werturteilsfreiheit), sie *sollen* als solche aber zugleich ‚negativ' bewertet werden (Prämisse der Wertbezogenheit). Empirische Aussagen über Wirtschaftsverfassungen *können* also isoliert von Wertentscheidungen (hier: Systementscheidungen) auf eine positive Analyse gestützt werden:

> „Wenn geprüft wird, welche rechtlichen Voraussetzungen gegeben sein müssen, damit die Funktionsfähigkeit marktmäßiger Selbststeuerung gewährleistet ist, so stellt sich dies nicht als normatives, sondern als nomologisches Problem dar. Ob die marktmäßige Selbststeuerung [...] ‚erwünscht' ist oder nicht, wird damit nicht thematisiert." (Mussler 1998, 30)

Gleichwohl wird die (ordnungs-)ökonomische Wirtschaftsverfassungsdebatte vor allem um die Leitbildkomponente des funktionalen Wirtschaftsverfassungsbegriffs geführt und ist insofern *auch* (ordnungs-)politisch zu interpretieren, d. h. hinter der positiven Analyse steht (fast) immer auch ein normativer Anspruch. Klassisch wird der Referenzzustand dabei durch eine *ordoliberale* Wirtschaftsverfassung im Sinne der Freiburger Schule gesetzt, die insofern auch begriffsprägend wurde. In der rechts- und wirtschaftswissenschaftlichen bzw. -politischen Auseinandersetzung spielen heute jedoch auch alternative Modelle ‚der' Wirtschaftsverfassung eine Rolle, die sich teils an diese Theorietradition anlehnen (Grundentscheidung für marktliche Koordination), teils von ihr absetzen (Anlass und Ausmaß politischer Intervention).

Diese Pluralität normativ einschlägiger Wirtschaftsverfassungskonzeptionen in der rechtspolitischen und rechtsökonomischen Debatte soll im Weiteren einer soziologischen Analyse zugrunde gelegt werden, deren Erkenntnisinteresse sich auf eine Transformation der *geltenden* Wirtschaftsverfassung innerhalb des solchermaßen idealtypisch erschlossenen Möglichkeitsspektrums richtet. Auf die Begriffe von ‚Sein' und ‚Sollen' gebracht, geht es um die Erfassung des Seins (und Werdens) unterschiedlicher Sollensvorstellungen für die Rechtsordnung der Wirtschaft und insbesondere um die Erklärung des normativ-faktischen Wandels der Wirtschaftsverfassung im Lichte der in dieser Arbeit gesellschaftstheoretisch rekonstruierten Governance-Wende. Ein solches Untersuchungsdesign bringt es mit sich, dass der Wirtschaftsverfassungsbegriff weiter verstanden wird als im rechts- und wirtschaftswissenschaftlichen Zusammenhang geläufig. Der Grund liegt jedoch weniger darin, dass es einer möglichst umfassenden Einbeziehung nicht-rechtlicher oder quasi-rechtlicher Wirtschaftsnormen bedürfte, um soziologisch gehaltvolle Aussagen über den Wandel der Wirtschaftsverfassung zu erzielen, als vielmehr darin, dass die *Geltung* des Wirtschafts(verfassungs)rechts selbst zu problematisieren ist: *Dass* eine bestimmte Wirtschaftsordnung in oder außer Recht gesetzt wird, bedarf demnach soziologischer Begründung, d. h. einer Einbeziehung der nicht-rechtlichen oder vor-rechtlichen (normativen und faktischen) sozialen Bestimmungsgründe des (Verfassungs-)Rechts. Auch hier kann in explorativer Weise an die Klassiker der Wirtschaftsverfassungsdebatte angeknüpft werden, deren ordoliberales Leitmodell nicht nur auf (engeren) rechts- oder wirtschaftstheoretischen Prämissen, sondern auch auf (weiteren) gesellschaftstheoretischen Grundannahmen aufbaut. Vorab soll jedoch der Untersuchungsgegenstand auf den (Sonder-)Typus der *internationalen* Wirtschaftsverfassung ausgeweitet bzw. eingegrenzt werden, deren wohl prominentestes Beispiel die Europäische (Wirtschafts-)Gemeinschaft bildet.

4.1.2 Ausdeutungen einer internationalen Wirtschaftsverfassung

Der Begriff der Wirtschaftsverfassung wird in dieser Arbeit auf das Verhältnis von *Recht und Wirtschaft* (systemtheoretisch: auf das Recht der Wirtschaft bzw. auf die Wirtschaft des Rechts) bezogen. Jedoch verweist die Begriffskomponente der ‚-verfassung' im eigentlichen Sinne auf das Verhältnis von *Recht und Politik* (systemtheoretisch: auf das Recht der Politik bzw. die Politik des Rechts) und konnotiert klassischerweise den Rechts- bzw. Verfassungsstaat als (besonders ausdifferenzierte) rechtliche Organisationsform des Politischen. Vor diesem Hintergrund bestehen zwei alternative Deutungsmöglichkeiten des Wirtschafts*verfassungs*begriffs: Entweder bezeichnet er – in Analogie und Abgrenzung zum Begriff der Staatsverfassung – eine (besonders ausdifferenzierte) rechtliche Organisationsform des Ökonomischen, wodurch der Verfassungsbegriff aus seiner Verklammerung mit Politik und Staat gelöst würde, oder er bezeichnet – in einer paradoxen Wendung bzw. Anwendung des Begriffs der (Staats-)Verfassung – die rechtliche Organisation der Wirtschaft als (besonders ausdifferenzierten) Teilbereich der rechtlichen Organisation der Politik, wodurch die Verklammerung des Wirtschaftlichen mit dem Politischen – aber nicht unbedingt dem Staatlichen – herausgestellt würde. Ganz gleich, wie herum man den Wirtschaftsverfassungsbegriff konstruiert, mit Blick auf das (intersystemische) Wechselspiel von Recht, Politik und Wirtschaft schließt sich in beiden Fällen die Frage an, wie viel des klassischen, staatsbezogenen Verfassungsbegriffs noch in ihm enthalten bzw. ‚aufgehoben' ist. Die Begriffsverwendung in der Literatur lehrt in dieser Frage einen gewissen Pragmatismus, etwa wenn die Entscheidung oder Vermittlung zwischen (staatsrechtlich-)positivistischer Zuspitzung und (rechtsökonomisch-)idealistischer Ausweitung des Wirtschaftsverfassungsbegriffs vom gewählten Untersuchungsgegenstand abhängig gemacht wird (z. B. Basedow 1992, 8 f.). Auf dieser Basis werden nationale und internationale Wirtschaftsverfassungen miteinander vergleichbar, ohne eine gleichartige (Rechts- bzw. Verfassungs-)Staatlichkeit voraussetzen zu müssen. Andererseits kann der Verzicht auf die Staatlichkeitsprämisse auch als Indiz für einen ökonomischen Funktionalismus gewertet werden, der sich weniger für die Rechts*quellen* als die Rechts*wirkung* der Wirtschaftsverfassung interessiert, genauer: die Steuerungswirkung des – wie immer begründeten – Rechts (in) der Wirtschaft.

Die Begriffe der politischen Verfassung und der wirtschaftlichen Verfassung werden nicht immer trennscharf verwendet. Beispielsweise wird in einem Lehrbuch der allgemeine, formelle, politische Verfassungsbegriff folgendermaßen eingeführt: „Die Verfassung will die Grundlagen des Gemeinwesens, der politischen Ordnung und des politischen Prozesses durch Recht – also nicht durch moralische Grundsätze oder durch politische Richtlinien – regeln." (Badura 2005, 7). Im Hinblick auf den spezifischen, materiellen, wirtschaftlichen Verfassungsbegriff wird sodann ausgeführt:

> „Zu den Grundfragen des Gemeinwesens gehören auch die Wirtschaftsordnung und die Wirtschaftspolitik. Ausdrücklich oder implizit, d.h. durch Auslegung sind der Verfassung daher die Grundprinzipien der Wirtschaftsordnung und der Wirtschaftspolitik sowie der Zuständigkeiten und Verfahren der Wirtschaftspolitik und Wirtschaftsverwaltung zu entnehmen." (Badura 2005, 8)

Die politische Verfassung regelt hiernach also implizit *oder* explizit auch die wirtschaftliche Verfassung. Soweit die Wirtschaftsverfassung ausdrücklich als Teil der politischen Verfassung festgeschrieben ist, ist der verfassungsrechtliche Status von Wirtschaftsordnung und Wirtschaftspolitik offensichtlich. Etwas schwieriger wird es, wenn die Staatsverfassung scheinbar ohne Wirtschaftsverfassung auskommt, genauer: wenn sie nicht explizit auf den Regelungsbereich der Wirtschaft eingeht – ob in Form der unausdrücklichen Regelung oder der ausdrücklichen Nichtregelung. Wird etwa die Wirtschafts*ordnung* nur unausdrücklich geregelt und die Wirtschafts*politik* ausdrücklich nicht geregelt, ist das Verhältnis von Staat und Wirtschaft zwar nach den allgemeinen verfassungsrechtlichen Prinzipien, aber ansonsten politisch frei zu gestalten. Tatsächlich wird im Falle Deutschlands von einer solchen (verfassungs-)rechtlich unabgeschlossenen, (wirtschafts-)politisch offenen Wirtschaftsverfassung ausgegangen. Eine entsprechend ‚neutral' gehaltene Wirtschaftsverfassung spiegelt den Primat der (Staats-)Politik gegenüber (wirtschafts-)verfassungsrechtlichen Selbstfestlegungen und Selbstbeschränkungen wider; ihre politische Ausgestaltung erfolgt unter Bedingungen (national-)staatlicher Souveränität. Im Zuge der internationalen Verrechtlichung der Wirtschaftsbeziehungen und der Internationalisierung der Wirtschaftsverfassungen wird diese Ceteris-paribus-Klausel klassischer Staatlichkeit jedoch unterlaufen: Teile der einzelstaatlichen Wirtschaftsordnung und -politik werden nunmehr ‚externalisiert' und dem Recht internationaler Organisationen unterstellt.

Der politischen Verfassung mit unabgeschlossener Wirtschaftsverfassung steht rein logisch eine Wirtschaftsverfassung mit unabgeschlossener politischer Verfassung gegenüber, oder überspitzt: eine Wirtschaftsverfassung ohne Staat. Freilich kann damit auch hier nur gemeint sein, dass Wirtschaftsverfassungen nicht ausdrücklich eine ‚verfassungspolitische' Dimension enthalten müssen, die das Verhältnis von Recht und Wirtschaft an rechtsstaatliche bzw. staatsrechtliche Kategorien zurückbindet. Analog zum obigen Fall bedeutet das: Eine politische (Staats-) Verfassung *kann*, muss aber nicht in der (idealen oder realen) Wirtschaftsverfassung impliziert sein, und es kann auch sein, dass sie ausdrücklich *nicht* impliziert ist. Ebenso wie es eine Staatsverfassung ohne Wirtschaftsverfassung geben kann, ist demnach auch eine Wirtschaftsverfassung ohne Staatsverfassung möglich. An diesen beiden – nicht nur gedanklichen – Extremen scheint sich auch die ordoliberale Argumentation auszurichten, wenn sie von einer (realisierten) politischen Verfassung als (positivem) Ausgangspunkt zu einer (idealisierten) Wirtschaftsverfassung als (normativem) Zielpunkt voranschreitet – wobei das (ordnungs-)politische bzw. (ordnungs-)ökonomische Anliegen dann darin besteht, die zwischen diesen beiden

Polen bestehende ‚Verfassungslücke' zu schließen. Tatsächlich macht der ökonomische Funktionalismus mit seinem Postulat, „bei der Analyse der Wirtschaftsverfassung [...], ihre Funktionsfähigkeit [...] anhand ökonomischer Kriterien und nicht nur nach ihrem Zustandekommen zu beurteilen" (Mussler 1998, 21), nicht nur den Bezug auf die Rechtsquellen, sondern auch die (darin enthaltene) Prämisse klassischer Staatlichkeit *verzichtbar*. In der internationalisierten Verfassungspraxis entspricht dies einer Entkopplung von Staatsverfassung und Wirtschaftsverfassung, einer Realisierung der (idealtypischen, ökonomisch-funktionalen) Wirtschaftsverfassung *jenseits* des Verfassungsstaates. Sofern eine solche – zumindest partiell – internationalisierte Wirtschaftsverfassung eine besondere ‚Marktkonformität' (im Sinne des Ordoliberalismus) erreicht, ließe sich berechtigterweise von einem Primat der (Markt-)Wirtschaft sprechen. Der damit nahe gelegte Gegensatz zwischen einem *Primat der Politik* auf der einen, nationalstaatlichen Seite der Wirtschaftsverfassung und einem *Primat der Wirtschaft* auf der anderen, internationalisierten Seite der Wirtschaftsverfassung gilt allerdings nur unter Vorbehalt. Ebenso denkbar erscheint das Kontrastszenario mit einer ökonomistisch geprägten nationalen Staatsverfassung (Primat der Wirtschaft) und einer etatistisch geprägten internationalen Wirtschaftsverfassung (Primat der Politik). Mit diesen Überlegungen zum Verhältnis von politischer (insbesondere nationalstaatlicher) und wirtschaftlicher (insbesondere internationaler) Verfassung werden zugleich die begrifflichen Konditionen und Konzessionen deutlich, unter denen nationale und internationale Wirtschaftsverfassungen in Vergleich gebracht werden können. Die ‚Ungleichung' von Staatsverfassungen ohne (rechte) Wirtschaftsverfassungen und Wirtschaftsverfassungen ohne (rechte) Staatsverfassungen lässt sich dabei auch verkürzt auf die Formel von ‚Staaten ohne Märkte' und ‚Märkten ohne Staaten' bringen (Joerges 2002a, 4 ff., 9 ff. u. 20), die als Kehrseite der konstitutionellen Aufwertung (des Primats) der Wirtschaft auf internationaler Ebene die konstitutionelle Abwertung (des Primats) der Politik auf nationaler Ebene verzeichnet.

4.1.2.1 Systemtheoretische Deutung des Begriffs

Die ‚Grundlagen einer internationalen Wirtschaftsverfassung' bilden den Gegenstand einer zwischen Rechtswissenschaft und Ökonomik angesiedelten, systemtheoretisch inspirierten Untersuchung (Langer 1995), die im Folgenden etwas ausführlicher referiert wird, da sie nicht nur einen ausgearbeiteten Begriff der internationalen Wirtschaftsverfassung enthält, sondern dabei auch die Unterscheidung von politischer und wirtschaftlicher Verfassung wieder aufgreift: als Unterscheidung zwischen einem ‚Primat der Politik' und einem ‚Primat der Wirtschaft' *innerhalb* der internationalen Wirtschaftsverfassung. Durch Modellierung der Wirtschaftsverfassung als struktureller Kopplung zwischen ‚Staat' und Wirtschaft bleibt die Autopoiesis des Rechts (im dreistelligen Zusammenhang von Politik, Recht und Wirtschaft) in dieser Studie jedoch etwas unterbelichtet: ‚Staat' wird zwar als Rechtsbegriff eingeführt, aber im Weiteren mit politischen Konzepten wie ‚Souveränität' und ‚Verantwortung' assoziiert; politisches und rechtliches System werden somit (in der Darstellung) nicht hinreichend gegeneinander differenziert (Langer 1995, 17 ff.). Andererseits werden ‚Staat' und ‚Verfassung' als Bedeutungsträger für den Komplex von Recht und Politik nicht mehr nur im klassischen Sinne verwendet; vielmehr wird grundbegrifflich und argumentationslogisch die Perspektive auf eine internationale Staatlichkeit – und implizit eine internationale Rechtsstaatlichkeit, zumindest auf dem Gebiet der Wirtschaftsverfassung – eröffnet (Langer 1995, 34 ff.). Der Begriff der internationalen Wirtschaftsverfassung erschließt sich in drei Definitions- bzw. Argumentationsschritten: *Staatlichkeit* als Sozial-Staatlichkeit und Zwischenstaatlichkeit, *Verfassung* als Verfassung des Staates oder internationaler Organisationen, schließlich (internationale) *Wirtschaftsverfassung* als strukturelle bzw. organisationale Kopplung zwischen Staaten(-welt) und (Welt-)Wirtschaft.

Als *juristische Prämisse* der Untersuchung wird (unter Bezugnahme auf die regionale Differenzierung des *politischen* Funktionssystems) „die Pluralität und die souveräne Gleichheit der Staaten" (Langer 1995, 9) angeführt. Diese Grundkondition einer ‚Staatenwelt', die sich in den Außenbeziehungen eines jeden Staates widerspiegelt, findet Eingang in den – relational definierten – Begriff der Staatlichkeit; die Beziehung eines Staates zu anderen und mehrerer Staaten untereinander wird entsprechend als ‚Zwischenstaatlichkeit' gefasst. Dass eine solche (begriffliche und faktische) Öffnung der Staatlichkeit im klassischen Staatsverständnis nicht angelegt ist, lässt sich an der semantischen Unverträglichkeit von ‚Souveränität' und ‚Interdependenz' ablesen, der – wie in der hier betrachteten Studie – nur mit einigem theoretischen Aufwand beizukommen ist. Systemtheoretisch gewendet bedeutet Zwischenstaatlichkeit, dass der Staat seine Einheit *einerseits* in Differenz zu anderen Staaten gewinnt. Der Zwischenstaatlichkeit in der Außenperspektive wird in diesem ‚Begriffsarrangement' nun die ‚Sozial-Staatlichkeit' in der Binnenperspektive gegenübergestellt, und zwar in dem Sinne, dass der Staat seine Einheit *andererseits* auch in Differenz zu der Gesellschaft, „zu der ihm zugrundeliegenden sozialen Realität" (Langer 1995, 26) gewinnt. In dieser Hinsicht geben die Formierung einer (staats-)bürgerlichen Gesellschaft und die obligate ‚Gesellschaftsbezogenheit' des Staates Anlass zur Öffnung des ursprünglich restriktiver gefassten Staatsbegriffs. Im vorliegenden Zusammenhang interessiert jedoch vor allem die in der Studie gewählte differenzierungstheoretische Ausdeutung der ‚Sozial-Staatlichkeit', die normativ umschrieben wird als „die staatliche Aufgabe, eine die verschiedenen Bereiche der Gesellschaft übergreifende Ordnung (Sozialordnung) herzustellen" (Langer 1995, 20).

Sozial-Staatlichkeit und Zwischenstaatlichkeit stehen also gleichermaßen für (System-Umwelt-)Differenzen, in denen sich der *Staat* als Einheit konstituiert. Trotz dieser systemtheoretisch besonnenen Definition der Staatlichkeit bleibt der Status des Staates als *System* (und der Gesellschaft als *Umwelt*) in der Anlage der Theorie merkwürdig unklar. Genau besehen ist der Staat in dieser Konstruktion weder ein eigenständiges Funktionssystem im Sinne des Prinzips funktionaler Differenzierung noch ein regional abgeschlossenes Gesellschaftssystem im Sinne des Prinzips segmentärer Differenzierung. Gleichwohl wird er entworfen als *einerseits* funktional gesonderte, der Gesellschaft bzw. den ‚verschiedenen Bereichen der Gesellschaft' gegenüberstehende Einheit, die *andererseits* die regionale Integration der gesellschaftlichen Teilbereiche zu leisten und ‚eine übergreifende (Sozial-)Ordnung herzustellen' vermag (Langer 1995, 20). Governance- und systemtheoretisch gehaltvoll wird diese Integrations- und Ordnungsaufgabe auf die strukturelle Kopplung zwischen dem Staat und seiner (von ihm und in sich differenzierten) gesellschaftlichen Umwelt zurückgeführt und mit dem Begriff der sozial-staatlichen Verantwortung belegt (Langer 1995, 22). Diese ‚innere' Souveränität des Staates (in Ausübung seiner gesellschaftlichen Ordnungsfunktion) wird unter Bedingung der Zwischenstaatlichkeit nun – je nach Blickwinkel – eingeschränkt oder erweitert durch eine äußere Dimension der Souveränität und Verantwortung, die der zunehmenden Interdependenz der Staaten untereinander und damit der Integration des (welt-)politischen Funktionssystems entspricht (Langer 1995, 25 f.). Mit anderen Worten, in einer interdependenten (Staaten-)Welt können die Staaten ihre gesellschaftlichen Ordnungsprojekte nicht mehr unabhängig voneinander verfolgen:

> „Jeder Staat ist zwar inhaltlich frei in seinem Verhalten und insbesondere frei von einseitiger Verhaltensbestimmung durch andere Staaten; kein Staat kann sich jedoch von der strukturellen Koppelung (Interdependenz) der Staaten und damit von dem Zwang freimachen, sich am Verhalten anderer Staaten zu orientieren und mögliche Reaktionen anderer Staaten auf das eigene Verhalten in Rechnung zu stellen." (Langer 1995, 32)

Bei der hier nachvollzogenen Begründung eines nach innen wie außen ‚geöffneten' Begriffs der (Sozial- und Zwischen-)Staatlichkeit noch nicht hinreichend berücksichtigt sind diejenigen Triebkräfte des *Wandels* der Staatlichkeit, die eigentlich jenseits des Staats- oder Staatensystems walten, jedoch über strukturelle Kopplungen in dieses hineinwirken und aus diesem heraus auch verändert werden können. Zu diesen Ursachen des

> „[d]ie wachsende Verflechtung und Durchdringung von staatlicher und internationaler Ordnung und das Einrücken der zwischenstaatlichen Internationalen Organisationen in eine Reihe traditionell von den Staaten ausgefüllte Funktionsbereiche" (Langer 1995, 17)

bedingenden ‚strukturellen Wandels' (im Sinne einer ‚structural drift') ist wohl insbesondere die autopoietische Dynamik des (Welt-)Wirtschaftssystems zu zählen. Bevor dieses Argument weiterverfolgt wird, ist jedoch auf den Begriff der *Verfassung* einzugehen, der auf diesen Wandel der Staatlichkeit bereits eingestellt ist. Er weist innerhalb der vorliegenden Theoriekonstruktion dreierlei Besonderheiten auf: Er ermöglicht eine kombinierte positive und normative Analyse; er bezieht sich auf die innere wie die äußere Dimension der Staatlichkeit, und mehr noch, er ist ausdrücklich auch auf internationale Organisationen anwendbar. Erst damit ist die rechts- bzw. staatstheoretische ‚Propädeutik' eines gehaltvollen Begriffs der internationalen Wirtschaftsverfassung abgeschlossen. Was die wirtschaftstheoretischen Vorklärungen betrifft, ist auf die *ökonomische Prämisse* der Untersuchung zu verweisen, die besagt,

> „daß es sinnvoll ist, nach einer internationalen Wirtschaftsverfassung zu fragen, die einen freien internationalen Handel ermöglicht, weil eine derartige Wirtschaftsverfassung für die Staatengemeinschaft wie für jeden einzelnen Staat vorteilhaft wäre" (Langer 1995, 10).

Bemerkenswert daran ist, dass sich der *Wirtschafts*verfassungsbegriff damit zwar in den Rahmen der neoklassischen Außenhandelstheorie einfügt, darüber hinaus aber keiner speziellen Theorievariante (etwa dem Ordoliberalismus) verpflichtet weiß, sondern der vielfältigen Wirtschaftsverfassungspraxis der Staaten und internationalen Organisationen entgegenkommen will (Langer 1995, 10).

Tatsächlich wird der Verfassungsbegriff selbst im Grunde eher soziologisch denn juristisch oder ökonomisch formuliert: Die Verfassung gilt „[a]ls Bindeglied zwischen der in beständiger Entwicklung begriffenen (realen) Konstitution des Staates und der rechtsförmigen Steuerung dieses Prozesses (normative Kraft der Verfassung)" (Langer 1995, 332). Positivität und Normativität der Verfassung, einschließlich der Wirtschaftsverfassung, werden somit in ihrer Wechselwirkung betrachtet, jedoch nicht aus einer einseitig juristisch rationalen (z. B. verfassungsrechtlichen) oder ökonomisch rationalen (z. B. ordoliberalen) Binnenperspektive, sondern aus einer i. e. S. staatstheoretischen, i. w. S. gesellschaftstheoretischen Außenperspektive, die zwar ihrerseits nicht frei von Wertbindungen ist, aber selbst keine besondere (sondern eben nur eine sehr allgemeine) Verfassungsinterpretation nahelegt. Verfassung wird wie der Begriff der Staatlichkeit insofern breit verstanden, als neben dem Aspekt der Sozial-Staatlichkeit auch der Aspekt der Zwischenstaatlichkeit, neben der staatlichen Aufgabe der Integration in der funktional differenzierten Gesellschaft auch jene der Interdependenzbewältigung in der plural angelegten Staatenwelt berücksichtigt wird: „Es ist gerade dieses durch die Verfassung vermittelte Zusammenspiel beider Ebenen, das das Verständnis des Staates als einer nicht mehr ‚geschlossenen', auf sich selbst gestellten, sondern ‚offenen' Einheit ermöglicht." (Langer 1995, 38). Verfassung wird somit als Vermittlungsinstanz zwischen Ist- und Sollzustand und zwischen Innen- und Außendimension staatlicher bzw. gesellschaftlicher Ordnung entworfen.

Worauf es nun bei der Begründung eines Begriffs der *internationalen* (Wirtschafts-)Verfassung ankommt, ist die *„Ablösung des Verfassungsbegriffs von dem des Staates* und seine *Übertragung in den Bereich der zwischenstaatlichen Beziehungen"* (Langer 1995, 43; H. i. O.): Dies gelingt durch Umkehr der einzelstaatlichen Perspektive, die traditionell von der sozial-staatlichen Verantwortung dominiert wird, in die komplementäre Perspektive internationaler Organisationen, die auf dem Prinzip zwischenstaatlicher Verantwortung gründet. Gleichwohl fungiert das Statut – die ‚Verfassung' – einer internationalen Organisation ebenso wie die Staatsverfassung als Mittlerin von staatlichen Sozialordnungen und zwischenstaatlichen Bindungen – nur in entgegengesetzter Richtung, nämlich gewissermaßen von außen (zwischenstaatliche Dimension) nach innen (sozial-staatliche Dimension):

> „Es ist diese *Funktionsgleichheit*, die die Übertragung des Verfassungsbegriffs in den Bereich der zwischenstaatlichen Beziehungen und die Deutung des Organisationsstatuts als ‚*Verfassung der Internationalen Organisation*' rechtfertigt." (Langer 1995, 47; H. i. O.)

Während sich die klassische Staatsverfassung also für eine Vermittlung der inneren Sozialordnung mit zwischenstaatlichen Bindungen öffnet, greift die internationale Organisation mittelbar über die zwischenstaatlichen Bindungen auch in die inneren

Sozialordnungen einzelner Staaten hinein (Langer 1995, 39 ff.). Anders ausgedrückt:

> „Die internationale Organisation der Staaten ist [...] *Bestandteil und Mittel sozial-staatlicher Aufgabenerfüllung* in einer interdependenten Welt, in der die grenzüberschreitende Entwicklung der gesellschaftlichen (wirtschaftlichen, kulturellen, usw.) Beziehungen eine entsprechende internationale Zusammenarbeit erzwingt." (Langer 1995, 50; H. i. O.)

In diesem Sinne werden Einzelstaat und internationale Organisation als komplementäre Formen der (Sozial- und Zwischen-)Staatlichkeit geführt, die sich im Grunde nur in der Wirkrichtung ihrer Verfassungsprinzipien – von der Sozial-Staatlichkeit zur Zwischenstaatlichkeit oder von der Zwischenstaatlichkeit zur Sozial-Staatlichkeit – unterscheiden. Unter den *internationalen* Organisationen zeichnet sich die *supranationale* Organisation der EU/EG dadurch aus, dass sie zur Übersetzung der zwischenstaatlichen in die sozial-staatliche Ordnung getreu dem Grundsatz unmittelbarer Anwendbarkeit nicht mehr in allen Fällen der einzelstaatlichen Vermittlung bedarf (Langer 1995, 49 ff.). Generell scheinen die sozial-staatlichen Implikationen zwischenstaatlicher Bindungen jedoch für eine Theorie der Staatlichkeit und der Verfassung noch unterschätzt zu werden:

> „Ausgeblendet wird auf diese Weise insbesondere die weitreichende und zunehmend wachsende Bedeutung, die eine Vielzahl Internationaler Organisationen für Wirtschaft und Gesellschaft erlangt haben. Gerade auf dem wirtschaftlichen Sektor *erfüllen zahlreiche Internationale Organisationen öffentliche Aufgaben* oder wirken an der Erfüllung öffentlicher Aufgaben mit, die zuvor von den beteiligten Staaten in je eigener Regie erfüllt wurden bzw. erfüllt werden konnten." (Langer 1995, 48; H. i. O.)

Genau diesem Manko soll nun mit dem Begriff der *internationalen Wirtschaftsverfassung* abgeholfen werden. Dazu bedarf es einer Spezifizierung des Innen- und Außenverhältnisses des Staates in Bezug auf die Wirtschaft, womit in punkto Sozial-Staatlichkeit die Wirtschaftsbezogenheit als Teil der Gesellschaftsbezogenheit des Staates angesprochen ist und in punkto Zwischenstaatlichkeit die internationale Organisation der Wirtschaft „unter dem Aspekt der Handels- bzw. Außenwirtschaftspolitik" (Langer 1995, 51). Das (system-)theoretische Problem besteht nun in der Modellierung des ‚Grundverhältnisses von staatlicher Souveränität und internationaler Wirtschaft', in dem sich zweierlei Differenzierungsprinzipien kreuzen: „Staatlichkeit als funktionenübergreifende Gesamtordnung der Gesellschaft einerseits und Wirtschaft als funktionales Teilsystem der Gesellschaft auf der anderen Seite ‚verzahnen' sich dabei über das Bindeglied der wirtschaftlichen Funktionalität." (Langer 1995, 51). Auf diese Weise gelangt man zu einem mehrstelligen Zusammenhang ‚struktureller Kopplungen': Im *sozial-staatlichen* Aufgabenbereich geht es um die „strukturelle Kopplung von Staat und Wirtschaft" (Langer 1995, 334), mit anderen Worten: um die politische bzw. rechtliche Steuerung der wirtschaftlichen Selbststeuerung (die sich auch in umgekehrter Richtung beschreiben lässt). Der *zwischenstaatliche* Aufgabenbereich wird durch die Interdependenzen und strukturellen Kopplungen innerhalb des staatlich differenzierten weltpolitischen Systems bestimmt. In Verallgemeinerung der (sozial-staatlichen) Verknüpfungen von Staat und Wirtschaft wird mit „*struktureller Koppelung von Staatenwelt und Weltwirtschaft*"

(Langer 1995, 51; H. i. O.) sodann der Komplex internationaler Wirtschaftsorganisationen und der Weltwirtschaftsordnung bezeichnet. Mit dem bereits erwähnten ‚Bindeglied der wirtschaftlichen Funktionalität' – hier nicht ausdrücklich als strukturelle Kopplung tituliert – ist schließlich nichts anderes als die „staatenübergreifenden Funktionsweise der Wirtschaft" (Langer 1995, 334) gemeint. Letztere – wenn man so will: die ‚Weltwirtschaftlichkeit' als Analogon zur ‚Zwischenstaatlichkeit' (für die Staaten übergreifende Funktionsweise der Politik) – bringt allerdings im strengen systemtheoretischen Sinne nur die Singularität autopoietischer Funktionssysteme in der Weltgesellschaft zum Ausdruck. Damit ergibt sich, dass die erstgenannte strukturelle Kopplung (zwischen Staat und Wirtschaft) im Grunde nur einen Spezialfall der dritten (zwischen Staatenwelt und Weltwirtschaft) darstellt, während es sich innerhalb der Staatenwelt ebenso wie innerhalb der Weltwirtschaft genau genommen gar nicht um strukturelle Kopplungen zwischen verschiedenen Funktionssystemen, sondern um rekursive Verknüpfungen innerhalb ein und desselben Funktionssystems handelt. Da in der hier betrachteten Theoriefassung jedoch nicht von der (vollendeten) Weltgesellschaft, sondern von den staatlichen (Teil-) Gesellschaften her argumentiert wird, wird auch die funktionale Einheit des (Welt-)Wirtschaftssystems aus der Perspektive des Einzelstaats erschlossen und folgerichtig „[d]ie strukturelle Koppelung von Staat und Wirtschaft [...] über die Interdependenz der Staaten [...] und die staatenübergreifende Funktionsweise der Wirtschaft in den internationalen Zusammenhang hinein ‚verlängert'" (Langer 1995, 334) gedacht.

Während man die strukturellen Kopplungen zwischen den weltgesellschaftlichen Funktionssystemen (hier: Politik, Recht, Wirtschaft) vielleicht auch ohne diesen argumentativen Umweg über den Einzelstaat nachvollziehen kann, ermöglicht es jedoch gerade dieser, den Wandel der Staatlichkeit ‚von unten her' zu beschreiben. Auf diese Weise gelingt es nicht nur, staatstheoretisch anschlussfähig zu bleiben, sondern auch, das Konzept der Staatlichkeit für einen internationalisierten Kontext zu verallgemeinern. Was unter dem Begriff der internationalen Wirtschaftsverfassung diskutiert wird, betrifft also letztlich die Staatlichkeit (Sozial-Staatlichkeit und Zwischenstaatlichkeit) des Weltwirtschaftssystems. Hält man an der Terminologie der hier referierten Theorie fest, die sich auf die strukturelle Kopplung zwischen funktional verselbstständigter, globalisierter Ökonomie (Weltwirtschaft) und sozialstaatlich integrativer, regionalisierter Politik (Staatenwelt) konzentriert, so ergibt sich die ‚doppelte Notwendigkeit', „die wirtschaftlichen Funktionszusammenhänge in ihrer vollen internationalen Dimension in den staatlichen sozialen Ausgleich miteinzubeziehen" und „den sozialen Ausgleich selbst in seiner über die staatliche Grenze hinausreichenden Bedeutung in die Konstruktion des Weltwirtschaftssystems zu integrieren" (Langer 1995, 57). Nun ließe sich sowohl bei Betonung der sozial-staatlichen Verantwortung als auch bei Betonung der zwischenstaatlichen Verantwortung (des Einzelstaates wie der Staatengemeinschaft) gegenüber der Funktionalität des Ökonomischen von einem *Primat der Politik* sprechen. Das Wesen struktureller Kopplung besteht jedoch in der Wechselwirkung, so dass einzelstaatliche und zwischenstaatliche Rücksichtnahme auf die Funktionserfordernisse einer globalisierten Ökonomie auch zu einem wahrgenommenen *Primat der Wirtschaft* führen können. Dieser Dualismus spiegelt sich auch in der Konstruktion des ‚Weltwirtschaftssystems' (welches hier für die strukturelle Kopplung von Staatenwelt und Weltwirtschaft steht) wider, das unter dem Primat der Wirtschaft die zwischenstaatliche Verantwortung vornehmlich ökonomisch begründet, während es unter dem Primat der Politik auch ‚ökonomisch dysfunktionale', sozial-staatliche Maßnahmen legitimiert:

> „Dabei handelt es sich auf der einen Seite um die *soziale Gesamtverantwortung* der Staaten, die den prinzipalen Rechtfertigungsgrund für staatliche Maßnahmen darstellt, die sich als ‚Hemmnisse' des internationalen Handelns auswirken. Den Gegenpol bildet die – über die staatenübergreifende Funktionsweise der Wirtschaft vermittelte – zwischenstaatliche Verantwortung, die die Möglichkeit einer *internationalen ökonomischen Kontrolle* jener protektionistischen Wirkungen der staatlichen Politik eröffnet." (Langer 1995, 57; H. i. O.)

Auf diesem gegensätzlichen, oder besser: komplementären ‚Strukturprinzipien des Weltwirtschaftssystems' baut nun der Begriff der internationalen Wirtschaftsverfassung auf, der sowohl einen Primat der Politik (Gesamtverantwortung der Staatenwelt ‚sticht' Funktionalität der Weltwirtschaft) als auch einen Primat der Wirtschaft (Funktionalität der Weltwirtschaft ‚sticht' Gesamtverantwortung der Staatenwelt) zulässt. Dabei geht es jedoch „nicht um die Wahl zwischen Politik *oder* Wirtschaft, sondern (nur) um die Wahl des Ausgangspunkts in einem *Zusammenspiel* von Politik und Wirtschaft" (Langer 1995, 65; H. i. O.). An dieser Stelle wird deutlich, dass sich die (neoklassisch eingefärbte) ökonomische Prämisse der Untersuchung *nicht* in der Weise auswirkt, dass der Begriff der Wirtschaftsverfassung vom Prinzip des Freihandels her definiert wird – sofern der (systemtheoretisch begründbare) Kurzschluss vom Primat der Wirtschaft auf ein liberales bzw. liberalistisches Ideal (im Sinne der Ausdifferenzierung der Ökonomie) und vom Primat der Politik auf ein protektives bzw. protektionistisches Ideal (im Sinne der Integration von Politik und Ökonomie) überhaupt zulässig ist. Vielmehr kann die internationale Wirtschaftsverfassung abstrakt betrachtet beiderlei Ausgangspunkte nehmen – also eher ökonomisch-funktional oder eher politisch-integrativ ausgerichtet sein. Damit kann die eingangs dieses Abschnitts getroffene Unterscheidung von politischer (staatlicher) und wirtschaftlicher Verfassung auf eine neue Stufe gestellt werden: Wurde dort noch der Primat der Politik eher auf der einzelstaatlichen (hier: sozial-staatlichen) Seite der Wirtschaftsverfassung und der Primat der Wirtschaft auf der internationalisierten (hier: zwischenstaatlichen) Seite der Wirtschaftsverfassung ausgemacht, ohne einen rechten Begriff für die politische Verfassung jenseits des Nationalstaats zu haben, so lassen sich jetzt auf der Ebene internationaler Organisationen, insbesondere: Wirtschaftsorganisationen, erneut die Pole Politik und Wirtschaft unterscheiden, womit die internationale Wirtschaftsverfassung selbst als Produkt struktureller Kopplung von politischer und wirtschaftlicher Verfassung (genauer: von Politik und Recht, Recht und Wirtschaft sowie Politik und Wirtschaft) darstellbar wird. Im Sinne dessen, dass (wirtschafts-)politisch alles erlaubt ist, was (verfassungs-)rechtlich nicht ausdrücklich verboten ist, lässt auch hier der Primat der Politik eine eher vorsichtig formulierte, neutral gehaltene Wirtschaftsverfassung erwarten, während der Primat der Wirtschaft qua politischer Selbstbindung eine stärker elaborierte

Wirtschaftsverfassung nahelegt. Allerdings sorgt die (primordiale) zwischenstaatliche Komponente internationaler Wirtschaftsorganisationen im einen wie im anderen Falle für eine stärkere „(welt-) wirtschaftliche Rationalität des sozial-staatlichen Ausgleichs" (Langer 1995, 64), als sie der klassische Nationalstaat (zumindest seinem Begriff nach) zu leisten vermochte: Genau dies aber macht den strukturellen und semantischen Wandel der Staatlichkeit aus.

Den letzten Schritt in dieser Theoriekonstruktion stellt die Gegenüberstellung zweier Grundformen der internationalen Wirtschaftsorganisation dar, die offenbar mit unterschiedlichen Ausprägungen der Wirtschaftsverfassung einhergehen, wenn sich der konstruierte (idealtypische) Gegensatz auf Ebene der ‚Realtypen' auch allmählich abzuschwächen scheint. Empirisch orientiert sich die vorliegende Untersuchung dabei *einerseits* an der Welthandelsorganisation. Da diese aber formell nicht älter ist als die auf sie bezogene Studie, wird im Folgenden triftiger (das vorgängige Allgemeine Zoll- und Handelsabkommen einbeziehend) von GATT/WTO die Rede sein (vgl. Langer 1995, 68). *Andererseits* und in Abgrenzung dazu wird auf die (mit dem Vertrag von Maastricht zur Europäischen Union ausgebauten) Europäische Gemeinschaft eingegangen, die in der hier vorgenommenen Sekundäranalyse nun von besonderem Interesse ist: Tatsächlich kommt man deren aus der Zwischenstaatlichkeit heraus entwickelten *Sozial-Staatlichkeit* (als Spezifikum *supra*nationaler Organisation, das in abgeschwächter Form auch die WTO kennzeichnet), die sich mit der aus der Sozial-Staatlichkeit entwickelten *Zwischenstaatlichkeit* ihrer Mitgliedstaaten trifft (aber analytisch doch von dieser unterscheidet), erst dann auf die Spur, wenn man sie nicht als politisch dominierte, sondern als wirtschaftlich dominierte internationale Wirtschaftsorganisation begreift. Der Gegensatz zwischen diesen beiden Grundtypen wird im Untersuchungszusammenhang auf das Verhältnis von ‚normativem Zweck' und ‚realer Marktfunktion' internationaler Organisationen gebracht. Unter dem Primat der Politik gilt der normative Organisationszweck als maßgeblich für die Ausgestaltung der Wirtschaftsverfassung:

> „Im Verhältnis der Staaten zueinander bestimmt er das Maß, in dem diese sich den staatenübergreifenden wirtschaftlichen Funktionszusammenhängen ‚öffnen' und die hierdurch vermittelte wechselseitige Beeinflussung ihrer Sozialordnungen akzeptieren. Für die Wirtschaft statuiert er die Rahmenbedingungen, in denen sich ihre Funktionszusammenhänge entfalten können, bzw. – umgekehrt – das Maß legitimer ‚Handelshemmnisse', auf das sie sich einzustellen hat." (Langer 1995, 76)

Unter dem Primat der Politik und des normativen Organisationszwecks wird die Entwicklung der internationalen Wirtschaftsorganisation somit vornehmlich politisch gesteuert, und zwar in „*Verfahren der zwischenstaatlichen Verständigung und Verhaltensabstimmung*" (Langer 1995, 67; H. i. O.). Dagegen steht eine Wirtschaftsorganisation, die „ihren maßstäblichen Bezugspunkt in der Realität der grenzüberschreitenden Wirtschaftsbeziehungen" (Langer 1995, 77) findet, deren Organisationszweck sich also mit den weltwirtschaftlichen Funktionszusammenhängen fortentwickelt. In dieser Weise scheint sie – unbeschadet der Beidseitigkeit struktureller Kopplungen – eher wirtschaftlich als politisch gesteuert zu sein:

"Von einem Primat der Wirtschaft aus beruht die Verfassung der internationalen Wirtschaftsbeziehungen zur Internationalen Wirtschaftsorganisation damit auf einem Zusammenspiel der in ihrer staatenübergreifenden Funktionsweise vorausgesetzten (und deshalb gesicherten) Wirtschaft und der durch diese Funktionsweise kontrollierten (und sie durch die Unterwerfung unter ihre Kontrolle zugleich ermöglichenden) Politik der Staaten." (Langer 1995, 69)

Bleibt noch zu klären, wie sich der funktional bestimmte Prozess weltwirtschaftlicher Integration mit der Ausbildung internationaler Sozial-Staatlichkeit verträgt: Zumindest im Beispiel der EG/EU verbindet sich ja die ‚Funktionalität der internationalen Wirtschaftsorganisation' mit einem Durchgriff auf die gesellschaftliche Ebene, einem Eingriff in die „originäre Verantwortung der Staaten für die Herstellung eines alle Bereiche der Gesellschaft übergreifenden sozialen Ausgleichs" (Langer 1995, 82). Die Europäische Gemeinschaft begrenzt also den Spielraum, den unabhängige bzw. ungebundene Staaten bei ihrer sozial-staatlichen Integrationsaufgabe idealerweise genießen, indem sie die mitgliedstaatlichen Wirtschaftsverfassungen mit den Prinzipien des Binnenmarktes imprägniert: Es ist nicht mehr all das erlaubt, was die mitgliedstaatliche Wirtschaftsverfassung selbst nicht untersagt, sondern nur mehr das, was auch die gemeinschaftliche Wirtschaftsverfassung nicht verbietet. Unter dem Primat der Wirtschaft fällt diese ‚Verbotszone' offenbar größer aus als unter dem Primat der Politik (wie zumindest der Vergleich von GATT/WTO und EG/EU lehrt), wenn es auch negative Überschneidungen geben mag (wofür es in diesem Zusammenhang ebenfalls Beispiele gibt). Im Falle der EG/EU bleibt also auch die sozial-staatliche Kehrseite der zwischenstaatlichen Verantwortung „[d]em Medium der Wirtschaft verhaftet" (Langer 1995, 64). Der klassischen Sozial-Staatlichkeit im Nationalstaat und der klassischen Zwischenstaatlichkeit in der internationalen Organisation steht, vermittelt über den Prozess ‚funktioneller Integration' (Langer 1995, 79 ff. u. 99 ff.) und supranationaler Konstitutionalisierung, eine Art ökonomisch funktionaler Regionalstaat gegenüber, der als neue Form der Staatlichkeit gelten kann – oder sich aber „zu einer auch mit Attributen eigener Sozial-Staatlichkeit ausgestatteten Politischen Union" (Langer 1995, 82) weiterentwickeln mag. Entscheidend ist hier die Besonderheit und Neuartigkeit der Kombination von politischer und wirtschaftlicher Verfassung, die sich in einem mit zwischenstaatlicher Verantwortung begründeten, in sozial-staatliche Verantwortung übersetzten *wirtschaftsliberalen Bias* ausdrückt (vgl. Rieger/Leibfried 2001, 93 ff.). Der Rekurs auf autopoietische Funktionssysteme und ihre strukturellen Kopplungen stellt jedoch nur *eine* Möglichkeit der ‚politökonomischen' Rekonstruktion der internationalen Wirtschaftsverfassung dar; eine *andere* Möglichkeit wird im Folgenden über den Zusammenhang von Recht und Macht erschlossen.

4.1.2.2 Politökonomische Deutung des Begriffs

Es ist nicht mangelnde Genauigkeit oder Unentschiedenheit, wenn der Begriff der ‚politischen Ökonomie' in dieser Arbeit nicht ausschließlich im Sinne einer *bestimmten* politökonomischen Theorie verwendet wird. Vielmehr wird von der trivialen Grundannahme ausgehend, dass Politik und Wirtschaft in der Realität ‚irgendwie' zusammenhängen, einander in vielfältiger Weise beeinflussen, daher einen komplexen Untersuchungsgegenstand bilden, ein komplexes, gesellschaftstheoretisch gehaltvolles und heuristisch offenes Untersuchungsdesign gewählt, das unterschiedliche theoretische bzw. methodische Zugänge in ihrem gemeinsamen ‚politökonomischen' Fokus bündelt. Empirisch geht es – auf eine naive Formel gebracht – darum, ‚das Gleiche aus unterschiedlichem Blickwinkel wiederzuerkennen', was auf eine pragmatische Kombination von ontologischem Realismus und epistemologischem Konstruktivismus schließen lässt. Das ‚Gleiche' bezieht sich dann auf die in der Wirklichkeit bestehende und sich wandelnde politische Ökonomie; der ‚Blickwinkel' unterscheidet sich je nach verwendeter politökonomischer Begrifflichkeit und Theorie. Das theoretische Problem besteht nun darin, dass nicht immer klar ist, wann tatsächlich über ein und dasselbe und wann über Unterschiedliches gesprochen wird, weil die Konzepte (etwa Macht, Recht, Politik, Wirtschaft, Staat, Gesellschaft) nur zum Teil kompatibel sind, sich nur begrenzt ineinander übersetzen lassen. Eine solche Vorklärung bzw. Rückversicherung ist gerade an dieser Stelle angebracht, weil sich die politökonomische Rekonstruktion der (internationalen) Wirtschaftsverfassung, die hier in einigen Grundzügen unternommen werden soll, aus zwei eher als gegensätzlich verstandenen (und ursprünglich auch so gemeinten) Theorietraditionen speist: der klassischen bzw. neoklassischen politischen Ökonomie (auch Volkswirtschaftslehre) in der Variante des Ordoliberalismus und der kritischen politischen Ökonomie (insbesondere Regulationstheorie) in der Variante der Feldtheorie. Die als Neue Politische Ökonomie bezeichnete dritte und jüngste Theorielinie versteht sich als Anwendung der ökonomischen (Entscheidungs-)Theorie auf den Gegenstandsbereich der Politikwissenschaft und kann *insofern* unter die erste Theorietradition subsumiert werden. Tatsächlich werden Arbeiten mit ordoliberaler Grundausrichtung mittlerweile vielfach durch Argumente der Public-Choice-Theorie angereichert (wie auch in den späteren Ausführungen deutlich wird).

Anlass, den Brückenschlag zwischen Ordoliberalismus und Feldtheorie zu wagen, ist der in beiden Theorieansätzen unternommene Versuch, die Rechtsordnung auch als Machtordnung zu deuten. Dies ist für das Rechtsfeld als Teil des Machtfelds (und die Wirtschaftsverfassung als Ausdruck dieses Zusammenhangs) bereits im gesellschaftstheoretischen Kapitel zur Konstruktion der europäischen Rechtsgemeinschaft als Governance-Kontext ausgeführt worden (Kap. 3.4). Dass der von der Freiburger Schule geprägte *klassische* Wirtschaftsverfassungsbegriff ebenfalls in einen gesellschaftstheoretisch (und sozialphilosophisch) reichhaltigen Kontext gestellt werden kann, überrascht jedoch – was freilich eher einem ökonomisch verengten, historisch verkürzten Verständnis des Ordoliberalismus zuzuschreiben ist als diesem selbst. Denn nicht nur stellt das ‚Problem der Macht' – dessen theoretische Erfassung und praktische Bewältigung – den (rechtshistorischen wie rechtslogischen) Ausgangspunkt des Bemühens um eine Wirtschaftsverfassung dar: „Der Begriff der Wirtschaftsverfassung erschließt sich von dem zentralen Problem der Machtbegrenzung her." (Basedow 1992, 60). Es legt *auch* die kritische Auseinandersetzung mit gesellschaftlichen Strukturen in einem großformatigen Theorierahmen nahe – mithin den Rekurs auf eine Gesellschaftstheorie, die Machtverhältnisse aufzuklären und in Rechtsverhältnisse zu übersetzen vermag. Die in der Ökonomik entwickelte ‚Wirtschaftsverfassung' ist also ganz grundsätzlich (konzeptionell und praktisch) als Antwort auf das Problem der Macht, insbesondere wirtschaftlicher Macht zu verstehen.

In der Wirtschaftsgesellschaft (in der viele gesellschaftliche Beziehungen ‚ökonomisiert' sind) stellt sich die Machtfrage jedoch nicht nur im Verhältnis von stärkeren und schwächeren wirtschaftlichen Akteuren, sondern auch im Verhältnis von wirtschaftlichen und nicht-wirtschaftlichen Akteuren und – damit zusammenhängend – von öffentlichen und privaten Akteuren. Tatsächlich konzentriert sich die Wirtschaftsverfassungsdebatte weitgehend auf die Bestimmung des ‚rechten' Verhältnisses von wirtschaftlicher Freiheit und hoheitlicher Intervention. Knüpft man an dieser Stelle an die im vorigen Abschnitt geführte Diskussion an, bietet es sich an, den Begriff der Wirtschaftsverfassung weniger unmittelbar auf die *Selbst*steuerung und *Selbst*verfassung der Wirtschaft zu beziehen als mittelbar auf den von der Politik dafür zugestandenen Spielraum, was sich umgekehrt auch als *politische* Steuerung und *politische* Verfassung der Wirtschaft lesen lässt, d. h. es ist erneut von einer Vermittlung von wirtschaftlicher und politischer Verfassung auszugehen: Im Sinne des in einem politischen Kontext (genauer: für die Beziehung von Politik und Recht im Staat) geprägten Verfassungsbegriffs kann die Wirtschaftsverfassung daher auch als (ursprünglich auf das Verhältnis von Politik und Recht *und Wirtschaft* im Staat bezogene) Verlängerung der politischen Verfassung verstanden werden. Mit anderen Worten:

> „Die Lösung der Machtfrage, welche zu den fundamentalen Aufgaben jeder Verfassung gehört, ist […] auch der Schlüssel zum Verständnis der juristischen Funktion der Wirtschaftsverfassung. Denn sie weist der Wirtschaftsverfassung nicht nur eine wichtige Maßstabsfunktion für private und staatliche Akteure zu, sondern verbindet auch die rechtliche Grundordnung des Sach- und Funktionsbereichs Wirtschaft mit dem politischen Teil der Verfassung." (Hatje 2003, 686)

Genau genommen entwirft die Freiburger Schule die Wirtschaftsverfassung als (rechtlich stabilisierte und instrumentierte) *politische Verfassung* für die *wirtschaftliche Selbststeuerung* – mit jener als praktischer und dieser als logischer Voraussetzung einer solchen Konstruktion.

Im Weiteren wird (im Sinne der vorangegangenen Ausführungen) zwischen dem Begriff der *nationalen* Wirtschaftsverfassung und dem der *internationalen* Wirtschaftsverfassung zu unterscheiden sein, wobei in diesem Zusammenhang die *Kontinuität* des ordoliberalen Verfassungsbegriffs im Übergang von der nationalen zur postnationalen Konstellation zu betonen ist. Dies gilt gleichermaßen für seine Übertragung auf den konstitutionellen Kontext der Europäischen (Wirtschafts-)Gemeinschaft wie den der Welthandelsorganisation. Zumindest was das Projekt der europäischen Integration betrifft, sind sich offenbar Anhänger wie Kritiker des Ordoliberalismus darin einig, dass dieser bei „der ordnungstheoretischen Grundlegung und wirtschaftsverfassungsrechtlichen Konkretisierung der für die Wirtschaftsgemeinschaft maßgeblichen Grundsätze" (Mestmäcker 2003b, 290) Pate gestanden habe.

Und auch, was die Gestaltung des Welthandels betrifft, lassen sich starke Stimmen pro – aber auch kontra – einen ordoliberalen Weg der Konstitutionalisierung vernehmen. Bei der Entwicklung des (klassischen) Begriffs der Wirtschaftsverfassung wurde zunächst von einem nationalstaatlichen Bezugsrahmen von Politik und Recht und auch der Wirtschaft ausgegangen; die Wirtschaftsverfassung steht also ursprünglich unter der Prämisse eines nationalen Rechtsstaats und einer (relativ) geschlossenen Volkswirtschaft (Mussler 1998, 58). Im Zuge der Globalisierung, hier: der zunehmenden Transnationalisierung der Selbststeuerung der Wirtschaft und der zunehmenden Internationalisierung der politischen Steuerung der Wirtschaft, einschließlich einer entsprechenden Transnationalisierung und Internationalisierung des Rechts, stellt sich jedoch die Frage nach der Anwendbarkeit des ordoliberalen Wirtschaftsverfassungskonzepts auf einen übernationalen, überstaatlichen Kontext, und zwar sowohl in der analytischen Dimension (hinsichtlich der Erklärungskraft des Idealtypus) als auch in der normativen Dimension (hinsichtlich der Leitbildfunktion des Idealtypus). Was eine Übertragung des Konzepts erleichtert, ist aber gerade sein ‚funktionaler' Bedeutungsgehalt, der es von einem rein deskriptiven – und damit tendenziell dem Status quo verhafteten – Konzept unterscheidet (Mussler 1998, 20 f.). Wörtlich zielt der *Ordo*liberalismus auf den Idealzustand einer *geordneten* freien Marktwirtschaft, namentlich der sozialen Marktwirtschaft. Wesentlich dabei ist, dass es dabei um eine dem Markt äußerliche, ihm vorausgesetzte *Ordnungsmacht* geht, gemeinhin den Staat. Da für eine ordoliberale Wirtschaftsverfassung aber weniger die Beschaffenheit des ordnenden Staates als die geordnete Ausgestaltung der Marktwirtschaft entscheidend ist, könnte Ersterer im Rahmen des Konzepts durchaus durch eine andere Ordnungsmacht, eine andere Form der Staatlichkeit ersetzt werden – solange seine (Ordnungs-)Funktion im Hinblick auf die Wirtschaft gewahrt bleibt:

> „Dieses funktionale Staatsverständnis bindet ‚den Staat' nicht an nationalstaatliche Grenzen. Anders ausgedrückt: Die Instanz, welche die genannten Sicherungs- und Durchsetzungsfunktionen für ein marktwirtschaftliches System wahrnehmen soll und die im nationalen Kontext als Staat beschrieben wird, muß im internationalen Kontext keineswegs mit Merkmalen der Staatlichkeit ausgestattet sein, wie sie für Nationalstaaten gelten." (Mussler 1998, 85)

Dieser grundbegriffliche *Funktionalismus* ist auch für die (staats- und) gesellschaftstheoretische Unterlegung der ordoliberalen Wirtschaftsverfassungstheorie relevant, die auf dem ‚Prinzip der funktionalen Differenzierung' aufbaut – einem gerade in der Soziologie bedeutsamen Theorem, das über den vorliegenden Verwendungskontext (und die damit verbundene Aussageabsicht) weit hinausreicht. Hier konzentriert es sich auf das Verhältnis von Staat bzw. Politik auf der einen Seite und Wirtschaft bzw. Gesellschaft auf der anderen Seite, das im Sinne des propagierten Wirtschaftsverfassungsideals nun als Rechtsverhältnis auszugestalten sei:

> „Die Theorie der Wirtschaftsverfassung hat die rechtliche Ordnung des Verhältnisses von Staat und Wirtschaft zum Gegenstand. Sie nimmt den in der europäischen Geistesgeschichte entwickelten Gedanken auf, daß Politik und Ökonomie prinzipiell getrennte Sphären sind, die – wenngleich sie aufeinander bezogen sind – doch unterschiedlichen Ordnungsprinzipien und Gesetzmäßigkeiten unterliegen." (Behrens 1994, 74)

Der Status des *Rechts* als eigener, dritter ‚Sphäre' bleibt dabei allerdings ebenso unklar wie seine Beziehung zu Politik und Wirtschaft. Die (verfassungspolitische) Idee einer Verringerung von Machtungleichgewichten durch politische Steuerung legt zwar *einerseits* eine besondere Kopplung an die Politik und eine Unterordnung der Wirtschaft bzw. Gesellschaft nahe:

> „Die Trennung von Staat und Gesellschaft [...] impliziert ein hierarchisches Verhältnis der beiden Funktionsbereiche: Der Staat ist in der Lage, Regeln zu setzen und sie gegenüber der Gesellschaft durchzusetzen, während dies umgekehrt nicht möglich ist." (Mussler 1998, 45)

Andererseits aber lässt die (rechtsökonomische) Einsicht in die besonderen ‚Ordnungsprinzipien' und ‚Gesetzmäßigkeiten' der wirtschaftlichen Selbststeuerung eine besondere Kopplung an die Wirtschaft erwarten. Wenn auch diese doppelte Bindung (double bind) des Rechts weder in der Theorie noch in der Praxis zum Problem werden muss, zumal nicht unter dem (analytischen und/oder empirischen) Primat funktionaler Differenzierung, so fällt doch auf, dass der Konnex zwischen Recht und Wirtschaft in der ordoliberalen Argumentation besonders hervorgehoben wird, etwa wenn die Wirtschaftsverfassung zum Inbegriff des ‚konstitutiven Zusammenhang[s] zwischen Wirtschafts- und Rechtsordnung' stilisiert wird (Behrens 1994, 76). Dabei stehen „die ökonomischen Funktionsbedingungen des Wirtschaftssystems und seine rechtlichen Sicherungen im Mittelpunkt" (Hatje 2003, 686), was sich theoriegeschichtlich und forschungspraktisch im Versuch ablesen lässt, die (Theorie der) Rechtsordnung aus der (Theorie der) marktwirtschaftlichen Ordnung abzuleiten (Mussler 1998, 22). Der erwähnte ‚konstitutive Zusammenhang' entfaltet sich also durchaus *gerichtet* von der Wirtschaft (Ideal) über das Recht (Mittel) zur Wirtschaft (Zweck), d. h. es geht primär um die Ökonomie (bzw. die ökonomische Rationalität) des Rechts oder genauer: um eine Übersetzung der ökonomischen Rationalität in die Rationalität des Rechts. Die enge Verknüpfung zwischen Recht und Ökonomie wird schließlich auch dadurch unterstrichen, dass die Rolle des *Rechtsstaats* in diesem Zusammenhang nicht klassisch interpretiert wird (im Sinne der Begründung und Begrenzung des Staats durch das Recht) und auch nicht differenzierungs- bzw. systemtheoretisch (im Sinne der strukturellen Kopplung von politischem und rechtlichen System), sondern wiederum im Hinblick auf seine *Funktion* (oder Leistung) für die wirtschaftliche und gesellschaftliche Ordnung: Das Interesse gilt also dem „materiellen Inhalt des Rechtsstaatsprinzips, dem bestimmte Vorstellungen von den Aufgaben des Staates, seinen Funktionen im Rahmen der Gesellschaft und vom Verhältnis von Staat und Gesellschaft zugrundeliegen" (Mussler 1998, 44) – lies: der *Wirtschafts*gesellschaft.

Die Begriffe und Argumente einer solchen Wirtschaftsverfassungstheorie sind also im doppelten Sinne als ‚funktional' zu verstehen: Einerseits werden Staat und Gesellschaft bzw. Politik und Wirtschaft *aus ihrer Wechselwirkung* und ihrer Besonderung (in einem größeren Ganzen) heraus definiert. Andererseits werden die unterschiedlichen gesellschaftlichen ‚Sphären' *auf einen bestimmten Zweck*, einen gesellschaftlichen Idealzustand hin definiert, der sich in einer bestimmten ‚Systementscheidung' niederschlägt. Dass sich diese (System-)Entscheidung auf das Wirtschaftssystem bezieht, bedeutet jedoch nicht, dass sie allein die Wirtschaft beträfe;

vielmehr werden Staat und Gesellschaft, Politik und Wirtschaft bereits grundbegrifflich *in* ihren Wechselwirkungen *auf* ein besonderes gesellschaftliches bzw. wirtschaftliches Leitbild ausgerichtet. Diese funktionalen Idealvorstellungen kristallisieren sich in den idealen Funktionseigenschaften marktwirtschaftlicher Systeme heraus, die den Kern des ordoliberalen Wirtschaftsverfassungskonzepts bilden. Dazu gehören insbesondere die Merkmale der Privatautonomie, der Selbstkoordination und der Selbstkontrolle:

„(1) Wirtschaftssubjekte wirtschaften dezentral, indem sie eigenverantwortlich selbstgesteckte Ziele verfolgen (*Privatautonomie*). (2) Die Koordination erfolgt durch Tausch auf Märkten (*Selbstkoordination*). (3) Die Wahrnehmung der Privatautonomie beinhaltet Wettbewerbshandlungen. Sie ist insofern der – wechselseitigen – Kontrolle ausgesetzt (*Selbstkontrolle*)." (Mussler 1998, 35; H. i. O.; vgl. Hatje 2003, 694 ff.)

Hiermit ist eine besondere Form der wirtschaftlichen Koordination (im Sinne des wirtschaftsbezogenen Governance-Begriffs) umrissen, der eine bestimmte Form der gesellschaftlichen Koordination und Steuerung (im Sinne des gesellschaftsbezogenen Governance-Begriffs) zugrunde liegt und von der eine bestimmte Form der politischen Steuerung (im Sinne des staatsbezogenen Governance-Begriffs) abgeleitet wird. Privatautonomie, Selbstkoordination und Selbstkontrolle sind Ausdrucksformen des Individualprinzips, das die Freiheit des Einzelnen zur Grundnorm des menschlichen Zusammenlebens erhebt; entsprechend steht die freie Entfaltung des Individuums im Mittelpunkt eines umfassend verstandenen, gesellschafts-, wirtschafts- und staatsbezogenen Liberalismus. Der egalitäre Aspekt des Liberalismus besteht darin, dass alle Individuen in dieser Freiheit gleich sind, dass sie also gleiche Freiheiten genießen, und programmatisch, dass ihnen gleiche Chancen zustehen, diese Freiheiten zu nutzen.

Wie sich für das Verhältnis von Staat und Gesellschaft der Begriff der bürgerlichen Gesellschaft (oder Zivilgesellschaft) anbietet, so lässt sich mit Blick *auf* das Verhältnis von Staat und Wirtschaft – insbesondere *aus* Perspektive der Ökonomie – von einer ‚bürgerlichen Wirtschaftsgesellschaft' sprechen. Rechtlich besehen bzw. in ‚rechtsstaatlicher' Betrachtung des Verhältnisses von Politik und Recht (und Wirtschaft) handelt es sich bei diesem Sozialmodell um eine ‚Privatrechtsgesellschaft', d. h. „[d]ie bürgerliche *Wirtschafts*gesellschaft ist Priva*trechts*gesellschaft" (Behrens 1994, 76; H. i. O.). Der Begriff der Privatgesellschaft impliziert eine Unterscheidung (und damit die Unterscheidbarkeit) von einem als ‚Transaktionsrecht' fungierenden Privatrecht und einem als ‚Interventionsrecht' fungierenden öffentlichen Recht (Behrens 2001, 203 ff.). Von der analytischen Prämisse (und dem normativen Primat) der gesellschaftlichen, insbesondere der wirtschaftlichen Selbststeuerung (im Sinne des gesellschaftsbezogenen und insbesondere des wirtschaftsbezogenen Governance-Begriffs) gelangt man so *über* den ‚konstitutiven Zusammenhang von Wirtschaftsordnung und Rechtsordnung' zu einem besonderen Verständnis nicht nur der politischen Steuerung (im Sinne des staatsbezogenen Governance-Begriffs), sondern auch der rechtlichen Steuerung (im Sinne eines rechtsbezogenen – eher *wirtschafts*rechtsbezogenen als rechts*staats*bezogenen – Governance-Begriffs). Soweit die Privatrechtsgesellschaft als „Ausdruck der Interdependenz von wirtschaftlichem und rechtlichem Teilsystem" (Mussler 1998, 42) gilt, wird wiederum eine systemtheoretische Ausdeutung nahe gelegt, in der das Recht als von der Politik differenziertes System konzipiert wird. Typischer für den ordoliberalen Ansatz ist jedoch, „daß das Verhältnis von Staat und Wirtschaft [...] als Rechtsfrage formuliert wird" (Behrens 1994, 75; vgl. Behrens 2001, 203). Es wird also angenommen, dass politisches und wirtschaftliches Funktionssystem *durch Recht* – ob dieses nun als eigenständiges System angesehen wird oder nicht – *integriert*, wörtlich: „nach justitiablen Kriterien miteinander kompatibel [ge]macht" (Behrens 1994, 75; vgl. Behrens 2001, 203) werden können. Dabei geht es einerseits um die (rechtliche) Beschränkung wirtschaftlicher Macht (im Verhältnis wirtschaftlicher Akteure untereinander), andererseits um die (rechtliche) Beschränkung politischer Macht (im Verhältnis von wirtschaftlichen und politischen Akteuren). D. h. die ‚Eigengesetzlichkeit des Ökonomischen' soll sowohl vor ‚privaten Eingriffen' als auch vor ‚staatlichen Eingriffen' – beide im Sinne von ‚Übergriffen' in die Funktionslogik des Marktes – geschützt werden; das Machtproblem ist demnach ein zweifaches. Dass die dafür erforderliche Privatrechts- und Wettbewerbsordnung von Staats wegen institutionalisiert wird, deutet bereits darauf hin, dass der Staat in der *ordo*liberalen Tradition nicht nur negativ begriffen wird. Vielmehr wird das Wirtschaftsverfassungskonzept auch aus der Erfahrung heraus entwickelt, dass es einer staatlichen *Ordnungs*macht bedarf, um die Ausübung wirtschaftlicher Macht zu regulieren, mit anderen Worten: der Durchsetzung (‚privater') partikularer Gruppeninteressen gegen die (‚öffentlichen') Interessen der Allgemeinheit Einhalt zu gebieten. Andererseits soll, der liberalen Grundintention entsprechend, natürlich auch politische Willkür oder die Übertragung wirtschaftlicher Macht in politische Macht – kurz: Staatsversagen – ausgeschlossen werden.

> „Der Staat soll [einerseits] einen Rahmen für die marktwirtschaftliche Ordnung schaffen und die daraus folgenden Gebote und Verbote gegen Unternehmen und Verbände durchsetzen. [...] Andererseits soll der Staat in seiner eigenen Politik an marktwirtschaftliche Ordnungsprinzipien gebunden sein, so daß er in seiner Politikfähigkeit eingeschränkt ist." (Mestmäcker 2003b, 293)

Gefordert ist also ein begrenzter, in seinen Aufgaben eng umschriebener, gleichwohl ‚starker' (Rechts-)Staat, „der unbeeinflußt von Partikularinteressen die Herrschaft des Gesetzes gewährleistet" (Mussler 1998, 46) – und die Gesetze möglichst marktkonform ausgestaltet (vgl. Mussler 1998, 22 f., 45 f. u. 55; Behrens 1994, 76 ff.).

Der Übergang von der *nationalen*, auf einen nationalstaatlichen Wirtschafts- und Rechtszusammenhang eingestellten, zur *internationalen*, auf einen übernationalen, überstaatlichen Wirtschafts- und Rechtszusammenhang eingestellten Wirtschaftsverfassung wird konzeptionell dadurch erleichtert, dass ‚Staat', ‚Wirtschaft' und ‚Verfassung' sowie ‚Wirtschaftsverfassung' (im obigen Sinne von Relationen und Zwecken) *funktional* definiert werden (können). Für den Nationalstaat und die Volkswirtschaft sind also auf zwischen- bzw. überstaatlicher Ebene ebenso funktionale Äquivalente denkbar wie für die (auf Ersteren bezogene) Staatsverfassung und die (auf Letztere bezogene) Wirtschaftsverfassung. Auf die prinzipielle ‚Funktionsgleichheit' (Langer 1995, 47) einer nationalen Staats- bzw. Wirtschaftsverfassung und der politischen und wirtschaftlichen Verfassung einer internationalen Organisation wurde bereits im Zusammenhang mit der systemtheoretischen Erörterung des Wirtschaftsverfassungsbegriffs eingegangen, der dort jedoch weniger spezifisch verwendet wird – vor allem normativ weniger aufgeladen ist – als in der ordoliberalen Tradition. Hier aber kommt es (im Sinne einer der Analyse vorausgehenden Systementscheidung) auf die rechtliche Sicherung der Funktionsprinzipien des marktwirtschaftlichen Systems an, die mit Privatautonomie, Selbstkoordination und Selbstkontrolle benannt wurden. Ausgangspunkt der Argumentation ist in diesem Falle, dass die marktwirtschaftlichen Funktionsprinzipien nicht nur auf nationaler Ebene, sondern auch auf internationaler Ebene *rechtlich* zu sichern sind. Genauer geht es um die Wahrung wirtschaftlicher Freiheits- und darauf bezogener Gleichheitsrechte auch in einem internationalisierten Kontext, also um die Bewältigung des wirtschaftlichen und politischen Machtproblems auch jenseits des nationalen Rechtsstaates – jedoch nicht jenseits des Rechts. Ein besonderes Augenmerk richtet sich dabei auf die „Beschränkungen individueller Handlungsfreiheit, welche sich aus der Existenz nationalstaatlicher Rechtssysteme ergeben" (Mussler 1998, 59), also auf Handlungsbeschränkungen, Handelshemmnisse, die sich aus (willkürlichen oder unwillkürlichen) Unterschieden zwischen den nationalen Rechtsordnungen ergeben. Zur Sicherung der Marktfreiheiten und des Wettbewerbs bei grenzüberschreitenden Transaktionen wird daher – in einer paradoxen Formel – für die „Überwindung der Territorialität des Rechts mit den Mitteln des Rechts" (Mussler 1998, 59) geworben, wobei der Möglichkeit der ‚Öffnung' des Rechts als Freiheitsrecht größere Bedeutung geschenkt wird als der Notwendigkeit einer ‚Schließung' des Rechts als Vorrecht und Schutzrecht. Ziel ist somit der Abbau nationalstaatlicher Privilegien und Protektionismen im Wege der (inter-, supra-, transnationalen) *Integration durch Recht*.

Zur rechtlichen Bewältigung des grenzüberschreitenden Machtproblems bedarf es einerseits einer wirtschaftlichen Integration, die hier als „Zusammenschluß bislang getrennter (nationaler) Volkswirtschaften zu einem größeren einheitlichen Wirtschaftsraum" (Mussler 1998, 61) definiert ist, andererseits einer politischen Integration, die hier als „Zusammenschluß bislang selbständiger (National-) Staaten zu einem größeren einheitlichen Staatsgebilde, oder [...] Übertragung bisher nationalstaatlicher politischer Kompetenzen in bestimmten Bereichen auf eine supranationale Ebene" (Mussler 1998, 61) definiert ist. In der ordoliberalen Konzeption ist die politische Integration auf die wirtschaftliche Integration ausgerichtet, d. h. sie muss nicht zu einem ‚größeren einheitlichen Staatsgebilde' voranschreiten, wenn bereits eine supranational organisierte ‚Wirtschaftsgemeinschaft' oder ‚Wirtschaftsunion' die marktwirtschaftlich erforderlichen *Funktionen* des Staates erfüllt – zumal wenn von einer weitergehenden (an der konventionellen Staatlichkeit orientierten) politischen Union ein erneuter Ausbau von Sonderrechten zu erwarten wäre. Die Devise lautet ‚form follows function' (vgl. von Bogdandy 2001a, 28 f.). Tatsächlich wird von den ordoliberalen Vertretern einer internationalen Wirtschaftsverfassung das auf dem Wettbewerb unterschiedlicher Regulierungssysteme aufbauende Modell *gemeinsamer Marktordnung* (negative bzw. funktionale Integration) gegenüber dem auf die Harmonisierung unterschiedlicher Regulierungssysteme setzenden Modell *einheitlicher Politikgestaltung* (positive bzw. institutionelle Integration) bevorzugt: eben weil es, dem liberalen Grundanliegen gemäß, größere individuelle Handlungsfreiheiten verspricht. Insoweit wird eine ‚starke', regulativ orientierte Wirtschaftsgemeinschaft gegenüber einer ‚schwachen', (re)distributiv orientierten politischen Union bevorzugt (vgl. Mussler 1998, 62; Mestmäcker 2003b, 293). Der springende Punkt in dieser internationalisierten Konzeption der Wirtschaftsverfassung ist jedoch in der Verallgemeinerung des Wettbewerbsprinzips von einem *innerhalb* einer nationalen Wirtschaftsverfassung geltenden Prinzip zu einem *zwischen* verschiedenen nationalen (und auch inter- bzw. supranationalen) Wirtschaftsverfassungen geltenden Prinzip zu sehen. D. h. auf den international geöffneten Märkten konkurrieren nicht mehr nur wirtschaftliche Akteure unterschiedlichster Herkunft, sondern auch die politischen bzw. politökonomischen Systeme ihrer Herkunftsländer; insofern lässt sich auch von einem *Systemwettbewerb* sprechen (Mussler 1998, 68 ff.), dessen Prämisse allerdings die Systementscheidung für die Marktwirtschaft bzw. für den ‚Kapitalismus' ist (der freilich in ganz unterschiedlichen ‚Spielarten' vorkommt). In gewisser Weise überträgt sich damit die Logik des globalisierten ökonomischen (Funktions-)Systems auf das globalisierte politische (Funktions-)System. In letzter Konsequenz unterminiert das Prinzip des Systemwettbewerbs nicht nur die *Binnen*grenzen eines Integrationsgebiets (sei es einer Freihandelszone, einer Zollunion, eines Gemeinsamen Marktes oder einer Wirtschaftsunion; vgl. Mussler 1998, 62), sondern auch seine *Außen*grenzen: „Es gibt theoretisch keine Begründung für eine Beschränkung von Systemwettbewerb auf ein bestimmtes (Integrations-) Gebiet. Dies erfordert grundsätzlich wirtschaftliche Integration im Weltmaßstab." (Mussler 1998, 76). Unter diesem Blickwinkel tendieren internationale Wirtschaftsorganisationen bzw. internationale Wirtschaftsverfassungen zur weltweiten Vereinheitlichung – sowohl im rechtlich-normativen Sinne wie auch im ökonomisch-funktionalen Sinne.

Wie das Prinzip wirtschaftlichen Wettbewerbs für die Selbstregulierung innerhalb des marktwirtschaftlichen Systems steht (Kontrolle wirtschaftlicher Macht), so kann mit dem Prinzip des – über den wirtschaftlichen Wettbewerb vermittelten – Systemwettbewerbs die Selbstregulierung des politischen Systems erreicht werden, und zwar eine Selbstregulierung im ökonomisch-funktionalen Sinne (Kontrolle politischer Macht). Der Systemwettbewerb begrenzt den Staat – oder allgemeiner: die Staatlichkeit – in dieser Weise auf die für das Funktionieren der Wirtschaft notwendigen (und zugleich hinreichenden) Maßnahmen. Gegenüber dem klassischen Konzept der Wirtschaftsverfassung ist damit eine zusätzliche Instanz wirtschaftspolitischer Disziplinierung hinzugekommen, die gleichermaßen auf der Öffnung der Märkte wie der Öffnung der Staatlichkeit beruht. Auf das Verhältnis von Politik und Wirtschaft hin betrachtet, *ergänzt* der internationale Systemwettbewerb *seiner Funktion nach* den nationalen Rechtsstaat, d. h. die liberale Wirtschaftsordnung kann nunmehr von innen wie von außen gestützt und damit wirksam gegen politische Übergriffe verteidigt werden. Daran schließt sich die grundsätzliche – aber vielleicht weniger konzeptionelle denn empirische – Frage an, ob das Prinzip des

Systemwettbewerbs das Prinzip der Rechtsstaatlichkeit auch *ersetzen* kann. Der Terminus der *Rechtsgemeinschaft* bietet sich, wie in dieser Arbeit eingeführt, zur Bezeichnung einer (neuartigen) Melange beider Prinzipien, oder: eines Wandels der Rechtsstaatlichkeit unter Bedingung des Systemwettbewerbs an. Umgekehrt bringt der internationale Systemwettbewerb einen wesentlichen Aspekt der Governance-Wende zum Ausdruck: Regieren findet fortan stärker in einer Logik des Systemvergleichs statt. Unter Berücksichtigung dieser Außendimension des Regierens wird das ‚einfache' Problem *politischer* Macht, von dem noch die nationalstaatliche, volkswirtschaftliche Konzeption der Wirtschaftsverfassung ausgeht, auf der Ebene einer internationalen (supranationalen) Wirtschaftsverfassung zu einem ‚zweifachen' Problem, das die gemeinsamen (gemeinschaftlichen) ebenso wie die mitgliedstaatlichen Rechts- und Politikentscheidungen betrifft und sich mit dem – nun ebenfalls in internationaler Dimension bestehenden – Problem *wirtschaftlicher* Macht insgesamt zu einem ‚dreifachen Machtproblem' zusammenfügt (Mussler 1998, 84).

Den Hintergrund für diese Argumentation bildet weiterhin das Prinzip funktionaler Differenzierung in seiner ordoliberalen (marktfreundlichen, staatskritischen) Ausdeutung.

„Die Kernidee bei der Übertragung des Prinzips der funktionalen Differenzierung auf inter- bzw. supranationale Fragestellungen lautet […]: Den Funktionsprinzipien des marktwirtschaftlichen Systems wird grenzüberschreitend rechtliche Geltung verschafft." (Mussler 1998, 85)

Die Regeln zur Beschränkung von wirtschaftlicher und politischer Macht sollen in Form einer internationalen Wirtschaftsverfassung also auch jenseits von Nationalstaat und Volkswirtschaft Anwendung finden. Demnach sollen die *wirtschaftlichen* Akteure auch im grenzüberschreitenden Verkehr möglichst wenig behindert werden und sich ihrerseits dem freien Wettbewerb stellen. Mit den gewonnenen Handlungsfreiheiten, insbesondere Marktfreiheiten gehen also bestimmte Handlungsverbote, insbesondere Kartellverbote einher. Die *politischen* Akteure sollen wiederum Handelshemmnisse auf allen Ebenen beseitigen und sich in Selbstbegrenzung ihrer Interventionskompetenz üben. Der Souveränitätstransfer von ‚unten' nach ‚oben', insbesondere vom Nationalstaat zur internationalen Organisation, ist dabei mit einem Wandel der Staatlichkeit in Richtung des (ökonomisch-)funktionalen Ideals verknüpft (Mussler 1998, 85 f.). Eine Überwindung der *Territorialität des Rechts* durch Internationalisierung der Wirtschaftsverfassung bedeutet in diesem Sinne eine ‚Vermarktlichung' und ‚Entstaatlichung' grenzüberschreitender Transaktionen – und von der (Integrations-)Stufe des Gemeinsamen Marktes an eher eine ‚Erweiterung' denn eine ‚Vertiefung' des (Wirtschafts-)Verfassungsverbundes, eher seine ‚Öffnung' (nach außen) als seine ‚Schließung' (nach innen). Falls sich diese von Anhängern der ordoliberalen Tradition *geforderte* Entwicklungsrichtung auch *empirisch* nachweisen lässt, liegt es nahe, sie mit einer generellen Stärkung transnationaler wirtschaftlicher Akteure gegenüber nationalen *und* inter- bzw. supranationalen politischen Akteuren zu begründen. Dazu ist auf die staats-, rechts- bzw. verfassungstheoretische Vorstellung zurückzukommen, „daß die Verfassung in einem bestimmten historischen Zeitpunkt ein Verhältnis der verschiedenen Machtgruppen zueinander stabilisiert" (Basedow 1992, 11) und dass auch die Wirtschaftsverfassung als Ausdruck „des historischen Kompromisses der Machtgruppen" (Basedow 1992, 11) begriffen werden kann. Mit anderen Worten, Verfassungen sind an und für sich konservativ, am Erhalt des Status quo orientiert. In der Internationalisierung der Wirtschaftsverfassung, die nicht nur das (Macht- und Rechts-)Verhältnis zwischen unterschiedlichen politischen Ebenen betrifft, sondern auch zwischen politischen und wirtschaftlichen Akteuren, spiegelt sich nun aber ein Wandel des (politökonomischen) Machtgleichgewichts wider. Auf den Punkt gebracht, handelt es sich um einen (quantitativen) Bedeutungsgewinn der so genannten ‚global players', der nur durch eine (qualitative) Veränderung der Staatlichkeit aufgewogen werden kann.

Mit dieser (empirischen und analytischen) Wendung des zweidimensionalen Machtproblems (Nationalstaat vs. internationale Organisation; Staat vs. Markt) in der Wirtschaftsverfassungstheorie gelingt der Anschluss an die regulations- bzw. feldtheoretischen Ausführungen zur Integration durch Recht unter Bedingungen der Globalisierung. Unbeschadet dessen, dass es sich hierbei um Rekonstruktionsversuche und Erklärungsangebote von (in ihren Grundintentionen) gegensätzlichen Schulen der politischen Ökonomie handelt, bietet sich im Aussagekontext doch eine Verknüpfung der Begrifflichkeiten an, insbesondere was die Identifizierung der in Macht- und Rechtskonflikten stehenden und von der Internationalisierung der Wirtschaftsverfassung unterschiedlich erfassten Akteursgruppen betrifft: So wie sich in der ‚kritischen' politischen Ökonomie die vielfältigen, vielschichtigen Auseinandersetzungen auf den Felder und Ebenen übergreifenden Gegensatz von ‚incumbents' und ‚challengers' reduzieren lassen, wobei die Zuordnung der einzelnen Akteure empirisch zu klären wäre, wird in der ‚klassischen' und ‚neuen' politischen Ökonomie vielfach ein Gegensatz zwischen der Avantgarde des Freihandels und der alten Garde des Protektionismus konstruiert, wobei ausdrücklich Partei für den Freihandel und gegen den Protektionismus ergriffen wird. In einer einfachen Gleich(setz)ung lassen sich also – in empirisch und normativ gehaltvoller Weise – die Apologeten nationaler Schutzmaßnahmen mit der (konservativen) Gruppe der ‚incumbents' und die Verfechter eines freien internationalen Austauschs mit der (progressiven) Gruppe der ‚challengers' identifizieren.

So wird etwa in einer (in die Public-Choice-Theorie hinein verlängerten) ordoliberalen Argumentation unterstrichen, dass die ‚Freihandelsinteressen' aufgrund der „innerstaatlichen Interessen und Kräftekonstellationen" (Behrens 2001, 210) oftmals den ‚protektionistischen Interessen' unterlegen seien, weil diese im nationalen Rahmen besser organisierbar seien als jene. Diese These wird weniger (wohlfahrts-)ökonomisch als (macht-)politisch begründet (wobei die Argumente auf der Basis einer ökonomischen Analyse der politischen Entscheidungsprozesse entwickelt werden). Gemeinhin wird – zunächst unter Vernachlässigung des internationalen Rahmens der Interessenorganisation – folgendes Bild gezeichnet: Auf der einen Seite setzten sich die inländischen Produzenten, die in Importkonkurrenz zu ausländischen Anbietern stehen, dafür ein, diesen den Marktzugang zu verwehren bzw. zu erschweren (um die eigene Marktposition abzusichern). Auf der anderen Seite würden die inländischen Konsumenten, die Importeure von Vorleistungen und die exportorientierten Produzenten im Allgemeinen von einer Liberalisierung profitieren (z. B. durch größere Auswahl, niedrigere Preise, besseren Marktzugang). Bei Ersteren handele es sich jedoch meist um eine klar umrissene, stark auftretende Interessengruppe, während sich bei Letzteren eher von diffusen Interessengruppen mit schwachem Profil sprechen ließe. Unter diesen Bedingungen könnten sich die Protektionismusinteressen einer politischen Minderheit gegen die Freihandelsinteressen einer politischen Mehrheit durchsetzen – auf Kosten des (ökonomisch definierten) Allgemeinwohls. Diese (Interessen-)Konstellation wird als Regelfall behauptet, auch wenn die Konsumenten in der Praxis ebenso gut als ‚Nachfrager von Protektionismus' auftreten können, etwa um den nationalen Konsens und Besitzstand zu wahren oder den Verbraucher- und Umweltschutz voranzutreiben. Auch müssen die vom Freihandel unmittelbar profitierenden Anbietergruppen, etwa im Importgeschäft tätige Unternehmen, nicht per se schlechter organisiert oder organisierbar sein als die von Importkonkurrenz bedrohten Produzenten (vgl. Krajewski 2001, 146 f. u. 165 f.). Das Erkenntnisinteresse des (Ordo-)Liberalismus beschränkt sich jedoch auf die (normative) „Frage, unter welchen Bedingungen wirtschaftsverfassungsrechtliche Institutionen [...] zunächst auf nationaler, aber dann auch auf regionaler und globaler Ebene Aussicht auf mehrheitliche Akzeptanz haben" (Behrens 2001, 210) und erhält insofern einen demokratietheoretischen Anstrich. Eine theoriekonforme (normative) Antwort läge in der Beförderung von Interessenkoalitionen zwischen freihandelsinteressierten inländischen Konsumenten und (import- wie exportorientierten) Produzenten, mehr noch: in *transnationalen* Interessenkoalitionen zwischen allen freihandelsinteressierten (inländischen und ausländischen) Konsumenten- und Produzentengruppen, die jeweils ‚arbeitsteilig' auf ihre Heimatstaaten (Liberalisierungs-)Druck ausüben könnten (vgl. Behrens 2001, 208 ff.). Entsprechend ließen sich (mit der konstitutionellen Ökonomik) internationale Handelskonflikte auch als Auseinandersetzungen zwischen verschiedenen, teils national, teils transnational organisierten Interessengruppen deuten. Im Prinzip (und auch in der Praxis) könnte dem transnationalen ‚Kartell zugunsten von Handelsliberalisierung' aber auch ein *transnationales* ‚Kartell zugunsten von Protektionismus' gegenübertreten. Die Auseinandersetzungen um eine ‚Weltwirtschaftsverfassung' (Behrens 2001, 203) wären also letztlich auf beiden Seiten transnational strukturiert (Krajewski 2001, 152 ff. u. 156 f.).

Was an dieser Argumentation im vorliegenden Zusammenhang nun besonders interessiert, ist der Übergang von einer asymmetrischen ‚national-transnationalen' zu einer symmetrischen ‚transnational-transnationalen' Beschreibung des (Handels-)Konflikts, in dem sich die protektionistischen Interessen der ‚incumbents' und die liberalistischen Interessen der ‚challengers' gegenüberstehen. Damit wird eine konzeptionelle (nicht: kognitive) Relativierung nationaler Grenzen innerhalb transnationaler Handlungskontexte angezeigt und letztlich eine (handlungstheoretische) Desaggregation der Staatenwelt eingeleitet. Dies erleichtert wiederum das Verständnis der ‚network governance' als eines *grenzübergreifenden* Phänomens der Kooperation (aber auch des Konflikts) zwischen öffentlichen und privaten Akteuren. Das gilt umso mehr, als in einer politökonomischen Konzeption wirtschaftliche Machtgruppen in politische und politische Machtgruppen in wirtschaftliche übersetzbar werden: Ebenso wie sich (überwiegend private) Produzenten und Konsumenten – wie soeben dargestellt – als politische Machtgruppen formieren können, können politische (i. e. S. ‚staatliche' oder ‚öffentliche') Akteure also als wirtschaftliche Machtgruppen auftreten. So gelten etwa in der Europäischen Gemeinschaft die Mitgliedstaaten (ob ihres ‚Wirtschaftsegoismus' und der damit verbundenen Bevorzugung nationaler, monopolistischer Industrien; vgl. Mestmäcker 2001, 166) „zugleich [als] die wichtigsten wirtschaftlichen Machtgruppen" (Mestmäcker 2003b, 294) – und bedürften in einer internationalen (hier: europäischen) Wirtschaftsverfassung entsprechender Kontrolle. Geht man von diesen beiden widerstreitenden transnationalen Interessens- bzw. Akteurs-‚Clustern' aus, an denen sich sowohl die (neo-)klassische als auch die (kapitalismus-)kritische politische Ökonomie orientiert, so ist zu erwarten, dass auch die Wirtschaftsverfassungsdebatte (in Theorie und Praxis) bipolar strukturiert ist. Diese gegensätzlichen Positionen bzw. Verfassungskonzeptionen sollen (in der Konsequenz der Ausführungen dieses und des vorigen Abschnitts) nachfolgend jedoch nicht mehr in einem nationalen Bezugsrahmen, sondern von Beginn an in einem internationalen Bezugsrahmen (re)konstruiert werden. ‚Freihandel' und ‚Protektionismus' stehen dann nicht mehr für den Konflikt zwischen der ‚Öffnung' und der ‚Schließung' einer nationalen Wirtschaftsverfassung, sondern markieren – unter der (realistischen) Prämisse einer schrittweisen Öffnung der nationalen Wirtschaftsverfassungen – den persistenten Interessengegensatz zwischen individuellen Freiheitsrechten und kollektiven Schutzrechten (oder auch zwischen einem Primat des Staates bzw. der Politik und einem Primat des Marktes bzw. der Wirtschaft) in den Dimensionen einer internationalen Wirtschaftsverfassung.

4.2 Grundzüge und Entwicklung der europäischen Wirtschaftsverfassung

Die europäische Wirtschaftsverfassung kann aus zweierlei Gründen als *Prototyp* einer Wirtschaftsverfassung jenseits des (National-)Staates gelten: Auf der *einen* Seite unterscheidet sie sich durch ihre starke Gewichtung der Funktionsprinzipien des Marktes von einer klassischen Staatsverfassung, in deren Mittelpunkt das Verhältnis von Staat und Bürger steht und auch außerökonomische Regelungsbelange eine wichtige Rolle spielen. Im Vergleich etwa zum deutschen Grundgesetz, einer politischen Verfassung ohne gesonderten Abschnitt über das Wirtschaftsleben, die gemeinhin als wirtschaftspolitisch neutral eingestuft wird (Primat der Politik), handelt es sich bei den Gründungsverträgen der Europäischen (Wirtschafts-)Gemeinschaft um eine veritable Wirtschaftsverfassung, in der die Ordnung des Gemeinsamen Marktes Vorrang gegenüber der Ordnung eines ‚europäischen' politischen Gemeinwesens genießt und zugleich die wirtschaftspolitischen Handlungsspielräume – der Gemeinschaft wie der Mitgliedstaaten – eng umschrieben werden (Primat der Wirtschaft). Im europäischen ‚Verfassungsverbund' werden diese gegensätzlichen Grundtypen der (Wirtschafts- bzw. Staats-)Verfassung in ein Verhältnis der Komplementarität (und der wechselseitigen Unabgeschlossenheit) gebracht, das in verfassungsrechtlichen bzw. -politischen Auseinandersetzungen freilich immer wieder neu ausbalanciert werden muss (Badura 2005, 13; Hatje 2003, 688 f.; Mestmäcker 2003a, 554; Mestmäcker 2003c, 511 f.). Auf der *anderen* Seite zeichnet sich die europäische Wirtschaftsverfassung auch unter den internationalen Wirtschaftsorganisationen durch ihre klare marktwirtschaftliche Orientierung aus. Dies wird deutlich, wenn man die (weiterhin) von der Funktionslogik des Binnenmarktes geprägte Europäische Union der (weiterhin) von der Verhandlungslogik des GATT geprägten Welthandelsorganisation gegenüberstellt: Während in der WTO die Prinzipien der Reziprozität und der Meistbegünstigung über die Liberalisierung des Handels bestimmen, wird in der EU die Entwicklung des Binnenmarktes über die Prinzipien der Marktfreiheiten und der Nichtdiskriminierung gesteuert. Letztere (Marktfreiheiten und Nichtdiskriminierung), so die Argumentation, begründeten einen Primat der Wirtschaft, weil sie (qua gemeinschaftsweit einheitlicher Geltung und unmittelbarer Anwendbarkeit) den Binnenmarkt als normativen Tatbestand konstituierten und eben dadurch für die reale gemeinschaftsweite wirtschaftliche Betätigung öffneten. Der ‚Hebel' für die Verwirklichung und Vollendung des Binnenmarkts liege somit gewissermaßen in den Händen der wirtschaftlichen Akteure; der Integrationsprozess folge einer funktionellen Logik. Erstere (Reziprozität und Meistbegünstigung) sicherten dagegen den Primat der Politik, weil sie einen unausgesetzten Zwang zur handelspolitischen Verständigung enthielten, der nicht nur unter Bedingung des zwischenstaatlichen Ausgleichs, sondern auch unter Bedingung eines sozial-staatlichen Ausgleichs innerhalb der beteiligten Staaten stehe. Jeder Integrationsfortschritt müsse also mühsam am Verhandlungstisch errungen werden. Freilich kann auch zwischen diesen gegensätzlichen Grundtypen einer internationalen Wirtschaftsorganisation durch wechselseitigen Verweis ein (spannungshaltiger) ‚Verfassungsverbund' entstehen (Langer 1995, 7 f., 86 ff. u. 96 ff.).

Im Sinne dieser doppelten Abgrenzung zu anderen (nationalen und internationalen) Wirtschaftsverfassungen besitzt die europäische Wirtschaftsverfassung also eine besondere Affinität zur marktlichen Selbststeuerung (der Wirtschaft) und entsprechende Vorbehalte gegenüber einer eingriffsintensiven (wirtschafts-)politischen Steuerung. Aus ordoliberaler, idealtypischer Sicht fällt sie eine Systementscheidung zugunsten der Marktwirtschaft und bedarf zu deren Aufrechterhaltung nur begrenzter staatlicher Funktionen: Sie steht unter dem Primat der Wirtschaft und nicht unter dem Primat der Politik. Systemtheoretisch ist damit auf europäischer (genauer: EG-) Ebene im Unterschied zur nationalen (etwa: BRD-)Ebene und zur internationalen (hier: WTO-)Ebene von einer relativ engen Kopplung zwischen Wirtschaft und Recht auszugehen und von einer relativ losen Kopplung zwischen Recht und Politik (wobei wiederum eine unorthodoxe, kritische Beobachterposition eingenommen wird; vgl. Kap. 3.1). An dieser Stelle kann offen bleiben, ob Wirtschaft, Recht und Politik jeweils als globale oder regionale Funktionssysteme gefasst werden; es ist jedoch ausdrücklich darauf hinzuweisen, dass mit einem ‚Primat der Wirtschaft' im vorliegenden Zusammenhang – in der hier geführten Argumentation wie in der zugrunde gelegten Literatur – eine Orientierung an den autopoietischen Funktionsimperativen des (Staaten übergreifenden) Wirtschaftssystems gemeint ist, während mit einem ‚Primat der Politik' eine Orientierung an der integrativen Gestaltungsaufgabe eines weithin nach Staaten differenzierten und Funktionen – zumindest supervisorisch – bündelnden politischen Systems gemeint ist, die im Einzelfall ökonomisch dysfunktionale Konsequenzen haben kann. Worauf es nun im Folgenden ankommt, ist der rechtliche Ausdruck, und mehr noch: der richterliche Ausdruck (und in diesem Sinne: die Justiziabilität), dieser verhältnismäßigen ‚Ökonomisierung' und ‚Entpolitisierung' der Wirtschaftsverfassung. Dazu soll die europäische Wirtschaftsverfassung sowohl in ihren Grundkonstanten (in statischer Perspektive) als auch in ihren Entwicklungsstufen (in dynamischer Perspektive) zumindest in einigen groben Zügen dargestellt werden. Weniger strittig als das heranzuziehende Rechtsmaterial scheint dabei dessen Deutung im Lichte divergierender Ideale der Wirtschaftsverfassung zu sein: Trotz der ordoliberalen Richtungsvorgabe ist „[d]ie Diskussion über Möglichkeiten und Grenzen einer verfassungsmäßigen Ordnung der Wirtschaft […] geprägt von dem Gegensatz zwischen dem Primat der Politik und deren Bindung an ökonomisch begründete Prinzipien" (Mestmäcker 2003c, 511), auch und gerade auf europäischer Ebene.

4.2.1 Systemmerkmale der europäischen Wirtschaftsverfassung

Prämisse einer Darstellung der europäischen Wirtschaftsverfassung ist die Übertragbarkeit des im nationalstaatlichen, volkswirtschaftlichen Referenzrahmen entwickelten Begriffs der Wirtschaftsverfassung auf europäische Verhältnisse. In der explizit mit ‚der' europäischen Wirtschaftsverfassung befassten Literatur wird diese Frage natürlich bejaht, wobei allerdings nicht ganz eindeutig ist, ob von einem positiv-rechtlichen oder einem idealtypisch-normativem Wirtschaftsverfassungsbegriff her argumentiert wird: Zwar scheint der positiv-*staats*rechtliche *Verfassungs*begriff einer Anwendung auf die Europäische Union zu widersprechen (Basedow 1992, 8 f.), die ja „eine überstaatliche Föderation der Völker der in der Gemeinschaft zusammengeschlossenen Staaten, nicht die staatsrechtlich verfaßte politische Organisation eines Gemeinschaftsvolkes" (Badura 2005, 46) darstellt. Jedoch wird unumwunden (hier: direkt im nächsten Satz) auch auf die „rechtsstaatliche Verfaßtheit" (Badura 2005, 46) der Gemeinschaft verwiesen, wofür sich der Begriff der (europäischen) *Rechtsgemeinschaft* durchgesetzt hat, die in dieser Arbeit als Form der Rechtsstaatlichkeit jenseits des Nationalstaates interpretiert wird. Dass die Gemeinschaft somit in ihrer Rechtsqualität dem Rechtsstaat angenähert wird, stellt wiederum eine Voraussetzung dafür dar, dass in Bezug auf die Gemeinschaftsverträge (mit dem Europäischen Gerichtshof) in verfassungs*rechtlicher* Manier auch von einer ‚Verfassungsurkunde' der Gemeinschaft gesprochen werden kann, – wenn auch mit dem (ausdrücklich so betitelten) ‚Vertrag über eine Verfassung für Europa', der im Jahre 2005 wegen Problemen bei der Ratifizierung erst einmal auf Eis gelegt wurde, verfassungs*politisch* noch einmal ein neues Kapitel aufgeschlagen werden sollte. Von der Verfassung einer Wirtschaftsgemeinschaft zur Wirtschaftsverfassung der Gemeinschaft ist es nur mehr ein kleiner Schritt, und so erstaunt es nicht, dass das europäische Verständnis der Wirtschaftsverfassung auf den Gründungsverträgen der Gemeinschaft(en) aufbaut und somit ‚eher formell geprägt' ist (Schwarze 2004, 167; vgl. Behrens 1994, 79; Basedow 1994, 10 f.):

> „Insbesondere der EWG-Vertrag erwies sich als prototypische Wirtschaftsverfassung, zwar eine Rumpfordnung ohne wirklich politischen Teil, aber im Verbund mit den nationalen Verfassungen die maßgebliche Rechtsgrundlage für die Gestaltung des Wirtschaftslebens." (Hatje 2003, 688)

Die systemtheoretische Begründung eines (national wie international anwendbaren) Wirtschaftsverfassungsbegriffs stützt sich schließlich, wie bereits ausgeführt, auf das Theorem struktureller Kopplungen, das die Abhängigkeiten und Unabhängigkeiten (hier:) von Politik und Wirtschaft auf unterschiedlichen Ebenen funktional vergleichbar macht. Wenn man eine asymmetrische Deutung struktureller Kopplungen zulässt, kann die Wirtschaftsverfassung dann entweder einem Primat der Politik oder, wie für die europäische Wirtschaftsverfassung konstatiert, einem Primat der Wirtschaft folgen.

4.2.1.1 Systementscheidung, Grundprinzipien und Justiziabilität

Mit all dem ist freilich einer Anwendbarkeit *auch* des idealtypischen Wirtschaftsverfassungsbegriffs im europäischen Zusammenhang noch nicht widersprochen. Tatsächlich wird betont, dass sich aus den Gemeinschaftsverträgen zugleich „ein übergeordnetes Leitbild oder jedenfalls ein Kanon übergeordneter Grundsätze speziell auf dem Gebiet der Wirtschaftsverfassung ableiten lässt" (Schwarze 2004, 168). Wie dieses überpositive Leitbild aussieht, ob es ordoliberalen Ansprüchen genügt bzw. ob es diesen überhaupt genügen soll, steht dann auch im Mittelpunkt der auf die gemeinschaftliche Wirtschaftsverfassung und ihren Verbund mit den mitgliedstaatlichen Wirtschaftsverfassungen abgestellten Debatte. Entsprechend orientieren sich die Darstellungen an einem zwar in den einzelnen Vertragspassagen (und den darauf bezogenen Gerichtsurteilen) *objektiv* angelegten, jedoch im Auge des Betrachters *subjektiv* noch zu ergänzenden Gesamtbild ‚der' europäischen Wirtschaftsverfassung, was es in der folgenden *Meta*darstellung zu berücksichtigen gilt. (Möglicherweise wird auch mit der Kennzeichnung der Gemeinschaftsverträge als internationaler Wirtschaftsverfassung, die unter einem *Primat der Wirtschaft* steht, der schmale Grat zwischen positiver Analyse und normativer Ausdeutung bereits überschritten.) Die Aufsattelung eines idealtypischen Konzepts auf ein positivistisches Grundverständnis der europäischen Wirtschaftsverfassung spiegelt sich eindrücklich in der Bedeutung wider, die einerseits sehr allgemein gehaltenen Ordnungsvorgaben, andererseits dem Zusammenhang spezifischer Bestimmungen für die – vorzugsweise ordoliberale – Auslegung der Wirtschaftsverfassung zukommt. Insbesondere wird die *System*entscheidung für eine ‚marktwirtschaftliche Verfassung' in den Prä-, Kon- oder Subtext des eigentlichen Rechtstextes, d. h. der im engeren Sinne justiziablen (nicht nur normativ gehaltvollen, sondern auch hinreichend spezifischen) Bestimmungen, ‚hineingelesen': So erscheint der ‚Grundsatz einer offenen

Marktwirtschaft mit freiem Wettbewerb' rechtlich zu unbestimmt, um unmittelbar anwendbar sein, vermag jedoch die Interpretation ihm zuordenbarer besonderer Rechtstitel anzuleiten (Hatje 2004, 192; vgl. Hatje 2003, 692 f.) – vorausgesetzt, dass bereits eine (ideale) Vorstellung des mit diesem Grundsatz letztlich Gemeinten besteht. Gleiches gilt für den *systematischen* Zusammenhang der unterhalb dieses Grundsatzes angesiedelten Rechtsprinzipien, der sich ebenfalls nicht ohne interpretatorisches Zutun ergibt, zumal „[d]ie einschlägigen Vorschriften [...] das Ergebnis unterschiedlicher, im Verlauf der Jahrzehnte wechselnder ökonomischer und gesellschaftlicher Zielvorstellungen [sind]" (Hatje 2003, 687).

Auf die verschiedenen Fassungen der Systementscheidung – oder der Nichtentscheidung für ein bestimmtes System (als Entscheidung für eine ‚gemischte Verfassung'; vgl. Hatje 2003, 692) – wird bei der Darstellung der Entwicklungsstufen der europäischen Wirtschaftsverfassung noch einzugehen sein. Vorab sollen jedoch die wichtigsten, in allen Vertragsrevisionen erhalten gebliebenen Rechtsprinzipien herausgestellt werden, von denen es in der ordoliberalen Tradition heißt:

„Der nicht nur faktische, sondern auch rechtssystematische Zusammenhang dieser Prinzipien kennzeichnet die Gemeinschaftsrechtsordnung, soweit sie den Binnenmarkt und das System unverfälschten Wettbewerbs zum Gegenstand hat, als eine marktwirtschaftliche Verfassung." (Mestmäcker 2003c, 514)

Zu diesen Grundprinzipien gehören die dem Binnenmarkt zugrunde liegenden Verkehrsfreiheiten (für Waren, Personen, Dienstleistungen und Kapital), die entsprechenden Einschränkungen der mitgliedstaatlichen Regelungsbefugnisse (in Gestalt des Diskriminierungsverbots) sowie die auf Unternehmen und Mitgliedstaaten gerichteten Wettbewerbsvorschriften. Hinzu kommen die binnenmarktbezogenen Kompetenzen zur Rechtsangleichung und das Außenwirtschaftsrecht (Mestmäcker 2003c, 513 f.; Mestmäcker 2001, 164; Hatje 2004, 192; Langer 1995, 96 ff. u. 118 ff.; Everling 2001, 388 ff.; Kingreen 2003; Oliver/Roth 2004). Allgemeiner sind in diesen Kernprinzipien die Funktionsgarantien einer (idealtypischen) marktwirtschaftlichen Ordnung wiederzuerkennen: *Privatautonomie*, die in den subjektiven Freiheits- und Gleichheitsrechten der Wirtschaftsteilnehmer festgeschrieben wird, *Selbstkoordination*, die rechtlich etwa als Kommunikationsfreiheit und als ‚Sicherheit' des Tausches (in proprietärer und pekuniärer Hinsicht) erscheint, die aber auch den Ausbau der Grundfreiheiten bzw. den Abbau staatlicher Marktbeschränkungen begründet (und dafür unter Umständen eine begrenzte Offenheit nach außen voraussetzt), und *Selbstkontrolle*, die über ein Wettbewerbsgebot mit begrenzten Ausnahmemöglichkeiten implementiert wird (Hatje 2003, 695 ff.; Mussler 1998, 35; Basedow 1992, 13 ff.).

Der *Primat der Wirtschaft* innerhalb der Europäischen (Wirtschafts-) Gemeinschaft als einer internationalen (Wirtschafts-)Organisation lässt sich nun auf den doppelten Effekt der ‚Ökonomisierung' und ‚Entpolitisierung' (qua ‚Entstaatlichung') durch das Prinzip der Marktfreiheiten und das Prinzip der Nichtdiskriminierung zurückführen. Über das *Prinzip der Marktfreiheiten* internalisiert die Gemeinschaft gewissermaßen die Funktionslogik einer internationalisierten Wirtschaft; ‚realer Sachverhalt' und ‚normativer Tatbestand' werden miteinander verknüpft:

> „Denn indem die Marktfreiheiten […] eine umfassende Staaten übergreifende Wirtschaftsfreiheit als ‚Grundlage der Gemeinschaft' vorgeben, setzen sie die ihrer Funktionsweise entsprechende Internationalität der Wirtschaft voraus und gewährleisten das (aktuelle) Bestehen und die (potentiellen) Entwicklungsmöglichkeiten grenzüberschreitender Wirtschaftsbeziehungen im Gemeinsamen Markt." (Langer 1995, 99)

Entsprechend besteht der (begrenzte) Auftrag der Gemeinschaft in der „Sicherung der Staaten übergreifenden wirtschaftlichen Funktionszusammenhänge" (Langer 1995, 100); ihr Organisationszweck ist also an die ‚reale Marktfunktion', an die Logik einer grenzüberschreitenden Marktwirtschaft bzw. des internationalen Freihandels gekoppelt. Das bedeutet, dass sich die Marktfreiheiten (ebenso wie die Wettbewerbsregeln und Rechtsangleichungsvorschriften) an der tatsächlichen Entwicklung der grenzüberschreitenden Wirtschaftsbeziehungen im Binnenmarkt ‚konkretisieren' und ‚aktualisieren' (Langer 1995, 78). In diesem Sinne bildet

> „[d]as über die Marktfreiheiten vermittelte Zusammenspiel von realer Wirtschaftsentwicklung und diese sichernder Kompetenzausübung […] die Triebfeder für einen Verfassungsprozeß, der kontinuierlich und unter ständig sich wandelnden und fortentwickelnden Bedingungen fortschreitet" (Langer 1995, 101),

in dem sich also die (polit- bzw. rechts-)ökonomische Logik der ‚funktionellen Integration' verwirklicht. Die *Ökonomisierung* bzw. Liberalisierung der Wirtschaftsverfassung (im Zuge ihrer Europäisierung) wird ergänzt durch den Effekt des Diskriminierungsverbots, das „die staatenübergreifende wirtschaftliche Freiheit […] um eine staatenübergreifende wirtschaftliche Gleichheit zur gleichen Wirtschaftsfreiheit aller Marktteilnehmer [komplettiert]" (Langer 1995, 340). Dieser Effekt entspricht insoweit einer *Entstaatlichung* (oder Entpartikularisierung des Staatlichen), als die Marktteilnehmer im Rahmen der Ausübung ihrer Grundfreiheiten von den Mitgliedstaaten gleich zu behandeln sind und insofern gleiche Rechte innerhalb der verschiedenen nationalen Rechtsordnungen genießen. Mit anderen Worten:

> „Durch das Hinzutreten des Diskriminierungsverbots zu den Marktfreiheiten wird der Faktor ‚Staat' für den (von der Gemeinschaftsverfassung vorausgesetzten) wirtschaftlichen Funktionszusammenhang ausgeschaltet und geht der Verbund nationaler Märkte in einem wirklich einheitlichen europäischen Binnenmarkt […] auf." (Langer 1995, 340)

Damit wird zugleich der *Systemwettbewerb* zwischen den nationalen Rechtsordnungen eröffnet (Langer 1995, 118 ff.).

Eine solche (i. w. S. neoklassische, i. e. S. ordoliberale) Argumentation impliziert, dass die vermittels der genannten marktwirtschaftlichen Funktionsprinzipien im E(W)G-Vertrag enthaltene ‚Verfassung der Wirtschaft' zwar im Grundsatz politisch offen ist (in dem Sinne, dass sie keine ausgearbeitete politische Verfassung enthält), dass sie aber *wirtschafts*politisch keineswegs neutral ist (Mestmäcker 2003a, 553). Insoweit eine ‚wirtschaftsverfassungsrechtliche Homogenität' bzw. eine ‚wirtschaftsfreiheitliche Binnenverfassung' der Mitgliedstaaten als Voraussetzung einer (unter marktwirtschaftlichen Prinzipien operierenden) internationalen Wirtschaftsorganisation gelten kann, sind dann freilich auch die mitgliedstaatlichen (Teil-)Verfassungen im europäischen ‚Verfassungsverbund' wirtschaftspolitisch nicht mehr als neutral zu verstehen (Langer 1995, 69 f.). Den Dreh- und Angelpunkt dieser Auslegung der (wirtschaftsrechtlichen, wirtschaftspolitischen) Verfassungsprinzipien bildet die ‚Errichtung eines Gemeinsamen Marktes'. Dass sich „die hierfür vom Vertrag vorgesehenen Mittel zu einem wirtschaftlich und politisch sinnvoll aufeinander abgestimmten Instrumentarium zusammenfügen" (Mestmäcker 2003a, 554), unterstellt letztlich eine Gleichsetzung von Integrationszweck und Marktfunktion. Idealtypische Ausdeutung der europäischen Wirtschaftsverfassung und teleologische Auslegung der Gemeinschaftsverträge werden in der ordoliberalen Rechtsauffassung also in eins gesetzt. Eine entsprechende Interpretationsleistung wird nun auch vom *Europäischen Gerichtshof* erwartet. Dessen Bedeutung resultiert in diesem Theorierahmen daraus, dass das Kriterium der *Justiziabilität* mitsamt der daran anknüpfenden Rechtsprechungspraxis als Scharnier zwischen idealer und realer Wirtschaftsverfassung fungiert; an ihm hängt letztlich die Umsetzung des (Ordnungs-)Wunsches in die (Rechts-)Wirklichkeit. So besteht das Grundanliegen des klassischen (Wirtschafts- und Rechtstheorie vermittelnden) Wirtschaftsverfassungskonzeptes ja gerade darin, „konkrete rechtliche Lösungen für ökonomische Probleme und Konflikte zu entwickeln" (Mussler 1998, 46), wozu es in erster Linie justiziabler (und universal anwendbarer) Rechtsregeln bedarf. Die Justiziabilität von Rechtsregeln wird dabei

> „vor allem danach bemessen, in welchem Umfang es den einzelnen Wirtschafts- (oder auch: Privatrechts-)subjekten im Einzelfall möglich ist, sich gegen Einschränkungen ihrer Handlungsfreiheit, sei es durch den Staat oder durch andere Wirtschaftssubjekte, gerichtlich zur Wehr zu setzen" (Mussler 1998, 47).

Justiziabilität impliziert also auch die Offenheit des Rechtwegs, den Zugang zum Gericht.

4.2.1.2 Vertikale und horizontale Dimension des Machtproblems

Grundanliegen des (klassischen) Wirtschaftsverfassungskonzepts ist es,

> „dem ‚doppelten Machtproblem' dadurch abzuhelfen, daß sowohl das marktwirtschaftliche System bzw. die Privatrechtsgesellschaft *durch* den Staat als auch die Privatautonomie der dezentral wirtschaftenden Akteure *vor* dem Staat geschützt wird" (Mussler 1998, 84; H. i. O.).

Spezifiziert man die ordoliberale Theorie für die europäische Ebene und überträgt dazu den funktionalen Begriff des (Rechts-)Staates auf die (Rechts-)Gemeinschaft, so wäre es Aufgabe des Gemeinschaftsrechts, die Funktionsbedingungen des ‚Gemeinsamen Marktes' gegen die Zumutungen wirtschaftlicher und politischer Macht (-ausübung) zu verteidigen, also vor Störungen der freien Preisbildung durch wirtschaftliche Vereinseitigung und/oder politische Vereinnahmung zu bewahren. Weil *supranationale* und *mitgliedstaatliche* Institutionen in der Anwendung des Gemeinschaftsrechts zusammenwirken (müssen), aber als voneinander unabhängige politische Akteure (bzw. Akteursgruppen) wahrgenommen werden (können), entwickelt sich das ‚doppelte' zum ‚dreifachen' Machtproblem: Im europäischen Kontext kommt es demnach darauf an, „dreierlei Macht zu begrenzen: die Macht der Mitgliedstaaten, die Macht der Gemeinschaftsorgane und die Macht der Privaten, der großen Unternehmen und Verbände" (Basedow 1992, 10; vgl. Hatje 2003, 689; Mussler 1998, 84). Dieses dreistellige Machtproblem lässt sich alternativ – entsprechend dem Governance-Grundmodell dieser Arbeit – auch in zwei Dimensionen darstellen: einer *vertikalen*, die die ‚formelle Gewaltenteilung zwischen den Mitgliedstaaten und der Gemeinschaft' betrifft, und einer *horizontalen*, die die ‚materielle Gewaltenteilung zwischen Staat (bzw. Gemeinschaft) und Wirtschaft' betrifft (Behrens 1994, 80). Daraus ließe sich nun folgern, dass der Prozess der Europäisierung lediglich ein Machtproblem in der vertikalen Dimension hervorbrächte, als dessen rechtliche Lösung sich sodann die Konstitutionalisierung des Mehrebenensystems anböte. Aus ordoliberaler Sicht bleibt der politische Verteilungskonflikt zwischen Gemeinschaft und Mitgliedstaaten jedoch gegenüber dem politökonomischen Grundkonflikt von wirtschaftlicher Freiheit und hoheitlicher Intervention nachgeordnet. Das eigentliche Machtproblem bestünde demnach in der horizontalen Dimension und hier insbesondere in einer (dysfunktionalen) Politisierung des Ökonomischen. Gemäß dem Prinzip funktionaler Differenzierung wird folgerichtig eine Wirtschaftsverfassung gefordert,

„die der Eigengesetzlichkeit des Ökonomischen Rechnung trägt und die das Verhältnis von Staat bzw. Gemeinschaft und Wirtschaft, von Ökonomie und Politik, von Markt und Intervention, von Privatautonomie und Regulierung nach justitiablen Kriterien bestimmt" (Behrens 1994, 84).

Dieses Postulat gilt auch für die Europäische Union und bedeutet praktisch vor allem, „daß das an die Nationalstaaten adressierte Interventionsverbot nicht mit einer Zunahme der Interventionskompetenz auf der europäischen Ebene einhergehen darf" (Mussler 1998, 86). Erhoben wird diese Forderung nicht nur (präventiv) gegenüber dem europäischen Gesetzgeber, sondern (‚post festum') auch gegenüber dem Europäischen Gerichtshof.

Zwar ergibt sich aus dem Prinzip der Marktfreiheiten in der horizontalen Dimension ein ‚Regel-Ausnahme-Verhältnis von Freiheit und Intervention' und in der vertikalen Dimension ein ‚Regel-Ausnahme-Verhältnis zugunsten der Mitgliedstaaten' (Langer 1995, 105 f.; vgl. Hatje 2003, 706 f.), so dass wirtschaftspolitische Eingriffe in das freie Spiel der Marktkräfte rechtslogisch betrachtet die Ausnahme bilden – eine einfache Ausnahme bei mitgliedstaatlicher Intervention, eine doppelte Ausnahme bei gemeinschaftlicher Intervention. Rechtspraktisch können diese Ausnahmeregelungen aber eine solch bedeutsame Rolle spielen, dass es unter Umständen angemessener erscheint, statt von einer ‚prinzipiell markt- bzw. wettbewerbswirtschaftlichen Wirtschaftsverfassung' (Langer 1995, 102) von einer ‚gemischten (Wirtschafts-)Verfassung' zu sprechen: Allerdings bleibt auch dieser Begriff „juristisch unbefriedigend, denn entscheidend sind die Mischungsregeln und Mischungsverhältnisse, nach denen sich bestimmt, wieviel Markt geboten und wieviel wirtschaftspolitische Gestaltung zulässig ist" (Hatje 2003, 692). Unbeschadet der normativen Konnotationen der einen oder anderen Begriffsentscheidung bleibt, dass in den Gemeinschaftsverträgen neben den Funktionsbedingungen des Binnenmarkts (bzw. des Gemeinsamen Marktes) auch die wirtschaftspolitischen Gestaltungsspielräume der Gemeinschaft und der Mitgliedstaaten festgeschrieben werden, dass also Erstere wie Letztere als Grundkonstanten der europäischen Wirtschaftsverfassung betrachtet werden können. Es bietet sich daher ein weiter gefasster Begriff der Wirtschaftsverfassung an, der sich nicht nur auf die Systementscheidung ‚für eine offene Marktwirtschaft mit freiem Wettbewerb' stützt, sondern auch diejenigen (hier: integrations-)politischen Zielsetzungen einbezieht, „die über die Wirtschaft als speziellen Funktionszusammenhang hinaus weisen" (Hatje 2003, 689). Wenn das vertragliche Telos der Gemeinschaft aber nicht eindeutig mit dem Idealtyp einer sozialen Marktwirtschaft (und auch nicht mit anderen ökonomischen Leitideen) identifiziert werden kann, vermag auch der „Rückgriff auf bestimmte wirtschaftliche Modelle als Hilfsmittel der Auslegung" (Hatje 2003, 687) zumindest in der wissenschaftlichen Reflexion nicht mehr zu überzeugen. Die Bestimmung der Wirtschaftsverfassung wird zu einer empirischen Frage, für die auf unterschiedliche Deutungsangebote zu rekurrieren ist. Im Folgenden wird daher nicht zuletzt zu zeigen sein, dass die (weithin vernehmbare) ordoliberale Deutungshoheit über den Wirtschaftsverfassungs*begriff* nicht notwendig von einer entsprechenden Entwicklung der europäischen Wirtschaftsverfassung in der Rechtsetzungs- und Rechtsprechungs*praxis* gedeckt ist.

Vorweg ist jedoch noch in knapper Form auf die *Außendimension* der europäischen Wirtschaftsverfassung einzugehen, deren Bestimmung sowohl theoretisch als auch empirisch eine kritische Funktion zukommt. Wenn der neoklassisch fundierte, ordoliberal präzisierte Wirtschaftsverfassungsbegriff auf die internationale Ebene übertragen wird, impliziert er eine Internationalisierung – und in letzter Konsequenz eine Globalisierung – der Funktionsprinzipien einer ‚offenen' Marktwirtschaft mit ‚freiem' Wettbewerb. Eine idealtypische internationale Wirtschaftsverfassung steht somit unter der Prämisse des (weltweiten) Freihandels (Langer 1995, 10). Weil nun die *europäische* Wirtschaftsverfassung nur einen Teilbereich der (umfassend definierten) *internationalen* Wirtschaftsverfassung ausmacht, ist das Prinzip des Freihandels grundsätzlich auch auf die Außenbeziehungen der E(W)G anzuwenden, insbesondere im Verhältnis zur Welthandelsorganisation. Auch wenn Letztere (eher) unter einem Primat der Politik steht und Erstere (eher) unter einem Primat der Wirtschaft, wird mit der ‚nahtlosen Verzahnung' ihrer (zwar unterschiedlichen, jedoch nicht gegensätzlichen) Funktionsweisen auf eine ideelle und materielle Kontinuität der – teils universal angelegten, teils regional spezifizierten – internationalen Wirtschaftsverfassung verwiesen (Langer 1995, 8 f.). In der Interaktion von E(W)G und WTO besteht freilich eine rechtliche bzw. konstitutionelle Lücke zwischen den Prinzipien der Marktfreiheit und der Nichtdiskriminierung auf der einen Seite und den Prinzipien der Reziprozität und der Meistbegünstigung auf der anderen Seite. In der Logik einer dem Primat der Wirtschaft unterstellten supranationalen Organisation wie der E(W)G läge es, diese ‚Verfassungslücke' über eine internationale Erweiterung des Anwendungsbereichs der Marktfreiheiten und der Nichtdiskriminierung zu schließen; in der Logik einer unter dem Primat der Politik operierenden internationalen Organisation wie der WTO böte sich hingegen der Rückgriff auf die Reziprozitäts- und Meistbegünstigungsklauseln an. Prinzipiell wird in der neoklassischen bzw. ordoliberalen Argumentation eine ‚Öffnung' des Gemeinsamen Marktes, also seine Liberalisierung nicht nur im Innenverhältnis, sondern auch im Außenverhältnis postuliert – ganz einfach weil die (ideale Markt-)Wirtschaft „ein nicht nur die Mitgliedstaaten der Gemeinschaft, sondern ein auch *die Gemeinschaft selbst übergreifendes Funktionssystem* dar[stellt]" (Langer 1995, 140; H. i. O.). Praktisch stehen die Marktfreiheiten in der Außendimension des Gemeinsamen Marktes aber bisher unter Reziprozitätsvorbehalt. Unmittelbar anwendbar (wie in der Binnendimension) wären sie damit nur „nach Maßgabe der handelspolitischen Regelungen der Gemeinschaft" (Langer 1995, 344). Diese Ausnahmen zu formulieren und in Geltung zu setzen, liegt im Ermessen der Vertragsherren bzw. des (ihnen verpflichteten) Gemeinschaftsgesetzgebers. Im vorliegenden Kontext interessiert allerdings vor allem, inwieweit auch der Gerichtshof die unmittelbare Anwendbarkeit über den Binnenmarkt hinausreichender Marktfreiheiten forcieren kann. Mit der Ausgestaltung der Außendimension der europäischen Wirtschaftsverfassung lassen sich zugleich Einsichten über die Außengrenzen der europäischen Rechtsgemeinschaft gewinnen, womit die gerade im Strukturfunktionalismus ausgearbeitete Dialektik von ‚Öffnung' und ‚Schließung' angesprochen ist – auch hier kann also ein Rückbezug zum gesellschaftstheoretischen Schwerpunktkapitel dieser Arbeit hergestellt werden.

4.2.2 Entwicklungsstufen der europäischen Wirtschaftsverfassung

Bei der europäischen Wirtschaftsverfassung handelt es sich in dem Sinne um einen „Verbund der Wirtschaftsverfassungen" (Hatje 2003, 689), dass die mitgliedstaatlichen Wirtschaftsverfassungen durch die supranationale Wirtschaftsverfassung relativiert und verbunden werden. Das bedeutet unter anderem, dass es auf die Frage nach der ‚deutschen' Wirtschaftsverfassung nur noch eine ‚europäische' Antwort geben kann, die den gemeinschaftsrechtlichen Vorgaben Rechnung trägt:

> „Vor allem dem EG-Vertrag lassen sich wesentliche Aussagen über die ordnenden Prinzipien und Garantien wirtschaftlicher Tätigkeit entnehmen, so dass seine geschriebenen und ungeschriebenen Normen die heute für die Mitgliedstaaten maßgeblichen Gestaltungselemente der Wirtschaft enthalten." (Hatje 2003, 687)

Wegen der unterschiedlichen Rechtstraditionen und Ordnungsansprüche der Mitgliedstaaten bringt der Verbundcharakter der europäischen Wirtschaftsverfassung jedoch Spannungen mit sich, die im Laufe der Erweiterung und Vertiefung der Gemeinschaft immer wieder zu Konflikten führen (vgl. Mussler 1998, 13 f.). So lässt sich die Entwicklungsdynamik der europäischen Wirtschaftsverfassung *auch* auf die Heterogenität der mitgliedstaatlichen Rechtsauffassungen zurückführen – auf die Heteronomie der (europäischen) ‚Einheit' in (nationaler) ‚Vielfalt'. Andere Bestimmungsgründe des Wandels der europäischen Wirtschaftsverfassung liegen in dem (über die Jahre und Jahrzehnte) veränderten weltpolitischen und weltwirtschaftlichen Umfeld und in der funktionellen Eigendynamik des Integrationsprozesses. Diese in ihrer Bedeutung oder Gewichtung im Zeitverlauf veränderlichen Einflussfaktoren lassen sich politökonomisch in einem entsprechenden Wandel der ‚Machtverhältnisse' bündeln. In der ordoliberalen Theoriebildung kommt es unterhalb dieses Pauschalbegriffs (und zugespitzt auf den europäischen Untersuchungskontext) auf die Machtrelationen innerhalb der Wirtschaft (‚Freiheit' und ‚Gleichheit' der Marktteilnehmer), zwischen Wirtschaft und Politik (materielle Gewaltenteilung zwischen ‚Staat' und ‚Markt') und innerhalb der Politik (Gewaltenteilung zwischen Gemeinschaft und Mitgliedstaaten) an. Soweit die Wirtschaftsverfassung tatsächlich verfassungsrechtlichen Charakter besitzt, also „mit besonderer Bestandsgarantie versehen [ist]" (Basedow 1992, 10), dient sie der Stabilisierung und Rechtfertigung ebendieser Machtverhältnisse – sei es der ‚idealen' Machtverhältnisse, die der ordoliberalen Welt(-anschauung) zugrunde liegen, sei es der ‚realen' Machtverhältnisse, die ein solches Projekt in Verfassungsrang heben. Die Entwicklung der europäischen Wirtschaftsverfassung soll nachstehend allerdings nicht nur im Sinne einer ordoliberalen Kritik dargestellt werden, auch wenn diese den (besonders gut dokumentierten) Schwerpunkt bildet, sondern um (eine) alternative Sichtweise(n) verbreitert und insgesamt auf eine politökonomische Analyse des normativen Wandels zugeführt werden, wonach das Verfassungsideal nicht nur die Verfassungspraxis, sondern die Verfassungspraxis auch das Verfassungsideal bestimmt. Der Wandel der europäischen Wirtschaftsverfassung (Explanans) soll also letztlich auf den Wandel der realen Machtverhältnisse (Explanandum) bezogen werden.

Die Konzentration der Debatte – und auch dieses Kapitels – auf die Gemeinschaftsverträge, insbesondere den E(W)G-Vertrag als ‚Verfassungsurkunde' der Gemeinschaft (im Sinne eines formell geprägten Begriffs der europäischen Wirtschaftsverfassung) bringt es mit sich, dass bezüglich der Rechtsetzungs- und Rechtsprechungspraxis nur das Primärrecht betrachtet wird. Unter dieser Voraussetzung lassen sich die wesentlichen Entwicklungsabschnitte der europäischen Wirtschaftsverfassung durch die Vertragsrevisionen bzw. -konsolidierungen markieren, die auch der Rechtsprechung vorgegeben sind. Gleichwohl setzen die europäischen Gerichte gerade mit der Entscheidung von (neue Rechtsprechungslinien begründenden) ‚Präzedenzfällen' auch eigene Akzente in der Verfassungsentwicklung, die wiederum von Vertragsherren und Gemeinschaftsgesetzgeber (positiv oder negativ) aufzugreifen sind. Der Wandel der europäischen Wirtschaftsverfassung vollzieht sich also im Wechselspiel von (i. w. S.) verfassungs*politischen* und (i. e. S.) verfassungs*rechtlichen* Entwicklungen. Dieser (Verfassungs-)Dynamik wird die folgende, an den großen vertraglichen Neuerungen orientierte Darstellung nur insoweit gerecht, als sich die europäische Wirtschaftsverfassung (mit ihren unterschiedlichen Entwicklungsphasen) erst in der Rechtsanwendung konkretisiert, wobei dem Europäischen Gerichtshof, wie an einigen Stellen zu zeigen sein wird, immer wieder eine Schlüsselrolle zukommt. Tatsächlich wird der Justiziabilität der Rechtsregeln (und entsprechend den Gerichten) auch in der hier nachvollzogenen ordoliberalen Argumentation eine große Bedeutung beigemessen – und damit zusammenhängend auch dem Kriterium der *Universalisierbarkeit* (Mussler 1998, 55). Demgemäß sind die allgemeinen Verbote einer ‚negativen Integration' (z. B. Verbot handelsbeschränkender Maßnahmen), die vor allem die Gerichte bemühen, gegenüber den spezifizierungsbedürftigen Geboten einer ‚positiven Integration' (z. B. Entwicklung gemeinsamer Schutzstandards), die vor allem den Gesetzgeber beschäftigen, von Vorteil, da universeller gefasst und anwendbar. Unter diesem Gesichtspunkt ‚impliziert' der Aufbau einer europäischen sozialen Marktwirtschaft (nach den Prinzipien der Privatrechtsgesellschaft) „vor allem Schritte der negativen Integration" (Mussler 1998, 63). Umgekehrt wird die positive Integration mit einer sozial- bzw. wohlfahrtsstaatlichen Entwicklung (auch) auf europäischer Ebene in Verbindung gebracht: einer ‚Hypertrophie der europäischen Staatlichkeit' (durch Ausweitung der Aufgaben, Interventionen und Privilegien), die – so die Kritik – zulasten der Justiziabilität und Universalität des Rechts geht und damit auch die (marktwirtschaftliche, privatrechtsgesellschaftliche) Ordnungsfunktion der Gerichte schwächt (Mussler 1998, 46 ff. u. 53 ff.). Dieses ordoliberale Rechts- und Rechtsprechungsideal wird an späterer Stelle – in einem Vergleich der alternativen Modelle der europäischen Wirtschaftsverfassung *in der* Rechtsprechung – empirisch noch validiert und relativiert werden.

4.2.2.1 Von den Gründungsverträgen zur ersten Vertragsrevision

Der die Europäische Wirtschaftsgemeinschaft begründende, Anfang 1958 in Kraft getretene Vertrag von Rom entspricht nahezu dem ordoliberalen ‚Referenzmodell einer (ökonomisch-funktionalen) europäischen Wirtschaftsverfassung' (Mussler 1998, 97):

> „In der Tat kommt der Vertrag mit seiner klaren Fokussierung auf den Gemeinsamen Markt und die wettbewerbliche Integration dem Ideal einer Wirtschaftsverfassung in diesem Sinne näher als wohl jedes andere Rechtsdokument." (Mussler 1998, 114)

Als Funktionsprinzipien einer marktwirtschaftlichen Ordnung wurden Privatautonomie, Selbstkoordination und Selbstkontrolle benannt. Eingedenk des ‚fragmentarischen' Charakters der gemeinschaftlichen Wirtschaftsverfassung, die einerseits „trotz ihrer Eigenständigkeit auf dem Substrat der Rechtsordnungen der Mitgliedstaaten beruht" (Mestmäcker 2003c, 515), andererseits „wesentliche Bereiche der allgemeinen Wirtschaftspolitik weitgehend in nationaler Regelungsverantwortung belässt" (Hatje 2003, 689), werden diese Funktionen aber nicht ausschließlich auf europäischer Ebene, sondern im (Mehrebenen-)‚Verfassungsverbund' gewährleistet. Was etwa die Bedingungen der *Privatautonomie* betrifft, so erhalten die im EWG-Vertrag enthaltenen ‚vier' Grundfreiheiten erst über die Rechtsprechung auch den Status subjektiver Grundrechte; ähnliches gilt für das (ebenfalls dezidiert europäische) Diskriminierungsverbot aus Gründen der Staatsangehörigkeit. Individuelle und unternehmerische Handlungsfreiheit bleiben hingegen grundsätzlich über die mitgliedstaatlichen Privatrechtsordnungen gewährleistet. Hinsichtlich der Bedingungen der *Selbstkoordination* regelt der EWG-Vertrag nach innen den Abbau mitgliedstaatlicher Beschränkungen des freien Waren-, Personen-, Dienstleistungs- und Kapitalverkehrs und nach außen die Einführung gemeinsamer Zölle und Handelspolitiken; Eigentumsordnung und Währungsordnung verbleiben jedoch in der Autorität der Mitgliedstaaten. Die *Selbstkontrolle* soll im EWG-Vertrag schließlich als ‚System unverfälschten Wettbewerbs' institutionalisiert werden, das von Beginn an in eine europäische Form gebracht wird (und für einige Gemeinschaftspolitiken Ausnahmeregelungen trifft), das aber auch mitgliedstaatlichen Besonderheiten, etwa im Bereich der Daseinsvorsorge, Rechnung trägt (Mussler 1998, 96 ff.; Hatje 2003, 694 ff.). Auf die Bewältigung des *dreifachen Machtproblems* hin betrachtet, enthält die wirtschaftsgemeinschaftliche Verfassung vor allem mit den Grundfreiheiten, dem Diskriminierungsverbot und den Wettbewerbsregeln die rechtlichen Mittel zur Begrenzung privater Wirtschaftsmacht wie auch (insbesondere mitglied-)staatlicher Interventionsmacht; die enumerativen Kompetenzen der Gemeinschaft stehen überdies einer Selbstermächtigung der supranationalen Ebene entgegen (Mussler 1998, 115). Wenn man die ‚europäischen' Implikationen aus dem (ordoliberalen) Postulat funktionaler Differenzierung zieht, ist letztere Kontrolle der Gemeinschaftskompetenzen besonders kritisch, sollen doch die staatlichen Interventionen nicht einfach in einem Null-Summen-Spiel von der mitgliedstaatlichen auf die supranationale Ebene verlagert werden, sondern insgesamt reduziert werden. Für den EWG-Vertrag lässt sich allerdings noch resümieren, dass

> „[d]as Prinzip der limitierten Einzelermächtigung einerseits und der Vorrang des Gemeinschaftsrechts in Verbindung mit der unmittelbaren Anwendbarkeit andererseits […] zusammen ein Integrationskonzept des Vertrages wider[spiegeln], welches dem Gedanken der funktionalen Differenzierung entspricht" (Mussler 1998, 118).

Gemeint ist jenes Konzept der (überwiegend) negativen, wettbewerblichen Integration, das in der ordoliberalen Interpretation seinen Innenhalt in der *Rechtsstaatlichkeit* (auch auf Gemeinschaftsebene) und seinen Außenhalt im *Systemwettbewerb* (als Wettbewerb von Rechtssystemen) gewinnt. Freilich lässt sich bereits im EWG-Vertrag ein „Spannungsverhältnis zwischen Integration durch Wettbewerb und Integration durch Intervention" (Mussler 1998, 120) konstatieren, insbesondere was die Kontrollmöglichkeiten des Engagements der Gemeinschaftsorgane (in den Innenbeziehungen wie in den Außenbeziehungen) betrifft; dieses wird aber erst mit der Weiterentwicklung des Vertragswerks virulent.

Insgesamt handelt es sich bei dieser Einschätzung um eine ‚Ex-post-Betrachtung' des Vertrags im Lichte seiner Auslegung durch die gemeinschaftlichen und mitgliedstaatlichen Gesetzgebungs-, Rechtsprechungs- und Ausführungsorgane des Verfassungsverbunds:

> „Die Geschichte der europäischen Integration ist ein gutes Beispiel dafür, daß der Gehalt einer (Wirtschafts-) Verfassung nicht allein aus dem Text eines Verfassungsdokumentes ableitbar ist. Vielmehr wird er wesentlich davon geprägt, wie die ‚konstitutionellen Akteure' den Verfassungstext interpretieren bzw. ausfüllen." (Mussler 1998, 125)

Insbesondere dem Europäischen Gerichtshof wird in den (knapp) drei Dekaden bis zur ersten Vertragsrevision eine Schlüsselrolle für die ‚freiheitliche' Ausgestaltung des Integrationsprozesses zugeschrieben, zumal er sich (über das Prinzip der unmittelbaren Anwendbarkeit und das Instrument der Vorabentscheidungsverfahren) die grenzüberschreitenden Wirtschaftsakteure zu ‚Verbündeten' gegen nationalstaatliche Beharrungskräfte gemacht hat (vgl. Pitarakis/Tridimas 2003; de la Mare 1999; Kelemen 2006; Schepel/Blankenburg 2001). Zur Kontrolle auch der Ermessensspielräume der Gemeinschaftsorgane, insbesondere ihrer Reregulierungsprojekte, ist *dieser* Rechts(um)weg allerdings nicht geebnet. Auch deswegen bleibt strittig, inwieweit sich die marktwirtschaftliche Entwicklung der europäischen Wirtschaftsverfassung zu Zeiten des EWG-Vertrags gemäß dem ordoliberalen Idealtypus (allein) aus dem ökonomisch rationalen bzw. idealen Zusammenwirken von Recht und Wirtschaft erklären lässt bzw. inwieweit in einer institutionenökonomischen Weiterung (auch) mitgliedstaatliche bzw. gemeinschaftliche Interessen an einer Zentralisierung von (Interventions-)Kompetenzen und institutionelle Eigeninteressen des Gerichtshofs erklärungsrelevant sind. Das Übergewicht der *negativen Integration*, das sich in dieser Phase eingestellt hat, könnte im letzteren Sinne daher durchaus auch als ‚unintendiertes (Zwischen-)Ergebnis' einer generell konstitutionalisierungs- und zentralisierungsfreundlichen Rechtsprechung unter Bedingung einer – sich erst in den 1980er-Jahren auflösenden – politischen (Selbst-)Blockade erscheinen (vgl. Mussler 1998, 99, 104 f. u. 125 ff.). Mit dieser Alternative sind allerdings noch nicht alle Erklärungsmöglichkeiten abgedeckt. Gerade wenn man sich auf die zweite Hälfte des hier betrachteten Zeitraums konzentriert, stellt sich das Verhältnis von Recht und Wirtschaft noch einmal in einem anderen Licht dar: So lassen sich innerhalb der Laufzeit des EWG-Vertrages eine (rechtsbetonte) Gründungs- bzw. Konstitutionalisierungsphase und eine (wirtschaftsbetonte) Erneuerungsphase unterscheiden, wobei Letztere, die (mit Mussler) auch als ‚postkonstitutionelle' Phase des Integrationsprozesses bezeichnet werden kann, von etwa Mitte der 1970er-Jahre bis in die späten 1980er-Jahre reicht und damit das zeitliche Vorfeld der Binnenmarktinitiative erfasst. Mit der (politikbetonten) Stabilisierungsphase der 1990er-Jahre bis heute gewinnt diese ‚postkonstitutionelle' Phase schließlich einen neuen ‚präkonstitutionellen' Gehalt: Nach der *materiellen* Konstitutionalisierung der Wirtschaftsgemeinschaft, innerhalb der primärrechtlich vorgegebenen Formen, steht nunmehr – vom Europäischen (Verfassungs-)Konvent bis zur Ratifikation durch die Mitgliedstaaten (bzw. die Völker Europas) – die *formelle* Konstitutionalisierung einer ‚Politischen Union' an. Im vorliegenden Zusammenhang ist in diesem Sinne herauszustellen, dass die *Veränderung* der Wirtschaftsverfassung von den Römischen Verträgen zur Einheitlichen Europäischen Akte offenbar unter ‚postkonstitutionellem' Vorzeichen erfolgt, und zwar wiederum maßgeblich durch den Europäischen Gerichtshof:

> „Das integrationspolitische Potential des Vertrages, das sich insbesondere in der Konstitutionalisierung der Grundfreiheiten und der damit verbundenen Deregulierungsverpflichtungen der Mitgliedstaaten manifestiert, wurde vollständig erst in der postkonstitutionellen Phase durch den Gerichtshof und teilweise durch die Kommission erschlossen." (Mussler 1998, 191)

Merkwürdigerweise wird in der hier referierten Literatur für diese (bezüglich der Ausgestaltung des Binnenmarktes) sehr innovative Rechtsprechungsphase, die die politische Ebene zu einem bahnbrechenden Rechtsetzungsprojekt inspiriert, kein eigenes, über die (in diesem Falle weniger triftigen) Konstitutionalisierungs- und

Zentralisierungsinteressen des EuGH hinausreichendes polit- bzw. rechtsökonomisches Erklärungsangebot unterbreitet. Dies könnte an dem anders gewählten Untersuchungsfokus liegen, es könnte aber auch darin begründet sein, dass sich das neu entstandene Regulierungsmodell den ordoliberalen Dichotomien entzieht, wie weiter unten zu zeigen sein wird.

Entsprechend erfolgt auch die Einschätzung der Einheitlichen Europäischen Akte, des Mitte 1987 in Kraft getretenen Vertragswerks zur Änderung der Gemeinschaftsverträge (Europäische Gemeinschaft für Kohle und Stahl, Europäische Wirtschaftsgemeinschaft, Europäische Atomgemeinschaft) entlang der dichotomen Fragestellung „Regulierungswettbewerb oder Harmonisierung?" (Mussler 1998, 136) – wenn auch eingeräumt wird, dass die Antwort Elemente eines Sowohl-als-auch enthalten könnte: Tatsächlich wird die ‚Vollendung des Binnenmarktes' dann vornehmlich als gemischte Lösung von (quantitativ verändertem) Wettbewerb und (qualitativ veränderter) Harmonisierung rezipiert. Mit dem so genannten Neuen Ansatz der Harmonisierung wird für den Relaunch des Integrationsprojekts eine Form des Regulierungs- und Systemwettbewerbs zwischen den Mitgliedstaaten festgeschrieben, die maßgeblich auf einer jüngeren Rechtsprechungslinie des EuGH aufbaut (beginnend mit den Fällen *Dassonville* und *Cassis*). Insbesondere wird das richterrechtlich forcierte Prinzip gegenseitiger Anerkennung (z. B. von Produktregulierungen) in Anschlag gebracht, um auf gemeinschaftlicher Ebene eine schnellere Einigung über gemeinsame Schutzstandards zu erreichen und damit den Integrationsprozess insgesamt voranzutreiben (vgl. Mussler 1998, 135 ff.). Die Besonderheit des sich in der Rechtspraxis daraus entwickelnden Regulierungsmodells ist damit aber noch nicht benannt – liegt sie doch gerade jenseits der Kategorien von Wettbewerb und Harmonisierung, nämlich in den Ausnahmeregelungen für all diejenigen Fälle, in denen noch kein gemeinsamer Nenner der (minimalen oder optimalen) Harmonisierung für divergierende mitgliedstaatliche Schutzinteressen gefunden wurde und somit (im national definierten öffentlichen Interesse) eine Einschränkung des Regulierungswettbewerbs erlaubt ist. Was die ordoliberale Kritik der mit der Binnenmarktinitiative verbundenen Vertragsrevision allerdings mehr beschäftigt, ist deren ‚interventionistische Kehrseite', womit in diesem Fall der Ausbau der Gemeinschaftskompetenzen gemeint ist:

> „Auf der einen Seite ergab die Vollendung des Binnenmarktes einen deutlichen Schub zugunsten des wettbewerbsorientierten Integrationsansatzes. [...] Auf der anderen Seite hat sich die Wirtschaftsverfassung der Gemeinschaft durch die Aufnahme der Vertragsartikel über Forschung und technologische Entwicklung sowie über wirtschaftlichen und sozialen Zusammenhalt deutlich in interventionistischer Richtung verändert." (Mussler 1998, 164)

Während dem Europäischen Gerichtshof nun im binnenmarktlichen ‚Regulierungsdreieck' von gemeinschaftlicher Rahmensetzung, gegenseitiger Anerkennung und mitgliedstaatlichen Alleingängen eine wichtige Kontrollfunktion zukommt, hält er sich bei der Kontrolle der Gemeinschaftskompetenzen – deren Ausweitung hier auf Zentralisierungsinteressen (der Gemeinschaftsorgane wie des Gerichtshofs selbst, aber auch der am Rückgewinn von Interventionsmacht auf *supra*nationaler Ebene interessierten Mitgliedstaaten) zurückgeführt und als ‚Aushöhlung der limitierten

Einzelermächtigung' bewertet wird – offenbar zurück bzw. wird schon allein dadurch zurückgehalten, „daß die diese Entwicklung begünstigenden Rechtsregeln wenig justitiabel sind" (Mussler 1998, 164). Im Endeffekt beläuft sich das Argument also darauf, dass der Gerichtshof die Voraussetzungen und Folgen einer Vertragsrevision, die der Gemeinschaftsebene Kompetenzzuwächse bringt und damit die ‚Machtbalance zwischen Gemeinschaft, Mitgliedstaaten und EG-Bürgern' gefährdet (Mussler 1998, 115), zwar grundsätzlich hätte kontrollieren sollen, praktisch aber kaum hätte kontrollieren können.

4.2.2.2 Vertragsrevisionen von Maastricht, Amsterdam und Nizza

Mit dem Ende 1993 in Kraft getretenen Maastrichter Vertrag über die Europäische Union, der die Europäischen Gemeinschaften um eine (in drei Stufen zu realisierende) Europäische Wirtschafts- und Währungsunion ergänzt und dieser supranationalen ‚ersten Säule' unter dem neuen Dach (der EU) mit der Gemeinsamen Außen- und Sicherheitspolitik und der Zusammenarbeit in den Bereichen Justiz und Inneres eine jeweils intergouvernementale ‚zweite' und ‚dritte Säule' beiseite stellt, wird auch eine neue Runde der ordoliberalen Kritik an der europäischen Wirtschaftsverfassung eingeläutet. Das Analyseraster bilden wiederum die beiden Kategorien ‚(Integration durch) Wettbewerb' und ‚(Integration durch) Intervention'. *Einerseits* wird darauf verwiesen, dass der Vertrag von Maastricht die Gemeinschaft erstmals ausdrücklich auf den ‚Grundsatz einer offenen Marktwirtschaft mit freiem Wettbewerb' verpflichtet, der als übergeordnete Systementscheidung interpretiert werden kann, wenn auch fraglich sei, „ob damit eine über den ursprünglichen, normativen Gehalt des EG-Vertrages hinausgehende Entscheidung zugunsten von Markt und Wettbewerb getroffen wurde" (Mestmäcker 2003b, 301; vgl. Hatje 2004, 191 f.). Auch mit der durch die Euro-Einführung (1999 im Währungsverkehr, 2002 im Bargeldverkehr) vollzogenen Währungsunion und der Verpflichtung der Europäischen Zentralbank auf Preisniveaustabilität – und unter *dieser* Prämisse auch auf eine europäische Wirtschaftspolitik – wird zumindest in der Euro-Zone eine Stärkung der marktwirtschaftlichen Wirtschaftsverfassung erreicht (wenn auch nicht notwendig der *system*wettbewerblichen Wirtschaftsverfassung) (Mestmäcker 2003b, 301; Hatje 2003, 698 u. 710; Mussler 1998, 166 f., inkl. Fn. 348). Damit ist die (Wirtschafts-)Gemeinschaft samt Wirtschafts- und Währungsunion – anders als von der Dreisäulenmetapher insinuiert – sehr viel stärker (aus)gebaut als die im Weiteren intergouvernemental angelegte Politische Union.

> „Gleichwohl trägt der Eindruck, daß wir es mit einer kontinuierlichen Entwicklung zu tun haben, in der sich die Konkretisierung der Freiheitsgewährleistungen mit Gemeinschaftspolitiken verbindet, die ihrerseits auf eine fortschreitende Vertiefung und Verfeinerung einer wettbewerbsfreundlichen Wirtschaftspolitik gerichtet sind." (Mestmäcker 2001, 165)

Andererseits ist nämlich auch der Kern der europäischen Wirtschaftsverfassung – die Wirtschaftsgemeinschaft – von Änderungen und Ergänzungen durch den Maastrichter Vertrag betroffen. Es kommt zu einer „deutlichen konstitutionellen Akzentverschiebung auf der Ebene der Gemeinschaftsziele" (Mussler 1998, 179) und in den auf diese Ziele gerichteten Einzelbestimmungen, wobei im vorliegenden Zusammenhang die Beauftragung der Gemeinschaft mit der ‚Stärkung der Wettbewerbsfähigkeit der Industrie' hervorzuheben ist: Weil eine (nach außen) wettbewerbsfähige Industrie (nach innen) mono- oder oligopolistisch organisiert sein kann, also gewöhnlich anders zustande kommt als durch einen (nach innen und gegebenenfalls auch nach außen) freien Wettbewerb, stehen nach dem ordoliberalen Interpretationsmuster Wettbewerbspolitik und Industriepolitik in Konflikt. Als „Grundlage für ein Integrationsverfahren, das die Selbstkoordination auf Märkten politischem Ermessen unterwirft und Selbstkontrolle durch Wettbewerb durch korporatistische Verhandlungsstrukturen ersetzt" (Mussler 1998, 189), wird der Maastrichter Vertrag solchermaßen zum Symbol einer ‚Politisierung des Integrationsprozesses', in dem das ursprüngliche Regel-Ausnahme-Verhältnis von wettbewerblicher Integration und politisch gesteuerter Integration in sein Gegenteil verkehrt wird. Auf diese Weise aber werden wichtige ‚Freiburger' Grundprinzipien, wie das Prinzip der funktionalen Differenzierung von Politik und Wirtschaft bzw. Staat und Gesellschaft oder das Prinzip der Justiziabilität und der Universalität des Rechts, verletzt (Behrens 1994, 89; Mussler 1998, 184, 188 f. u. 192). Zusammengenommen bedeutet das, dass „[d]ie durch den Vertrag zusätzlich geschaffenen Konflikte zwischen wettbewerbs- und interventionsorientierter Integration […] immer weniger mit den Mitteln des Rechts gelöst werden [können]" (Mussler 1998, 168 f.): Der Ausbau der politischen Steuerung geht also nicht nur zulasten der marktlichen und wettbewerblichen (Selbst-)Steuerung, sondern – einhergehend mit einer stärker (re)distributiven Instrumentierung der Gemeinschaftspolitiken – auch zulasten einer Steuerung bzw. Integration durch Recht. Mit der Relativierung des Rechts ändert sich auch die in Form der Wirtschaftsverfassung institutionalisierte Machtbalance, und zwar *zulasten* der einzelnen Marktteilnehmer, deren Rechtsstatus (jenseits der Unionsbürgerschaft) jedenfalls nicht verbessert, sondern mit Zunahme der Interessenpolitik und damit einhergehender (unberechenbarer) Privilegierungen eher noch verwässert wird, und *zugunsten* der Gemeinschaftsorgane, deren Interventionskompetenzen und Ermessensspielräume zunehmen. Da man in Letzterem auch einen Versuch der Mitgliedstaaten erkennen könnte, ihre (im Zuge der Europäisierung und Globalisierung) verloren gegangenen Interventionskompetenzen auf höherer Ebene zurückzugewinnen, bleibt die Bilanz für die Mitgliedstaaten (im Sinne einer Gewinn-und-Verlust-Rechnung) unklar. Im Ergebnis fällt das ordoliberale Urteil über den Wandel der Wirtschaftsverfassung durch ‚Maastricht' also ambivalent aus: Zwar gelten weiterhin die marktwirtschaftlichen Grundfreiheiten und Wettbewerbsregeln, jedoch werden diese von den Eingriffskompetenzen der Gemeinschaft zunehmend überformt und dadurch relativiert; die Rechtsgemeinschaft franst an ihren Rändern zu einer ‚Gemeinschaft von Rentensuchern' aus, und der ‚Wettbewerb der Rechtssysteme' droht in eine ‚Kartellierung auf der Gemeinschaftsebene' umzuschlagen (Mussler 1998, 189 u. 192).

Dieser hier als problematisch gewertete Wandel der europäischen Wirtschaftsverfassung würde, so lässt sich die Argumentation fortführen, auch die *Außenbeziehun-*

gen der Gemeinschaft beeinträchtigen und insbesondere die Ausweitung des internationalen Freihandels behindern. Dass die Öffnung des Gemeinsamen Marktes und seine Integration in das Weltwirtschaftssystems nur zögerlich voranschreitet, wird – theoretisch stringent – auf den *immanenten* Konflikt zwischen Wettbewerb und Integration im Gemeinschaftsvertrag zurückgeführt:

> „Auf der einen Seite wird dem Gedanken Rechnung getragen, daß die mit dem Gemeinsamen Markt eingeschlagene Integrationsstrategie letztlich nicht auf ein bestimmtes Integrationsgebiet beschränkt werden kann, d.h. daß eine Öffnung der Märkte im Inneren mit einem Abbau von Handelshemmnissen nach außen einhergehen muß. [...] Auf der anderen Seite muß der Vertrag zwangsläufig dem Umstand gerecht werden, daß die interventionistische Strategie im Bereich der sektoralen Integration nur dann einigermaßen zielkonform betrieben werden kann, wenn sie durch protektionistische Maßnahmen gestützt wird." (Mussler 1998, 123)

Demnach liegt es nicht nur an der in der Welthandelsorganisation (wegen eines Primats der Politik) vorherrschenden Verhandlungslogik, sondern auch an der im Gemeinsamen Markt (trotz eines Primats der Wirtschaft) nur unzureichend ausgeprägten, weil (wirtschafts-, sozial- oder umwelt-)politisch gehemmten Marktlogik, dass sich diese beiden internationalen Wirtschaftsorganisationen gerade nicht in einem ‚nahtlosen' Wirtschaftsverfassungsverbund zusammenfügen. Dieser funktionale Mangel wird auch an der Rechtsprechung des Europäischen Gerichtshofs festgemacht, der eine unmittelbare Anwendbarkeit des GATT- bzw. WTO-Rechts insgesamt verneint bzw. Ausnahmen bisher an sehr restriktive Bedingungen knüpft.

> „In der Konsequenz bedeutet dies, daß sich die EG-Bürger auf ihre wirtschaftlichen Freiheitsrechte nur insoweit berufen können, als sie den grenzüberschreitenden Wirtschaftsverkehr innerhalb der Gemeinschaft betreffen und sich gegen die Mitgliedstaaten richten. Konkreter: Die Freiheitsrechte sind nur im Hinblick auf Transaktionen innerhalb des Gemeinschaftsgebiets besonders geschützt." (Mussler 1998, 124; vgl. Hatje 2003, 701 f.)

Dieser Verlust des (individuellen) Rechtsschutzes im Übergang von der Binnen- zur Außendimension des Gemeinsamen Marktes ist aus ordoliberaler Sicht nur schwer zu rechtfertigen. Für die Weiterentwicklung der europäischen Wirtschaftsverfassung stellt sich daher die (theoretische wie empirische) Frage, inwieweit die Konstitutionalisierung der Welthandelsorganisation (verfassungs-)rechtlich und (verfassungs-)politisch auch eine Konstitutionalisierung der über den Gemeinsamen Markt hinausreichenden Wirtschaftsbeziehungen erlaubt.

Im Jahre 1999 tritt der Vertrag von Amsterdam zur Weiterentwicklung des Maastrichter Vertrags in Kraft. In wirtschaftsverfassungsrechtlicher, materieller Hinsicht sind sicherlich die Aufnahme der Beschäftigungspolitik (mit dem Ziel der ‚Förderung eines hohen Beschäftigungsniveaus' und einem eigenen Vertragstitel) sowie die Eingliederung des (bereits in Maastricht von allen Mitgliedstaaten außer Großbritannien akzeptierten) Sozialprotokolls in den EG-Vertrag von Belang. Zugleich soll den Zentralisierungstendenzen, die die Machtbalance zugunsten der Gemeinschaft verschieben, mit dem Subsidiaritätsprinzip Einhalt geboten werden. Ob sich mit diesen Neuerungen und Nuancierungen gegenüber dem Maastrichter Vertrag ein signifikanter Wandel der Wirtschaftsverfassung in die eine (Wettbewerb) oder andere (Intervention) auf dem ordoliberalen Kompass angezeigte Richtung abzeichnet, bedarf noch genauerer empirischer Klärung. Bisweilen weisen die sozialpolitischen bzw. sozialregulativen Kompetenzzuwächse der Gemeinschaft in ordoliberaler Sicht auf eine weitere (maßvolle) Verschärfung der Zielkonflikte hin; das Subsidiaritätsprinzip könnte (politisch oder rechtlich) ebenso für den Regulierungswettbewerb zwischen den Mitgliedstaaten wie für nationale Protektions- und Protektionismusinteressen instrumentalisiert werden. Im Jahre 2001 tritt der Vertrag von Nizza in Kraft, der einige in Amsterdam vertagte institutionelle Fragen schlussendlich einer Lösung näher bringen soll und überdies Reformen für das europäische Gerichtswesen bereithält. Die europäische Wirtschaftsverfassung bleibt durch diesen (bisher letzten) Konsolidierungsvertrag jedoch praktisch unverändert.

4.2.2.3 Entwurf des Verfassungsvertrags und Zwischenbilanz

Ein neuer Meilenstein könnte allerdings mit dem Vertrag über eine Verfassung für Europa gesetzt werden, sollte dieser in einer dem bisherigen Entwurf ähnelnden Fassung das (derzeit suspendierte) multiple Ratifikationsverfahren in den Mitgliedstaaten überstehen. Sein Gehalt als neu gewandete Wirtschaftsverfassung wird (oder wurde) jedenfalls schon diskutiert. Dass durch einen solchen Verfassungsvertrag

> „sicherlich die wirtschaftsverfassungsrechtlichen Anteile relativiert und in eine primär politische Grundordnung eingegliedert [würden], innerhalb derer die Wirtschaft nur ein gesellschaftliches Teilsystem wäre, welches sich im Zweifel dem Primat der Politik unterordnen müsste" (Hatje 2003, 744),

scheint nach Vorlage des Entwurfs allerdings wieder fraglich. Zwar ist der Verfassungsentwurf des Europäischen Konvents ausdrücklicher als die De-facto-Verfassungen vor ihm auch politisch gemeint, soll er den politischen Staatsverfassungen doch ausdrücklich ein europäisches Äquivalent verschaffen. Gleichwohl wahrt er auch die Kontinuität der Gemeinschaftsverträge, in deren Mittelpunkt immer die Verfassung der Wirtschaft, hier: des Gemeinsamen Marktes bzw. Binnenmarktes, gestanden hat. In der Kombination beider – der formellen, politischen und der materiellen, wirtschaftlichen Verfassung liegt dann auch die Spezifität des proponierten Vertragswerks:

> „Der Entwurf hat [...] dem allgemeineren verfassungspolitischen Konzept das wirtschaftsverfassungsrechtliche gleichrangig an die Seite gestellt und damit die nach wie vor bestehenden Eigengesetzlichkeiten der Verfassung der Europäischen Union im Vergleich mit einer mitgliedsstaatlichen Verfassung unterstrichen. Dieses Zusammenspiel von verfassungspolitischen Aussagen und wirtschaftsverfassungsrechtlichen Ordnungsvorstellungen ist das hervorstechende Merkmal des Verfassungsentwurfs." (Schwarze 2004, 166)

Politische, wirtschaftliche und soziale Grundrechte und wirtschaftliche Grundfreiheiten (Freiheit des Waren-, Kapital-, Personen- und Dienstleistungsverkehrs, Niederlassungsfreiheit; letztere drei zugleich mit Grundrechtscharakter) erhalten in der Systematik der Darstellung gleichen (Verfassungs-)Rang, was das Gewicht der Wirtschaftsverfassung *innerhalb* der politischen Verfassung betont (Schwarze 2004, 181 ff.; Hatje 2004, 193). Was nun die Systementscheidung des Verfassungsentwurfs betrifft, wird diese anders formuliert als in den bisherigen Vertragsfassungen und mit verschiedenerlei sozialen Zielsetzungen verknüpft. Daraus zu folgern, dass „dass das Leitbild der sozialen Marktwirtschaft unter Beifügung zahlreicher Attribute zum ersten Mal ausdrücklich als wirtschaftsverfassungsrechtliches Prinzip in die europäischen Gemeinschaftsverträge aufgenommen werden [soll]" (Schwarze 2004, 170), ist freilich missverständlich, wird der *ordoliberal begriffenen* sozialen Marktwirtschaft auf gemeinschaftsrechtlicher Ebene doch (den vorigen Ausführungen zufolge) bereits mit dem ‚Grundsatz einer offenen Marktwirtschaft mit freiem Wettbewerb' Genüge getan – der übrigens auch im Verfassungsentwurf, nämlich im Kapitel zur Wirtschafts- und Währungspolitik, erhalten bleibt. Die Mehrung sozial(staatlich)er Prinzipien im Zielkatalog des Verfassungsentwurfs steht insofern auch im Verdacht, interventionistischen Tendenzen Vorschub zu leisten. Insgesamt ist es jedoch zweifelhaft, ob die Neuformulierung der Systementscheidung tatsächlich eine ‚Veränderung des wirtschaftsverfassungsrechtlichen Leitbildes' enthält (Schwarze 2004, 172) bzw. „ob damit tatsächlich ein Wandel der wirtschaftspolitischen Ausrichtung der EU einschließlich des Binnenmarktkonzepts gewollt ist, etwa in Richtung auf weniger Wettbewerb und mehr regulativen Einfluss der Union oder der Mitgliedstaaten" (Hatje 2004, 192). Um diese Frage zu beantworten bzw. eine extrapolierende Einschätzung zu ermöglichen, ist in aller Kürze auch auf die Entwicklung der ‚sozialen Dimension' des Binnenmarktes einzugehen: Sozialpolitik gilt grundsätzlich als Domäne der Mitgliedstaaten; gleichwohl gab es bereits frühzeitig auch auf Gemeinschaftsebene ein – wie immer rudimentäres – Sozialrecht, dessen Aufgabe vor allem darin bestand, „die Arbeitnehmerfreizügigkeit zu begleiten" (Becker 2004, 203), die ihrerseits auf das Funktionieren des Gemeinsamen Marktes ausgerichtet war. Unterdessen erfassen Grundfreiheiten und Wettbewerbsregeln jedoch zunehmend auch die nationalen Systeme der sozialen Sicherheit, oder andersherum, sozialstaatliche Interventionen unterliegen mit der Vollendung des Binnenmarktes zunehmend dem Rechtfertigungszwang. Die Entwicklung verläuft somit insgesamt

„[v]om Nebeneinander zwischen nationalem Sozialrecht und gemeinschaftsrechtlicher Marktintegration mit lediglich punktuellen Korrekturen hin zu einem möglichen Spannungsfeld zwischen sozialstaatlicher Intervention und wirtschaftlicher Freiheit" (Becker 2004, 206 f.).

Die Häufung des ‚Sozialen' im Zielkatalog des Verfassungsentwurfs – interpretiert als ‚Bekenntnis zu einem sozialen Europa' – könnte nun ein Indiz dafür sein, dass die soziale Sicherung als eigener Wert neben der Marktintegration anerkannt wird (Becker 2004, 218). Gleichwohl ginge es hier ‚nur' um eine Akzentverschiebung im Rahmen einer – relativ konstanten – Systementscheidung, die generell soziale *Regulierung* gegenüber einer klassischen Sozialpolitik begünstigt, so dass die praktischen, vor allem rechtlichen Implikationen im Falle des Inkrafttretens der Verfassung gering sein mögen. Zum Zeitpunkt des Abschlusses dieser Arbeit (November 2006) ist die Zukunft bzw. ‚Rettung' des Verfassungsvertrag noch ungewiss.

Welche Bilanz man nun aus dieser Weiterentwicklung der Gründungsverträge von den Europäischen Gemeinschaften (mit sechs Gründungsmitgliedern) zur Europäischen Union (mit aktuell fünf- bzw. siebenundzwanzig Mitgliedstaaten), mit einem Fokus auf der gemeinschaftlichen *Wirtschafts*verfassung, zieht, hängt von der gewählten Untersuchungsperspektive und den damit verbundenen analytischen Prämissen ab. In Anlehnung an die Unterscheidung zweier Integrations- bzw. Regulierungsprojekte in der Europaforschung ('neoliberal project' vs. 'project for regulated capitalism'; Hooghe/Marks 2001, 141) lassen sich auch zwei – jeweils theoretisch ausgearbeitete – Projekte einer europäischen Wirtschaftsverfassung unterscheiden: Aus der bisher referierten ordoliberalen Sicht führt die sukzessive Erweiterung des Aufgabenspektrums der Gemeinschaft zu einer unerwünschten Politisierung der (rechtlich bestimmten) Wirtschafts- und (wirtschaftlich bestimmten) Rechtsgemeinschaft. Zwar wird die Entwicklung des Gemeinsamen Marktes (zumindest in der Binnendimension) durchaus als 'integrationspolitischer Erfolg' gewertet, jedoch wird zugleich eine missliche 'Europäisierung des Wohlfahrtsstaates' ausgemacht (Mussler 1998, 123 u. 192). Theorieimmanent beeinträchtigen staatliche Interventionen aber die marktwirtschaftliche Selbststeuerung, so dass die gesamtwirtschaftliche Produktivität unterentwickelt bleibt; eine Verstärkung dieses (Problem-) Zusammenhangs wird nun auch auf europäischer Ebene erwartet. Was in dieser 'rechtsökonomischen' Perspektive als Rückschritt erscheint, kann sich in anderer Sicht jedoch als Fortschritt darstellen: Damit wird weniger auf einen nationalstaatlichen oder europäischen Protektionismus abgehoben, der den Gemeinsamen Markt als solchen zur Disposition stellt, als auf ein alternatives europäisches Verfassungsprojekt, in dem das (bisher in den Nationalstaaten verankerte) 'europäische Sozialmodell' gewahrt werden soll. Aus dieser Sicht ist die europäische Wirtschaftsverfassung in einer sozialen und demokratischen Weise auszugestalten und in diesem Sinne zu einer politischen Verfassung weiterzuentwickeln. Nach dieser Gegenüberstellung enthält der erste (Konstitutionalisierungs-)Ansatz einen *Primat der Wirtschaft* und der zweite Ansatz einen *Primat der Politik*, was bedeutet, dass der Hauptunterschied zwischen beiden in der Ausbalancierung der *horizontalen* Machtdimension – also im Verhältnis von Politik und Wirtschaft, Staat und Gesellschaft, öffentlichen und privaten Akteuren – gesehen werden kann. In der ordoliberalen Theorie soll der wirtschaftlichen, gesellschaftlichen, privaten Selbststeuerung durch Europäisierung (nur) der Wirtschaftsverfassung mehr Gewicht verliehen werden. Im Alternativentwurf kommt es eher darauf an, die politische, staatliche, öffentliche Steuerung durch Europäisierung (nicht nur) der Wirtschaftsverfassung auf eine höhere Ebene zu heben. Der *vertikalen* Machtbalance – hier dem Verhältnis von Mitgliedstaaten und Gemeinschaft, nationalen und supranationalen Akteuren – kommt *insofern* in beiden Fällen nur eine nachrangige, abgeleitete Bedeutung zu, wenn die Zuständigkeitskonflikte zwischen den beiden Politik- bzw. Rechtsebenen auch stärker wahrgenommen und diskutiert werden mögen.

4.3 Alternative Konzeptionen der europäischen Wirtschaftsverfassung

Im vorigen Kapitel wurde die Entwicklung der europäischen Wirtschaftsverfassung anhand der großen Vertragsrevisionen nachvollzogen, mithin die Perspektive der europäischen Rechtsetzung (genauer: der Setzung des Primärrechts) eingenommen, wobei die allgemeine Entwicklungstendenz mit den ordoliberalen Idealvorstellungen konfrontiert wurde. In diesem Kapitel soll nun die Entwicklung der europäischen Wirtschaftsverfassung aus Sicht der europäischen Rechtsprechung rekonstruiert werden, wobei sich die Darstellung auf die richterliche Auslegung einiger Kernbestimmungen des Gemeinsamen (Güter-)Marktes konzentrieren wird. Dabei wird die Entwicklung der gerichtlichen Urteilspraxis in Beziehung zu unterschiedlichen Modellkonzeptionen der europäischen Wirtschaftsverfassung gesetzt. Der Argumentation wird einerseits zugrunde gelegt, dass der Europäische Gerichtshof durch Anwendung und Auslegung der Marktfreiheiten (hier: der Freiheit des Warenverkehrs) wesentlich zur Konstitutionalisierung der Europäischen (Wirtschafts-)Gemeinschaft beigetragen hat: „The common market, the heart of the material or substantive constitution of the Community, was in large measure judicially ‚constituted' and is, too, an important part of overall European constitutionalism." (Weiler 1999b, 350). Andererseits wird davon ausgegangen, dass sich die hier zunächst für einen Teilbereich der europäischen Wirtschaftsverfassung gewonnenen Aussagen auf andere Teilbereiche übertragen und insoweit verallgemeinern lassen. Diese Annahme ist zunächst vor allem auf konzeptionelle Überlegungen (und die analytische Tragfähigkeit des Zwei-Dimensionen-Modells) gestützt, erscheint – nach bisherigem Erkenntnisstand – aber auch empirisch plausibel, was in dieser Arbeit zumindest sekundäranalytisch, d. h. ausgehend von den Fallanalysen anderer (deren Beobachtungen freilich zugleich auf anderen Prämissen ruhen) belegt werden kann. Eine primäranalytische Vertiefung und systematische Überprüfung dieser ‚vorgefertigten' wirtschaftsverfassungsrechtlichen Interpretationen wäre einer Fortführung des Projektes vorbehalten.

4.3.1 Wandel der Wirtschaftsverfassung in der Rechtsprechung

Geht man davon aus, dass die europäische Wirtschaftsverfassung nicht nur eine wirtschaftliche, sondern auch eine politische Integration, nicht nur eine negative, sondern auch eine positive Integration, nicht nur eine funktionelle, sondern auch eine institutionelle Integration ermöglichen und forcieren soll, dass sie also einen Integrationsprozess anleiten soll, „welcher die Wirtschaft zwar zum Ausgangspunkt einer staatenübergreifenden Einheitsbildung nimmt, jedoch an den Grenzen des Ökonomischen nicht Halt machen soll" (Hatje 2003, 689; vgl. Mussler 1998, 61 ff.), erhalten die wirtschaftspolitischen Gestaltungsspielräume der Gemeinschaft und der Mitgliedstaaten neben der Systementscheidung (für eine ‚offene Marktwirtschaft mit freiem Wettbewerb') und den darauf zugeschnittenen Funktionsgarantien einen eigenen rechtlichen Stellenwert. Marktwirtschaftliche Systementscheidung und Funktionsgarantien gelten ebenso wie die wirtschaftspolitischen Gestaltungsspielräume als Mittel zur Erreichung der breit verstandenen übergeordneten Integrationsziele (Hatje 2003, 706 f.). Zwar erschließen sich auch die wirtschaftspolitischen Gestaltungsspielräume im ‚Regel-Ausnahme-Verhältnis von Freiheit und Intervention' und im ‚Regel-Ausnahme-Verhältnis zugunsten der Mitgliedstaaten' (vgl. Langer 1995, 105 f). Jedoch ist damit kein Zweck-Mittel-Verhältnis von wirtschaftlicher Selbststeuerung und politischer Steuerung impliziert; insbesondere müssen (Wirtschafts-) Politiken nicht per se ‚Markt schaffend' sein, sondern können – im Interesse des Gemeinwohls – auch ‚Markt korrigierend' sein (vgl. Amtenbrink 2002; Calliess 2002; Micklitz/Reich 1996). Setzt man den Fokus nun auf die wirtschaftspolitischen Gestaltungsspielräume, gerät die Zuständigkeitsverteilung zwischen Gemeinschaft und Mitgliedstaaten in den Blick:

> „Beide Ebenen treffen im Verbund der europäischen Wirtschaftsverfassungen jeweils Maßnahmen, die sich auf den Sach- und Funktionszusammenhang der Wirtschaft auswirken. Allerdings hat das Gemeinschaftsrecht – das Unionsrecht spielt in diesem Zusammenhang keine wesentliche Rolle – kraft seiner sachlichen Reichweite und seines Vorrangs eine Maßstabsfunktion für das Handeln der Mitgliedstaaten." (Hatje 2003, 708)

Die ‚sachliche Reichweite' des Gemeinschaftsrechts läuft aber faktisch dem Grundsatz der begrenzten Ermächtigung der Gemeinschaft bzw. dem Regel-Ausnahme-Verhältnis zugunsten der Mitgliedstaaten zuwider – was einen Hauptpunkt der ordoliberalen Kritik darstellt. Die darauf (und auf der Suprematie gegründete) ‚Maßstabsfunktion (des Gemeinschaftsrechts) für das Handeln der Mitgliedstaaten' muss in diesem Fall zwar nicht affirmativ gemeint sein; gleichwohl gibt sie einen Hinweis auf das zentrale Kontrollproblem einer unter den Primat der Politik gestellten europäischen Wirtschaftsverfassung: Dieses besteht weniger in der Begrenzung der gemeinschaftlichen Interventionsmacht und ihrer integrations*ökonomisch* dysfunktionalen Wirkungen (wie es sich aus der obigen, einen Primat der Wirtschaft voraussetzenden Analyse ergeben hat) als in der Begrenzung der Interventionsmacht der Mitgliedstaaten und ihrer integrations*politisch* desintegrativen Wirkungen.

Im Folgenden soll die Rolle der Rechtsprechung, speziell des Europäischen Gerichtshofs, ausgehend von einem Verständnis der europäischen Wirtschaftsverfassung, das weder normativ noch analytisch einen Primat der Wirtschaft voraussetzt, sondern auch einen Primat der Politik zulässt (also weiter gefasst ist als das ordoliberale Verständnis), neu erschlossen werden. Insbesondere stellt sich die Frage,

> „ob und wie weit die Wirtschaftsordnung [...] normativ als Wirtschaftsverfassung in dem Sinne zu verstehen ist, daß die konkreten Einzelentscheidungen der Gemeinschaft und der Mitgliedstaaten an ihr letztlich durch den Gerichtshof zu messen sind" (Everling 2001, 386).

Dabei soll es hier weniger darum gehen, ob sich der EuGH jenseits konkreter (mehr oder minder justiziabler) Rechtsprinzipien auch an einem bestimmten theoretischen Modell der Wirtschaftsverfassung orientiert, als darum, welcher *praktischen Konzeption* der Wirtschaftsverfassung er folgt – und woher er diese bezieht. Mit dieser Begriffswahl soll der soziologische Bezugsrahmen in Erinnerung gerufen werden: ‚Praxis' und ‚Konzeption', genauer: Kontrollkonzeption, werden im oben ausgeführten *feldtheoretischen* Sinne verwendet. Die Bestimmungsgründe für die wirtschaftsverfassungsrechtliche Praxis des Gerichtshofs sollen aus dem „Spannungsfeld zwischen Rechtsetzung und Rechtsprechung, Wirtschaft und Recht, Politik und Recht und vor allem Gemeinschaftsrecht und nationalem Recht" (Everling 2001, 400) gewonnen werden, das die Möglichkeiten und Grenzen des Richterrechts, insbesondere des richterlichen Wirtschaftsverfassungsrechts definiert. Dieses ‚Spannungsfeld' wird in dieser Arbeit ebenfalls soziologisch, u. a. feldtheoretisch, als zur europäischen Rechtsgemeinschaft ausgeformter Governance-Kontext entworfen.

Im Falle der wirtschaftspolitischen Gestaltungsspielräume von Gemeinschaft und Mitgliedstaaten hat der Gerichtshof nun lediglich über die Grenzen der wirtschaftspolitischen Gestaltung zu befinden, nicht aber über die wirtschaftspolitische Ausrichtung selbst. Zu seiner *Kontrollkonzeption* gehört somit auch der Kontrollverzicht (welcher in der Rechtsökonomik sicherlich eher zum Verhaltensrepertoire des rechtsetzenden ‚Prinzipalen' als seines rechtsprechenden ‚Agenten' gezählt wird):

> „Aus dem prinzipiellen Kontrollverzicht folgt ein rechtlich nur begrenzt determiniertes, gleichsam elastisches Verhältnis von Wettbewerb und Intervention. Das Gestaltungsermessen ist daher die zentrale dogmatische Kategorie der europäischen Wirtschaftsverfassung, das Scharnier zwischen den Prinzipien des Marktes und den politischen Kompetenzen der Verträge." (Hatje 2003, 691)

Die Herausforderung an den Rechtstheoretiker bzw. Rechtspraktiker ist es nun, aus der Wirtschaftsverfassung – wenn nötig auch zwischen den Zeilen – Kriterien herauszulesen, die auf der einen Seite das Verhältnis von Wettbewerb und Intervention (in der horizontalen Dimension der Macht) und auf der anderen Seite das Verhältnis von Gemeinschaft und Mitgliedstaaten (in der vertikalen Dimension der Macht) ‚juristisch berechenbar' machen (Hatje 2003, 691, 723 ff. u. 740 ff.). Aufgabe ihrer soziologischen Beobachter ist es, die Anwendung der entwickelten Kriterien bzw. die in der Anwendung entwickelten Kriterien zu beobachten (vgl. Barnard/Scott 2002). Dieses soll im vorliegenden Kapitel im Rückgriff auf eine Studie (Poiares Maduro 1998; im Folgenden zitiert als Maduro 1998) versucht werden, in der die Entwicklung (eines Kernbereichs) der europäischen Wirtschaftsverfassung aus der Perspektive der Rechtsprechung rekonstruiert wird, wobei im Hintergrund die Frage mitläuft, welche Alternativen es eigentlich gibt und welche (Verfassungs-)Konzeption sich letztlich in der (Rechts-)Praxis durchsetzen kann bzw. soll.

4.3.1.1 Deregulierung und Reregulierung des Warenverkehrs

Ausgangspunkt für die Darstellung bildet der Artikel 28 EG in Zusammenhang mit Artikel 30 EG und Artikel 95 EG (jeweils in der im Vertrag von Amsterdam veranlassten neuen Nummerierung): Artikel 28 verbietet für den Warenverkehrsbereich mengenmäßige Beschränkungen von Importen sowie Maßnahmen gleicher Wirkung; Artikel 30 nennt Rechtfertigungsgründe für mögliche Verstöße gegen Artikel 28; Artikel 95 enthält die binnenmarktbezogene Harmonisierungskompetenz der Gemeinschaft. In dem zweidimensionalen Schema der (wirtschafts-)verfassungsrechtlichen Machtbegrenzung nimmt sich die Anordnung dieser drei Bestimmungen folgendermaßen aus: Artikel 28 steht für das Prinzip der wirtschaftlichen Selbststeuerung auch im grenzüberschreitenden Güterverkehr (Deregulierung); Artikel 30 formuliert dazu Ausnahmen, die den Mitgliedstaaten gleichwohl eine eingreifende politische Steuerung erlauben (Regulierung); Artikel 95 soll schließlich eine Harmonisierung der mitgliedstaatlichen Regulierungsvorbehalte herbeiführen, also politische Steuerung auf gemeinschaftlicher Ebene ermöglichen (Reregulierung). Damit werden in diesem Ausschnitt der Wirtschaftsverfassung sowohl der Konflikt zwischen Intervention und Wettbewerb, hier: Regulierung und Deregulierung, als auch der Konflikt zwischen Mitgliedstaaten und Gemeinschaft, hier: (nationalstaatliche) Regulierung und (supranationale) Reregulierung, repräsentiert. Während über die Machtverteilung in der *vertikalen* Dimension (Regulierung vs. Reregulierung) im Dreieck von Kommission, Parlament und Rat entschieden wird, entscheiden über die Machtverteilung in der *horizontalen* Dimension (Regulierung vs. Deregulierung) *auch* die Gerichte – „[it] places the national courts and the Court of Justice in the role of decision-maker" (Armstrong 1995, 173; vgl. Armstrong 2002, 229 f.). Indirekt wirkt sich die richterliche Ausbalancierung von Regulierung und Deregulierung aber auch auf die Reregulierung aus.

Die EuGH-Rechtsprechung zu den genannten Kernbestimmungen der Warenverkehrsfreiheit lässt sich nach den Leitentscheidungen *Dassonville* (1974), *Cassis de Dijon* (1979) und *Keck und Mithouard* (1993) in drei Phasen gliedern bzw. – den evolutionären Ablauf betonend – drei aufeinander folgenden ‚Generationen' zuordnen (Weiler 1999b, 350): *Dassonville* steht dann für die 1960er-/1970er-Jahre; *Cassis* für die 1970er-/1980er-Jahre und *Keck* für die 1980er-/1990er-Jahre. In *Cassis* und *Keck* hat der EuGH jeweils in Reaktion auf Problembestände seiner vorigen Rechtsprechung in einem Präzedenzfall die heranzuziehenden Entscheidungsgründe revidiert und eine neue Linie von Urteilen vorgezeichnet. Unter diesen Umständen ist der *Wandel der Wirtschaftsverfassung* richterrechtlich und nicht gesetzesrechtlich, durch eine veränderte Rechtsprechung und nicht durch eine veränderte Rechtsetzung bedingt. Die Entwicklungsdynamik von *Dassonville* über *Cassis* zu *Keck* lässt sich nun folgendermaßen nachzeichnen: Die *Dassonville*-Formel untersagt alle mitgliedstaatlichen Handelsregelungen, die geeignet sind, den innergemeinschaftlichen Handel unmittelbar oder mittelbar, tatsächlich oder potenziell zu behindern. Dieses ‚Diktat der Deregulierung' lässt – aus Sicht der Mitgliedstaaten – eine ‚Regulierungslücke' entstehen, weil damit weite Bereiche nationaler Regulierung zur Disposition gestellt werden. Andererseits gelingt es dem Gemeinschaftsgesetzgeber nicht, die mitgliedstaatlichen Schutzansprüche zu harmonisieren, also nationale Regulierungsmaßnahmen durch supranationale Maßnahmen der Reregulierung zu ersetzen. In dieser Phase wird das horizontale Machtverhältnis also zur Deregulierung verschoben. Mit dem *Cassis*-Urteil eröffnet der EuGH daraufhin den Mitgliedstaaten jedoch die Möglichkeit, neben den Ausnahmeregelungen in Artikel 30 (Gründe der öffentlichen Sittlichkeit, Ordnung und Sicherheit; Schutz der Gesundheit und des Lebens von Menschen, Tieren oder Pflanzen; Schutz des nationalen Kulturguts; Schutz des gewerblichen oder kommerziellen Eigentums) auch eine – in sich unabgeschlossene – Reihe ‚zwingender Erfordernisse' (z. B. Verbraucherschutz oder Umweltschutz) geltend zu machen: Demnach verstoßen Schutzpolitiken mit (potenziell) handelshemmender Wirkung dann nicht gegen die Bestimmungen des Artikels 28, wenn sie den Kriterien der Nichtdiskriminierung und der Verhältnismäßigkeit genügen. Dadurch wird – im horizontalen Machtverhältnis – die Regulierungsposition der Mitgliedstaaten nicht unwesentlich gestärkt, wobei Protektionismus zugleich wirksam unterbunden wird. Zudem wird der Harmonisierungsbedarf auf Gemeinschaftsebene durch das vom EuGH vorgebrachte Prinzip der gegenseitigen Anerkennung (bzw. des ‚funktionalen Parallelismus'), das unter Voraussetzung der Gleichwertigkeit unterschiedlicher nationaler Schutzregime gilt, erheblich herabgesetzt. Dieser Grundsatz inspiriert die Europäische Kommission Mitte der 1980er-Jahre zu ihrem ‚Neuen Ansatz' der Harmonisierung, der den Gesetzgebungsprozess auf Gemeinschaftsebene spürbar entlastet. Damit verschiebt sich das vertikale Machtverhältnis deutlich in Richtung Reregulierung. Im weiteren Verlauf geraten zunehmend auch mitgliedstaatliche Schutzmaßnahmen von erheblicher innenpolitischer oder kultureller Bedeutung (und mit geringen Harmonisierungsaussichten) unter das Regulierungsverdikt, obwohl ihre Wirkungen auf den innergemeinschaftlichen Handel eher vernachlässigenswert erscheinen. Der EuGH übt in einigen solchen Fällen zunächst Zurückhaltung und vollzieht dann mit *Keck* schließlich eine symbolträchtige Wende, die auf nationale Sonderregeln über Verkaufs- und Vertriebsmodalitäten abstellt: Demnach werden absatzbezogene Regelungen im Unterschied zu produktbezogenen Regelungen nicht mehr als (potenzielle) Handelshemmnisse im Sinne des Artikels 28 gewertet. In dieser Weise wird der übergreifende Deregulierungstrend erneut zugunsten der mitgliedstaatlichen Regulierung gebrochen (vgl. Armstrong 1995, 175 ff.; Craig/de Búrca 2003, 613 ff.; Weiler 1999b, 351 ff.).

4.3.1.2 Konstitutionelle Bedeutung des Warenverkehrs

Ausgangsthese der hier nun näher zu betrachtenden Untersuchung ist, dass das zu Artikel 28 EG entwickelte Fallrecht die europäische Wirtschaftsverfassung wesentlich mitbestimmt (hat): „[T]he Court has, through Article 30 [now 28], defined many of the essential foundations of the European Economic Constitution." (Maduro 1998, 1). So steht mit der Ausgestaltung der Warenverkehrsfreiheit, wie soeben ausgeführt (Regulierung – Deregulierung – Reregulierung), immer auch die Machtverteilung zwischen Staat (bzw. öffentlicher Gewalt) und Markt (in der horizontalen Dimension) und zwischen Mitgliedstaaten und Gemeinschaft (in der vertikalen Dimension) zur Disposition. Der schwierige Balanceakt stellt sich in beiden Dimensionen als ‚konstitutionelles Dilemma' (Maduro 1998, 1) dar, für das es unterschiedliche (wirtschafts-)verfassungsrechtliche Modelllösungen gibt. Rückblickend führt der Weg, den das Richterrecht zu Artikel 28 im Laufe der Jahrzehnte genommen hat, offenbar über verschiedene (ideale) Konzeptionen der europäischen Wirtschaftsverfassung; die (reale) Verfassungskonzeption des EuGH scheint sich also über die Zeit gewandelt zu haben. Die Entwicklung der Rechtsprechung zum freien Warenverkehr wird nun nicht nur in einem engeren, rechtstheoretischen bzw. juristischen Sinne analysiert, sondern in einen weiteren, institutionentheoretischen Erklärungszusammenhang eingestellt, der die Argumentation rechtssoziologisch anschlussfähig (und ausbaufähig) macht: Insbesondere wird „the process of interpretation and application of the norms also as a process of institutional choice" (Maduro 1998, 15) verstanden. Der Gerichtshof trifft in seinen Urteilen demnach zugleich eine institutionelle Entscheidung über die horizontale und die vertikale Machtverteilung (Maduro 1998, 1 u. 103 ff.). Dabei besteht bereits darin, *dass* der Gerichtshof eine institutionelle Entscheidung trifft (oder diese ablehnt), eine institutionelle Entscheidung: nämlich zugunsten (oder zuungunsten) seiner selbst.

Etwas genauer gefasst, wird in der vorliegenden Argumentation eine innerrechtliche (juristische) mit einer außerrechtlichen (politologischen oder soziologischen) Perspektive kombiniert. Den Verknüpfungspunkt bildet der (Rechts-)Diskurs, der seinerseits einmal von innen, argumentationslogisch (im Sinne von ‚arguing'), einmal von außen, verhandlungslogisch (im Sinne von ‚bargaining') betrachtet wird:

> „Thus, it is important to look at legal discourse both from the perspective of the Court's autonomous construction of the law and from an external perspective, that puts that autonomous construction of the law within the context of a discourse taking place with other institutions."
> (Maduro 1998, 16)

In der Studie wird zwischen diesen beiden Diskurstypen bzw. Diskursbegriffen allerdings nicht weiter unterschieden, wobei die Differenz praktisch besehen auch gar kein Problem darstellen muss, solange sich die inneren und äußeren Beschränkungen des Diskurses *im Ergebnis* zu einem ‚einheitlichen' Rahmen fügen, „[r]ules, reasons and institutions" (Maduro 1998, 15) also eine eindeutige Entscheidung ermöglichen. Normativ wird an dieser Stelle – im Sinne der ‚political jurisprudence' – gleichwohl eine Offenlegung nicht nur der formalen (i. e. S. juristischen) Entscheidungsgründe, sondern auch der interessen- und wertbezogenen (i. w. S. politischen) Entscheidungsgründe eingefordert, die in den Rechts(anwendungs)diskurs eingehen und Gerichtsurteile letztlich zu ‚institutionellen Entscheidungen' über die (Wahrung oder Änderung der) gesellschaftlichen Kräfteverhältnisse machen. „In reality, such conflicts of value are inevitable in judicial decisions and the consequence of formal reasoning is simply that the balance of such values undertaken by the Court is either hidden or unconsciously made." (Maduro 1998, 23). Wenn es solchermaßen aber unvermeidlich sei, dass wenn Recht gesprochen wird, auch Politik gemacht wird, müsse eine Urteilsbegründung (aus Legitimitätsgründen) auch über rein formale Argumente hinausgehen (Maduro 1998, 20). Im Prozess der europäischen Integration durch Recht*sprechung* hätten institutionelle Beweggründe freilich meist unausgesprochen gewirkt:

> „Formal reasoning [...] allowed the expansion of Community law to be presented as a logical process of legal reasoning. It also allowed for the political effects and conflicts of values arising from that expansion to be hidden in the legal language and, this way, insulated from political and social conflicts." (Maduro 1998, 25)

Die mit „A Critical Reading of Article 30 [now 28; S. F.] of the EC Treaty" (Maduro 1998, iii) untertitelte Untersuchung ist trotz ihres recht speziellen Fokus im weiteren Zusammenhang der Integrationsforschung einzuordnen: Sie weist sich selbst als (Beitrag zu einer) ‚politischen Theorie der rechtlichen Integration' aus, die nicht nur die Besonderheiten gemeinschaftsrechtlicher Prinzipien und Argumente analysiert, sondern auch das institutionelle Umfeld berücksichtigt, in dem das Gemeinschaftsrecht angewendet und weiterentwickelt wird. Die richterliche Rechtsfortbildung wird also auch als Ergebnis eines Aushandlungsprozesses zwischen nationalen und supranationalen, rechtlichen und politischen Akteuren begriffen, „as the product of a larger community of actors" (Maduro 1998, 34). Erst so sei es möglich, „to explain fully the process of constitutionalisation of Community law and the European economic constitutional model arising from it" (Maduro 1998, 15). In der europäischen Rechtsgemeinschaft gilt „this discursive nature of institutional choice" (Maduro 1998, 16) – hier der ‚Verhandlungscharakter' der gemeinschaftlichen Rechtsordnung – als besonders ausgeprägt, weil zwischen gemeinschaftlichen und mitgliedstaatlichen Organen keine klare Hierarchie besteht und insbesondere das Verhältnis zwischen EuGH und nationalen Verfassungsgerichten nicht abschließend geklärt ist: „In this case, the institutional choices mentioned are the result of a legal discourse in which different institutions participate without one institution retaining final interpretative authority." (Maduro 1998, 16). Diesen Befund könnte man dahingehend verallgemeinern, dass in der europäischen Rechtsgemeinschaft die Machtverhältnisse (sowohl in der horizontalen als auch in der vertikalen Dimension) insgesamt weniger eindeutig und weniger fix sind als gemeinhin in den Mitgliedstaaten. Insofern gehören institutionelle (Entscheidungs-)Konflikte und deren diskursive Verarbeitung zur besonderen (distinkten) Normalität der europäischen Verfassungspraxis. Das Anliegen der hier referierten Untersuchung besteht nun im Wesentlichen darin, Artikel-28-Auslegungen des EuGH als institutionelle Entscheidungen von konstitutioneller Tragweite kenntlich zu machen. Dabei wird unterstellt, dass die primärrechtlichen Bestimmungen zur Freiheit des Warenverkehrs in der Rechtsanwendung Probleme aufwerfen, für die es bei rein formaler Argumentation mehrere Lösungsalternativen gibt. Unter diesen Umständen würden Rechtsentscheidungen *auch* aus institutionellen bzw. konstitutionellen Erwägungen heraus getroffen, so dass der Rechts(anwendungs)diskurs letztlich macht- bzw. rechtspolitisch überformt ist. Damit ist freilich noch nicht besagt, *wessen* Machtansprüche jeweils in Rechtsansprüche umgesetzt und durchgesetzt werden können; in Anbetracht der „constraints imposed by other actors and institutions on the Court" (Maduro 1998, 15) erscheint aber dessen institutionelles Eigeninteresse nur bedingt erklärungskräftig.

In der Gesamtschau entsprechen die (richterrechtlich konstitutionalisierten) *institutionellen* Alternativen für die Regulierung des grenzüberschreitenden Warenverkehrs den (rechtstheoretisch verallgemeinerten) *konstitutionellen* Alternativen für die Regulierung eines internationalisierten Wirtschaftssystems. Die drei in der Studie skizzierten Modelle der *europäischen* Wirtschaftsverfassung setzen sämtlich einen Integrationsprozess, insbesondere die Gründung einer Wirtschafts- und Rechtsgemeinschaft voraus, unterscheiden sich aber in ihrer Ausrichtung an den gesellschaftlichen Machtachsen, also vereinfacht gesagt darin, ob sie einem Primat der Wirtschaft oder der Politik, einem Primat der Gemeinschaft oder der Mitgliedstaaten folgen. Dabei ist zu beachten, dass sich der Gebrauch der Begriffe ‚Primat der Wirtschaft' bzw. ‚Primat der Politik' hier bereits auf ein vergleichsweise hohes – nämlich das europäische – Integrationsniveau von Wirtschaft und Recht bzw. Politik bezieht. Zuvor war noch die ‚internationale' Wirtschaftsverfassung der Europäischen (Wirtschafts-)Gemeinschaft aufgrund ihres Primats der Wirtschaft von jener der einem Primat der Politik unterstellten Welthandelsorganisation (in der Tradition des GATT) unterschieden worden. Wenn nun die europäische Wirtschaftsverfassung selbst nach einem Primat der Wirtschaft und einem Primat der Politik differenziert wird, würde das im Sinne einer übergreifenden Theorie der internationalen Wirtschaftsverfassung zwar bedeuten, dass die der Gegenüberstellung von EG und WTO zugrunde gelegten *abstrakten* Unterscheidungskriterien (Dominanz der ‚realen Marktfunktion' vs. Dominanz des ‚normativen Zwecks' der internationalen Organisation) anwendbar bleiben müssten, nicht aber, dass dabei auch die *konkreten* Unterscheidungskriterien (‚Marktfreiheiten' und ‚Nichtdiskriminierung' vs. ‚Reziprozität' und ‚Meistbegünstigung') übernommen werden müssten. Konzeptionell erscheint dieser Weg durchaus gangbar: Eine europäische Wirtschaftsverfassung, die der Dominanz der *realen Marktfunktion* Rechnung trägt, entspricht dann weitgehend dem bereits dargelegten ordoliberalen Modell, in dem marktwirtschaftliche Systementscheidung und marktwirtschaftliche Funktionsgarantien unangefochten an oberster Stelle stehen. Eine europäische Wirtschaftsverfassung, die der Dominanz des *normativen Organisationszwecks* genügt, würde demgegenüber den Vorbehalt (mitgliedstaatlicher oder gemeinschaftlicher) wirtschaftspolitischer Gestaltung aufwerten und auf die übergeordneten Integrationsziele verweisen. Hinzu kommt aber im letzteren Falle noch, dass die europäische Wirtschaftsverfassung bei den Befürwortern einer normativen Grundausrichtung ausdrücklich auch an den Kriterien einer politischen Verfassung supranationalen Zuschnitts bemessen wird. Der normative Organisationszweck bezieht sich hier also nicht nur, wie im Falle der WTO, auf den prinzipiellen Erhalt der Souveränität und der (wirtschafts-)politischen Autonomie der Mitgliedstaaten, sondern er umfasst unter Bedingung eines Souveränitätstransfers von den Mitgliedstaaten zur Gemeinschaft auch die Ausbildung einer vollwertigen politischen ‚Verfassung für Europa'.

Erst wenn dieses Zusatzkriterium für die Unterscheidung zwischen einer primär wirtschaftlich und einer primär politisch ausgerichteten europäischen (Wirtschafts-)Verfassung in den Wirtschaftsverfassungsbegriff mit aufgenommen wird, wird die wirtschaftsverfassungsrechtliche Rekonstruktion der Artikel-28-Rechtsprechung, die in diesem Kapitel näher betrachtet wird, auch in ihrem (staats- bzw. rechts-)theoretischen Hintergrund verständlich. Insbesondere wird der verwendete Wirtschaftsverfassungsbegriff durch Aufnahme der Kriterien der Repräsentativität und Partizipativität dem Begriff einer *demokratischen* (Staats- bzw. Unions-) Verfassung angenähert, wobei diese Kriterien in Anwendung auf die europäische Wirtschaftsverfassung nicht allein auf (förmliche) Wahlen und Abstimmungen zu beziehen sind, sondern auch andere Formen der (aktiven) Beteiligung oder (passiven) Vertretung bezeichnen. An ihnen werden – in einer normativen, genauer: diskurstheoretischen Wendung der Analyse – letztlich die institutionellen Alternativen für die Regulierung eines Gemeinsamen (Güter-)Marktes bzw. die konstitutionellen Alternativen für die Regulierung eines internationalisierten Wirtschaftssystems bemessen. Entsprechend wird der Vergleich der *idealen* Konzeptionen einer europäischen Wirtschaftsverfassung auf „problems of representation and accountability in a complex and multi-level system" (Maduro 1998, 104) abgestellt und auch die *in* und *mit* der Rechtsprechung entwickelte *reale* Wirtschaftsverfassungskonzeption vor allem auf ihren demokratischen Gehalt untersucht. Die ‚demokratische Frage' läuft im Hintergrund der Analyse also ständig mit. Der Gegensatz zwischen einem solchen ‚politisierten' Wirtschaftsverfassungsbegriffs und einem ‚ökonomisierten' Wirtschaftsverfassungsbegriff neoklassischer oder ordoliberaler Prägung wird nicht zuletzt daran deutlich, dass die Begriffe des ‚constitutional deficit' und des ‚democratic deficit' im ersten Fall (Primat der Politik) praktisch synonym gebraucht werden können (Maduro 1998, 30), während im letzten Fall (Primat der Ökonomie) das konstitutionelle Defizit gerade in einer zu starken ‚Demokratisierung' und ‚Politisierung' des Wirtschaftlichen zu liegen scheint. Dabei wäre freilich noch genauer zwischen einem input-orientierten und einem output-orientierten Demokratie- bzw. Legitimitätsverständnis zu unterscheiden.

4.3.1.3 Rechtspolitische Deutung der richterlichen Harmonisierung

Eine demokratietheoretische Betrachtung der EuGH-Rechtsprechung und -Rechtsfortbildung hätte sich – entsprechend der politikwissenschaftlichen Unterscheidung von ‚polity', ‚politics' und ‚policy' – sowohl für die institutionelle Bestimmtheit des gemeinschaftlichen Rechtssystems zu interessieren als auch für die Aushandlungs- und Vermittlungsprozesse bei Rechtsstreitigkeiten sowie für die inhaltliche Ausgestaltung der Rechtsentscheidungen. All diese Aspekte finden sich auch in der referierten Studie wieder: In der Polity-Dimension steht der heterarchische Aufbau der Rechtsgemeinschaft im Vordergrund, in der Politics-Dimension der Verlauf der „participation and representation in the European judicial process" (Maduro 1998, 28) und in der Policy-Dimension der (rechts-)politische Gehalt der Gerichtsurteile. Diese Dimensionen hängen eng miteinander zusammen – und tatsächlich lässt sich die ‚Konstitution' Europas gleichzeitig *institutionell*, *prozessual* und *materiell* deuten: Auf der Grundlage des Gemeinschaftsrechts und der mitgliedstaatlichen Rechtsordnungen (und manch uneindeutiger Wechselbeziehungen) formiert sich eine heteronome europäische Rechtsgemeinschaft. Deren teils vertikale, teils horizontale, teils diagonale Struktur impliziert „[a] shaping of the Court's case law by a legal discourse which it does not control, but where it is instead often dependent on other institutions" (Maduro 1998, 33). Neben den gemeinschaftlichen und mitgliedstaatlichen Legislativ- und Exekutivorganen sind es vor allem private (nicht privilegierte) Kläger und nationale Gerichte, die im Wege der Vorabentscheidungsverfahren Rechtskonflikte mit Aussicht auf eine europäische Lösung vor den EuGH bringen (vgl. Maduro 1998, 25 ff.). Der EuGH vermag diese Inanspruchnahme des Europarechts nur indirekt zu steuern. Auch wenn sich logisch besehen ein (wahrgenommenes) ‚demokratisches Defizit' auf der europäischen Ebene der Rechts*begründung* nicht mit einer höheren Repräsentativität und Partizipativität in der Rechts*anwendung* kurieren lässt, gilt praktisch betrachtet:

„In the absence of a political forum at the supra-national level, political conflicts and the ideological moulding of constitutional law and politics is left in the hands of the judiciary. In consequence, the model of the Economic Constitution will depend, to a large extent, on those ‚feeding' the judicial process, who tend to vary, in participation and representation, from those ‚feeding' the political process." (Maduro 1998, 18)

Auch die inhaltliche Ausgestaltung der europäischen Wirtschaftsverfassung, ihre Annäherung an das eine oder andere (politökonomische) Verfassungsideal, hängt demnach ein Stück weit von den Klagemöglichkeiten und Klagegewohnheiten wirtschaftlicher und politischer Akteure ab. Der konstitutionelle ‚Bias', der in dieser interaktiven Weise institutionalisiert (polity), prozessiert (politics) und materialisiert (policy) wird, lässt sich solchermaßen nicht allein dem Europäischen Gerichtshof zuschreiben.

Ergebnis der Studie ist vielmehr, dass der EuGH in der Anwendung des Artikels 28 EG einen ‚mehrheitsbezogenen Aktivismus' entwickelt hat. Mit diesem Konzept wird an die in der Rechtstheorie geläufige Unterscheidung von ‚judicial activism' und ‚judicial self-restraint' angeknüpft, die sich auf den Umgang mit Auslegungsspielräumen bezieht. Je nach normativem Bezugsrahmen lässt sich eine besonders ‚aktive' oder ‚restriktive' Rechtsprechung dann entweder rechtfertigen oder kritisieren. Von der Warte eines normativ nicht engagierten Beobachters rückt ein richterlicher Aktivismus die Rechtsprechung in die Nähe der Rechtsetzung, und zwar insoweit hier ‚(Rechts-)Lücken' gefüllt werden, die die Politik offen gelassen hat. Beides – das Lückenlassen und Lückenfüllen – kann unwillkürlich oder willkürlich geschehen, es kann normal oder unnormal sein (wobei die ‚Willkür' besser politologisch fassbar wäre und die ‚Normalität' soziologisch). Im vorliegenden Zusammenhang wird unter demokratietheoretischen Prämissen zwischen einer richterlichen Parteinahme für die Interessen der Mehrheit (im Sinne des Majoritätsprinzips) und für die Interessen der Minderheit (im Sinne des Minderheitenschutzes) unterschieden. Der Begriff des ‚mehrheitsbezogenen Aktivismus' wird dann für den europäischen Zusammenhang folgendermaßen spezifiziert:

„Contrary to the traditional conception of judicial activism addressed to the protection of minorities against the democratic majority will, European judicial activism can better be described as majoritarian activism: promoting the rights and policies of the larger European political community (the majority) against the ‚selfish' or autonomous (depending on the point of view) decisions of national polities (the minorities)." (Maduro 1998, 11)

Genau genommen wird jedoch nicht auf eine Mehrheit innerhalb der europäischen Bürgerschaft abgehoben, sondern auf eine Mehrheit im Ministerrat der EG/EU (der nach einem Prinzip entscheidet, dass irgendwo zwischen ‚one person – one vote' und ‚one nation – one vote' liegt). Der majoritäre Aktivismus des Europäischen Gerichtshofs bedient demnach eine (manifeste oder mutmaßliche) Mehrheit der Mitgliedstaaten(vertreter) im Ministerrat, die – aus welchen Gründen auch immer – politisch bzw. gesetzgeberisch bisher nicht zum Zuge gekommen ist (obwohl Mehrheitsentscheidungen prinzipiell möglich wären). Mit anderen Worten, das Gerichtsurteil ersetzt eine Entscheidung des Gemeinschaftsgesetzgebers (mit dem Rat als ‚Nadelöhr') und unter Umständen sogar der (unter Einigungszwang stehenden)

,Herren der Verträge' – eine *Gesetzes*entscheidung, die vielleicht fällig gewesen wäre, aber nun qua *Rechts*entscheidung hinfällig wird. Im Dreieck von Regulierung, Deregulierung und Reregulierung ist damit insbesondere der Aspekt der Reregulierung, also der gemeinschaftlichen Harmonisierung angesprochen, durch die die (in den Gründungsverträgen festgeschriebene) negative Integration um eine (primärrechtlich und sekundärrechtlich fortzuschreibende) positive Integration ergänzt werden soll (Maduro 1998, 23 f., inkl. Fn. 65, u. 68 ff.). Damit geht es erneut um ,institutionelle Entscheidungen', die der Gerichtshof definitionsgemäß nur im jenseits einer ,formalen Argumentation' verbleibenden Auslegungsspielraum zu treffen vermag.

Vor diesem Hintergrund lässt sich die Artikel-28-Rechtsprechung folgendermaßen interpretieren: Einerseits können die Bestimmungen zur Freiheit des Warenverkehrs aus ,formalen Gründen' (des Rechts) sehr weit ausgelegt werden, wodurch einer negativen Integration (Deregulierung) Vorschub geleistet wird. Andererseits lassen sich innerhalb dieses Auslegungsspielraums im ,mehrheitlichen Interesse' (der Politik) auch Ausnahmen konstruieren, über die zugleich eine positive Integration (Reregulierung) vorweggenommen werden kann. Beides wirkt nun laut der hier betrachteten Studie in der Rechtsprechungspraxis zusammen:

> „The increased scope of free movement rules, supported by formal reasoning, was tempered with a majoritarian (in a European scale) review of State regulation. […] Formal reasoning was the legal authority behind the Court's expansion of the scope of Community law rules and of market integration; the majoritarian approach was the policy authority behind the outcome of the Court's decisions." (Maduro 1998, 25)

Auch wenn es sich in den zugrunde liegenden Fällen weniger um eine Überprüfung der binnenmarktbezogenen Harmonisierungskompetenz der Gemeinschaft handelt als um die gerichtliche Sanktion mitgliedstaatlicher Alleingänge (im Sinne der in Artikel 30 genannten und der als ,zwingende Erfordernisse' entworfenen Ausnahmegründe), bezieht sich der richterliche Aktivismus in dieser Lesart also nicht auf einen prinzipiellen Regulierungsvorbehalt der Mitgliedstaaten, sondern lediglich auf einen von der Mehrzahl der Mitgliedstaaten gedeckten (Re-)Regulierungsvorbehalt, weswegen Gegenstand der vom EuGH (ersatzweise) getroffenen institutionellen Entscheidung auch weniger das Verhältnis von Deregulierung und Regulierung als das Verhältnis von Deregulierung und Reregulierung sei. Entsprechend wird synonym zum ,majoritären Aktivismus' auch der Begriff der ,richterlichen Harmonisierung' verwendet (Maduro 1998, 68). Dies wird (mit Blick auf Recht und Politik der Mitgliedstaaten) folgendermaßen begründet:

> „What the Court does when it considers Article 30 [now 28] is […] to compensate for the lack of Community harmonisation. […] Its yardstick is what the court identifies as the European Union majority policy, in this way subjecting States regulations to harmonisation in the Court. The conclusion to be drawn is that what is taking place in the Court is a kind of Community legislative process, with the Court trying to harmonise national rules in accordance with an ,ideally drafted' representation of all States' interests." (Maduro 1998, 78)

In der Konstruktion dieser am Richterrecht exemplifizierten ,politischen' Theorie ,rechtlicher' Integration bezeichnet ein majoritärer Aktivismus also die (absichtliche oder unabsichtliche) Auslegung der Wirtschaftsverfassung im (ausdrücklichen oder unausdrücklichen) Interesse einer Mehrheit der Mitgliedstaaten. Soweit der EuGH also *auch* mehrheitsbezogen urteilt, orientiert er sich nicht nur an einer formal begründeten, rechtlichen Konzeption, sondern auch an einer institutionell motivierten, politischen Konzeption der Wirtschaftsverfassung. Prämisse eines solchen Erklärungsansatzes ist einerseits, dass die europäische Wirtschaftsverfassung durch die Gründungsverträge nicht eindeutig festgelegt ist, andererseits, dass auch der Gerichtshof sich selbst nicht auf eine bestimmte Lesart der Wirtschaftsverfassung festgelegt hat. Tatsächlich spiegeln sich beide Annahmen in den Ausführungen wider. So wird einerseits der ‚offene Charakter' der europäischen Wirtschaftsverfassung unterstrichen (Maduro 1998, 159 ff.), der erst in einem ‚diskursiven Prozess' zu spezifizieren sei (Maduro 1998, 168 u. 175), wobei insbesondere ein Ausgleich zwischen den ‚konfligierenden Werten' – „ranging from free [market] competition to economic and social cohesion" (Maduro 1998, 169) – anzustreben sei. Andererseits wird betont, dass der EuGH weder (in einem ‚blindem' Aktivismus) seine eigenen wirtschaftsverfassungsrechtlichen Vorstellungen durchzusetzen suche noch (in einer ebenso ‚blinden' Zurückhaltung) alle wirtschaftsverfassungsrechtlichen Interpretationen der Mitgliedstaaten durchgehen lasse (Maduro 1998, 78). Insoweit „the process of constitutional creation as the product of a larger community of actors" (Maduro 1998, 34) zu verstehen sei, könne die europäische Wirtschaftsverfassung vielmehr als ein wahres ‚Gemeinschaftsprodukt' gelten.

4.3.1.4 Rechtsökonomische Deutung der richterlichen Deregulierung

Worauf es in Abgrenzung zum vorigen (ordoliberalen) Argumentationslauf (vgl. Kap. 4.1.2.2 und 4.2) nun ankommt, sind zum einen die rechtlichen Implikationen des hier (Kap. 4.3, insbesondere 4.3.1.3) zugrunde gelegten *politischen* Verständnisses der europäischen Wirtschaftsverfassung und zum anderen – auf einer Metaebene – dessen analytische Implikationen. Der Perspektivwechsel vom *ordoliberalen* zum *demokratietheoretischen* Begriff der Wirtschaftsverfassung findet im Grunde in zwei Schritten statt: durch eine Erweiterung des Begriffs (so dass er sowohl mit einem Primat der Wirtschaft als auch mit einem Primat der Politik vereinbar ist) und durch eine erneute Verengung des Begriffs (so dass die ursprünglich ökonomische Leitidee nunmehr durch eine politische Leitidee ersetzt werden kann). Zwar müssen beide Schritte mitgegangen werden, um Anlage und Ergebnisse der hier referierten Studie nachzuvollziehen; für den Vergleich der Argumentationsstrategien bietet es sich jedoch an, von *beiden* Positionen aus einen Abstraktionsschritt (zurück) zu dem übergeordneten Wirtschaftsverfassungsbegriff zu vollziehen – und sich so gewissermaßen auf halber Strecke zu treffen. Die Beurteilung der Empirie ist in beiden Ansätzen nahezu deckungsgleich: *Auf der einen Seite* wird konstatiert, dass der Gerichtshof auf eine ‚Konstitutionalisierung' der Marktfreiheiten (negative Integration) und eine ‚Zentralisierung' der Interventionskompetenzen (positive Integration) hingewirkt habe, wofür jeweils das institutionelle Eigeninteresse des Gerichts verantwortlich gemacht wird.

> „Es ist jedenfalls zu erkennen, daß eine Interpretation der EuGH-Rechtsprechung zu weit ginge, welche dem Gerichtshof eine ausdrückliche Orientierung an wirtschaftsverfassungsrechtlichen Begründungskategorien attestieren würde. Im Ergebnis entsprach sie diesen zwar, soweit die Regulierungskompetenzen der Mitgliedstaaten eingeschränkt wurden. Den Interventionsspielraum der Gemeinschaftsorgane hat der EuGH aber kaum einmal begrenzt." (Mussler 1998, 124; vgl. ebd., 128 ff. u. 164)

Auf der anderen Seite erfährt dieselbe Beobachtung, dass der EuGH sich nicht oder nicht eindeutig an einem ordoliberalen Wirtschaftsverfassungskonzept orientiert, wie gesehen, eine stärker auf den diskursiven Zusammenhang der Rechtsgemeinschaft bezogene Deutung: „[T]here is not a *‚laissez faire'* policy guiding the decisions of the Court; rather, cases have been decided from a majoritarian point of view, taking the European Union as the relevant political community." (Maduro 1998, 24; H. i. O.). In diesem Fall wird also nicht (nur) auf das institutionelle (Eigen-)Interesse des Gerichtshofs abgehoben, sondern (auch) auf das institutionelle (Eigen-)Interesse der die europäische Rechtsgemeinschaft bestimmenden *politischen* Akteure – was hier insbesondere die Mitgliedstaaten und ihre (richterrechtlich antizipierte bzw. substituierte) institutionelle Entscheidung für eine positive Integration betrifft. Diesem ‚institutionellen Aspekt' vorausgesetzt bleibt in diesem Ansatz freilich der ‚formale Aspekt' der Rechtsprechung: Insoweit die (grenzüberschreitenden) Marktfreiheiten zu den (mitgliedstaatlichen) Marktbeschränkungen rechtstechnisch bzw. argumentationslogisch in einem Regel-Ausnahme-Verhältnis stehen (vgl. Hatje 2003, 723 ff.), wäre demnach eine negative Integration formalrechtlich gleichsam vorprogrammiert. ‚Zentralisierung' und ‚Konstitutionalisierung' ließen sich also auf unterschiedliche Entscheidungsgründe des Gerichtshofs zurückführen: institutionelle bzw. politische auf der einen Seite, formale bzw. rechtliche auf der anderen Seite.

Was dabei jedoch zu kurz kommt, ist eine ‚institutionelle' Deutung auch der negativen Integration, wobei wiederum auf die Rechtsgemeinschaft als Ganze abzustellen wäre: Während im obigen ordoliberalen bzw. institutionenökonomischen Erklärungsansatz die Konstitutionalisierung der Grundfreiheiten und die (darauf aufbauende, jedoch auch darüber hinausgehende) negative Integration wegen der uneindeutigen wirtschaftsverfassungsrechtlichen Argumentationsweise des Gerichtshofs schlicht auf dessen institutionelle Eigeninteressen zurückgeführt werden, also der ‚institutionelle' gegenüber dem ‚formalen' Aspekt der Rechtsprechung betont wird, werden im diskurstheoretischen Ansatz (im doppelten Sinne von ‚arguing' und ‚bargaining') Konstitutionalisierung und negative Integration dem ersten Anschein nach gerade nicht ‚institutionell', sondern lediglich ‚formal' begründet – dies gilt jedenfalls, solange das Konzept des (majoritären) richterlichen Aktivismus mehr auf die *Re*regulierungsinteressen denn auf die *De*regulierungsinteressen innerhalb der europäischen Rechtsgemeinschaft gestützt wird. Mit dieser Zusammenführung von *Richterrecht und Reregulierung* setzt sich die vorliegende Studie aber gerade von der in der Europa(rechts)forschung sehr viel geläufigeren Vorstellung ab, dass der EuGH in aktivistischer Manier vor allem die negative Integration vorangetrieben habe; es wäre also eher unwahrscheinlich, dass der institutionenpolitische Zusammenhang von *Richterrecht und Deregulierung* einfach übersehen worden wäre. Tatsächlich finden sich bei genauerem Hinsehen in den Ausführungen Elemente, die auch die negative Integration als institutionellen Effekt der Rechtsgemeinschaft verständlich machen, genauer: als gerichtlich forcierte bzw. sanktionierte institutionelle Entscheidung, die eine bestimmte Interessengruppe begünstigt, die weniger durch die Mitgliedstaaten als durch die Gemeinschaft repräsentiert wird und insgesamt eher für eine Deregulierung, also einen Abbau von Marktbeschränkungen, als für eine Reregulierung, also die Bündelung von Interventionskompetenzen eintritt. Es gilt also im Folgenden, neben der positiven, re-regulativen Seite auch die negative, de-regulative Seite der Wirtschaftsverfassungskonzeption des Europäischen Gerichtshofs im *institutionellen* Kontext der Rechtsgemeinschaft zu verankern. Dafür ist genauer (als bisher geschehen) auf die Auswertung der Artikel-28-Rechtsprechung einzugehen.

Für die Darstellung kann an die Einteilung der Rechtsprechung nach den Leitentscheidungen *Dassonville*, *Cassis* und *Keck* angeknüpft werden, wobei im Übergang von *Dassonville* über *Cassis* zu *Keck* das in der *Dassonville*-Formel ausgedrückte unbedingte Deregulierungspostulat schrittweise relativiert – aber auch im Grundsatz bestätigt – wird. Hervorzuheben sind die durch *Cassis* als zwingende Erfordernisse des Allgemeininteresses und durch *Keck* als nationale Sonderregelungen in der Absatzorganisation (*Keck*) gefassten Konditionen, die eine Ausnahme vom Prinzip des ungehinderten Warenverkehrs erlauben. In der (rechtstheoretischen) Analyse der Fallrechtsentwicklung steht nun offenbar die Unterscheidung von einer *antiprotektionistisch orientierten* und einer *kosten-nutzen-orientierten* Lesart des Artikels 28 EG im Vordergrund, wobei die Umstellung von ersterer auf letztere im Zusammenhang mit bzw. von *Dassonville* und *Cassis* erfolgt (wenn auch die ersten Entscheidungen *nach Dassonville* noch auf das Diskriminierungsverbot abstellen; vgl. Maduro 1998, 50 u. 61):

> „*Dassonville* and *Cassis de Dijon* can thus be seen as establishing the foundations of a cost/benefit analysis (a balance test) under Article 30 [now 28]: the costs of the measures are to be assessed according to their effect on trade under the *Dassonville* formula and the *Cassis de Dijon* mutual recognition principle; the benefits of the measures are to be assessed under the mandatory requirements and Article 36 [now 30] tests." (Maduro 1998, 52; H. i. O.)

Diese kosten-nutzen-orientierte Lesart sei bis *Keck* leitend geblieben: „This theory was predominant in the interpretation of the case law of the Court of Justice regarding the free movement of goods until *Keck*. It was argued both in terms of what the court was doing and in terms of what the Court should do." (Maduro 1998, 49; H. i. O.). Auf der Basis einer solchen richterlichen Kosten-Nutzen-Betrachtung komme es zu einer „transformation of Article 30 [now 28] into a kind of ‚economic due process' clause" (Maduro 1998, 60), die mit einem Wirtschaftsverfassungsmodell in Verbindung gebracht werden kann, das die negative Integration im Sinne der Deregulierung bzw. des Regulierungswettbewerbs favorisiert. Demgegenüber gehe die antiprotektionistische Lesart von Artikel 28 stärker auf national legitimierte Regulierungsvorbehalte ein und verweise insoweit auf ein eher ‚politisches' Wirtschaftsverfassungsverständnis. Die in der Studie ausgearbeitete dritte Lesart, nach der sich ein ‚majoritärer Aktivismus' des EuGH beobachten lasse, impliziert ebenfalls eine ‚politische' Deutung der europäischen Wirtschaftsverfassung, und zwar im Sinne einer gemeinschaftlich legitimierten Reregulierung (Maduro 1998, 60 u. 109 f.). Zusammengenommen konkurrierten also diese drei Wirtschaftsverfassungsideale um die ‚Deutungshoheit' über die hier betrachteten Kernbestimmungen zur Warenverkehrsfreiheit – und zwar ebenso in der Theorie wie in der Praxis der europäischen Rechtsprechung.

Dass sich die Studie für eine stärkere Gewichtung der ‚politischen' Wirtschaftsverfassungskonzeptionen sowohl bei der positiven als auch bei der normativen Analyse der europäischen Rechtsprechung ausspricht, bedeutet nicht, dass das tatsächliche Gewicht der ‚ökonomischen' Wirtschaftsverfassungskonzeption unterschätzt würde. Im Gegenteil scheint gerade die Wahrnehmung und kritische Beurteilung eines wirtschaftsverfassungsrechtlichen ‚Ökonomismus' für die *normative* Zuführung dieser Untersuchung auf alternative Wirtschaftsverfassungskonzeptionen leitend gewesen zu sein. Im Erkenntnisinteresse dieser Arbeit und dieses Kapitels liegt aber ebendiese *empirische* Dominanz bzw. Virulenz einer ökonomisch-funktionalen Deutung der europäischen Wirtschaftsverfassung, die sich im rechtsgemeinschaftlichen Diskurs (der die Rechtsprechung selbst wie auch die Analyse der Rechtsprechung einschließt) spätestens mit *Cassis* abzeichnet und für die diese neue Rechtsprechungslinie auch symptomatisch ist. Es geht also um den in der vorliegenden Studie folgendermaßen nur knapp skizzierten Zusammenhang:

> „The *Cassis de Dijon* case law marked a phase in which the Court and the market became more important in the push for integration and harmonisation, and in changing the institutional balance of the European Economic Constitution. In this period the Court became directly involved in deciding the degree of regulation of the common market." (Maduro 1998, 107; H. i. O.)

Dabei stehe die richterliche Reregulierung in engem zeitlichen (und logischen) Zusammenhang mit der durch die Artikel-28-Rechtsprechung ebenfalls vorangetriebenen Deregulierung. Letztere könne sich auf ein liberalisierungsfreundliches Meinungsklima stützen (in dem wohl auch die neo- bzw. ordoliberale *Rechts*meinung eine wichtige Rolle spielt): „[T]he limits imposed on State regulation by the case law on Article 30 [now 28] and the deregulatory consequences at national level arising therefrom were linked to the pro-market political atmosphere and the revival of deregulatory theories." (Maduro 1998, 107). Es wird also auf einen verbreiteten Stimmungsumschwung von der politischen Steuerung zur wirtschaftlichen Selbststeuerung bzw. vom (National-)Staat zum (Gemeinsamen) Markt verwiesen, der sich offenbar mit der Krise des nationalstaatlich und volkswirtschaftlich begrenzten Modells der Wirtschaftsverfassung einstellt, welches politisch vielleicht noch attraktiv sein mag, ökonomisch aber nicht mehr haltbar erscheint. Während die eine richterliche Reregulierung legitimierende Mehrheit mit den Mitgliedstaaten (im Ministerrat) in der vorstehenden Argumentation relativ klar benannt werden konnte, bleibt dabei jedoch relativ vage, auf welche öffentliche bzw. politische Meinung, auf die Meinung welcher Mehrheit oder Minderheit, auf welche Meinungsführer sich der Gerichtshof zur Durchsetzung der Deregulierung stützt bzw. stützen würde, *wenn* eine formale Argumentation zur Legitimation (grundsätzlich) nicht mehr ausreicht, *weil* (immer) auch institutionelle Entscheidungen getroffen werden.

Die institutionelle Entscheidung, die der EuGH in einem Artikel-28-Fall zu treffen hat, würde *in der Tendenz* bei einer antiprotektionistischen Lesart stärker zugunsten mitgliedstaatlicher Regulierungsvorbehalte (auch ohne mehrheitliche Deckung) ausfallen und bei einer harmonistischen Lesart stärker zugunsten gemeinschaftlicher (mehrheitlich gedeckter) Reregulierungsvorbehalte. Dagegen stünden bei einer ökonomistischen Lesart der Warenverkehrsfreiheit (privat-)wirtschaftliche und (wirtschafts-)gemeinschaftliche Deregulierungsinteressen im Vordergrund. Die Gemeinschaftsinteressen können also de-regulativ wie re-regulativ bestimmt sein; demnach bleibt der bloße Rekurs auf ‚die' Gemeinschaftsinteressen in seinen Auswirkungen auf das Verhältnis von Politik und Wirtschaft, Intervention und Wettbewerb uneindeutig. Wo diese aber als „interests in economic union, interests in the free movement of goods, interests in access to markets, interests in the uniform regulation of commerce, interest in efficiency, and finally interests in avoiding State protectionism" (Maduro 1998, 53) formuliert (und nationalstaatlichen Interessen entgegengesetzt) werden können, laufen sie praktisch mit den Interessen transnationaler privatwirtschaftlicher Akteure gleich (Maduro 1998, 54). In diesem Falle dient die Reregulierung gewissermaßen nur als Hebel zur Deregulierung. Im anderen Falle – der vorstehend besonders herausgearbeiteten richterlichen Harmonisierung – beruht der Reregulierungseffekt darauf, dass bestimmte mitgliedstaatliche Regulierungsanliegen rechtlich (vom Gerichtshof), politisch (vom Gemeinschaftsgesetzgeber) und marktlich (von Produzenten und Konsumenten) akzeptiert werden: weil sie mehrheitsfähig sind. Gerade was das Gemeinschaftsinteresse betrifft, zu dem der EuGH als Gemeinschaftsorgan eine besondere Affinität hat, bedarf es also einer genaueren Analyse der beiden Dimensionen, in denen eine institutionelle Entscheidung des Gerichtshofs die Machtverhältnisse verändern bzw. die veränderten Machtverhältnisse sanktionieren kann. Tatsächlich wird auch in der vorliegenden Untersuchung der Artikel-28-Rechtsprechung deutlich gemacht, dass die im Lichte der *Cassis*-Entscheidung vorgenommene Bilanzierung bzw. Balancierung der Kosten und Nutzen in (De-/Re-)Regulierungskonflikten *beide* Dimensionen betrifft: nicht nur, wie eine ökonomistische Lesart glauben macht, die *horizontale* Dimension (Regulierung vs. Deregulierung), sondern auch die *vertikale* Dimension (mitgliedstaatliche Regulierung vs. gemeinschaftliche Reregulierung): „[T]he European Court of Justice is bound to balance all the values involved in the regulation versus deregulation and centralisation versus decentralisation debates, within the context of that article." (Maduro 1998, 170; vgl. ebd., 67 f. u. 169, inkl. Fn. 36).

In dem durch diese beiden Dimensionen aufgespannten Koordinatensystem (das in der einfachsten Version aus nur einem Quadranten besteht) gibt es ausgehend vom ‚Ursprung' der nationalen Regulierung also zwei Grundrichtungen zur Verwirklichung eines grenzüberschreitenden Warenverkehrs, die durch einen *transnationalen* Pol der Deregulierung (in der horizontalen Dimension) und einen *supranationalen* Pol der Reregulierung (in der vertikalen Dimension) markiert sind und unterschiedlich kombiniert werden können. Über dieses Denkmodell erschließen sich die verschiedenen Idealtypen einer (nationalen oder internationalen) Wirtschaftsverfassung. Diese Konzeption ist kompatibel mit der ihr als (Ausgangs-)Material zugrunde gelegten Studie:

> „[O]nce national regulation is no longer possible due to free movement rules, it is open to discussion whether or not national regulation should be replaced by European regulation [...]. The limits to national regulation (mainly by promoting cost/benefit tests) can be argued either to favour a European deregulated market or a European reregulated market. All these alternatives imply different conceptions of the European Economic Constitution [...], as well as different institutional choices regarding the allocation of regulatory power over the European internal market." (Maduro 1998, 103 f.).

Entsprechend wird betont, dass der Gerichtshof in Artikel-28-Konfliktfällen weniger über das Verhältnis zwischen Intervention ('public intervention') und Wettbewerb entscheide als dass er lediglich die Rechtmäßigkeit mitgliedstaatlicher Markteingriffe ('State intervention') prüfe, an die er im Übrigen sehr viel strengere Maßstäbe anlege als an Markteingriffe der Gemeinschaft ('Community intervention'):

> „[T]he Court has always been more concerned with *State* intervention than with *public* intervention in the market. This is confirmed by a ‚double standard' regarding the review of State measures and community measures under the European Economic Constitution." (Maduro 1998, 78).

Je nachdem, ob er einen mitgliedstaatlichen Regulierungsvorbehalt ablehnt oder bestätigt, verschiebt er das institutionelle Gleichgewicht im Sinne der obigen Argumentation in die horizontale (deregulative) oder vertikale (re-regulative) Richtung – oder, bei einem Kompromiss, in beide Richtungen zugleich. Der Primat der Wirtschaft (im Sinne einer negativen Integration) gilt demnach nur für nationale Sonderinteressen, die in der Mehrheit der Mitgliedstaaten keine Zustimmung finden; jenseits dessen – so wäre zu folgern – beginnt bereits der Primat der Politik (im Sinne einer positiven Integration).

Abschließend ist noch einmal auf das (mögliche) institutionelle Eigeninteresse des Europäischen Gerichtshofs als Erklärungsfaktor der Rechtsprechung einzugehen. Es wurde argumentiert, dass die in den Urteilen des Gerichtshofs enthaltenen institutionellen bzw. konstitutionellen Entscheidungen über die Steuerungsreservate von Politik und Wirtschaft, Mitgliedstaaten und Gemeinschaft diesem nicht allein zugeschrieben werden können, sondern Ergebnisse eines (nicht nur mit formalen Argumenten geführten) Rechtsdiskurses, einer Selbstverständigung der europäischen *Rechtsgemeinschaft* sind. So erweist sich im Falle der ‚richterlichen Harmonisierung' offenbar das Interesse einer Mehrheit der Mitgliedstaaten (bzw. ein davon abgeleitetes Gemeinschaftsinteresse) als entscheidend, im Falle der richterrechtlich forcierten Deregulierung dürfte das Interesse transnational tätiger Unternehmen, aber auch sonstiger auf Effizienzsteigerungen bedachter Marktteilnehmer (bzw. das davon abgeleitete Gemeinschaftsinteresse) ausschlaggebend sein. Mit Betonung dieser *Kontextfaktoren* der Rechtsprechung ist freilich nicht besagt, dass der Gerichtshof bei seiner institutionellen Wahl keinerlei selektivem ‚Bias' unterliegt. Tatsächlich steht er, was die Abwägung mitgliedstaatlicher Regulierungsinteressen und gemeinschaftlicher De- und Reregulierungsinteressen betrifft, durchaus im Ruf, mit den Gemeinschaftsinteressen auch sein institutionelles Eigeninteresse zu befördern. Allein dadurch, dass er die eigene, gemeinschaftliche (Abwägungs-)Entscheidung an die Stelle der mitgliedstaatlichen (Regulierungs-)Entscheidung zu setzen vermag, scheint bereits die Zentralisierung vorprogrammiert zu sein (Maduro 1998, 104 f. u. 169). Wenn nun aber mit *Keck* der die Absatzorganisation betreffende Bereich mitgliedstaatlicher Regulierung (der für den Erfolg des Gemeinsamen Marktes als weniger kritisch gelten kann) nicht mehr dem Abwägungstest, sondern nur mehr einem Diskriminierungstest unterzogen wird, so lässt sich dies auch als institutionelle Entscheidung zur Beschränkung des Zentralisierungseffekts des Gemeinschaftsrechts lesen (vgl. Maduro 1998, 78 ff.), die den Gerichtshof selbst betrifft – entlastet, aber gewissermaßen auch ein Stück weit ‚entmachtet'. Insgesamt betrachtet scheint das institutionelle Eigeninteresse des EuGH wie das Gemeinschaftsinteresse im Spektrum von Deregulierung und Reregulierung also vielerlei Gestalt annehmen zu können.

4.3.2 Wirtschaftsverfassungskonzeptionen im Binnenverhältnis

Solange das Konzept der Wirtschaftsverfassung auf einen politisch, rechtlich und wirtschaftlich in sich abgeschlossenen Raum bezogen blieb, solange Nationalstaat und Volkswirtschaft wie selbstverständlich eine (auch: verfassungs-)rechtliche Einheit bildeten, konnte sich die Frage nach der ‚rechten' Konstitution der politischen Ökonomie auf die Unterscheidung von Freiheit und Zwang, Intervention und Wettbewerb, politischer Steuerung und wirtschaftlicher Selbststeuerung konzentrieren. Erst mit der zunehmenden Bedeutung einer wirtschaftlichen und politischen Integration (durch Recht) *jenseits* der nationalstaatlichen und volkswirtschaftlichen (Rechts-)Ordnung gewinnt das wirtschaftsverfassungsrechtliche Problem eine zusätzliche Dimension, da nun nicht mehr nur das Verhältnis von ‚Staat' und ‚Markt', sondern auch das Verhältnis der unterschiedlichen Steuerungsebenen zueinander (etwa von ‚Mitgliedstaat' und ‚Gemeinschaft') zur Debatte steht. Damit erweitert sich das Spektrum konstitutioneller Alternativen von zwei auf vier Idealtypen: Es ist nicht mehr nur – in der horizontalen Dimension – zwischen ‚rechts' und ‚links' zu wählen, sondern auch – in der vertikalen Dimension – zwischen ‚oben' und ‚unten'.

In einem institutionenökonomisch unterfütterten *ordoliberalen* Verständnis der (regionalen oder globalen) Integration durch Recht, demzufolge es die Territorialität des Rechts zu überwinden gilt (vgl. Mussler 1998, 59 f.), würden die durch die unterschiedlichen (nationalen) Rechtsstrukturen und -kulturen bedingten Beschränkungen individueller Handlungsfreiheit und grenzüberschreitender Marktdynamik freilich idealerweise nivelliert. Unter den Bedingungen eines internationalen Systemwettbewerbs, einer supranationalen Wirtschaftsverfassung und einer transnationalen Privatrechtsgesellschaft wird die vertikale Kompetenzverteilung auf die Funktionsbedingungen eines nach innen wie außen ‚freien' und ‚offenen' Marktes eingestellt und damit gegenüber politischen Ansprüchen neutralisiert – so lautet zumindest die

Grundidee. Im Gegenmodell, das in diesem Fall demokratietheoretisch fundiert und *sozialdemokratisch* ausgerichtet ist, liegt die Betonung „on the political values of non-discrimination, representation and solidarity between States, rather than on the market freedom of economic agents" (Maduro 1998, 168). Damit ist eine wechselseitige Öffnung und Angleichung der Rechtssysteme angesprochen, die jedoch nicht im Benehmen der Marktkräfte, sondern der politischen Kräfte steht. Die vertikalen Beziehungen und Bindungen werden im Sinne eines ‚neuen Konstitutionalismus' aus den zwischenstaatlichen bzw. innergemeinschaftlichen Interdependenzen abgeleitet (Maduro 1998, 175). Idealerweise bleiben die Prinzipien der Nichtdiskriminierung, Repräsentation und Solidarität dabei auch der Entscheidung zwischen politischer Steuerung und wirtschaftlicher Selbststeuerung, zwischen öffentlicher und privater (Verfügungs-)Gewalt übergeordnet. Tatsächlich werden in der Perspektive einer ‚transnationalen Bürgergesellschaft' auch die Marktfreiheiten weniger in ihrer ökonomischen Funktionalität als in ihrem politischen Gehalt gewürdigt: „Free movement will be a political fundamental right, not an economic fundamental right." (Maduro 1998, 168).

Mit dem unterschiedlichen theoretischen und praktischen Interesse dieser beiden Ansätze (zur Erklärung und Normierung) einer internationalen Wirtschaftsverfassung verbindet sich nicht nur eine unterschiedliche Konzeption und Gewichtung der vertikalen und horizontalen Dimension, sondern offenbar auch eine unterschiedliche Rigidität der Modellwelt, also des Spektrums denkbarer Verfassungsalternativen. So konzentriert sich der *ordoliberale* Ansatz auch nach seiner Erweiterung um eine (institutionen-)ökonomische Theorie der Integration (durch Recht) ausschließlich auf den Dualismus von Wettbewerb und Intervention und die beiden davon abgeleiteten Wirtschaftsverfassungsmodelle. Das Prinzip der funktionalen Differenzierung, das die ‚Eigengesetzlichkeit des Ökonomischen' vor staatlichen (und privaten) Eingriffen zu schützen verspricht (vgl. Behrens 1994, 77), wird auf die internationale Wirtschaftsverfassung in gleicher Weise angewendet wie auf die nationale Wirtschaftsverfassung; die zwischen beiden bestehenden Unterschiede, die in einer differenzierungs- und integrationstheoretischen Analyse durchaus darstellbar wären, spielen normativ also keine Rolle. Dem Anschein nach würde der Antagonismus von ‚Markt' und ‚Staat' auch eine empirisch ausweisliche ‚Entstaatlichung' des Staates noch unbeschadet überleben, was den ideellen (oder ideologischen) Gehalt dieses Gegensatzpaars verrät. Mehr als der (territorial gebundene, sozial integrative) Staat oder die Staatengemeinschaft soll im ordoliberalen Ansatz das (ausdifferenzierte, entterritorialisierte) Recht die (privatrechts-)gesellschaftliche Ordnungsfunktion übernehmen und seinerseits eher die Märkte integrieren als die Staaten. Entsprechend lässt sich eine (primär) wirtschaftliche Integration durch Recht von einer (primär) politischen Integration durch Recht unterscheiden, oder kurz gefasst: ‚Integration durch Wettbewerb' von ‚Integration durch Intervention'. Die Integration durch Wettbewerb stellt gewissermaßen das wirtschaftsverfassungsrechtliche Positiv oder Wunschbild dieses Ansatzes dar, die Integration durch Intervention das wirtschaftsverfassungsrechtliche Negativ oder Gegenbild. Dabei lässt sich der Integrationsbegriff nicht nur im Sinne einer Theorie der regionalen oder globalen Integration deuten, sondern auch im Sinne einer Theorie der sozialen oder systemischen Integration: Die geforderte Entterritorialisierung des Rechts ließe sich dann am besten im Rahmen einer Theorie der globalen, systemischen Integration darstellen – während der Begriff der europäischen Rechtsgemeinschaft (in der Zusammenschau der im dritten Kapitel verhandelten Ansätze) auch eine sozial-integrative Komponente enthält.

4.3.2.1 Primat des Binnenmarkts: Systemwettbewerb

In der hier vorliegenden Variante einer (ökonomischen) Theorie der regionalen Integration (durch Recht), genauer: einer ordoliberalen Theorie der europäischen Integration, wird der Gegensatz von Integration durch Wettbewerb und Integration durch Intervention bzw. von einem ‚Wettbewerbsmodell' und einem ‚Harmonisierungsmodell' nun folgendermaßen zugespitzt (vgl. Mussler 1998, 68 ff. u. 88 ff): Im *Wettbewerbsmodell* dient die Öffnung der nationalen Märkte, die Errichtung eines Gemeinsamen Marktes vor allem zur Vergrößerung der individuellen Handlungsspielräume, zur Verbesserung der Wahlmöglichkeiten von Anbietern und Nachfragern. Über den Hebel der Marktfreiheiten (und das – mehr oder minder aufgeklärte – Eigeninteresse der Wirtschaftsteilnehmer) sollen individuelle und kollektive Wohlfahrtssteigerungen erzielt werden. Durch Erweiterung des Wettbewerbs zwischen wirtschaftlichen Akteuren zum Wettbewerb zwischen politökonomischen Systemen, insbesondere zwischen territorial gebundenen Rechtssystemen, wird schließlich „auch der Wettbewerb zwischen politischen Akteuren auf der Suche nach adäquaten institutionellen Arrangements angeregt" (Mussler 1998, 89). Dazu ist den ‚Nachfragern institutioneller Arrangements' (vulgo: Bürgern) eine über die Grenzen des eigenen, nationalen Rechtssystems hinausreichende Wahlfreiheit und den ‚Anbietern institutioneller Arrangements' (vulgo: Politikern) die für einen wirksamen Wettbewerb der Rechtssysteme vorausgesetzte Gestaltungsfreiheit zu garantieren. Der übergeordneten (Rechts-)Ebene soll in diesem Ansatz nun ausschließlich diese ‚freiheitliche' Ordnungsfunktion übertragen werden; zentrale Lenkungsmaßnahmen (zur Korrektur der Marktprozesse bzw. -ergebnisse) gelten hingegen generell als unerwünscht. Zudem soll sich die überregionale ‚Rechtsgemeinschaft' nicht nach außen abschotten, sondern sich ihrerseits dem institutionellen Wettbewerb stellen.

> „Insgesamt kann diese Integrationsstrategie auch als ‚Integration von unten' bezeichnet werden, weil es den Akteuren selbst überlassen bleibt, herauszufinden, welche der ihnen offenstehenden ökonomischen und institutionellen Optionen ihren Interessen am besten entsprechen." (Mussler 1998, 89)

Während durch den Wettbewerb der Rechtssysteme vor allem die Entwicklungsfähigkeit des Rechts befördert wird, schafft die Gegenstrategie der Harmonisierung gerade durch die Vereinheitlichung der Rechtssysteme eine hohe Stabilität und Rechtssicherheit. Beide Aspekte sind für die Funktionsfähigkeit eines marktwirtschaftlichen Systems von Bedeutung (Mussler 1998, 67). Im ordoliberalen Vergleich schneidet das *Harmonisierungsmodell* gleichwohl sehr viel schlechter ab als das Wettbewerbsmodell. Dies lässt sich folgendermaßen begründen: „Harmonisierung bedeutet allgemein eine Vereinheitlichung nationalstaatlicher Rechtsregeln innerhalb des Integrationsgebiets. Sie ist das Ergebnis von Verhandlungen zwischen Politikern unterschiedlicher Rechtsterritorien." (Mussler 1998, 76). Diese Verhandlungen zielen aber selten nur allein auf die Herstellung von Rechtssicherheit und Rechtsgleichheit ab; vielmehr wird das überstaatliche Recht auch als politisches Gestaltungsinstrument genutzt. Wenn hinter der Idee der Harmonisierung aber die Intention steht, „den wirtschaftlichen Integrationsprozeß ‚von oben' nach kollektiven Zielen mit politischen Mitteln zu steuern" (Mussler 1998, 89), dann bedeutet das im (ordoliberalen) Umkehrschluss eine Beeinträchtigung der individuellen Handlungsfreiheiten und der Funktionsfähigkeit des Marktes. Letztlich wird eine schleichende Entwicklung von der supranationalen Rechtsvereinheitlichung über die Politisierung supranationalen Rechts und die Zentralisierung politischer Kompetenzen zum supranationalen ‚Einheitsstaat' befürchtet. Eine (eingriffs-)starke Zentralebene würde aber nicht nur den wirtschaftlichen, sondern auch den institutionellen Wettbewerb beschränken und verzerren, und zwar sowohl in der Binnendimension als auch in der Außendimension. Insgesamt scheint das Ziel dieser Integrationsstrategie also gerade nicht darin zu liegen, den Marktkräften freien Lauf zu lassen, sondern darin, „das gesamte staatliche Interventions- und Regulierungsinstrumentarium auch auf der Gemeinschaftsebene bereitzustellen" (Mussler 1998, 89).

In der ökonomischen (neoklassischen bzw. ordoliberalen) Wirtschaftsverfassungstheorie bleibt die Dichotomie von Markt und Staat auch dann beherrschend, wenn der Referenzrahmen internationalisiert wird: Konzeptionell wird sie in die Alternative von Integration durch Wettbewerb und Integration durch Intervention überführt. Normativ handelt es sich dabei aber nur um eine Scheinalternative, die aufgrund ihrer ‚manichäischen' Konstruktion die Entscheidung für eine Integration durch Wettbewerb praktisch vorwegnimmt. Dies entspricht einem prononcierten *Primat der Wirtschaft* auf der übergeordneten (supranationalen) Ebene bzw. der Beschränkung des Primats der Politik auf die subsidiären Kompetenzen der untergeordneten (mitgliedstaatlichen) Ebene. Das klassische Wirtschaftsverfassungsmodell, das einen geschlossenen Nationalstaat mit einer geschlossenen Volkswirtschaft voraussetzt, hätte damit aber bereits ausgedient; wird doch nur mehr auf ‚Staaten ohne Märkte', d. h. ohne (volks-)wirtschaftliche Kontrolle, referiert – so die Kritik (vgl. Joerges 2002a, 9 ff. u. 20). In der diesem ökonom(ist)ischen Entwurf entgegengestellten, stärker an der politischen oder ‚sozial-demokratischen' Qualität einer Wirtschaftsverfassung interessierten Rechtstheorie wird diesen beiden (eher deduktiv gewonnenen) Grundmodellen des Wettbewerbs und der Harmonisierung ein (eher induktiv gewonnenes) ‚drittes' Integrationsmodell hinzugefügt, dem im Folgenden als ‚Scharnier' zwischen den anderen beiden Modellen eine wichtige Rolle zukommt. Darüber hinaus bildet das nationalstaatliche, volkswirtschaftliche Verfassungsmodell wegen seiner hohen demokratischen Legitimität weiterhin eine ernst zu nehmende Option, so dass im Grunde vier statt zwei wirtschaftsverfassungsrechtliche Alternativmodelle zur politischen Debatte und zur institutionellen Wahl stehen.

4.3.2.2 Primat der Gemeinschaftspolitik: Harmonisierung

Empirisch lassen sich die drei *internationalen* Wirtschaftsverfassungsmodelle – hier in ihrer europäischen Variante – mit der im vorigen Kapitel ausführlich referierten Studie zur Artikel-28-Rechtsprechung des EuGH in Verbindung bringen:

> „The different institutional alternatives to market regulation in Europe, arising from the debate on Article 30 [now 28], are related to different economic constitutional models of the European Union. These models are mainly about allocating institutional alternatives, concentrating on problems of representation and accountability in a complex and multi-level system such as the European Union." (Maduro 1998, 104)

Im Einzelnen handelt es sich um ein ‚kompetitives Modell', das dem ordoliberalen Verfassungsideal entspricht, ein ‚zentralisiertes Modell', das dem – positiv gewendeten – Harmonisierungsmodell entspricht, und schließlich ein so genanntes ‚dezentralisiertes Modell'. „These models are heuristic devices. They are all present – and compete with each other – in the European Union." (Maduro 1998, 109). Anders ausgedrückt handelt es sich hierbei um „Three ‚Ideal-Types' for Ensuring Market Access and Market Regulation" (Armstrong 2002, 228; H. i. O.). Bevor nun auf das letzte Modell in dieser Reihe näher einzugehen ist, ist noch einmal auf das Wettbewerbs- und das Harmonisierungsmodell zurückzukommen, da diese sich in einer *politischen* (Untersuchungs-)Perspektive etwas anders darstellen als in einer wirtschaftlichen. Im Zentrum einer solchen Analyse stehen „the different institutional malfunctions present in the States, Community and market processes from which regulatory decisions arise in each of those models" (Maduro 1998, 104), wobei in diesem Fall keine ökonomischen Dysfunktionen gemeint sind, sondern Mängel der demokratischen Repräsentativität und Legitimität von Entscheidungen. Davon sind auch die institutionellen Entscheidungen des Europäischen Gerichtshofs im Dreieck von Regulierung, Deregulierung und Reregulierung betroffen – einschließlich einer institutionellen Selbstbegünstigung (in Form der *richterlichen* Deregulierung oder Reregulierung).

Das *Wettbewerbsmodell* (vgl. Maduro 1998, 126 ff.) wird auch in diesem Diskussionszusammenhang als Modell eines internationalen Regulierungswettbewerbs gefasst, also eines (nach innen wie außen gerichteten) Wettbewerbs zwischen (nationalen oder regionalen) Regulierungssystemen, dessen geläufigste Form der Wettbewerb zwischen den Mitgliedstaaten einer internationalen Wirtschaftsorganisation, hier: der Europäischen (Wirtschafts-)Gemeinschaft, darstellt:

> „The competitive model of the European Economic Constitution has its basis on a fullyfledged application of free movement and competition rules. These are intended to safeguard the market from public intervention and to promote competition among rules through the mutual recognition of national rules." (Maduro 1998, 126)

Vorausgesetzt für einen (im ökonomischen Sinne) funktionierenden Regulierungswettbewerb ist also ein einheitlicher, wettbewerblicher Ordnungsrahmen, der öffentliche (staatliche und gemeinschaftliche) Interventionen weitestmöglich reduziert und ‚institutionellen' Anbietern und Nachfragern über das Prinzip gegenseitiger Anerkennung grenzübergreifende Handlungsfreiheiten und Bewegungsspielräume verschafft. Integrationstheoretisch impliziert dies ein Übergewicht der negativen, funktionalen, wirtschaftlichen Integration über die positive, institutionelle, politische Integration. Anders als beim zentralisierten Modell bzw. Harmonisierungsmodell wäre Harmonisierung im Wettbewerbsmodell damit kein Ergebnis politischer Verhandlungen, sondern ein Ergebnis ungestörter Marktprozesse: „In the competitive model, harmonised rules would be the result of competition among different initial national sets of rules, only the ‚best' surviving." (Maduro 1998, 110). Es ist also der Markt (und nicht der einzelne Staat oder die Gemeinschaft), der über das Maß der Regulierung entscheidet; er ist der eigentliche ‚institutionelle Entscheider' in diesem Modell.

Angewendet auf den europäischen Beispielfall und den gemeinschaftlichen Rechtsdiskurs bedeutet das, dass was immer den Markt als institutionellen Entscheider stärkt, die europäische Wirtschaftsverfassung faktisch auf ein Wettbewerbsmodell hin orientiert. Im Kontext der Binnenmarktrechtsprechung impliziert dies aufseiten der Rechtstheorie, dass „[t]hose arguing for an economic due process use of Article 30 [now 28] and cost/benefit analysis favour an economic model of deregulation and regulatory competition" (Maduro 1998, 109), und aufseiten der Rechtspraxis, dass der Europäische Gerichtshof selbst mit einer solchen ökonomischen Lesart der Binnenmarktbestimmungen seine Entscheidungslogik der Logik des Marktes anmisst, diese vorwegnehmend oder nachvollziehend. Aus einer politischen (Untersuchungs-)Perspektive schließt sich die Frage an, „how representative and accountable the market is *vis-à-vis* other institutions to decide on the ‚best' regulation" (Maduro 1998, 138; H. i. O.). Dabei geht es nicht mehr (nur) um eine optimale Ressourcenallokation, sondern (auch) um eine optimale Regulierungsleistung, nicht mehr (nur) um das begrenzte Interesse der Marktteilnehmer, sondern (auch) um das weitere Interesse der Gemeinschaft.

> „This means that the market should allow all those who benefit or suffer because of a certain policy or regulation to participate in market decisions. It is by comparing the degree and process of representation of these people in the market and in other institutions that we can decide when the market is the ‚better' institution." (Maduro 1998, 139)

In der Realität sind die Chancen, über eine Marktteilnahme die Regulierungspolitik zu beeinflussen, jedoch quantitativ (nach Höhe der Kaufkraft) und qualitativ (nach Art der Präferenzen) ungleich verteilt und – wegen asymmetrischer Information und externer Effekte – in vielen Fällen systematisch zugunsten oder zulasten bestimmter gesellschaftlicher Gruppen verzerrt (vgl. Maduro 1998, 136 ff.). Dennoch sieht das Wettbewerbsmodell keine – über die bloße Vermeidung von Marktversagen hinausgehenden – öffentlichen Eingriffe, geschweige denn eine Demokratisierung der (europäischen) Wirtschaftsverfassung vor. Der Markt selbst gilt „as the best source of legitimation of the European Economic Constitution" (Maduro 1998, 109). In Kritik an einem solchen Primat der Wirtschaft wird daher vom EuGH gefordert, in seine Urteilsfindung auch die Repräsentativität und die Legitimität des Marktes im Vergleich zu anderen institutionellen Lösungen einzubeziehen: „The European Court of Justice must incorporate such reasoning when reviewing national and Community legislation and setting the balance between public regulation and market self-organisation." (Maduro 1998, 143).

Auch in diesem Diskussionszusammenhang wird dem Wettbewerbsmodell (hier: kompetitiven Modell) das *Harmonisierungsmodell* (hier: zentralisierte Modell) (vgl. Maduro 1998, 110 ff.) entgegengesetzt. Darüber hinaus wird es von dem noch unbekannten dritten Modell abgegrenzt, das als ‚dezentralisiertes Modell' gegenbegrifflich zum ‚zentralisierten Modell' konstruiert wird. Geht man allein von dieser Begriffsbildung aus, so scheint letzteren beiden Modellen mehr gemein zu sein als dem Harmonisierungsmodell und dem Wettbewerbsmodell. Unter Maßgabe eines *politischen* Wirtschaftsverfassungsbegriffs ist nun die positive Wendung des Harmonisierungsmodells entscheidend, wobei ‚positiv' sowohl in einem konzeptionellen Sinne wie in einem normativen Sinne zu verstehen ist: Das Modell gilt nicht mehr nur als Gegenmodell, das die wichtigsten Merkmale des Wettbewerbsmodells ins Gegenteil verkehrt und ein Szenario entwirft, das auf einem kruden Interventionismus aufbaut (und abschreckende Wirkung entfalten soll). Vielmehr enthält es zwei positive Annahmen, die das Modell in der vertikalen wie in der horizontalen Dimension verorten und dem Begriff der Harmonisierung normative Substanz verleihen: „[F]irst, political control over the common market is only possible at the European Union level; secondly, political control over the economic sphere is legitimate." (Maduro 1998, 111). Mit der ersten Annahme setzt sich das zentralisierte Modell vom dezentralisierten Modell ab; mit der zweiten Annahme, die (wie weiter unten zu zeigen ist) diesen beiden Modellen gemeinsam ist, wird die Abgrenzung zum kompetitiven Modell vollzogen. Harmonisierungs- und Wettbewerbsmodell stehen sich somit als (unter gegensätzlichen Prämissen) positiv begründete Wirtschaftsverfassungsmodelle gegenüber. Wenn das Harmonisierungsmodell aber nun in einem normativen Sinne als Endstufe einer (wirtschaftlichen, politischen, rechtlichen) Integration jenseits des (National-)Staates verstanden wird, dann stellt sich das Wettbewerbsmodell lediglich als Zwischenstufe dar, auf dem der Integrationsprozess nicht stehenbleiben darf. An diesem Punkt hat dann zwar bereits eine negative Integration stattgefunden, aber noch keine positive Integration. Während eine Deregulierung auf Ebene der Mitgliedstaaten unter dieser Prämisse durchaus als notwendig und sinnvoll erachtet werden kann, erscheint sie ohne Reregulierung auf Ebene der Gemeinschaft aus Legitimitätsgründen jedoch nicht als hinreichend. Die Wirtschaftsverfassung würde demnach noch zu sehr auf das Ökonomische reduziert und noch zu wenig in ihrer politischen Bedeutung erkannt und weiterentwickelt.

Letzteres – „the need to complement the economic constitution with a political constitution" (Maduro 1998, 111) – bildet zugleich den Ausgangspunkt für eine Bewertung des Harmonisierungsmodells im institutionellen Vergleich der Wirtschaftsverfassungsmodelle. Anders als beim Wettbewerbsmodell erfolgt die Verständigung über Regulierungsstandards nicht auf dem Markt, im Wechselspiel von Angebot und Nachfrage, sondern im Wege von Verhandlungen und Abstimmungen in den politischen Gremien der übergeordneten Ebene. Es geht also um die „forms of participation, representation and accountability in the European political process" (Maduro 1998, 111), die für die demokratische Qualität der (Reregulierungs-)Entscheidungen des Gemeinschaftsgesetzgebers bürgen. Soweit der Europäische Gerichtshof die zentralen Gesetzgebungsorgane in ihren Harmonisierungstätigkeiten ersetzt oder ergänzt (‚judicial harmonisation'), kommt es darüber hinaus auf die demokratische Qualität des Rechtsdiskurses und der Gerichtsentscheidungen an. Tatsächlich ist nach der hier referierten Studie „the European Economic Constitution, to a large extent, a result of participation and representation in the European judicial process" (Maduro 1998, 28). Im Grundsatz stützt sich das zentralisierte Modell dabei auf eine positive Integration, „which is legitimised through the development of traditional democratic mechanisms" (Maduro 1998, 109); das bisher (aus klassischer Sicht) diagnostizierte Demokratiedefizit würde demnach mit einer modellkonformen Weiterentwicklung der Gemeinschaft – etwa zu einem demokratischen Bundesstaat Europa – hinfällig. Damit ist aber noch nichts über den demokratischen Gehalt *einzelner* (Harmonisierungs-)Entscheidungen besagt. Zu deren Beurteilung lässt sich anhand der Unterscheidung von starken Mehrheiten und schwachen Minderheiten bzw. schwachen Mehrheiten und starken Minderheiten ein einfaches Analyseraster entwickeln (vgl. Maduro 1998, 116 ff.): Dabei geht es darum, dass sich im Entscheidungsverfahren *aus systematischen Gründen* bisweilen eine ‚starke' Gruppe (Minderheit oder Mehrheit) auf Kosten einer ‚schwachen' Gruppe (Mehrheit oder Minderheit) durchsetzen kann, ohne dass dies als *substanziell* gerechtfertigt und demokratisch legitimiert erschiene. In diesem Fall repräsentiert das in der Entscheidung (vorgeblich) zum Ausdruck gebrachte Gemeinschaftsinteresse lediglich das Interesse einer starken Minderheit auf Kosten einer schwachen Mehrheit oder einer starken Mehrheit auf Kosten einer schwachen Minderheit – sei es der Mitgliedstaaten, sei es sonstiger (nicht national organisierter) Interessengruppen:

> „We could call the first type vertical minoritarian and majoritarian biases, as they concern the relation between States and the European Union political process; and, the second type could be called horizontal majoritarian and minoritarian biases as they derive from pressures which are spread throughout the Member States." (Maduro 1998, 117 f.)

Was nun die institutionellen Entscheidungen zur Warenverkehrsfreiheit betrifft, richtet sich die Gesetzgebung offiziell nach dem Mehrheitsprinzip, also (im Rat) nach dem qualifizierten Mehrheitswillen der Mitgliedstaaten. Gleiches gilt für die Rechtsprechung, sofern man die in der Studie beigebrachten Belege für einen mitgliedstaatenbezogenen ‚majoritarian activism' des Gerichtshofs akzeptiert. Im Zusammenhang mit dem zentralisierten Ideal einer Wirtschaftsverfassung wird dort weiter ausgeführt, dass die *Reregulierung* des Gemeinsamen (Güter-)Marktes das doppelte Risiko eines (Mehrheits-)Bias zugunsten ressourcenstarker und einflussreicher Mitgliedstaaten und eines (Minderheits-)Bias zugunsten einer gut organisierten, proeuropäischen Elite enthält. Unter diesen Umständen könnte ein ‚zentralisierungsfreundliches' Fallrecht den Eindruck erwecken, dass auch die Richter nicht vorurteilslos, ohne mehrheits- oder minderheitsbezogenen Bias, urteilten (vgl. Maduro 1998, 118 ff. u. 123 ff.). Analog zur Reregulierung wäre auch für die *Deregulierung* nach solcherlei Voreingenommenheit zu fahnden, die sich auf die Urteilsbildung des Gerichtshofs auszuwirken vermag. In diesem Fall genügte bereits eine (hinreichend starke) Minderheit der Mitgliedstaaten, im verfassungsrechtlichen Grenzfall das

Veto eines Einzelstaats, um die *Korrektur* eines gerichtlich forcierten Deregulierungsschritts zu verhindern, also diesen im Nachhinein zu bestätigen (Risiko eines vertikalen Minderheitsbias). Zugleich wäre das politische Gewicht transnational organisierter Interessengruppen, insbesondere der grenzüberschreitend tätigen Unternehmen, in Rechnung zu stellen (Risiko eines horizontalen Minderheitsbias). In der (Wirtschaftsverfassungs-)Realität gibt es also nicht nur politische Konstellationen, die eine richterliche *Re*regulierung wahrscheinlicher machen, sondern auch solche, die eine richterliche *De*regulierung unter den Realbedingungen der Politik wahrscheinlicher machen als unter den Idealbedingungen der Demokratie (einschließlich grenzübergreifend gesicherter Chancengleichheit).

4.3.2.3 Primat mitgliedstaatlicher Politiken: Nichtdiskriminierung

Das dritte in diesem Diskussionszusammenhang aufgeführte Wirtschaftsverfassungsmodell wird als ‚dezentralisiertes Modell' (vgl. Maduro 1998, 143 ff.) sowohl dem zentralisierten Modell als auch dem kompetitiven Modell gegenübergestellt: *Einerseits* geht es wie das Harmonisierungsmodell davon aus, dass eine politische (Eingriffs-)Steuerung der (Markt-)Wirtschaft demokratisch gerechtfertigt werden kann. Zugleich präferiert es aber die mitgliedstaatlichen gegenüber den (als demokratisch defizitär erachteten) gemeinschaftlichen Legitimationsmechanismen: „The third vision still sees the highest source of legitimacy in national democratic legitimacy. The legitimacy of the European Economic Constitution derives therefrom and is thus conditioned." (Maduro 1998, 109). *Andererseits* bevorzugt das dezentralisierte Modell wie das Wettbewerbsmodell Regelungsvielfalt auf nationaler Ebene gegenüber supranationaler Regelvereinheitlichung – und ermöglicht somit einen Regulierungswettbewerb. Dieser wird jedoch nicht über den (grenzüberschreitenden) Markt geleitet, sondern allein über die (mitgliedstaatliche) Politik, und zwar durch „exercise of political pressure on the States' political systems through voting, lobbying and the choice of jurisdiction" (Maduro 1998, 145). Entsprechend diesen beiden Abgrenzungen lässt sich das ‚dritte' Modell alternativ als Modell der ‚staatlichen Regulierung' *oder* als Modell des ‚Regulierungswettbewerbs' beschreiben, wobei das entscheidende Merkmal jedoch in der nachgestellten Bedingung der ‚Nichtdiskriminierung' liegt (‚state regulation under non-discrimination' bzw. ‚competition among rules under non-discrimination'):

> „The decentralised model can be summarised as a system in which States retain regulatory powers, but are at the same time, required not to discriminate against foreign products or persons in their exercise of those powers. To a great extent, this is still a model based on competition." (Maduro 1998, 143)

Den Wettbewerbsrahmen gibt nicht ein allgemeines Prinzip gegenseitiger Anerkennung vor, nach dem in jedem Mitgliedstaat zwischen Produkten (bzw. Produktionsfaktoren) mit unterschiedlichem Regulierungshintergrund gewählt werden kann, sondern ein allgemeines Prinzip der Nichtdiskriminierung, nach dem Produkte (bzw. Produktionsfaktoren) im jeweiligen Mitgliedstaat einheitlich geregelt werden. Wer niedrigere oder höhere Regulierungsstandards wünscht, dem bleibt nur, im eigenen Staat für einen (Politik-)Wechsel zu werben – oder den Staat zu wechseln. Wer umgekehrt seine Produkte gemeinschaftsweit vermarkten will, hat sich auf die verschiedenen Regulierungsprofile der Mitgliedstaaten einzustellen; es besteht aber auch die Möglichkeit, durch anbieterseitige Harmonisierung (auf einem hohem Schutzniveau) auf einen Schlag Zugang zum gesamten Markt zu erhalten.

In diesem Modell genießen also die Mitgliedstaaten Regulierungsvorbehalte gegenüber der Gemeinschaft, soweit sie davon keinen (unberechtigt) diskriminierenden bzw. protektionistischen Gebrauch machen. Wegen ihrer größeren (Volks- bzw.) Bürgernähe erscheinen sie demokratisch grundsätzlich besser legitimiert, entwickeln aber eo ipso einen ‚national bias', der leicht unter Protektionismusverdacht gerät – gerade wenn es sich um eher wirtschaftspolitisch denn innenpolitisch bestimmte nationale Sonderinteressen zu handeln scheint. Über das Nichtdiskriminierungsverbot lassen sich also die in *diesem* Punkt (der nationalen Selbstbezüglichkeit) defizitären mitgliedstaatlichen Demokratien in Richtung einer Einbeziehung der legitimen Interessen der (Unions-)Bürger jenseits der eigenen Staatsgrenzen umbauen und auf diesem Wege europatauglich bzw. ‚gemeinschaftsfähig' machen. Dieser Gedanke, die nationalstaatliche Demokratie supranational ‚aufzuheben', ist in der Diskurstheorie und insbesondere im deliberativen Supranationalismus (vgl. Kap. 3.2) ausgearbeitet, an den die vorliegende Studie zumindest in ihren normativen Prämissen und Implikationen anknüpft (während sie in der institutionellen Weiterung des Diskursbegriffs bzw. dessen Verbindung mit einer ‚komparativen institutionellen Analyse' einen eigenen Weg geht; vgl. Maduro 1998, 59, Fn. 109). Was nun die Bedeutung des dezentralisierten Modells in der europäischen Verfassungspraxis, insbesondere der Rechtsprechungspraxis anbelangt, so lässt sich argumentieren, dass „[a]nti-protectionism readings of Article 30 [now 28] [...] tend to promote a decentralised model for the Union" (Maduro 1998, 109). Während die *klassische* antiprotektionistische Lesart des Diskriminierungsverbots (im Kontext der Grundfreiheiten) an der besonderen Legitimität nationalstaatlicher Demokratien noch keinen Zweifel lässt, verlangt eine trans- bzw. supranational *reflektierte* Lesart, stärker auf die aus den mitgliedstaatlichen Interdependenzen abgeleiteten Ansprüche wechselseitiger demokratischer Rücksichtnahme einzugehen. D. h. der Antiprotektionismus- bzw. Nichtdiskriminierungstest, an dem sich der EuGH nach der hier referierten Auffassung künftig orientieren sollte, würde noch etwas anspruchsvoller:

> „[T]o interpret Article 30 [now 28] as only prohibiting protectionist measures is no longer sufficient in the present stage of European integration. The existence of a common market and the political dimension of European integration means that all decisions which concern that market should take all affected interests into account. It is suggested that the Court of Justice should [...] ensure that there is no under-representation of the interests of nationals of other Member States in the national political process." (Maduro 1998, 173)

In der Zusammenschau dieser drei Modelle, die unterschiedliche institutionelle (bzw. konstitutionelle) Entscheidungen repräsentieren, steht das kompetitive Modell für eine (Politik-)Entscheidung durch den Markt, das zentralisierte Modell für ein Entscheidungsvorrecht der Gemeinschaft und das dezentralisierte Modell für eine

Prärogative der Einzelstaaten *als Mitglieder* einer Wirtschaftsgemeinschaft (Maduro 1998, 112; vgl. Armstrong 2002, 229 f.). Gerichtsentscheidungen über die Definition und Allokation von Regulierungskompetenzen vermitteln immer auch zwischen diesen Alternativen einer europäischen Wirtschaftsverfassung. In der Anlage der referierten Studie sollen die drei Modelle zwischen der (Rechts-)Theorie und (Rechts-)Praxis einer europäischen Wirtschaftsverfassung vermitteln helfen. Sie enthalten alternative Deutungsangebote für die bisherige Entwicklung und Weiterentwicklung der Gemeinschaftsverträge im Gesetzesrecht (durch den Gemeinschaftsgesetzgeber, mit den Vertragsherren im Hintergrund) und im Richterrecht (durch den Europäischen Gerichtshof, mit den nationalen Gerichten im Hintergrund). Sie *können* eine empirische Analyse des (formal und institutionell bestimmten) Diskurses in der europäischen Rechtsgemeinschaft leiten, *sollen* dem Rechtsdiskurs aber vor allem eine normative Orientierung geben:

> „The discourse among the alternative models of the European Constitution is both a reflection of and reflected in the interpretation and application of the Treaty rules. The debate on these rules should thus be based on these constitutional models, the institutions dominating them and the underlying values and goals." (Maduro 1998, 150)

Im Kontext der vorliegenden Arbeit, die in einer soziologischen (Außen-)Perspektive verfasst ist und sich jenseits der normativen Auseinandersetzung zwischen ‚ökonomischen' und ‚politischen' Wirtschaftsverfassungsrechtlern stellt, steht hingegen der (im Lichte dieser drei Modelle beobachtbare) *empirische* Wandel der europäischen Wirtschaftsverfassung im Vordergrund. Genauer geht es um die Frage, wie sich die Durchsetzungschancen der verschiedenen Verfassungskonzeptionen über die Zeit verändert haben – und warum.

4.3.3 Wirtschaftsverfassungskonzeptionen im Außenverhältnis

(West-)Europa kann in der modernen Weltgeschichte als globale Ordnungsmacht betrachtet werden, jedoch weniger als ein ‚Weltpolizist', der sich auf politische und militärische Überlegenheit stützen konnte, denn als ‚the world's trader, the world's lawyer' (Therborn 2002), der sein wirtschaftliches und normatives Gewicht in die Gestaltung der Außenhandelsbeziehungen und die internationale Verbreitung der ‚rule of law' einzubringen vermochte. Diese (Doppel-)Funktion hat sich auch auf die Europäische Wirtschafts- und Rechtsgemeinschaft übertragen, die „the interaction of law and trade in the making of Europe" (Therborn 2002, 409) geradezu idealtypisch verkörpert – und im Rahmen der so genannten ‚global governance' auch nach außen trägt. Ebendarin liegt ein wichtiges Motiv, sich mit der europäischen Wirtschaftsverfassung zu befassen, und zwar nicht nur in ihrer Binnendimension, sondern auch in ihrer Außendimension (vgl. Cremona 2001, 2002, 2004). Die Unterscheidung von Binnen- und Außendimension der Europäischen (Wirtschafts-)Gemeinschaft ist keineswegs trivial – zumindest nicht, wenn die Verträge als Gründungsdokument einer ‚transnationalen kapitalistischen Gesellschaft' (Ball 1996; vgl. ebd. 337 ff.) gelesen werden, die ja auf weltwirtschaftliche, weltgesellschaftliche Einbettung bzw. Ausdehnung angelegt ist, also zumindest vom Prinzip (des freien Austauschs) her über die europäischen Grenzen hinauswachsen soll. Europäisierung und Globalisierung (des Wirtschaftsverfassungsrechts) bleiben auch insoweit konzeptionell und empirisch miteinander verschränkt.

Ein institutioneller Vergleich unterschiedlicher Wirtschaftsverfassungsmodelle ist entsprechend nicht nur für die Ebene des europäischen Gemeinsamen Marktes, sondern auch für die Ebene der internationalen Handelsabkommen, an denen die EG/EU teilhat, möglich. Durch die Mitgliedschaft der Gemeinschaft im GATT bzw. in der WTO können diese Modelle nun normativ und empirisch aus europäischer Sicht (re-)konstruiert werden – als alternative Konzeptionen der Außendimension der europäischen Wirtschaftsverfassung. Die vom Europäischen Gerichtshof mit Bezug zum GATT/WTO-Recht ergangenen Urteile oder Gutachten können entsprechend zur Klärung des Verhältnisses des Gemeinschaftsrechts zu den ‚verrechtlichten' Welthandelsabkommen herangezogen werden und damit als Ausdruck der Außendimension der Wirtschaftsverfassungskonzeption der (im EuGH repräsentierten) europäischen Rechtsgemeinschaft gelten. Im Weiteren interessiert insbesondere, wie sich das ‚dritte' Modell der europäischen Wirtschaftsverfassung von der Binnen- in die Außendimension übertragen lässt. Zunächst ist jedoch der rechtstheoretische und rechtspraktische Status der internationalen Wirtschaftsverfassung (auf Ebene der Welthandelsorganisation) zu klären. Wiederum wird von einer vergleichenden ‚normativen Analyse' ausgegangen (im doppelten hermeneutischen Sinne einer ‚von Normen geleiteten Analyse von Normen'), die wahlweise einen Primat der Wirtschaft oder einen Primat der Politik in das Welthandelsrecht hinein- bzw. aus ihm herauszulesen vermag. Analog zur europäischen Ebene wird somit nun auch auf der globalen Ebene eine Unterscheidung verwendet bzw. verfeinert, die (mit Langer) zunächst eingeführt worden war, um zweierlei Typen der internationalen Wirtschaftsverfassung – den ökonomisch funktionalen Typus (EG/EU) und den normativ politischen Typus (GATT/WTO) – voneinander abzuheben. Wie im vorigen Kapitel ist mit einem (konstitutionen-)ökonomischen Vorverständnis zu beginnen, für das die demokratische Legitimität keine eigenständige, (verfassungs-)politische Kategorie darstellt. Sofern diese in der Argumentation überhaupt eine Rolle spielt, wird sie mit den wirtschaftlichen Grundfreiheiten gleichgesetzt bzw. aus der Allokationseffizienz des Marktes abgeleitet. Bei der Betrachtung des Welthandelsrechts, das (gemessen an konventionellen, staatstheoretischen Kriterien) von einer politischen Verfassung noch weit entfernt ist, überwiegt naturgemäß eine solche ökonomische ‚Verfassungsperspektive':

> „Wesentliche Teile der Argumentation der Vertreter der Verfassungsperspektiven des GATT/WTO-Rechts beruhen auf Aussagen der klassischen und neoklassischen Außenwirtschaftstheorie und der neuen politischen Ökonomie (*public choice* und *constitutional economics*)." (Krajewski 2001, 131; H. i. O.)

In diesem ökonomischen Theoriespektrum bewegen sich auch der nachfolgend für die globale Ebene spezifizierte Ordoliberalismus und die demokratietheoretisch etwas weiter ausholende ‚Theorie der Verfassungsfunktionen' des Welthandelsrechts (vgl. Krajewski 2001, 148 ff. u. 161 ff.). Beide Ansätze beruhen auf einem grundrechtlich und rechtsstaatlich spezifizierten ökonomischen Funktionalismus, mit dem die an einem Primat der Wirtschaft orientierte Position in der Debatte um eine ‚Konstitutionalisierung' des Welthandels gekennzeichnet werden soll. Im Anschluss wird dann über die an einem Primat der Politik orientierte(n) Gegenposition(en) erneut das Spektrum alternativer Wirtschaftsverfassungsmodelle – dieses Mal in einem globalen Referenzrahmen – erschlossen.

4.3.3.1 Primat des Weltmarktes: Außenhandelsfreiheit

Das Konzept einer ordoliberalen Wirtschaftsverfassung setzt zunächst nationalstaatlich bzw. volkswirtschaftlich an, lässt sich jedoch im Wege einer „Überwindung der Territorialität des Rechts mit den Mitteln des Rechts" (Mussler 1998, 59; vgl. Behrens 2001, 204) auf das Niveau der Weltgesellschaft – als einer sich im globalen Maßstab formierenden Privatrechtsgesellschaft – heben, also zum ‚Konzept einer Weltwirtschaftsverfassung' weiterentwickeln. Dabei bleiben das Prinzip der funktionalen Differenzierung von Markt und Staat und die Idee eines Rechtsstaats, der das (privatrechtliche) ‚Transaktionsrecht' gegenüber dem (öffentlich-rechtlichen) ‚Interventionsrecht' abgrenzt und schützt, erhalten:

> „Die Sicherung grenzüberschreitender transaktionsrechtlicher Handlungsspielräume für die Unternehmen ist [...] der wesentliche Zweck des ‚*Ordnungsrechts*'. Seine Funktion besteht in der Begrenzung der interventionsrechtlichen Handlungsmöglichkeiten der Staaten." (Behrens 2001, 203 f.; H. i. O.)

Die Globalisierung der Privatrechtsordnung bedürfe jedoch nicht unbedingt einer Globalisierung des Rechts*staats* im Sinne der Schaffung eines Weltstaates oder einer Weltorganisation, sondern lediglich einer Globalisierung der Funktionen des *Rechts*staats im Sinne der Schaffung eines Welt(transaktions)rechts. Dafür genüge es unter Umständen (funktionierender internationaler Systemwettbewerb, starke nationale Freihandelsinteressen), dass sich die einzelnen (Rechts-)Staaten von sich aus für ein globales Ordnungsrecht öffneten, es gewissermaßen selber schüfen, indem sie den innerstaatlich konstituierten individuellen Handlungsfreiheiten auch eine außerstaatliche, außenwirtschaftliche Wirkung verliehen (Behrens 2001, 204 u. 212 f.). Die ordoliberale Weltwirtschaftsverfassung entstünde solchermaßen im Konzert der – wirtschaftsverfassungsrechtlich interdependenten und miteinander konkurrierenden – nationalen Rechtsstaaten.

In einer stärker auf die internationale Kooperation und Verrechtlichung abstellenden Perspektive geraten neben den eigentlich rechts*staatlichen*, national*staatlichen* Wirtschaftsverfassungen auch die „Normen [...] des regionalen Integrationsrechts (supranationalen Gemeinschaftsrechts) sowie des allgemeinen und besonderen internationalen Rechts (Wirtschaftsvölkerrechts)" (Behrens 2001, 204) als Bestandteile der Weltwirtschaftsverfassung bzw. des ‚weltwirtschaftlichen Verfassungsverbunds' in den Blick. In praxi enthält diese(r) neben der idealtypischen transaktionsrechtlichen Dimension freilich auch eine interventionsrechtliche sowie eine verteilungspolitische Dimension, wobei in der Logik der ordoliberalen Theorie erstere Dimension nur dann gerechtfertigt erscheint, wenn – etwa beim Vorliegen öffentlicher Güter – ‚nicht über den Markt gesteuert werden *kann*', letztere Dimension hingegen dadurch gekennzeichnet ist, dass hier nicht über den Markt gesteuert werden *sollte*, weil redistributiv motivierte Eingriffe in den Preismechanismus per se die Allokationseffizienz des Marktes beeinträchtigten (Behrens 2001, 204 f.). Eine wesentliche Funktion des (Welt-)Ordnungsrechts besteht (im Sinne der ‚Begrenzung der interventionsrechtlichen Handlungsmöglichkeiten der Staaten') daher darin, öffentlich-rechtliche Eingriffe in private Eigentumsrechte zu kontrollieren, insbesondere zu prüfen, ob tatsächlich ein Kollektivgutproblem besteht, das zu Marktversagen führt und Maßnahmen der nationalen, supranationalen oder internationalen Regulierung (als im allgemeinen Interesse liegend) gerechtfertigt erscheinen lässt. Diese Entscheidung wird im nationalen Rechtsstaat, in der europäischen Rechtsgemeinschaft und zunehmend auch in der – ihrerseits verrechtlichten bzw. ‚juridifizierten' – Welthandelsorganisation vielfach dem Rechtsweg (und damit den Gerichten bzw. gerichtsähnlichen Organen) überlassen (vgl. Behrens 2001, 205 f. u. 210 f.).

In einem ähnlichen Fokus auf die Freiheitsrechte des Einzelnen und die Schutzpflichten des einzelnen Staats – also den (wirtschaftsverfassungsrechtlichen) Zusammenhang von Grundrechten und Rechtsstaaten – wird auch die ‚Theorie der Verfassungsfunktionen' formuliert und auf die Welthandels(rechts)ordnung bezogen (Petersmann 2001a; Petersmann 2001b; vgl. Krajewski 2001, 161 ff.). Der Begriff der Verfassungsfunktionen bezeichnet dabei genau genommen nicht die ökonomischen, sondern die politischen Funktionen der (Wirtschafts-)Verfassung, nähert aber letztere insoweit ersteren an, als im Mittelpunkt der Argumentation die individuelle Wirtschaftsfreiheit, hier vor allem in Gestalt der Außenhandelsfreiheit, steht. Es handelt sich also im Grunde um die klassischen (auch im Ordoliberalismus zitierten) „‚Verfassungsfunktionen' zum Schutze von Freiheit, Rechtsgleichheit und Rechtssicherheit der Bürger gegenüber freiheitseinschränkenden Missbräuchen staatlicher und auch gemeinschaftsrechtlicher Gewalt" (Petersmann 2001a, 370). In der Lesart dieser Theorie wird lediglich deren ‚demokratischer' und ‚menschenrechtlicher' Mehrwert besonders herausgestrichen (Petersmann 2001a, 376). Wiederum wird argumentiert, dass die (rechts-)staatlich bzw. (rechts-)gemeinschaftlich konstituierten Marktfreiheiten eine die Staats- bzw. Gemeinschaftsgrenzen überschreitende Außendimension besitzen, dass es also auch die Außenwirtschaftspolitik an freiheitsrechtlichen (und nicht an machtpolitischen) Maßstäben auszurichten gilt. Zwar obliege es in erster Linie der einzelstaatlichen (Wirtschafts-)Verfassung, die ‚Offenheit' des Marktes und die ‚Freiheit' des Wettbewerbs auch in den Außenbeziehungen durchzusetzen und wirtschaftspolitisch motivierte Interventionen entsprechend zurückzudrängen. Jedoch könnten diesem Theorieansatz zufolge in Ergänzung zum nationalen Recht auch das internationale und supranationale Recht ‚verfassungsähnliche Funktionen' übernehmen und somit konstitutionelle ‚Funktionszusammenhänge zwischen Staats-, Europa- und Völkerrecht' entstehen lassen (Petersmann 2001a, 374 f.). Indem etwa das Welthandelsrecht auf eine Reduzierung staatlicher

Eingriffe in außenwirtschaftliche Transaktionen hinwirke, vermindere es den ‚Bias' des nationalen Wirtschaftsrechts und des nationalen Rechtsstaats.

Trotz des möglichen Demokratisierungseffekts auf internationaler Ebene bleiben die ‚verfassungsähnlichen Funktionen' eines solchen überstaatlichen Rechts im Kern konstitutionenökonomisch bestimmt, d. h. bei der hier formulierten Verfassungsperspektive des WTO-Rechts handelt es sich in erster Linie noch um eine *wirtschafts*verfassungsrechtliche Perspektive (vgl. Krajewski 2001, 129 ff., 152 ff. u. 186 ff.). Dabei setzt die Konstitutionalisierung der Außenhandelsfreiheit schon aus begrifflichen Gründen zunächst eine nationale Perspektive voraus. Ähnlich wie in der verfassungs*politisch* gehaltvolleren Diskurstheorie kommt an dieser Stelle die These eines Versagens des Nationalstaats (als eines nationalen Rechts- und Verfassungsstaats) ins Spiel: Konkret geht es um den ‚Protektionismus als Verfassungsproblem', also den Hang des Einzelstaats, die Außenhandelsfreiheit in einer – aus freihändlerischer Sicht: verzerrten – Wahrnehmung der nationalen Interessen besonders zu reglementieren (Krajewski 2001, 162). Unter diesen Umständen stelle das die Liberalisierung des Außenhandels forcierende Welthandelsrecht eine „Ergänzung und Erweiterung der nationalen Verfassungen" (Krajewski 2001, 197) dar. Entsprechend lässt sich die Theorie der Verfassungsfunktionen als „Ergänzung der nationalen Verfassungstheorien" (Krajewski 2001, 203) verstehen – zumal ein bisher ‚politisierter' Rechtsbereich nunmehr ‚konstitutionalisiert' würde. Diese nationalstaatlich bestimmte Perspektive kommt im Begriff der ‚völkerrechtlichen Nebenverfassung' zum Ausdruck:

> „Das GATT/WTO-Recht wird nicht explizit als ‚Verfassungsrecht' bezeichnet, sondern soll dieses nur ergänzen, weshalb die Bezeichnung ‚völkerrechtliche Nebenverfassung' die Aussagen der Theorie der Verfassungsfunktionen zutreffend beschreibt." (Krajewski 2001, 187)

Um auch die Perspektive der ‚Konstitutionalisierung der *inter*nationalen Rechtsordnung' zu erfassen, also die Besonderheiten des entstehenden ‚globalen', ‚freiheitlichen' und ‚nicht-diskriminierenden' ‚Integrations-, Verfassungs- und Weltbürgerrechts' gegenüber dem vormals dem ‚Primat der Außenpolitik' gehorchenden, ‚macht-orientierten Koexistenzvölkerrecht' (Petersmann 2001a, 367, 369 u. 372), bietet sich jedoch alternativ auch (und wiederum mehr im ökonomischen denn im politischen Sinne) der Begriff der ‚Weltwirtschaftsverfassung' an (vgl. Krajewski 2001, 186 f., 203 f. u. 208 ff.): Darin ist nicht nur die ‚Verfassungsperspektive' der internationalen Rechtsordnung enthalten (im Sinne einer Wendung vom Staat zum Subjekt – und zur unmittelbaren Anwendbarkeit), sondern wird überdies auf die zunehmende „Durchdringung der Staatlichkeit durch transnationale Sachverhalte" (Krajewski 2001, 203) aufmerksam gemacht.

In der Debatte um eine ‚Konstitutionalisierung' des Welthandels besitzen diese einem *Primat der Wirtschaft* verpflichteten wirtschaftsverfassungsrechtlichen Konzeptionen ein großes Gewicht. Im Folgenden werden sie aufgrund ihrer Gemeinsamkeiten (in der Grundlegung) und trotz ihrer Unterschiede (in der Zuspitzung) in *einem* Grundmodell der Weltwirtschafts- bzw. Welthandelsverfassung zusammengefasst, zu dem wiederum Alternativen formuliert werden sollen, die sich von einem *Primat der Politik* herleiten lassen. Es ist jedoch auch in diesem Kapitel keine normative Aussage über die ‚rechte' Ausgestaltung einer internationalen Wirtschaftsverfassung beabsichtigt; vielmehr interessiert das empirische ‚Schicksal' der Verfassungskonzeptionen im Spannungsfeld von Wirtschaft und Politik, Europäisierung und Globalisierung. Wie in den Ausführungen zur (Binnendimension der) europäischen Wirtschaftsverfassung lassen sich auch für die Wirtschaftsverfassung der Welthandelsorganisation (bzw. die Außendimension der europäischen Wirtschaftsverfassung drei grundlegend verschiedene Modelle formulieren und einer ‚vergleichenden institutionellen Analyse' unterziehen. Hierzu werden im Anschluss jeweils zwei unterschiedlich pointierte Varianten vorgestellt. Die erste Variante entstammt einem Aufsatz, der den Untertitel „A Constitutional Analysis of the Impact of International Trade on the European Social Model" (Maduro 2001) trägt und auf den Begrifflichkeiten und der Argumentation der im Vorigen ausführlich besprochenen Studie zur Binnendimension der europäischen Wirtschaftsverfassung (in der Rechtsprechung des EuGH) aufbaut. Die zweite Variante wird in einem (zweiteiligen) Aufsatz entwickelt, der ebenfalls an diese Studie anknüpft, wobei dem Modellvergleich (im zweiten Teil des Aufsatzes) eine selbstständige demokratietheoretische Problematisierung der ‚Entkopplung von Recht und Politik' in der WTO (im ersten Teil des Aufsatzes) vorangestellt wird. Beide Varianten lassen sich (mit unterschiedlichem Schwerpunkt) ihrer normativen Intention nach als Rechtfertigungen eines *politischen* – sozialen und demokratischen – Wirtschaftsverfassungsbegriffs verstehen, wobei erstere ein stärkeres Gewicht auf die materielle (sozialpolitische) Komponente legt und letztere auf die formale (rechtspolitische) Komponente. Beide eröffnen eine Vergleichsperspektive von der EG (bzw. EU) auf die WTO, in der Gemeinsamkeiten und Unterschiede deutlich werden und in der auch die (Rechts-)Beziehung zwischen diesen beiden internationalen Wirtschaftsorganisationen gedacht werden kann. Die Konstruktion dieses Rechtsverhältnisses in der Rechtsprechung des EuGH gibt ersten Aufschluss über die richterrechtliche Eigenart der Außendimension der europäischen Wirtschaftsverfassung.

4.3.3.2 Primat mitgliedstaatlicher Politiken: Unilateralismus

Die erste Variante des auf die Ebene der Welthandelsorganisation übertragenen Modellvergleichs formuliert als Prämisse „the constitutional autonomy of different political communities to exercise social self-determination and freely choose their domestic social policies" (Maduro 2001, 261). Das hier in einer materiellen Version postulierte ‚höchste' Recht auf (sozial-)politische Selbstbestimmung wird aus zwei widerstreitenden außenwirtschaftlichen bzw. außenwirtschaftspolitischen Standpunkten destilliert, die in Kurzform als ‚freier Handel' versus ‚fairer Handel' benannt werden. Für die einen gefährde zu viel Liberalisierung das soziale Selbstbestimmungsrecht, weil sich einige unter Wettbewerbsdruck stehende Staaten gezwungen sähen, ihr präferiertes Regulierungsniveau abzusenken; für die anderen beeinträchtige umgekehrt zu viel Standardisierung (‚level playing-field') das soziale Selbstbestimmungsrecht, weil sich einige politisch unter Druck gesetzte Staaten gezwungen sähen, ihr präferiertes Regulierungsniveau heraufzusetzen (Maduro 2001, 259 ff.). Beide Seiten würfen einander also eine Manipulation der konstitutionellen Autonomie ‚politischer Gemeinschaften' vor. Der dieser Interpretation zugrunde liegende (Wirtschafts-)Verfassungsbegriff geht somit von den sozialpolitischen (d. h. auch wirtschaftspolitischen) Gestaltungsspielräumen aus, die den einzelnen Staaten und politischen Gemeinschaften auch als Mitgliedern einer internationalen Wirtschaftsorganisation – in diesem Falle der WTO – zustünden. Darin liegt bereits eine normative (Vor-)Entscheidung zugunsten einer dezentralen (sozial-)politischen Gestaltung (und demokratischen Legitimation), die sich auch in der Bewertung der einzelnen Modelle niederschlagen wird. Das Untersuchungsinteresse richtet sich in diesem Zusammenhang nun gleichzeitig auf

> „the way in which the WTO and free trade affect the constitutional definition of our political communities and the extent to which states and other polities (such as the EU) remain the primary way of expressing our individual interests and participating in both domestic and international decision-making affecting social policies" (Maduro 2001, 266).

Tatsächlich scheint der normative Maßstab für den institutionellen Vergleich der alternativen Modelle einer internationalen Wirtschaftsverfassung dem Ausgangsmodell des (nationalstaatlich organisierten) demokratischen Verfassungsstaats entlehnt zu sein. So wird argumentiert, dass es durch die internationale Öffnung und Integration der Volkswirtschaften zu einer ‚Erosion' der nationalen (Wirtschafts-)Verfassungen und zu vermehrten Konflikten zwischen diesen komme (Maduro 2001, 271). „The constitutional relevance of international trade can be seen in the impact it has on the social self-determination of classical political communities (mainly states)." (Maduro 2001, 266). Die konstitutionelle Bedeutung des Welthandels liegt demnach weniger in seiner eigenen Verfasstheit als darin, dass er das traditionelle Verfassungsgefüge aus den Angeln hebt; sie wird weniger durch die (von Befürwortern des Freihandels betonten) individuellen Freiheits- und kollektiven Wohlfahrtsgewinne bestimmt als durch die (von Kritikern des Freihandels betonten) Autonomieverluste traditioneller politischer Gemeinschaften. Alles in allem bedrohe der Welthandel „not only the exercise of constitutionalism at the state level but also the conditions of constitutionalism in general" (Maduro 2001, 266). In einer weiter gefassten institutionellen Perspektive wird die Liberalisierung des Welthandels als Moment des Wandels der gesellschaftlichen Teilhabe- und Vertretungsstrukturen – „a change in the overall patterns of participation and representation in social decision-making" (Maduro 2001, 266) – verstanden. Dabei geht es sowohl um die Verlagerung von Entscheidungen von der Politik in die Wirtschaft als auch von der nationalen Ebene auf die inter- und supranationale Ebene.

> „The transfer of power generated by international trade to new forms of decision-making such as the market, international standard-setting institutions and supra-national judicial bodies brings forward new problems of representation and participation which highlight the remaining virtues of the state and other traditional polities and the primordial role that they must continue to play as the default form of representation and participation." (Maduro 2001, 269)

Die Entwicklung eines internationalen Verfassungsrahmens soll in dieser Argumentation also durch die Rückfallposition des demokratischen Verfassungsstaats normativ abgesichert werden.

Wie im Falle des Gemeinsamen Marktes stellt also auch im Falle des Welthandels der (mit der wirtschaftlichen Integration verbundene) Wandel der gesellschaftlichen Beteiligungsstrukturen den eigentlichen Gegenstand der (institutionell vergleichenden) Analyse dar. Unterschiede bestünden weniger in diesem Untersuchungsansatz als in den aus ihm für die ‚Verfassung' des Welthandels gewonnenen normativen Einsichten:

> „[B]oth the institutional alternatives and the criteria to choose among them are substantially altered by the different political, legal and economic contexts of the EU and the WTO. The fact that the same analytical tools are employed does not lead to identical institutional choices […]." (Maduro 2001, 274, Fn. 27)

Dabei werden die institutionellen Alternativen – gemäß dem sozialpolitischen Erkenntnisinteresse der Untersuchung – daran festgemacht, in welcher Weise im jeweiligen Modell über Sozialstandards entschieden wird (bzw. entschieden werden soll), ob im freien Spiel der Marktkräfte, auf Höhe der Staatengemeinschaft oder in den einzelnen politischen Gemeinschaften. Trotz der angekündigten ‚substanziellen' Abwandlung der Verfassungsalternativen (und Auswahlkriterien) kann weiterhin zwischen einem Wettbewerbsmodell (oder kompetitiven Modell), einem Harmonisierungsmodell (oder zentralisierten Modell) und einem Modell mit einzelstaatlicher bzw. einzelgemeinschaftlicher Entscheidungsprärogative (kurz: dezentralisierten Modell) unterschieden werden (Maduro 2001, 274). Die Modellwelt bleibt also – soweit es aus der sehr knapp gehaltenen Darstellung ersichtlich ist – zumindest, was die Grundausrichtung der einzelnen Modelle betrifft, im Übergang von der europäischen zur internationalen bzw. globalen Wirtschaftsverfassungsebene konsistent. Dies wird besonders am *Wettbewerbsmodell* deutlich, demgemäß die Bestimmung von Sozialstandards dem Markt überlassen bleiben soll. Mit dem Vorbehalt, dass es nicht gleichermaßen eine ‚globale politische Gemeinschaft' gibt wie eine ‚europäische politische Gemeinschaft' bzw. sich jene nicht im gleichen Maße wie diese demokratisieren lässt, gilt dies aber auch für das *Harmonisierungsmodell*, das im institutionellen Kontext des Welthandels über die Festlegung gemeinsamer Sozialstandards „either at the level of the WTO or by demanding ratification of ILO-agreed social rights" (Maduro 2001, 274) charakterisiert wird. Und das *dritte Modell* erschließt sich erneut über den (wirtschafts- und sozial-)politischen (Gestaltungs-)Wettbewerb unter alleiniger Bedingung der Nichtdiskriminierung und repräsentiert so in besonderer Weise das normative (Untersuchungs-)Anliegen, den Primat der Politik zu wahren und insbesondere nicht hinter die Legitimationsmöglichkeiten des demokratischen Verfassungsstaates zurückzufallen. Es wird hier näher bezeichnet als ‚unilateralistisches' Modell, dessen Besonderheit darin besteht, „to authorise each political community to condition free trade on the acceptance by other parties of its non-discriminatory social standards" (Maduro 2001, 274).

Dieses dritte Modell wird zugleich als Ausweg aus dem Dilemma zwischen marktlich gesteuertem ‚freien Handel' und zentral gesteuertem ‚fairen Handel' bzw.

zwischen ‚globalem Markt' und ‚internationalem politischen Prozess' (Maduro 2001, 274) betrachtet, was der Unterscheidung von Wettbewerbsmodell und Harmonisierungsmodell entspricht:

> „Should free trade and economic liberalisation be pursued as an end in themselves aimed at promoting competition among states; or does free trade require the setting up of institutions responsible for adopting a ‚level playing field' and common policies with regard to some public interests? If neither, how can the social self-determination of the original political communities be safeguarded in the context of free trade?" (Maduro 2001, 273)

Die Antwort liegt – so das (normative) Ergebnis der Untersuchung – in der Akzeptanz ‚unilateraler' sozialpolitischer Regulierungsmaßnahmen, solange diese ein Resultat demokratischer Entscheidungsprozesse bzw. der ‚konstitutionellen Selbstbestimmung' einer politischen Gemeinschaft darstellen und keine Benachteiligung (Diskriminierung) der Mitglieder anderer politischer Gemeinschaften bezwecken. Praktisch bedeutet die Einbeziehung des dritten Idealmodells, dass im realen Spannungsfeld wirtschaftlicher Integration und dem damit verbundenen verfassungsmäßigen Umbau der Beteiligungsstrukturen nicht nur der Ausgleich zwischen Deregulierung (auf Ebene des Weltmarktes) und Reregulierung (auf Ebene internationaler Organisationen) zu suchen ist, sondern auch zwischen dezentraler, ‚demokratischer' Regulierung auf der einen und De- bzw. Reregulierung auf der anderen Seite. Der Legitimität der „traditional forms of constitutional participation and representation" (Maduro 2001, 274) wird also bei der Ausbalancierung der Interessen im Zusammenhang mit der Liberalisierung des Handels ein erhebliches Eigengewicht beigemessen.

Was die Anlage dieser Untersuchung nun für die Betrachtung der europäischen Wirtschaftsverfassung (nicht nur in der Binnendimension, sondern auch in der Außendimension) besonders interessant macht, ist, dass als (bestehende) politische Gemeinschaften, deren Legitimitätsstrukturen in die ‚Verfassung' des Welthandels einzubeziehen seien, „states and other polities (such as the EU)" (Maduro 2001, 266) benannt werden. Die EU erscheint gegenüber der ‚zentralen', (nahezu) globalen WTO also als ‚dezentrale', regionale Politikeinheit neben anderen, nationalen Politikeinheiten, während sie im vorigen Kapitel (bzw. in der vorigen Studie) selber als zentrale politische Autorität den einzelnen Mitgliedstaaten gegenüberstand. Das Verhältnis der Gemeinschaft zur Welthandelsorganisation (in der Außendimension der europäischen Wirtschaftsverfassung) lässt sich demnach in gleicher Weise erschließen wie das Verhältnis der Mitgliedstaaten zur Gemeinschaft (in der Binnendimension der europäischen Wirtschaftsverfassung). Ebenso plausibel wäre es allerdings, WTO und EU als zweierlei internationale Wirtschaftsorganisationen nebeneinanderzustellen und den ‚klassischen' bzw. ‚traditionellen' politischen Gemeinschaften (vgl. Maduro 2001, 266 u. 271) gegenüberzustellen. Die EU kann sich also zugleich in einer ‚dezentralen' Position (gegenüber der WTO) und in einer ‚zentralen' Position (gegenüber ihren Mitgliedstaaten) befinden; genau darin liegt ihre *Mittlerrolle* zwischen dem globalen und dem nationalen Pol der (internationalisierten) Wirtschaftsverfassung (vgl. Maduro 2001, 279 ff.). Unter der Annahme, dass zwischen den beiden Modellwelten, in denen sich die Binnen- und die Außendimension der europäischen Wirtschaftsverfassung beschreiben lassen, ein ideeller Zusammenhang besteht (zumal in *beiden* Fällen die grundlegenden Alternativen *einer* internationalen Wirtschaftsverfassung angesprochen sind), kann nun mit durchgehender Referenz auf die EU nach realen Brüchen im Übergang von der Binnendimension zur Außendimension gefahndet werden. Tatsächlich zeigt sich in der Rechtspraxis, dass sich die im Inneren herausgebildete Wirtschaftsverfassungskonzeption nicht einfach in dem Sinne nach außen stülpen lässt, dass nun das Verhältnis zwischen Weltmarkt, WTO und EU genauso geregelt würde wie das Verhältnis zwischen Binnenmarkt, EU und Mitgliedstaaten. Insbesondere kann im Außenverhältnis der Gemeinschaft nicht die gleiche Deregulierung erreicht werden wie im Innenverhältnis (was aber in der Konsequenz des Wettbewerbsmodells läge), weil die Bedingungen der (multilateralen) Reregulierung im Weltmaßstab andere sind als in sechs, zwölf, fünfzehn oder fünf- bzw. siebenundzwanzig EG/EU-Staaten und damit auch die Rückfallposition der (unilateralen) Regulierung bei der ‚Verfassung' des Welthandels eine andere Bedeutung besitzt.

4.3.3.3 Primat mitgliedstaatlicher Politiken: Nichtdiskriminierung

Bevor dieser Gedanke für das ‚dritte' Modell einer internationalen bzw. europäischen Wirtschaftsverfassung in verallgemeinerter Fassung weiter ausgeführt wird, ist noch auf die zweite Variante des auf die Ebene der Weltwirtschaft und der Welthandelsorganisation gehobenen Modellvergleichs einzugehen. Während die vorige Untersuchung darauf hinauslief, eine Fortschreibung der europäischen Sozialpolitik auch unter veränderten weltwirtschaftlichen Rahmenbedingungen zu rechtfertigen, genauer: das ‚europäische Sozialmodell' (in der Außendimension) als Beispiel des dritten, unilateralen Verfassungsmodells demokratietheoretisch aufzuwerten (vgl. Maduro 2001, 279 ff.), bleibt die zweite Variante auf eine abstrakte Argumentationsführung beschränkt: Im ersten Teil des zugrunde liegenden Aufsatzes wird mit der ‚Entkopplung von Recht und Politik' ein – hier: normativ gefasstes – Problem formuliert, das mit der (einseitigen) Verrechtlichung internationaler (Wirtschafts-)Beziehungen auftritt und gemeinhin als ‚Demokratiedefizit' (Mangel an Mitbestimmungsrechten) wahrgenommen wird. Im zweiten Teil werden in Form der verschiedenen Modelle einer internationalen Wirtschaftsverfassung „unterschiedliche Lösungsstrategien" (von Bogdandy 2001c, 425) für ebendieses Problem formuliert, wobei das dritte Modell, das die nationalstaatliche Integrität von Recht und Politik in besonderer Weise zu wahren verspricht, gegenüber den anderen Modellen normativ präferiert wird. Die Referenzebene bildet jeweils die Welthandelsorganisation; in unterscheidender und vergleichender Absicht wird jedoch auch auf „das politische System der EU" (von Bogdandy 2001b, 279) Bezug genommen: Einerseits wird (zur Spezifizierung der Problemstellung) die besondere Konstellation der Verrechtlichung und gleichzeitigen ‚Entpolitisierung' bzw. ‚Entdemokratisierung' auf WTO-Ebene in einem Vergleich mit der europäischen Ebene verdeutlicht; andererseits wird (zur Spezifizierung der Lösungsstrategien) auf Verfassungsmodelle der europäischen Rechtstheorie und – wie weiter oben argumentiert – auch der Rechtspraxis zurückgegriffen und ihre Übertragbarkeit auf die globale Ebene erprobt (von Bogdandy 2001c, 425, inkl. Fn. 2). Tatsächlich wird an anderer Stelle die Auseinandersetzung um das Verhältnis des EU-Rechts zum WTO-Recht „als Verlängerung der internen Debatte über die Wirtschaftsverfassung" (von Bogdandy 2001a, 40) interpretiert.

Die Entkopplung von Recht und Politik wird im vorliegenden Argumentationszusammenhang nicht im systemtheoretischen Sinne einer funktionalen Differenzierung von Recht und Politik (dies- und jenseits nationaler Grenzen) gefasst, sondern eher im staats- oder demokratietheoretischen Sinne einer ‚regionalen' Differenzierung von Recht und Politik, genauer: eines Herauswachsens des (internationalisierten) Rechts aus den (nationalstaatlichen) Legitimationsstrukturen. Ausgangspunkt ist das klassische Prinzip der Gewaltenteilung, nach dem die Staatsgewalt zwischen voneinander unabhängigen Staatsorganen aufzuteilen ist, also die staatlichen Funktionen der Gesetzgebung, Vollziehung und Rechtsprechung getrennt voneinander zu ‚institutionalisieren' bzw. zu ‚organisieren' sind. Diesen ‚innerstaatlichen' Funktionen kann eine ‚auswärtige' (Exekutiv-)Funktion hinzugefügt werden (vgl. von Bogdandy 2001b, 266, inkl. Fn. 12). Dabei wird angenommen, dass diese unterschiedlichen (aus der Staatsgewalt abgeleiteten) Funktionen auf einer ‚(rechts-)staatlichen' Ebene – traditionell auf Ebene des Nationalstaats – integriert sind bzw. integriert sein sollten. Unter dieser Prämisse wird auch die Aufgabenstellung der Welthandelsorganisation (gemäß Art. III WTO) auf eine staatliche bzw. überstaatliche Einheit der gesetzgebenden, ausführenden und rechtsprechenden Elemente untersucht. Ergebnis dieser Lesart ist, dass die WTO in legislativer und exekutiver Hinsicht nur Unterstützungsfunktionen für die Mitgliedstaaten übernehmen, also „gerade nicht der Institutionalisierung autonomer politischer Prozesse" (von Bogdandy 2001b, 267) dienen soll, während sie in judikativer Hinsicht faktisch eine ‚nicht nur formale, sondern substanzielle Eigenständigkeit' erlangt hat (von Bogdandy 2001b, 267 f.). Unter dem Aspekt der staatlichen Gewaltenteilung (und -integration) besteht das Problem der Entkopplung von Recht und Politik auf dieser zwischen- bzw. überstaatlichen Ebene also darin, „dass das WTO-Übereinkommen […] eine Organisation etabliert, die lediglich eine dieser Gewalten ausübt" (von Bogdandy 2001b, 268), also eine originäre überstaatliche Rechtsprechung ohne ebenbürtige Rechtssetzung (und Rechtsdurchsetzung) schafft.

Wenn nun das (ebenfalls mit der klassischen Gewaltenteilungslehre verbundene) Postulat „der unpolitischen und deduktiven Natur richterlicher Streitentscheidung" (von Bogdandy 2001b, 269) die Rechtswirklichkeit trefflich beschriebe, bräuchte der asymmetrischen Inter- bzw. Supranationalisierung des WTO-Rechts wohl keine normative Relevanz beigemessen zu werden. Hier aber wird von einem ‚kritischen' Standpunkt aus, für den sich die Rechtsprechungsfunktion in der Praxis unweigerlich auch mit einer ‚Rechtserzeugungsfunktion' verbindet, die Möglichkeit und Wahrscheinlichkeit einer Verselbstständigung des WTO-Richterrechts ausdrücklich problematisiert. Auf diesem ‚realistischen' Szenario baut nicht nur die weitere Argumentation auf; im Rückblick wird auch die Betonung der (staatlichen oder über staatlichen) Einheit der Staatsfunktionen klarer: Namentlich soll das Verhältnis von Recht und Politik so gestaltet sein, dass die Fortbildung des WTO-Recht ‚politisch steuerbar' bleibt, dass also der Gesetzgeber das Richterrecht (und die richterrechtliche Steuerung der Politik) jederzeit korrigieren kann. Das Kernargument lautet, dass „Richterrecht [...] angesichts der Unabhängigkeit der Richter unter dem demokratischen Prinzip problematisch [ist]" (von Bogdandy 2001b, 274). Genau deswegen seien die (Entwicklungs-)Möglichkeiten des Richterrechts eng an die (Entwicklungs-)Möglichkeiten des Gesetzesrechtes zu knüpfen, wobei das Gesetzesrecht sowohl die (primäre) Rechtsetzung, einschließlich der Berechtigung zur Rechtsprechung, als auch die (sekundäre) Richtigstellung, einschließlich der Berichtigung der Gerichte, umfasst. Auch auf WTO-Ebene ist also nach den Bedingungen einer Rückkopplung des Rechts an die Politik zu fragen:

> „In voll entwickelten Rechtssystemen ist die Entwicklung von Richterrecht demokratisch abgesichert, weil der Gesetzgeber jederzeit in die Entwicklung eingreifen kann. Wie aufgezeigt, gibt es einen solchen Gesetzgeber für das WTO-Recht nicht." (von Bogdandy 2001b, 274)

Entsprechend sollen im Vergleich der drei internationalen (Wirtschafts-)Verfassungsmodelle insbesondere Ansätze einer politischen Steuerung und Eingrenzung des WTO-‚Richterrechts' – sei es durch einen zentralen, sei es durch einen dezentralen Gesetzgeber – eruiert werden. Bevor jedoch auf die einzelnen Modelle eingegangen wird, soll noch die besondere Problemkonstellation auf Ebene des Welthandels im Unterschied zum Gemeinsamen Markt erläutert und damit die begrenzte Übertragbarkeit der europäischen ‚Verfassungslösungen' verdeutlicht werden.

Was die Verrechtlichung und ‚Vergerichtlichung' des freien (Waren-)Handels betrifft, wird am Beispiel der EU ausgeführt, dass der Gemeinschaftsgesetzgeber vom Europäischen Gerichtshof nicht ungebührlich in seinen Korrekturmöglichkeiten beschränkt worden sei: „Der EuGH hat die Warenverkehrsfreiheit nicht dazu benutzt, wie ein Verfassungsgericht Richtung und Grenzen des supranationalen politischen Prozesses festzulegen." (von Bogdandy 2001b, 279). Dieses wäre normativ auch schwer begründbar gewesen, da es dem EuGH auf ‚Verfassungsebene' an einem ‚Widerpart' mangle, also einem zur Verfassungsänderung ermächtigten (Kontroll-)Organ; an dessen Stelle stünde nur ein relativ aufwändiges Vertragsänderungsverfahren, das die ‚Herren der Verträge' aktiviert – mitsamt ihren konflikthaltigen Agenden für die Weiter- oder auch Rückentwicklung der Union. Während der EuGH dem Gemeinschaftsgesetzgeber demnach erhebliche sekundärrechtliche Gestaltungsspielräume belässt, indem er das Prinzip der Warenverkehrsfreiheit *nicht* zum Grundrecht erklärt (hat), sind die Ausnahmen für mitgliedstaatliche Alleingänge – wie bereits weiter oben ausgeführt wurde – vergleichsweise streng geregelt (von Bogdandy 2001b, 280, inkl. Fn. 82). Im vorliegenden Argumentationszusammenhang wird diese Mischung aus richterlichem Aktivismus (gegenüber den Mitgliedstaaten) und richterlicher Zurückhaltung (gegenüber den Gemeinschaftsorganen) zumindest auf europäischer Ebene als „verfassungsrechtlich und politisch überzeugende Strategie" (von Bogdandy 2001b, 280) gewertet. Da in der Welthandelsorganisation der staats- und demokratietheoretisch vorausgesetzte ‚zentrale Gesetzgeber' jedoch nicht in gleicher Weise wie in der EU von einem ‚supranationalen politischen Prozess' ersetzt wird bzw. werden kann, wären die Grenzen für eine (unter den hier gesetzten normativen Prämissen) legitime ‚supranationale Rechtsprechung' aber entsprechend enger zu ziehen. Genau darin ist nun das Schlüsselargument zu sehen, das im institutionellen Vergleich der drei Modelle einer internationalen Wirtschaftsverfassung den normativen Geltungsanspruch des dritten Modells untermauert – und zwar mehr noch auf globaler Ebene als auf europäischer Ebene. Im Folgenden werden die alternativen Verfassungsmodelle auf Grundlage dieser Argumentation neu spezifiziert. Während der Modellvergleich im europäischen Untersuchungskontext nicht nur normativ ausgerichtet, sondern – in der Auswertung der Artikel-28-Rechtsprechung – ausdrücklich auch empirisch fundiert war, wird der Praxisbezug der Modelle im vorliegenden Zusammenhang überwiegend von der Verwendungsseite her erschlossen: Die drei Verfassungsmodelle sollen weniger in der bisherigen Entwicklung und Auslegung des WTO-Rechts verankert werden als Maßstäbe für die zukünftige Entwicklung und Auslegung des WTO-Rechts liefern. Als Anliegen kann auch hier gelten, dass die jenseits einer (i. e. S. rechtlichen) ‚formalen Argumentation' verbleibenden Deutungsspielräume, die (i. w. S. politische) ‚institutionelle Entscheidungen' ermöglichen, normativ ‚sinnvoll' genutzt werden:

> „Nichts zeigt den enormen Interpretationsspielraum bei zahlreichen WTO-Bestimmungen deutlicher als erhebliche Auslegungsdivergenzen zwischen vielen Berichten der Streitbeilegungspanel[s] und des Berufungsgremiums. Entsprechend bedeutsam sind übergreifende Verständnisse von Sinn und Zweck der WTO und ihres Rechts." (von Bogdandy 2001c, 425)

Als erste der drei idealtypischen Konzeptionen des internationalen Wirtschafts(verfassungs)rechts wird erneut das *kompetitive Modell* dargestellt, das hier als ‚Modell des ökonomischen Liberalismus' deklariert wird (von Bogdandy 2001c, 426 ff.). Es unterscheidet sich von den anderen beiden Modellen – dem zentralen Modell, hier: ‚Modell politischer Integration', und dem dezentralen Modell, hier: ‚Modell koordinierter Interdependenz' – normativ dadurch, dass es die Konstitutionalisierung des Welthandels gerade nicht in dem Sinne versteht, dass die Entkopplung von Recht und Politik auf überstaatlicher Ebene rückgängig zu machen und der Primat der Politik wiederherzustellen wäre. Vielmehr erfährt die aktuelle Konstellation, nach der das Recht im Rahmen der WTO supranationale Züge annimmt, während die Politik weiterhin international (intergouvernemental) bestimmt bleibt, in der liberalen, (konstitutionen-)ökonomischen Konzeption insoweit Unterstützung, als damit eine Stärkung der Außenhandelsfreiheit erfolgen kann, nicht aber zentrale Interventionskompetenzen geschaffen werden. Die politische Dimension der WTO – ihr zwischenstaatlicher Fokus und normativer Organisationszweck (Langer) – war in einem abstrakteren Diskussionszusammenhang Anlass, diesen Typus der internationalen Wirtschaftsverfassung mit einem Primat der Politik zu versehen. Hier aber ergibt sich nun aus dem Fehlen eines ‚supranationalen politischen Prozesses', der eine richterrechtliche Fortbildung des WTO-Rechts (in einem klassischen Sinne) demokratisch zu legitimieren vermöchte, eher die Kennzeichnung mit einem Primat der Wirtschaft. Dieser gilt nach dem liberalen Modell zwar auch für das europäische Wirtschaftsrecht – jedoch nur solange dieses weder durch den hier eingerichteten ‚supranationalen politischen Prozess' (also den Gemeinschaftsgesetzgeber) noch durch den supranationalen rechtlichen Prozess (also den Gerichtshof, in Ersetzung des Gemeinschaftsgesetzgebers) mit regulativen und distributiven Anliegen überfrachtet wird. Gemäß der liberalen Konzeption soll also auch auf Ebene des Welthandels eine markt- bzw. wettbewerbswirtschaftliche Verfassung etabliert werden:

> „[D]as *liberale Modell* [...] versteht das WTO-Recht als Instrument zur substantiellen Beschränkung des Zugriffs staatlicher (einschließlich europäischer) Politik auf die Wirtschaft und – in unterschiedlichen Ausprägungen – zur Steigerung des internationalen Wettbewerbs sowie der Deregulierung." (von Bogdandy 2001c, 426; H. i. O.)

Dass es sich hierbei um den „ausgefeilteste[n] Ansatz im internationalen Wirtschaftsrecht" (von Bogdandy 2001c, 426) handelt, schützt nicht gegen grundsätzliche Einwände, die sich nicht nur gegen die Herauslösung des WTO-internen ‚Rechtswegs' aus demokratischen Kontrollstrukturen richtet, sondern etwa auch gegen empirische Annahmen (z. B. über das Kräfteverhältnis zwischen freihändlerischen und protektionistischen Interessen) und die rechtsdogmatischen Zumutungen einer ökonomischen Theorie, die im Rechtssystem nicht hinterfragt werden kann. Auch die exponierte Stellung der Gerichte im (neo- oder ordo-)liberalen Verfassungsmodell wird hinterfragt, denn „Gerichtsverfahren sind in der Regel nicht besonders gut geeignet, regulative Probleme zu lösen" (von Bogdandy 2001c, 429).

Dem Wettbewerbsmodell, das auf eine negative (funktionelle) Integration zielt, steht das *Harmonisierungsmodell* gegenüber, das auf eine positive (institutionelle) Integration setzt. Letztere ist auf globaler Ebene wegen der großen rechtlichen und politischen Heterogenität der Staaten besonders voraussetzungsvoll. Dennoch lässt sich für die Weltwirtschafts- bzw. Welthandelsverfassung ein zentralisiertes Modell entwerfen, das hier als Modell politischer Integration bezeichnet wird (von Bogdandy 2001c, 429 f.). Dieses kann in die Perspektive einer ‚global governance' gestellt werden, die eine neue Form der Welt(innen)politik beschreibt, die nicht nur auf zwischenstaatlicher, sondern auch auf weltgesellschaftlicher Ebene verhandelt wird – und als deren Rückgrat transnational vernetzte, nicht-gouvernementale Organisationen gelten (die freilich nicht im konventionellen Sinne demokratisch legitimiert sind). In dieser Richtung findet sich auch eine Fundamentalkritik an der WTO, die in der Modelldiskussion jedoch ausgeblendet bleibt (vgl. von Bogdandy 2001c, 425, inkl. Fn. 2, u. 429). In einer konventionelleren Lesart kann das Modell politischer Integration aber auch föderalistisch gedeutet und damit in Analogie zur Europäischen Union gesetzt werden: „Das föderale Verständnis zielt darauf ab, auf der transnationalen [genauer: supranationalen; S. F.] Ebene tendenziell die in den staatlichen Systemen etablierten Beziehungen zwischen Recht und Politik wiederherzustellen." (von Bogdandy 2001c, 429). In dieser Konzeption geht es also um die Einrichtung eben jenes ‚supranationalen politischen Prozesses', der erst den Primat der Politik und somit die Legitimität des WTO-(Richter-)Rechts sicherzustellen vermag, aus demselben Grund aber in der liberalen Verfassungskonzeption, die am Primat der Ökonomie und der Autonomie des Rechts festhält, problematisch erscheint. Die praktische Bedeutung des Modells politischer Integration gilt im vorliegenden Kontext jedoch als vernachlässigenswert, „da – anders als im Europäischen Recht – die einschlägigen Kompetenzen und Verfahren weitestgehend fehlen" (von Bogdandy

2001c, 430), die eine föderalistische Auslegung des geltenden WTO-Rechts erlauben könnten. Damit ist eine Übertragung des Harmonisierungsmodells von der europäischen auf die globale Ebene unter rechtspragmatischen Aspekten als nur beschränkt sinnvoll anzusehen.

Der geringeren Relevanz des zentralisierten Modells steht eine höhere Relevanz des *dezentralisierten Modells* gegenüber: Während eine Orientierung am zentralisierten Modell unter den gesetzten Prämissen vielleicht wünschenswert wäre, aber wenig realistisch erscheint, wird das – hier als Modell koordinierter Interdependenz bezeichnete – dezentralisierte Modell als ebenso wünschenswerte wie realistische Alternative zum kompetitiven Modell eingeführt (von Bogdandy 2001c, 430 ff.). Im Zusammenhang mit dem Gemeinschaftsrecht wurde das dezentralisierte Modell durch ‚staatliche Regulierung' bzw. einen – politisch steuerbaren – ‚Regulierungswettbewerb' unter Bedingung der Nichtdiskriminierung charakterisiert. Auch das Modell koordinierter Interdependenz baut auf dem Prinzip der Nichtdiskriminierung auf, das zum Dreh- und Angelpunkt der wirtschaftsverfassungsrechtlichen Auslegung des WTO-Rechts werden soll. Dass das Nichtdiskriminierungsprinzip ins Zentrum der Argumentation gestellt wird (und nicht etwa ein individuelles ‚Recht' auf Außenhandelsfreiheit), bedeutet zugleich, dass die „politische und rechtliche Autonomie der WTO-Mitglieder" (von Bogdandy 2001c, 440) durch die Handelsabkommen möglichst wenig beeinträchtigt werden soll, dass zwar protektionistischen Bestrebungen der Mitgliedstaaten entgegnet, nicht aber in ihrem Innern ein wirtschaftsverfassungsrechtliches Einheitsmodell durchgesetzt werden soll. Auf „das bedenkliche Potential des WTO-Rechts, durch die Ausbildung eines wirtschaftsrechtlichen Korpus, auf den der (demokratische) politische Prozess wenig Einfluss hat, das Verhältnis zwischen Recht und Politik grundlegend zu ändern" (von Bogdandy 2001c, 439), wird also zunächst einmal konservativ – die mitgliedstaatliche Autonomie erhaltend – reagiert. Wenn das WTO-Recht als „Instrument zur Koordinierung internationaler Interdependenz" (von Bogdandy 2001c, 430) interpretiert wird, das einen „Ausgleich zwischen der zunehmend transnationalen Natur der Wirtschaft und der Verantwortlichkeit der WTO-Mitglieder" (von Bogdandy 2001c, 430) herbeiführen soll, wird aber auch die progressive Tendenz dieser Verfassungskonzeption erkenntlich. Hierbei geht es erneut um die Einbeziehung der Interessen der Bürger anderer Mitgliedstaaten in die Gestaltung der Wirtschaftspolitik (deren Außendimension nicht auf die Außenwirtschaftspolitik beschränkt ist), durch die die nationale Selbstbegünstigung bzw. Selbstgerechtigkeit des demokratischen Verfassungsstaats relativiert werden soll. Insgesamt wird das Modell koordinierter Interdependenz unter dem (demokratietheoretisch) problematischen Aspekt der Entkopplung von Recht und Politik als normativ – und praktisch – überlegene Lösungsstrategie ausgezeichnet. Dieses Urteil resultiert aus einem (wirtschafts-)verfassungsrechtlichen Primat der Politik und nicht der Wirtschaft: Denn „[i]m Gegensatz zum liberalen Modell hat das WTO-Recht nach dieser Konzeption keine Verfassungsfunktion für die inländische Wirtschaftspolitik" (von Bogdandy 2001c, 430) – jedenfalls nicht im Sinne individuell einklagbarer Rechte. Die „wahre verfassungsrechtliche Dimension der WTO" (von Bogdandy 2001c, 441) wird in einer diskurstheoretischen Wendung vielmehr darin gesehen, dass durch konsequente Geltendmachung des Nichtdiskriminierungsgrundsatzes im Prozess der politischen und rechtlichen Entscheidungsfindung die Legitimationsgrundlage nationalstaatlich organisierter Demokratien inter- bzw. transnational verbreitert werden kann.

Wie in der ersten Variante des Modellvergleichs auf Welthandelsebene kann auch in dieser zweiten Variante davon ausgegangen werden, dass die Europäische Union durch ihren Mitglieds*status* in der WTO konzeptionell (d. h. soweit für die Konstruktion der hier verhandelten Modelle von Belang) den Mitglied*staaten* gleichgestellt ist und damit auf der dezentralen Ebene platziert wird. Im dritten Modell, das – wie in der Argumentation nahe gelegt wird – der „derzeitigen Organisationsverfassung der WTO" (von Bogdandy 2001c, 430) normativ und empirisch am besten entspricht – ginge es in dieser (europäischen) Perspektive also einerseits um den Erhalt der ‚politischen und rechtlichen Autonomie' der Gemeinschaft als Ganzer (und insofern um die ‚Schließung' der europäischen Wirtschaftsverfassung), andererseits um die demokratische Außenverantwortung ebendieser Gemeinschaft (und insofern um die ‚Öffnung' der europäischen Wirtschaftsverfassung). Betrachtet man nun die ‚Verfassung' des Welthandels (qua WTO-Recht) und die ‚Verfassung' des Gemeinsamen Marktes (qua EG-Recht) im Vergleich und setzt eine rechtstheoretische Kontinuität der internationalen Wirtschaftsverfassungsmodelle von der europäischen zur globalen Ebene voraus, dann lässt sich rechtspraktisch Folgendes beobachten: Unbeschadet aller akademischen Referenzen und Einlassungen für oder wider das eine oder andere Modell auf der einen oder anderen Ebene scheinen sowohl das Wettbewerbsmodell als auch das Harmonisierungsmodell auf der europäischen Ebene (jedenfalls soweit es um das Binnenverhältnis zwischen Gemeinschaft und Mitgliedstaaten geht) gesetzes- und richterrechtlich deutlich weiter entwickelt zu sein als auf der globalen Ebene. Das dezentrale Modell dient auf der europäischen Ebene offenbar vor allem zur Markierung der Grenzen einer solchen doppelten Strategie der Integration ‚von unten' (durch Wettbewerb) und ‚von oben' (durch Harmonisierung) und wird kaum als vollwertige Alternative zu Deregulierung und Reregulierung behauptet. Dagegen rückt dieses dritte Modell in der Welthandelsorganisation, was seine praktische Relevanz betrifft, als Modell koordinierter Interdependenz in eine zentrale Position (vgl. Rieger/Leibfried 2001, 93 ff.). Tatsächlich scheinen auf der globalen Ebene derzeit weder das Wettbewerbsmodell noch das Harmonisierungsmodell geeignete Blaupausen für die Weiterentwicklung des WTO-Rechts abzugeben; weder eine negative noch eine positive Integration finden unter den Mitgliedstaaten (bzw. den von ihnen vertretenen Interessengruppen) ausreichend normativen und faktischen Rückhalt.

Für den Übergang von der Binnendimension zur Außendimension der europäischen Wirtschaftsverfassung bedeutet das, dass sich der gemeinschaftliche Integrationsstand (das im Binnenmarkt erreichte Niveau des Wettbewerbs *und* der Harmonisierung) nur wahren lässt, wenn er, was gewiss wenig realistisch ist, von der WTO übernommen wird – oder aber wenn die europäische Rechtsgemeinschaft im Außenverhältnis andere wirtschaftsverfassungsrechtliche Grundsätze walten und gelten lässt als im Innern. Diese These lässt sich folgendermaßen begründen: Die Europäische Union hat im Binnenverhältnis ein Regulierungsmodell, genauer: ein gemeinschaftsweites Deregulierungs- und Reregulierungsmodell (mit einigen mitgliedstaatlichen Regulierungsvorbehalten) entwickelt, das im Rahmen der WTO – unter ‚realistischen' Bedingungen der koordinierten Interdependenz – der Verallgemeinerung oder der Rechtfertigung bedarf. Die spezifische europäische Kombination von negativer und positiver Integration erscheint aber im Weltmaßstab kaum als durchsetzungsfähig, so dass die EU, wenn sie weder in der einen (transnationalen) noch in der anderen (supranationalen) Dimension eine Rückentwicklung wünscht, die eigene Wirtschaftsverfassung mit zweierlei Maß messen muss. Das Binnenverhältnis von Gemeinschaft und Mitgliedstaaten stellt sich dann anders dar als das Außenverhältnis von Gemeinschaft und WTO. Mit der Unterscheidung von einem (binnenmarktbezogenen) ‚Primat der Wirtschaft' und einem (außenwirtschaftsbezogenen) ‚Primat der Politik' lässt sich dieser Übergang von der Binnen- zur Außendimension schwerlich fassen; die Empirie entzieht sich dieser einfachen Dichotomie. Zudem hängen die institutionellen (politökonomischen) Entscheidungen auch von ihrem institutionellen (politökonomischen) Kontext ab: Wenn etwa im Innern die ‚Öffnung' (der Mitgliedstaaten gegenüber der Gemeinschaft) forciert wird, nach außen aber die ‚Schließung' (der Gemeinschaft gegenüber den anderen WTO-Mitglieder), muss sich nicht unbedingt die Entscheidungslogik verändert haben, es können auch allein die veränderten Entscheidungsumstände ausschlaggebend sein.

4.4 Fazit: Emergenz einer neuen Wirtschaftsverfassungskonzeption

Im vorliegenden Kapitel sollte die europäische Wirtschaftsverfassung (in ihrer Binnen- und Außendimension) als Anwendungsfeld für den zuvor entwickelten Theorierahmen erschlossen werden. Dabei stellte sich auf Basis des zweiten Kapitels (EuGH als Governance-Akteur) insbesondere die Frage nach der empirischen Nachweisbarkeit eines Übergangs vom ‚integrationist judicial policy-making' zum ‚regulatory judicial policy-making' bzw. der zunehmenden Überformung oder Überlagerung der (integrations-)politischen ‚Finalität' der Rechtsprechung durch seine (regulations-)ökonomische Rationalität. Mit Hilfe der gesellschaftstheoretischen Ausführungen im dritten Kapitel (europäische Rechtsgemeinschaft als Governance-Kontext) ließ sich dieses Untersuchungsinteresse in vierfacher Weise ‚makrokontextualisieren' und auf Fragen der politökonomischen Einbettung der Rechtsprechung zurichten. Was aus der Ausarbeitung eines international anwendbaren, interdisziplinär anschlussfähigen Wirtschaftsverfassungsbegriffs, der wichtigsten Grundmerkmale und Entwicklungsstufen der von den Vertragsherren begründeten und konsolidierten europäischen Wirtschaftsverfassung sowie deren unterschiedlicher Konzeptionen in Rechtspraxis und Richterrecht, in Binnen- und Außendimension für diese Ausgangsfrage gewonnen ist, ergibt sich daher im Wesentlichen durch Rückführungen und Rückschlüsse auf das vorangehende, gesellschaftstheoretische Kapitel, wie im Folgenden in pointierter Form darzulegen ist.

Dass die gesellschaftstheoretischen Erkundungen mit einem *systemtheoretischen* Teilkapitel (Kap. 3.1) eröffnet werden, liegt wesentlich in der steuerungs*theoretischen* Prominenz dieses Ansatzes begründet, dessen steuerungs*politische* Skepsis sich als Prüfstein für ‚kybernetisch' mehr oder minder naive Governance-Vorstellungen erweist. In der systemtheoretischen Auseinandersetzung mit der europäischen Rechtsgemeinschaft wird der Blick vor allem auf die Bedingungen der Möglichkeit einer systemischen (systemübergreifenden), solchermaßen ‚funktionalen' Integration durch Recht in heteronomen (Rechts-)Ordnungen gelenkt. Die mit der ‚Vollendung des Binnenmarkts' in der europäischen (Teil-)Gesellschaft und mit der ‚Vollendung des Weltmarktes' in der Weltgesellschaft postulierte Europäisierung und Globalisierung des Rechts, die – annahmegemäß – auf einer gleichzeitigen Schwächung der strukturellen Kopplung ‚des' Rechts an national oder regional geschlossene Teilsysteme der Politik und Stärkung der strukturellen Kopplung ‚des' Rechts an transnational und global vernetzte Teilsysteme der Wirtschaft beruht, führt ganz automatisch auf die Bedeutung internationaler Wirtschaftsverfassungen als Verfassungen einer europäisierten und globalisierten politischen Ökonomie hin. So erscheint dann auch die ausführliche Beschäftigung mit dem systemtheoretisch geprägten Konzept einer internationalen Wirtschaftsverfassung (am Beispiel der E(W)G, in Abgrenzung zur GATT/WTO; vgl. Langer 1995) im vorliegenden Kapitel berechtigt. Ein wichtiger Ertrag der hieran anknüpfenden begrifflichen Erörterungen besteht dabei in der – in verschiedenen Varianten ausgearbeiteten – Differenzierung von einem wirtschaftsverfassungsrechtlichen Primat der Wirtschaft (das auf die relative Stärke struktureller Kopplungen des Rechts zur Wirtschaft verweist) und einem wirtschaftsverfassungsrechtlichen Primat der Politik (das auf die relative Stärke struktureller Kopplungen des Rechts zur Politik verweist).

Im *diskurstheoretischen* Teilkapitel dieser Arbeit (Kap. 3.2) wurde die idealtypische Unterscheidung von Rechtsstaat und Rechtsgemeinschaft, die ‚realtypisch' – zumindest klassischerweise – eine Einheit eingehen, zunächst auf gegensätzliche Formen der Handlungskoordinierung (erfolgsorientiert vs. verständigungsorientiert) zurückgeführt und sodann dazu genutzt, die empirisch zumindest in Ansätzen zu beobachtende Entwicklung einer europäischen Rechtsgemeinschaft *ohne* gleichzeitige Ausbildung eines (zentralen) europäischen Rechtsstaates normativ zu perspektivieren, wobei demokratie- und legitimitätsbezogenen Argumenten eine zentrale Bedeutung zugekommen ist. Im Fokus dieses Erklärungsansatzes, mehr noch: Begründungs- oder Rechtfertigungsansatzes einer europäischen Rechtsgemeinschaft steht somit die ‚diskursive', trans- oder supranationale Integration durch Recht jenseits der (rechtlich, wirtschaftlich und politisch – vorgeblich – selbstbestimmten) Nationalstaaten. In der diskurstheoretischen Spielart des ‚deliberativen Supranationalismus' werden dabei ausdrücklich auch Bezüge zur Rechtsprechung des Europäischen Gerichtshofs hergestellt. Dem Grundmotiv dieses Ansatzes, eine (auf der Grundlage verständigungsorientierten Handelns) sozial legitimierte Politik gegenüber einer (auf der Grundlage erfolgsorientierten Handelns) verselbstständigten Wirtschaft – wie auch einer verselbstständigten Staatsmacht – *ins Recht* zu setzen, wird auch im vorliegenden Anwendungskapitel gefolgt, in dem die Rechtspraxis (insbesondere die auf Auslegung der Wirtschaftsverfassung bezogene Rechtsprechungspraxis) an idealtypischen Modellen gemessen wird (hier: zentralisiertes, kompetitives und dezentralisiertes Modell; vgl. Maduro 1998), die wiederum aus dem Strom der Rechtsprechung und dem begleitenden wirtschaftsverfassungsrechtlichen ‚Diskurs' herausgefiltert werden und sich vor allem danach unterscheiden, ob sie einer demokratisch legitimierten Politik oder den immanenten Sachzwängen der Wirtschaft einen wirtschaftsverfassungsrechtlichen Primat einräumen.

Aus dem *strukturfunktionalistischen* Teilkapitel zur europäischen Rechtsgemeinschaft als Governance-Kontext (Kap. 3.3) soll hier vor allem an die Dialektik von ‚Öffnung' und ‚Schließung' im Prozess der Herausbildung (und sukzessiven Weiterentwicklung) einer modernen gesellschaftlichen Gemeinschaft *als Rechtsgemeinschaft* erinnert werden, die mit der *europäischen* Rechtsgemeinschaft eine neue Stufe erreicht. Das Recht wird in seiner ‚programmatischen' Ambivalenz als *Interpenetrations*produkt mit *Integrations*funktion dabei nicht nur als Ausdruck oder Teilmoment der Auflösung traditioneller Lebenswelten und gewachsener Solidarbeziehungen betrachtet, sondern auch als Ausdruck oder Inbegriff der Entwicklung einer modernen gesellschaftlichen Gemeinschaft mit *rechtlich positivierten* Solidarbeziehungen verstanden, die als solche freilich auch ‚gelebt' (d. h. in reale Akte der Solidarität umgesetzt) werden müssen. Mit der ‚normativen' (oder solidarischen) Integration durch Recht wird in der strukturfunktionalistischen Perspektive der Fokus auf die Unabdingbarkeit von komplexitäts- und kontingenzreduzierenden Selbstverständlichkeiten (einschließlich Rechten und Pflichten) des gesellschaftlichen Zusammenlebens gelegt, die auch eines gemeinsamen bzw. ‚einheitlichen' Selbstverständnisses bedürfen. Wie im Begriff der Netzwerksolidarität nach- bzw. vorgezeichnet wird (vgl. Münch 2001, 228), lässt sich eine solche gesellschaftliche (Rechts-)Gemeinschaft semantisch nicht in einen nationalstaatlichen Container einschließen – was gewiss ebenso für die ‚Festung Europa' gilt. Nichtsdestoweniger scheint der strukturfunktionalistische Ansatz im gesellschaftstheoretischen Vergleich am besten geeignet, den Aspekt der (erneuten) ‚Schließung' einer Rechtsgemeinschaft, die sich den erweiterten kulturellen, wirtschaftlichen und gegebenenfalls auch politischen Handlungsräumen anzumessen sucht (und solchermaßen für weiterreichende Solidaritätsbeziehungen ‚geöffnet' hat), zu ergründen – was in diesem Kapitel über den Vergleich der Außendimension der europäischen Wirtschaftsverfassung mit ihrer Binnendimension erfolgt.

Den Abschluss der gesellschaftstheoretischen (Re-)Konstruktionen des Rechts (in) der modernen Gesellschaft bildete eine aus Regulations- und Feldtheorie amalgamierte *politökonomische* Argumentation (Kap. 3.4), in der die (präsumtive) Governance-Wende bezogen auf das jeweils vorherrschende Akkumulations- bzw. Produktionsregime als Übergang vom Fordismus zum Postfordismus und bezogen auf die jeweils vorherrschende Regulationsweise (oder Form der Staatlichkeit) als Übergang vom nationalen keynesianischen Wohlfahrtsstaat zum postnationalen schumpeterianischen ‚Workfare'-Regime gekennzeichnet wurde. Was *regulationstheoretisch* als ‚integraler' Zusammenhang von Reproduktion und Regulation, Staat und Ökonomie erscheint, der auch das Recht in sich aufnimmt, so dass sich spiegelbildlich von einer politökonomischen (bzw. materiellen) ‚Integration durch Recht' und einem politökonomisch integrierten Recht sprechen lässt, wird *feldtheoretisch* über ineinander verschachtelte Felder (der Macht, der Wirtschaft, des Staats, des Rechts) und strukturelle Homologien zwischen den (herrschenden und beherrschten) Positionen und Dispositionen in diesen Feldern erschlossen. Das Phänomen der europäischen Rechtsgemeinschaft wird dabei über den Begriff des europäischen rechtlichen bzw. juristischen Feldes angenähert, das gewissermaßen ‚zwischen' dem internationalen (oder globalen) Rechtsfeld und den nationalen Rechtsfeldern liegt und sich über all denjenigen Positionen aufspannt, die durch die ‚offizielle' Auslegung des europäischen Rechts (im Sinne des *nomos*; vgl. Bourdieu 1986, 9) etwas zu gewinnen oder zu verlieren haben. Der Polarisierung von ‚incumbents' und ‚challengers' folgend, lässt sich dabei von einer Dualität der das – in seinen Grenzen wie in seiner Logik umstrittenen – Feld (retrospektiv oder prospektiv) prägenden ‚concept(ion)s of control' ausgehen, die hier als *Wirtschaftsverfassungskonzeptionen* auch die Rechtsprechung des Europäischen Gerichtshofs prägen, der seinerseits grundsätzlich auf der Seite der ‚Herausforderer' des nationalstaatlichen Status quo ante zu sehen ist.

Im – hier nun zu beschließenden – Kapitel zum Wandel der europäischen Wirtschaftsverfassung als Beispiel des richterlichen Reg(ul)ierens in der europäischen Rechtsgemeinschaft wird also in vierfacher Weise Rückbezug auf die ‚Kontextualisierungen' des makrosoziologischen Schwerpunktkapitels genommen: (1) durch einen systemtheoretischen Begriff der Wirtschaftsverfassung, (2) eine diskurstheoretische Ausarbeitung der unterschiedlichen Verfassungsmodelle, (3) ein strukturfunktionalistisches Verständnis der Dialektik von Öffnung und Schließung und (4) eine regulations- und feldtheoretische Rückführung der jeweils vorherrschenden Verfassungskonzeptionen auf politökonomische Konstellationen und Dynamiken. Der im vorigen Kapitel (gewissermaßen als Bausatz gelieferte) gesellschaftstheoretische Rahmen wird solchermaßen für das konkrete Untersuchungsanliegen zurechtgezimmert. Ausgerichtet an diesen ‚Leitplanken' wird das in der wirtschaftsverfassungsrechtlichen Debatte ausgebreitete Material in eine neue, soziologisch verwertbare (auswertbare) Form gebracht, wobei insbesondere die ordoliberale Grundposition – mitsamt ihren europäisierten und internationalisierten Varianten – eine wichtige Rolle spielt: Über diese (in der Literatur relativ stark repräsentierte) Wirtschaftsverfassungskonzeption lässt sich nicht nur die strukturelle Kopplung des Rechts an die – in zunehmender Weise transnational integrierte – Wirtschaft, sondern auch das (ordnungsrechtliche) Dilemma von Öffnung und Schließung der europäischen Wirtschafts- und Verfassungsgemeinschaft veranschaulichen. Im Feld der unterschiedlichen Wirtschaftsverfassungskonzeptionen, die wahlweise an einem Primat der Politik oder – wie die Freiburger Schule – an einem Primat der Ökonomie orientiert sind, wird freilich auch letztere mit einer ‚politischen' Legitimation versehen, deren Fixpunkt die (gegen übermächtige Akteure marktlicher oder staatlicher Provenienz zu schützende) Freiheit des Einzelnen bildet. Wer in diesem wirtschaftsverfassungsrechtlichen (Spannungs-)Feld nun eher für ein kompetitives Modell eintritt und wer eher im Sinne eines zentralisierten oder eines dezentralisierten

Modells argumentiert, sollte schließlich keiner zufälligen Verteilung im sozialen Raum bzw. im rechtlichen Feld gehorchen, sondern dürfte – zumindest ansatzweise – über die politökonomischen Hintergründe der jeweiligen Kontrahenten zu erschließen sein.

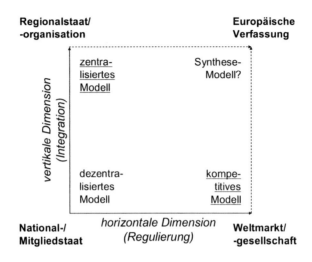

Abbildung 11: Modelle der europäischen Wirtschaftsverfassung (Binnendimension)

Dieser größere Argumentationszusammenhang spiegelt sich auch in den (Einzel-) Ergebnissen des vorliegenden Kapitels wider, die sich folgendermaßen zusammenfassen und – anhand des Governance-Grundmodells dieser Arbeit – auch verbildlichen lassen: Zunächst einmal können die drei sowohl für die Binnendimension als auch für die Außendimension der europäischen Wirtschaftsverfassung beschriebenen Modelle oder ‚Kontrollkonzeptionen' den Polen des nationalstaatlichen Regierens, des Mehrebenenregierens und des Netzwerkregierens zugeordnet, oder besser: *angenähert* werden. Dabei würde das zentralisierte bzw. Harmonisierungsmodell am idealtypischen Pol des Mehrebenenregierens ausgerichtet und das kompetitive bzw. Wettbewerbsmodell am Pol des Netzwerkregierens. Diese Pole können überhöht auch als Regionalstaat/-organisation (mit hierarchischer Grundstruktur) bzw. Weltmarkt/-gesellschaft (mit heterarchischer Grundstruktur) dargestellt werden. Das ‚dezentralisierte Modell', das den National- als Mitgliedstaaten eine weitgehende Regulierungsautonomie – unter Bedingung der Nichtdiskriminierung – belässt, wäre in relativer Nähe zum nationalstaatlichen Status quo ante zu platzieren. Der vierte Pol in dieser wirtschaftsverfassungsrechtlichen Modellwelt – hier: des europäischen Regierens bzw. der europäischen (Wirtschafts-)Verfassung als aus der *Synthese* von Harmonisierung und Wettbewerb jenseits des (National-)Staats zu generierender Ideal- bzw. Realtyp – bliebe vorerst unbesetzt (Abb. 11).

Analog lässt sich auch die Außendimension der europäischen Wirtschaftsverfassung über diese drei Modelle (und wiederum ein noch unbenanntes viertes) erschließen, wobei die Bezeichnungen – zentralisiertes, kompetitives, dezentralisiertes Modell – beibehalten, synonym zum ‚dezentralisierten Modell' aber auch die Bezeichnungen ‚unilaterales Modell' und ‚Modell der koordinierten Interdependenz' verwendet werden können. Ausgetauscht bzw. angepasst werden müssen jedoch die Namen der Pole: Bei der ‚traditionellen' politischen Gemeinschaft (vgl. Maduro 2001, 266) im Ursprung oder Nullpunkt handelt es sich in diesem Fall nicht um einen Nationalstaat, sondern um die (wirtschaftlich und politisch ‚verfasste') europäische Rechtsgemeinschaft selbst, und das Harmonisierungsmodell verweist auch nicht auf eine *regionale* Zentral- bzw. Zwangsgewalt, sondern auf eine – zumindest rudimentäre – *Welt*organisation (als Vorschein der ‚Weltstaatlichkeit'). Der bereits in der Binnendimension ‚entgrenzte' Pol des Weltmarktes (in ökonomischer Hinsicht) bzw. der Weltgesellschaft (sei es als Weltzivilgesellschaft oder eines umfassenden Sozialsystems) kann hingegen übernommen werden. Auch hier bleibt am ‚emergenten' vierten Pol – in diesem Falle: der Welthandelsverfassung – eine Leerstelle für das empirisch zu spezifizierende Synthese-Modell (Abb. 12).

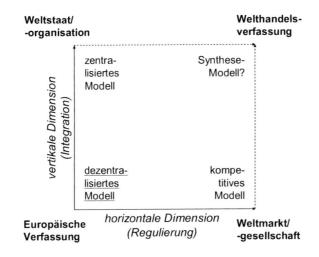

Abbildung 12: Modelle der europäischen Wirtschaftsverfassung (Außendimension)

Bezugnehmend auf die Auswertung der Rechtsprechung des Europäischen Gerichtshofs (auf Basis der diesem Kapitel zugrunde gelegten Literatur) kann den wirtschaftsverfassungsrechtlichen Modellwelten nun ein wenig Leben eingehaucht werden: So wurde für die Binnendimension der europäischen Wirtschaftsverfassung und spezieller für den durch die Artikel 28 und 30 (sowie 95) EG abgesteckten Bereich der Warenverkehrsfreiheit argumentiert, dass das Harmonisierungsmodell gegenüber dem Wettbewerbsmodell in der Rechtsprechungspraxis in dem für die Governance-Wende einschlägigen Zeitraum an Bedeutung verloren hat, wenn auch die ‚richterliche Deregulierung' unter bestimmten (majoritären) Bedingungen durch eine

‚richterliche Harmonisierung' aufgefangen bzw. abgeschwächt worden ist – dies wiederum in Vorwegnahme des ‚Neuen Ansatzes' der Harmonisierung. Zwar hat auch das dezentralisierte Modell – ebenfalls als Korrektiv zum prinzipiellen ‚Deregulierungskurs' – Widerhall in der EuGH-Rechtsprechung gefunden; für die Beschreibung des vertikalen und horizontalen ‚Fortschritts' der europäischen Wirtschaftsverfassung (gegenüber der nationalstaatlichen Ausgangssituation) erscheinen die anderen beiden Modelle jedoch bedeutsamer – wobei die *Governance-Wende* in der warenverkehrsbezogenen Rechtsprechung des Europäischen Gerichtshofs als *Übergang vom Harmonisierungs- zum Wettbewerbsmodell* gefasst werden kann (und somit als wirtschaftsverfassungsrechtliche Umorientierung von ‚Integration' zu ‚Regulierung'). Etwas anders sieht es in der Außen(handels)dimension der europäischen Wirtschaftsverfassung aus: Während das zentralisierte Modell hier rechtstheoretisch wie rechtspraktisch verständlicherweise eine sehr viel geringere Rolle spielt als auf der europäischen Ebene, ist das ordoliberale bzw. kompetitive Modell zwar zumindest in der *Kritik* an der Rechtsprechung bzw. den ‚Gutachten' des Europäischen Gerichtshofs stark vertreten. Leitend für diesen scheint aber immer noch das dezentralisierte Modell (ob als unilaterales Modell oder Modell der koordinierten Interdependenz) zu sein, das die Regelungsautonomie weitgehend den WTO-Mitgliedern, in diesem Fall also der Europäischen Gemeinschaft *en bloc*, belässt. Eine Governance-Wende im Sinne einer ‚Ökonomisierung' der außenhandels(freiheits) bezogenen Rechtsposition des EuGH scheint insoweit noch auszustehen – wobei eine Fortbildung in dieser (marktliberalen) ‚regulatorischen' Richtung freilich weniger durch integrationspolitische Bestrebungen auf WTO-Ebene (im Sinne einer normativ gehaltvollen ‚global governance') als durch den im Inneren der Europäischen Gemeinschaft erreichten Integrationsstand (bzw. das erreichte Regulierungs*niveau*) gehemmt zu werden scheint, der in einem ‚nur' *multilateralen* Governance-Kontext nun nicht aufs Spiel gesetzt werden soll. Was die – mehr oder minder implizit – bevorzugten Recht(sprechung)smodelle betrifft, besteht also ein *Bruch* zwischen der wirtschaftsverfassungsrechtlichen Binnendimension und der Außendimension der Europäischen Gemeinschaft.

Während eine detaillierte Auseinandersetzung mit den Rechtsauslegungen und Fallentscheidungen des EuGH in dieser Arbeit ausgespart bleibt, der eigentlich erforderlichen Primäranalyse empirischer Daten also eine Sekundäranalyse bzw. eine Reinterpretation der Untersuchungsergebnisse anderer vorgeschaltet wird, können die dem gesellschaftstheoretischen ‚Überbau' entlehnten Aussagen, Annahmen und Vermutungen noch in einigen Punkten präzisiert werden. So ist die Argumentation und ‚Materialsammlung' in diesem Kapitel von dem Grundgedanken geleitet, dass ‚Judicial Governance in der europäischen Rechtsgemeinschaft' bzw. die ‚Integration durch Rechtsprechung jenseits des Staates' in ihren systemischen und sozialen, genauer: ihren funktionalen und materiellen, normativen und diskursiven Aspekten *besonders gut* am Beispiel der fortlaufenden richterrechtlichen (Re-)Konstruktion der Europäischen Wirtschaftsverfassung – und hier der (De-/Re-)Regulierung des Warenverkehrs – erforscht werden kann. Dabei spielen nicht nur theoretische Erwägungen, sondern auch forschungspragmatische Gründe, wie die ‚Zugänglichkeit' des –

weithin popularisierten – Fallmaterials einschließlich prononcierter Stellungnahmen in der wirtschaftsverfassungsrechtlichen Debatte eine Rolle, durch die sich der juristische Fachdiskurs in einigen Kernpunkten auch Außenstehenden erschließt und somit soziologisch beobachtbar wird. Der Gleichklang von weltwirtschaftlicher Krise, integrationspolitischer Stagnation und EuGH-richterlichem Aktivismus (*Dassonville*, *Cassis* ff.) in einer Zeit (hier: bis zum Relaunch des Integrationsprojekts Mitte der 1980er-Jahre), die rückblickend für die so genannte ‚Governance-Wende' verantwortlich gemacht werden kann und auch in den Sozialwissenschaften einen steuerungstheoretischen Paradigmenwechsel mit sich bringt, legt letztlich das Untersuchungsdesign dieser Arbeit nahe.

Systematisiert anhand der drei Vergleichsdimensionen des obigen Vier-Felder-Schemas sollen die Beiträge, die die (makro-)soziologischen Theorien zur Erklärung und zum Verständnis der Entwicklung der europäischen Wirtschaftsverfassung (in der Rechtsprechung des EuGH) leisten können, noch einmal zusammengefasst werden. Zu beginnen ist mit der ersten Vergleichsdimension, die den Gegensatz von ‚Funktionalismus' und ‚Materialismus' betrifft: (1) *Systemtheorie* und *Strukturfunktionalismus* (als Repräsentanten einer funktionalistischen Theorietradition) betrachten die moderne Gesellschaft als funktional differenzierte – und integrierte – Einheit, wobei nationale und europäische Gesellschaft unterschiedliche Entwicklungsstufen im Prozess der gesellschaftlichen Modernisierung darstellen. Mit der Systemtheorie kann die Zugkraft der ‚abstrakten' Weltgesellschaft, mit dem Strukturfunktionalismus der ‚konkrete' Zustand einer modernen gesellschaftlichen Gemeinschaft abgebildet werden. Der Übergang von einer nationalen zu einer europäischen gesellschaftlichen (Rechts-)Gemeinschaft gewinnt durch die Überformung regionaler Segmentierung auf nationaler (bzw. europäischer) Ebene durch das Prinzip funktionaler Differenzierung auf (europäischer bzw.) globaler Ebene an Plausibilität. (2) *Regulations- und Feldtheorie* stehen ebenso wie die *Diskurstheorie* in konflikttheoretischer bzw. (gesellschafts- und kapitalismus-)kritischer Tradition. Ihr Augenmerk liegt daher immer auch auf gesellschaftlichen Ungleichheiten und Gegensätzen – und damit dem Problem der Macht. In der Feldtheorie wird das europäische Rechtsfeld als Teil des umfassenden Feldes der Macht betrachtet und über gegensätzliche Rechtsauffassungen (Kontrollkonzeptionen) von ‚incumbents' und ‚challengers' erschlossen. In der Diskurstheorie wird das Recht in einen normativen Legitimationszusammenhang eingestellt, den man verkürzt mit dem Primat der Politik (auf der Basis kommunikativen Handelns) über die Wirtschaft (und andere Systemgewalten) belegen könnte. Politökonomische ‚Faktizität' und diskursive ‚Geltung' stehen in einem Spannungsverhältnis. – In dieser *ersten* Vergleichsdimension ist der Wandel der europäischen Wirtschaftsverfassung also zum einen im Sinne der Logik der Modernisierung, der Erweiterung von Handlungsräumen und fortschreitenden Differenzierung, der Verdichtung der Weltgesellschaft und einem begleitenden Wertewandel zu deuten – mit einem Bias auf dem Ausbau individueller Handlungsfreiheiten. Zum anderen ist er eher im Sinne der Durchsetzung einer kapitalistischen Gesellschaftsordnung, der ‚Entbettung' aus lebensweltlichen Zusammenhängen, der Ökonomisierung von Sozialbeziehungen und der gesellschaftlichen Polarisierung zu lesen – mit einem Bias auf dem Verlust sozialen Rückhalts (und dem Aufbau ‚legitimer' Gegenmacht). Der übergreifenden Tendenz zu einem ‚ordoliberalen' Wettbewerbsmodell der europäischen Wirtschaftsverfassung wie auch dem Beharren auf ‚sozialpolitischen' Gegenmodellen lässt sich also aus beiderlei Sicht Sinn verleihen.

In der zweiten Vergleichsdimension steht der Integrationsbegriff der verschiedenen gesellschaftstheoretischen Ansätze im Vordergrund: (3) Unter dem Blickwinkel der ‚systemischen Integration' lassen sich *systemtheoretische* Ansätze und *regulations- und feldtheoretische* Ansätze verknüpfen. Das Recht kann in beiden Fällen als *Logik* eines Systems oder eines Feldes verstanden werden, die gewissermaßen ‚hinter dem Rücken' der mit dem Recht befassten Akteure, oder besser: durch diese hindurchwirkt. Es kann auch in beiden Fällen als konstitutiver Teil eines größeren Ganzen, eines system- bzw. feldübergreifenden Zusammenhangs dargestellt werden, in dem es eine spezielle (Ordnungs-)Aufgabe erfüllt, etwa Erwartungssicherheit schafft (funktionaler Aspekt) oder bestimmte ‚Teilungsprinzipien' etabliert (materieller Aspekt). Die europäische ‚Integration durch Recht' vollzieht sich wahlweise über strukturelle Kopplungen oder strukturelle Homologien zwischen den unterschiedlichen Funktionssystemen bzw. Positionsfeldern (unter Beteiligung des Rechtssystems bzw. -felds). (4) Unter dem Blickwinkel der ‚sozialen Integration' lassen sich demgegenüber *Diskurstheorie* und *Strukturfunktionalismus* zusammenbringen, die das Recht jeweils *auch* handlungstheoretisch in seinem abstrakten moralischen bzw. seinem konkreten solidarischen Gehalt erschließen, aus dem erst eine Rechts*gemeinschaft* als solche erwächst. Man könnte auch sagen, dass rechtliche Legitimität (im Modus des diskursiv Begründbaren) und rechtliche Solidarität (im Modus des normativ Erfahrbaren) erst dadurch erzeugt werden, dass dem faktisch (in Systemen und Feldern) prozessierten und positivierten Recht eine ‚Gemeinschaft' nachwächst, in der das Recht zur Selbstverständlichkeit wird (bestätigt auch durch die Akzeptanz des Rechtswegs in Streitfällen). – In dieser *zweiten* Vergleichsdimension kommt den Theorien der ‚systemischen' Integration durch Recht für die Europäische Wirtschaftsverfassung, die als solche in den Köpfen vieler mittelbar oder unmittelbar von ihr Betroffenen noch gar nicht angekommen ist (geschweige denn von diesen argumentativ nachvollzogen oder solidarisch nachempfunden werden kann), zunächst eine größere Plausibilität zu. Tatsächlich lässt sich die Herausbildung internationaler Wirtschaftsverfassungen system- und regulationstheoretisch mit dem ‚Globalisierungssog' einer funktional differenzierten und kapitalistisch fundierten Weltgesellschaft gleichermaßen gut begründen. Jedoch gewinnen die diskurstheoretischen und strukturfunktionalistischen Argumente für eine ‚soziale' Integration durch Recht spätestens dann an Gewicht, wenn die sozialräumliche Erweiterung der (zunächst nationalen, dann europäischen) Rechtsgemeinschaft auf immanente Grenzen der ‚Solidarität zwischen Fremden' stößt – wie auch am Bruch zwischen der Binnen- und Außendimension der europäischen Wirtschaftsverfassung erfahrbar wird.

In einer weiteren Vergleichsdimension treten schließlich die inneren Spannungen der drei in diesem Kapitel gegenübergestellten Wirtschaftsverfassungsmodelle zum Vorschein: (5) Mit der *Systemtheorie* und der *Diskurstheorie* ließ sich vor allem der analytische Gehalt des Governance-Grundmodells mit den idealtypischen Polen des

Mehrebenen- bzw. des Netzwerkregierens ausarbeiten. Europäisierung und Globalisierung des Rechts aus systemtheoretischer Sicht lassen sich jedoch nicht ohne Weiteres mit Faktizität und Geltung (bzw. Erzwingbar- und Begründbarkeit) des Rechts aus diskurstheoretischer Sicht in Verbindung bringen. Zwar steht hinter dem europäischen ‚Mehrebenenrecht' analytisch betrachtet noch die klassische Staatsgewalt, während sich das transnationale ‚Netzwerkrecht' auf außerstaatliche Legitimationsstrukturen stützt, jedoch mangelt es ersterem – hier repräsentiert durch das Harmonisierungsmodell – tatsächlich an Durchsetzbarkeit bei gleichzeitiger (zumindest mittelbarer) demokratischer Legitimität und letzterem – hier repräsentiert durch das Wettbewerbsmodell – an Legitimität bei gleichzeitiger (zumindest mittelbarer) politischer Durchsetzbarkeit. (6) *Strukturfunktionalismus* und *Regulations- und Feldtheorie* schienen demgegenüber eher geeignet, um den ‚synthetischen' Gehalt des Ausgangs- und Endpunktes des zweidimensionalen Governance-Grundmodells zu erkunden: Der idealisierte – aber durchaus reale – Ausgangspunkt des nationalstaatlichen Regierens und der idealisierte – aber durchaus realisierbare – (vorläufige) Endpunkt des europäischen Regierens wurden dabei einerseits durch den solidarischen Zusammenhalt einer nationalen bzw. einer postnationalen Bürger(rechts)gemeinschaft bestimmt, andererseits durch die Auseinandersetzung (und allmähliche Kräfteverschiebung) zwischen ‚incumbents' mit einem nationalen Steuerungsanspruch und ‚challengers' mit einem supra- oder transnationalen Steuerungsanspruch, deren Rechtspositionen jeweils auch durch politökonomische Interessen mitbegründet sind. Das dezentralisierte Wirtschaftsverfassungsmodell scheint dabei einer ‚aufgeklärten' *nationalen* Bürgergemeinschaft näher zu liegen als der (bereits in Ansätzen) entwickelten Unionsbürgerschaft und gerät mit seinen (politökonomischen) Trägerschichten zunehmend ins Hintertreffen. Die wirtschaftsverfassungsrechtlichen Herausforderer hingegen sind offenbar zwischen dem Harmonisierungs- und dem Wettbewerbsmodell, einem Primat der Politik und einem Primat der Ökonomie gespalten, so dass sie im Endeffekt die Entwicklung eines Synthesemodells vorantreiben, das ideal- bzw. realtypisch so noch nicht erfasst ist. – In der *dritten* Vergleichsdimension lässt sich folglich zumindest für die Binnendimension der europäischen Wirtschaftsverfassung die *Emergenz* einer vierten (Steuerungs-) Konzeption behaupten bzw. erwarten, die jenseits der bisher debattierten Modelle liegt und Kernelemente dieser in sich vereint: Das entstehende ‚europäische' Regulierungsmodell wird deutliche Spuren eines Primats der (globalisierten) Ökonomie aufweisen und sich in diesem Punkte von dem zentralisierten und dezentralisierten Modell unterscheiden. Es wird sich aber auch durch eine höhere Gewichtung der (europäisierten) regulativen Staatlichkeit – inklusive einer prononcierten sozialen Regulierung (jedoch weniger einer klassischen Sozial*politik*) – gegenüber der internationalen Schrumpfform des ordoliberalen Wettbewerbsmodells (bzw. des Regulierungswettbewerbs) abgrenzen. Diese Selbstfestlegungen der europäischen Rechtsgemeinschaft werden weiterhin auch die Außendimension der europäischen Wirtschaftsverfassung prägen.

Abschließend ließe sich die Ambiguität einer solchen (im Entstehen begriffenen) Wirtschaftsverfassung – ausgehend von der gesellschaftstheoretischen Kontextualisierung – auch folgendermaßen pointieren: Im Vergleich zu herkömmlichen nationalstaatlichen Wirtschaftsverfassungen wird die europäische Wirtschaftsverfassung nicht nur autonomer (gegenüber der Politik), sondern auch heteronomer sein (gegenüber der Wirtschaft); sie dürfte weniger berechenbar sein (durch Verhandelbarkeit), könnte aber auch legitimer sein (durch Begründungspflichten); sie könnte zugleich offener sein (für unterschiedliche Interessen), ohne deswegen weniger ‚inklusiv' zu sein (in normativer Hinsicht); und sie wird zwar einheitlicher (harmonisierungsbedingt), zugleich aber auch vielfältiger sein (wettbewerbsbedingt). Damit ist zwar wieder ein relatives abstraktes Argumentationsniveau erreicht, aber auch ein Ausgangspunkt für weitere Überlegungen gesetzt. Daran anknüpfend sollte das hier modellhaft vorweggenommene ‚vierte' Wirtschaftsverfassungsmodell auch stärker empirisch unterlegt werden.

Auf Basis der für diese Arbeit gesichteten und ausgewerteten Literatur erscheint für eine nähere Illustration und Überprüfung des Judicial-Governance-Konzepts (im Sinne von ‚regulatory judicial policy-making' bzw. ‚judicial network governance') in der Binnendimension der europäischen Wirtschaftsverfassung eine Einzelbetrachtung der EuGH-Urteile im Warenverkehrsbereich vielversprechend – gerade weil die Rechtsprechung hier zum Teil anders ausfällt als erwartet (und es auch den Modellen entsprechen würde). So könnte beispielsweise dem Hinweis nachgegangen werden, dass das Prinzip gegenseitiger Anerkennung – eigentlich Ausdruck des kompetitiven Modells bzw. des Herkunftslandsprinzips (‚home state control') – durch den EuGH *auch* im Sinne einer ‚regulatory process norm' angewendet wird, die Lernprozesse in transnationalen (Regulierungs-)Netzwerken befördert (Armstrong 2002, 230 ff.; vgl. Joerges 2003, 207 f.; Joerges 2005, 96; Maduro 1998, 33, 108 u. 134). In der Außendimension liegt aus Sicht der Verfechter des Wettbewerbsmodells der wichtigste Prüfstein für die europäische (als eine internationale) Wirtschaftsverfassung offenbar immer noch in der – richterrechtlich weder ‚endgültig' bestätigten, noch völlig ausgeschlossenen – unmittelbaren Anwendbarkeit des WTO-Rechts im Gemeinschaftsrecht zwecks Konstitutionalisierung individueller ‚Außenhandelsfreiheiten' (vgl. Hilpold 2000; de Búrca/Scott 2001; Herrmann 2001; Bourgeois 2000; van den Broek 2001; Eeckhout 2002; Peers 2001; Wiers 2004; Zonnekeyn 2003). Was schließlich Qualität und Niveau der europäischen Reregulierung (unter Abzug der Deregulierung) betrifft, bieten sich als empirische Grundlage vor allem Konflikte im Schnittfeld von Freihandel und Umweltschutz an (vgl. Krämer 2002; Scheuing 2001a, 2001b; Winter 2003; Nowak 2001), und zwar nicht nur, weil Umweltstandards typischerweise durch übernationale Schutzinteressen begründet werden (also idealerweise über nationalstaatliche Idiosynkrasien hinausweisen), sondern auch, weil sie den Bruch zwischen Binnen- und Außendimension der europäischen Wirtschaftsverfassung zu beobachten erlauben, und zwar wiederum im Verhältnis von EG/EU und GATT/WTO – „the Cain and Abel of international economic law" (Weiler 2000, 1; vgl. Scott 2000; Kelemen 2001; Patron 2004; Herrmann 2002; Schwarz 2003).

Schluss

‚Judicial Governance' – mit diesem Begriff ist in der vorliegenden Arbeit ein semantisches Netzwerk ausgeworfen worden, das die Realitäten des richterlichen Regierens jenseits des klassischen Nationalstaats einfangen sollte: die Modalitäten einer europäischen Integration durch Recht(sprechung) im Zeitalter der Globalisierung. Damit ist dieses Netz zugleich ein Stück weit in die Zukunft geworfen worden, weswegen auch am Ende dieser Arbeit keine abschließende Definition steht, sondern das Konzept (trotz aller auf den theoretischen wie empirischen Expeditionen gesetzten Grenzmarkierungen) weiter offengehalten wird. In dieser Hinsicht – anders als in vielen analytischen Details der Theorie(re)konstruktion – behält die vorliegende Dissertation also ihren explorativen Charakter, der einem zeitdiagnostischen und gewissermaßen auch ‚futurologischen' Erkenntnisinteresse an der Entwicklung von Recht und Rechtsprechung geschuldet ist. Tatsächlich führt eine begrifflich und inhaltlich einschlägige, wenngleich wissenschaftlich eher randständige Referenz in den Bereich der Zukunftsforschung, genauer auf einen Essay von Jim Dator (2001), aus dem auch das Eingangszitat dieser Arbeit stammt. In diesem Artikel werden die Unwägbarkeiten der New Economy – die hier weniger als ‚a long boom' denn ‚a long blur' erscheint – als *Problem*, die vermehrte Steuerung durch Richterrecht aber als (Interims-)*Lösung* entworfen, die sich empirisch bereits abzuzeichnen beginnt (‚from premodern, to modern, to judicial governance'). Das Szenario einer solchen (Quasi-)Regentschaft der Richter bzw. ihrer relativen Stärkung gegenüber den klassischen Regierungen wird somit auch hier – ähnlich der Grundintention dieser Arbeit – auf die Steuerungserfordernisse einer flexibilisierten und globalisierten Ökonomie zurückgeführt:

> „[U]ntil a personalized, swift, highly flexible, authoritative (but not authoritarian), and future-oriented system of governance is finally invented to replace our obsolete republican form, judges will be required more and more to make, unmake, and remake highly private ‚public' policy decision[s] which current conditions demand and future conditions will make even more imperative […]." (Dator 2001, 194)

Das Judicial-Governance-Konzept erhält auf diese Weise eine politökonomische Fundierung, die in den meisten anderen (mehr oder minder governance-)theoretischen Annäherungen an die (post-)moderne Rolle der Richterschaft fehlt.

Es erscheint aber auch aus forschungspragmatischen Gründen sinnvoll, das Judicial-Governance-Konzept für unterschiedliche (problembezogene) Spezifizierungen offenzuhalten. Die Sichtung der governance-theoretisch einschlägigen Literatur in Politik- und Rechtswissenschaft, Rechtssoziologie und Gesellschaftstheorie hat ergeben, dass wortwörtlich von ‚judicial governance' zum einen nur selten die Rede ist, zum anderen dabei eine Verwendungsweise überwiegt, die von einem allgemeinen Begriff politischer Steuerung bzw. des Regierens abgeleitet ist. Der Begriffsgebrauch ist demnach politikwissenschaftlich vorgeprägt und bleibt den Steuerungstätigkeiten des Staats (bzw. der ‚three branches of government') verhaftet. Damit wird in einem modernen Ausdruck im Grunde nur die alte Erkenntnis der ‚political jurisprudence' kondensiert, dass auch Gerichte als politische Akteure zu behandeln sind (vgl. Shapiro/Stone Sweet 2004). Neben dem Begriff politischer Steuerung – bzw. dem staatsbezogenen Governance-Begriff – wurden zu Beginn dieser Arbeit aber auch ein wirtschaftsbezogener und ein gesellschaftsbezogener Governance-Begriff identifiziert; alle drei Begriffsvarianten wurden als gleichberechtigte Spezifikationen von Governance i. w. S. als Oberbegriff für (Prozesse der) Koordination und Steuerung, Integration und Ordnung vorgeführt. Damit wird das Governance-Konzept im Allgemeinen und das Judicial-Governance-Konzept im Besonderen zugleich für wirtschafts- und gesellschaftsbezogene Verwendungen – mithin auch für politökonomische und gesellschaftstheoretische (Makro-)Kontextualisierungen – geöffnet, denen ein wesentliches Untersuchungsanliegen dieser Arbeit galt (vgl. Lange/Schimank 2003; Mayntz 2004; Benz 2004a).

Einerseits fehlt es dem Judicial-Governance-Begriff – und verwandten Konzepten, wie ‚judicial policy-making', ‚governing with judges', ‚judicial regulation' etc. (Rasmussen 1998; Stone Sweet 2002; Armstrong/Bulmer 1998; Volcansek 1992a) – in der einschlägigen Literatur also an einem übergeordneten Referenzpunkt, der das Regieren der Gerichte *neben* dem ordentlichen Regieren (durch ordnungsgemäße Regierungen) in einen umfassenden, z. B. allgemein-soziologischen, Vergleichsrahmen einzuordnen erlauben, der etwa auch funktionale Äquivalenzen und Zusammenhänge sichtbar macht, die bei einer Voreinstellung auf eine politikwissenschaftliche Sichtweise (und den ‚Staat') verdeckt bleiben. *Andererseits* – und damit zusammenhängend – vermag die Bezugnahme auf ‚judicial governance' in der in dieser Arbeit referierten Literatur auch im Hinblick auf eine Begriffsspezifikation im Sinne der so genannten Governance-Wende nicht recht zu überzeugen: Der in der Leitformel ‚from government to governance' angedeutete Wandel des klassischen (National- und Rechts-)Staats in Richtung einer internationalen, kooperativen und regulativen Staatlichkeit bzw. einer zunehmenden Ausprägung von Mehrebenen- und Netzwerk-Regimen, findet im beiläufigen Verweis auf ‚judicial governance' kaum Niederschlag. Wenn mit dieser Begriffswahl aber einzig und allein zum Ausdruck gebracht werden soll, dass die Richter Gesetze nicht nur auslegen und anwenden, sondern selber (Richter-)Recht setzen, also – politisch besehen – mitregieren, bleibt nicht nur das Generalisierungspotenzial von Governance i. w. S., sondern auch das Spezifizierungspotenzial von Governance i. e. S. unausgeschöpft.

Nun ist es aber nicht so, dass einer Verwendung des Judicial-Governance-Konzepts in einem solchen weniger ambitionierten Sinne von richterlicher (Politik-)Steuerung durch die Ausführungen dieser Arbeit widersprochen werden soll. Wenn der Begriff in dieser (politikwissenschaftlichen, staatsbezogenen) Form auch unterkomplex erscheint, so ist die in ihm angelegte Vergleichsperspektive – Recht als Politik, Politik als Recht – doch Voraussetzung, um Recht *und* Politik in ihrer klassischen, rechtsstaatlichen Form nach den der Governance-Debatte zugrunde liegenden und in dieser Arbeit entfalteten Heuristiken *kontingent* zu setzen. Mit anderen Worten: Diese Arbeit schließt an den bisherigen Begriffsgebrauch im Schnittfeld von Politik- und Rechtswissenschaft an und will selber für andere Arbeiten in diesem Bereich anschlussfähig bleiben; zugleich soll aber ein Angebot zur gesellschaftstheoretischen Verallgemeinerung und politökonomischen Spezifizierung des Judicial-Governance-Konzepts unterbreitet werden, das neue Sichtmöglichkeiten auf das richterliche (Mit-)Regieren unter Bedingung des Wandels der Staatlichkeit im Kontext von Europäisierung und Globalisierung eröffnet. Im Zuge der Ausarbeitung der Dissertation ist zumindest der Eindruck entstanden, dass der Begriff – gewissermaßen im Schlepptau der Governance-Debatte – zunehmend Aufmerksamkeit auf sich zieht, was sich nicht zuletzt in Tagungsbeiträgen oder sogar Tagungstiteln niederschlägt (vgl. Joerges 2005b nebst weiteren Beiträgen zur Konferenz „‚Judicial Governance' im europäischen Privatrecht: Die Anforderungen and die europäische Judikative als Überforderung?", die am 8. und 9. April 2005 an der Universität Luzern stattfand).

Dies betrifft auch das Dissertationsprojekt von Christopher A. Whytock, der (ebenso wie die Verfasserin) seine laufende Arbeit auf der vom 6. bis zum 9. Juli 2006 in Baltimore abgehaltenen Jahreskonferenz der US-amerikanischen ‚Law and Society Association' vorstellte. Zum Zeitpunkt des Abschlusses dieser Arbeit (November 2006) liegt lediglich ein vorläufiger Entwurf eines Artikels mit dem Titel ‚Domestic Courts and Global Governance' vor (Whytock 2006), aus dem hier (wegen begrenzter Zitationserlaubnis) nur en gros und nicht en détail zitiert werden soll – und nur insoweit es zur Abgrenzung von der vorliegenden Arbeit relevant erscheint. Der vorliegende Artikel enthält den theoretischen Grundlagenteil eines umfassenderen, vornehmlich empirisch ausgerichteten (an politikwissenschaftlicher Beschreibung und Erklärung interessierten), aber auch normativ (rechts- und demokratietheoretisch) relevanten Projekts zur Rolle nationaler – einschließlich subnationaler – Gerichte (‚domestic courts') im Kontext der gleichermaßen inter- und transgouvernemental wie non-gouvernemental und transnational strukturierten ‚global governance'. Den inhaltlichen und disziplinären Bezugspunkt bilden die internationalen (Rechts-)Beziehungen in politikwissenschaftlicher Sicht. Das Untersuchungsinteresse richtet sich dabei im Speziellen auf die *welt*politische Dimension *nationalen* Richterrechts, für die der Begriff ‚transnational judicial governance' geprägt wird Im Rahmen der vorliegenden Arbeit wäre das Projekt Whytocks damit *entweder* unter den IB-Theorien der (rechtlichen) Koordination im Allgemeinen und der (rechtlichen) Integration im Besonderen einzuordnen, wofür zahlreiche Verweise auf die – im neoliberalen Institutionalismus beheimateten – Ansätze zur Verrechtlichung und Vergerichtlichung internationaler Beziehungen, einschließlich der Konzeption transgouvernementaler Rechtsbeziehungen (d. h. der internationalen Vernetzung von Gerichten) sprechen (vgl. Goldstein u. a. 2000; Abbott u. a. 2000; Keohane u. a. 2000; Slaughter 1995, 2002; vgl. Kap. 2.2). *Oder* aber es wäre in seinem Fokus auf nationale Gerichte und die ‚Vergerichtlichung' der Politik in die Tradition der ‚political jurisprudence' – bzw. eher komparatistischer Arbeiten zum Zusammenspiel von Recht und Politik im Staat – einzuordnen (vgl. Shapiro 2002a; Shapiro/Stone Sweet 2002; Stone Sweet 2002; vgl. Kap. 2.1.3 u. 2.3.6).

Das Untersuchungsinteresse gilt in diesem Fall also vornehmlich den nationalen Gerichten – und nicht etwa internationalen Gerichten, zu denen auch der Europäische Gerichtshof gezählt wird –, und zwar insoweit sie durch die Beilegung von Rechtskonflikten zur ‚Steuerung transnationaler Aktivitäten' (insbesondere des grenzüberschreitenden Verkehrs von materiellen und immateriellen Gütern und der Beziehungen zwischen Angehörigen unterschiedlicher Staaten) und damit zur ‚global governance' beitragen. Der Begriff ‚transnationaler richterlicher Steuerung' ist dabei von der Idee geprägt, nationale Richter als ‚global governors' zu analysieren, wobei vorausgesetzt ist, *dass* einzelstaatliche Gerichte in transnational dimensionierten Rechtsfällen Entscheidungsalternativen besitzen, durch die sie verhaltenssteuernde Wirkung auf Art und Umfang transnationaler Aktivitäten entfalten können. Entscheidend dabei ist, dass diese Einflussnahme im Rahmen einer dezentralen und heterarchischen internationalen (Global-)Governance-Struktur erfolgt, die durch das ‚internationale Privatrecht' geprägt ist (das freilich, wie Whytock betont, nicht einfach ‚international' und ‚privat' ist, sondern vielfach durch nationales Recht begründet und öffentlich-rechtlich instrumentiert ist). In dieser Suggestion netzwerkförmigen Regierens im internationalen Raum liegt der Vorzug der Begrifflichkeit *transnationaler* richterlicher Steuerung. Es ist ebendiese horizontale Dimension, die in einem *supranationalen* Konzept richterlicher Steuerung, das durch die vertikale Dimension des Regierens im europäischen Mehrebenensystem vorgeprägt wird, zu kurz zu kommen droht. Gleichwohl dürften die (ihrer Substanz nach) transnationalen Rechtsentscheidungen nationaler Gerichte einem stärkeren ‚home bias' unterliegen als eine entsprechende Urteilspraxis des Europäischen Gerichtshofs, weswegen im Sinne dieser Arbeit argumentiert werden kann (und empirisch zu erwarten wäre), dass gerade die europäische Jurisdiktion nicht nur in supranationaler, sondern auch in transnationaler Hinsicht besonders aufschlussreich ist.

Insgesamt verhält sich das von Whytock vorgeschlagene Konzept der transnationalen Steuerung durch (über das internationale Privatrecht verknüpftes) nationales Richterrecht also eher *komplementär* zur hier entwickelten Vorstellung von ‚judicial governance' in der europäischen Rechtsgemeinschaft, als dass beide in Konkurrenz zueinander stünden. Die Spezifizierung der *rechtsgemeinschaftlichen* Kontextbedingungen für die richterliche Steuerung auf europäischer Ebene, für die in dieser Arbeit einiger (gesellschafts-)theoretischer Konstruktionsaufwand geleistet wurde, kann demgegenüber als ein Alleinstellungsmerkmal der vorliegenden Konzeption gelten, für das es in den (eher) akteursbezogenen und (überwiegend) rationalistischen Governance-Ansätzen politikwissenschaftlicher Provenienz, denen auch Whytock in seiner Operationalisierung folgt, keine Parallele gibt. Bezugspunkte bestehen hier eher zu einer an der gesellschaftlichen Einbettung und Ausdifferenzierung des (modernen) Rechts interessierten (makro-)soziologischen Grundlagenforschung innerhalb und oberhalb der unterschiedlichen modernisierungstheoretischen und –kritischen Paradigmen (vgl. Luhmann 1993; Habermas 1992; Münch 1984; Bourdieu 1986; Gephart 1993), die freilich zunächst auf die europäisierten – und globalisierten – Rechtsverhältnisse zugeführt werden musste. In der Übersetzung des

Judicial-Governance-Begriffs in eine genuin *soziologische* Fassung der ‚Integration durch Recht(sprechung)' jenseits des Staates – und einer entsprechenden Ausdeutung des Konzepts der (gesellschaftlichen) Rechtsgemeinschaft – liegt (zusätzlich zum intendierten politökonomischen Erkenntnisgewinn) dann auch der eigentliche Mehrwert dieser Arbeit, die im Beharren auf (makro-)sozialen ‚Fakten' und ‚Konstrukten' am Ende doch soziologischer geworden ist, als ihr interdisziplinärer Ausgangspunkt – das Governance-Paradigma – zunächst vermuten ließ.

Eine Fortführung des mit dieser Dissertation gewissermaßen nur ‚begonnenen' Forschungsprojekt erscheint nach eigener Einschätzung (und bisherigen Rückmeldungen) sowohl in theoretischer als auch in empirischer Hinsicht sinnvoll. Dafür sollen abschließend drei Ansatzpunkte genannt werden: Einerseits diente das Recht der Europäischen Gemeinschaft (bzw. Union) nur als Ausgangsmaterial, um die Bedingungen einer sozial (mehr oder minder) gehaltvollen Integration durch Recht – insbesondere durch *Richter*recht – jenseits des Nationalstaats zu klären. Es böte sich daher an, in einem nächsten Schritt die Implikationen des im Laufe dieses Projektes entwickelten soziologischen Begriffs der (europäischen) Rechtsgemeinschaft (oberhalb des Nationalstaats, unterhalb der Weltgesellschaft) bezüglich einer Generalisierung der Erkenntnisse und Respezifizierung der Fragestellung zu klären. Andererseits wäre im Hinblick auf die rechtssoziologische Rezeption der Arbeit (im Felde der ‚Law and Society'-Studies) eine stärkere Anbindung an die juristische Argumentationsweise, insbesondere ein stärkerer Rekurs auf konkrete Rechtsfälle als Belege für globalere Entwicklungstendenzen, wie sie hier am Beispiel der europäischen Wirtschaftsverfassung aufgezeigt wurden, geboten. Zugleich sollte das in dieser Arbeit entwickelte bzw. perspektivierte Judicial-Governance-Konzept auch auf andere Gerichtsorgane und deren Rechtsprechung angewendet, insoweit auf eine breitere empirische Grundlage gestellt und dadurch theoretisch noch ‚haltbarer' gemacht werden.

Literaturverzeichnis

Abbott, Kenneth W. u. a. [Keohane, Robert O.; Moravcsik, Andrew; Slaughter, Anne-Marie; Snidal, Duncan], 2000: The Concept of Legalization. In: International Organization Jg. 54, H. 3 (Summer), S. 401-419

Albert, Mathias, 1999/2000: Entgrenzung und Globalisierung des Rechts. In: Vogt, Rüdiger (Hrsg.): Globalisierung des Rechts. Baden-Baden: Nomos, S. 115-137

Alter, Karen J., 1998: Who Are the ‚Masters of the Treaty'?: European Governments and the European Court of Justice. In: International Organization, Jg. 52, H. 1, S. 121-147

Alter, Karen J., 2000: The European Union's Legal System and Domestic Policy: Spillover or Backlash?. In: International Organization Jg. 54, H. 3 (Summer), S. 489-518

Alter, Karen J., 2002a: A Political Science Perspective [Diskussionsbeitrag zu: Law, Political Science and EU Legal Studies – An Interdisciplinary Project?]. In: European Union Politics, Jg. 3, H. 1, S. 113-123

Alter, Karen J., 2002b: Establishing the Supremacy of European Law: The Making of an International Rule of Law in Europe. Oxford; New York: Oxford University Press

Alter, Karen J., 2003 (1997): Explaining National Court Acceptance of European Court Jurisprudence: A Critical Evaluation of Theories of Legal Integration. In: Slaughter, Anne-Marie; Stone Sweet, Alec; Weiler, Joseph H.H. (Hrsg.): The European Court and National Courts – Doctrine and Jurisprudence: Legal Change in Its Social Context. Oxford: Hart Publishing, S. 227-252

Alter, Karen J., 2004: Agents or Trustees? International Courts in their Political Context. Universität Bremen, Sonderforschungsbereich 597 ‚Staatlichkeit im Wandel', TranState Working Papers, 8

Alter, Karen J.; Meunier-Aitsahalia, Sophie, 1994: Judicial Politics in the European Community: European Integration and the Pathbreaking Cassis de Dijon Decision. In: Comparative Political Studies, Jg. 26, H. 4, S. 535-561

Amtenbrink, Fabian, 2002: Öffentliche Interessen im Spannungsfeld von Grundfreiheiten und Harmonisierungsmaßnahmen. In: Nordhausen, Annette (Hrsg.): Neue Entwicklungen in der Dienstleistungs- und Warenverkehrsfreiheit. Baden-Baden: Nomos, S. 53-69

Apeldoorn, Bastiaan van, 2000: Transnationale Klassen und europäisches Regieren: Der European Round Table of Industrialists. In: Bieling, Hans-Jürgen; Steinhilber, Jochen (Hrsg.): Die Konfiguration Europas: Dimensionen einer kritischen Integrationstheorie. Münster: Westfälisches Dampfboot, S. 189-221

Apeldoorn, Bastiaan van, 2001: The Struggle over European Order: Transnational Class Agency in the Making of ‚Embedded Neo-Liberalism'. In: Bieler, Andreas; Morton, Adam David (Hrsg.): Social Forces in the Making of the New

Europe: The Restructuring of European Social Relations in the Global Political Economy. Houndsmills; New York: Palgrave, S. 70-89

Apeldoorn, Bastiaan van, 2002: Transnational Capitalism and the Struggle over European Integration. London; New York: Routledge

Apeldoorn, Bastiaan van, 1998: Transnationalization and the Restructuring of Europe's Socioeconomic Order: Social Forces in the Construction of ‚Embedded Neoliberalism'. In: International Journal of Political Economy, Jg. 28, H. 1 (Spring), S. 12-53

Armstrong, Kenneth A., 1995: Regulating the Free Movement of Goods: Institutions and Institutional Change. In: Shaw, Josephine; More, Gillian: New Legal Dynamics of European Union. Oxford; New York: Clarendon, S. 165-191

Armstrong, Kenneth A., 1998: New Institutionalism and European Union Legal Studies. In: Craig, Paul; Harlow, Carol (Hrsg.): Lawmaking in the European Union. London; The Hague; Boston: Kluwer Law International, S. 89-110

Armstrong, Kenneth A., 1999: Governance and the Single European Market. In: Craig, Paul; Búrca, Gráinne de (Hrsg.): The Evolution of EU Law. Oxford; New York: Oxford University Press, S. 745-789

Armstrong, Kenneth A., 2002: Mutual Recognition. In: Barnard, Catherine; Scott, Joanne (Hrsg.): The Law of the Single European Market: Unpacking the Premises. Oxford; Portland, Oregon: Hart Publishing, S. 225-267

Armstrong, Kenneth A.; Bulmer, Simon J., 1998: The Governance of the Single European Market. Manchester; New York: Manchester University Press

Arnull, Anthony, 2002: The Rule of Law in the European Union. In: Arnull, Anthony; Wincott, Daniel (Hrsg.): Accountability and Legitimacy in the European Union. Oxford: Oxford University Press, S. 239-256

Arnull, Anthony, 2003 (1999): The European Union and its Court of Justice. Oxford; New York: Oxford University Press

Bach, Maurizio, 2000: Die Europäisierung der nationalen Gesellschaft? Problemstellungen und Perspektiven einer Soziologie der europäischen Integration. In: Ders. (Hrsg.): Die Europäisierung nationaler Gesellschaften. Wiesbaden: Westdeutscher, S. 11-35

Bach, Maurizio, 2001: Beiträge der Soziologie zur Analyse der europäischen Integration: Eine Übersicht über theoretische Konzepte. In: Loth, Wilfried; Wessels, Wolfgang (Hrsg.): Theorien europäischer Integration. Opladen: Leske und Budrich, S. 147-173

Bach, Maurizio, 2006: Entgrenzung und soziale Integration im neuen Europa. Über das Verschwinden von ‚Gesellschaft' im europäischen Integrationsprozess. In: Hettlage, Robert; Müller, Hans-Peter (Hrsg.): Die europäische Gesellschaft: Probleme, Positionen, Perspektiven. Konstanz: UVK, S. 175-196

Badura, Peter, 2005: Wirtschaftsverfassung und Wirtschaftsverwaltung: Ein exemplarischer Leitfaden (2., völlig neubearb. Aufl.). Tübingen: Mohr Siebeck

Baldwin, Robert; Cave, Martin, 1999: Understanding Regulation: Theory, Strategy, and Practice. Oxford; New York: Oxford University Press

Barnard, Catherine; Scott, Joanne (Hrsg.), 2002: The Law of the Single European Market: Unpacking the Premises. Oxford; Portland, Oregon: Hart Publishing

Basedow, Jürgen, 1992: Von der deutschen zur europäischen Wirtschaftsverfassung (Walter-Eucken-Institut, Vorträge und Aufsätze 137). Tübingen: Mohr

Bastien, François, 2001: Pourquoi et comment les juges gouvernent?: Prolégomènes problématiques. In: Brondel, Séverine; Foulquier, Norbert; Heuschling, Luc (Hrsg.): Gouvernement des juges et démocratie. Séminaire international, 12 novembre 1998 – 28 mai 1999. Paris: Publications de la Sorbonne, S. 327-332

Beach, Derek, 2000: Between Law and Politics: The Relationship between the European Court of Justice and EU Member States. DJØF Publishing: Copenhagen

Béchillon, Denys de, 2001: Le gouvernement des juges: Une question à dissoudre. In: Brondel, Séverine; Foulquier, Norbert; Heuschling, Luc (Hrsg.): Gouvernement des juges et démocratie. Séminaire international, 12 novembre 1998 – 28 mai 1999. Paris: Publications de la Sorbonne, S. 341-355

Becker, Ulrich, 2004: Die soziale Dimension des Binnenmarktes. In: Schwarze, Jürgen (Hrsg.): Der Verfassungsentwurf des Europäischen Konvents: Verfassungsrechtliche Grundstrukturen und wirtschaftsverfassungsrechtliches Konzept. Baden-Baden: Nomos, S. 201-219

Behrens, Peter, 1994: Die Wirtschaftsverfassung der Europäischen Gemeinschaft. In: Brüggemeier, Gert (Hrsg.): Verfassungen für ein ziviles Europa. Nomos: Baden-Baden, S. 73-90

Behrens, Peter, 2001: Grundstrukturen einer Weltwirtschaftsordnung. In: Bruha, Thomas; Hesse, Joachim Jens; Nowak, Carsten (Hrsg.): Welche Verfassung für Europa?: Erstes interdisziplinäres ‚Schwarzkopf-Kolloquium' zur Verfassungsdebatte in der Europäischen Union. Baden-Baden: Nomos, S. 203-213

Benz, Arthur, 2004a: Governance – Ein Modebegriff oder nützliches sozialwissenschaftliches Konzept?. In: Ders. (Hrsg.): Governance – Regieren in komplexen Regelsystemen: Eine Einführung. Wiesbaden: Verlag für Sozialwissenschaften, S. 11-28

Benz, Arthur, 2004b: Multilevel Governance – Governance in Mehrebenensystemen. In: Benz, Arthur (Hrsg.): Governance – Regieren in komplexen Regelsystemen: Eine Einführung. Wiesbaden: Verlag für Sozialwissenschaften, S. 125-146

Bieler, Andreas, 2002: The Struggle over EU Enlargement: A Historical Materialist Analysis of European Integration. In: Journal of European Public Policy, Jg. 9, H. 4 (August), S. 575-597

Bieler, Andreas; Morton, Adam David (Hrsg.), 2001a: Social Forces in the Making of the New Europe: The Restructuring of European Social Relations in the Global Political Economy. Houndsmills; New York: Palgrave

Bieler, Andreas; Morton, Adam David, 2001b: Introduction: Neo-Gramscian Perspectives in International Political Economy and the Relevance to European Integration. In: Dies. (Hrsg.): Social Forces in the Making of the New Europe: The Restructuring of European Social Relations in the Global Political Economy. Houndsmills; New York: Palgrave, S. 3-24

Bieler, Andreas; Morton, Adam David, 2003: Neo-Gramscianische Perspektiven. In: Schieder, Siegfried; Spindler, Manuela (Hrsg.): Theorien der Internationalen Beziehungen. Opladen: Leske und Budrich, S. 337-362

Bieling, Hans-Jürgen, 2002: Changing Boundaries: Die europäische Reorganisation von Ökonomie, Staat und Zivilgesellschaft als politischer Prozess. In: Hegmann, Horst; Neumärker, Bernhard (Hrsg.): Die Europäische Union aus politökonomischer Perspektive. Marburg: Metropolis, S. 13-42

Bieling, Hans-Jürgen, 2003: Internationale Politische Ökonomie. In: Schieder, Siegfried; Spindler, Manuela (Hrsg.): Theorien der Internationalen Beziehungen. Opladen: Leske und Budrich, S. 363-389

Bieling, Hans-Jürgen; Deppe, Frank, 1996: Internationalisierung, Integration und politische Regulierung. In: Jachtenfuchs, Markus; Kohler-Koch, Beate (Hrsg.): Europäische Integration. Opladen: Leske und Budrich, S. 481-511

Bieling, Hans-Jürgen; Steinhilber, Jochen (Hrsg.), 2000a: Die Konfiguration Europas: Dimensionen einer kritischen Integrationstheorie. Münster: Westfälisches Dampfboot

Bieling, Hans-Jürgen; Steinhilber, Jochen, 2000b: Einleitung: Theorie und Kritik der europäischen Integration. In: Dies. (Hrsg.): Die Konfiguration Europas: Dimensionen einer kritischen Integrationstheorie. Münster: Westfälisches Dampfboot, S. 7-22

Bieling, Hans-Jürgen; Steinhilber, Jochen, 2000c: Hegemoniale Projekte im Prozeß der europäischen Integration. In: Dies. (Hrsg.): Die Konfiguration Europas: Dimensionen einer kritischen Integrationstheorie. Münster: Westfälisches Dampfboot, S. 102-130

Blomeyer, Wolfgang; Schachtschneider, Karl Albrecht (Hrsg.), 1995: Die Europäische Union als Rechtsgemeinschaft. Berlin: Duncker und Humblot

Bogdandy, Armin von, 2001a: Beobachtungen zur Wissenschaft vom Europarecht: Strukturen, Debatten und Entwicklungsperspektiven der Grundlagenforschung zum Recht der Europäischen Union. In: Der Staat, Jg. 40, H. 1, S. 3-43

Bogdandy, Armin von, 2001b: Verfassungsrechtliche Dimensionen der Welthandelsorganisation 1. Teil: Entkoppelung von Recht und Politik. In: Kritische Justiz, Jg. 34, H. 3, S. 264-281

Bogdandy, Armin von, 2001c: Verfassungsrechtliche Dimensionen der Welthandelsorganisation 2. Teil: Neue Wege globaler Demokratie?. In: Kritische Justiz, Jg. 34, H. 4, S. 425-441

Bonß, Wolfgang, 1999/2000: Globalisierung unter soziologischen Perspektiven. In: Vogt, Rüdiger (Hrsg.): Globalisierung des Rechts. Baden-Baden: Nomos, S. 39-68

Bora, Alfons, 2003: Politik und Recht: Krisen der Politik und der Leistungsfähigkeit des Rechts. In: Nassehi, Armin; Schroer, Markus (Hrsg.): Der Begriff des Politischen (Soziale Welt Sonderband 14). Baden-Baden: Nomos, S. 189-216

Böröcz, Jozsef; Sarkar, Mahua, 2005: What Is the EU?. In: International Sociology, Vol. 20, No. 2 (June), 153-173

Bourdieu, Pierre u. a. [Chamboredon, Jean-Claude; Passeron, Jean-Claude], 1991: Soziologie als Beruf: Wissenschaftstheoretische Voraussetzungen soziologischer Erkenntnis. Berlin: de Gruyter

Bourdieu, Pierre, 1986: La force du droit: Éléments pour une sociologie du champ juridique. In: Actes de la recherche en sciences sociales, Jg. 12, H. 64, S. 3-19

Bourdieu, Pierre, 1991: Les juristes, gardiens de l'hypocrisie collective. In: Chazel, François; Commaille, Jacques (Hrsg.): Normes juridiques et régulation sociale. Paris, E.J.A., S. 95-99

Bourdieu, Pierre, 1993a: The Field of Cultural Production. Cambridge: Polity Press

Bourdieu, Pierre, 1993b (1976): Über einige Eigenschaften von Feldern. In: Bourdieu, Pierre: Soziologische Fragen. Frankfurt am Main: Suhrkamp, S. 107-114

Bourdieu, Pierre, 1994: Rethinking the State: Genesis and Structure of the Bureaucratic Field. In: Sociological Theory, Jg. 12, H. 1 (March), S. 1-18

Bourdieu, Pierre, 1995: Foreword. In: Dezalay, Yves; Sugarman, David (Hrsg.): Professional Competition and Professional Power: Lawyers, Accountants and the Social Construction of Markets. London; New York: Routledge, S. xi-xiii

Bourdieu, Pierre, 1997: Die fortschrittlichen Kräfte. In: Perspektiven des Protests: Initiativen für einen europäischen Wohlfahrtsstaat. Hamburg: VSA, S. 11-25

Bourdieu, Pierre, 2001: Das politische Feld: Zur Kritik der politischen Vernunft. Konstanz: UVK

Bourdieu, Pierre, 2005: The Social Structures of the Economy. Cambridge; Malden: Polity Press

Bourgeois, Jacques H.J., 2000: The European Court of Justice and the WTO: Problems and Challenges. In: Weiler, Joseph H.H. (Hrsg.): The EU, the WTO, and the NAFTA: Towards a Common Law of International Trade?. Oxford; New York: Oxford University Press, S. 71-123

Boyer, Robert, 1990 (1981): The Regulation School: A Critical Introduction. New York: Columbia University Press

Boyer, Robert, 2002a (1995): Introduction. In: Boyer, Robert; Saillard, Yves (Hrsg.): Régulation Theory: The State of the Art. Routledge: London; New York, S. 1-10

Boyer, Robert, 2002b (1995): Is *Régulation* Theory an Original Theory of Economic Institutions?. In: Boyer, Robert; Saillard, Yves (Hrsg.): Régulation Theory: The State of the Art. Routledge: London; New York, S. 320-333

Boyer, Robert, 2002c (1995): The Origins of *Régulation* Theory. In: Boyer, Robert; Saillard, Yves (Hrsg.): Régulation Theory: The State of the Art. Routledge: London; New York, S. 13-20

Boyer, Robert, 2003a: L'anthropologie économique de Pierre Bourdieu. In: Actes de la recherches en sciences sociales, Jg. 29, H. 150, S. 65-78

Boyer, Robert, 2003b: Les institutions dans la théorie de la régulation. CNRS Paris, CEPREMAP Paper No. 2003-08

Boyer, Robert, 2004: Pierre Bourdieu – Analyste du changement?: Une lecture à la lumière de la théorie de la régulation. CNRS Paris, CEPREMAP Paper No. 2004-01

Boyer, Robert; Saillard, Yves, 2002: *Régulation* theory: Stasis or confirmation of a research programm. In: Dies. (Hrsg.): Régulation Theory: The State of the Art. Routledge: London; New York, S. 45-54

Brand, Ulrich, 2003: Regulation und Politik. Theoretische Probleme der Internationalisierung und die ‚Empire'-These. In: Brand, Ulrich; Raza, Werner (Hrsg.): Fit für den Postfordismus? Theoretisch-politische Perspektiven des Regulationsansatzes. Münster: Westfälisches Dampfboot, S. 304-325

Brand, Ulrich; Raza, Werner (Hrsg.), 2003: Fit für den Postfordismus? Theoretisch-politische Perspektiven des Regulationsansatzes. Münster: Westfälisches Dampfboot, S. 43-57

Braun, Dietmar, 2002: Steuerungstheorien. Nohlen, Dieter; Schultze, Rainer-Olaf (Hrsg.), 2002: Lexikon der Politikwissenschaft: Theorien, Methoden, Begriffe (2 Bände). München: Beck, S. 919-925

Bröckling, Ulrich u. a. [Krasmann, Susanne; Lemke, Thomas] (Hrsg.), 2000: Gouvernementalität der Gegenwart: Studien zur Ökonomisierung des Sozialen. Frankfurt am Main: Suhrkamp

Broek, Naboth van den, 2001: Legal Persuasion, Political Realism, and Legitimacy: The European Court's Recent Treatment of the Effect of WTO Agreements in the EC Legal Order. In: Journal of International Economic Law, Jg. 4, H. 2 (June), S. 411-440

Brondel, Séverine u. a. [Foulquier, Norbert; Heuschling, Luc], 2001: Introduction: D'un non sujet vers un concept scientifique?. In: Brondel, Séverine; Foulquier, Norbert; Heuschling, Luc (Hrsg.): Gouvernement des juges et démocratie. Séminaire international, 12 novembre 1998 – 28 mai 1999. Paris: Publications de la Sorbonne, S. 11-18

Brown, L. Neville; Kennedy, Tom, 2000: The Court of Justice of the European Communities (5. Aufl.). London: Sweet and Maxwell

Bryde, Brun-Otto, 1993: Europarecht in rechtssoziologischer Perspektive. In: Schäfers, Bernhard (Hrsg.): Lebensverhältnisse und soziale Konflikte im neuen Europa: Verhandlungen des 26. Deutschen Soziologentages in Düsseldorf 1992. Frankfurt am Main; New York: Campus, S. 79-88

Büchmann, Georg, 1977 (1959): Geflügelte Worte. Droemer Knaur

Buckel, Sonja, 2003: Global ‚Non-State' – Überlegungen für eine materialistische Theorie des transnationalen Rechts. In: Buckel, Sonja; Dackweiler, Regina-Maria; Noppe, Ronald (Hrsg.): Formen und Felder politischer Intervention: Zur Relevanz von Staat und Steuerung. Münster: Westfälisches Dampfboot, S. 50-68

Búrca, Gráinne de; Scott, Joanne (Hrsg.), 2001: The EU and the WTO: Legal and Constitutional Issues. Oxford; Portland, Oregon: Hart Publishing

Burchell, Graham u.a. [Gordon, Colin; Miller, Peter] (Hrsg.), 1991: The Foucault Effect: Studies in Governmentality. London u.a.: Harvester Wheatsheaf

Burley, Anne-Marie; Mattli, Walter, 1993: Europe Before the Court: A Political Theory of Legal Integration. In: International Organization, Jg. 47, H. 1 (Winter), S. 41-76

Calliess, Christian, 2002: Gemeinwohl in der Europäischen Union – Über den Staaten- und Verfassungsverbund zum Gemeinwohlverbund. In: Brugger, Winfried; Kirste, Stephan; Anderheiden, Michael (Hrsg.): Gemeinwohl in Deutschland, Europa und der Welt. Baden-Baden: Nomos, S. 173-213

Caporaso, James A., 1996: The European Union and Forms of State: Westphalian, Regulatory or Post-Modern?. In: Journal of Common Market Studies, Jg. 34, H. 1 (March), S. 29-52

Cappelletti, Mauro u. a. [Seccombe, Monica; Weiler, Joseph] (Hrsg.), 1986 ff.: Integration Through Law: Europe and the American Federal Experience (Buchreihe des Europäischen Hochschulinstituts Florenz). Berlin; New York: de Gruyter

Cichowski, Rachel A., 2006b: Introduction: Courts, Democracy, and Governance. In: Comparative Political Studies, Jg. 39, H. 1 (February), S. 3-21

Conzelmann, Thomas, 2003: Neofunktionalismus. In: Schieder, Siegfried; Spindler, Manuela (Hrsg.): Theorien der Internationalen Beziehungen. Opladen: Leske und Budrich, S. 141-168

Craig, Paul, 1999: The Nature of the Community: Integration, Democracy, and Legitimacy. In: Craig, Paul; Búrca, Gráinne de (Hrsg.): The Evolution of EU Law. Oxford; New York: Oxford University Press, S. 1-54

Craig, Paul; Búrca, Gráinne de (Hrsg.), 2003: EU Law: Text, Cases, and Materials. Oxford; New York: Oxford University Press

Cremona, Marise, 2001: Flexible Models: External Policy and the European Economic Constitution. In: Búrca, Gráinne de; Scott, Joanne (Hrsg.): Constitutional Change in the EU: From Uniformity to Flexibility?. Oxford; Portland, Oregon: Hart Publishing, S. 59-94

Cremona, Marise, 2002: The External Dimension of the Single Market: Building (on) the Foundations. In: Barnard, Catherine; Scott, Joanne (Hrsg.): The Law of the Single European Market: Unpacking the Premises. Oxford; Portland, Oregon: Hart Publishing, S. 351-393

Cremona, Marise, 2004: The Union as a Global Actor: Roles, Models and Identity. In: Common Market Law Review, Jg. 41, H. 2 (April), S. 553-573

Czada, Roland, 2002: Institutionen/Institutionentheoretische Ansätze. In: Nohlen, Dieter; Schultze, Rainer-Olaf (Hrsg.): Lexikon der Politikwissenschaft: Theorien, Methoden, Begriffe (2 Bände). München: Beck, S. 354-360

Dator, Jim, 2001: Judicial Governance of the Long Blur. In: Futures, Jg. 33, H. 2 (March), S. 181-197

Dehousse, Renaud, 1998: The European Court of Justice. Houndsmill, Basingstoke: MacMillan

Dehousse, Renaud, 2002: Law as Politics [Diskussionsbeitrag zu: Law, Political Science and EU Legal Studies – An Interdisciplinary Project?]. In: European Union Politics, Jg. 3, H. 1, S. 123-127

Dehousse, Renaud; Weiler, Joseph H.H., 1990: The Legal Dimension. In: Wallace, William (Hrsg.): The Dynamics of European Integration. London; New York: Pinter, S. 242-260

Delorme, Robert, 2002 (1995): The State as Relational, Integrated and Complex. In: Boyer, Robert; Saillard, Yves (Hrsg.): Régulation Theory: The State of the Art. Routledge: London; New York, S. 115-121

Demers, Maurice, 1999: La gouvernance de la gouvernance: Faut-il freiner l'engouement?. In: Corkery, Joan (Hrsg.): Gouvernance: Concepts et Applications. Bruxelles: Institut International des Sciences Administratives (IISA), S. 367-380

Demirović, Alex, 2000: Erweiterter Staat und europäische Integration. Skizzenhafte Überlegungen zur Frage, ob der Begriff der Zivilgesellschaft zur Analyse der Veränderung von Staatlichkeit beitragen kann?. In: Bieling, Hans-Jürgen; Steinhilber, Jochen (Hrsg.): Die Konfiguration Europas: Dimensionen einer kritischen Integrationstheorie. Münster: Westfälisches Dampfboot, S. 51-72

Demirović, Alex, 2003: Stroboskopischer Effekt und die Kontingenz der Geschichte. Gesellschaftsthoretische Rückfragen an die Regulationstheorie. In: Brand, Ulrich; Raza, Werner (Hrsg.): Fit für den Postfordismus? Theoretisch-politische Perspektiven des Regulationsansatzes. Münster: Westfälisches Dampfboot, S. 43-57

Deppe, Frank, 2000: Zum Wandel kritischer Integrationstheorien. In: Bieling, Hans-Jürgen; Steinhilber, Jochen (Hrsg.): Die Konfiguration Europas: Dimensionen einer kritischen Integrationstheorie. Münster: Westfälisches Dampfboot, S. 331-349

Deutsch, Karl Wolfgang, 1976: Staat, Regierung, Politik. Eine Einführung in die Wissenschaft der vergleichenden Politik. Rombach: Freiburg im Breisgau

Dezalay, Yves, 1992: Marchands de droit: La restructuration de l'ordre juridique internationale par les multinationales du droit. Fayard

Druwe, Ulrich, 1987: Politik. In: Görlitz, Axel; Prätorius, Rainer (Hrsg.): Handbuch Politikwissenschaft: Grundlagen – Forschungsstand – Perspektiven. Reinbek bei Hamburg: Rowohlt, S. 393-397

Edelman, Lauren B.; Stryker, Robin, 2005: A Sociological Approach to Law and the Economy. In: Smelser, Neil J.; Swedberg, Richard (Hrsg.): The Handbook of Economic Sociology (2. Aufl.). Princeton; Oxford: Princeton University Press, S. 527-551

Eeckhout, Piet, 2002: Judicial Enforcement of WTO Law in the European Union – Some Further Reflections. In: Journal of International Economic Law, Jg. 5, H. 1 (March), S. 91-110

Eising, Rainer; Kohler-Koch, Beate, 1999: Introduction: Network Governance in the European Union. In: Kohler-Koch, Beate; Eising, Rainer (Hrsg.): The Transformation of Governance in the European Union. London; New York: Routledge, S. 3-13

Eriksen, Erik Oddvar; Fossum, John Erik, 2004: Europe at a Crossroads: Government or Transnational Governance?. In: Joerges, Christian; Sand, Inger-Johanne; Teubner, Gunther (Hrsg.): Transnational Governance and Constitutionalism. Oxford; Portland, Oregon: Hart Publishing, S. 115-146

Everling, Ulrich, 2001 (1996): Wirtschaftsverfassung und Richterrecht in der Europäischen Gemeinschaft. In: Everling, Ulrich: Unterwegs zur Europäischen Union: Ausgewählte Aufsätze 1985-2000. Baden-Baden: Nomos, S. 385-402

Feick, Jürgen, 1987. Regulation. In: Görlitz, Axel; Prätorius, Rainer (Hrsg.), 1987: Handbuch Politikwissenschaft: Grundlagen – Forschungsstand – Perspektiven. Reinbek bei Hamburg: Rowohlt, S. 458-463

Finnemore, Martha; Toope, Stephen J., 2001: Alternatives to ‚Legalization': Richer Views of Law and Politics. In: International Organization Jg. 55, H. 3 (Summer), S. 743-758

Fligstein, Neil, 1990: The Transformation of Corporate Control. Cambridge; London: Harvard University Press

Fligstein, Neil, 2001a: Social Skill and the Theory of Fields. In: Sociological Theory, Jg. 19, H. 2 (July), S. 105-125

Fligstein, Neil, 2001b: The Architecture of Markets: An Economic Sociology of Twenty-First-Century Capitalist Societies. Princeton; Oxford: Princeton University Press

Fligstein, Neil, 2005: The Political and Economic Sociology of International Economic Arrangements. In: Smelser, Neil J.; Swedberg, Richard (Hrsg.): The Handbook of Economic Sociology (2. Aufl.). Princeton; Oxford: Princeton University Press, S. 183-204

Fligstein, Neil; McNichol, Jason, 1998: The Institutional Terrain of the European Union. In: Sandholtz, Wayne; Stone Sweet, Alec (Hrsg.): European Integration and Supranational Governance. Oxford: Oxford University Press, S. 59-91

Fligstein, Neil; Stone Sweet, Alec, 2002: Constructing Polities and Markets: An Institutionalist Account of European Integration. In: American Journal of Sociology, Jg. 107, H. 5 (March), S. 1206-1243

Foucault, Michel, 2000: Die Gouvernementalität. In: Bröckling, Ulrich; Krasmann, Susanne; Lemke, Thomas (Hrsg.): Gouvernementalität der Gegenwart: Studien zur Ökonomisierung des Sozialen. Frankfurt am Main: Suhrkamp, S. 41-67

Gamble, Andrew, 2000: Economic Governance. In: Pierre, Jon (Hrsg.): Debating Governance. Oxford; New York: Oxford University Press, S. 110-137

Garrett, Geoffrey u. a. [Kelemen, R. Daniel; Schulz, Heiner], 1998: The European Court of Justice, National Governments, and Legal Integration in the European Union. In: International Organization, Jg. 52, H. 1, S. 1149-176

Gephart, Werner, 1993: Gesellschaftstheorie und Recht: Das Recht im soziologischen Diskurs der Moderne. Frankfurt am Main: Suhrkamp

Gessner, Volkmar, 2005: Globalization of enabling law. Ms. [paper presented at the First European Socio-Legal Conference, International Institute for the Sociology of Law, Oñati, Spain, July 6-8, 2005]

Gill, Stephen, 2000: Theoretische Grundlagen einer neo-gramscianischen Analyse der europäischen Integration. In: Bieling, Hans-Jürgen; Steinhilber, Jochen (Hrsg.): Die Konfiguration Europas: Dimensionen einer kritischen Integrationstheorie. Münster: Westfälisches Dampfboot, S. 23-50

Gill, Stephen, 2001: Constitutionalising Capital: EMU and Disciplinary Neo-Liberalism. In: Bieler, Andreas; Morton, Adam David (Hrsg.).: Social Forces in the Making of the New Europe: The Restructuring of European Social Relations in the Global Political Economy. Houndsmills; New York: Palgrave, S. 47-69

Goldstein, Judith u. a. [Kahler, Miles; Keohane, Robert O.; Slaughter, Anne-Marie], 2000: Introduction: Legalization and World Politics. In: International Organization Jg. 54, H. 3 (Summer), S. 385-399

Görlitz, Axel; Burth, Hans-Peter, 2001: Politische Steuerung in Theorie und Praxis. Baden-Baden: Nomos

Habermas, Jürgen, 1982: Theorie des kommunikativen Handelns, Band 2: Zur Kritik der funktionalistischen Vernunft (2. Aufl.). Frankfurt am Main: Suhrkamp

Habermas, Jürgen, 1992: Faktizität und Geltung: Beiträge zur Diskurstheorie des Rechts und des demokratischen Rechtsstaats (2. Aufl.). Frankfurt am Main: Suhrkamp

Habermas, Jürgen, 1998: Die postnationale Konstellation und die Zukunft der Demokratie. In: Ders.: Die postnationale Konstellation: Politische Essays. Frankfurt am Main: Suhrkamp, S. 91-169

Habermas, Jürgen, 2001: Warum braucht Europa eine Verfassung?: Nur als politisches Gemeinwesen kann der Kontinent seine in Gefahr geratene Kultur und Lebensform verteidigen. In: Die Zeit Nr. 27 (28. Juni), S. 7

Hall, Peter A.; Soskice, David (Hrsg.), 2001a: Varieties of Capitalism: The Institutional Foundations of Comparative Advantage. Oxford; New York: Oxford University Press

Hall, Peter A.; Soskice, David, 2001b: An Introduction to Varieties of Capitalism. In: Dies. (Hrsg.): Varieties of Capitalism: The Institutional Foundations of Comparative Advantage. Oxford; New York: Oxford University Press, S. 1-68

Hatje, Armin, 2003: Wirtschaftsverfassung. In: Bogdandy, Armin von (Hrsg.): Europäisches Verfassungsrecht: Theoretische und dogmatische Grundzüge. Berlin; Heidelberg; New York: Springer, S. 683-745

Hatje, Armin, 2004: Die Kompetenz zur Gestaltung des Binnenmarktes in der Verfassung. In: Schwarze, Jürgen (Hrsg.): Der Verfassungsentwurf des Europäischen Konvents: Verfassungsrechtliche Grundstrukturen und wirtschaftsverfassungsrechtliches Konzept. Baden-Baden: Nomos, S. 189-200

Hegmann, Horst; Neumärker, Bernhard (Hrsg.), 2002: Die Europäische Union aus politökonomischer Perspektive. Marburg: Metropolis

Héritier, Adrienne, 2003: New Modes of Governance in Europe: Increasing Political Capacity and Policy Effectiveness?. In: Börzel, Tanja A.; Cichowski, Rachel A. (Hrsg.): The State of the European Union, Volume 6: Law, Politics, and Society. Oxford; New York: Oxford University Press, S. 105-126

Herrmann, Christoph W., 2001: Grundzüge der Welthandelsordnung: Institutionen, Strukturen und Bezüge zum Europäischen Gemeinschaftsrecht. In: Zeitschrift für europarechtliche Studien, Jg. 4, H. 3, S. 453-497

Herrmann, Christoph, 2002: Die EG-Außenkompetenzen im Schnittbereich zwischen internationaler Umwelt- und Handelspolitik. In: Neue Zeitschrift für Verwaltungsrecht, Jg. 13, H. 10, S. 1168-1174

Heydebrand, Wolf, 2003a (2001): From Globalisation of Law to Law under Globalisation. In: Nelken, David; Feest, Johannes (Hrsg.): Adapting Legal Cultures. Oxford; Portland: Hart, S. 117-137

Heydebrand, Wolf, 2003b: Process Rationality as Legal Governance: A Comparative Perspective. In: International Sociology, Jg. 18, H. 2 (June), S. 325-349

Heydebrand, Wolf, 2005: Globalization and the Rise of Procedural Informalism in Europe and America. Ms. [paper presented at the First European Socio-Legal Conference, International Institute for the Sociology of Law, Oñati, Spain, July 6-8, 2005]

Hiebaum, Christian, 2004: Die Politik des Rechts: Eine Analyse juristischer Rationalität. Berlin; New York: de Gruyter

Hilpold, Peter, 2000: Die EU im GATT/WTO-System: Aspekte einer Beziehung ‚sui generis' (2., durchges. Aufl.). Frankfurt am Main; Berlin; Bern, Bruxelles; New York; Oxford; Wien: Lang

Hirsch, Joachim, 2001a: Die Internationalisierung des Staates: Anmerkungen zu einigen aktuellen Fragen der Staatstheorie. In: Hirsch, Joachim.; Jessop, Bob; Poulantzas, Nicos (Hrsg.): Die Zukunft des Staates: Denationalisierung, Internationalisierung, Renationalisierung. Hamburg: VSA, S. 139-170

Hirsch, Joachim, 2001b: Postfordismus: Dimensionen einer neuen kapitalistischen Formation. In: Hirsch, Joachim; Jessop, Bob; Poulantzas, Nicos (Hrsg.): Die Zukunft des Staates: Denationalisierung, Internationalisierung, Renationalisierung. Hamburg: VSA, S. 171-209

Hirsch, Joachim, 2003: Was steuert der Staat und wer steuert ihn?. In: Buckel, Sonja; Dackweiler, Regina-Maria; Noppe, Ronald (Hrsg.): Formen und Felder politischer Intervention: Zur Relevanz von Staat und Steuerung. Münster: Westfälisches Dampfboot, S. 16-29

Hirst, Paul; Thompson, Grahame, 1996: Globalization in Question: The International Economy and the Possibilities of Governance. Cambridge, UK: Polity Press

Höland, Armin, 1993: Die Rechtssoziologie und der unbekannte Kontinent Europa. In: Zeitschrift für Rechtssoziologie, Jg. 14, H. 2, S. 177-189

Hollingsworth, J. Rogers u. a. [Schmitter, Philippe C.; Streeck, Wolfgang], 1994a: Capitalism, Sectors, Institutions, and Performance. In: Dies. (Hrsg.): Governing

Capitalist Economies: Performance and Control of Economic Sectors. Oxford; New York: Oxford University Press, S. 3-16

Hollingsworth, J. Rogers u. a. [Schmitter, Philippe C.; Streeck, Wolfgang] (Hrsg.), 1994b: Governing Capitalist Economies: Performance and Control of Economic Sectors. Oxford; New York: Oxford University Press

Hollingsworth, J. Rogers; Boyer, Robert (Hrsg.), 1997a: Contemporary Capitalism: The Embeddedness of Institutions. Cambridge; New York: Cambridge University Press

Hollingsworth, J. Rogers; Boyer, Robert, 1997b: Coordination of Economic Actors and Social Systems of Production. In: Dies. (Hrsg.): Contemporary Capitalism: The Embeddedness of Institutions. Cambridge; New York: Cambridge University Press, S. 1-47

Holman, Otto, 1998: Integrating Eastern Europe: EU Expansion and the Double Transformation in Poland, The Czech Republic, and Hungary. In: International Journal of Political Economy, Jg. 28, H. 2 (Summer), S. 12-43

Holman, Otto, 2001: The Enlargement of the European Union Towards Central and Eastern Europe: The Role of Supranational and Transnational Actors. In: Bieler, Andreas; Morton, Adam David (Hrsg.): Social Forces in the Making of the New Europe: The Restructuring of European Social Relations in the Global Political Economy. Houndsmills; New York: Palgrave, S. 161-184

Hooghe, Liesbet; Marks, Gary, 2001: Multi-Level Governance and European Integration. Lanham, Maryland; Oxford: Rowman and Littlefield

Howe, Martin, 2004: The European Court: The Forgotten Powerhouse Building the European Superstate. In: Economic Affairs, Jg. 24, H. 1, S. 17-21

Hueglin, Thomas O., 1999: Government, Governance, Governmentality: Understanding the EU as a Project of Universalism. In: Kohler-Koch, Beate; Eising, Rainer (Hrsg.): The Transformation of Governance in the European Union. London; New York: Routledge, S. 249-266

Immerfall, Stefan, 2000: Fragestellungen einer Soziologie der europäischen Integration. In: Bach, Maurizio (Hrsg.): Die Europäisierung nationaler Gesellschaften. Wiesbaden: Westdeutscher, S. 481-503

Jabko, Nicolas, 2004: The Political Foundations of the European Regulatory State. In: Jordana, Jacint; Levi-Faur, David (Hrsg.): The Politics of Regulation: Institutions and Regulatory Reforms for the Age of Governance. Cheltenham; Northampton, MA: Edward Elgar, S. 200-217

Jachtenfuchs, Markus; Kohler-Koch, Beate, 2003: Regieren und Institutionenbildung. In: Dies. (Hrsg.): Europäische Integration (2. Aufl.). Opladen: Leske und Budrich, S. 11-46

Jachtenfuchs, Markus; Kohler-Koch, Beate, 2004: Governance in der Europäischen Union. In: Benz, Arthur (Hrsg.): Governance – Regieren in komplexen Regelsystemen: Eine Einführung. Wiesbaden: Verlag für Sozialwissenschaften, S. 77-101

Jacobs, Andreas, 2003: Realismus. In: Schieder, Siegfried; Spindler, Manuela (Hrsg.): Theorien der Internationalen Beziehungen. Opladen: Leske und Budrich, S. 35-59

Jepperson, Ronald L., 1991: Institutions, Institutional Effects, and Institutionalism. In: Powell, Walter W.; DiMaggio, Paul J. (Hrsg.): The New Institutionalism in Organizational Analysis. Chicago: University of Chicago Press, S. 143-163

Jessop, Bob, 1995a: Die Zukunft des Nationalstaats: Erosion oder Reorganisation? – Grundsätzliche Überlegungen zu Westeuropa. In: Forschungsgruppe Europäische Gemeinschaften: Europäische Integration und politische Regulierung – Aspekte, Dimensionen, Perspektiven. Studien der Forschungsgruppe Europäische Gemeinschaften (FEG) Nr. 5. Marburg: FEG, S. 9-47

Jessop, Bob, 1995b: The Regulation Approach, Governance, and Post-Fordism: Alternative Perspectives on Economic and Political Change?. In: Economy and Society, Jg. 24, H. 3, S. 307-333

Jessop, Bob, 2001a: Die Globalisierung des Kapitals und die Zukunft des Nationalstaates: Ein Beitrag zur Kritik der globalen politischen Ökonomie. In: Hirsch, Joachim; Jessop, Bob; Poulantzas, Nicos (Hrsg.): Die Zukunft des Staates: Denationalisierung, Internationalisierung, Renationalisierung. Hamburg: VSA, S. 139-170

Jessop, Bob, 2001b: Globalisierung und Nationalstaat: Imperialismus und Staat bei Nicos Poulantzas – 25 Jahre später. In: Hirsch, Joachim; Jessop, Bob; Poulantzas, Nicos (Hrsg.): Die Zukunft des Staates: Denationalisierung, Internationalisierung, Renationalisierung. Hamburg: VSA, S. 71-100

Jessop, Bob, 2003a: Kapitalismus, Steuerung und der Staat. In: Buckel, Sonja; Dackweiler, Regina-Maria; Noppe, Ronald (Hrsg.): Formen und Felder politischer Intervention. Münster: Westfälisches Dampfboot, S. 30-49

Jessop, Bob, 2003b: Postfordismus und wissensbasierte Ökonomie. Eine Reinterpretation des Regulationsansatzes. In: Brand, Ulrich; Raza, Werner (Hrsg.): Fit für den Postfordismus? Theoretisch-politische Perspektiven des Regulationsansatzes. Münster: Westfälisches Dampfboot, S. 89-111

Jessop, Bob; Sum Ngai-Ling, 2006: Beyond the Regulation Approach: Putting Capitalist Economies in their Place. Cheltenham; Northampton: Elgar

Joerges, Christian u. a. [Sand, Inger-Johanne; Teubner, Gunther] (Hrsg.), 2004: Transnational Governance and Constitutionalism. Oxford; Portland, Oregon: Hart Publishing

Joerges, Christian, 1994: Legitimationsprobleme des europäischen Wirtschaftsrechts und der Vertrag von Maastricht. In: Brüggemeier, Gert (Hrsg.): Verfassungen für ein ziviles Europa. Nomos: Baden-Baden, S. 91-130

Joerges, Christian, 1996: Das Recht im Prozeß der europäischen Integration: Ein Plädoyer für die Beachtung des Rechts durch die Politikwissenschaft und ihre Beteiligung an rechtlichen Diskursen. In: Jachtenfuchs, Markus; Kohler-Koch, Beate (Hrsg.): Europäische Integration. Opladen: Leske und Budrich, S. 73-108

Joerges, Christian, 2002a: Das Recht im Prozess der Konstitutionalisierung Europas. Arbeitspapier Nr. 52, 2002, Mannheimer Zentrum für Sozialforschung

[Beitrag zur Tagung ‚Verfassungspolitik in der Europäischen Union' im DFG-Forschungsschwerpunkt ‚Regieren in der EU', November 2001, Mannheim]
Joerges, Christian, 2002b: ‚Good Governance' im Europäischen Binnenmarkt: Über die Spannungen zwischen zwei rechtswissenschaftlichen Integrationskonzepten und deren Aufhebung. In: Europarecht, Jg. 37, H. 1, S. 17-40
Joerges, Christian, 2002c: The Law's Problems with the Governance of the European Market. In: Joerges, Christian; Dehousse, Renaud: Good Governance in Europe's Integrated Market. Oxford; New York: Oxford University Press, S. 3-31
Joerges, Christian, 2003: Zur Legitimität der Europäisierung des Privatrechts: Überlegungen zu einem Recht-Fertigungs-Recht für das Mehrebenensystem der EU. In: Joerges, Christian; Teubner, Gunther (Hrsg.): Rechtsverfassungsrecht: Recht-Fertigung zwischen Privatrechtsdogmatik und Gesellschaftstheorie. Baden-Baden: Nomos, S. 183-212
Joerges, Christian, 2005: Rethinking European Law's Supremacy: A Plea for a Supranational Conflict of Laws. Ms. [Beitrag zur Konferenz ‚Judicial Governance' im europäischen Privatrecht: Die Anforderungen an die europäische Judikative als Überforderung?, 8.-9. April 2005, Universität Luzern]
Joerges, Christian, 2005a: Free Trade: The Erosion of National and the Birth of Transnational Governance. In: Leibfried, Stephan; Zürn, Michael (Hrsg.): Transformations of the State?. Cambridge u. a.: Cambridge University Press, S. 93-117
Joerges, Christian, 2006: Der Europäisierungsprozess als Herausforderung des Privatrechts: Plädoyer für eine neue Rechts-Disziplin. Zentrum für europäische Rechtspolitik an der Universität Bremen, ZERP-Diskussionspapier 1/2006
Joerges, Christian; Neyer, Jürgen, 1998: Von intergouvernementalem Verhandeln zur deliberativen Politik: Gründe und Chancen für eine Konstitutionalisierung der europäischen Komitologie. In: Kohler-Koch, Beate (Hrsg.): Regieren in entgrenzten Räumen (PVS-Sonderheft 29). Opladen: Westdeutscher, S. 203-233
Joerges, Christian; Teubner, Gunther (Hrsg.), 2003: Rechtsverfassungsrecht: Recht-Fertigung zwischen Privatrechtsdogmatik und Gesellschaftstheorie. Baden-Baden: Nomos
Jones, Erik; Verdun, Amy (Hrsg.), 2005: The Political Economy of European Integration: Theory and Analysis. London; New York: Routledge
Jordana, Jacint; Levi-Faur, David (Hrsg.), 2004a: The Politics of Regulation: Institutions and Regulatory Reforms for the Age of Governance. Cheltenham; Northampton, MA: Edward Elgar
Jordana, Jacint; Levi-Faur, David, 2004b: The Politics of Regulation in the Age of Governance. In: Dies. (Hrsg.): The Politics of Regulation: Institutions and Regulatory Reforms for the Age of Governance. Cheltenham; Northampton, MA: Edward Elgar, S. 1-28

Kagan, Robert A., 2005: American and European Ways of Law: Six Entrenched Differences. Institute of European Studies, University of California, Berkeley, Paper

060407 [online: http://repositories.cdlib.org/ies/060407/ (letzter Zugriff: 28.11.2006)]

Kelemen, R. Daniel, 2001: The Limits of Judicial Power: Trade-Environment Disputes in The GATT/WTO and the EU. In: Comparative Political Studies, Jg. 34, H. 6 (August), s. 622-650

Kelemen, R. Daniel, 2006: Suing for Europe: Adversarial Legalism and European Governance. In: Comparative Political Studies, Jg. 39, H. 1 (February), S. 101-127

Keohane; Robert O. u. a. [Moravcsik, Andrew; Slaughter, Anne-Marie], 2000: Legalized Dispute Resolution: Interstate and Transnational. In: International Organization Jg. 54, H. 3 (Summer), S. 457-488

Kingreen, Thorsten, 2003: Grundfreiheiten. In: Bogdandy, Armin von (Hrsg.): Europäisches Verfassungsrecht: Theoretische und dogmatische Grundzüge. Berlin; Heidelberg; New York: Springer, S. 631-681

Kitschelt, Herbert u. a. [Lange, Peter; Marks, Gary; Stephens, John D.] (Hrsg.), 1999: Continuity and Change in Contemporary Capitalism. Cambridge; New York: Cambridge University Press

Kohler-Koch, Beate, 1999: The Evolution and Transformation of European Governance. In: Kohler-Koch, Beate; Eising, Rainer (Hrsg.): The Transformation of Governance in the European Union. London; New York: Routledge, S. 14-35

Koob, Dirk, 1999: Gesellschaftliche Steuerung: Selbstorganisation und Netzwerke in der modernen Politikfeldanalyse. Marburg: Tectum

Kooiman, Jan, 1993: Findings, Speculations and Recommendations. In: Ders. (Hrsg.): Modern Governance: New Government-Society Interactions, S. 249-262

Kooiman, Jan, 2000: Societal Governance: Levels, Modes, and Orders of Social-Political Interaction. In: Pierre, Jon (Hrsg.): Debating Governance. Oxford; New York: Oxford University Press, S. 138-164

Krajewski, Markus, 2001: Verfassungsperspektiven und Legitimation des Rechts der Welthandelsorganisation (WTO). Berlin: Duncker und Humblot (zugl.: Hamburg, Univ., Diss., 2000)

Krämer, Ludwig, 2002: Europäisches Umweltrecht in der Rechtsprechung des EuGH: dargestellt anhand von 50 Urteilen. Wien: Verlag Österreich

Ladeur, Karl-Heinz, 1997: Towards a Legal Theory of Supranationality – The Viability of the Network Concept. In: European Law Journal, Jg. 3, H. 1 (March), S. 33-54

Ladeur, Karl-Heinz, 2000: Das selbstreferenzielle Kamel: Die Emergenz des modernen autonomen Rechts. In: Teubner, Gunther (Hrsg.): Die Rückgabe des zwölften Kamels: Niklas Luhmann in der Diskussion über Gerechtigkeit. Stuttgart: Lucius und Lucius, S. 177-188

Ladeur, Karl-Heinz, 2001: Flexibility and ‚Co-operative Law': The Co-ordination of European Member States' Laws – The Example of Environmental Law. In: Búrca, Gráinne de; Scott, Joanne (Hrsg.): Constitutional Change in the EU: From

Uniformity to Flexibility?. Oxford; Portland, Oregon: Hart Publishing, S. 281-297

Ladeur, Karl-Heinz, 2003: Was kann das Konzept der ‚Prozeduralisierung' zum Verständnis des Vorbehalts des Gesetzes und der Rechtsfortbildung beitragen?. In: Joerges, Christian; Teubner, Gunther (Hrsg.): Rechtsverfassungsrecht: Recht-Fertigung zwischen Privatrechtsdogmatik und Gesellschaftstheorie. Baden-Baden: Nomos, S. 85-97

Lange, Stefan; Schimank, Uwe, 2003: Governance und gesellschaftliche Integration. Zur Einleitung. In: Dies. (Hrsg.): Governance und gesellschaftliche Integration. Hagen, FernUniversität Hagen, Fachbereich Kultur und Sozialwissenschaften, S. 3-23

Langer, Stefan, 1995: Grundlagen einer internationalen Wirtschaftsverfassung: Strukturprinzipien, Typik und Perspektiven anhand von Europäischer Union und Welthandelsorganisation. München: Beck (zugl.: München, Univ., Diss., 1994/1995)

Lepsius, M. Rainer, 2000: Die Europäische Union als rechtlich konstituierte Verhaltensstrukturierung. In: Dreier, Horst (Hrsg.): Die Rechtssoziologie am Ende des 20. Jahrhunderts: Gedächtnissymposion für Edgar Michael Wenz. Tübingen: Mohr Siebeck, S. 289-305

Leptien, Frank, 2001: Der Europäische Gerichtshof in den Medien: Zu den Konsequenzen mangelnder Vermittlung und Rezeption. In: Die politische Meinung, Jg. 46, H. 377, S. 55-60

Lockwood, David, 1971 (1964): Soziale Integration und Systemintegration. In: Zapf, Wolfgang (Hrsg.): Theorien des sozialen Wandels (3. Aufl.). Königstein im Taunus: Kiepenheuer und Witsch, S. 124-137

Loth, Wilfried; Wessels, Wolfgang (Hrsg.), 2001: Theorien europäischer Integration. Opladen: Leske und Budrich

Luhmann, Niklas, 1972: Rechtssoziologie (2 Bände). Reinbek bei Hamburg: Rowohlt

Luhmann, Niklas, 1975a (1971): Die Weltgesellschaft. In: Ders.: Soziologische Aufklärung 2: Aufsätze zur Theorie der Gesellschaft. Opladen: Westdeutscher, S. 51-71

Luhmann, Niklas, 1975b (1969): Legitimation durch Verfahren. Darmstadt; Neuwied: Luchterhand

Luhmann, Niklas, 1981a (1974): Die Funktion des Rechts: Erwartungssicherung oder Verhaltenssteuerung?. In: Ders.: Ausdifferenzierung des Rechts: Beiträge zur Rechtssoziologie und Rechtstheorie. Frankfurt am Main: Suhrkamp, S. 73-91

Luhmann, Niklas, 1981b (1970): Positivität des Rechts als Voraussetzung einer modernen Gesellschaft. In: Ders.: Ausdifferenzierung des Rechts: Beiträge zur Rechtssoziologie und Rechtstheorie. Frankfurt am Main: Suhrkamp, S. 113-153

Luhmann, Niklas, 1985: Einige Probleme mit ‚reflexivem Recht'. In: Zeitschrift für Rechtssoziologie, Jg. 6, H. 1, S. 1-18

Luhmann, Niklas, 1988a: Die Wirtschaft der Gesellschaft. Frankfurt am Main: Suhrkamp

Luhmann, Niklas, 1988b: Warum AGIL?. In: Kölner Zeitschrift für Soziologie und Sozialpsychologie, Jg. 40, H. 1, S. 127-139

Luhmann, Niklas, 1989: Politische Steuerung: Ein Diskussionsbeitrag. In: Hartwich, Hans-Hermann (Hrsg.): Macht und Ohnmacht politischer Institutionen: Tagungsbericht (17. Wissenschaftlicher Kongreß der DVPW, 12. bis 16. September 1988 in der Technischen Hochschule Darmstadt). Opladen: Westdeutscher, S. 12-16

Luhmann, Niklas, 1993: Das Recht der Gesellschaft. Frankfurt am Main: Suhrkamp

Luhmann, Niklas, 1997: Die Gesellschaft der Gesellschaft (2 Teilbände). Frankfurt am Main: Suhrkamp

Luhmann, Niklas, 1999 (1986): Recht als soziales System. In: Zeitschrift für Rechtssoziologie, Jg. 20, H. 1, S. 1-13

Luhmann, Niklas, 2000: Die Rückgabe des zwölften Kamels: Zum Sinn einer soziologischen Analyse des Rechts. In: Teubner, Gunther (Hrsg.): Die Rückgabe des zwölften Kamels: Niklas Luhmann in der Diskussion über Gerechtigkeit. Stuttgart: Lucius und Lucius, S. 3-60

Luhmann, Niklas, 2002 (1996): Die Politik der Gesellschaft (hrsg. von André Kieserling). Frankfurt am Main: Suhrkamp

Lütz, Susanne, 2004: Governance in der politischen Ökonomie. In: Benz, Arthur (Hrsg.): Governance – Regieren in komplexen Regelsystemen: Eine Einführung. Wiesbaden: Verlag für Sozialwissenschaften, S. 147-172

MacCormick, Neil, 1999: Questioning Sovereignty: Law, State, and Nation in the European Commonwealth. Oxford; New York: Oxford University Press

Madsen, Mikael R.; Dezalay, Yves, 2002: The Power of the Legal Field: Pierre Bourdieu and the Law. In: Banakar, Reza; Travers, Max (Hrsg.): An Introduction to Law and Social Theory. Oxford; Portland, Oregon: Hart Publishing, S. 189-204

Maduro, Miguel Poiares, 1998: We The Court – The European Court of Justice and the European Economic Constitution: A Critical Reading of Article 30 of the EC Treaty. Oxford; Portland, Oregon: Hart Publishing

Maduro, Miguel Poiares, 2001: Is there any Such Thing as Free or Fair Trade? A Constitutional Analysis of the Impact of International Trade on the European Social Model. In: Búrca, Gráinne de; Scott, Joanne (Hrsg.): The EU and the WTO: Legal and Constitutional Issues. Oxford; Portland, Oregon: Hart Publishing, S. 257-282

Maier, Friedrich, 1994: ‚Das Staatsschiff' auf der Fahrt von Griechenland über Rom nach Europa: Zu einer Metapher als Bildungsgegenstand in Text und Bild (Öffentliche Vorlesungen, H. 35). Berlin: Humboldt-Universität zu Berlin

Majone, Giandomenico, 1994: The European Community: An ‚Independent Fourth Branch of Government'?. In: Brüggemeier, Gert (Hrsg.): Verfassungen für ein ziviles Europa. Nomos: Baden-Baden, S. 23-43

Majone, Giandomenico, 1996a: Introduction. In: Ders. (Hrsg.): Regulating Europe. London; New York: Routledge, S. 1-5

Majone, Giandomenico, 1996b: Redistributive und sozialregulative Politik. In: Jachtenfuchs, Markus; Kohler-Koch, Beate (Hrsg.): Europäische Integration. Opladen: Leske und Budrich, S. 225-247

Majone, Giandomenico, 1996c: Regulation and its Modes. In: Ders. (Hrsg.): Regulating Europe. London; New York: Routledge, S. 9-27

Majone, Giandomenico, 1996e: The European Commission as Regulator. In: Ders. (Hrsg.): Regulating Europe. London; New York: Routledge, S. 61-79

Majone, Giandomenico, 1996e: The Rise of Statutory Regulation in Europe. In: Ders. (Hrsg.): Regulating Europe. London; New York: Routledge, S. 47-60

Majone, Giandomenico, 2001a: Nonmajoritarian Institutions and the Limits of Democratic Governance: A Political Transaction-Cost Approach. In: Journal of Institutional and Theoretical Economics, Jg. 157, H. 1, S. 57-78

Majone, Giandomenico, 2001b: Two Logics of Delegation: Agency and Fiduciary Relations in EU Governance. In: European Union Politics, Jg. 2, H. 1, S. 103-122

Mare, Thomas de la, 1999: Article 177 in Social and Political Context. In: Craig, Paul; Búrca, Gráinne de (Hrsg.): The Evolution of EU Law. Oxford; New York: Oxford University Press, S. 215-260

Massing, Otwin, 2005: Politik als Recht – Recht als Politik: Studien zu einer Theorie der Verfassungsgerichtsbarkeit. Baden-Baden: Nomos

Mattli, Walter; Slaughter, Anne-Marie, 1998: Revisiting the European Court of Justice. In: International Organization, Jg. 52, H. 1, S. 177-209

Mattli, Walter; Slaughter, Anne-Marie, 2003 (1997): The Role of National Courts in the Process of European Integration: Accounting for Judicial Preferences and Constraints. In: Slaughter, Anne-Marie; Stone Sweet, Alec; Weiler, Joseph H.H. (Hrsg.): The European Court and National Courts – Doctrine and Jurisprudence: Legal Change in Its Social Context. Oxford: Hart Publishing, S. 253-276

May, Christopher, 2006: The Rule of Law and the Laws of Ruling: International Political Economy, International Law and Globalisation. Ms. [paper presented at the First British-German Socio-Legal Workshop, Keele University, 9-11 November 2006]

Mayntz, Renate, 1993: Governing Failures and the Problem of Governability: Some Comments on a Theoretical Paradigm. In: Kooiman, Jan (Hrsg.): Modern Governance: New Goverment-Society Interactions, S. 9-20

Mayntz, Renate, 1996a: Policy-Netzwerke und die Logik von Verhandlungssystemen. In: Hall, Peter A.; Soskice, David (Hrsg.): Varieties of Capitalism: The Institutional Foundations of Comparative Advantage. Oxford; New York: Oxford University Press, S. 471-497

Mayntz, Renate, 1996b: Politische Steuerung: Aufstieg, Niedergang und Transformation einer Theorie. In: Beyme, Klaus von; Offe, Claus (Hrsg.): Politische Theorien in der Ära der Transformation. Opladen: Westdeutscher, S. 148-168

Mayntz, Renate, 1998: New Challenges to Governance Theory. European University Institute, The Robert Schuman Centre, Jean Monnet Chair Papers No 50

Mayntz, Renate, 2004: Governance im modernen Staat. In: Benz, Arthur (Hrsg.): Governance – Regieren in komplexen Regelsystemen: Eine Einführung. Wiesbaden: Verlag für Sozialwissenschaften, S. 65-76

Mayntz, Renate; Scharpf, Fritz W., 2005: Politische Steuerung – Heute?. Max-Planck-Institut für Gesellschaftsforschung, Working Paper 05/1 [online: http://www.mpi-fg-koeln.mpg.de/pu/workpap/wp05-1/wp05-1.html (letzter Zugriff: 28.11.2006]

Mestmäcker, Ernst-Joachim, 2001: Die Wirtschaftsverfassung der EG zwischen Wettbewerb und Intervention. In: Bruha, Thomas; Hesse, Joachim Jens; Nowak, Carsten (Hrsg.): Welche Verfassung für Europa?: Erstes interdisziplinäres ‚Schwarzkopf-Kolloquium' zur Verfassungsdebatte in der Europäischen Union. Baden-Baden: Nomos, S. 163-189

Mestmäcker, Ernst-Joachim, 2003a (1965): Offene Märkte im System unverfälschten Wettbewerbs in der Europäischen Wirtschaftsgemeinschaft. In: Ders.: Wirtschaft und Verfassung in der Europäischen Union: Beiträge zu Recht, Theorie und Politik. Baden-Baden: Nomos, S. 553-596

Mestmäcker, Ernst-Joachim, 2003b (1999): Soziale Marktwirtschaft und Europäisierung des Rechts. In: Ders.: Wirtschaft und Verfassung in der Europäischen Union: Beiträge zu Recht, Theorie und Politik. Baden-Baden: Nomos, S. 489-506

Mestmäcker, Ernst-Joachim, 2003c (1994): Zur Wirtschaftsverfassung in der Europäischen Union. In: Ders.: Wirtschaft und Verfassung in der Europäischen Union: Beiträge zu Recht, Theorie und Politik. Baden-Baden: Nomos, S. 507-537

Meyers, Reinhard, 2004a: Theorien der Internationalen Beziehungen. In: Woyke, Wichard (Hrsg.): Handwörterbuch Internationale Politik (9. völlig überarb. Aufl.). Bonn: Bundeszentrale für politische Bildung, S. 450-482

Meyers, Reinhard, 2004b: Theorien internationaler Kooperation und Verflechtung. In: Woyke, Wichard (Hrsg.): Handwörterbuch Internationale Politik (9. völlig überarb. Aufl.). Bonn: Bundeszentrale für politische Bildung, S. 482-515

Micklitz, Hans-W., 2005: The Politics of Judicial Co-operation in the EU: Sunday Trading, Equal Treatment and Good Faith. Cambridge: Cambridge University Press

Micklitz, Hans-W.; Reich, Norbert (Hrsg.), 1996: Public Interest Litigation before European Courts. Baden-Baden: Nomos

Moravcsik, Andrew, 1993: Preferences and Power in the European Community: A Liberal Intergovernmentalist Approach. In: Journal of Common Market Studies, Jg. 31, H. 4 (December), S. 473-524

Moravcsik, Andrew, 2005: The European Constitutional Compromise and the Neofunctionalist Legacy. In: Journal of European Public Policy, Jg. 12, H. 2 (April), S. 349-386

Münch, Richard, 1984: Die Struktur der Moderne: Grundmuster und differentielle Gestaltung des institutionellen Aufbaus der modernen Gesellschaften. Frankfurt am Main: Suhrkamp

Münch, Richard, 1985: Die sprachlose Systemtheorie. Systemdifferenzierung, reflexives Recht, reflexive Selbststeuerung und Integration durch Indifferenz. In: Zeitschrift für Rechtssoziologie, Jg. 6, H. 1, S. 19-28

Münch, Richard, 1988: Theorie des Handelns: Zur Rekonstruktion der Beiträge von Talcott Parsons, Emile Durkheim und Max Weber. Frankfurt am Main: Suhrkamp

Münch, Richard, 1992a: Autopoiesis by Definition. In: Cardozo Law Review, Jg. 13, H. 5, S. 1463-1471

Münch, Richard, 1992b: Dialektik der Kommunikationsgesellschaft (2. Aufl.). Frankfurt am Main: Suhrkamp

Münch, Richard, 1994: Sociological Theory. Vol. 1: From the 1850s to the 1920s. Chicago: Nelson-Hall Publishers, S. 1-33

Münch, Richard, 1995a: Das Projekt Europa: Zwischen Nationalstaat, regionaler Autonomie und Weltgesellschaft (2. Aufl.). Frankfurt am Main: Suhrkamp

Münch, Richard, 1995b: Dynamik der Kommunikationsgesellschaft. Frankfurt am Main: Suhrkamp

Münch, Richard, 1998: Globale Dynamik, lokale Lebenswelten: Der schwierige Weg in die Weltgesellschaft. Frankfurt am Main: Suhrkamp

Münch, Richard, 2001: Offene Räume: Soziale Integration diesseits und jenseits des Nationalstaats. Frankfurt am Main: Suhrkamp

Münch, Richard, 2002a: Soziale Integration in der globalen Wirtschaft. Handlungsräume: Gesellschaft diesseits und jenseits des Nationalstaats. Ms.

Münch, Richard, 2002b: Soziologische Theorie. Bd. 1: Grundlegung durch die Klassiker. Frankfurt am Main: Campus, S. 9-20

Münch, Richard, 2003a: Die juristische Konstruktion Europas: Die funktionale Ausdifferenzierung des europäischen Rechts aus nationalen Kollektivzwängen und Rechtstraditionen. Ms. (Beitrag zur Tagung ‚Soziale Dynamik, politische Institutionen und Identifikationen im Erweiterungsprozess der Europäischen Union', Passau, 26./27. Juni 2003)

Münch, Richard, 2003b: Politik in der globalisierten Moderne. In: Nassehi, Armin; Schroer, Markus (Hrsg.): Der Begriff des Politischen (Soziale Welt Sonderband 14). Baden-Baden: Nomos, S. 117-131

Münch, Richard, 2006: Constructing a European Society by Jurisdiction. Ms.

Mussler, Werner, 1998: Die Wirtschaftsverfassung der Europäischen Gemeinschaft im Wandel: Von Rom nach Maastricht. Baden-Baden: Nomos (zugl.: Jena, Univ., Diss., 1997)

Nahamowitz, Peter, 1985: ‚Reflexives Recht': Das unmögliche Ideal eines postinterventionistischen Steuerungskonzepts. In: Zeitschrift für Rechtssoziologie, Jg. 5, H. 1, S. 29-44

Neyer, Jürgen, 1999: Supranationales Regieren in EG und WTO: Soziale Integration jenseits des demokratischen Rechtsstaates und die Bedingungen ihrer Möglichkeit. In: Neyer, Jürgen; Wolf, Dieter; Zürn, Michael: Recht jenseits des Staates.

Zentrum für europäische Rechtspolitik an der Universität Bremen, ZERP-Diskussionspapier 1/99, S. 1-33

Nicolaysen, Gert, 1999: Europa als Rechtsgemeinschaft. In: Weidenfeld, Werner (Hrsg.): Europa-Handbuch. Bonn: Bundeszentrale für politische Bildung, S. 862-873

Nowak, Carsten, 2001: Perspektiven einer umweltverfassungskonformen Auslegung der europäischen Wirtschaftsverfassung. In: Bruha, Thomas; Hesse, Joachim Jens; Nowak, Carsten (Hrsg.): Welche Verfassung für Europa?: Erstes interdisziplinäres ‚Schwarzkopf-Kolloquium' zur Verfassungsdebatte in der Europäischen Union. Baden-Baden: Nomos, S. 215-239

Ocqueteau, Frédéric; Soubiran-Paillet, Francine, 1996: Champ juridique, juristes et règles de droit: une sociologie entre disqualification et paradoxe. In: Droit et société, Jg. 12, H. 32, S. 9-26

Oliver, Peter; Roth, Wulf-Henning, 2004: The Internal Market and the Four Freedoms. In: Common Market Law Review, Jg. 41, H. 2 (April), S. 407-441

Opitz, Sven, 2004: Gouvernementalität im Postfordismus: Macht, Wissen und Techniken des Selbst im Feld unternehmerischer Rationalität. Hamburg: Argument

Overbeek, Henk, 1999: Global Restructuring and Neoliberal Labor Market Regulation in Europe: The Case of Migration Policy. In: International Journal of Political Economy, Jg. 28, H. 1 (Spring), S. 54-99

Overbeek, Henk, 2000: Auf dem Weg zu einer neo-gramscianischen Theorie der europäischen Integration – das Beispiel der Steuerharmonisierung. In: Bieling, Hans-Jürgen; Steinhilber, Jochen (Hrsg.): Die Konfiguration Europas: Dimensionen einer kritischen Integrationstheorie. Münster: Westfälisches Dampfboot, S. 162-188

Overbeek, Henk, 2004a: Global Governance, Class, Hegemony: A Historical Materialist Perspective. Vrije Universiteit Amsterdam, Working Papers Political Science, No. 2004/01

Overbeek, Henk, 2004b: Transnational Class Formation and Concepts of Control: Towards a Genealogy of the Amsterdam Project in International Political Economy. In: Journal of International Relations and Development, Jg. 7, H. 2, S. 113-141

Parsons, Talcott, 1964: Evolutionary Universals in Society. In: American Sociological Review, Jg. 29, H. 2, S. 339-357

Parsons, Talcott, 1969a (1963): On the Concept of Influence. In: Ders.: Politics and Social Structure. New York: Free Press, S. 405-429

Parsons, Talcott, 1969b (1968): On the Concept of Value-Commitments. In: Ders.: Politics and Social Structure. New York: Free Press, S. 439-472

Parsons, Talcott, 1969c (1961): Order and Community in the International Social System. In: Ders.: Politics and Social Structure. New York: Free Press, S. 292-310

Parsons, Talcott, 1969d: Theoretical Orientations on Modern Societies. In: Ders.: Politics and Social Structure. New York: Free Press, S. 34-57

Parsons, Talcott, 1972: Das System moderner Gesellschaften. München: Juventa

Parsons, Talcott, 1976a: Der Begriff der Gesellschaft: Seine Elemente und ihre Verknüpfungen. In: Ders.: Zur Theorie sozialer Systeme (hrsg. von Stefan Jensen). Opladen: Westdeutscher, S. 121-160

Parsons, Talcott, 1976b: Grundzüge des Sozialsystems. In: Ders.: Zur Theorie sozialer Systeme (hrsg. von Stefan Jensen). Opladen: Westdeutscher, S. 161-274

Parsons, Talcott, 1977: Law as an Intellectual Stepchild. In: Sociological Inquiry, Jg. 47, H. 3, S. 11-58

Paterson, John, 2006: Reflecting on Reflexive Law. In: King, Michael; Thornhill, Chris (Hrsg.): Luhmann on Law and Politics: Critical Appraisals and Applications. Oxford; Portland: Oregon, S. 13-35

Patron, Albert, 2004: Legal Environment and Disputes Ground in the EC and WTO: A Comparative Law Study. In: Diritto e Diritti - il Portale Giuridico italiano, [online: http://www.diritto.it/materiali/europa/patron_CANCELLATO.html (letzter Zugriff: 28.11.2006)]

Pech, Laurent, 2001: Le remède au gouvernement des juges: Le judicial self restraint?. In: Brondel, Séverine; Foulquier, Norbert; Heuschling, Luc (Hrsg.): Gouvernement des juges et démocratie. Séminaire international, 12 novembre 1998 – 28 mai 1999. Paris: Publications de la Sorbonne, S. 63-113

Peers, Steve, 2001: Fundamental Right or Political Whim? WTO Law and the European Court of Justice. In: Búrca, Gráinne de; Scott, Joanne (Hrsg.): The EU and the WTO: Legal and Constitutional Issues. Oxford; Portland, Oregon: Hart Publishing, S. 111-130

Peil, Dietmar, 1983: Untersuchungen zur Staats- und Herrschaftsmetaphorik in literarischen Zeugnissen von der Antike bis zur Gegenwart. München: Wilhelm Fink Verlag

Pernice, Ingolf, 2001: Der Beitrag Walter Hallsteins zur Zukunft Europas: Begründung und Konsolidierung der Europäischen Gemeinschaft als Rechtsgemeinschaft. Vortrag zum Walter-Hallstein-Symposion, 16./17. November 2001. Walter Hallstein-Institut für Europäisches Verfassungsrecht Humboldt-Universität zu Berlin, WHI-Paper 9/01

Peters, B. Guy, 2000: Governance and Comparative Politics. In: Pierre, Jon (Hrsg.): Debating Governance. Oxford; New York: Oxford University Press, S. 36-53

Petersmann, Ernst-Ulrich, 2001a: Europäisches und weltweites Integrations-, Verfassungs- und Weltbürgerrecht. In: Classen, Claus Dieter; Dittmann, Armin; Fechner, Frank; Gassner, Ulrich M.; Kilian, Michael (Hrsg.): ‚In einem vereinten Europa dem Frieden der Welt zu dienen…'. Liber amicorum Thomas Oppermann. Berlin: Duncker und Humblot, S. 367-380

Petersmann, Ernst-Ulrich, 2001b: European and International Constitutional Law: Time for Promoting ‚Cosmopolitan Democracy' in the WTO. In: Búrca, Gráinne de; Scott, Joanne (Hrsg.): The EU and the WTO: Legal and Constitutional Issues. Oxford; Portland, Oregon: Hart Publishing, S. 81-110

Pfersmann, Otto, 2001: Existe-t-il un concept de gouvernement des juges?. In: Brondel, Séverine; Foulquier, Norbert; Heuschling, Luc (Hrsg.): Gouvernement des juges et démocratie. Séminaire international, 12 novembre 1998 – 28 mai 1999. Paris: Publications de la Sorbonne, S. 37-52 [vgl. Débat, S. 52-61]

Picard, Étienne, 2001: Démocraties nationales et justice supranationale: L'exemple européen. In: Brondel, Séverine; Foulquier, Norbert; Heuschling, Luc (Hrsg.): Gouvernement des juges et démocratie. Séminaire international, 12 novembre 1998 – 28 mai 1999. Paris: Publications de la Sorbonne, S. 211-241 [vgl. Débat, S. 241-253]

Picciotto, Sol, 2002: Introduction: Reconceptualizing Regulation in the Era of Globalization. In: Picciotto, Sol; Campbell, David (Hrsg.): New Directions in Regulatory Theory. Oxford: Blackwell, S. 1-11

Pierre, Jon, 2000: Introduction: Understanding Governance. In: Pierre, Jon (Hrsg.): Debating Governance. Oxford; New York: Oxford University Press, S. 1-10

Pierre, Jon; Peters, B. Guy, 2000: Governance, Politics and the State. Houndmills; London: MacMillan

Pijl, Kees van der, 1984: The Making of an Atlantic Ruling Class. London: Verso [online: http://www.theglobalsite.ac.uk/atlanticrulingclass (letzter Zugriff: 28.11.2006)]

Pitarakis, Jean-Yves; Tridimas, George, 2003: Joint Dynamics of Legal and Economic Integration in the European Union. In: European Journal of Law and Economics, Jg. 16, H. 3 (November), S. 357-368

Pollack, Mark A., 1998: The Engines of Integration? Supranational Autonomy and Influence in the European Union. In: Sandholtz, Wayne; Stone Sweet, Alec (Hrsg.): European Integration and Supranational Governance. Oxford: Oxford University Press, S. 217-249

Pollack, Mark A., 2003: The Engines of European Integration: Delegation, Agency, and Agenda Setting in the EU. Oxford; New York: Oxford University Press

Puissochet, Jean-Pierre, 2001: Le gouvernement des juges vu par les juges? [Redebeitrag]. In: Brondel, Séverine; Foulquier, Norbert; Heuschling, Luc (Hrsg.): Gouvernement des juges et démocratie. Séminaire international, 12 novembre 1998 – 28 mai 1999. Paris: Publications de la Sorbonne, S. 296-305

Putnam, Robert D., 1988: Diplomacy and Domestic Politics: The Logic of Two-Level Games. In: International Organization, Jg. 42, H. 3 (Summer), S. 427-460

Rasmussen, Hjalte, 1986: On Law and Policy in the European Court of Justice: A Comparative Study in Judicial Policymaking. Dordrecht; Boston; Lancaster: Martinus Nijhoff Publishers

Rasmussen, Hjalte, 1998: The European Court of Justice. Copenhagen: GadJura

Rieger, Elmar; Leibfried, Stephan, 2001: Grundlagen der Globalisierung: Perspektiven des Wohlfahrtsstaates. Frankfurt am Main: Suhrkamp

Rosamond, Ben, 2000: Theories of European Integration. Houndsmill; Basingstoke: Palgrave

Rosenau, James N., 2000: Change, Complexity, and Governance in Globalizing Space. In: Pierre, Jon (Hrsg.): Debating Governance. Oxford; New York: Oxford University Press, S. 167-200

Rosenau, James N.; Czempiel, Ernst-Otto (Hrsg.), 1992: Governance without Government: Order and Change in World Politics. Cambridge; New York: Cambridge University Press

Röttger, Bernd, 2003: Verlassene Gräber und neue Pilger an der Grabesstätte. Eine neo-regulationistische Perspektive. In: Brand, Ulrich; Raza, Werner (Hrsg.): Fit für den Postfordismus? Theoretisch-politische Perspektiven des Regulationsansatzes. Münster: Westfälisches Dampfboot, S. 18-42

Salento, Angelo, 2002: Diritto e campo giuridico nella sociologia di Pierre Bourdieu. In: Sociologia del diritto, Jg. 29, H. 1, S. 37-74

Sand, Inger-Johanne, 1998: Understanding the EU/EEA as Systems of Functionally Different Processes: Economic, Political, Legal, Administrative and Cultural. In: Fitzpatrick, Peter; Bergeron, James Henry (Hrsg.): Europe's Other: European Law Between Modernity and Postmodernity. Aldershot; Brookfield, Vermont: Ashgate, S. 93-109

Sand, Inger-Johanne, 2000: Changing Forms of Governance and the Role of Law – Society and its Law. ARENA Working Papers WP 00/14, [im Ausdruck] S. 1-69 [online: http://www.arena.uio.no/publications/wp00_14.htm (letzter Zugriff: 28.11.2006)]

Sand, Inger-Johanne, 2004: Polycontextuality as an Alternative to Constitutionalism. In: Joerges, Christian; Sand, Inger-Johanne; Teubner, Gunther (Hrsg.): Transnational Governance and Constitutionalism. Oxford; Portland, Oregon: Hart Publishing, S. 41-65

Sbragia, Alberta, 2000: The European Union as Coxswain: Governance by Steering. In: Pierre, Jon (Hrsg.): Debating Governance. Oxford; New York: Oxford University Press, S. 219-240

Schäfer, Eckart, 1972: Das Staatsschiff. Zur Präzision eines Topos. In: Jehn, Peter (Hrsg.): Toposforschung. Frankfurt am Main: Athenäum, S. 259-292

Scharpf, Fritz W., 1989: Politische Steuerung und politische Institutionen. In: Hartwich, Hans-Hermann (Hrsg.): Macht und Ohnmacht politischer Institutionen: Tagungsbericht (17. Wissenschaftlicher Kongreß der DVPW, 12. bis 16. September 1988 in der Technischen Hochschule Darmstadt). Opladen: Westdeutscher, S. 17-29

Scharpf, Fritz W., 1996: Negative and Positive Integration in the Political Economy of European Welfare States. In: Marks, Gary; Scharpf, Fritz W.; Schmitter, Philippe C.; Streeck, Wolfgang (Hrsg.): Governance in the European Union. London; Thousand Oaks, California: SAGE, 15-39

Scharpf, Fritz W., 1998: Demokratische Politik in der internationalisierten Ökonomie. In: Greven, Michael Thomas (Hrsg.): Demokratie – eine Kultur des Westens?: 20. Wissenschaftlicher Kongreß der Deutschen Vereinigung für Politische Wissenschaft. Opladen: Leske und Budrich, S. 81-103

Schepel, Harm; Blankenburg, Erhard, 2001: Mobilizing the European Court of Justice. In: Búrca, Gráinne de; Weiler, Joseph H.H.: The European Court of Justice. Oxford; New York: Oxford University Press, S. 9-42

Schepel, Harm; Wesseling, Rein, 1997: The Legal Community: Judges, Lawyers, Officials and Clerks in the Writing of Europe. In: European Law Journal, Jg. 3, H. 2 (June), S. 165-188

Scheuing, Dieter H., 2001a: Europäisches Umweltverfassungsrecht im Spiegel der Rechtsprechung des EuGH. In: Dolde, Klaus-Peter (Hrsg.): Umweltrecht im Wandel: Bilanz und Perspektiven aus Anlass des 25-jährigen Bestehens der Gesellschaft für Umweltrecht (GfU). Berlin: Erich Schmidt Verlag, S. 129-170

Scheuing, Dieter H., 2001b: Regulierung und Marktfreiheit im Europäischen Umweltrecht. In: Europarecht, Jg. 36, H. 1, S. 1-26

Schieder, Siegfried, 2003: Neuer Liberalismus. In: Schieder, Siegfried; Spindler, Manuela (Hrsg.): Theorien der Internationalen Beziehungen. Opladen: Leske und Budrich, S. 169-198

Schieder, Siegfried; Spindler, Manuela (Hrsg.), 2003: Theorien der Internationalen Beziehungen. Opladen: Leske und Budrich

Schmid, Michael, 1972: Leerformeln und Ideologiekritik. Tübingen: Mohr Siebeck

Schmidt, Patrick, 2004: Law in the Age of Governance: Regulation, Networks and Lawyers. In: Jordana, Jacint; Levi-Faur, David (Hrsg.): The Politics of Regulation: Institutions and Regulatory Reforms for the Age of Governance. Cheltenham; Northampton, MA: Edward Elgar, S. 273-295

Schmidt, Vivien A., 2005: The EU as Regional State: Implications for External Relations, European Integration, and Member-State Democracy. Ms. [paper prepared for presentation at the International Studies Association Conference, 2-5 March 2005, Honolulu, Hawaii]

Schmitt von Sydow, Helmut, 2001: Governance im europäischen Mehrebenensystem. In: Magiera, Siegfried; Sommermann, Karl-Peter (Hrsg.): Verwaltung und Governance im Mehrebenensystem der Europäischen Union. Vorträge und Diskussionsbeiträge auf dem 2. Speyerer Europa-Forum vom 26. bis 28. März 2001 an der Deutschen Hochschule für Verwaltungswissenschaften Speyer. Berlin: Duncker und Humblot, S. 171-185

Schneider, Volker, 2002: Regulatory Governance and the Modern Organizational State: The Place of Regulation in Contemporary State Theory. Ms. [prepared for presentation at the workshop on The Politics of Regulation, 29-30 November 2002 at the Universitat Pompeu Fabra, Barcelona]

Schneider, Volker; Kenis, Patrick, 1996: Verteilte Kontrolle: Institutionelle Steuerung in modernen Gesellschaften. In: Kenis, Patrick; Schneider, Volker (Hrsg.): Organisation und Netzwerk: Institutionelle Steuerung in Wirtschaft und Politik. Frankfurt am Main; New York: Campus, S. 9-43

Schörnig, Niklas, 2003: Neorealismus. In: Schieder, Siegfried; Spindler, Manuela (Hrsg.): Theorien der Internationalen Beziehungen. Opladen: Leske und Budrich, S. 61-87

Schultz, Elmar, 1999: Die relative Autonomie des Gerichtshofes der Europäischen Gemeinschaften: Rechtsprechung vor und nach Maastricht. Nomos: Baden-Baden (zugl.: Berlin, Humboldt-Univ., Diss.)

Schultze, Rainer Olaf, 2002: Staatszentrierte Ansätze. In: Nohlen, Dieter; Schultze, Rainer-Olaf (Hrsg.): Lexikon der Politikwissenschaft: Theorien, Methoden, Begriffe (2 Bände). München: Beck, S. 907-913

Schumann, Wolfgang, 1993: Die EG als neuer Anwendungsbereich für die Policy-Analyse: Möglichkeiten und Perspektiven der konzeptionellen Weiterentwicklung. In: Héritier, Adrienne (Hrsg.): Policy-Analyse: Kritik und Neuorientierung. Opladen: Westdeutscher, S. 394-431

Schwarz, Kyrill-A., 2003: Die Außenkompetenzen der Gemeinschaft im Spannungsfeld von internationaler Umwelt- und Handelspolitik – zugleich eine Anmerkung zum Gutachten 2/00 des EuGH vom 6.12.2001. In: Zeitschrift für europarechtliche Studien, Jg. 6, H. 1, S. 51-71

Schwarze, Jürgen, 2004: Das wirtschaftsverfassungsrechtliche Konzept des Verfassungsentwurfs des Europäischen Konvents. In: Ders. (Hrsg.): Der Verfassungsentwurf des Europäischen Konvents: Verfassungsrechtliche Grundstrukturen und wirtschaftsverfassungsrechtliches Konzept. Baden-Baden: Nomos, S. 165-187

Sciarra, Silvana, 2001: Integration Through Courts: Article 177 as a Pre-Federal Device. In: Sciarra, Silvana (Hrsg.): Labour Law in the Courts: National Judges and the European Court of Justice. Portland, Oregon: Oxford, S. 1-30

Scoffoni, Guy, 2001: Les enseignements d'une vieille démocratie: L'exemple américain. In: Brondel, Séverine; Foulquier, Norbert; Heuschling, Luc (Hrsg.): Gouvernement des juges et démocratie. Séminaire international, 12 novembre 1998 – 28 mai 1999. Paris: Publications de la Sorbonne, S. 187-200 [vgl. Débat, S. 200-209]

Scott, Colin, 2004: Regulation in the Age of Governance: The Rise of the Post-Regulatory State. In: Jordana, Jacint; Levi-Faur, David (Hrsg.): The Politics of Regulation: Institutions and Regulatory Reforms for the Age of Governance. Cheltenham; Northampton, MA: Edward Elgar, S. 145-174

Scott, Joanne, 2000: On Kith and Kine (and Crustaceans): Trade and Environment in the EU and WTO. In: In: Weiler, Joseph H.H. (Hrsg.): The EU, the WTO, and the NAFTA: Towards a Common Law of International Trade?. Oxford; New York: Oxford University Press, S. 125-167

Shapiro, Martin, 1992: The European Court of Justice. In: Sbragia, Alberta M. (Hrsg.): Europolitics: Institutions and Policymaking in the ‚New' European Community. Washington: Brookings, S. 123-156

Shapiro, Martin, 1999: The European Court of Justice. In: Craig, Paul; Búrca, Gráinne de (Hrsg.): The Evolution of EU Law. Oxford; New York: Oxford University Press, S. 321-347

Shapiro, Martin, 2002a (1964): Political Jurisprudence. In: Shapiro, Martin; Stone Sweet, Alec: On Law, Politics, and Judicialization. Oxford; New York: Oxford University Press, S. 19-54

Shapiro, Martin, 2002b (1998/1999): The Success of Judicial Review and Democracy. In: Shapiro, Martin; Stone Sweet, Alec: On Law, Politics, and Judicialization. Oxford; New York: Oxford University Press, S. 149-183

Shapiro, Martin; Stone Sweet, Alec, 2002: On Law, Politics, and Judicialization. Oxford; New York: Oxford University Press

Slaughter, Anne-Marie u. a. [Stone Sweet, Alec; Weiler, Joseph H.H.] (Hrsg.), 2003 (1997): The European Court and National Courts – Doctrine and Jurisprudence: Legal Change in Its Social Context. Oxford: Hart Publishing

Slaughter, Anne-Marie, 1995: International Law in a World of Liberal States. In: European Journal of International Law, Jg. 6, H. 4, S. 503-538 [in der elektronischen Version (Pdf-Datei) S. 1-39; online: http://www.ejil.org/journal/Vol6/No4/art1.pdf (letzter Zugriff: 28.11.2006)]

Slaughter, Anne-Marie, 2002: Breaking Out: The Proliferation of Actors in the International System. In: Dezalay, Yves; Garth, Bryant G. (Hrsg.): Global Prescriptions: The Production, Exportation, and Importation of a New Legal Orthodoxy. Ann Arbor: University of Michigan Press, S. 12-36

Spindler, Manuela, 2003: Interdependenz. In: Schieder, Siegfried; Spindler, Manuela (Hrsg.): Theorien der Internationalen Beziehungen. Opladen: Leske und Budrich, S. 89-116

Stein, Eric, 1981: Lawyers, Judges, and the Making of a Transnational Constitution. In: American Journal of International Law, Jg. 75, H. 1, S. 1-27

Stichweh, Rudolf, 2000: Die Weltgesellschaft: Soziologische Analysen. Frankfurt am Main: Suhrkamp

Stone Sweet, Alec u.a. [Fligstein, Neil; Sandholtz, Wayne], 2001: The Institutionalization of European Space. In: Stone Sweet, Alec; Sandholtz, Wayne; Fligstein, Neil (Hrsg.): The Institutionalization of Europe. Oxford; New York: Oxford University Press, S. 1-28

Stone Sweet, Alec, 1998: Constitutional Politics: The Reciprocal Impact of Lawmaking and Constitutional Adjudication. In: Craig, Paul; Harlow, Carol (Hrsg.): Lawmaking in the European Union. London; The Hague; Boston: Kluwer Law International, S. 111-134

Stone Sweet, Alec, 2002: Governing with Judges: Constitutional Politics in Europe. Oxford; New York: Oxford University Press

Stone Sweet, Alec, 2003: European Integration and the Legal System. In: Börzel, Tanja A.; Cichowski, Rachel A. (Hrsg.): The State of the European Union, Volume 6: Law, Politics, and Society. Oxford; New York: Oxford University Press, S. 18-47

Stone Sweet, Alec, 2004: The Judicial Construction of Europe. Oxford; New York: Oxford University Press

Stone Sweet, Alec; Brunell, Thomas, 2002 (1998): The European Court and Integration. In: Shapiro, Martin; Stone Sweet, Alec, 2002: On Law, Politics, and Judicialization. Oxford; New York: Oxford University Press, S. 258-291

Stone Sweet, Alec; Brunell, Thomas, 2004: Constructing a Supranational Constitution. In: Stone Sweet, Alec: The Judicial Construction of Europe. Oxford; New York: Oxford University Press, S. 45-107

Stone Sweet, Alec; Caporaso, James A., 1998: From Free Trade to Supranational Polity: The European Court and Integration. In: Sandholtz, Wayne; Stone Sweet, Alec (Hrsg.): European Integration and Supranational Governance. Oxford: Oxford University Press, S. 92-133

Stone Sweet, Alec; McCown, Margaret, 2004: The Free Movement of Goods. In: Stone Sweet, Alec: The Judicial Construction of Europe. Oxford; New York: Oxford University Press, S. 109-145

Stone Sweet, Alec; Sandholtz, Wayne, 1998: Integration, Supranational Governance, and the Institutionalization of the European Polity. In: Sandholtz, Wayne; Stone Sweet, Alec (Hrsg.): European Integration and Supranational Governance. Oxford: Oxford University Press, S. 1-26

Swedberg, Richard, 2003: The Case for an Economic Sociology of Law. In: Theory and Society, Jg. 32, H. 1, S. 1-37

Teubner, Gunther, 1989: Recht als autopoietisches System. Frankfurt am Main: Suhrkamp

Teubner, Gunther, 1991: Steuerung durch plurales Recht. Oder: Wie die Politik den normativen Mehrwert der Geldzirkulation abschöpft. In: Zapf, Wolfgang (Hrsg.): Die Modernisierung moderner Gesellschaften: Verhandlungen des 25. Deutschen Soziologentages in Frankfurt am Main 1990. Frankfurt am Main: Campus, S. 528-551

Teubner, Gunther, 1994: Ist das Recht auf Konsens angewiesen? Zur sozialen Akzeptanz des modernen Richterrechts. In: Giegel, Hans-Joachim (Hrsg.): Kommunikation und Konsens in modernen Gesellschaften. Frankfurt am Main: Suhrkamp, S. 191-211

Teubner, Gunther, 1995: Wie empirisch ist die Autopoiese des Rechts?. In: Martinsen, Renate (Hrsg.): Das Auge der Wissenschaft: Zur Emergenz von Realität. Baden-Baden: Nomos, S. 137-155

Teubner, Gunther, 2000: Des Königs viele Leiber: Die Selbstdekonstruktion der Hierarchie des Rechts. In: Brunkhorst, Hauke; Kettner, Matthias (Hrsg.): Globalisierung und Demokratie: Wirtschaft, Recht, Medien. Frankfurt am Main: Suhrkamp, S. 240-273

Teubner, Gunther, 2002: Breaking Frames: Economic Globalization and the Emergence of lex mercatoria. In: European Journal of Social Theory, Jg. 5, H. 2, S. 199-217

Teubner, Gunther, 2003: Der Umgang mit den Rechtsparadoxien: Derrida, Luhmann, Wiethölter. In: Joerges, Christian; Teubner, Gunther (Hrsg.): Rechtsverfassungsrecht: Recht-Fertigung zwischen Privatrechtsdogmatik und Gesellschaftstheorie. Baden-Baden: Nomos, S. 25-45

Teubner, Gunther, 2004: Societal Constitutionalism: Alternatives to State-Centred Constitutional Theory. In: Joerges, Christian; Sand, Inger-Johanne; Teubner,

Gunther (Hrsg.): Transnational Governance and Constitutionalism. Oxford; Portland, Oregon: Hart Publishing, S. 3-28

Teubner, Gunther; Willke, Hellmut, 1984: Kontext und Autonomie. Gesellschaftliche Selbststeuerung durch reflexives Recht. In: Zeitschrift für Rechtssoziologie, Jg. 5, H. 1, 1984, S. 4-35

Teubner, Gunther; Zumbansen, Peer, 2000: Rechtsentfremdungen: Zum gesellschaftlichen Mehrwert des zwölften Kamels. In: Teubner, Gunther (Hrsg.): Die Rückgabe des zwölften Kamels: Niklas Luhmann in der Diskussion über Gerechtigkeit. Stuttgart: Lucius und Lucius, S. 189-216

Therborn, Göran, 2002: The World's Trader, the World's Lawyer: Europe and Global Process. In: European Journal of Social Theory, Jg. 5, H. 4, S. 403-417

Tömmel, Ingeborg, 1995: Die Europäische Integration: ökonomische Regulierung und Politikgestaltung zwischen Staat und Markt. In: Forschungsgruppe Europäische Gemeinschaften: Europäische Integration und politische Regulierung – Aspekte, Dimensionen, Perspektiven. Studien der Forschungsgruppe Europäische Gemeinschaften (FEG) Nr. 5. Marburg: FEG, S. 49-63

Topitsch, Ernst, 1960: Über Leerformeln: Zur Pragmatik des Sprachgebrauchs in Philosophie und politischer Theorie. In: Ders. (Hrsg.): Probleme der Wissenschaftstheorie: Festschrift für Victor Kraft. Wien: Springer, S. 233-264

Treviño, A. Javier, 1996: The Sociology of Law: Classical and Contemporary Perspectives. New York: St. Martin's Press

Troper, Michel, 2001: Existe-t-il un concept de gouvernement des juges?. In: Brondel, Séverine; Foulquier, Norbert; Heuschling, Luc (Hrsg.): Gouvernement des juges et démocratie. Séminaire international, 12 novembre 1998 – 28 mai 1999. Paris: Publications de la Sorbonne, S. 21-37 [vgl. Débat, S. 52-61]

Trubek, David M. u. a. [Dezalay, Yves, Buchanan, Ruth; Davis, John R.], 1994: Global Restructuring and the Law: Studies of the Internationalization of Legal Fields and the Creation of Transnational Arenas. In: Case Western Reserve Law Review, Jg. 44, H. 2 (Winter), S. 407-498

Tsebelis, George; Garrett Geoffrey, 2001: The Institutional Foundations of Intergovernmentalism and Supranationalism in the European Union. In: International Organization, Jg. 55, H. 2 (Spring), S. 357-390

Volcansek, Mary L., 1992a: Judges, Courts and Policy-Making in Western Europe. In: West European Politics, Jg. 15, H. 3 (July; Special Issue on Judicial Politics and Policy-Making in Western Europe), S. 1-8

Volcansek, Mary L., 1992b: The European Court of Justice: Supranational Policy-Making. In: West European Politics, Jg. 15, H. 3 (July; Special Issue on Judicial Politics and Policy-Making in Western Europe), S. 109-121

Walsh, David F., 1998a: Idealism/Materialism. In: Jenks, Chris (Hrsg.): Core Sociological Dichotomies. London: Sage, S. 179-207

Walsh, David F., 1998b: Structure/Agency. In: Jenks, Chris (Hrsg.): Core Sociological Dichotomies. London: Sage, S. 8-33

Walsh, David F., 1998c: Subject/Object. In: Jenks, Chris (Hrsg.): Core Sociological Dichotomies. London: Sage, S. 275-298

Weiler, Joseph H.H., 2000: Cain and Abel – Convergence and Divergence in International Trade Law. In: Weiler, Joseph H.H. (Hrsg.): The EU, the WTO, and the NAFTA: Towards a Common Law of International Trade?. Oxford; New York: Oxford University Press, S. 1-4

Weiler, Joseph H.H., 1999a: The Least-dangerous Branch: A Retrospective and Prospective of the European Court of Justice in the Arena of Political Integration. In: Ders.: The Constitution of Europe: ‚Do the new clothes have an emperor?' and other Essays on European Integration. Cambridge; New York; Melbourne: Cambridge University Press, S. 188-218

Weiler, Joseph H.H., 1999b: The Transformation of Europe. In: Ders.: The Constitution of Europe: ‚Do the new clothes have an emperor?' and other essays on European integration. Cambridge; New York; Melbourne: Cambridge University Press, S. 10-101

Wessels, Wolfgang, 2001: Politikwissenschaftliche Beiträge zur Integrationswissenschaft: Vielfalt und Vielklang. In: Loth, Wilfried; Wessels, Wolfgang (Hrsg.): Theorien europäischer Integration. Opladen: Leske und Budrich, S. 19-34

Whytock, Christopher A., 2006: Domestic Courts and Global Governance. Ms. [paper prepared for presentation at the annual meeting of the American Political Science Association, Philadelphia, Pennsylvania, August 31-September 3, 2006; earlier version presented at the annual conference of the Law and Society Association, Baltimore, Maryland, July 6-9, 2006; online: http://papers.ssrn.com/sol3/papers.cfm?abstract_id=923907 (letzter Zugriff: 28.11.2006)]

Wiener, Antje, 2003: Institutionen. In: Bogdandy, Armin von (Hrsg.): Europäisches Verfassungsrecht: Theoretische und dogmatische Grundzüge. Berlin; Heidelberg; New York: Springer, S. 121-147

Wiers, Jochem, 2004: One Day, You're Gonna Pay: The European Court of Justice in Biret. In: Legal Issues of Economic Integration, Jg. 31, H. 2, S. 143-151

Willke, Helmut, 1987: Kontextsteuerung durch Recht?: Zur Steuerungsfunktion des Rechts in polyzentrischer Gesellschaft. In: Glagow, Manfred; Willke, Helmut (Hrsg.): Dezentrale Gesellschaftssteuerung: Probleme der Integration polyzentrischer Gesellschaft. Pfaffenweiler: Centaurus, S. 3-26

Willke, Helmut, 1989: Gesellschaftssteuerung oder partikulare Handlungsstrategien?: Der Staat als korporativer Akteur. In: Glagow, Manfred; Willke, Helmut; Wiesenthal, Helmut (Hrsg.): Gesellschaftliche Steuerungsrationalität und partikulare Handlungsstrategien. Pfaffenweiler: Centaurus, S. 9-29

Willke, Helmut, 1992: Ironie des Staates: Grundlinien einer Staatstheorie polyzentrischer Gesellschaft. Frankfurt am Main: Suhrkamp

Willke, Helmut, 1996: Theoretische Verhüllungen der Politik – der Beitrag der Systemtheorie. In: von Beyme, Klaus; Offe, Claus (Hrsg.): Politische Theorien in der Ära der Transformation. Opladen: Westdeutscher, S. 131-147

Willke, Helmut, 1997: Supervision des Staates. Frankfurt am Main: Suhrkamp

Willke, Helmut, 1999: Zum Problem intersystemischer Abstimmung. In: Gerhards, Jürgen; Hitzler, Ronald (Hrsg.): Eigenwilligkeit und Rationalität sozialer Prozesse: Festschrift zum 65. Geburtstag von Friedhelm Neidhardt. Opladen: Westdeutscher, S. 97-112

Willke, Helmut, 2003a: Heterotopia: Studien zur Krisis der Ordnung moderner Gesellschaften. Frankfurt am Main: Suhrkamp

Willke, Helmut, 2003b: Politik und Demokratie. In: Nassehi, Armin; Schroer, Markus (Hrsg.): Der Begriff des Politischen (Soziale Welt Sonderband 14). Baden-Baden: Nomos, S. 537-553

Wincott, Daniel, 1995a: Political Theory, Law, and European Union. In: Shaw, Josephine; More, Gillian: New Legal Dynamics of European Union. Oxford; New York: Clarendon, S. 293-311

Wincott, Daniel, 1995b: The Role of Law or the Rule of the Court of Justice? An ‚Institutional' Account of Judicial Politics in the European Community. In: Journal of Public Policy, Jg. 2, H. 4 (December), S. 583-602

Wincott, Daniel, 2000: A Community of Law?: ‚European' Law and Judicial Politics: The Court of Justice and Beyond. In: Government & Opposition, Jg. 35, H. 1, S. 3-27

Winter, Gerd, 2003: Umweltrechtliche Prinzipien des Gemeinschaftsrechts. In: Zeitschrift für Umweltrecht, Sonderheft, S. 137-145

Zangl, Bernhard, 2005: Is There an Emerging International Rule of Law?. In: Leibfried, Stephan; Zürn, Michael (Hrsg.): Transformations of the State?. Cambridge u. a.: Cambridge University Press, S. 73-91

Zangl, Bernhard; Zürn, Michael, 2004: *Make Law, Not War*: Internationale und transnationale Verrechtlichung als Baustein für Global Governance. In: Dies. (Hrsg.): Verrechtlichung: Baustein für Global Governance. Bonn: Dietz, S. 12-45

Ziegert, Klaus A., 1999/2000: Globalisierung des Rechts aus der Sicht der Rechtssoziologie. In: Vogt, Rüdiger (Hrsg.): Globalisierung des Rechts. Baden-Baden: Nomos, S. 69-92

Ziltener, Patrick, 1999: Strukturwandel der europäischen Integration: Die Europäische Union und die Veränderung von Staatlichkeit. Münster: Westfälisches Dampfboot (zugl: Zürich, Univ., Diss.)

Ziltener, Patrick, 2000a: Die Veränderung von Staatlichkeit in Europa – regulations- und staatstheoretische Überlegungen. In: Bieling, Hans-Jürgen; Steinhilber, Jochen (Hrsg.): Die Konfiguration Europas: Dimensionen einer kritischen Integrationstheorie. Münster: Westfälisches Dampfboot, S. 73-101

Ziltener, Patrick, 2000b. Regionale Integration im Weltsystem. Die Relevanz exogener Faktoren für den europäischen Integrationsprozess. In: Kölner Zeitschrift für Soziologie und Sozialpsychologie. Wiesbaden: Westdeutscher Verlag, S. 155-177

Zonnekeyn, Geert A., 2003: EC Liability for the Non-implementation of WTO Dispute Settlement Decisions – Advocate General Alber Proposes a ‚Copernican Innovation' in the Case Law of the ECJ. In: Journal of International Economic Law, Jg. 6, H. 3, S. 761-769

Zürn, Michael u. a. [Leibfried, Stephan; Zangl, Bernhard; Peters, Bernhard], 2004: Transformations of the State?. Universität Bremen, Sonderforschungsbereich 597 ‚Staatlichkeit im Wandel', TranState Working Papers, 1

Zürn, Michael; Leibfried, Stephan, 2005: Reconfiguring the National Constellation. In: Leibfried, Stephan; Zürn, Michael (Hrsg.): Transformations of the State?. Cambridge u. a.: Cambridge University Press, S. 1-36

Zürn, Michael; Wolf, Dieter, 2000: Europarecht und internationale Regime: Zu den Merkmalen von Recht jenseits des Nationalstaates. In: Grande, Edgar; Jachtenfuchs, Markus (Hrsg.): Wie problemlösungsfähig ist die EU?: Regieren im europäischen Mehrebenensystem. Baden-Baden: Nomos, S. 113-140

Rechtssachenverzeichnis

Cassis: Rs. 120/78 (Rewe-Zentrale AG v. Bundesmonopolverwaltung für Branntwein), Urt. v. 20. Februar 1979, Slg. 1979, 649

Dassonville: Rs. 8/74 (Staatsanwaltschaft v. Benoit und Gustave Dassonville), Urt. v. 11. Juli 1974, Slg. 1974, 837

Keck: Rs. C-267 u. 268/91 (Strafverfahren gegen Bernard Keck und Daniel Mithouard), Urt. v. 24.11.1993, Slg. 1993, I-6097

Schriften zur Governance-Forschung

Regieren ohne Staat?
Governance in Räumen begrenzter Staatlichkeit
Herausgegeben von Prof. Dr. Thomas Risse und
Prof. Dr. Ursula Lehmkuhl, beide Freie Universität Berlin
2007, Band 10, 395 S., brosch., 64,– €, ISBN 978-3-8329-3154-4

Wie wird in zerfallen(d)en Staaten wie Afghanistan, aber auch überall dort, wo es keine moderne Staatlichkeit gibt, regiert? Der Sammelband untersucht die Übertragbarkeit von Governance-Konzepten auf die Nicht-OECD-Welt. Damit wird ein Beitrag zu einer Theorie des Regierens in historischen und gegenwärtigen Räumen begrenzter Staatlichkeit geleistet.

Multi-Level-Governance
Klima-, Umwelt- und Sozialpolitik in einer
interdependenten Welt
Herausgegeben von Dr. Achim Brunnengräber,
Freie Universität Berlin und Dr. Heike Walk, Zentrum Technik und Gesellschaft, Berlin
2007, Band 9, 349 S., brosch., 49,– €, ISBN 978-3-8329-2706-6

Ob im Hinblick auf Fragen der globalen Regierungsführung (Global Governance), der grenzüberschreitenden politischen Steuerung, der transnationalen Demokratie oder der Herausbildung neuer Macht- und Herrschaftsverhältnisse: Multi-Level-Governance wird als Analyseinstrument in Wissenschaft und Forschung immer attraktiver. Der vorliegende Band erörtert den Mehrwert dieses Konzepts für die Analyse „glokaler" Interdependenzen anhand verschiedener Fallbeispiele.

Bitte bestellen Sie bei Ihrer Buchhandlung oder bei Nomos
Telefon 07221/2104-37 | Fax -43 | www.nomos.de | sabine.horn@nomos.de

 Nomos

Informieren Sie sich im Internet unter www.nomos.de über weitere Bände dieser Schriftenreihe.